Beltz Taschenbuch 43

W0063617

Über dieses Buch:
Die Biographieforschung hat vor allem in den letzten zwei Jahrzehnten an Umfang und Bedeutung stark zugenommen und ist interdisziplinär vielfältiger geworden – ein Zeichen dafür, daß die Notwendigkeit erkannt wird, dort, wo humanwissenschaftlich-kulturelle Zusammenhänge berührt werden, konsequent von einem Subjektmodell des Menschen auszugehen. Die unterschiedlichen Ansätze und Konzepte biographischer Forschung in den Humanwissenschaften – Soziologie, Ethnographie, Philosophie, Erziehungs- und Geschichtswissenschaft, Psychiatrie und Psychologie – werden im ersten Teil des Buches dargestellt.
Die Formen der Vermittlung von biographischer Information, die im zweiten Teil behandelt werden, reichen vom halbstrukturierten Interview über heuristische und konstruktivistische bis zu verschiedenen Durchführungs- und Auswertungsformen narrativer Interviews. Hier wird das unterschiedliche Gewicht, welches einerseits geisteswissenschaftlichen, andererseits naturwissenschaftlichen Leitbildern beigemessen wird, besonders deutlich. Im dritten Teil schließlich wird exemplarisch dargestellt, welchen Beitrag die biographische Forschung zu einzelnen Disziplinen der Psychologie leistet.

Über die Herausgeber:
Prof. Dr. Gerd Jüttemann lehrt Psychologie am Institut für Sozialwissenschaften an der TU Berlin.
Dr. Dr. h.c. mult. Hans Thomae ist emeritierter Professor am Psychologischen Institut der Universität Bonn.

Gerd Jüttemann · Hans Thomae (Hrsg.)

Biographische Methoden in den Humanwissenschaften

Besuchen Sie uns im Internet:
http://www.beltz.de

Beltz Taschenbuch 43
1999 Weinheim und Basel
unveränderter Nachdruck

© 1998 Psychologie Verlags Union, Weinheim
Umschlaggestaltung: Federico Luci, Köln
Umschlagphotographie: © Premium/ibid
Satz: Druckhaus „Thomas Müntzer" GmbH, Bad Langensalza
Druck und Bindung: Druckhaus Beltz, Hemsbach
Printed in Germany

ISBN 3 407 22043 X

Inhalt

Teil II Erhebung und Auswertung biographischer Interviews

Teil III Anwendungsfelder und Ergebnisse biographischer Forschung

Vorwort

Der vorliegende Band und die in den einzelnen Beiträgen zitierte Literatur dokumentieren zunächst die unbestreitbare Entwicklung, daß Biographieforschung – vor allem in den letzten beiden Jahrzehnten – an Umfang und Bedeutung stark zugenommen hat und interdisziplinär vielfältiger geworden ist. In dieser Entwicklung drückt sich zugleich ein immer deutlicher werdendes Erkennen der Notwendigkeit aus, sich dort, wo humanwissenschaftlich-kulturelle Zusammenhänge berührt werden, nicht länger auf eine Anwendung naturwissenschaftlich fundierter Forschungsstrategien zu beschränken, sondern konsequent von einem Subjektmodell des Menschen auszugehen und aus dieser Orientierung methodologische Folgerungen zu ziehen.

Die Elaboration der biographisch einzuordnenden Forschungsansätze, die sich aus dieser Erkenntnis ergeben haben und von denen einige in diesem Buch vorgestellt werden, ist noch keineswegs abgeschlossen. Dennoch macht die Mannigfaltigkeit der Konzepte heute bereits erahnbar, in welchem Maße biographische Analysen dem Gegenstand sozialwissenschaftlicher Forschung angemessen sind und insofern eine kontinuierliche Expansion dieses interdisziplinären Forschungsfelds erwarten lassen. Es ist nicht zuletzt die daraus resultierende Aufbruchstimmung, von der viele biographisch arbeitende Wissenschaftler erfüllt sind, die in den Beiträgen dieses Buches spürbar wird.

Der Band gibt einen Überblick über verschiedene Ansätze und Methoden biographischer Forschung in einigen Humanwissenschaften. Innerhalb der Soziologie, Ethnographie, Philosophie, Erziehungs- und Geschichtswissenschaft sowie in der Psychiatrie und in der Psychologie finden sich unterschiedliche Konzeptionen biographischer Forschung.

Dies wird aus den dem *ersten* Teil des Bandes zugeordneten Beiträgen deutlich. Den eigenständigen Entwicklungen innerhalb dieser Disziplinen entsprechend variieren das Verständnis biographischer Methodik und seine jeweils konkrete Ausgestaltung. Besonders deutlich werden dabei die Unterschiede zwischen biographischen Arbeitsansätzen in Fachgebieten, welche stärker geisteswissenschaftlich orientiert sind, einerseits, und den psychiatrischen sowie jenen psychologischen oder soziologischen Konzeptionen biographischer Methodik andererseits, die quantitative Auswertungsmöglichkeiten einbeziehen.

Bei aller Unterschiedlichkeit der Ausgangspunkte und der theoretischen und systematischen Einordnung finden sich doch einige bedeutsame Übereinstimmungen. So wird in mehreren Beiträgen betont, daß man sich mit Hilfe der biographischen Methodik bemühe, der Komplexität sozialer, kultureller, historischer, pädagogischer und psychiatrischer Phänomene gerecht zu werden. Eine zweite Übereinstimmung zwischen den Darstellungen der Konzeptionen biographischer Methodik in den im Band vertretenen wissenschaftlichen Disziplinen bezieht sich auf die Prozeßorientierung biographischen Denkens und Forschens. Insbesondere die Darstellungen der soziologischen, pädagogischen, ethnographischen, psychiatrischen und psychologischen Konzeptionen von Biographieforschung legen auf diese prozessuale Orientierung besonderes Gewicht. Schließlich bildet das Bemühen um die Erschließung der subjektiven Erlebens- und Vorstellungsweisen und ihrer oft deutlichen Abweichungen von sozialen, historischen oder physischen Realitäten ein verbindendes Element zwischen den verschiedenartigen Konzeptionen biographischen Vorgehens.

Die Formen der Vermittlung von biographischer Information, die im *zweiten* Teil behandelt werden, reichen vom halbstrukturierten Interview (und dessen Vorbereitung, Durchführung und Auswertung unter möglichst standardisierten Bedingungen) über heuristische und konstruktivistische Ansätze bis zu verschiedenen Durchführungs- und Auswertungsformen narrativer Interviews. Hier wird das unterschiedliche Gewicht, welches einerseits geisteswissenschaftlichen, andererseits naturwissenschaftlichen Leitbildern beigemessen wird, direkt erkennbar. So gilt für A. Hahn die Philosophische Hermeneutik von Gadamer und Bollnow als solides Fundament der „soziologischen Beschreibung biographischer Situationen", während Gerhardt bei ähnlichem Ausgangspunkt statistische Verfahren wie die Clusteranalyse verwendet, um Zusammenhangsmuster unter mehrmals „vercodeten" Merkmalen zu entdecken. Verschiedene komparative biographische Verfahren, wie sie von den Autoren Bohnsack, Jüttemann und Kleining vorschlagen werden, repräsentieren Mittelwege zwischen den Extremen einer einerseits statistischen, andererseits hermeneutischen Analyse biographischen Materials. Sogar das Tor für außerwissenschaftliche Zugangsweisen zur Interpretation von Daten wird weit geöffnet, wenn Bude als Kern seines Verständnisses von biographischer Methodik unter Berufung auf Paul Ricoeur die Kunst bezeichnet, „zu verknüpfen und gleichzeitig zu lösen, untergründige Zusammenhänge zu erkennen und trotzdem nicht alles in einem Modell seiner selbst aufgehen zu lassen". Hier wie in manchem anderen Beitrag wird die biographische Methode als eine Art des Verstehens gesehen, die ohne weiteres auch in einem therapeutischen Kontext praktisch werden könnte.

Von einem solchen Methodenverständnis sind Orientierungen zu unterscheiden, die dadurch gekennzeichnet sind, daß das biographische Vorgehen als Instrument der Kritik an gewissen ‚main-stream'-Gruppen der eigenen Disziplin verwendet wird. Als Beispiel hierfür ist der Beitrag von Thomae anzusehen. Hier wird für die biographische Methodik kein alternatives Wissenschaftsverständnis postuliert, sondern die Codices und Normen der kritisierten ‚mainstream'-Ansätze werden, soweit wie dies sachlich möglich ist, beim eigenen Vorgehen berücksichtigt.

Die im *dritten* Teil des Bandes zusammengefaßten Beiträge sind relativ gut miteinander vergleichbar. Dies ist einmal darauf zurückzuführen, daß sie an einem Konzept biographischer Forschung orientiert sind, das auf der Intention beruht, idiographische und nomothetische Normen zu integrieren. Dies gilt für die Beiträge von Lehr, Fisseni und Kühne. Zum anderen ergibt sich eine Vergleichsmöglichkeit aus dem Versuch der Verbindung nomothetisch begründeter Therapieformen mit biographischen Ansätzen. Hier ist vor allem der Beitrag von Fiedler einzuordnen. Die biographischen Ansätze zur Psychotherapieforschung, über die Frommer und Langenbach berichten, verweisen ebenfalls auf diesen Aspekt. Einschlägig sind aber auch die im zweiten Teil des Beitrags von Gerhardt enthaltenen Berichte über die Ergebnisse ihrer Studien zur Rehabilitationsforschung.

Angesichts der Unterschiedlichkeit der Ausgangsorte biographischer Forschungsansätze in den beteiligten Wissenschaften ist die in diesem Band dokumentierte Vielfalt des Vorgehens nicht überraschend. Da die Konzepte trotz einiger früher Vorgaben und Vorbilder zum Teil erst neueren Datums sind, besteht die Hoffnung, daß ihre weitere Entwicklung entweder zu einer größeren Annäherung der erkennbaren Orientierungen führen wird oder wenigstens Möglichkeiten sichtbar macht, die in den verschiedenen Bereichen erzielten Ergebnisse besser als bisher aufeinander zu beziehen. Von dieser Hoffnung ließen sich auch die Herausgeber leiten, als sie begannen, das hier im Ergebnis vorliegende Buchprojekt zu planen.

Berlin/Bonn, Juli 1997 *G. Jüttemann*
H. Thomae

Teil 1

Konzepte biographischer Methodik in den Humanwissenschaften

Soziologische Biographieforschung: Überblick und Verhältnis zur Allgemeinen Soziologie

Werner Fuchs-Heinritz

Von der biographischen Methode zur soziologischen Biographieforschung

Die Bezeichnung soziologische Biographieforschung ist in den beiden letzten Jahrzehnten gängig geworden; zuvor wurden Erhebung und Analyse biographischer Daten in der Soziologie (ebenso wie in den Nachbardisziplinen) „biographische Methode" genannt, galten also als ein Weg zur Gewinnung von Erkenntnissen über das soziale Leben unter anderen, nicht als selbständiger Ansatz.

Der Beginn der biographischen Methode in der Soziologie wird übereinstimmend mit der Studie über den polnischen Bauern in Europa und in Amerika datiert, die von dem Chicagoer Soziologen William Isaac Thomas und seinem polnischen Kollegen Florian Znaniecki erarbeitet wurde. Unter der Frage nach dem Verfall der ländlichen Gemeinschaftsformen in Richtung auf Individualisierung der Lebensführung basiert diese Studie neben Briefen vor allem auf der kommentierten Lebensgeschichte eines polnischen Immigranten. Trotz mancher Einwände, die von heute aus gegen das Interpretationsverfahren formuliert werden können (vgl. Fuchs 1980), besteht das Verdienst von Thomas und Znaniecki darin, daß sie biographisches Material zur ergiebigen Datenform erhoben und entsprechende methodologische Positionen formuliert haben: „Wir sind sicher, daß persönliche Lebensberichte – so vollständig wie möglich – den *perfekten* Typ von soziologischem Material darstellen ..." (Thomas/Znaniecki 1958 II, 1832). Und sie haben ihren Methodenvorschlag in eine Theorieskizze gestellt, derzufolge objektive *und* subjektive Wirkfaktoren berücksichtigt werden müssen: Ohne die Hereinnahme der Vorstellungswelten der einzelnen Menschen in die Analyse werde man nicht erklären können, weshalb verschiedene Menschen auf ein gegebenes Phänomen unterschiedlich reagieren. Diese Überlegung gehört heute als „Thomas-Theorem" zum Kanon soziologischer Grundgedanken.

Von dieser Idee, biographische Materialien als soziologische Daten zu benutzen, geht im Umkreis der Chicago-Schule der Soziologie eine ganze Strömung von Forschungen aus: zur kulturellen Problematik von Immigrantengruppen, zur Lebensweise von Kriminellen und anderen devianten Gruppen, zur

Entstehung von kriminellem Handeln in der Lebensgeschichte, zu weiteren Problemen einer urbanisierten, durch Massenelend, sprachliche und kulturelle Divergenzen charakterisierten Gesellschaft. Autobiographien und Interviews, Akten der Fürsorge, teilnehmende Beobachtung und Selbstzeugnisse werden genutzt. Während manche biographische Daten allein zur Illustration einsetzen, zeigt sich bei anderen eine Methodisierung, so z.b. in Shaws Untersuchungen über jugendliche Straftäter (Shaw 1966, zuerst 1930); er vergleicht eine Autobiographie mit Daten über die gleiche Person aus anderen Quellen.

In den dreißiger Jahren wird die biographische Methode in der amerikanischen Soziologie verunsichert. Hauptgegner ist die sich etablierende quantitative Sozialforschung, die alle Auswertungs- und Schlußverfahren, die nicht dem statistischem Kalkül folgen, für unwissenschaftlich erklärt oder sie zur explorativen Vorstufe einer eigentlichen (quantitativen) Untersuchung degradieren will. Weil die Vertreter der biographischen Methode diese nur halbherzig verteidigen und dem statistischen Kalkül keine alternative Forschungslogik entgegenhalten, geht dieser Streit mit einem nahezu vollständigen Abbruch der so reich begonnenen Methodenentwicklung zu Ende (vgl. Bertaux 1981, 5).

In Polen hingegen, wo Znaniecki 1921 eine erste Sammlung von schriftlichen Autobiographien (als öffentlichen Wettbewerb mit Preisen für die beste Autobiographie) anregt, etabliert sich diese Erhebungsmethode (öffentliche Aufrufe, biographische Zeugnisse einzusenden), entwickelt sich die biographische Methode zu einer auch in der kommunistischen Periode nicht gebrochenen Forschungstradition, die allerdings – wegen des aufs nationale Schicksal begrenzten Fragerahmens – kaum Anregungen über die Landesgrenzen hinaus abgibt.

Während die deutsche Soziologie in den 1920er Jahren die amerikanischen Anregungen nicht aufgreift, sondern z.T. schwerwiegende methodische Einwände gegen den Quellenwert der aus der Arbeiterbewegung entstandenen Autobiographien vorbringt (vgl. Geiger 1931, allgemein: Chanfrault-Duchet, 210), gelingt es der Wiener Psychologin Charlotte Bühler, die biographische Methode in Psychologie und Pädagogik zu verankern. Sie sammelt Jugendtagebücher und unternimmt eine systematische Analyse dieser Dokumente (Bühler 1925; 1927), auch in generationsvergleichender Perspektive (Bühler 1934) und im Horizont einer Psychologie des Lebenslaufs.

Die Periode von Nationalsozialismus und Weltkrieg war der Weiterentwicklung dieser Ansätze in der europäischen Soziologie wahrlich nicht günstig. Aber der Niedergang der biographischen Methode (und der qualitativen Sozialforschung insgesamt) hatte sich zuvor schon abgezeichnet. Die Vertreter der biographischen Methode haben sich offenbar vom Versprechen der quantitativen Sozialforschung blenden lassen, daß die Soziologie auf diesem Wege end-

lich zu „objektiven" Ergebnissen und zur Formulierung von sozialen Gesetzmäßigkeiten gelangen könne. Zudem war das Theoriepotential der biographischen Untersuchungen kaum ausgearbeitet worden. Das Postulat von Thomas
und Znaniecki, nur durch Berücksichtigung auch der „subjektiven" Perspektiven der Menschen und Gruppen könnten soziale Prozesse erklärt werden, enthielt ja eine weitreichende Annahme: Die moderne Gesellschaft wird nicht
mehr durch institutionalisierte Herrschaft, durch eingespulte Normen und unbe-
fragten Gehorsam zusammengehalten, sondern, je weiter sie auf dem Wege der
Demokratisierung gelangt ist, durch die Verknüpfung von heterogenen Lebenserfahrungen, Milieuperspektiven und Weltanschauungen. Die biographische
Methode – und jegliche Sozialforschung, die die Perspektiven von Individuen
und Teilgruppen berücksichtigt – ist insofern der Grundstruktur der modernen
Gesellschaft angemessen. Dies implizite Theorem gelangte nicht zu angemessener Ausarbeitung; es mag dies auch auf die Entwicklung der amerikanischen
Gesellschaft zurückgehen, die sich ja unter Roosevelt als riesige Planungs-
werkstatt verstand und also Theorien nach Art von Großbaumeistern wie
T. Parsons mehr Entwicklungschancen bot.

So konnte die europäische Soziologie nach 1945 nicht auf eine gesicherte
Tradition und eine etablierte Theorie-Methoden-Bündelung zurückgreifen. Gewiß, seit den 1950er Jahren befaßt sich eine Gruppe von Psychologen um
H. Thomae mit der Sammlung und Interpretation von biographischen Daten,
arbeitet an einer „psychologischen Biographik" (Thomae 1968, 103 ff.). Jedoch
führt dieser psychologische Arbeitsansatz zunächst nicht zu einer breiteren
Beschäftigung mit der biographischen Methode in den Sozialwissenschaften.
Viele soziologischen Studien setzen zwar biographisches Material zu illustrativen Zwecken ein, eine methodisch oder theoretisch durchdachtere Verwendung
aber ergibt sich daraus nicht.

Erst Ende der 1970er Jahre kommt in mehreren Disziplinen zugleich und
zeitgleich auch in Frankreich, Kanada, Italien und anderen Ländern eine Renaissance der biographischen Methode zustande. Forschungsinteressen aus
recht unterschiedlichen Theorietraditionen schließen sich zusammen und lassen
den heute breit entwickelten und international verknüpften Arbeitsbereich der
Biographieforschung entstehen, von dessen soziologischem Anteil hier die Rede ist. Wir werden kaum fehlgehen, wenn wir als gesellschaftlich stützende
Entwicklung einen weitreichenden Individualisierungsschub in den modernen
Gesellschaften annehmen.

In der Sache handelt es sich um mehr als um eine Wiederaufnahme, das
drückt ja schon die neue Bezeichnung Biographieforschung (wahrscheinlich
dem angelsächsischen *biographical research* nachgebildet) aus:

Weil Biographieforschung jetzt in mehreren Sozial- und Geisteswissenschaften zugleich verstärkt einsetzt, muß immer wieder die Frage über-

legt werden, was das Soziologische an der soziologischen Biographieforschung
ist.

Angesichts der etablierten quantitativen Sozialforschung, die weithin mit
Sozialforschung überhaupt gleichgesetzt wird, stehen die soziologischen Bio-
graphieforscher heute vor einer weitaus größeren Herausforderung als ihre
Vorgänger, Methode und Methodologie zu begründen.

Drittens kommen der Biographieforschung neue theoretische Bemühungen
zur Hilfe: Eine Soziologie des Lebenslaufs bildet sich (vgl. Kohli 1978), die die
bisherige Beschränkung auf einzelne Altersphasen (Soziologie der Jugend
usw.) durch übergreifende Konzeptualisierungen überwinden will. Die ältere
Sozialisationsforschung erweitert ihr Blickfeld auf das ganze Leben. Die von
Beck (1983) begonnene Debatte über Individualisierungsprozesse in der modernen Gesellschaft sowie die durch Bourdieu angeregten Studien über Lebensstile
stehen in enger intellektueller Nachbarschaft zur Biographieforschung.

Insofern soll durch Biographieforschung ausgedrückt werden, daß der Arbeitsbereich mehr als nur methodische Potentiale enthält (so Fischer/Kohli
1987, 26; Fischer-Rosenthal 1990, 11 f.), daß er vielleicht mithelfen kann bei
der Konstitution einer Soziologie, die nicht länger in makro- und mikrosoziale
Perspektiven zerfällt. Mindestens ist soziologische Biographieforschung insofern über die biographische Methode hinaus, als sie gezielt nach der sozialen
Bedeutung ihres Gegenstandes fragt und nicht nur die Eingewöhntheit biogra-
phischer Denk- und Sprechweise methodisch-instrumentell nutzt: „Wie bauen
Gesellschaftsmitglieder gemeinsam Biographien auf, welche gesellschaftlichen
Baupläne gibt es dazu, und welche soziale Aufgabe haben Biographien? ...
Welchen *Sinn* und welche Bedeutung hat Biographie für Gesellschaftsmitglie-
der im Laufe sozialisatorischer und sozio-historischer Entwicklungen erlangt?
Welche *Funktionen* nimmt sie ein auf der lebensweltlichen Ebene des sozialen
Handelns und welche im Gesamtgesellschaftlichen? Wie werden biographische
Strukturen erzeugt, erhalten und verflüssigt?" (Fischer-Rosenthal 1991, 253;
vgl. Fischer-Rosenthal 1990, 12 f., Alheit/Hoerning 1989). Das Neue besteht
also in der Wende „from biography as sociological *method* to biographical *research*" (Chanfrault-Duchet, 212).

Dennoch, die ältere wie die neuere Bezeichnung drücken aus, daß der
Arbeitsbereich von einem besonderen empirischen Interesse her begründet ist.
In älteren wie in neueren soziologischen Ansätzen geht es um die Erhebung und
Auswertung von lebensgeschichtlichen Zeugnissen, von Darstellungen der
Lebensführung und -erfahrung aus dem Blick desjenigen, der dies Leben führt
(„biographisch" bzw. „Biographie" ist im Grunde irreführend: autobiographisch und Autobiographie müßte es heißen, wenn damit nicht die Verwechslung mit der literaturwissenschaftlichen Gattung nahegelegt würde). Hin und
wieder werden andere Datenarten (Fragebogenergebnisse, Beobachtungsdaten,

Akten, familiengeschichtliche Unterlagen o.ä.) einbezogen; soweit dies zusätzlich und ergänzend geschieht, ist die gegebene Definition des Arbeitsbereichs nicht tangiert. Für sie ist es auch vorerst unwichtig, ob der Sozialforscher die lebensgeschichtlichen Zeugnisse mittels Interviews produziert, oder ob er diese vorfindet und zusammenträgt (Briefsammlungen, Tagebücher, Lebensbeschreibungen für die Familie o.ä.). Wenn der Forscher jedoch den Lebensweg nur (oder vor allem) mittels „objektiver" Daten untersucht, mittels Altersangaben zu Statuswechseln (Schulabgang, Heirat, Berufseinmündung usw.) oder mittels anderen, den biographischen Eigenperspektiven der untersuchten Menschen gegenüber äußerlichen Informationen, dann handelt es sich um das wenngleich benachbarte, so doch prinzipiell verschiedene Arbeitsfeld der Lebenslaufforschung.

Zum Stand der Dinge

Als Vorteil der Biographieforschung kann gelten, daß sie Einblicke in die Komplexität der sozialen Wirklichkeit geben kann, die in Begriffen und Theorien nicht mehr (anschaulich) präsent ist. Darin kann auch eine theoriegenerierende Kraft liegen.

Manche Sozialprozesse sind der Beobachtung durch den Sozialforscher nicht zugänglich, sei es, weil sie die Anwesenheit Unbeteiligter nicht zulassen (kriminelle Milieus, Psychokulte o.ä.), sei es, weil nur die Beteiligten über die Vorgänge sachkundig berichten können (Erfahrungen bei Ehescheidung, Teilnahme an historischen Großereignissen wie Vertreibung o.ä.). Jeweils ist der Sozialforscher auf die Erzählungen der Beteiligten als „Ersatzmaterial" angewiesen, kann er nur mittels dieser die ihm selbst nicht zugänglichen Vorgänge rekonstruieren. Insbesondere kann nur so das Handeln und das Handlungsverständnis der Menschen innerhalb bzw. unterhalb der Regeln institutioneller Strukturen erhellt werden.

Ein besonderer Vorzug des Ansatzes wird seit den Chicagoer Soziologen darin gesehen, daß er die Prozeßhaftigkeit des sozialen Lebens zugänglich macht. Einstellungs- und Meinungsforschung können nur punktuelle Konstellationen erheben. Auch dann, wenn mehrfach nacheinander den gleichen Befragten die gleichen Fragen gestellt werden, ergeben sich schwierige Bedingungen für den Schluß auf den dazwischen liegenden Prozeß der Veränderung. Die Daten der Biographieforschung hingegen enthalten in sich die „Geschichte", wie es anfing, was dann kam und wie es sich bis heute entwickelt hat; Verläufe (mindestens aus der Sicht des Erzählers) werden analysierbar.

Ein verbreiteter Vorwurf an die Biographieforschung ist der, sie fördere „bloß subjektives Material", das für soziologische Fragestellungen irrelevant oder von nachgeordneter Bedeutung sei. Darin steckt die Annahme, daß es die Soziologie mit den gesellschaftlichen Strukturen und ihrem Wandel zu tun habe, nicht aber, oder nur nebenbei, damit, was die Menschen von sich, von anderen und von diesen „objektiven" Strukturen halten oder wissen; denn das sei in jedem Falle durch strukturelle Bedingungen geprägt. Tendenziell schließt eine solche Vorstellung alles „Subjektive" aus dem Gegenstandsfeld der Soziologie aus, weil es auf Bestand und Wandel der „objektiven Strukturen" kaum Einfluß habe. Vom Marxismus, von der Frankfurter Schule, von Luhmann (differenziert hingegen: Nassehi 1994) her kann man zu solchen Positionen gelangen.

Ein anderer Vorwurf hebt heraus, daß die Daten der Biographieforschung unzuverlässig seien – verfärbt durch Großtuerei und Lebenslügen, lückenhaft wegen des retrospektiv-erinnernden Charakters. Nun kann nicht bestritten werden, daß all diese Faktoren eine Rolle spielen (wenn auch angemerkt werden kann, daß auch die meisten Fragen in einem standardisierten Fragebogen retrospektiven Charakter haben und also ähnlichen Problemen unterliegen). Jedoch stimmen die vorliegenden Vergleiche von biographischem Material mit anderen Datenarten im Hinblick auf den Quellenwert recht optimistisch. Wichtiger noch: Eine Feinanalyse kann viele der genannten Verzerrungen am Text identifizieren; Versprecher, Unterbrechungen der syntaktischen Abfolge, unmotivierte Sprechpausen, erklärend-legitimierende Hintergrundgeschichten u.a.m. können als Versuche des Befragten gelesen werden, eine problematische oder leidvolle Erfahrung zu übergehen, ein Thema zu vermeiden usw.

Seit der Chicagoer Schule wird biographisches Material vor allem zur Erforschung der Dunkelfelder und Problemgruppen der Gesellschaft erhoben. Angehörige der Rauschgiftszene, Vagabunden, jugendliche Straftäter, soziokulturelle Minoritäten usw. sind nach wie vor bevorzugte Forschungsgegenstände (vgl. Girtler 1987). Dies Themenspektrum hat sich in den beiden letzten Jahrzehnten aber erheblich erweitert: Sozialisation durch die Schule und Bildungserfahrungen (u.a. Nittel 1992, Lanfranchi 1993); Jugendbiographie und jugendliche Milieus (u.a. Lenz 1986, Baerenreiter/Fuchs-Heinritz/Kirchner 1990); Altersnormen (Fuchs-Heinritz/Krüger 1991, Kalicki 1996); Zweiter Bildungsweg; Krankheitsverläufe (u.a. Fischer 1982, Gerhardt 1986); psychiatrische Patienten (Riemann 1987); Lebenswege von Frauen (u.a. Levy 1977, Eckart/Jaerisch/Kramer 1979, Ley 184); Berufsverläufe von Arbeitern (u.a. Deppe 1982, Brose 1983), Ingenieuren (Hermanns/Tkocz/Winkler 1984) und Professoren (Schmeiser 1994); Berufsverlauf und Arbeitslosigkeit (u.a. Heinemeier 1991, Baumeister u.a. 1991, Mutz u.a. 1995); Berufsbiographie und Gesundheitsverhalten (Giegel/Frank/Billerbeck 1988); ehrenamtliche Tätigkeit

(Jakob 1993); Wohn- und Stadterfahrung im Lebenslauf; Lebenswege von bestimmten Generationen (u.a. Schenda 1982, Heinritz 1991, Müller-Handl 1993); Zweiter Weltkrieg, Nationalsozialismus, Stalinismus und die Weiterwirkungen im sozialen Gedächtnis (u.a. Fuchs 1985, Hoerning 1985, Bude 1987, Rosenthal 1987, Kuhn 1990); Lebenswege durch die Wiedervereinigung Deutschlands hindurch (von Wensierski 1994); Formen und Folgen von Statuspassagen, von biographischen Neuorientierungen allgemein.

Dazu kommen erfolgversprechende Bemühungen, den Gegenstand Biographie als Orientierungsmuster mit Theoremen der Allgemeinen Soziologie (Individualisierung: Beck 1983, Fuchs 1983; Lebenslauf als soziale Institution: Kohli 1985, Kohli 1988; biographische Selbstidentifikation statt Identität) zu verknüpfen (vgl. Brose/Hildenbrand 1988), die Kulturbedeutung und Kulturgeschichte entsprechender Gattungen (Hahn/Kapp 1987) einzubeziehen und dem Konstitutionsprozeß und den Leistungen der biographischen Selbstthematisierung im sozialen Alltag (Kohli 1981) nachzugehen.

Forschungslogisch kommt schon deshalb, weil Erhebung und Auswertung von biographischen Interviews sehr zeitaufwendig sind und im Normalfall kaum mehr als zwanzig oder fünfzig Fälle erreichbar sind, das statistische Kalkül nicht in Frage. Aus dem gleichen Grund ist es meist ohne Aussagekraft, diese zwanzig oder fünfzig Fälle nach internen Häufigkeiten darzustellen (also etwa nach bestimmten Merkmalen zu prozentuieren).

Angemessen ist hingegen eine qualitative Forschungslogik, und zwar entweder als Suche nach den konturierten Varianten in einem Handlungsfeld oder als Suche nach der typischen Ausprägung eines Prozesses. In beiden Vorgehensweisen sind Häufigkeiten von untergeordnetem Interesse.

Das erstgenannte Verfahren sucht danach, welche voneinander verschiedenen Varianten oder Typen in den erhobenen Fällen vorkommen und wie sie in Spannung zueinander gemeinsam das Mosaik, das Muster von Varianten, das Repertoire von Möglichkeiten bilden, das für das angezielte Gegenstandsfeld gültig ist. Nicht, wie oft eine Variante oder ein Typus auftritt, ist Ziel der Arbeit (auch das Seltene kann sozial signifikant sein), sondern welche es gibt, wie sie im Kontrast zueinander aussehen, wie sie durch diese Kontraste ein Spannungsfeld bilden, eine Typologie, ein Repertoire. Der dies Vorgehen stützende theoretische Gedanke lautet: Soziale Prozesse oder Konstellationen kommen in jeder Gesellschaft nur in überschaubarer Varianz vor. Wie man heute eine Ehe eingeht, wie man drogenabhängig wird, wie man sich für ein Studienfach entscheidet usw., dafür läßt sich jeweils eine relativ leicht überschaubare Anzahl von „Lösungen", von „sozialen Realisierungsformen" identifizieren, die gemeinsam das heute gültige sozialkulturelle Repertoire des jeweiligen Prozesses bilden. Diese Forschungslogik ist von Glaser/Strauss 1967 inspiriert worden.

Das zweitgenannte Vorgehen sucht nach den typischen Merkmalen eines sozialen Prozesses oder einer Handlungskonstellation, will also den Gegenstand mittels eines Typus, der unter Umständen von mehreren erhobenen Fällen abstrahiert wurde, abbilden. Der stützende theoretische Gedanke ist hier, daß es sozialisatorisch oder institutionsspezifisch begründete Eigenheiten von sozialen Prozessen gibt, die sie eindeutig charakterisieren. Mehr oder weniger deutlich ist dies Verfahren von M. Webers Idealtypus inspiriert.

Daneben ist nach wie vor die traditionsreiche Einzelfallstudie in Gebrauch, die die gründliche Analyse einer Lebensgeschichte o.ä. zum Ziel hat. Sie kann bei der Suche nach der typischen Gestalt eines sozialen Prozesses durchaus helfen, insofern unterstellt wird, daß die charakteristischen Merkmale dieses Prozesses in jedem Einzelfalle so oder so auftreten. Schließlich kann eine Einzelfallstudie auch in Relation zu bestehenden Theorien einen verallgemeinernden Schluß gestatten: Ein einziger „abweichender" Fall kann eine Theorie oder eine empirische Studie der Unvollständigkeit überführen und somit zu neuen theoretischen Bemühungen bzw. zu empirischen Erweiterungen anleiten.

Wenn Befragte (bzw. Materialstücke) nach äußeren Merkmalen (Geschlecht, Alter, Beruf, Konfession o.ä.) in bestimmten quantitativen Relationen ausgewählt werden, so ist dies eine Quotenauswahl, ähnlich dem Quotenverfahren in großen quantitativen Studien. Die Begründung dafür ist die Annahme, daß jene äußeren Merkmale bestimmenden Einfluß auf die Biographie haben, so daß eine angemessene (quantitative) Berücksichtigung jener Merkmale zu den typischen Biographiestrukturen führen wird. Diese Annahme selbst ist jedoch empirisch nicht geprüft und nachträglich nicht mehr überprüfbar.

Das zweite Auswahlverfahren, das im Gebrauch ist, ist das Schneeballverfahren: Der Forscher läßt sich vom ersten Befragten an weitere empfehlen, muß dabei aber darauf achten, nicht etwa nur einem Netz von Bekanntschaften o.ä. im Feld zu folgen. Gelingt das, so kann er mit einigermaßen variantenreichem Material rechnen.

Die anspruchsvollste Auswahlmethode ist die des „theoretical sampling" (Glaser/Strauss 1967) bzw. der „theoretischen Sättigung" (Bertaux 1980). Ihr Grundgedanke besteht darin, den jeweils nächsten Befragten so auszuwählen, daß sich sein Fall möglichst weitgehend von den bisher schon erhobenen unterscheidet – in der theoretischen Dimension, die für die Untersuchung leitend ist. Auf diese Weise kann es gelingen, daß vom 15. oder 20. oder 30. Befragten an nichts Neues mehr gefunden (Sättigung), keine neue Variante im theoretisch interessierenden Muster mehr identifiziert werden kann. Auswahl und Erhebung können dann in der begründeten Hoffnung, daß man alle wichtigen Varianten erhoben hat, abgebrochen werden.

Soweit das Interview als Erhebungsinstrument verwendet wird, sind sich alle Autoren darin einig, dieses müsse so geführt werden, daß der Befragte möglichst gute Chancen hat, seine Eigenperspektive darzulegen; ein standardisiertes Interview jedenfalls würde diesem Kriterium nicht genügen.

Das Leitfaden-Interview wird meist damit begründet, daß damit die Neigung zum Fabulieren kanalisiert werden kann, daß gewährleistet wird, daß alle Befragten sich zu den gleichen Themen äußern (Gesichtspunkt der inhaltlichen Vergleichbarkeit). Die Vorteile eines Leitfaden-Interviews liegen auf der Hand: Ein Leitfaden gibt dem Interviewer Halt, anders gesagt: Leitfaden-Interviewer brauchen nicht unbedingt gute Interviewer zu sein. Bei der Auswertung können Stellen in mehreren Interviews miteinander verglichen werden, weil sie durch die gleiche Frage des Leitfadens evoziert wurden; insgesamt wird die Auswertung schneller vorankommen, weil die Leitfaden-Fragen für jenes Minimum an Themen gesorgt haben, das die Forscher vordem für unverzichtbar gehalten haben. Der wichtigste Einwand gegen Leitfäden im biographischen Interview betrachtet diese Vorteile als Nachteile: Der Leitfaden könne „von einem Mittel der Informationsgewinnung zu einem Mittel der Blockierung von Informationen" werden, wenn sich der Interviewer zu strikt daran hält und etwa vom Befragten als wichtig eingeführte Themen vernachlässigt oder gar unter Berufung auf den Leitfaden abschneidet. „Leitfadenbürokratie" nennt Hopf (1978, 101 ff.) diese Übermacht des Leitfadens.

Diesen Nachteilen will der Vorschlag des narrativen Interviews, der von F. Schütze (Schütze 1983) stammt, steuern. Hierbei wird der Befragte zu Anfang gebeten, seine Lebensgeschichte ausführlich und nach seinen Relevanzkriterien zu erzählen, dabei dem vergangenen Geschehen bzw. Handeln folgend. Während dieser Phase der „Ersterzählung" hört der Interviewer mit freischwebendem Interesse zu und versucht allenfalls durch ein „hm" oder ähnliches den Erzählfluß des Informanten aufrechtzuerhalten. Selektive Zustimmungen oder Kommentare gelten für diese Phase als abträglich, weil sie den Befragten davon abhalten, seine eigene Geschichte vorzubringen. Hört der Befragte auf, sein Leben zu erzählen, berichtet er nur oder verfällt er ins Argumentieren und Bewerten, sollte der Interviewer versuchen, ihn erneut zum Erzählen zu bewegen. Erst wenn der Informant seine Lebenserzählung abgeschlossen hat, fragt der Interviewer zu unklar gebliebenen Punkten nach, aber so, daß nach Möglichkeit erneut Erzählungen in Gang kommen (also: Verbot von Warum-Fragen, Verbot von Aufforderungen zur Legitimation). Erst gegen Ende des Interviews kann es angemessen sein, daß auch Deutungsmuster und Eigentheorien des Befragten, seine Begründungen und Bewertungen zur Sprache kommen.

Der Hauptsinn dieser Regeln ist der, daß durch die Evozierung von Erzählungen (und also nicht von Berichten, Argumenten, Räsonnements) der dokumentarische Gehalt der Lebensgeschichte gewährleistet wird, daß so am ehesten eine Entsprechung von im Interview produzierter Erzählung mit dem, wie es damals geschah, erreicht werden kann. Läßt sich nämlich der Befragte auf die Aufforderung ein, sein Leben zu erzählen, so verfängt er sich in einem „dreifachen Zugzwang des Stegreif-Erzählens eigenerlebter Ereigniszusammenhänge" (Schütze 1982, 571) und wird die Dinge mehr oder weniger so darbieten, wie sie sich damals begeben haben. Die Zugzwänge der Gestaltschließung einer Geschichte, der Kondensierung des dargebotenen Materials und seiner Detaillierung im Hinblick auf Verständlichkeit und Plausibilität führen den Erzähler nach Schütze sogar dazu, „auch über Ereignisse und Handlungsorientierungen zu sprechen, über die er aus Schuld- bzw. Schambewußtsein oder aufgrund seiner Interessenverflechtung lieber schweigen würde" (Schütze 1982, 576).

Neben Leitfaden- und narrativem Interview sind weitere Interviewformen in Gebrauch, z.B. ein offenes Interview, in dem sich der Interviewer wie ein neugieriger Bekannter verhält, der Rückfragen stellt, hin und wieder eigene lebensgeschichtliche Erfahrungen beisteuert, der vielleicht auch einmal Stellung bezieht. Weiterhin gibt es Anlehungen an das klassische Informanten- bzw. Experteninterview.

Die Sammlung geschriebenen biographischen Materials, am weitesten entwickelt in der polnischen Sozialwissenschaft, geht meist den Weg eines Preisausschreibens (öffentlicher Aufruf eines Komitees oder einer Jury, die dann auch Preise für die „besten" Einsendungen vergibt), um die Verfasser dazu zu bewegen, ihre Texte der Wissenschaft zur Verfügung zu stellen (vgl. Szczepanski 1974, 237f.; auch den Jugend-Aufruf in der 10. Shell-Jugendstudie, Fischer/Fuchs/Zinnecker 1985, Band IV). Die Zusammenarbeit mit kulturellen oder sozialen Instanzen, die bei den angesprochenen Gruppen Respekt genießen, kann dabei hilfreich sein; man denke an den Erfolg der Aufrufe des Schriftstellers Walter Kempowski, ihm unveröffentlichte Autobiographien zu schicken (vgl. Heinritz 1989).

Ein zweiter Weg der Erhebung besteht darin, daß sich der Forscher der Möglichkeiten einer Bildungsinstitution bedient und in deren Rahmen autobiographische Texte schreiben läßt. So hat der Pädagoge Roessler in den 1950er Jahren tausende von Schüleraufsätzen auch zu autobiographischen Themen schreiben lassen (vgl. Abels/Krüger/Rohrmann 1989).

Die Tonbandaufnahme eines biographischen Interviews wird gewöhnlich in ein maschinengeschriebenes Protokoll übertragen, um die nachfolgende Interpretation zu erleichtern, denn eine Interpretation anhand des Tonbandes dürfte den meisten schwerfallen.

Es gibt hauptsächlich drei Möglichkeiten der Transkription: Die Übertragung in normales Schriftdeutsch (also Weglassung von „ähs" usw., korrekte Schreibung, Hinzufügung von Satzzeichen usw.); die „literarische Umschrift" (Ehlich 1980, 23), also statt Schriftdeutsch Nutzung der Schriftzeichen zur Wiedergabe der gesprochenen Sprache (sonst oft üblich bei der schriftlichen Nachbildung von Dialekt); die literarische Umschrift unter Einschluß der parasprachlichen Merkmale des gesprochenen Textes (also alle Pausen und „ähs“, alle Wortabbrüche und Verschleifungen von Silben o.ä., Satzzeichen nur entsprechend dem Höreindruck).

Interessiert man sich für die sachliche Information des Befragten, so wird eine Übersetzung in Schriftdeutsch genügen. Hingegen ist eine möglichst genaue Abbildung des gesprochenen Textes einschließlich der Pausen, Wortabbrüche usw. für alle Auswertungswege notwendig, die Aussagen auf der Grundlage einer Analyse ihrer kommunikativen Hervorbringung im Interview interpretieren (als Beispiel für präzise Transkriptionsregeln: Kallmeyer/Schütze 1976, 263).

Eine für alle Materialien und Zwecke gültige Auswertungsmethode gibt es nicht; mehrere werden nebeneinander verwendet. Diese Vielfalt, aber auch der handwerkliche Charakter der Interpretationsarbeit selbst, der sich einer Darstellung als System von Regeln und Vorschriften nicht fügt, lassen hier nur eine Nennung einiger Charakteristika zu.

Bis heute kommt es vor, daß Lebensgeschichten ohne weitere Analyse als redaktionell bearbeitete Texte vorgelegt werden. Sie dienen dann illustrativen Zwecken, sollen den Leser auf die theoretisch nicht antizipierbare Komplexität eines sozialen Milieus hinweisen oder am Einzelschicksal ein besonderes soziales Problem veranschaulichen. So interessant das sein mag – um wissenschaftliche Auswertung handelt es sich nicht.

Beim Kodieren offener Fragen in einer standardisierten Untersuchung werden die Antworten einem vorweg entworfenen Kategorienschema zugeordnet, das möglichst knapp und eindeutig die Varianz abbildet. Eine ähnliche Auswertungsmethode von biographischem Material identifiziert Stellen, Aussagen, Zitate aus mehreren Interviews im Hinblick auf ein vorweg konstruiertes Kategoriensystem. Die Interviewprotokolle o.ä. werden zerlegt in Aussagen usw., die – als solche interpretiert – dann fallübergreifend nach Gesichtspunkten zusammengestellt werden, die theoretisch bzw. vom Forschungsziel her interessant sind. Querschnittsauswertung ist vielleicht eine angemessene Bezeichnung für dieses Verfahren, das die für relevant gehaltenen Stellen aus dem Sinnzusammenhang der einzelnen Interviews herauslöst und nach sachlichen Kriterien zusammenfügt. Gleichgültig, ob die Ordnungskriterien Phasen des Lebenszyklus sind (so Eckart/Jaerisch/Kramer 1979), Qualifikationsniveau, Kohortenzugehörigkeit und regionale Herkunft (so Deppe 1982), vorweg angenommene Deutungsmuster o.ä., in jedem Falle liegt die Annahme zugrunde, daß die einzelnen Stellen aus einem biographischen Interview für sich interpretiert und direkt auf entsprechende Stellen aus anderen Interviews hingeordnet werden können. Methodisch läßt sich gegen dieses Verfahren einwenden, daß es Informationen verschenkt, die bereits erhoben worden waren, nämlich die über die Bedeutung einzelner Aussagen innerhalb der lebensgeschichtlichen Darstellung.

Methodologisch: Dieses Verfahren nimmt an, daß Aussagen, Stellen usw. ohne ihre biographische Bedeutung interpretiert werden können, daß es jedenfalls nicht die Biographie ist, die ihren Sinn bestimmt. Oft wird implizit eine kollektive oder milieuhafte Prägung der Aussagen, Deutungen usw. unterstellt.

Der als narratives Verfahren bekannte Interpretationsweg hat die erzähltheoretische Annahme zur Grundlage, daß der Text, soweit er aus Erzählungen besteht (und nicht aus Berichten, Allgemeinaussagen oder Räsonnements), dem wirklichen Ablauf der Ereignisse damals folgt. Versuche des Befragten, Ereignisse auszulassen, heute peinliche Haltungen von früher zu unterdrücken o.ä., zeigen sich im Text als Hemmungsphasen, als Übergang zum Argumentieren usw. Ein erster Schritt der Interpretation hier ist also die Untersuchung der Textsorten in einem Interviewprotokoll (Erzählen, Berichten, Argumentieren, Bewerten), um die „validesten" Textteile von den anderen zu trennen und um anhand der Kommunikationsform des Befragten Anhaltspunkte für Auslassungen, Verfärbungen usw. zu gewinnen. Anhand der narrativen Textteile kann dann ermittelt werden, welche Personen, Gruppen und Institutionen damals fürs Handeln des Informanten wichtig waren, wie er sie und wie sie ihn beurteilt haben, in welchen Handlungskonstellationen sich für ihn entscheidende Wendepunkte seiner Lebensgeschichte ergeben haben. Eine folgende Sequenzanalyse (Analyse der voneinander abgehobenen Textabschnitte unter der strikten Regel, zur Interpretation keine späteren Textinformationen heranzuziehen) erbringt die Voraussetzungen, um eine Herausarbeitung der Prozeßstrukturen im Lebenslauf und der Entwicklung der „biographischen Gesamtformung", der Identitätsentwicklung im weiteren Sinne vornehmen zu können.

Als Grundlage für entsprechende Interpretationen hat sich Schütze um die Herausarbeitung von Prozeßstrukturen des Lebenslaufs bemüht, um Konzepte von Verlaufsformen des Lebenslaufs, die in jeder Lebensgeschichte in unterschiedlicher Abfolge, Kombination und Stärke auftreten. Prozeßstrukturen sind also nicht Deutungsmuster vom Lebensschicksal, sondern faktische Bewegungsformen im Lebenslauf, die erst einmal aber unterhalb von Deutungen und biographischen Kompositionen als Verlaufsformen des faktischen Geschehens im Lebenslauf identifiziert werden sollen. Wie der Befragte seine Lebensgeschichte deutet und ob diese Deutung eher realistisch oder eher unrealistisch ist, das lasse sich erst angeben, wenn die Prozeßstrukturen und die Bedeutungen bzw. Bewertungen getrennt voneinander identifiziert worden sind (so Schütze 1980, 131f.). Vor allem folgende Prozeßstrukturen werden unterschieden: Intentionale Abläufe; Prozesse, bei denen man sich einem institutionellen Ablaufmuster überläßt; Verlaufskurven. Letztere sind Vorgänge des Erleidens; dem einzelnen tritt eine Verkettung von Ereignissen und Bedingungen gegenüber, die seine Handlungsfähigkeit zunehmend einschränkt und krisenhafte Identitätszustände herbeiführt. Alkoholiker oder verrückt werden sind Beispiele dafür. Wichtig ist nun, daß sich die Identität des einzelnen nicht im selben Rhythmus bewegt wie die Prozeßstrukturen des Lebensablaufs. Was der einzelne von sich hält und wie er seine Biographie auffaßt, folgt einer langsameren Schrittfolge. Darin sieht Schütze den Schlüssel zur Untersuchung von Selbst- und Lebensauffassungen, die gegenüber den Verlaufsformen des Lebens illusionär, ideologisch oder verklärend wirken.

Die Objektive Hermeneutik, ähnlich differenziert begründet wie das narrative Verfahren, versteht sich nicht als Interpretationsverfahren von biographischem Material, sondern als Entwurf einer „für die soziologische Forschung allgemein bedeutsamen hermeneutischen Methodologie" (Oevermann/Allert/Konau/Krambeck 1979, 352) mit dem hohen Anspruch, die fundamentalen, Objektivität ermöglichenden Forschungsinstrumente der Sozialwissenschaften bereitzustellen. Weil aber biographische Materialien öfter mit Hilfe der Objektiven Hermeneutik oder an deren Vorschlägen orientiert ausgewertet werden, muß sie hier angeführt werden.

Der Grundgedanke der Objektiven Hermeneutik ist in einer Studie über familiäre Interaktionsprozesse entstanden. Das Kind ordnet sich in bereits bestehende Bedeutungsstrukturen ein, die die Eltern für es stellvertretend interpretieren und so seine Chance erweitern, sich diese vorgefundenen Bedeutungsstrukturen sukzessive anzueignen, ohne daß doch jemals seine Interpretationskapazität ganz nachziehen kann. Auch den Eltern, die in die Äußerungen des Kindes einen Vorschuß an Sinn legen, den es noch gar nicht konstituieren kann, und eben dadurch seine Entwicklung in Gang halten, ist dieser Vorgang nicht vollständig durchsichtig. Diesen Gesichtspunkt einer objektiven Dimension hinter den Absichten der am Erziehungsvorgang beteiligten Menschen verallgemeinert Oevermann; er formuliert zwei Ebenen der sozialen Realität, deren Beziehungen aufzuweisen die Aufgabe der Objektiven Hermeneutik ist: Die Ebene der latenten Sinnstrukturen eines Textes, die unabhängig von dem Bewußtsein des Befragten herausgearbeitet werden müssen, und die Ebene der absichtlich vom Befragten geäußerten Bedeutungen. Die Interaktionen der Menschen sind demnach nicht durch Rekonstruktion der in ihnen ausgedrückten Intentionen oder Motive zu verstehen, sondern eher nach dem Modell der Fehlleistung bei Freud oder dem der nicht-intendierten Handlungsfolgen in der Soziologie, nämlich als Reproduktion und Transformation latenter Sinnstrukturen. Es hat wenig Zweck, die Befragten nach den Intentionen zu befragen, die sie bei der Produktion von Texten im Sinne haben, eben weil ihre Sprechakte (auch) Reproduktionen und Transformationen von tiefer liegenden Bedeutungsstrukturen sind, die ihnen selbst nicht (ganz) bewußt sind.

Das Interpretationsverfahren der Objektiven Hermeneutik setzt Daten voraus, die den Regeln für das narrative Interview folgend erhoben und entsprechend genau transkribiert worden sind. Praktisch beruht es auf einem Prozeß, in dem Verstehen des Textes extensiv und ausdrücklich problematisiert wird (im Unterschied zum alltäglichen Verstehen). Insofern handelt es sich um eine „Kunstlehre", nicht um eine durch Regeln usw. kodifizierbare und erlernbare Methode, für deren Gelingen außer der Interpretationskompetenz des normalen Gesellschaftsmitgliedes einige pragmatische Bedingungen angegeben werden: Die Interpreten sollten nicht selbst noch im Sozialisationsprozeß stehen; sie sollten nicht allzu neurotisch sein (Oevermann/Allert/Konau/Krambeck 1979, 393). Die Interpretation sollte durch eine Gruppe erarbeitet werden, damit sich die je persönlichen Beschränktheiten ausgleichen können. Der Text muß extensiv ausgelegt werden; gerade abgelegene oder unwahrscheinliche Lesarten sollten gründlich geprüft werden, damit der Text möglichst konturenreich wird. Kein Detail des Textes sollte als zufällig, als hinweislos angesehen werden. Häufig gelingt bereits anhand relativ weniger Interaktionszüge nach intensiver Interpretation die Formulierung der latenten Sinnstruktur, vorerst jedoch mit dem Status einer Lesart unter mehreren möglichen. Erst nach Überprüfung dieser Lesart an anderen Textteilen in unabhängigen Interpretationsgängen kann sie als belegte Fallanalyse gelten. Für die „Feinanalyse" des Textes werden eine Reihe von Ebenen bzw. Arbeitschritten vorgesehen (vgl. Oevermann/Allert/ Konau/Krambeck 1979, 294 ff.). Grundregel ist auch hier, daß die Interpretation keine Information aus späteren Textstellen zur Aufschlüsselung derjenigen heranziehen darf, die jetzt zur Interpretation ansteht. Insofern folgt die Sequenzanalyse dem Prozeß der Selektion von Möglichkeiten aus dem objektiven Bedeutungsbereich bei der Texthervorbringung durch den Befragten.

Einwände gegen die Objektive Hermeneutik fragen, ob es sich dabei im Kern nicht um ein mit einem soziologischen Überbau versehenes psychoanalytisches Deutungsverfahren handelt. Oder sie halten gegen Oevermann daran fest, daß die Lebensgeschichte eines Menschen nicht ein für allemal durch früher entstandene latente Sinnstrukturen bestimmt ist, sondern Wandlungsprozesse kennt, Transformationen auch der latenten Sinnstrukturen (so Bude 1982, 138 f.).

Die Biographieforscher in der Soziologie haben seit Ende der 1970er Jahre energisch auf Institutionalisierung ihres Arbeitsbereichs in der Fachgemeinschaft gedrängt und waren dabei recht erfolgreich. Die 1979 begründete Arbeitsgruppe Biographieforschung in der Deutschen Gesellschaft für Soziologie wurde 1986 als Sektion Biographieforschung anerkannt; sie gehört seitdem zu den aktivsten Sektionen in der DGS und hat inzwischen auch eine „Zwischenbilanz" vorgelegt (Alheit/Fischer-Rosenthal/Hoerning 1990). Sie arbeitet mit dem 1984 gegründeten Research Committee „Biography and Society" der International Sociological Association zusammen. Lehrbuchähnliche Bücher (Fuchs 1984, Voges 1987), Überblicke über das Arbeitsgebiet (Soeffner 1979, Heinze/Klusemann/Soeffner 1979, Matthes/Pfeifenberger/Stosberg 1980, Kohli/ Robert 1984, Nittel 1991), Übersichten über Entwicklungen in anderen europäischen Ländern (z.b. Heinritz/Rammstedt 1989) erschienen rasch, ebenso Literaturübersichten (Ohly/Legnaro 1987, Heinritz 1988). Im Bündnis mit der Oral History und entsprechenden Bemühungen in der Volkskunde begann 1988 BIOS, die Zeitschrift für Biographieforschung und Oral History zu erscheinen. 1986 wurde die Herausgabe der Buchreihe „Biographie und Gesellschaft" eröffnet; in ihr sind bis heute 21 Bände erschienen. Die Buchreihe „Interaktion und Lebenslauf" erscheint seit 1987. 1988 wurde an der Universität Bremen der Sonderforschungsbereich 186 „Statuspassagen und Risikolagen im Lebensverlauf" eingerichtet, dessen Arbeit sich zugleich lebenslaufsoziologischen Zielen und solchen der Biographieforschung zuwendet („Literaturdokumentation 1988–1993", 1993).

Verhältnis zur Soziologie im allgemeinen, insbesondere zur allgemeinen Soziologie

Der Hinweis auf die fachinterne Institutionalisierung der Biographieforschung sagt noch wenig über ihre innere Beziehung zur Soziologie im allgemeinen und insbesondere zur Allgemeinen Soziologie. Hierzu einige Skizzen:

Eine wenig reflektierte Problematik der Biographieforschung ist eine Paradoxie in den Daten. Biographische Interviews, autobiographische Dokumente usw. geben nicht Auskunft über das, was der Soziologe sucht, geradezu im Gegenteil: Es handelt sich um Selbstidentifikationen, nicht um Beschreibungen von sozialen Verhältnissen oder Ereigniszusammenhängen, nicht um Protokolle von sozialen Abläufen oder von zeitgeschichtlichen Konstellationen. Im autobiographischen Text will der Sprecher, der gleichzeitig der „Biographieträger" ist, seine Lebensführung und seine Lebenserfahrung gerade nicht als „Mitglied der Gesellschaft" darstellen, sondern im Hinblick darauf, daß er noch mehr und anderes ist als nur ein Rollenträger. Insofern steckt in den Daten der Biographieforschung ein „antisozialer" Gestus. Die soziologische Biographieforschung hat es mit einem Gegenstand (und mit Daten) zu tun, der gewissermaßen „unsoziologisch" ist; denn mit und in ihrer Autobiographie widersprechen die Individuen ihrer Gesellschaftsmitgliedschaft. Dieser Gestus geht auf die Geschichte der Autobiographie als Form (und Gattung) der Selbstidentifikation zurück, auf den kulturgeschichtlichen Prozeß also, in dem Individuen dazu gelangten, ihre Lebensführung und -deutung als eine Geschichte unabhängig von der Geschichte der Gesellschaft insgesamt zu denken und zu schreiben (vgl. Leitner 1982). Diese Paradoxie in den Daten der Biographieforschung aber bildet nicht nur ein Dilemma, sondern enthält auch einen wichtigen Hinweis auf die Sache selbst: Die Menschen in der modernen Gesellschaft sind auf vielerlei Weise damit beschäftigt, ihre Individualität zu behaupten, sich von der Gesellschaft abzuheben. Die Strukturen der modernen Gesellschaft beruhen auch darauf, daß die Mitglieder dieser Gesellschaft auch noch etwas anderes sein wollen als nur Gesellschaftsmitglieder. Insofern also eine Paradoxie im Verhältnis von moderner Gesellschaft und ihren Mitgliedern Bestandsbedingung dieser Gesellschaft ist, wird es geradezu zwingend, dem auch auf der Ebene der Selbstidentifikationen usw. empirisch nachzugehen.

Die Konstitution der Soziologie als Einzelwissenschaft enthielt keine förderlichen Bedingungen für die Biographieforschung. Die Patriarchen von Comte über Spencer, Durkheim, Marx, Simmel, Sombart bis zu M. Weber haben zwar – so oder so – im Verhältnis von Individuum und Gesellschaft ein Kernproblem der Moderne und meist auch eine Kernaufgabe ihrer theoretischen Entwürfe gesehen. Aber das Individuum faßten sie immer mehr oder weniger statisch, besser: ohne eigene und ohne selbst gestaltete Verlaufsform. Sie haben ihre Hauptaufgabe darin gesehen, die Gesellschaftlichkeit des Lebens und die gesellschaftliche Bedingtheit des Individuums nachzuweisen. Das Ich „als (Mit-) Organisator seiner Lebensprozesse" zu verstehen, das blieb diesem Programm der soziologischen Klassiker „anstößig" (Kohli 1980, 504). In seinem Spätwerk kam zwar Simmel (Simmel 1918) mit seiner Idee vom „individuellen Gesetz" bis an eine biographietheoretische Grundlegung heran. Aber wegen der lebens- bzw. moralphilosophischen Einkleidung dieses Gedankens blieb er ohne Wirkung. Im Grunde nur die amerikanischen Interaktionstheoretiker (Cooley, Mead) und die Forscher der Chicagoer Schule verfügten über eine klare Vorstellung vom individuellen Leben als eigener und eigengestalteter Struktur. Lebensgeschichten als Datenmaterial und Biographie als Konzept blieben so – mit Ausnahme des Interaktionismus – im Interessenfeld der großen soziologischen Theorieentwürfe nachrangig.

Weil aber die Soziologie als Disziplin nicht ein für allemal begründet wurde, sondern in permanenter Neu- und Umgründung begriffen ist, ist die Frage möglich: Kann Soziologie von der Biographieforschung her entworfen und betrieben werden? Die Ergebnisse von soziologischer Biographieforschung sind meist Konstellationen von Verlaufsformen, Prozeßstrukturen o.ä. So braucht Identität nicht als Substanz, sondern kann als Prozeß gefaßt werden. In diesem Sinne entwirft Fischer-Rosenthal (1991, 87) das Konzept der „Trajekte": „'Trajekte' lassen sich allgemein fassen als alltagsweltlich und gesellschaftlich fundierte Erfahrungs- und Ereigniszusammenhänge in ihrer fallspezifischen Ablaufgestalt diesseits der Trennung von subjektivem Sinn und gesellschaftlichem Zwang." Darin erfüllt die soziologische Biographieforschung die in der Soziologie immer wieder erhobene Forderung, den „ongoing social process" faßbar zu machen, von Prozessen her zu denken. Die meisten Konzepte der Soziologie sonst gelangen nicht über das Denkbild hinaus, daß sich etwas bewegt, das vorher schon ist (z.B. soziale Bewegung), oder sind prozeßtheoretisch leer (z.B. sozialer Wandel). Allerdings: Eine Erweiterung dieses Prozeßdenkens der Biographieforschung auf Gegenstände von „größerem Kaliber" ist bislang noch nicht erreicht, noch nicht einmal versucht worden.

Die Biographieforscher in der Soziologie wurden ebenso wie alle anderen Soziologen und wie die allermeisten Sozial- und Geisteswissenschaftler vom Zusammenbruch der kommunistischen Regimes in Osteuropa, von der Wiedervereinigung Deutschlands und vom Ende der von den Siegermächten in Potsdam verabredeten Nachkriegsordnung Europas überrascht. Mit einer derart geschichtsmächtigen Veränderung – noch dazu auf friedlichem Wege – hatte niemand gerechnet. Es ist hier nicht der Ort zu überlegen, wie es zu dieser Überraschung kommen konnte. Wichtig ist hier: Angesichts des veränderten Handlungsfeldes der Staaten und Gesellschaften wirkt das Konzept Biographie kleinformatig, fast provinziell. In der vorangegangenen Periode, als sich Westdeutschland vom Wind der Geschichte verschont glauben konnte (weil es im Windschatten anderer Mächte und deren Konstellation lag), als man bei „Gesellschaft" ganz natürlich an die Bundesrepublik Deutschland dachte, da konnte das Konzept Biographie (ähnlich die Individualisierungsthese u.a.m.) aufschlußreich wirken zur Erklärung innerer Problemlagen. Aber jetzt stehen auch sozialwissenschaftlich Fragen von anderem Kaliber an. Nicht daß die soziologische Biographieforschung damit obsolet würde. Schließlich wird es, wie schon bisher, in jedem Falle geboten sein, die Wirkungen von geschichtlichen Großereignissen und -konstellationen – also etwa der vorgesehenen europäischen Währungsunion – auf Biographien zu untersuchen. Aber kann man angesichts dieser großen Ereigniszusammenhänge in der Biographieforschung den Ansatz für eine Allgemeine Soziologie sehen, ohne die in ihr angelegten prozeßtheoretischen Möglichkeiten umfassend ausgebaut zu haben?

Literatur

Abels, H., Krüger, H.-H. & Rohrmann, H. (1989). Jugend im Erziehungsfeld. Schüleraufsätze aus den fünfziger Jahren im Roessler-Archiv. BIOS, 2, 139–150.

Alheit, P., Fischer-Rosenthal, W. & Hoerning, E.M. (1990). Biographieforschung. Eine Zwischenbilanz in der Soziologie. Bremen: Universität Bremen.

Alheit, P. & E.M. Hoerning (Hrsg.) (1989). Biographisches Wissen. Beiträge zu einer Theorie lebensgeschichtlicher Erfahrung. Frankfurt am Main und New York: Campus.

Baerenreiter, H., Fuchs-Heinritz, W. & Kirchner, R. (1990), Jugendliche Computer-Fans: Stubenhocker oder Pioniere? Biographieverläufe und Interaktionsformen. Opladen: Westdeutscher Verlag.

Baumeister, H., D. Bollinger, B. Geissler & M. Osterland (1991), Berufsbiographie und Arbeitsmarktkrise. Eine Untersuchung zu individuellen Arbeitsmarktstrategien von Facharbeitern. Opladen: Leske und Budrich.

Beck, U. (1983). Jenseits von Klasse und Stand? Soziale Ungleichheit, gesellschaftliche Individualisierungsprozesse und die Entstehung neuer sozialer Formationen und Identitäten. Soziale Welt, Sonderband 2, 35–74.

Bertaux, D. (1980). L'approche biographique. Sa validité méthodologique, ses potentialités. Cahiers internationaux de Sociologie, 69, 197–225.

Bertaux, D. (1981). Introduction. In: Ders. (Hrsg.), Biography and Society. The Life History Approach in the Social Sciences (S. 5–15). London und Beverly Hills: Sage.

Brose, H.-G. (1983). Die Erfahrung der Arbeit. Zum berufsbiographischen Erwerb von Handlungsmustern bei Industriearbeitern. Opladen: Westdeutscher Verlag.

Brose, H.-G. & Hildenbrand, B. (Hrsg.) (1988). Vom Ende des Individuums zur Individualität ohne Ende. Opladen: Westdeutscher Verlag.

Bude, H. (1982). Text und soziale Realität. Zu der von Oevermann formulierten Konzeption einer „Objektiven Hermeneutik" Zeitschrift für Sozialisationsforschung und Erziehungssoziologie, 2, 143–143.

Bude, H. (1987). Deutsche Karrieren. Lebenskonstruktionen sozialer Aufsteiger aus der Flakhelfer-Generation. Frankfurt am Main: Suhrkamp.

Bühler, C. (1925). Zwei Knabentagebücher. Jena: Fischer.

Bühler, C. (1927). Zwei Mädchentagebücher. Jena: Fischer.

Bühler, C. (1934). Drei Generationen im Jugendtagebuch. Jena: Fischer.

Chanfrault-Duchet, M.-F. (1993). Biographical Research in Former West Germany. Current Sociology, 43, 209–219.

Deppe, W. (1982). Drei Generationen Arbeiterleben. Eine sozio-biographische Darstellung. Frankfurt am Main und New York: Campus.

Eckart, C., Jaerisch, U.G. & Kramer, H. (1979). Frauenarbeit in Familie und Fabrik. Eine Untersuchung von Bedingungen und Barrieren der Interessenwahrnehmung von Industriearbeiterinnen. Frankfurt am Main und New York: Campus.

Ehlich, K. (1980). Der Alltag des Erzählens. In Ders. (Hrsg.), Erzählen im Alltag (S. 11–27). Frankfurt am Main: Suhrkamp.

Fischer, A., Fuchs, W. & Zinnecker, J. (1985). Jugendliche und Erwachsene '85. Generationen im Vergleich. Band 4: Jugend in Selbstbildern. Opladen: Leske und Budrich.

Fischer, W. (1982). Alltagszeit und Lebenszeit in Lebensgeschichten von chronisch Kranken. Zeitschrift für Sozialisationsforschung und Erziehungssoziologie, 2, 5–19.

Fischer, W. & Kohli, M. (1987). Biographieforschung. In W. Voges (Hrsg.), Methoden der Biographie- und Lebenslaufforschung (S. 25–49). Opladen: Leske und Budrich.

Fischer-Rosenthal, W. (1990). Von der „biographischen Methode" zur Biographieforschung: Versuch einer Standortbestimmung. In P. Alheit, W. Fischer-Rosenthal & E.M. Hoerning (Hrsg.), Biographieforschung. Eine Zwischenbilanz in der deutschen Soziologie (S. 11–32). Bremen: Universität Bremen.

Fischer-Rosenthal, W. (1991). Zum Konzept der subjektiven Aneignung von Gesellschaft. In U. Flick u.a. (Hrsg.), Handbuch Qualitative Sozialforschung. Grundlagen, Konzepte, Methoden und Anwendungen (S. 78–89). München: Psychologie Verlagsunion.

Fischer-Rosenthal, W. (1991). Biographische Methoden in der Soziologie. In U. Flick u.a. (Hrsg.), Handbuch Qualitative Sozialforschung. Grundlagen, Konzepte, Methoden und Anwendungen (S. 253–256). München: Psychologie Verlagsunion.

Fuchs, W. (1980). Möglichkeiten der biographischen Methode. In L. Niethammer (Hrsg.), Lebenserfahrung und kollektives Gedächtnis. Die Praxis der „Oral History". Frankfurt am Main: Syndikat, 323–348.

Fuchs, W. (1983). Jugendliche Statuspassage oder individualisierte Jugendbiographie? Soziale Welt, 34, 341–371.

Fuchs, W. (1984). Biographische Forschung. Eine Einführung in Praxis und Methoden. Opladen: Westdeutscher Verlag.

Fuchs, W. (1985). Der Wiederaufbau in Arbeiterbiographien. In L. Niethammer & A. von Plato (Hrsg.), „Wir kriegen jetzt andere Zeiten" (S. 347–360). Bonn: Dietz.

Fuchs-Heinritz, W. & Krüger, H.-H. (1991). Feste Fahrpläne durch die Jugendphase? Jugendbiographien heute. Opladen: Leske und Budrich.

Geiger, T. (1931). Zur Kritik der arbeiterpsychologischen Forschung. Die Gesellschaft, 8, 237–254.

Gerhardt, U. (1986). Patientenkarrieren. Eine medizinsoziologische Studie. Frankfurt am Main: Suhrkamp.

Giegel, H.-J., Frank, G. & Billerbeck, U. (1988). Industriearbeit und Selbstbehauptung. Berufsbiographische Orientierung und Gesundheitsverhalten in gefährdeten Lebensverhältnissen. Opladen: Leske und Budrich.

Girtler, R. (1987). Die biographische Methode bei der Untersuchung devianter Karrieren und Lebenswelten. In W. Voges (Hrsg.), Methoden der Biographie- und Lebenslaufforschung (S. 321–339). Opladen: Leske und Budrich.

Glaser, B. G. & Strauss, A.L. (1967). The Discovery of Grounded Theory. Strategies for Qualitative Research. New York: Aldine.

Hahn, A. & Kapp, V. (Hrsg.) (1987). Selbstthematisierung und Selbstzeugnis: Bekenntnis und Geständnis. Frankfurt am Main: Suhrkamp.

Heinemeier, S. (1991). Zeitstrukturkrisen. Biographische Interviews mit Arbeitslosen. Opladen: Leske und Budrich.

Heinritz, C. (1988). BIOLIT – Literaturübersicht aus der Biographieforschung und der Oral History 1978–1988. BIOS, 1 (1), 121–168, und (2), 103–138.

Heinritz, C. (1989). Das Kempowski-Archiv für unpublizierte Biographien. In Walter Kempowski zum 60. Geburtstag. Mit Beiträgen von Jürgen Drews, Charlotte Heinritz und einer Bibliographie (S. 21–46). München und Hamburg: Knaus.

Heinritz, C. (1991). Der Klassenrundbrief. Geschrieben 1953–1989 von den Schülerinnen des Abschlußjahrgangs der Altstädter Höheren Mädchenschule in Dresden. Opladen: Leske und Budrich.

Heinritz, C. & Rammstedt, A. (1989). Biographieforschung in Frankreich. BIOS, 2, 255–300.

Heinze, T., Klusemann, H.-W. & Soeffner, H.-G. (Hrsg.) (1979). Interpretationen einer Bildungsgeschichte. Bensheim: päd.extra.

Hermanns, H., Tkocz, C. & Winkler, H. (1984). Berufsverlauf von Ingenieuren. Biografieanalytische Auswertung narrativer Interviews. Frankfurt am Main und New York: Campus.

Hoerning, E.M. (1985). Frauen als Kriegsbeute. In L. Niethammer & A. von Plato (Hrsg.), „Wir kriegen jetzt andere Zeiten" (S. 327–344). Bonn: Dietz.

Hopf, C. (1978). Die Pseudo-Exploration. Überlegungen zur Technik qualitativer Interviews in der Sozialforschung. Zeitschrift für Soziologie, 7, 97–115.

Jakob, G. (1993). Zwischen Dienst und Selbstbezug. Eine biographieanalystische Untersuchung ehrenamtlichen Engagements. Opladen: Leske und Budrich.

Kalicki, B. (1996). Lebensverläufe und Selbstbilder. Die Normalbiographie als psychologisches Regulativ. Opladen: Leske und Budrich.

Kallmeyer, W. & Schütze, F. (1976). Zur Konstitution von Kommunikationsschemata der Sachverhaltsdarstellung. In D. Wegner (Hrsg.), Gesprächsanalyse (S. 159–274). Hamburg: Büske.

Kohli, M. (Hrsg.) (1978). Soziologie des Lebenslaufs. Darmstadt und Neuwied: Luchterhand.

Kohli, M. (1981). Zur Theorie der biographischen Selbst- und Fremdthematisierung. In J. Matthes (Hrsg.), Lebenswelt und soziale Probleme (S. 502–520). Frankfurt am Main und New York: Campus.

Kohli, M. (1985). Die Institutionalisierung des Lebenslaufs. Historische Befunde und theoretische Argumente. Kölner Zeitschrift für Soziologie und Sozialpsychologie, 37, 1–29.

Kohli, M. (1988). Normalbiographie und Individualität. Zur institutionellen Dynamik des gegenwärtigen Lebenslaufregimes. In H.-G. Brose & B. Hildenbrand (Hrsg.), Vom Ende des Individuums zur Individualität ohne Ende (S. 33–53). Opladen: Leske und Budrich.

Kohli, M. & Robert, G. (Hrsg.) (1984). Biographie und soziale Wirklichkeit. Neue Beiträge und Forschungsperspektiven. Stuttgart: Metzler.

Kuhn, H. (1990). Bruch mit dem Kommunismus. Über autobiographische Schriften von Ex-Kommunisten im geteilten Deutschland. Münster: Westfälisches Dampfboot.

Lanfranchi, A. (1993). Immigranten und Schule. Transformationsprozesse in traditionalen Familienwelten als Voraussetzung für schulisches Überleben von Immigrantenkindern. Opladen: Leske und Budrich.

Leitner, H. (1982). Lebenslauf und Identität. Die kulturelle Konstruktion von Zeit in der Biographie. Frankfurt am Main und New York: Campus.

Lenz, K. (1986). Alltagswelten von Jugendlichen. Eine empirische Studie über jugendliche Handlungstypen. Frankfurt am Main und New York: Campus.

Levy, R. (1977). Der Lebenslauf als Statusbiographie. Die weibliche Normalbiographie in makrosoziologischer Perspektive. Stuttgart: Enke.

Ley, K. (1984). Von der Normal- zur Wahlbiographie? In M. Kohli & G. Robert (Hrsg.), Biographie und soziale Wirklichkeit (239–260). Stuttgart: Metzler.

Literaturdokumentation 1988–1993, Sonderforschungsbereich 186 der Universität Bremen (1993). BIOS, 6, 137–147.

Matthes, J., Pfeifenberger, A. & Stosberg, M. (Hrsg.) (1979). Biographie in handlungswissenschaftlicher Perspektive. Nürnberg: Nürnberger Forschungsvereinigung.

Müller-Handl, U. (1993). „Die Gedanken laufen oft zurück ..." Flüchtlingsfrauen erinnern sich an ihr Leben in Böhmen und Mähren und an den Neuanfang in Hessen nach 1945. Wiesbaden: Historische Kommission für Nassau.

Mutz, G., Ludwig-Mayerhofer, W., Koenen, E.J., Eder, K. & Bonß, W. (1995) Diskontinuierliche Erwerbsverläufe. Analysen zur postindustriellen Arbeitslosigkeit. Opladen: Leske und Budrich.

Nassehi, A. (1993). Die Form der Biographie. Theoretische Überlegungen zur Biographieforschung in methodologischer Absicht. BIOS, 7, 46–63.

Nittel, D. (1991). Report: Biographieforschung. Frankfurt am Main: Pädagogische Arbeitsstelle des Deutschen Volkshochschul-Verbandes.

Nittel, D. (1992). Gymnasiale Schullaufbahn und Identitätsentwicklung. Eine biographieanalytische Studie. Weinheim: Deutscher Studien-Verlag.

Oevermann, U., Allert, T., Konau, E. & Krambeck, J. (1979). Die Methodologie einer „Objektiven Hermeneutik und ihre allgemeine forschungslogische Bedeutung in den Sozialwissenschaften" in: Soeffner, H.-G. (Hrsg.) (1979), Interpretative Verfahren in den Sozial- und Textwissenschaften. Stuttgart: Metzler, 352–424.

Ohly, H.P. & Legnaro, A. (1987). Analyse von Lebensverläufen. Biographieforschung – Kohortenanalyse – Life-Event-Daten. Forschungs- und Literaturdokumentation 1984–1986. Bonn: Informationszentrum Sozialwissenschaften.

Riemannn, G. (1987). Das Fremdwerden der eigenen Biographie. Narrative Interviews mit psychiatrischen Patienten. München: Fink.

Rosenthal, G. (1987). „... wenn alles in Scherben fällt ...". Von Leben und Sinnwelt der Kriegsgeneration. Typen biographischer Wandlungen. Opladen: Leske und Budrich.

Schenda, R. (1982). Lebzeiten. Autobiografien der Pro Senectute-Aktion. Zürich: Unionsverlag.

Schmeiser, M. (1994). Akademischer Hasard. Das Berufsschicksal des Professors und das Schicksal der deutschen Universität 1870–1920. Eine verstehend soziologische Untersuchung. Stuttgart: Klett-Cotta.

Schütze, F. (1980). Prozeßstrukturen des Lebensablaufs. In J. Matthes, A. Pfeifenberger & M. Stosberg (Hrsg.), Biographie in handlungswissenschaftlicher Perspektive (S. 67–156). Nürnberg: Nürnberger Forschungsvereinigung.

Schütze, F. (1982). Narrative Repräsentation kollektiver Schicksalsbetroffenheit. In E. Lämmert (Hrsg.), Erzählforschung (S. 568–590). Stuttgart: Metzler.

Schütze, F. (1983). Biographieforschung und narratives Interview. Neue Praxis, 3, 283–293.

Shaw, C. (1966). The Jack-Roller. A Delinquent Boy's Own Story (5. Aufl.). Chicago und London: University of Chicago Press.

Simmel, G. (1918). Lebensanschauung. Vier metaphysische Kapitel. München und Leipzig: Duncker & Humblot.

Soeffner, H.-G. (Hrsg.) (1979). Interpretative Verfahren in den Sozial- und Textwissenschaften. Stuttgart: Metzler.

Szczepanski, J. (1974). Die biographische Methode (3. Aufl.). In R. König (Hrsg.), Handbuch der empirischen Sozialforschung, Band 4 (S. 226–252). Stuttgart: Enke und dtv.

Thomae, H. (1968). Das Individuum und seine Welt. Eine Persönlichkeitstheorie. Göttingen: Verlag für Psychologie.

Thomas, W.I. & Znaniecki, F. (1958). The Polish Peasant in Europe and America (3. Aufl.). 2 Bde. New York: Knopf.

Voges, W. (Hrsg.) (1987). Methoden der Biographie- und Lebenslaufforschung. Opladen: Leske und Budrich.

Wensierski, H.-J. von (1994). Mit uns zieht die alte Zeit. Biographie und Lebenswelt junger DDR-Bürger im Umbruch. Opladen: Leske und Budrich.

Funktionen der Biographieforschung in der Ethnologie[1]

Sigrid Paul

Gegenstand, Ziel und Methode der Ethnologie

Als klassischer Gegenstand der Ethnologie galten bis über die Mitte dieses Jahrhunderts hinaus außereuropäische, nicht industrialisierte, vorwiegend schriftlose Gesellschaften mit ihren von unseren abweichenden „Kulturen". Diese in ihrer Typik ganzheitlich zu erfassen und darzustellen, war das Nahziel. Das ferner liegende Ziel jedoch war und ist das der weiter gefaßten Kulturanthropologie, nämlich durch einen Vergleich potentiell aller Kulturen als „typische Chancen menschenmöglichen Verhaltens" (Mühlmann 1966: 17) zu einer Erkenntnis des Menschen schlechthin beizutragen.

Die klassische Methode der Ethnologie war und ist die stationäre Feldforschung, d.h. im Gegensatz zu flüchtiger Beobachtung und zur kontrollierten Laboratoriumsforschung die Exploration kultureller Gegebenheiten in situ. Dazu gehört der Erwerb einer gewissen Kompetenz in der Ortssprache, weitgehende Integration in die lokale Gemeinschaft bei gleichzeitiger Wahrung intellektueller Distanz, dennoch Empathie, teilnehmende u.a. Beobachtung, informelle wie gezielte Befragung, Sammlung demographischer, genealogischer, historischer u.a. Daten, Aufzeichnung mündlich überlieferter Texte u.a.m. Das gesammelte Material wurde und wird schriftlich – auch in einem Tagebuch – und/oder akustisch auf Tonband fixiert, analysiert und interpretiert, um in einer „die ganze Kultur" oder ihre Teilbereiche vermittelnden Monographie ihren Niederschlag zu finden. Obwohl solche Monographien den Anspruch implizieren, die Kultur „von innen" abzubilden, waren sie bis in die jüngste Vergangenheit nach Kategorien strukturiert, die in Europa entwickelt und u.a. seit über hundert Jahren in dem mehrfach überarbeiteten Leitfaden für Feldforscher „Notes and Queries on Anthropology" festgeschrieben worden waren. – Zu dem Spektrum der „Techniken" gehörte u.U. auch die Aufzeichnung biographischer Berichte, obwohl diese relativ selten sichtbar in Monographien Eingang fanden.

In dem Bestreben, soziale und kulturelle Phänomene nicht nur in ihrer partikulären Qualität zu beschreiben und verständlich zu machen, sondern in Ursache und Wirkung zu erklären, begannen besonders anglophone Ethnologen ab

---

[1] Vertiefende Arbeiten zum Thema sind: Kluckhohn 1945; Langness 1965; Paul 1979; Langness und Frank 1981; Watson und Watson-Franke 1985; Spülbeck 1990; Paul 1996; vgl. auch Okely und Callaway 1992. – Für die Beschaffung neuerer Literatur bin ich Mag. B. Baudler zu Dank verpflichtet.

den vierziger Jahren, sich an dem strengeren Kanon der Sozialwissenschaften zu orientieren. Von Forschungsergebnissen wurde nun erwartet, daß sie den Forderungen nach Validität, Reliabilität, Repräsentativität von Stichproben und Informantenaussagen, letztlich den Forderungen nach „Objektivität" standzuhalten hätten. Hinzu kam in den USA seit den dreißiger Jahren eine Verflechtung psychoanalytischer und dann lerntheoretischer Ansätze mit der ethnologischen Forschung. Die sich kurzlebig dadurch verstärkende Erhebung und Bearbeitung biographischen Materials wurde den Kriterien dieser theoretischen Richtungen unterworfen (vgl. Dollard 1935).

Ab den sechziger Jahren erhoben sich immer mehr kritische Einwände gegen Praxis und Anspruch der Ethnologie und kulminierten schließlich in einer, wenn auch umstrittenen „Krise der Ethnologie". Diese „Krise" hält bis heute an, bewirkte aber eine äußerst fruchtbare Selbstkritik. Heraufbeschworen wurde sie u.a. durch: den Wegfall des Schutzmantels von Kolonialverwaltung und damit auch der Missionare; die Verwundbarkeit der Feldforscher durch die Kritik lokaler Kollegen; die Infragestellung von Methoden, die das Individuum in seiner Eigenart zugunsten kollektivierender Abstraktionen verdrängt hatten; die Weiterentwicklung des in Chicago konzipierten „Symbolischen Interaktionismus" (Blumer 1969); die Wiederentdeckung der Phänomenologie (Schütz 1932, 1960) und der Hermeneutik (Geertz 1973; Watson-Franke und Watson 1975; Frank 1979) in Verbindung mit den „Textwissenschaften". Die Einsicht verfestigte sich, ethnologische Forschung käme einem „Diskurs" zwischen zwei verschiedenen mentalen Welten gleich und hätte schon immer auf „Dialogen" beruht (Tedlock 1979). Nur hätte sich der Forscher in seinem Bemühen um Sachlichkeit als spezifisch enkulturierter Mensch „getilgt", während „seine Welt" in den Publikationen strukturierend und verfremdend dominierte. Dies verleitete J. Clifford (1986) dazu, Ethnographien als Fiktion zu bezeichnen. – Ein weiterer, Neubesinnung fordernder Faktor lag in der Kritik von Ethnologinnen, die vorwiegend männliche Sichtweise (Männer als Forscher wie Informanten) hätten verzerrende Kulturbilder bewirkt. – Am Nerv getroffen wurde die Selbstsicherheit der Fachschaft jedoch durch die Publikation bisher verborgener Aufzeichnungen von Forschern zu ihrer Verfassung im Felde, vor allem der Tagebücher B. Malinowskis sowie des enthüllenden Werkes von G. Devereux (beide 1967). – Es wurde nun klar, daß das Verhältnis zwischen „Observer" und „Observed" (Stocking 1983) keines zwischen subjektivem Kulturerleben und objektiver Kulturdarstellung sein kann, sondern daß das Ineinander-Verschränktsein der Diskurspartner bestimmte Bilder erzeugt. Dieses neue, durch die öffentliche Diskussion differenzierte, „reflexive", „postmoderne" Bewußtsein (vgl. Schmied-Kowarzik und Stagl 1993) ist für die Biographieforschung von besonderer Relevanz, wenn sie auch nach wie vor nur den Rand des weiten Feldes der Ethnologie besetzt.

Das Besondere
an der ethnologischen Biographieforschung

Häufig sind Personen, an deren Lebensgeschichten Ethnologen Interesse zeigen, des Schreibens nicht mächtig. Sie erzählen in ihrer Muttersprache, in einer lingua franca oder seltener in der dem Forscher geläufigen Sprache. Die Erzählung wird als Stenogramm oder auf Tonband aufgezeichnet. In einigen Fällen kann der Forscher (gegen Honorar) um die Führung eines Tagebuchs nach vorgegebenen Richtlinien bitten. Die Übersetzung der Rohtexte wird vom Forscher, oft in Zusammenarbeit mit einem Muttersprachler, noch im Feld oder später vorgenommen. Aus den Transkripten und weiteren Notizen fertigt der Forscher aufgrund seiner Auffassung von Kultur, Person und Situation einen Sekundärtext an, der für Leser in seiner Heimat verständlich sein soll. Nur in den seltensten Fällen, vor allem, wenn Linguisten am Werk sind, werden Originaltexte veröffentlicht oder zumindest zur Einsichtnahme bereitgestellt, wie dies C. Kluckhohn schon 1945 empfohlen hatte. Begründet wird die Neufassung des Textes (inhaltliche Struktur, Chronologisierung) mit dem uns fremden Erzählstil. Die häufigen Streichungen (nach Bewertung der „Wichtigkeit" durch den Forscher) verwischen aber die Schwerpunktsetzungen der Erzähler. – Hin und wieder sind dem Text Ausschnitte aus dem Original mit Linearübersetzung beigefügt (vgl. z.B. Young 1983b). Häufig sind „ethnographische" Einleitungen und Anmerkungen zum Text.

Die Informanten erzählen meist nicht aus eigenem Antrieb, obwohl auch dies vorkommt (vgl. Strathern 1979; Elmendorf 1993). Ein selbstinitiiertes biographisches Erzählen ist in jedem Fall Funktion einer spezifischen Lebenslage und Kontaktsituation. Weitaus häufiger werden die Leute aufgefordert oder angeregt, frei aus ihrem Leben zu erzählen. Nachfragen ergeben sich im Laufe oder nach mehr oder weniger langen, flüssigen Narrationen. Voraussetzung für ein Sich-Öffnen gegenüber dem erwartungsvollen Zuhörer ist ein Vertrauensverhältnis zwischen Erzähler und Forscher, so daß das Aufzeichnen von Lebensgeschichten erst gegen Ende eines Feldaufenthalts oder bei wiederholten Besuchen möglich und sinnvoll wird. Daraus ergibt sich, daß Autoren von publizierten Lebensgeschichten sofort (vgl. Casagrande 1960) oder oft erst bei peinlichen Nachforschungen als Langzeit-Mitarbeiter der Forscher zu erkennen sind (vgl. Arbeiten Kluckhohns in Paul 1979: II: 316–321). Dies wirft die Frage auf, ob die Erzähler nicht von vornherein Außenseiter in ihrer Gemeinde sind oder zumindest durch Teilhabe an der Forschungsaktivität werden.

Die Erzähler werden daher meist erwarten, daß der Forscher Inhalt wie Sinn der Aussage mit Verständnis aufnimmt. Auch hier gibt es Ausnahmen (vgl. z.B. Hendricks 1992, 1993). Bewußt oder unbewußt tasten die Informanten dabei die Erwartungen des Forschers ab, richten sich danach oder auch nicht. Je nachdem, wie die beiden die Situation definieren, bewegen sie sich unablässig in einem interkulturellen Diskurs. Der während dieses Prozesses entstehende Text ist demnach ein kooperatives Produkt, an dem mindestens zwei Personen beteiligt waren. Doch nicht genug damit: oft verläuft die Textkonstruktion in Gegenwart noch anderer Personen, des Dolmetschers, von Verwandten und Nachbarn. Ist dies der Fall, so gehen unweigerlich deren Erwartungen bzw. die Wirkung, die sich der Erzähler von seiner Selbstdarstellung verspricht, in den Text ein. Ohne Zweifel entscheidet der Erzähler spontan oder überlegt, welche Inhalte er preisgeben, wie er sie verknüpfen und welche Bedeutung er ihnen beimessen soll. Der in dieser unwiederholbaren Situation entstehende Rohtext ist demnach nur einer von mehreren möglichen. Dieses Faktum hielt M.V. Angrosino (1989) seinen Fachkollegen anhand zweier lebensgeschichtlicher Versionen vor Augen, die eine karibische Frau – einmal gegenüber dem Forscher, das andere Mal für einen einheimischen Journalisten – produziert hatte (vgl. hierzu Reckless und Selling 1937). Redundant scheint Angrosinos Mahnung, die erzählten Ereignisse nicht für „die Wahrheit" zu nehmen. Auf historisch korrekte, nachprüfbare Angaben kommt es nicht an, sondern auf die momentane, subjektive „Konstruktion" und Deutung von Lebenswirklichkeit.

Die Relevanz von Begriffen der Biographieforschung

In der ethnologischen Biographieforschung ergibt sich ein weiteres, oft unerwartetes Problem. Arbeitet ein Ethnologe mit Informanten, die mit unserer Tradition des chronologisch geordneten Erzählens oder Schreibens – und sei es in Form eines „Bewerbungs-Lebenslaufs" – nicht vertraut sind, so muß er die kulturspezifische Aussageform ermitteln, die zur Darstellung individueller Erfahrungen zur Verfügung steht. So stellte E.B. Basso (1989; vgl. 1992, 1995) in Brasilien fest, daß Kalapalo Kriegs- und Gemeindesituationen in Dialogform wiedergeben. Stets ging es dabei um Herausforderungen durch feindliche Mächte und persönliche Handlungsmotive. Die dramatischen Rezitationen bezogen sich also auf zeitlich begrenzte Ereignisse, nicht auf Sequenzen des ganzen Lebenslaufs. Und R. Rosaldo (1976) sah sich auf den Philippinen genötigt, seine Erwartungen bzgl. einer introspektiven Lebensgeschichte zurückzunehmen, als sein Informant nur Ereignisse aneinanderreihte, die ihn, orientiert am Vorbild seines Vaters, zum Vollerwachsenen hatten werden lassen. J.A. Hoskins erfuhr auf Sumba, wie Bitten an die Ahnen (auch die Begrüßung statushoher Gäste) in gepaarten Couples gesungen wurden. Als ihr alter Informant zu sterben meinte, sang er in gleicher Form seine Lebensklage. Er hatte

Hoskins aber auch in Prosaform aus seinem Leben erzählt, so daß sie eine Zusammenfassung in eigenen Worten den Gesängen gegenüberstellte (1985). – Immer wieder findet man in der Literatur die Feststellung – oder Behauptung? –, hier und dort, in fremden Kulturen, sei es nicht üblich, über sich selbst, seine eigene Entwicklung und dies in (für uns) logischer Abfolge zu erzählen. Oft helfen die Forscher nach, indem sie dazu animieren, „von Anfang an" zu berichten, aus der Kindheit etc., was aber durchaus nicht immer zur Erfüllung ihrer Erwartungen führt. – Studien über kulturspezifische Arten der Selbstdarstellung, wie die von Gungwu (Indonesien, 1976), Milner (Malaya, 1986), Mannheimer und Zangpo (Tibet, 1994), sind ein förderliches Gegenstück zu ethnologischen Interpretationen. – Unsere literarischen bzw. wissenschaftlichen Begriffe sind also nicht ohne weiteres auf Texte aus Fremdkulturen zutreffend.

Obwohl der Terminus „Autobiographie" schon früh (vgl. Radin 1920/1926; Simmons 1942) verwendet wurde, bürgerte sich in der hier maßgebenden anglophonen Literatur der Ausdruck „life history" (vgl. Thomas und Znaniecki 1918–20) für die vom Forscher evozierte und bearbeitete Lebensgeschichte ein. Der Soziologe D. Bertaux versuchte zwar (1981:7), eine Unterscheidung zwischen „life history" und „life story" als der Geschichte, die jemand über sich erzählt, durchzusetzen, aber anscheinend ohne Erfolg. – „Biographie", „Lebenserinnerungen", „Lebensbericht" u.ä. tauchen alternierend und meist synonym auf. In jüngster Zeit scheint „Autobiographie" wieder vermehrt Anklang zu finden, und dies trotz der oft geäußerten Zweifel, ob außerhalb des Abendlandes mit die eigene Entwicklung reflektierenden, das „innere Selbst" offenbarenden Texten zu rechnen ist. (In eigener Regie veröffentlichte Autobiographien von Autoren aus ethnologisch erforschten Regionen gibt es allerdings in wachsender Anzahl; vgl. Riesz und Schild 1996.) – „Oral history" betont die Perspektive eines Zeugen oder Beteiligen an einem für die Historiographie als wichtig erachteten Geschehnis. Doch gerade dies ist Thema einer Reihe von Männergeschichten. Was von historischer Bedeutung ist, liegt im Ermessen der Betroffenen.

Mit der Problematik des Begriffs „Autobiographie" zusammenhängend ist die des „Selbst". Offensichtlich schlägt sich die Tatsache, daß die Erzähler ihr Leben in einem dichten Beziehungsnetz und unter laufender sozialer Kontrolle verbringen, in einer Aussageform nieder, die dem „sozialen Selbst" Vorrang einräumt (vgl. Röttger-Rössler 1993). Den Zweifeln, ob ein „integriertes Selbst" in nicht-westlichen Gesellschaften ebenso empfunden wird wie angeblich in westlichen, begegnete M.E. Spiro (1993) durch einen Vergleich von Aussagen vieler Fachkollegen.

Der Stellenwert von Lebensgeschichten
in der Forschung

Biographische Materialien wurden nolens volens zunächst zwecks *verallgemeinerter Darstellung* von z.b. kulturspezifischen Lebenszyklen, Verwandtschaftsstrukturen, Abfolge von Initiationsriten, Partnerwahl u.a.m. ausgewertet. Schon vor der professionalisierten Ethnologie meinten manche Forscher, ihren Lesern die Fremdkultur durch *fiktionalisierte* Biographien veranschaulichen zu können, z.b. G. Brown, Missionar auf Neubritannien, im Jahre 1898, später sogar einige führende Forscher (Boas, Kroeber, Sapir u.a.), die E.C. Parsons für eine Anthologie (1922) *„typische"* Biographien lieferten, um das psychologische Verständnis für Indianer zu fördern. Ob die Texte sich auf reale Personen bezogen oder nicht, blieb unklar. Die teils berechtigte, eher aber unheilvolle Annahme, ein einziger Mensch könne repräsentativ für alle seine „Mitbürger" sein, scheint bis heute keineswegs restlos überwunden.

Auszüge aus biographischen Erzählungen oder zusammengefaßte Lebensbilder können der *Illustration* verallgemeinernder Darstellungen dienen (z.b. in der Dan-Monographie der Himmelhebers 1958); oder die Lebensgeschichte veranschaulicht eine bestimmte kulturelle Institution (vgl. Westphal-Hellbusch 1956).

Lebensgeschichten werden auch zwecks *Hypothesengenerierung* ausgewertet und anschließend an eine Flächenstudie zur Illustration der Forschungsergebnisse geboten (vgl. Rusque-Alcaino und Bromley 1979).

Eine wesentliche Funktion biographischer Arbeit ist die *Exploration* noch nicht genügend bekannter *Kulturbereiche*. Dies kann der eigentliche Anlaß zur Erhebung sein (vgl. Kroeber 1908, 1945 sowie Frauenprojekte). Sie kann sich aber auch erst im Verlaufe der Forschung ergeben, wie z.B. die Erkenntnis E. Fischers, daß in der Ansicht von Dan angeborene Dispositionen für die Ausübung bestimmter Tätigkeiten Voraussetzung sind (1967).

Das vorrangige Anliegen biographisch arbeitender Ethnologen war und bleibt, *fremde Kulturen* aus der Sicht Einzelner *„von innen"* wahrnehmen zu lernen. Die Lebensgeschichte soll aufzeigen: wie kulturelle Phänomene und Bereiche in ihrer Verflechtung subjektiv erlebt werden; welche Werte das Handeln leiten; wo die Toleranzschwellen für sanktioniertes Verhalten liegen; wie sich individuelles Verlangen mit normierten Zielen und Prozessen in Einklang bringen läßt; welche Bedeutung soziale Positionen für die Gestaltung des eigenen Lebenslaufs haben; wie einzelne mit der Machtausübung anderer fertig werden; wie Wissen und Kompetenzen erworben wurden, d.h. wie der jeweilige Enkulturations- bzw. Sozialisationsprozeß verlaufen ist u.a.m. Die Reihe der potentiellen Beispiele erstreckt sich über die gesamte Geschichte der ethnologischen Biographik, angefangen mit den Publikationen von P. Radin (1913,

1920/26), W. Dyk (1938 mit 1980; 1947) über Nabokov (1967) bis hin zu Shostak (1981) u.a. Dabei kann ein spezifischer inhaltlicher Fokus fehlen, aber auch von vornherein festgeschrieben sein, wie z.b. der von Religion und Magie (rezente Beispiele wären Sharon 1978; Beck 1979; Harvey 1979; Sexton 1981; Stephen 1995).

Vor allem für die früheren Publikationen gilt jedoch, daß sie in der Regel ohne kritische Reflexionen zu ihren Entstehungsbedingungen vorgelegt wurden. Sorgfältige Analysen der Texte sind Desiderata, ein Faktum, das schon Kluckhohn (1945) und noch Langness und Frank (1981) beklagten. In manchen Fällen holten andere Forscher dies nach, so A. Blyth (1939) von W. Dyk (1938) und D. Aberle (1951) von L. Simmons (1942).

Kulturwandel und Geschichte in Biographien

Bedenkt man, daß die zur Entstehung eines biographischen Textes führende „ethnologische Begegnung" immer erst möglich war, nachdem die Fremdkultur bereits seit mehr oder weniger langer Zeit unter euro-amerikanischem Akkulturationsdruck gestanden hatte, so ließen sich alle ethnologischen Biographien als Dokumente des Kulturwandels lesen. Etliche „Autobiographen" rückten ihre Reaktionen auf exogene Impulse zur kulturellen Neuorientierung ins Rampenlicht. So erzählte der Kwakiutl J. Sewid über seine Entwicklung im Rahmen der Traditionen seiner Heimat, der Kirche wie des von ihm selbst mitmodifizierten Wirtschaftsbereichs. „Sein" Ethnograph J.P. Spradley prägte (1969) den Begriff „bicultural adaption" für die gelungene Synthese der vielen Rollengestaltungen Sewids (vgl. auch Kiki 1968). – Bereits früher hatten M. Perham (1936) und D. Westermann (1938) sich vorgestellt, Europäer könnten die koloniale Lebenslage von Afrikanern über ihre Lebensgeschichten nachempfinden. – Zur gleichen Zeit entwickelte H. Thurnwald ein differenziertes Modell, an das sich heutige Ethnologen erinnern sollten. Fußend auf der Gesellschafts- und Kultur-Theorie ihres Gatten (vgl. zu beiden Paul 1979:I,II) und auf dessen Vertrautheit mit lokalen Gegebenheiten, veranschaulichte sie die verschiedenartigen Reaktionen auf neue Impulse, also individuelle Beiträge zum Kulturwandel, durch die Porträtierung von 16 Einwohnern Buins (Salomonen). Sie ließ sich aus deren Leben erzählen, registrierte, wie Verwandte und Nachbarn sie charakterisierten, beobachtete sie etc. Bemerkenswert ist H. Thurnwalds „postmodern" anmutendes Bekenntnis, „Objektivität" sei auch bei peinlicher Sorgfalt des Forschers nicht möglich, da seine „Psyche" mit in die Informantenaussagen einflösse und die Selbstdarstellungen eine Funktion der Begegnung mit der Fremden sei (1937:18). – Diese Skepsis findet man bis in die Werke der siebziger Jahre nur selten, weder bei E.H. Winter (1959) noch in dem sonst so beeindruckenden Werk H. Coderes (1973).

Kulturwandel vollzieht sich zwar, wenn auch von Zeitgenossen oft unbemerkt, ständig. Durch großräumig wirkende, politisch-historische Ereignisse erzwungener, rapider Wandel aber beunruhigt meist bewußt. Wie diese Ereignisse in die Lebensgestaltung der Menschen eingreifen, das hat außer Ethnologen vermehrt auch Historiker in den letzten Jahrzehnten dazu veranlaßt, Biographien auch von „kleinen" Leuten zu berücksichtigen. Beispiele aus früherer wie späterer Zeit gäbe es in Fülle. Bereits im vorigen Jahrhundert lagen zahlreiche, teils auf mündlichen Aussagen beruhende Biographien von Indianern vor, die an den Widerstandskämpfen beteiligt gewesen oder von ihnen betroffen worden waren. Diese Tradition wurde bis weit in das 20. Jahrhundert fortgesetzt (vgl. die Buchserie „American Indian Lives" der Universität Nebraska). Wm. W. Elmendorf publizierte die Geschichtsversionen zweier Twana-Brüder erst ein halbes Jahrhundert nach deren Aufzeichnung (1993). Und S. Rodgers übersetzte die 1950 im Original erschienenen Autobiographien zweier Indonesier (1995) als Geschichtszeugnisse. Beeindruckend ist W. L. Williams' Sammlung (1990) von Lebensgeschichten über fünfzigjähriger Javanesen, die die Erschütterungen während vier historischer Epochen erlitten und das neue Java mitgeprägt hatten. Die Erzähler kommen aus allen Schichten, ethnischen und konfessionellen Gruppen; bewußt sind Frauen wie Männer vertreten. Williams' Arbeitsweise zeugt von hoher Sensibilität, von einer Analyse der Berichte nahm er aber Abstand in der Meinung, seine Personenauswahl spiegele die Buntheit der javanesischen Bevölkerung wieder und die Geschichten sprächen für sich selbst. Übrigens war den Erzählern sehr daran gelegen, der Jugend durch ihre Aussagen bei der Bewältigung von Problemen Hilfestellung zu leisten, ein Motiv, das häufig in der biographischen Literatur auftaucht (vgl. z.B. Basso 1989, 1992, 1995).

Einen ernsthaft bemühten, nach allen Richtungen hin durchdachten Versuch, den letztlich unerfüllbaren Erwartungen heutiger Biographieforscher gerecht zu werden, stellt die „Lokalgeschichte" der Salomoninsel Owa Raha dar, den D. Byer, Tochter H. Bernatziks (vgl. 1936), 1996 vorlegte. Vom Schreibtisch aus rang sie um einen Text – Gespräche, Lebensgeschichten, Beobachtungen, historisches Material –, der den lebendigen Diskurs zwischen ihr und ihren Gastgebern nachvollziehbar machen sollte. Dabei war ihr klar, daß das wie ein Roman zu lesende Buch nicht genau das wiedergeben kann, was sich in den verschiedenen beschriebenen Feldsituationen wirklich vollzogen hatte.

Anders ging B. Hauser-Schäublin mit der Lebensgeschichte eines älteren, Verehrung heischenden Iatmul (Neuguinea) vor. Gaui hatte unter den verschiedensten Umständen getötet und das Töten bzw. den Tod anderer miterlebt. Die Forscherin analysierte seine Geschichte unter der Perspektive der Wertigkeit des Tötens im kulturellen und historischen Kontext. Im Vergleich mit offiziellen Dokumenten und Autobiogaphien von Verwaltungsbeamten stellte sie (1994) eine erstaunlich hohe Kongruenz der Schriften und der Gedächtnisleistung Gauis fest.

Zur Funktion von Lebensgeschichten, historische Prozesse aus individueller Schau zu beleuchten, soll hier nur noch ein Sonderfall Erwähnung finden: 1978 legte H. Kuper das „Porträt" des ihr seit vierzig Jahren bekannten Königs von Swaziland, Sobhuza II, vor und gab Langness und Frank ein Jahr darauf ein Interview zu ihrer Arbeitsweise (1981: 143–154). Die beiden Biographieforscher fügten dies in ihr Kapital zur Ethik biographischer Projekte ein, ein Thema von hoher Bedeutung, das hier aber leider nicht behandelt werden kann.

Familienbiographien in der „Kultur der Armut"

Weit über die Fachgrenzen hinaus inspirierend wirkten die Arbeiten von O. Lewis (vgl. Bertaux 1976). Er war von der Gemeinde- zur Familienforschung gekommen. Von den Lebensverhältnissen in Mexico City erschüttert, stellte er eine der vorher schon untersuchten Familien in einer für die damalige Forschung neuen Weise dar: er ließ ihre fünf Mitglieder erzählen, wie sich ihr teils gemeinsames Leben gestaltet hatte. Daß sich die Versionen erheblich voneinander unterschieden, dürfte nicht überraschen. Die gegen Lewis erhobene Kritik richtete sich auch nicht gegen seine „Rashomon-Technik", sondern gegen seine These, extreme Armut bringe eine eigene Kultur hervor. Den „Kindern von Sánchez" (1961) folgten die Geschichte eines armen Bauern (1964) und eine komplexe Studie einer weitverzweigten puertorikanischen Familie (1966). – Nach seinem Tode 1970 erschienen, von seiner Witwe und einer Kollegin bearbeitet, Lebensgeschichten von je vier kubanischen Frauen und Männern (1977) sowie einer Anzahl von benachbarten Personen (1978). Hier dominiert das Thema, wie die Revolution erlebt wurde.

Persönlichkeitsanalysen anhand von Lebensgeschichten

Idiographische Analysen sind in der Ethnologie selten vorgenommen worden. Daß jeder Mensch aufgrund seiner Anlagen und seines Schicksals einzigartig strukturiert ist und daher auch als potentieller Modifizierer der Kultur betrachtet werden sollte, wurde zwar schon früh (vgl. Schmidt 1906) betont, doch noch

1981 bemängelten Langness und Frank, daß kaum tragfähige Anstrengungen in dieser Richtung unternommen worden sind. 1939 hatte der Psychoanalytiker A. Kardiner eine „Technik" entwickelt, um die Genese einer kulturspezifischen Grundkonstellation der Persönlichkeit zu erklären. Dazu gehörte – neben Traumanalysen und projektiven Tests – die Auswertung von Lebensgeschichten. Nachdem C. DuBois diese „Technik" auf der Insel Alor empirisch zu überprüfen versucht hatte (1944), präzisierte Kardiner sein Begriffsschema: die „basic personality structure" sei der „Raum", innerhalb dessen sich individuelle Charaktere formten. Wie sich diese entwickelt hätten, könnten aber nur Autobiographien erweisen (in DuBois 1961:I:7ff.). Diese gedankliche Linie wurde aber nicht weiter verfolgt. Weitere Forscher suchten zunächst – anhand systematischerer Stichproben – nach kulturellen Grundpersönlichkeitsstrukturen (vgl. Gladwin und Sarason 1953), diese Forschungsrichtung ebbte aber gegen Ende der fünfziger Jahre ab und gilt heute als überwunden.

Die erste psychologische Einzelanalyse betraf einen Navaho. Die beiden Psychiater A. und D. Leighton (1949) versuchten, die Entwicklung dieses Mannes auf der Dimension seiner Gabe, durch Handzittern wahrzusagen, nachzuvollziehen. Sie hatten damit aber eher ein kulturelles Phänomen veranschaulicht als eine Gesamtpersönlichkeit erfaßt. – Auch die Analyse D.F. Aberles (1951) der Lebensgeschichte des Hopis Talayeswa (Simmons 1942) beantwortet eher die Frage nach individuellen Ausprägungen kultureller Normen als die, ob diese Persönlichkeit u.U. nicht auch anderswo hätte vorkommen können. Erwägungen dieser Art hatte A.L. Kroeber schon 1947 beim Vergleich zweier Männer verschiedener ethnischer Herkunft angestellt. Aber auch diese Anregung blieb m. W. bis heute ohne deutliche Wirkung.

Eine andersartige Analyse legte 1974 Ch.C. Hughes von der für ihn angefertigten Autobiographie eines jungen Inuit vor. Ihn interessierte dessen Verhalten vor allem in der Rolle als Sohn und Jäger, seine Sozialisation und Identitätsfindung. Wegen dieser thematischen Einengung und der grundsätzlichen Frage, ob eine Analyse nach vorgefertigten wissenschaftlichen Kategorien zum Verständnis einer Persönlichkeit führen kann, unterzogen Watson und Watson-Franke dieses Werk aus ihrer hermeneutischen Perspektive (1985) einer eingehenden Kritik.

Nachdem der Niedergang der psychoanalytisch orientierten „Kultur- und Persönlichkeitsforschung" eine gewisse Flaute in der Biographieforschung ausgelöst hatte, regte D.C. Mandelbaum 1973 dazu an, sich erneut um ein für Vergleiche brauchbares Analyseschema zu bemühen und exemplifizierte seinen Vorschlag am Leben M. Gandhis. Darin verarbeitete er Impulse u.a. von Ch. Bühler und E. Erikson und stellte zur Diskussion, ob sich nicht die Entwicklung einer Persönlichkeit unter den Aspekten der biologischen, kulturellen, psychosozialen „Dimensionen", von „Lebenswenden" sowie „Adaptionen" (in Form von Erhaltung und Neugestaltung der Lebensbedingungen) studieren ließe. Die dem Beitrag angefügten Stellungnahmen verschiedener Fachkollegen weisen bereits auf eine beginnende Neuorientierung der amerikanischen Biographieforschung hin. – N.B. Schwartz (1977), J.G. Kennedy (1977) sowie J.M. Freeman (1979) berücksichtigten Mandelbaums Gedanken; dabei hielt Kennedy z.b. fest, wie es einem einzelnen Nuba gelingen konnte, junge Landsleute zur Aufgabe eines zentralen alten Brauchs zu bewegen.

In der neueren Biographieforschung wird das Buch „Tuhami" (1980) des Ethnologen und Psychoanalytikers V. Crapanzano als Ausdruck einer epistemologischen Wende angesehen. Crapanzano hatte sich schon 1977 mit einem kritischen Beitrag zur Methode gemeldet. Ende der sechziger Jahre war er nach Marokko gekommen, um dort eine islamische Bruderschaft, besonders deren Bedeutung für Nicht-Mitglieder, zu untersuchen. Freunde hatten ihn auf den Ziegelarbeiter Tuhami als vielversprechende Auskunftsperson hingewiesen. – Crapanzano traf ihn in seinem bescheidenen Zuhause, zusätzlich aber zu wöchentlichen Gesprächen im Hause seines Dolmetschers. Im Laufe der Zusammenkünfte entwickelte sich eine tiefe Freundschaft zwischen den beiden; gegen Ende von Crapanzanos Aufenthalt in Meknes wurde er zu Tuhamis Therapeut, denn eine mächtige Dämonin beanspruchte Tuhami als Ehemann und hinderte ihn an einer Familiengründung. Crapanzano ließ sich in eine Welt voller Widersprüche, Assoziationen, Metaphern und Phantasien tragen, besann sich aber immer wieder auf seine Rolle als Forscher, der konkrete Informationen erwartete. Während und nach den Begegnungen rang Crapanzano um Verständnis sowohl von Tuhamis „Welt" wie dessen, was sich in den beiden Gesprächspartnern vollzogen hatte. In dem Buch wechseln Gesprächswiedergaben mit Interpretationen ab, so daß wir es mit keiner „Autobiographie", sondern dem Versuch zu tun haben, den sich in dem Diskurs aufeinander einspielenden beiden Persönlichkeiten zu begegnen. – Crapanzano betrachtete seine Publikation als „Experiment", das die Kollegen aus ihrer Naivität aufrütteln sollte. Sie ist eine andauernde Reflexion der Möglichkeiten des transkulturellen (und transpersonalen) Verstehens. – Watson und Watson-Franke halten Crapanzano (1985) allerdings vor, seiner eigenen Forderung, der Forscher müsse sich seiner persönlichen Voreingenommenheiten bewußt werden und während des ganzen Forschungsprozesses bleiben, nicht gründlich genug nachgekommen zu sein. Er selbst habe sich in seiner Entwicklung und Persönlichkeit im Text nicht zu erkennen gegeben. Diese Kritik ist aber zu scharf, ebenso die, daß er der Mitbeteiligung des Dolmetschers an der Konstruktion von „Realität" nicht ausreichend Rechnung getragen habe.

Watson und Watson-Franke demonstrieren (1985) anhand des Beispiels der Lebensgeschichte einer Guajiro (Venezuela), wie sie sich dem Verständnis der gemeinsam im Text konstruierten Welt annähern würden. Sie skizzieren elf interpretative Kategorien, die sich von der Erfassung des soziokulturellen Kontextes bis hin zu einer ganzheitlichen Interpretation der Erzählerin in ihrer „Lebenswelt" erstrecken. Sie hoffen, durch Aufnahme der Bedeutungseinheiten Fremder in den eigenen Wahrnehmungshorizont eine Art Metasprache zu ermöglichen, die einen Vergleich von biographischen und somit Identitätsstrukturen erlaubt.

Seit 1985 sind etliche weitere Lebensgeschichten in den Druck gekommen. An der Herausforderung durch Hermeneutiker konnten die Forscher nicht vorbeigehen, spürbar ist sie jedoch nicht etwa in allen Werken.

Lebensgeschichten von Frauen

Obwohl die erste Indianerbiographie die einer Frau war (Anderson 1825) und bis in die siebziger Jahre unseres Jahrhunderts einige weibliche Lebensgeschichten veröffentlicht wurden, hatten Frauen als Feldforscherinnen oft und als Informantinnen meistens im Schatten der Männer gestanden. Über Jahrzehnte wurde Frauenbiographien hauptsächlich ergänzende Funktion zugestanden, entweder zum Gesamtbild der Kultur oder als Pendant zu Männerbiographien, außer es handelte sich um ungewöhnliche Lebenssituationen, wie z.B. im Falle der als Mann erzogenen Inuit Anauta (Washburne 1940).

So entstand die Biographie der „Baba of Karo" (Mary Smith 1954) im Rahmen eines Projektes, das ihr Ehemann über Haushalte der Hausa durchführte. Zu der Welt der Musliminnen hatte er keinen Zugang, aber zu dem von seiner Frau aufgenommenen Text nahm er „als Wissenschaftler" Stellung. – E. Colson sammelte weibliche Lebensgeschichten bei den Pomo im Rahmen eines Projektes ihres Kollegen B.W. Aginsky (1956, 1978). – U. Himmelheber verwirklichte zuerst den gemeinsamen Plan des Ehepaares zu ermitteln, wie Frauen (und Männer) in Liberia ihr Schicksal bewältigten und deuteten (1957; vgl. H. und U. Himmelheber 1970). – J.H. Kelley bearbeitete die Erzählungen von Yaqui Frauen (1978), nachdem sie bereits an der Präsentation einer männlichen Lebensgeschichte beteiligt gewesen war (Moises, Kelley, Holden 1971). – M. L. Elmendorf ließ neun Maya Frauen aus dem Dorf Chan Kom (vgl. Redfield und Rojas 1934) frei erzählen, um zu erfahren, was der soziale Wandel in ihrem Leben – im Gegensatz zu dem der Männer – bedeutet hatte (1976). – In zweierlei Hinsicht bemerkenswert ist der Lebensbericht der Winnebago Mountain Wolf Woman, den N.O. Lurie 1961 herausgab: erstens war sie die Schwester der beiden, 1913 und 1920/1926 von P. Radin vorgestellten Autobiographen „Crashing Thunder" und „Sam Blowsnake"; zweitens gibt Lurie sehr lebendig wieder, wie die Erzählerin im Hause der Forscherin die Aufnahmesituationen selbstbewußt gestaltete. – Watson und Watson-Franke behandeln als einzige Publikation früherer Zeit, in der sich eine ganze Kultur in einem Frauenleben widerspiegeln sollte, die Geschichte der neunzigjährigen Papago Chona, von R. Underhill schon 1936 herausgegeben; doch kritisieren sie die Zwanghaftigkeit der Interpretation dieser Persönlichkeit als total kulturangepaßte, obwohl der Text oft dagegen spräche (1985).

Wie zu erwarten, wurden Frauenbiographien zumeist von Frauen besorgt und diese Konstellation wurde auch für eher zielführend angesehen. Wie sich allerdings mit zunehmender Sensibilisierung der Feldforscher herausstellen sollte, läßt sich diese Annahme nicht verallgemeinern. Eine Vielzahl an situativen, interaktiven, psychologischen u.a. Faktoren scheint ausschlaggebend für eine gelungene Konstruktion von Lebensgeschichten zu sein, auch besonders solcher von Frauen. Nur etwas über die weibliche Lebenswelt erfahren zu wollen, wie F.B. Linderman dies im Gespräch mit der Crow Pretty Shield (1932) zu forcieren versuchte, führt unweigerlich auf eine schiefe Ebene.

Im Zuge des Feminismus stellten (zunächst amerikanische) Ethnologinnen die Zuverlässigkeit bisheriger ethnographischer Forschungsmethoden wie -ergebnisse generell in Frage. Sie verwiesen auf die androzentrische Interpretations- und Darstellungsweise und forderten Erkundung und Einbeziehung weiblicher Sichtweisen in die Forschung. Im Felde meinten sie, hellhöriger für Subjektivität und interkulturellen Diskurs zu sein und wandten ihre Aufmerksamkeit besonders den Machtverhältnissen zwischen Männern und Frauen zu. Als Weg zum Ziel boten sich vorrangig biographische Studien an, doch so einfach schien es nicht zu sein, die „stummen" Frauen zum Reden über sich selbst zu bringen (vgl. schon U. Himmelhebers Erfahrungen 1957 und auch Strathern 1972). Und wenn Frauen es wagten, laut über ihr Leben nachzudenken, taten sie dies in von Männern nach außen hin vertretenen Gemeinden eher mit Bezug auf deren stereotypisierte Rollenerwartungen.

Männer hatten sich schon vergeblich um Frauengeschichten bemüht. So war R.M. Keesing z.B. enttäuscht gewesen, daß es ihm nicht gelungen war, der Lebensgeschichte seines Freundes 'Elota, eines Kwaio auf einer der Salomonen (1977) und der seines Assistenten Fifi' (1989) eine weibliche gegenüberzustellen. 1977 war er jedoch mit einer Studentin in die Gegend zurückgekehrt, die er als die eigentliche Forscherin in den Vordergrund schob. Daß dann mehr und mehr Frauen, teils pausenlos, aus ihrem Leben erzählten, führte Keesing aber nicht nur auf das Geschlecht seiner Assistentin zurück, sondern auf die Tatsache, daß die einheimischen Männer, die ein lokalpolitisches Interesse an der Aufzeichnung ihrer Traditionen hatten, selbst auf die Frauen hingewiesen hatten. Dies stärkte ihr Selbstvertrauen derart, daß sie Männern, die zuhören wollten, die Tür wiesen (1985). Ähnliche Erfahrungen hatte M.W. Young in einem

Dorf in Neuguinea gemacht. Obwohl er schon mehrere Männer angehört hatte, gelang es ihm nicht, die Scheu der Frauen zu überwinden. Eines Tages jedoch schickte er seinen einheimischen Assistenten alleine los und siehe da: zuerst erzählte die besuchte Frau aus ihrem Leben, dann der anwesende befreundete Mann (1983). – B. Hauser-Schäublin dagegen war es schon früher bei den Iatmul gelungen, sowohl Frauen- wie auch Männerbiographien zu sammeln (1977). Über die näheren Umstände sagt sie allerdings nichts.

Aus der Reihe der in den letzten Jahrzehnten publizierten Frauenbiographien sollen noch einige erwähnt werden: M. Ray über bengalische Frauen (1975); J. Nash und M.M. Rocca über zwei arme, aber mutige und zähe Frauen aus Bolivien bzw. Argentinien (1975); L.B. Wilson (1995), der es im Gespräch mit zwei Frauen auf einer Palau-Insel (Mikronesien) schwer fiel, in Anbetracht der Bedeutung von Familie und Klan individuelle Lebensgeschichten zu evozieren; weiterhin R. Behars Publikation einer mexikanischen Frauengeschichte, der sie ihre eigene, bzgl. emotionaler Reaktionen als vergleichbar empfundene beifügte (1990, 1993). Von großem Interesse dürfte die Geschichte der Inuit Richterin Sadie Brower Neakok sein, für die M. Blackman eine Zuhörerrunde im traditionellen Stil zusammenrief, damit die Erzählung in einer lockeren Atmosphäre verlaufen konnte (1989). Internationales Aufsehen erregte M. Shostaks Buch (1981), in der die !Kung (Süd-Afrika) „Nisa" erstaunlich frei aus ihrem Leben erzählt.

Als letztes Beispiel sei U. Wikans Beitrag über die Lebensgeschichte einer ehemaligen Nonne aus Bhutan angeführt. Wikan (1996) fragt den Text danach ab, wie Menschen (Frauen) ihren Alltag bewältigen, nachdem ihr soziales Selbst durch schwere Schicksalsschläge beschädigt worden ist: im bhutanesischen Beispiel u.a. durch hartnäckige Arbeit und die Schaffung des ersehnten Freiraums für Meditationen; in der Überflußgesellschaft Norwegens, der Heimat Wikans, oft durch Flucht in die Krankheit und Zuhilfenahme des Sozialstaats. – Lebensgeschichten, die Bewältigungsstrategien offenlegen, könnten also dazu dienen, vergleichbare Situationen in ihrer je eigenen kulturellen wie persönlichen, kreativen Ausgestaltung ins Auge zu fassen. Damit wäre eine Annäherung an sowohl das ethnologische wie das universalistisch-anthropologische Ziel möglich.

Schlußbemerkung

Lediglich aus Platzgründen wurde bisher verschwiegen, daß sich ethnologische, einschließlich biographischer Forschungen in den letzten Jahrzehnten immer häufiger auch innerhalb der Heimatländer der Forscher vollzogen haben. Nicht regelmäßig ging es dabei um Ausländer. Gegenstände, Ziele, Theorien und Methoden von Volkskunde, Völkerkunde und Soziologie fließen auch in Europa allmählich ineinander, wie dies in den USA schon von Anfang an der Fall war. – Die immer wieder gestellte Frage: „Was soll man mit Lebensgeschichten anfangen?" hat keine eindimensionale Antwort. Sie werden weiterhin der Erhellung kollektiver Prozesse aus subjektiver Schau dienen. Sie intensivieren aber auch die Bereitschaft zur interpersonalen Begegnung über „Kultur"-Grenzen hinweg, eine „Funktion" von eminenter Dringlichkeit in einer sich „globalisierenden" Welt.

Literatur

Aberle, D.F. (1951). The Psychosocial Analysis of a Hopi Life-History. Comparative Psychology Monographs 21: 1.

Anderson, R. (1825). Memoir of Catherine Brown, A Christian Indian of the Cherokee Nation. 2. Aufl. Boston: Crocker & Brewster.

Angrosino, M.V. (1989). The Two Lives of Rebecca Levenstone: Symbolic interaction in the generation of the life-history. Journal of Anthropological Research 45, 315–326.

Basso, E.B. (1989). Kalapalo Biography: Psychology and Language in a South American Oral History. American Anthropologist 91: 3, 551–569.

Basso, E.B. (1992). The Last Cannibal. In E.B. Basso (Hrsg.), Native Latin American Cultures through their Discourse. Bloomington/Ind.: Indiana Univ. Press.

Basso, E.B. (1995). The Last Cannibals: A South American Oral History. Austin: University of Texas Press.

Beck, J.C. (1979). To Windward of Land: the Occult World of Alexander Charles. Bloomington: Indiana University Press.

Behar, R. (1993). Translated Woman: Crossing the Border with Esperanza's Story. Boston: Beacon Press.

Bernatzik, H. (1936). Owa Raha. Wien, Leipzig, Olten: Berina Verlag.

Bertaux, D. (1976). Histoires de vies – ou récits de pratiques? Méthodologie de l'approche biographique en Sociologie. Convention C.O.R.D.E.S. no 23–1971. Rapport final, T.I. Paris.

Bertaux, D. (1981). Introduction. In D. Bertaux (Hrsg.), Biography and Society (S. 5–15). London and Beverly Hills.

Blackman, M. (1989). Sadie Brower Neakok: An Inupiaq Woman. Seattle: University of Washington Press.

Blumer, H. (1969). Symbolic Interactionism. Englewood Cliffs: Prentice-Hall.

Blyth, A.D. (1939). The Possible Significance of Life History Material to the Ethnographer as Demonstrated by a Study of Son of Old Man Hat. Unpubl. thesis for undergraduate honors, Radcliffe College.

Brown, G. (1898). Life History of a Savage. In Publications of the Australian Association for the Advancement of Science, 7, 778–790.

Byer, D. (1996). Die Große Insel. Südpazifische Lebensgeschichten. Autobiographische Berichte aus dem südöstlichen Salomon-Archipel seit 1914. Wien, Köln, Weimar: Böhlau Verlag.

Clifford, J. (1986). Introduction: Partial Truths. In J. Clifford & G.E. Marcus (Hrsg.), Writing Culture: The Poetics and Politics of Ethnography. Berkeley, Los Angeles, London: Univ. of California Press.

Codere, H. (1973). The Biography of an African Society. Rwanda 1900–1960. Based on 48 Rwandan Autobiographies. Tervuren: Musée Royal de l'Afrique Centrale, Annales, Séries en 8°, Sciences Humaines, 79.

Colson, E. (1956). Autobiographies of Three Pomo Women. In B. Kaplan (Hrsg.), Primary Records in Culture and Personality. Madison, Wisc. (1974 University of California Press).

Committee of the Royal Anthropological Institute of Great Britain and Ireland (1971). Reprint of 6th revised and rewritten edition of „Notes and Queries on Anthropology", (1. Aufl. 1874). London: Routledge & Kegan Paul.

Crapanzano, V. (1977). The Life History in Anthropological Fieldwork. Anthropology and Humanism Quarterly, 2(2–3), 3–7.

Crapanzano, V. (1980). Tuhami: Portrait of a Maroccan. Chicago: University of Chicago Press.

Devereux, G. (1967). From Anxiety to Method in the Social Sciences. Den Haag: Mouton & Co.

Dollard, J. (1935). Criteria for the Life History (with analysis of six notable documents). New Haven: Yale University Press.

DuBois, Cora (1944). The People of Alor: The Social-Psychological Study of an East Indian Island I–II. With analyses by Abram Kardiner and Emil Oberholzer. Minneapolis: University of Minnesota Press.

Dyk, W. (1938). Son of Old Man Hat: A Navaho Autobiography Recorded by Walter Dyk. With an Introduction by Edward Sapir. New York: Harcourt. Dyk, W. and R. (1980). Left Handed: A Navajo Autobiography. New York: Columbia University Press (Fortsetzung von Dyk 1938).

Elmendorf, M.L. (1976). Nine Mayan Women: A Village Faces Change. New York: John Wiley and Sons.

Elmendorf, Wm.W. (1993). Twana Narratives: Native Historical Accounts of a Coast Salish Culture. Seattle: University of Washington Press.

Fischer, E. (1967). Der Wandel ökonomischer Rollen bei den westlichen Dan in Liberia. Wiesbaden: Steiner. Studien zur Kulturkunde, 21.

Frank, G. (1979). Finding the Common Denominator: A Phenomenological Critique of Life History Method. Ethos, 7, 68–94.

Freeman, J.M. (1979). Untouchable: An Indian Life History. Stanford: Stanford University Press.

Geertz, C. (1973). The Interpretation of Cultures. New York: Basic Books.

Gladwin, Th. und S.S. Sarason. (1953). Truk: Man in Paradise. NewYork: Viking Fund Publications in Anthropology, 20.

Gungwu, Wung (1976). Self and Biography. Sidney: Sidney University Press.

Harvey Y.K. (1979). Six Korean Women: The Socialization of Shamans. St. Paul: West Publishing.

Hauser-Schäublin, B. (1977). Frauen in Kararau. Zur Rolle der Frau bei den Yatmul am Mittelsepik, Papua New Guinea. Basel: Ethnologisches Seminar der Universität und Museum für Völkerkunde. Basler Beiträge zur Ethnologie, 18.

Hauser-Schäublin, B. (1994). Der schillernde Tod. Zur kulturellen Konstruktion der Tötung in der Kultur der Yatmul und der Fremden. In B. Hauser-Schäublin (Hrsg.), Geschichte und mündliche Überlieferung in Ozeanien (S. 15–49). Basel: Ethn. Seminar der Univ. und Museum für Völkerkunde. Basler Beiträge zur Ethnologie, 37.

Hendricks, J.W. (1992). Manipulating Time in an Amazonian Society. In E.B. Basso (Hrsg.), Native Latin American Cultures through their Discourse. Bloomington/Ind.: Indiana University Press.

Hendricks, J.W. und Tukup' (A Shua Warrior), (1993). To Drink of Death: The Narrative of a Shua Warrior. Tuscon: University of Arizona Press.

Himmelheber, H. und U. (1958). Die Dan, ein Bauernvolk im westafrikanischen Urwald. Stuttgart: Kohlhammer.

Himmelheber, H. und U. (1970). Negerschicksale. Berichte der Dan in Liberia. Heidelberg: Eigendruck.

Himmelheber, U. (1957). Schwarze Schwester. Von Mensch zu Mensch in Afrika. Bremen: Carl Schünemann Verlag.

Hoskins, J.A. (1985). A Life History from both Sides: The Changing Poetics of Personal Experience. Journal of Anthropological Research, 41, 147–169.

Hughes, Ch. C. (1974). Eskimo Boyhood: An Autobiography in Psychosocial Perspective. Lexington: University of Kentucky Press.

Kardiner, A. (1939). The Individual and his Society. New York: Columbia University Press.

Kardiner, A. (1945). The Psychological Frontiers of Society. New York: Columbia University Press.

Keesing, R.M. (1985). Kwaio Women Speak: The Micropolitics of Autobiography in a Solomon Island Society. American Anthropologist, 87: l, 27–39.

Keesing, R.M. (Hrsg.) (1978). 'Elota's Story. The Life and Times of a Solomon Islands Big Man. New York: St. Martin's Press.

Keesing, R.M. (Hrsg.) und Fifii, Jonathan (1989). From Pig-Theft to Parliament – my life between two worlds. Honiara: Solomon Islands College of Higher Education.

Kelley, J.H. (1978). Yaqui Women. Contemporary Life Histories. Lincoln: University of Nebraska Press.

Kennedy, J.G. (1977). Struggle for Change in a Nubian Community: An Individual in Society and History. Palo Alto: Mayfield Publishing.

Kiki, Sir Albert Maori (1968). Ten Thousand Years in a Lifetime. London: Pall Mall Press.

Kluckhohn, C. (1945). The Personal Document in Anthropological Science. In Social Science Research Council (Hrsg.), The Use of Personal Documents in History, Anthropology and Sociology (S. 77–173). New York.

Kroeber, A.L. (1908). Ethnology of the Gros Ventre. Anthropological Papers of the American Museum of Natural History, War Experiences of Individuals, 1 (4), 196–222.

Kroeber, A.L. (1945). A Yurok War Reminiscence. The Use of Autobiographical Evidence. Southwestern Journal of Anthropology, 1, 318–322.

Kroeber, A.L. (1947). A Southwestern Personality Type. Southwestern Journal of Anthropology, 3, l08–113.

Kuper, H. (1978). Sobhuza II, Ngwenyama and King of Swaziland: The Story of an Hereditary Ruler and his Country. New York: Africana Publishing Company.

Langness, L.L.(1965). The Life History in Anthropological Science. New York: Holt.

Langness, L.L. und G. Frank (1981). Lives. An Anthropological Approach to Biography. Novato: Chandler and Sharp Publishers.

Leighton, A.H. und D.C. Leighton (1949). Gregorio, the Hand-Trembler. A Psychobiological Personality Study of A Navaho Indian. Papers of the Peabody Museum of American Archeology and Ethnology, XL. Cambridge. Mass .

Linderman, F.B. (1932). Red Mother. New York: John Day Co.

Lewis, O. (1961). The Children of Sánchez: Autobiography of a Mexican Family. New York: Random House.

Lewis, O. (1964). Pedro Martinez: A Mexican Peasant and his Family. New York: Random House.

Lewis, O. (1966). La Vida: A Puerto Rican Family in the Culture of Poverty – San Juan and New York. New York: Vintage Books.

Lewis, O., R.M. Lewis und S.M. Rigdon (1977). Four Man. Urbana: University of Illinois Press.

Lewis, O., R.M. Lewis und S.M. Rigdon (1977). Four Women. Urbana: University of Illinois Press.

Lewis, O., R.M. Lewis und S.M. Rigdon (1978). Neighbors. Urbana: University of Illinois Press.

Lurie, N.O. (1961). Mountain Wolf Woman, Sister of Crashing Thunder: The Autobiography of a Winnebago Woman. Ann Arbor: University of Michigan Press.

Malinowski, B. (1967). A Diary in the Strict Sense of the Term. New York: Harcourt, Brace and World.

Mandelbaum, D.G. (1973). The Study of Life History: Gandhi (with comments). Current Anthropology, 14(3), 177–206.

Mannheimer, E. und Khetsun Zangpo (1994). Namtar: The Tradition of Biography in Tibet. Biography, 17: 1, 20–31.

Milner, A. (1986). Post-Modern Perspectives on Malay Biography. Papers Presented at the Seminar Biografi Malaysia. University of Malaysia.

Moises, R., J.H. Kelley und Wm.C. Holden (1971). A Yaqui Life: The Personal Chronicle of a Yaqui Indian. Lincoln: Univ. of Nebraska Press.

Mühlmann, W.E. (1966). Umrisse und Probleme einer Kulturanthropologie. In W.E. Mühlmann und E.W. Müller (Hrsg.), Kulturanthropologie (S. 15–49). Köln und Berlin: Kiepenheuer & Witsch. Neue Wissenschaftliche Bibliothek, 9. Soziologie.

Nabokov, P. (1967). Two Leggings: The Making of a Crow Warrior. New York: Thomas Y. Crowell.

Nash, J. und M.M. Rocca (1976). Dos mujeres indigenas. Mexico: Instituto Indigenista Interamericano. Serie Antropologia Social, 14.

Okely, J. und H. Callaway (Hrsg.) (1992). Anthropology and Autobiography. London/New York: Routledge. ASA Monographs, 29.

Parsons, E.C. (Hrsg.) (1922). American Indian Life. New York: Huebsch.

Paul, S. (1979). Begegnungen. Zur Geschichte persönlicher Dokumente in Ethnologie, Soziologie und Psychologie, I–II. Hohenschäftlarn: Klaus Renner Verlag.

Paul, S. (1996). Bausteine zu einer Geschichte der Biographieforschung in Afrika. Paideuma, 42, 183–213.

Perham, M.F.(Hrsg.) (1936). Ten Africans. London: Faber and Faber.

Radin, P. (1913). Personal Reminiscences of a Winnebago Indian. Journal of American Folklore, 26, 293–318.

Radin, P. (1920). The Autobiography of a Winnebago Indian. University of California Publications in American Archeology and Ethnology, 16:7, 381–473. = Radin, P. (Hrsg.) (1926). Crashing Thunder. The Autobiography of an American Indian. New York: Appleton.

Reckless, W.C. und L.S. Selling (1937). A Sociological and Psychiatric Interview Compared. American Journal of Orthopsychiatry, 7, 532–539.

Redfield, R. und A.V. Rojas (1934). Chan Kom, a Maya Village. Publication No. 448 of the Carnegie Institution of Washington.

Riesz, J. und U. Schild (Hrsg.) (1996). Genres autobiographiques en Afrique. Autobiographical Genres in Africa. Berlin: Dietrich Reimer Verlag. Mainzer Afrika-Studien, 10.

Rodgers, S. (1995). Telling Lives, Telling Histories. Autobiography and Historical Imagination in Modern Indonesia. Berkeley: University of California Press.

Röttger- Rössler, B. (1993). Autobiography in Question. On Self Presentation and Life Description in an Indonesian Society. Anthropos, 88, 365–373.

Rosaldo, R. (1976). The Story of Tukbaw: ‚They listen as he orates'. In F. Reynolds und D. Capps (Hrsg.), The Biographical Process: Studies in the History and Psychology of Religion (S. 121–151). Den Haag: Mouton & Co.

Roy, M. (1975). Bengali Women. Chicago: University of Chicago Press.

Rusque-Alcaino, J. und R. Bromley (1979). The Bottle-Buyer: An Occupational Autobiography. In R. Bromley und Ch. Jerry (Hrsg.), Casual Work and Poverty in Third World Cities. Chichester, N.Y.

Schmidt P.W. (1906). Die moderne Ethnologie. Anthropos, 1, 134–163, 316–387, 592–643, 950–997.

Schmied-Kowarzik, W. und J. Stagl (Hrsg.) (1993). Grundfragen der Ethnologie. 2. Aufl. Berlin: Dietrich Reimer Verlag.

Schütz, A. (1932). Der sinnhafte Aufbau der sozialen Welt. Wien: Springer (unveränderte Neuauflage 1960).

Schwartz, N.B. (1977). A Milpero of Peten, Guatemala: Autobiography and Cultural Analysis. Newark: University of Delaware.

Sexton, J. (Hrsg.) (1981). Son of Tecun Úmán: A Maya Indian Tells his Life Story. Tucson: University of Arizona Press.

Sharon, D . (1978) . Wizard of the Four Winds: A Shaman's Story . New York: Free Press.

Shostak, M. (1981). Nisa: The Life and Words of a Kung Woman. Cambridge: Harvard University Press.

Simmons, L. (Hrsg.) (1942). Sun Chief: The Autobiography of a Hopi Indian. New Haven: Yale University Press.

Smith, M. F. (1954). Baba of Karo. A Woman of the Muslim Hausa. With an Introduction and Notes by M.G. Smith. London: Faber and Faber.

Spiro, M. E. (1993). Is the Western Conception of the Self Peculiar within the Context of the World Cultures? Ethos, 21, l07–153.

Spradley, J.P. (Hrsg.) (1969). Guests Never Leave Hungry. The Autobiography of James Sewid, a Kwakiutl Indian. New Haven: Yale University Press.

Spülbeck, S. (1990). Die neuere Biographie-Forschung in der Ethnologie: Unver. Mag.Arbeit, Köln.

Stephen, M. (1995). A´aisa's Gifts: A Study of Magic and the Self. Berkeley: University of California Press.

Stocking, G.W. (Hrsg.) (1983). Observers Observed. Essays on Ethnographic Fieldwork. History of Anthropology I. Madison: University of Wisconsin Press.

Strathern, M. (1972). Women in Between: Female Roles in a Male World: Mount Hagen, New Guinea. New York: Seminar Press.

Strathern, M. (1979). Ongka: A Self Account by a New Guinea Big Man. New York: St. Martin's Press.

Tedlock, D. (1979). The analogical tradition and the emergence of a dialogical anthropology. Journal of Anthropological Research, 35:4, 387–400.

Thomas, W.I. und F. Znaniecki (1918–1920). The Polish Peasant in Europa and America. Boston: Richard C. Badger.

Thurnwald, H. (1937). Menschen der Südsee. Charaktere und Schicksale. Ermittelt bei einer Forschungsreise in Buin auf Bougainville, Salomon-Archipel. Stuttgart: Kohlhammer.

Underhill, R. (1936). The Autobiography of a Papago Woman. Memoirs of the American Anthropological Association 46. Menasha, Wisc.

Washburne, H. Ch. (1940). Land of the Good Shadows. The Life Story of Anauta, an Eskimo Woman. New York: John Day Co.

Watson, L.C. und M.-B. Watson-Franke (1985). Interpreting Life Histories. An Anthropological Inquiry. New Brunswick, N.J.: Rutgers University Press.

Watson-Franke, M.-B. und L.C. Watson (1975). Understanding in Anthropology: A Philosophical Reminder (with comments). Current Anthropology, 16: 2, 247–262.

Westermann, D. (1938). Afrikaner erzählen ihr Leben. Berlin: Dietrich Reimer Vlg.

Westphal-Hellbusch, S. (1956). Transvestiten bei arabischen Stämmen. Sociologus, 6, 126–137.

Wikan, U. (1996). The Nun's Story. Reflections on an Age-old Postmodern Dilemma. American Anthropologist, 98, 279–289.

Williams, W.L. und C. Siversen, F.X. Andrianto et al. (1990). Javanese Lives. Women and Men in Modern Indonesian Society. New Brunswick/London: Rutgers University Press.

Wilson, L.B. (1995). Speaking to Power: Gender and Politics in the Western Pacific. New York: Routledge.

Winter, E.H. (1959). Beyond the Mountains of the Moon: The Lives of Four Africans, Uganda. Urbana: University of Illinois Press.

Young M.W. (1983a). Magicians of Manumanua: Living Myths in Kalauna. Berkeley: University of California Press.

Young, M.W. (1983b). Our Name is Women: We are Bought with Limesticks and Limepots: An Analysis of the Autobiographical Narratives of a Kalauna Woman. Man, 18, 478–501.

Ethnographische Verfahren in der Erziehungswissenschaftlichen Biographieforschung

Winfried Marotzki

Erziehungswissenschaftliche Biographieforschung kann theoriegeschichtlich zunächst grundlegend als Zusammentreffen zweier Traditionen verstanden werden. Zum einen handelt es sich um eine Reaktualisierung geisteswissenschaftlich-hermeneutischer und phänomenologischer Tradition, vor allem der Philosophie Wilhelm Diltheys und Edmund Husserls, zum anderen handelt es sich um die sozialwissenschaftliche Entwicklungslinie des sogenannten Qualitativen Paradigmas, die im weitesten Sinne als Verstehende Soziologie oder Wissenssoziologie angesprochen werden kann. Wenngleich auch in der erziehungswissenschaftlichen Tradition die Thematik der Biographie u.a. auch als Autobiographie eine Entwicklungslinie aufweisen kann[1], so sind die eigentlichen Impulse zur Ausarbeitung eines Forschungsprogramms doch aus der Entwicklung der sozialwissenschaftlich orientierten qualitativen Forschung der letzten 10 bis 15 Jahre gekommen. Inzwischen ist der Forschungszweig der Erziehungswissenschaftlichen Biographieforschung etabliert (Krüger/Marotzki [Hrsg.] 1996) und weist einen relativ stabilen Grad an Institutionalisierung auf. Ein großer Teil erziehungswissenschaftlicher Forschungsprojekte, die mit qualitativen Methoden arbeiten, weisen einen biographieanalytischen Zuschnitt auf. In der Regel wird mit dem narrativen Interview (Schütze 1983) oder dessen Varianten als Datenerhebungs- und Datenauswertungsinstrument gearbeitet. In den letzten Jahren ist nun zu beobachten, daß diese biographieanalytische Zentrierung etwas gelockert wird. Zum einen gewinnt das Gruppendiskussionsverfahren, wie es von Ralf Bohnsack (1993) erneut in die Diskussion gebracht worden ist, an Boden, zum anderen findet eine verstärkte Einbeziehung ethnographischer Verfahren statt. In der vorliegenden Arbeit möchte ich mich mit dem zweiten Trend beschäftigen. Zunächst werde ich einige Beispiele für eine neue pädagogische Ethnographie vorstellen. Im zweiten Schritt soll die gemeinsame Grundlage ethnographischer Verfahren, die als ethnographische Haltung bezeichnet wird, herausgearbeitet und methodisch anhand der Kombination von Interviewverfahren und teilnehmender Beobachtung kritisch diskutiert werden. Im dritten Schritt wird am Beispiel der pädagogischen Beratung gezeigt, daß

---

[1] Man denke etwa an Diltheys Überlegungen zur Biographie (Marotzki 1990) oder in jüngerer Zeit an die Arbeiten von Jürgen Henningsen (1962), Werner Loch (1979) oder Baacke/Schulze (Hrsg.) (1979 und 1985).

ethnographische Verfahren in dem Maße stärker zum Einsatz gelangen werden, in dem allgemeine gesellschaftliche Pluralisierungs- und Individualisierungstendenzen zunehmen und somit der Zugang zu stärker partikularisierten Lebenswelten schwieriger wird.

Pädagogische Ethnographie

Der Ansatz der klassischen Ethnographie im Sinne einer Kultur- und Sozialanthropologie ist für Erziehungswissenschaft interessant, weil es dort im allgemeinen Sinne um das Studium von Kindheit und Aufwachsen in fremden Kulturen geht. Dabei stehen nicht nur alltägliche Interaktionen im Blickpunkt des Interesses, sondern auch Institutionen, genauer: das Verhältnis, das Menschen zu Institutionen eingehen. Oder anders argumentiert: Es interessieren auch die gesellschaftlichen, kulturellen und traditionalen Sedimentierungen, die als Institutionen und Institutionalisierungen verstanden werden können. In diesem Sinne sind religiöse Rituale, Bräuche und Feste als kulturelle Institutionalisierungen anzusehen. Im Mittelpunkt des Interesses stehen enkulturative Prozesse, das heißt jene Prozesse, die ablaufen, wenn ein Mensch in eine Gemeinschaft hineinwächst, deren Mitglied wird und in alltäglichen sozialen Austauschprozessen die Regeln, Normen und Gewohnheiten dieser Gemeinschaft aufrechterhält.

In besonderer Weise wird es für die Erziehungswissenschaft interessant, wenn der ethnographische Blick auf den Alltag und die Institutionen der eigenen Gesellschaft gleichsam rückübertragen wird, wie es klassische Kulturanthropologen wie beispielsweise Margaret Mead selbst getan haben (Mead/Wolfenstein [Eds.] 1955). Die erziehungswissenschaftliche Rezeption dieses fremden Blicks auf die eigene Kultur erfolgte nur in geringem Maße anhand der für Sozialisationsprozesse nicht gerade unwichtigen Institution, nämlich der Schule. In der Schulforschung spielt der ethnographische Ansatz, von wenigen Ausnahmen abgesehen (Aster 1990; Krappmann/Oswald 1995), bis heute eher eine marginale Rolle. Die Domänen ethnographischer Schulforschung befinden sich immer noch in den USA, Kanada und England (Terhart 1979, Spindler [Ed.] 1982, Eisner/Peshkin [Eds.] 1990). Vielmehr kommen ethnographische Ansätze viel stärker in der Medienpädagogik (Vogelgesang 1994), in der Kindheits-, Jugend- und Milieuforschung (Hill 1996; Woods 1986; Bachmair/Kress [Hrsg.] 1996) zum Zuge.

Zwei Beispiele will ich näher erläutern: Im Kontext der Kindheitsforschung hat sich eine *Pädagogische Ethnographie* etabliert (Kelle/Breidenstein 1996; Zinnecker 1995). Ausgehend von einem Verständnis der Pädagogik als Expertentum für das Aufwachsen in der Moderne plädiert Zinnecker für eine pädagogische Ethnographie, die eine systematische Dezentrierung der Erwachsenen-perspektive betreiben könne. Gegen die massenmedial vermittelten Kindheits-schemata und gegen überhöhte normative Kindheitsvorstellungen könne sie le-bensweltlich gehaltvolle Auffassungen des Aufwachsens in der Moderne erzeu-gen. Im weitesten Sinne könnte man sagen, daß hier der Sache nach an einer phä-nomenologisch orientierten Lebensweltanalyse angeknüpft (Lippitz 1993) wird, wenn auch diese Bezüge nicht immer explizit hergestellt werden. Eine phänome-nologisch orientierte Lebensweltanalyse schließt im wesentlichen an die Arbeiten Langevelds (1964) an und strebt eine kritisch-konstruktive Integration anthropolo-gischer und human-wissenschaftlicher Forschungen in die erziehungswissen-schaftliche Theoriebildung an. Das geschieht durch Explorierung der kindlichen Lebenswelten, durch eine systematische und konkrete Erforschung des kindlichen Welt- und Selbstbildes als Grundlage für eine kindorientierte Pädagogik und als Korrektur erwachsenenzentrierter Perspektiven anthropologisch-pädagogischer Forschungen (Lippitz/Meyer-Drawe [Hrsg.] 1984; Lippitz/Rittelmeyer [Hrsg.] 1989). Freilich liegt der Unterschied im Begründungskontext: Zinnecker begründet seinen ethnographischen Zugang explizit modernitätstheoretisch. Ähnlich wie Lenzen (1996) geht er nämlich davon aus, daß die professionelle Pädagogik vor der Aufgabe stehe, eine Tradition der pädagogischen Risiko- und Risikobegren-zungsforschung zu entwickeln (Zinnecker 1995, 33). Das sei in einer Zeit geboten, in der die intrakulturellen und lebensweltlichen Verwerfungen zu einem hohen Maß an pluralen Lebensentwürfen geführt hätten, so daß pädagogische Wirkungs-annahmen, die auf der Basis von Homogenitätsprämissen zur Geltung kommen, oft ins Leere laufen. Die Kontingenzen alltäglicher Lebensführung in Zeiten der reflexiven Moderne erzeugten neue, für den einzelnen oft nicht mehr zu bewälti-gende Risikolagen. Das führe zu veränderten Aufwachsbedingungen, die durch eine pädagogische Ethnographie auf neue Weise erschlossen werden könnten.

Während pädagogische Ethnographie bei Zinnecker überwiegend auf Kind-heit konzentriert ist, sind die Arbeiten von Barbara Friebertshäuser von einem weiteren ethnographischen Verständnis geprägt. Sie hat in zahlreichen empiri-schen Forschungsprojekten, aber auch auf methodologischer Ebene, darauf hingewiesen, daß gerade ethnographische Zugänge aus erziehungswissen-schaftlicher und pädagogischer Sicht wichtige Perspektiven zu jenen sozialen Feldern eröffnen (Friebertshäuser 1996), die zugleich pädagogische Handlungs-felder sind. Sehr breit und exemplarisch hat sie dieses für Handlungsfelder der Jugendsubkulturen (Friebertshäuser 1995) und für die universitäre Ausbildung gezeigt (Friebertshäuser 1992)[2]. Sie hat damit die Brücke zur gegenwärtigen Professionalisierungsdebatte geschlagen (Combe/Helsper [Hrsg.] 1996). Der

---

[2] Hier beschäftigt sie sich mit der Statuspassage *Studienbeginn* und geht dem Wandel studentischer Rituale der Studieneinführung nach. Es werden Einführungszeremonien und individuelle Bewältigungsstrategien herausgearbeitet und analysiert.

Zugang zu (sozial)pädagogischen Handlungsfeldern ist aus modernitätstheoretischer Sicht deshalb schwieriger geworden, weil eine stärkere Ausdifferenzierung stattgefunden hat und die Eigenlogik der Felder wesentlich stärker in Erscheinung tritt, als es in traditionellen Konzepten der Hilfe angenommen wurde. Ich werde im dritten Abschnitt dieser Arbeit diese Problemlage am Beispiel der pädagogischen Beratung erörtern.

Betrachtet man diese neuen Entwicklungen unter methodologischer und methodischer Perspektive, so stößt man darauf, daß mit einer Vielzahl von Zugängen bzw. Materialsorten gearbeitet wird: teilnehmende Beobachtung, ethnographische Berichte, Aktualtexte, narrative Interviews, Experteninterviews und Gruppendiskussion. Datensorten- und Methodentriangulationen sind der Regelfall. Es fällt aber auf, daß die Methodologiediskussion sehr verhalten geführt wird. Das kann natürlich auch so interpretiert werden, daß es – nach Thomas Kuhn – darum gehe, das Paradigma ethnographischer Forschung in dem Sinne auszuarbeiten, daß es seine Problemlösungskapazität unter Beweis zu stellen hat[3]. Ich würde diesen Sachverhalt nicht in dieser Weise auslegen. Vielmehr teile ich die Einschätzung von Christian Lüders (1995), der ein fatales Abgekoppeltsein der deutschen erziehungswissenschaftlichen Methodologiediskussion von der internationalen, insbesondere der amerikanischen und englischen, konstatiert. International hat der ethnographische Ansatz einen unglaublichen Aufschwung erfahren, was beispielsweise an den einschlägigen Methodenbücher zur Ethnographie allein der achtziger Jahre abgelesen werden kann (Agar 1980; Dobbert 1982; Hammersley/Atkinson 1983; Werner/Schoepfle 1987a sowie 1987b). Es gibt darüber hinaus eine differenzierte und sehr lebhafte Methodologiediskussion. Im folgenden möchte ich das allgemeine Verständnis von Ethnographie herausarbeiten, das sich im Kontext einer pädagogischen Ethnographie abzuzeichnen scheint, und in diesem Zusammenhang auf einige methodologische Probleme aufmerksam machen.

Ethnographie als Haltung und Verfahren

Sobald ein Forscher in ein ihm nicht bekanntes Feld[4] geht, ist er mit dem Problem des methodisch kontrollierten Fremdverstehens konfrontiert. Fritz Schütze (1994) nennt die Struktur dieses Problems die ethnographische Unschärferelati-

---

[3] Thomas Kuhn (1962) geht davon aus, daß es nach einer Phase der Paradigmakonstitution, die durch kontroverse Methodologiediskussionen gekennzeichnet ist, darum gehe, daß das neue Forschungsparadigma unter Beweis stellen müsse, daß es in der Lage sei, Rätsel zu lösen, also Forschung in dem Sinne zu betreiben, daß es auf neue Fragen plausible Antworten zu geben in der Lage sei. In dieser Phase der normal science würden die Methodologiediskussionen in den Hintergrund treten.

[4] Unter dem Begriff des *Feldes* verstehe ich allgemein ein Forschungsfeld. Das kann eine Schule, das kann eine Subkultur sein (z.B. Musikszene) oder jeder Bereich sozialpädagogischen Handelns.

on. Der Forscher ist Teil des sozialen Feldes, das er verstehen will. Der Ethnograph ist gleichsam ein Einwanderer, der sich in einer neuen und ihm fremden Welt zurechtfinden muß. Die ethnographische Unschärferelation bezeichnet das prekäre Verhältnis von Nähe und Distanz: Einerseits muß der Forscher in die ihm zunächst fremd erscheinende Welt eintauchen und Teil von ihr werden. Er muß sie sich vertraut machen, um den Aufbau dieser fremden Welt und deren Abläufe zu verstehen. Andererseits darf er nicht zu sehr vertraut werden, denn er benötigt die kulturelle Distanz, um jene Gehalte in den Blick nehmen zu können, die die Mitglieder des Feldes selbst nicht mehr sehen können, weil sie routinemäßig ihren Alltag abwickeln und insofern von der Plausibilitätsstruktur des Alltäglichen absorbiert sind. Bertold Brechts Idee des V-Effektes, des Verfremdungseffektes, war ja gerade, den Zuschauer auf Distanz zu bringen, ein zu starkes Involviertsein in die Bühnenhandlung zu verhindern, so daß eine analysierende und reflektierende Distanz ermöglicht wird und der Zuschauer sich vom *Was* der Handlung dem *Wie* zuwenden kann. Diese ständige Balancierung zwischen Vertrautheit und Fremdheit macht die ethnographische Haltung aus, die zunächst noch vollständig unabhängig von der gewählten Methode der Datenerhebung ist. Michael Agar hat für diese grundlegende Haltung den Begriff „the professional stranger" verwendet und sein einführendes Buch in die Ethnographie genau so genannt (Agar 1980). Die ethnographische Haltung geht als Grundvoraussetzung davon aus, daß Verstehen zwar das Ziel, zunächst aber, etwa beim Betreten eines Feldes, eher die Ausnahme ist. Fremdheit, Befremden ist also eine systematische Voraussetzung bzw. das Phänomen, auf das man zunächst notwendigerweise trifft. Schütze erläutert diesen Sachverhalt am Beispiel der Fachkräfte in der sozialen Arbeit:

Sie stoßen „auf die systematische Fremdheit von Verhaltensstilistiken und Lebensäußerungen ihrer Klienten, wie sie sich unter dem Druck von extremem Leid im Verlaufe der Problemgeschichte, so z.B. bei mißhandelten Kindern und Frauen oder bei Obdachlosen, und rasanten kulturellen Identitäts-Wandlungsprozessen, so z.B. bei Jugendlichen und marginalen Existenzen wie Aussiedlern und Asylbewerbern, ausprägen. Diese systematische Fremdheit wird zusätzlich noch dadurch verstärkt, daß Menschen in solchen extremen Fremdheitssituationen dazu neigen, ihre eigenen Wahrnehmungs- und Präsentationsperspektiven künstlich einzuengen, um mit den irritierenden Fremdheits- und Stigmatisierungserfahrungen ihrer Lebenslage nicht bewußt konfrontiert zu werden. Durch solche Ausblendungspraktiken werden die Kommunikations- und Verständigungsmöglichkeiten noch zusätzlich eingegrenzt. Die ethnographische Perspektive hat diesbezüglich die Funktion, die Klienten der Sozialen Arbeit und ihr Verhalten in ihren Fremdheitsmerkmalen anzuerkennen und allmählich im Vollzuge des Fremdverstehens verständlich zu machen, ohne daß einerseits über sie ein essentialistisches Verdikt der Kommunikations- und Ver-

ständigungsunmöglichkeit gesprochen wird und ohne daß sie andererseits im Rahmen einer Mißachtung oder Verniedlichung ihrer strukturellen Fremdheitsmerkmale paternalistisch vereinnahmt werden" (Schütze 1994, 257f.).
Der Begriff der ethnographischen Haltung drückt also aus, daß Ethnographie nicht als eine Methode verstanden wird, sondern als eine Bezeichnung für das Verhältnis des Forschers zu dem zu verstehenden und zu beschreibenden Untersuchungsfeld. Ein Forscher, der für die ethnographische Unschärferelation sensibilisiert ist, der sich also die ethnographische Haltung zu eigen gemacht hat, ist dadurch noch auf keine Methode der Datenerhebung oder -auswertung festgelegt[5].

Ethnographische Methoden: Teilnehmende Beobachtung und Interview

In der erziehungswissenschaftlichen Biographieforschung des deutschen Sprachraums scheint sich die Tendenz zu bekräftigen, daß das narrative Interview als Königsweg der Datenerhebung und -auswertung ergänzt wird durch ethnographische Ansätze. Die ethnographische Haltung ist – wie eben herausgearbeitet – vereinbar mit der Verwendung verschiedener Arten von Primärmaterialien (Beobachtungsprotokollen, Feldnotizen, Interviews, Kommunikations- und Interaktionsdokumentationen). Es ist zwar einerseits schnell Konsens darüber zu erzielen, daß in der praktischen Feldarbeit alle Informationen durch den Forscher gesammelt werden sollten, die er bekommen kann. Andererseits ist aber auch daran zu erinnern, daß die Bevorzugung bestimmter Informationsarten vor anderen einer wissenschafts- und erkenntnistheoretischen Grundhaltung entspricht und insofern die Redeweise, daß alle Informationen gleichen Wert hätten, nur auf den ersten Blick plausibel ist. Es ist lehrreich, sich die damit verknüpften Probleme anhand einer Kontroverse der sechziger und siebziger Jahre vor Augen zu führen, nämlich der Auseinandersetzung zwischen einem *emic approach* und einem *etic approach*.

Beim *emic approach* geht es darum, kulturelle Verhaltensweisen in den Kategorien zu erfassen, die die Vertreter dieser Kultur selbst verwenden. Einer der Hauptvertreter war Franz Boas (1943)[6]. Es kommt darauf an – so argumentiert er – die kognitiven Bezugsrahmen der Menschen gleichsam von innen zu verstehen: „The whole analysis of experience must be based on their concepts, not

---

[5] „Ethnographie erscheint als eine methodenplurale integrative flexible Strategie, bei der den methodologischen Entwürfen eine heuristische Funktion zukommt" (Lüders 1995, 321).
[6] Vgl. weiterhin: Frake 1962, Goodenough 1956.

ours" (Boas 1943, 314). Boas beschränkt diesen emischen Zugang auf kulturelle Kontexte, d.h. er hat sehr klar herausgearbeitet, daß Bedeutungen, die in einer bestimmten Kultur bestimmte regulative Funktionen haben, diese in einer anderen Kultur in dieser Weise nicht aufweisen müssen. Die semantischen Gehalte sind eben kulturvariant. Insbesondere Frake (1962) betonte mit seinem Ansatz der Komponentenanalyse, daß solche Kategoriensysteme nur über Sprachanalyse zu erstellen seien, d.h. die Kategorien, mit denen Menschen ihre Welt ordnen, würden den Kategorien entsprechen, wie sie über die Welt sprechen. Deshalb könne man aus letzteren erstere erschließen. Methodisch gesehen, spielt das Interview mit seinen zahlreichen Varianten bei dieser Art des Feldzugangs eine prominente Rolle, um jene Kategorien aufzudecken, die es Menschen erlauben, sich in ihrer Welt zu orientieren. Diese Kategorien und die, wie sie darüber sprechen, werden als analog angesehen. Das ist auch heute noch die Hauptintention in Interviews und Befragungen: Die kultur- und milieuspezifische Binnenperspektive der sozialen Akteure soll erschlossen werden. Auch die Analogiethese, derzufolge die sprachlichen Kategorien, die Menschen verwenden, um miteinander zu kommunizieren, identisch mit jenen Kategorien seien, mittels deren sie sich in ihrem Verhalten und Handeln faktisch orientieren, ist fortgeschrieben worden (Kokemohr/Koller 1996) und spielt in der heutigen Debatte als texttheoretischer Ansatz eine Rolle. Die Palette von Interviewarten ist inzwischen nahezu unüberschaubar geworden. Neben dem offenen (narrativen) Interview finden sich Leitfadeninterviews, themenzentrierte, therapeutische und Tiefeninterviews, die heute in der qualitativen Forschung alle ihren Ort gefunden haben (Fontana/Frey 1994). Es hat sich als nicht nötig erwiesen, speziell für ethnographische Arbeit einen besonderen Typ von Interview zu entwickeln, wie es Spradley noch 1979 getan hat.

Der *etic approach* ist ursprünglich wesentlich mit dem Namen Marvin Harris verbunden. Er wendet sich insbesondere gegen die Konzentration auf Sprache und versucht der Beobachtung von Verhalten einen höheren Stellenwert zu geben. Der etic approach arbeitet überwiegend mit der Methode der teilnehmenden Beobachtung, um Muster des Verhaltens zu beschreiben, deren Kriterien durch die Beobachterperspektive festgelegt werden. Die Definition der Beobachterperspektive verfolgt das Ziel, sicherzustellen, daß die Beobachtung auch die Welt repräsentiert. Es ist wichtig festzuhalten, daß die Kategorie der *korrekten Repräsentation* zum Grundbestand der klassischen Ethnographie gehört. Ich erwähne das deshalb, weil sich in den achtziger Jahren unter dem Schlagwort der *postmodernen Ethnographie* die Kritik daran verschärft hat (vgl. Tyler 1986). Beim etic approach wird nicht angenommen, daß eine Homologie zwischen den Kategorien besteht, die Menschen verwenden, um sich in ihrer Welt zu orientieren, und jenen, die sie verwenden, um darüber zu sprechen. Vielmehr wird systematisch eingeräumt, daß es signifikante Unterschiede zwischen dem geben kann, was Menschen erzählen, und wie sie sich verhalten.[7]

Die Popularität von teilnehmender Beobachtung als Feldzugang ist nach wie vor ungebrochen (Atkinson/Hammersley 1994). Immer, wenn der Forscher sich in einem sozialen Kontext, auch der eigenen Kultur, bewegt und in Interaktionen verstrickt ist, ist er immer auch Beobachter. Insofern ist Beobachtung unhintergehbar gegeben. Obwohl Beobachtung somit Teil alltagspraktischen Verhaltens ist, gewinnt es doch andere Dimensionen, wenn es in den Dienst wissenschaftlichen Arbeitens genommen wird. Teilnehmende Beobachtung ist abhängig vom Wissen des Beobachters. Ein Arzt sieht auf einer Röntgenaufnahme etwas anderes als ein Laie; genauer: er *entnimmt* ihr aufgrund seines Wissens mehr Information. Weiterhin ist Beobachtung von den eigenen Interessen abhängig. Wenn wir uns für Mode interessieren – und wiederum mehr Kenntnisse darüber haben – beobachten wir anders, als wenn wir an Mode kein Interesse entwickelt haben. Interesse und Wissen erzeugen also in der Regel Beobachtungen, die sich durch einen höheren Grad an Differenziertheit auszeichnen. Entscheidend ist es deshalb, daß bei teilnehmender Beobachtung der Beobachter die Kriterien der Beobachtung transparent hält. In wissenschaftlichen Kontexten sind diese Kriterien mit theoretischen Ansätzen verknüpft. Die Beschreibung erfolgt auf der ersten Stufe auf einem möglichst niedrigen Abstraktionsniveau, also zunächst so wenig theoriehaltig wie möglich. Das wichtigste systematische Merkmal ist, daß es sich um synchrone Prozesse handelt. Das bedeutet, hier sind gegenwärtig stattfindende Prozesse noch nicht abgeschlossen – im Gegensatz zu diachronen Prozessen, die in der Vergangenheit liegen und einen mehr oder minder hohen Grad an Abgeschlossenheit aufweisen.

Die skizzierte Debatte der sechziger Jahre arbeitete die entgegengesetzten Standpunkte deutlich heraus: *Entweder* man geht in ein Untersuchungsfeld und deckt mit Hilfe von Interviews gleichsam *von innen* jene Kategorien auf, die Menschen verwenden, um sich zu orientieren[8], *oder* man geht in ein Untersuchungsfeld und beschreibt gleichsam *von außen* über teilnehmende Beobachtung das Verhalten von Menschen. Es muß fairerweise angemerkt werden, daß bereits in der damaligen Debatte immer wieder Versuche unternommen wurden, beides zu tun, also die eigenen kategorialen Orientierungsleistungen der Menschen herauszuarbeiten wie auch Aktualverhalten zu beobachten und Interaktionsanalysen durchzuführen (Agar 1980, 107 ff.). Was sich letztlich durch-

---

[7] Ein weiterer Unterschied zum emischen Ansatz: Die strikte Limitierung der Aussagen auf eine Kultur finden wir beim etic approach nicht in dieser Weise wie beim emic approach. Vielmehr finden wir hier aufgrund des implementierten quantitativen Forschungsanteils und aufgrund der klar definierten externen Beobachterperspektive kulturübergreifende und -vergleichende Ansätze.

[8] „To grasp the native's point of view, his relation to life, to realise *his* vision of *his* world" (Malinowski 1922, 25).

gesetzt hat, kann als *Triangulationsgebot* bezeichnet werden. Darunter verstehe ich die redliche Verpflichtung, verschiedene Datenerhebungs- und Auswertungsmethoden, Datenarten und Theorien je nach Forschungsfrage und Objektbereich so methodisch kontrolliert zu kombinieren, daß ein Forschungsdesign entsteht, das es erlaubt, glaubhaftes und zuverlässiges Wissen über den Menschen in seinem soziokulturellen Kontext bereitzustellen.

Triangulation

Die Kombination von teilnehmender Beobachtung und Interviewtechnik hat eine lange Tradition; wir finden sie bereits bei Malinowski; ebenso die Kombination von Lebensgeschichten und anderen empirischen Materialien, worauf Pelto/Pelto (1978)[9] bereits hinweisen. Sie verdeutlichen auch verschiedene Möglichkeiten solcher Kombinationen, um sich ein Gesamtbild des zu erforschenden Feldes zu machen. Neben Raumbeschreibungen, Handlungs- und Personenbeschreibungen und Körpersprache werden auch Utensilien und Symbole, Dokumente, Gerüchte und Sagen herangezogen, um beispielsweise eine Gruppenkultur zu verstehen. Das Heranziehen anderer Materialsorten führt zu einer vergleichenden, kontrastiven Analyse der interessierenden Phänomene. Es bleibt eine grundlagentheoretisch prekäre Frage, ob solche hinzugenommenen Perspektiven zu einer Korrektur der ausgehenden Perspektive dienen können. Es hat ja eine gewisse Suggestivkraft, ausgehend von Harris[10] anzunehmen, daß die Selbstaussagen von Menschen durch die Hinzunahme des real beobachteten Verhaltens überprüft werden könnten. Es ist jedoch grundlegend daran zu erinnern, daß Triangulationsverfahren nicht den Sinn haben können, die richtigen, wahren und authentischen Daten von den falschen zu unterscheiden oder eine Perspektive zur Verifikation oder Falsifikation einer anderen heranzuziehen. Diese grundlegende Kritik an einer solchen Vorstellung ist bereits von Silvermann (1985) und im deutschen Raum von Flick (1992) eindringlich vorgetragen worden. Triangulationsverfahren stellen dieser Kritik zufolge keine verdeckten Validitätstests dar, sondern dienen der Anreicherung der Analyse- und Präsentationsperspektiven. Das bedeutet dann, daß ein Verständnis einer Lebenswelt auf der Basis einer reichhaltigen Informationslage erzeugt werden kann, wobei der Heterogenität der in sie eingegangenen Materialperspektiven Rechnung getragen wird. Ein so verstandenes ethnographisches Vorgehen und

---

[9] „Participant observation and key-informant interviews have generally formed the core of anthropological research" (Pelto/Pelto 1978, 77).

[10] Harris hat beispielsweise bereits mit Videoaufnahmen gearbeitet, um alltägliches Leben von New Yorker Familien zu studieren. Eine Analyse der Videobänder ergab am Beispiel der Tischsitten, daß es einen großen Unterschied zwischen dem gab, was die Familienmitglieder sagten, und wie sie sich verhielten.

eine so verstandene Umsetzung des Triangulationsgebots möchte ich nun abschließend am Beispiel der pädagogischen Beratung hinsichtlich der damit verbundenen Konsequenzen näher beleuchten.

Beispiel: Pädagogische Beratung

In den letzten Jahrzehnten hat einerseits eine Expansion sozialer Dienstleistungsberufe stattgefunden, andererseits zeigt sich eine Tendenz zur Entgrenzung des Feldes sozialer Arbeit (vgl. Münchmeier 1992, Merten/Olk 1996). Immer mehr gesellschaftliche Problembereiche können als Folgen von Modernisierungsprozessen sozialpädagogisch ausgelegt werden. Der Charakter sozialpädagogischer Nachfragestruktur, Krisenangebote für Gefährdete zu machen, verändert sich in die Richtung, Standardhilfeangebote für die Bewältigung von Problemen für Normalbiographien zu machen (Gaiser u.a. 1992). Das bedeutet, daß sozialarbeiterische Dienstleistungen, die für Krisen und Notsituationen reserviert und konzipiert waren, immer mehr zu alltäglichen Unterstützungsleistungen werden.

Ich habe zu Beginn dieser Arbeit konstatiert, daß ethnographische Ansätze in der Erziehungswissenschaft in den letzten Jahren eine starke Zunahme erfahren haben. Meine Erklärung für diesen Trend stützt sich auf die skizzierten allgemeinen gesellschaftlichen Entwicklungen: In dem Maße, in dem nämlich die Pluralisierungs- und Individualisierungstendenzen zunehmen, in dem sich die tragenden Fundamente der Normalitätsvorstellungen ändern, in dem Muster der Lebensplanung und -führung sich lebensweltlich spezifizieren, wird eine Deskription und ein Verständnis *kleiner Lebenswelten* benötigt. Anders formuliert: In dem Maße, in dem die Annahme intrakultureller Homogenität problematisch wird, in dem sich die lebensweltlichen Verwerfungen und Inkonsistenzen verschärfen, in dem Maße sind ethnographische Zugänge als Beschreibungen kleiner Lebenswelten gefordert. Der Gegenstandsbereich der pädagogischen Beratung hat sich einerseits als disziplinärer Bereich (sozial)pädagogischen Handelns etabliert, gilt andererseits hinsichtlich der Grenzziehung zum therapeutischen Handeln seit Jahren als unscharf (Körner 1996). In der Praxis haben sich multidisziplinäre Teams durchgesetzt. Im weitesten Sinne kann man sagen, daß es im Beratungsprozeß um die Anbahnung von Lern- und Bildungsprozessen geht (Hörster/Müller 1996). Die Bearbeitung von Lernblockaden und Friktionen im menschlichen Bildungsprozeß gilt traditionell als pädagogische Kernaktivität. Was in der pädagogischen Beratung verstärkt thematisch wird, ist, daß Lern- und Bildungsprozesse in lebensgeschichtlichen Kontexten gesehen werden. Insofern kann zu Recht gesagt werden, daß Pädagogen und Sozialarbeiter heute als Spezialisten für menschliche Biographien in hochkomplexen Gesellschaften gelten können. Traditionelle Beratungskonzepte, die sich durch Spezialisierung von Problemlagen auszeichnen, scheinen immer weniger zu greifen. Münchmeier beschreibt beispielsweise die grundlegenden Probleme des Diffuswerdens von Problemen und Hilfeanlässen am Beispiel der Jugendberatung:

„Jugendliche offerieren diffuse, schwer auf den Begriff zu bringende Orientierungs- und Sinnprobleme; es wird zunehmend schwerer, Problemverursachungen und Defizite einzugrenzen und zu diagnostizieren. Oft zielt Beratung nicht mehr auf konkrete, benennbare Schwierigkeiten, sondern wird zu einer Art ,allgemeiner Lebensberatung'. So klagen etwa selbst Erziehungsberatungsstellen darüber, daß ihr therapeutisches Handlungsrepertoire immer häufiger leer laufe und nicht zum Zuge komme, weil ihre Beratung nicht selten bei eher allgemeinen oder unbestimmten ,Lebensschwierigkeiten' als bei speziellen Konfliktsituationen in Anspruch genommen werde" (Münchmeier 1992, 139f.).

Es scheint also Argumente zu geben, Beratung in biographieanalytischer Weise zu begreifen und zu konzeptionalisieren. Beratung soll im gelungenen Fall dem Klienten helfen, Komplexität zwischen Resistenz und Auflösung zu balancieren, durch ein sensibles Grenzmanagement Veränderung und Stabilität auszutaxieren. Derzeit ist das Verlaufskurvenmodell von Fritz Schütze (1996) am erfolgreichsten. Es ermöglicht, jene Prozesse zu rekonstruieren, die Menschen in Problemverstrickungen hineingeführt haben, und gleichzeitig die Ressourcen zu erschließen, mit deren Hilfe sie sich im Idealfall wieder herausarbeiten können. Biographisierungsprozesse weisen eine Verarbeitung der Geschehnisse auf, wirken an dieser auch immer noch mit. In der Distanz reagiert der Informant auf die Besonderheiten der erlebten Situation, vermag daraus aber auch verallgemeinerbare, generalisierbare Handlungs- und Orientierungsgewinne zu erzielen. Durch den Sachverhalt des Biographisierens werden eben auch Lernprozesse eingeleitet.

„Das Stegreiferzählen verhilft dem Betroffenen dazu, sich an seine eigenen schwierigen Erlebnisverwobenheiten heranzutasten, die er gerade wegen ihrer tiefgreifenden Problematik aus seiner gegenwärtigen tagtäglichen Handlungsorientierung ausgeblendet hat" (Schütze 1987, 210).

Welche Folgen hat nun aber die geschilderte Diskussionslage im Bereich der Ethnographie für den pädagogischen, biographieanalytisch orientierten Beratungsdiskurs? Die ethnographische Haltung des pädagogischen Beraters erfordert eine kontextbezogene Fallrekonstruktion unter Einbezug der zugrundeliegenden Prozeßdynamik. Diese Fokussierung auf die Logik der individuellen Fallgestalt schließt dann die systematische Verwendung anderer Materialarten ein (vgl. genauer: Schütze 1994). Interaktions- und Betrachterperspektiven, die in das Interaktionsgeschehen verwickelt sind, müssen also zueinander in Beziehung gesetzt werden (Perspektiventriangulation). Die Perspektiventriangulation wird ermöglicht durch eine Daten- und Methodentriangulation, so daß der einzelne Fall in der Multiaspektualität erfaßt werden kann.

„Der systematische Vergleich der Materialperspektiven und ihrer Gehalte befördert also nicht nur die Entdeckung neuer Hintergrunderscheinungen (...), sondern macht auch die triangulierende Zusammenfassung und Rekonstruktion der aus unterschiedlichen Materialperspektiven gewonnenen Informationen zu einem neuartigen, bisher in der professionellen Praxis und im Untersuchungsgang nicht gesehenen, nicht erkannten zugrundeliegenden Muster möglich" (Schütze 1994, 250).

Dazu gehören also sowohl die Kategorien, die die Klienten verwenden, um sich in ihrer Lebenswelt zu orientieren (emischer Zugang), dazu gehören ggf. auch Informationen über Interaktionsabläufe, beispielsweise mit Institutionen, dazu gehören Daten aus Akten, Protokollen, letztlich auch eigene Beobachtungen usw. Es werden also verschiedene Perspektiven, die auf der Basis verschiedener Datensorten erzeugt werden, miteinander in Beziehung gesetzt. Dieses Triangulationsgebot ist im Falle pädagogischer Beratung deshalb zentral, weil es aufgrund der oben beschriebenen Tendenz der Spezialisierung von Lebenswelten um die ethnographische Erkundung bisher unbekannter Entwicklungs-, Gestaltungs- und Problemkonstellationen, um die Aufhellung von Handlungs- und Erleidenssituationen, um die Explorierung von Entwicklungschancen und Veränderungsmöglichkeiten, Prozeßmechanismen und Gestaltungsmöglichkeiten geht. Der Berater muß sich der Fremdheitserfahrung stellen und dieser gegenüber eine offene Erkundungshaltung einnehmen, um unvertraute Möglichkeiten nicht auszuschließen. Beratung ist der klassische Fall, in dem es also darum geht, sich wechselseitig Perspektiven aufzuzeigen und ggf. eine gemeinsame Perspektive zu entwickeln, die gleichsam die von Berater und Klienten gemeinsam erzeugte Lesart des *Falles* darstellt. Wenn der pädagogische Beratungsdiskurs unter einer forschungslogischen Perspektive betrachtet wird, kann gesagt werden, daß es sich um die soziale Herstellung eines multiperspektivischen Textes handelt.

Schlußbemerkung

Die allgemeinen Debatten über die ethnographische Erfassung kultureller und gesellschaftlicher Phänomene haben sich in den letzten Jahren auf die textuelle Konstruktion von Wirklichkeit konzentriert (Atkinson 1990). Es geht um den Prozeß des ethnographischen Schreibens, der als ein sozialer Konstitutionsprozeß angesehen wird. In das Zentrum der Aufmerksamkeit gerät die Konstitution des Textes[11]. Es gibt unter dem Begriff der *New Ethnography* eine lebhafte

---

[11] Vgl. in der deutschen Diskussion: Reichertz 1992

Debatte (Tyler 1986, Atkinson 1990) um solche soziale Produktion von ethno-graphischen Texten, die Perspektivität beinhalten und nicht unbedingt eine widerspruchsfreie und einheitliche Version eines Falles oder einer Lebenswelt präsentieren. Genau genommen präsentieren sie Resultate von Interaktionen. Indem der Leser etwas über diese Interaktionen erfährt, kann er auch etwas über die beteiligten Lebenswelten erfahren.

In dieser Perspektive gerät der traditionelle Ansatz von Ethnographie unter Druck (Hammersley 1992). In die Krise geraten insbesondere liebgewordene Grenzen zwischen sozialen Fakten und deren textlicher Darstellung, zwischen der Wirklichkeit und deren sprachlichen (vielfach narrativen) Erfassung (Coffey u.a. 1996). Der Repräsentationsbegriff ist – sicherlich auch verstärkt durch die Re-zeption der Theorien des Radikalen Konstruktivismus – ersetzt worden durch eine strikte Perspektivität (vgl. Berg/Fuchs [Hrsg.] 1993). Monovokale Repräsentatio-nen weichen immer mehr polyvokalen Texten, die Diversität, intrakulturelle Verwerfungen zum Ausdruck bringen wollen[12]. Ich stimme der Einschätzung von Lüders (1995) zu, daß damit „eine der wichtigsten Akzentverschiebungen in der Methodologiediskussion zur Ethnographie während der letzten zwei Jahrzehnte" (Lüders 1995, 324) zu verzeichnen ist. Es wird sich in den nächsten Jahren zei-gen, welche Substanz diesen Entwicklungen zugrunde liegt. Klar ist jedenfalls schon heute, daß sich aufgrund der wachsenden Ausdifferenzierung von Lebens-welten und der prekärer werdenden Ausbalancierung von sozialen Folgen der derzeit ablaufenden gesellschaftlichen Transformationsprozesse in Richtung einer Informationsgesellschaft die Problemlagerungen, mit denen es Menschen täglich zu tun haben, in ihrem Aggregationsniveau verändern. Das erfordert andere ver-stehende Zugänge zu Lebenswelten. Insofern kann Erziehungswissenschaftliche Biographieforschung vom Sensibilisierungspotential, das mit einer ethnographi-schen Haltung verknüpft ist, profitieren. Sie kann und sollte das Methodenarsenal wie auch die methodologische Grundlagenreflexion um ethnographische Verfah-ren erweitern, so daß ein Forschungsdesign entsteht, das es erlaubt, glaubhaftes und zuverlässiges Wissen über den Menschen in seinem soziokulturellen und lebensweltlichen Kontext bereitzustellen.

Literatur

Agar, M. (1980): The Professional Stranger. An Informal Introduction to Ethnography. San Diego, California (Academic Press).

Aster, R. (1990): Schule und Kultur. Zur Rekonstruktion schulischer Wirklichkeit aus dem Blickwinkel von Schülern und Lehrern. Monographie einer Hauptschule als Beitrag zur ethno-graphischen Schulforschung. Bern/Frankfurt (P. Lang).

---

[12] Ein experimenteller Umgang mit Textsorten wird diskutiert (Coffey/Atkinson 1996). Die Zugänge dessen, was als ethnographisch bezeichnet werden kann, pluralisieren sich immer mehr (Coffey u.a. 1996).

Aster, R.; Merkens, H.; Repp, M. (Hrsg.) (1988): Teilnehmende Beobachtung: Werkstattberichte und methodologische Reflexionen. Frankfurt/M. (Campus).

Atkinson, P. (1990): The Ethnographic Imagination: Textual Constructions of Reality. London (Routledge).

Atkinson, P.; Hammersley, M. (1994): Ethnography and Participant Observation. In: Denzin/Lincoln (Eds.) 1994. S. 248–261.

Baacke, D.; Schulze, Th. (Hrsg.) (1979): Aus Geschichten lernen. Zur Einübung pädagogischen Verstehens. München (Juventa).

Baacke, D.; Schulze, Th. (Hrsg.) (1985): Pädagogische Biographieforschung. Orientierungen, Probleme, Beispiele. Weinheim und Basel (Beltz).

Bachmair, B.; Kress, G. (Hrsg.) (1996): Höllen-Inszenierung. Wrestling – Beiträge zur pädagogischen Genre-Forschung. Opladen (Leske + Budrich).

Behnken, I.; Jaumann, O. (Hrsg.) (1995): Kindheit und Schule. Kinderleben im Blick von Grundschulpädagogik und Kindheitsforschung. Weinheim und München (Juventa).

Berg, E.; Fuchs, M. (Hrsg.) (1993): Kultur, Soziale Praxis, Text. Die Krise der ethnographischen Repräsentation. Frankfurt a.M. (Suhrkamp).

Boas, F. (1943): Recent Anthropology. In: Science 98 S. 311–14, 334–7.

Bohnsack, R. (1993): Rekonstruktive Sozialforschung. Einführung in Methodologie und Praxis qualitativer Forschung. Zweite Auflage. Opladen (Leske + Budrich).

Clifford, J.; Marcus, G. (Eds.) (1986): Writing Culture: the Poetics and Politics of Ethnography. Berkeley and Los Angeles (University of California Press).

Coffey, A.; Atkinson, P. (1996): Making Sense of Qualitative Data Analysis: Complementary Strategies. Thousand Oaks CA (Sage).

Coffey, A.; Holbrook, B.; Atkinson, P. (1996): Qualitative Data Analysis: Technologies and Representations. In: Sociological Research Online, Vol. 1.

Combe, A.; Helsper, W. (Hrsg.) (1996): Pädagogische Professionalität. Untersuchungen zum Typus pädagogischen Handelns. Frankfurt a.M. (Suhrkamp).

Denzin, N.K.; Lincoln, Y.S. (Eds.) (1994): Handbook of Qualitative Research. Thousand Oaks u.a. (Sage).

Dobbert, M.L. (1982): Ethnographic Research. Theory and Application for Modern Schools and Societies. New York (Praeger Publishers).

Eisner, E.W.; Peshkin, A. (Eds.) (1990): Qualitative Inquiry in Education. The Continuing Debate. New York (Teachers College, Columbia University).

Flick, U. (1992): Entzauberung der Intuition. Systematische Perspektiven-Triangulation als Strategie der Geltungsbegründung qualitativer Daten und Interpretationen. In: Hoffmeyer-Zlotnik (Hrsg.) 1992. S. 11–56.

Fontana, A.; Frey, J.H. (1994): Interviewing: The Art of Science. In: Denzin/Lincoln (Eds.) 1994. S. 361–376.

Frake, Ch. (1962): The Ethnographic Study of Cognitive Systems. In: Gladwin/Sturtevant (Eds.): Anthropology and Human Behavior. Washington (Anthropological Society of Washington), pp. 72–85.

Friebertshäuser, B. (1992): Übergangsphase Studienbeginn. Eine Feldstudie über Riten der Initiation in eine studentische Fachkultur. München (Juventa).

Friebertshäuser, B. (1995): Jugendsubkulturen – Orte der Suche nach einer weiblichen oder männlichen Geschlechtsidentität. In: Deutsche Jugend 4/95 S. 180–189.

Friebertshäuser, B.: (1996): Feldforschende Zugänge zu sozialen Handlungsfeldern: Möglichkeiten und Grenzen ethnographischer Feldforschung. In: Neue Praxis 1/96. S. 75–86.

Gaiser, W.; Schefold, W.; Vetter, H.-R. (1992): Lebenslauf und Wohlfahrtsproduktion. Biographische Muster und wohlfahrtsstaatliche Rahmenbedingungen. Überlegungen zur „Wohlfahrtsmixtur". In: Blätter der Wohlfahrtspflege 139. S. 14–16.

Goodenough, W. (1956): Componential Analysis and the Study of Meaning. In: Language 32, pp. 195–216.

Groddeck, N.; Schumann, M. (Hrsg.) (1994): Modernisierung sozialer Arbeit durch Methodenentwicklung und -reflexion. Freiburg (Lambertus).

Hammersley, M. (1992) What's Wrong with Ethnography? London (Routledge)

Hammersley, M.; Atkinson, P. (1983): Ethnography. Principles in Practice. London/New York (Tavistock).

Harris, M. (1964): The Nature of Cultural Things. New York (Random House).

Harris, M. (1968): The Rise of Anthropological Theory. New York (Crowell).

Henningsen, J. (1962): Autobiographie und Erziehungswissenschaft. Eine methodologische Erörterung. In: Neue Sammlung (1962). S. 450–461.

Hoffmeyer-Zlotnik, J. H. P. (Hrsg.) (1992): Analyse verbaler Daten. Über den Umgang mit qualitativen Daten. Opladen (Westdeutscher Verlag).

Hörster, R.; Müller, B. (1996): Zur Struktur sozialpädagogischer Kompetenz. Oder: Wo bleibt das Pädagogische der Sozialpädagogik?. In: Combe, A.; Helsper, W. (Hrsg.) 1996. S. 614–648.

Hill, B. (1996): „Rockmobil". Eine ethnographische Fallstudie aus der Jugendarbeit. Opladen (Leske + Budrich).

Kelle, H.; Breidenstein, G. (1996): Kinder als Akteure: Ethnographische Ansätze in der Kindheitsforschung. In: Zeitschrift für Sozialisationsforschung und Erziehungssoziologie (ZSE), 16. Jahrgang, Heft 1/1996. S. 47–67.

Kokemohr, R.; Koller, Ch. (1996): Die rhetorische Artikulation von Bildungsprozessen. Zur Methodologie erziehungswissenschaftlicher Biographieforschung. In: Krüger/Marotzki (Hrsg.) 1996. S. 90–102.

Körner, J. (1996): Zum Verhältnis pädagogischen und therapeutischen Handelns. In: Combe, A.; Helsper, W. (Hrsg.) 1996. S. 780–809.

Krappmann, L.; Oswald, H. (1995): Alltag der Schulkinder. Beobachtungen und Analysen von Interaktionen und Sozialbeziehungen. Weinheim/München (Juventa).

Krüger, H.-H.; Marotzki, W. (Hrsg.) (1996): Erziehungswissenschaftliche Biographieforschung. Zweite Auflage. Opladen (Leske + Budrich).

König, E.; Zedler, P. (Hrsg.) (1995): Bilanz qualitativer Forschung. Band II: Methoden. Weinheim (Deutscher Studien Verlag).

Kuhn, Th. (1962): Die Struktur wissenschaftlicher Revolutionen. Dritte mit der zweiten identischen Auflage 1978. Frankfurt a.M. (Suhrkamp).

Langeveld, M. J. (1964): Studien zur Anthropologie des Kindes. Tübingen.

Lenzen, D. (1996): Handlung und Reflexion. Vom pädagogischen Theoriedefizit zur Reflexiven Erziehungswissenschaft. Weinheim und Basel (Beltz).

Lippitz, W. (1993): Phänomenologische Studien in der Pädagogik. Weinheim (Deutscher Studien Verlag).

Lippitz, W.; Meyer-Drawe, K. (Hrsg.) (1984): Kind und Welt. Phänomenologische Studien zur Pädagogik. Königstein/Ts.

Lippitz, W.; Rittelmeyer, Chr. (Hrsg.) (1989): Phänomene des Kinderlebens. Beispiele und methodische Probleme einer pädagogischen Phänomenologie. Bad Heilbrunn.

Loch, W. (1979): Lebenslauf und Erziehung. Essen.

Lüders, Ch. (1995): Von der teilnehmenden Beobachtung zur ethnographischen Beschreibung. In: König/Zedler (Hrsg.) 1995. S. 311–342.

Malinowski, B. (1922): Argonauts of the Western Pacific. New York (E.P. Dutton) 1961.

Marotzki, W. (1990): Hermeneutische Sinnauslegung in krisenhafter Zeit. Zur Methode der Geisteswissenschaften als Verstehensprogramm moderner Subjektivität. Die Aktualität Wilhelm Diltheys. In: Gesamtschulinformation 3/4 (1990). S. 212–333.

Mead, M.; Wolfenstein, M. (Eds.) (1955): Childhood in contemporary cultures. Chicago.

Merten, R.; Olk, Th. (1996): Sozialpädagogik als Profession. Historische Entwicklung und künftige Perspektiven. In: Combe, A.; Helsper, W. (Hrsg.) 1996. S. 570–613.

Münchmeier, R. (1992): Krise als Chance. Sozialpädagogik auf der Suche nach Zukunft. In: Rauschenbach/Gängler (Hrsg.). S. 133–146.

Ohe, W. v.d. (Hrsg.) (1987): Kulturanthropologie. Beiträge zum Neubeginn einer Disziplin. Berlin.

Pelto, P.J.; Pelto, G.H. (1978): Anthropological Research. Second Edition. Cambridge u.a. (Cambridge University Press).

Rauschenbach, Th.; Gängler, H. (Hrsg.) (1992): Soziale Arbeit und Erziehung in der Risikogesellschaft. Neuwied (Luchterhand).

Reichertz, J. (1992): Beschreiben oder Zeigen – Über das Verfassen ethnographischer Berichte. In: Soziale Welt 43 (1992). S. 331–350.

Schütze, F. (1983): Biographieforschung und narratives Interview. In: Neue Praxis 3/1983. S. 283–293.

Schütze, F. (1987): Das narrative Interview in Interaktionsfeldstudien: erzähltheoretische Grundlagen. Teil I: Merkmale von Alltagserzählungen und was wir mit ihrer Hilfe erkennen können. Hagen (Studienbrief).

Schütze, F. (1994): Ethnographie und sozialwissenschaftliche Methoden der Feldforschung. In: Groddeck/Schumann (Hrsg.) 1994. S. 189–297.

Schütze, F. (1996): Verlaufskurven des Erleidens als Forschungsgegenstand der interpretativen Soziologie. In: Krüger/Marotzki (Hrsg.) 1995. S. 116–157.

Silvermann, D. (1985): Qualitative Methodology and Sociology. Aldershot.

Spindler, G. (Ed.) (1982): Doing the Ethnography of Schooling. Educational Anthropology in Action. New York u.a. (Holt, Rinehart and Winston).

Spradley, J. P. (1979): The Ethnographic Interview. New York u.a. (Holt, Rinehart and Winston).

Terhart, E. (1979): Ethnographische Schulforschung in den USA. Ein Literaturbericht. In: Z. f. Päd. 25. Jg. 1979, S. 291–306.

Tyler, S. A. (1986): Post-Modern Ethnography: From Document of Occult to Occult Document. In: Clifford, J.; Marcus, G. (Eds.) 1986. S. 122–140.

Vogelgesang, W. (1994): Jugend- und Medienkulturen. Ein Beitrag zur Ethnographie medienvermittelter Jugendwelten. In: Kölner Zeitschrift für Soziologie und Sozialpsychologie Heft 3 (1994). S. 464–491.

Werner, O.; Schoepfle, G. M. (1987a): Ethnographic, Analysis and Data Management. London (Sage).

Werner, O.; Schoepfle, G. M. (1987b): Foundations of Ethnography and Interviewing. London (Sage).

Wolff, St. (1987): Rapport und Report. Über einige Probleme bei der Erstellung plausibler ethnographischer Texte. In: Ohe (Hrsg.) 1987, S. 333–364.

Woods, P. (1986): Inside Schools. Ethnography in educational research. London/New York (Kegan Paul).

Zinnecker, J. (1995): Pädagogische Ethnographie. Ein Plädoyer. In: Behnken/Jaumann (Hrsg.) 1995. S. 21–38.

Erfahrungsgeschichte –
von der Etablierung der Oral History

Alexander v. Plato

I Objekte von Erfahrungswissenschaften sind vor allem Subjekte, und auch die Oral History befaßt sich mit Subjektivität: mit subjektiven Erinnerungen, mit persönlichen Verarbeitungen von Erlebtem, mit individuellem Verhalten und deren Erklärungen in der Geschichte, mit persönlicher Verantwortung in historischen Prozessen und deren Deutungen oder auch mit biographischen Konstruktionen und Lebensverläufen. Erinnerungen, Befragungen von Zeitzeugen, Biographien und Autobiographien, persönliche Fotos und andere subjektive Erinnerungsobjekte sind wichtige Quellen für die Untersuchung historischer Entwicklungen, in denen Subjekte und deren Erfahrungen eine wesentliche Rolle spielen, für die Analyse der Entwicklungen von Konsens und Dissenselementen in einer Gesellschaft, für die Fragen nach dem Verhältnis von „großer" Politik und subjektiven Möglichkeiten in gesellschaftlichen Beziehungen, Grenzen und Zwängen.

Subjektive Erinnerungszeugnisse sind aber auch Quellen für die pralle Geschichte im kleinen, für die es wenig andere Quellen gibt oder wo die subjektiven Quellen wegen ihres Gegenstandes im Zentrum stehen müssen, so zum Beispiel für die Entwicklung von Familien- und Verwandtschaftsbeziehungen, von Geschlechterrollen und Erziehungsstilen, von Arbeitsethos und Berufsbildern, aber auch von Honoratioren – und Elitenreproduktionen in Gemeinden, Parteien und sonstigen Institutionen, von religiösen Bindungen und Ritualen bzw. von deren Säkularisierungen, und so weiter und so fort.

Es gibt also kaum ein Thema, das nicht Gegenstand von Erfahrungsgeschichte sein könnte. Geschichte ist eben fast immer auch erlebte, auch wenn der Umkehrschluß töricht ist, daß Historiographie sich auf die erfahrene Geschichte reduzieren lasse. Oral History ist eine Erfahrungswissenschaft in der Historiographie, wie es ähnliche Methoden und Forschungsobjekte auch in anderen Wissenschaftsdisziplinen gibt.

In Deutschland hatten erfahrungswissenschaftliche Fragestellungen und Methoden jedoch eine geringe Resonanz in der Historiographie allgemein[1], besonders in den beiden Nachkriegsdeutschlands. Erst in den letzten – nicht einmal – 20 Jahren hat sie sich hierzulande unter dem Namen „Oral History" in

---

[1] Vgl. zum Beispiel Briesen und Gans 1993, Gradmann 1990

der Geschichtswissenschaft als US-Import[2] behauptet und schließlich etabliert. Der Begriff Oral History hat sich dabei eingebürgert, obwohl er die dazugehörigen Forschungsarbeiten auf eine Quelle, nämlich die mündliche, zu reduzieren schien. Diese Tatsache war einer der Gründe, warum Oral History ins Visier der Kritik geriet.[3]

Aber die Oral History meinte von Anfang an mehr als eine Technik, die Technik der Zeitzeugenbefragung, nämlich einen Perspektivenwechsel im wörtlichen Sinne: Es ging um eine andere Sichtweise, es ging darum, Subjektivität und die Erfahrung von Subjekten überhaupt erst einmal zum Gegenstand der nachkriegsdeutschen Historiographie zu machen und sie als überlieferungswürdig zu erklären, damit sie einen Status erhält, der ihnen in anderen historiographischen Schulen nicht zugesprochen wurde.

Für solche Fragestellungen und Untersuchungsziele bedurfte und bedarf es nicht der mündlichen Quelle allein, sondern umfangreicher und vielfältiger empirischer Versuche: Es geht darum, mit verschiedenen Quellen und Methoden auf die Spurensuche der Überlieferung von Individuen oder Bevölkerungsgruppen und deren Erfahrungen, Kulturen und Lebensformen zu gehen, die bis dato selten und zumeist nur von Außenseitern überhaupt wahrgenommen worden waren. Das implizierte mehr als nur eine Methode, sondern die Nutzung verschiedener methodischer Ansätze oder auch deren Konfrontation.

II Zeitzeugenbefragungen, die früher gar nicht mündlich, sondern nur protokolliert und schriftlich zumeist als Experteninterview überliefert worden waren, haben lange Traditionen sowohl in der Geschichtswissenschaft als auch in anderen Disziplinen, besonders in der Psychologie[4], Volkskunde[5], aber auch in der Soziologie. Über das prinzipielle Quellenproblem hinaus, gab und gibt es gerade in Deutschland eine Reihe von Gründen, die zu besonderem Mißtrauen gegenüber subjektiven Quellen führten. So wirken Traditionen nach, die auf den Historismus zurückzuführen sind, der den Akten als der wesentlichen Quelle den Vorrang gab und einen Bann über subjektive Quellen aussprach. Andererseits brachte der Historismus Schulen hervor, die sich bis heute mit der Zeitzeugenbefragung verbinden, nämlich die hermeneutischen Ansätze, wie sie beispielsweise schon früh von Droysen entwickelt wurden. Dennoch wurde der Historismus in der Fixierung seiner Haupttendenz auf Akten, zumal auf die

---

[2] und der Hauptimporteur, Lutz Niethammer, beließ es bei dem Begriff, weil dieser in den USA Konnotationen mit transportierte, die bei einer Eindeutschung („mündliche Geschichte") verloren gegangen wären (Niethammer 1979).

[3] v. Plato 1991

[4] Wie früh in der westdeutschen Psychologie nach dem Krieg die „Biographische Methode" eine Rolle spielt, zeigt Hans Thomae 1952, der einen weiten Überblick gibt, allerdings - bezeichnenderweise und dem damaligen Mangel der Geschichtswissenschaft entsprechend - ohne aktuellen Bezug zur Zeitgeschichte.

[5] Sehr früh und dennoch aktuell: Lehmann 1983

staatlichen Verwaltungsakten, zu einem Ferment für die Akzentuierung der Geschichtswissenschaft auf die staatliche Politik und ihrer Repräsentanten. Die Entwicklung der Historiographie zu einer kritischen Wissenschaft mit seinen impliziten positivistischen Elementen förderte die überdeutliche Schwerpunktsetzung auf diese Quellen und damit auf eine Geschichte von Macht und Mächtigen. Selbst dort, wo biographische oder subjektive Elemente in der historistischen Geschichtsschreibung eine Rolle spielten, handelte es sich zumeist um Kaiser und Könige oder um Mitglieder von Herrscherhäusern bzw. von Personen aus politischen oder militärischen Eliten.

In anderen Ländern gab es ähnliche und dennoch sehr unterschiedliche Tendenzen in der Entwicklung der Historiographie zu einer kritischen Wissenschaft.

Im Frankreich des 19. Jahrhunderts hatte der Zentralstaat bereits eine enorme Ansammlung schriftlicher Quellen hinterlassen. Sie dokumentierten die staatlich-politische Entwicklung der Staatsmacht. Lebensweltliche Beschreibungen schienen auf diesem Hintergrund – böse gesprochen – nur für die Stämme der Kolonialländer notwendig, wo es keine Aktenüberlieferung einer zentralen Staatsmacht gab. Daher meinen einige Historiker und Kulturwissenschaftler, daß nur dank des Umweges über die Ethnologie und Anthropologie französische (dann auch andere) Historiker dazu angeregt wurden, das eigene Volk und seine Lebensbedingungen als Objekt historischer Forschung zu entdecken: Wohnverhältnisse, Arbeitsbedingungen, Handwerk, Sitten und Gebräuche, kulturelle Leistungen und religiöse Riten, Geschlechterbeziehungen, Strafen und Erziehungsmodelle, Krankheiten usw. Das waren eben Themen, die zuvor in der Beschreibung von Kolonialvölkern ohne Übermittlung zentraler Aktenarchive beschrieben worden waren und nun auch den Blick von Historikern auf die Geschichte des eigenen Volkes lenkten.[6] Allerdings gab es schon früh auch andere Versuche: die Beschreibungen von Interessen und Lebenslagen der verschiedenen Stände vor und während der französischen Revolution von 1789 zum Beispiel; oder die der Brüder Goncourt mit „La femme au XVIIIᵉ siècle", die allerdings in der Historiker-Zunft abgelehnt wurden; oder die Zeitzeugenbefragungen eines der Ahnväter der modernen französischen Historiographie, Jules Michelet, der im Rahmen seines Anspruchs auf universelle Geschichtsschreibung persönliche Berichte als Quellen nutzte, die „Erzählungen alter Männer". Inwieweit diese Versuche dem Umweg über die Ethnologie zu verdanken sind, ist kaum abzuschätzen.

Auch und besonders in Skandinavien entstanden früh, nämlich in der zweiten Hälfte des 19. Jahrhunderts, die ersten Befragungen ganzer Bevölkerungs- und Berufsgruppen in enormer Anzahl. Bis heute sind hier solche Traditionen ungebrochen. Ähnliches gilt für Polen, wo bei der Bewahrung von eigenen natio-

---

[6] Petersen 1991, Sokoll 1996

nalen Traditionen in einer Situation ohne Nationalstaat auch andere Bevölkerungsteile ernst genommen wurden, als die herrschenden Eliten. In den USA als Eroberungs- und Einwandererland sind Zeitzeugen bereits in der Mitte des vorigen Jahrhunderts befragt worden[7]: Indianer und später, nämlich im ersten Drittel dieses Jahrhunderts, auch schwarze Sklaven(familien), dann aber auch eine große Anzahl von Einwanderungsgruppen unterschiedlicher Ethnien. Sogar die Volksvertreter werden seit langem regelmäßig nach ihrer Biographie befragt.[8] In Großbritannien hat sich ebenfalls früh eine Tradition gebildet, die sich der Überlieferung „unterer Volksschichten", insbesondere der Arbeiterkulturen annahm.[9]

Eine weitere Traditionslinie wird in ihrer Bedeutung für die Konstruktion von Geschichte, vor allem von Lebenswelten verschiedener Bevölkerungsgruppen, meiner Ansicht nach zu gering eingeschätzt: die modernen *Präsentationen von Geschichte* für ein Massenpublikum und ihre Bedeutung für die Tradierung und Fixierung historischer Ereignisse, Episoden oder auch Mythen im sogenannten kollektiven Gedächtnis einer Gesellschaft oder Nation.[10]

Solche modernen Präsentationen fanden neben den großen Theatern schon im 19. Jahrhundert z.B. in zentralen nationalen Museen und Ausstellungen für ein breiteres Publikum statt. Die großen Weltausstellungen des 19. und 20. Jahrhunderts, die ein Millionenpublikum befriedigen mußten, mit ihren Völkerschauen auf außereuropäische Völker, aber auch mit ihren Blicken auf die Lebensbedingungen in Frankreich und Europa, waren solche Geschichtsbilder produzierende Massenveranstaltungen. Massenmedien, von den Zeitungen bis hin zum Fernsehen, haben kollektive Geschichtsbilder und die Geschichtswissenschaft beeinflußt und zu einer Perspektive beigetragen, in der die Geschichte des eigenen Volkes, nicht nur ihrer Regierungen, eine Rolle spielt.

In Skandinavien wurden schon in der zweiten Hälfte des 19. Jahrhunderts Museologen und Volkskundler wirksam, die Volkstraditionen, Trachten, Arbeitstechniken usw., die durch die Industrialisierung bedroht wurden, zu dokumentieren und zu bewahren suchten. Als das bekannteste Beispiel gilt zu Recht der Schwede Artur Hazelius.

Aus solchen wissenschaftlichen Ansätzen und aus den historiographischen Vorbereitungen einschlägiger Präsentationen entstanden Schulen, die die Subjekte und ihre Erfahrungen, Lebenswelten von Bevölkerungsgruppen und ihre Kulturen zum Gegenstand historischer Forschung machten – bis hinein in Schulen, in denen mentalitätsgeschichtliche Ansätze versucht wurden wie in der späteren Zeitschrift „Annales" in Frankreich, die eine Vorreiterfunktion in

---

[7] Vgl. zum Beispiel das große Oral History Archive der Columbia University in New York
[8] eben dort
[9] Edward P. Thomson 1967, oder Paul Thomson 1988
[10] vgl. hierzu Petersen 1991

diesem Prozeß einnahm. In Deutschland dagegen waren solche Entwicklungen schwächer ausgebildet und stießen auf deutlichere methodologisch begründete Abwehr.

Es stellt sich also die Frage, ob es einen Zusammenhang gibt zwischen einer politischen Kultur eines Landes, in der aus unterschiedlichen Gründen verschiedene ethnische, nationale oder demokratische Elemente wirksam sind, und einer Geschichtswissenschaft, die lebensweltliche und mentalitätsgeschichtliche Ansätze zu fassen und zu präsentieren versucht.

III   Es kann also vermutet werden, daß sich mehr hinter der vergleichsweise schwächeren Tradition von Erfahrungswissenschaften in der deutschen Geschichtswissenschaft verbirgt und auch mehr hinter der methodologischen Kritik an der Oral History in Deutschland. Dieses „Mehr" könnte unter anderem etwas mit der deutschen Geschichte selbst zu tun haben.

In Deutschland waren es völkisch orientierte Schulen und später die Nationalsozialisten, die ein heroisiertes, germanisch behauptetes Volk in Wissenschaft und Museum deutlicher als alle ihre Vorgängerregierungen mit staatlicher Macht zu etablieren dachten. Das hat unter anderem dazu geführt, den Begriff „Volk" bis heute zu desavouieren und die Präsentation seiner Lebenswelten den Ruch von Blut und Boden anhaften zu lassen. Eine Präsentation wie in den schwedischen Museen von Hazelius könnte so ungebrochen in Deutschland heute vermutlich kaum oder nur von Randgruppen etabliert werden.

Zumal gab es nach dem Zweiten Weltkrieg einen Argwohn gegenüber der Bevölkerung, der nicht dazu beitrug, Vertrauen in die Zeitzeugen und in subjektive Quellen in die Köpfe von Wissenschaftlern zu implantieren. Akten schienen eher geeignet, die Involvierung von Bevölkerungsteilen oder von Angehörigen der Eliten in den Macht- und Gewaltapparat des Nationalsozialismus zu dokumentieren, als Zeitzeugen, denen Unglaube entgegengebracht wurde, da sie sich nach 1945 durch legitimatorische Erklärungsversuche oder Abwehr von Verantwortung hervorgetan hatten. Und eine nachrückende Generation von jungen Wissenschaftlern und Wissenschaftlerinnen hatte diese Abwehr in den eigenen Elterngenerationen erfahren müssen, was sicherlich nicht dazu beitrug, schweigenden Mehrheiten Gehör schenken zu wollen.

Das galt auch für jene, die in anderen Bereichen auf Volkes Stimme hören wollten, seien es Angehörige von Subkulturen, Ethnien oder Epigonen der Arbeiterbewegung. So war in der DDR die politische Führung nicht abgeneigt, auch die Arbeiterklasse, die man verbal mit positiven Attributen belegte, in der politischen Praxis einer Erziehungsdiktatur zu unterwerfen, weil sie sich nicht als das historische Subjekt erwiesen hatte, das die nationalsozialistische Diktatur vertrieben hätte. Die Vorerfahrungen der Bevölkerung, obwohl sie das

Hauptelement der Kontinuität waren[11], kam nicht vor in den Debatten über Bruch und Kontinuität 1945. So fanden – neben den zahllosen Personen, die von der Stasi bespitzelt wurden – beispielsweise nur Widerstandskämpfer mit ihren Berichten Eingang in die Archive der DDR, während sie im Westen noch später dieser Ehre teilhaftig wurden. Die schweigenden deutschen Mehrheiten waren nicht nur den Grundgesetzvätern oder den antifaschistisch-demokratischen Erziehungsdiktatoren verdächtig, sondern auch den jeweiligen Historikern. Es brauchte fast zwei Jahrzehnte, ehe die weitgehende politikgeschichtliche Dominanz in der Historiographie aufgebrochen wurde. Aber auch in der Sozialgeschichte (z.B. Wehler und Kocka) oder in der Ideologiegeschichte des Faschismus (Nolte) kamen Vorerfahrungen nicht vor, später nur diejenigen von Widerstandsgruppen oder Opfern des NS-Regimes. Das waren immerhin Gruppen, die nicht unter das Verdikt des Unglaubens in belastete Zeitzeugen fielen.

Erst in den Widerstandsforschungen also und in der Untersuchung der Opfer des Nationalsozialismus, insbesondere von Juden, wurden auch Befragungen oder Kurzbiographien mit geliefert, wenn auch in noch geringer Zahl. Umfassende lebensgeschichtliche Forschungen, wie sie in der Volkskunde gang und gäbe waren und auch zu volkskundlichen historischen Forschungen führten (z.B. bei Lehmann in Hamburg oder Bausinger, Jeggle und Warnecken in Tübingen), wurden in der deutschen Geschichtswissenschaft erst über den genannten Umweg über die USA in Deutschland Anfang der 80er Jahre versucht. Dann war die Desillusionierung groß: Nun wurden Frauen gehört, die nicht Vorkämpfer der Frauenbewegung waren, sondern andere Glücksvorstellungen von Liebe und Familie hatten, aber dennoch aktiv, selbstbewußt und tüchtig sein konnten; Arbeiter, die mit hohem Arbeitsethos in der Rüstungsindustrie des Zweiten Weltkriegs u.k. gestellt waren und keinerlei Verantwortung für das Dritte Reich spüren ließen oder sich gar an den NS angepaßt hatten und Zwangsarbeiter verprügelt hatten usw. usf. Aber dieser Desillusionierungsprozeß war durchaus heilsam, denn man entdeckte anderes als das Erwartete, und dieses andere war und ist für die Geschichtsschreibung durchaus bedeutungsvoll.

IV   Trotz all dieser Hemmnisse und Wirrungen ist in Deutschland Beachtliches durch Oral History – in dem erweiterten Sinn als Erfahrungswissenschaft verstanden – zustande gekommen, und zwar gerade dort, wo die Hauptsorgen vor der subjektiven Quelle grassierten: nämlich in der Erforschung des Nationalsozialismus, später auch der DDR oder anderer Diktaturen, und in der Bedeutung der „deutschen Wunden". Gerade in diesen Untersuchungen zeigte

---

[11] Niethammer 1993

sich mehrerlei: Zum einen wurde deutlich, daß es trotz der späteren negativen Beurteilungen des Nationalsozialismus (oder der auch der DDR) deutliche Erinnerungen an Attraktionselemente in diesen Gesellschaften gab und gibt. Damit wurde die Analyse des „sozialen Kitts" solcher Diktaturen auf eine neue Basis gestellt. Zugleich wurde sichtbar, wie sehr man Diktaturen dieser Art unterschätzt, wenn man die inneren Wirkungsmechanismen, also jene Seiten in der Analyse vernachlässigt, die zu Faszination bei Individuen, verschiedenen Generationen oder ganzen Bevölkerungsgruppen führten. Und schließlich wurde deutlich, wie sehr und wie unterschiedlich in beiden Nachkriegsstaaten und ihren Gesellschaften die Erklärungen, Entschuldigungen, Verantwortungsabwehr oder Verarbeitungsangebote des Nationalsozialismus oder des Krieges die Beziehungen untereinander oder zu Politik und Staat bestimmten. Denn der Nationalsozialismus hatte so weitgehend Menschenrechte außer Kraft gesetzt und so „unfaßbare Verbrechen", insbesondere mit dem Holocaust an Juden, begangen, daß die Verantwortung jedes Individuums in Politik und Gesellschaft angesprochen war: sei es durch die alliierten Sieger mit dem Vorwurf der Kollektivschuld, sei es durch die eigenen Kinder, die späteren Massenmedien oder gar durch Zeitzeugen selbst im Verlauf der späteren Biographie. Dagegen stand die eigene Biographie mit ihren „normalen", „alltäglichen" Seiten im Nationalsozialismus. Dieser Widerspruch verlangte Erklärungen. Und implizit oder explizit schwingen diese Themen in allen Lebensgeschichten von deutschen Zeitzeugen aus diesen Zeiten mit und sind bei ihren Interpretationen wesentlich, selbst dann, wenn es um die scheinbar unpolitische Selbstbehauptung von Individuen in den Durchmogeleien durch die Wechselfälle der Zeiten geht. Das gilt auch für lebensgeschichtliche Forschungen über Erfahrungen mit und in der DDR, die an Zahl seit der Wende extrem zugenommen haben, über Gewerkschafterinnen und Gewerkschafter, über Berufsgruppen in diesem Jahrhundert usw. usf. Angesichts der politischen Wechsel kann es kaum erstaunen, daß jahrelang vor allem Opfer des Nationalsozialismus im Vordergrund standen: Insbesondere jüdische Opfer (vor der großen Initiative Steven Spielbergs, noch lebende KZ-Überlebende zu befragen), kommunistische oder sozialistische Widerstandskämpfer, später auch Zwangsarbeiter, Sinti und Roma, katholische Kaplane usw. Heute werden auch Leidtragende der Nachkriegspolitik, Flüchtlinge, Internierte oder Opfer der SED-Politik befragt. Daß „Betroffene" im Vordergrund standen, liegt nicht nur daran, daß über sie wenig klassische Quellen existierten, sondern auch daran, daß sie jahrzehntelang vernachlässigt worden waren, daß es ab Mitte der 70er Jahre Finanzierungsmöglichkeiten angesichts der verschiedenen Jahrestage gab, die zu einer Fülle kommunaler Studien auf Honorar- und Werkvertragsbasis führten. Und es lag daran, daß es einen demokratischen Anspruch in der Oral History gab, der sich in diesen historischen Themen manifestieren konnte.

Inzwischen ist eine größere Nüchternheit eingetreten, die etwas damit zu tun hat, daß erfahrungsgeschichtliche Forschungen wenig geeignet sind, vorweg angenommene Heroisierungen zu bestätigen, sondern Schwarz-Weiß-Malereien zu differenzieren und frühere starre Zuordnungen aufzuheben. Jetzt werden auch die sogenannten „Täter" untersucht, die Soldaten oder die schweigenden Mehrheiten in den „langen Wellen" ihrer Erfahrungsanhäufung und Verarbeitung.

Dabei sind die „deutschen Wunden" nach wie vor stark in der hiesigen Forschung vertreten. Je weiter der Nationalsozialismus in zeitliche Ferne rückte, je mehr wurden jedoch auch die Kriegs- und Nachkriegstraumata erforscht: Nach den KZ- und Widerstandsforschungen waren es „zweite Traumatisierungen" durch die Beschwernisse der Wiedergutmachung, die Traumata der Kinder der KZ-Opfer, aber zunehmend auch die Entwurzelungserfahrungen der „Normaldeutschen" durch Flucht und Vertreibung, Tod und Ausbombung, Evakuierung und Gefangenschaft. Dabei wurde deutlich, wie disparat die Erfahrungen waren, die nach 1945 in den neuen Deutschlands zusammenleben mußten und die beiden Staaten, die unter Ägide der Alliierten aufgebaut wurden, tragen sollten. Die Disparatheit wird eben nicht nur durch die Kategorien der Täter und Opfer erfaßt, sondern durch die extrem divergierenden Erfahrungen auch bei denen, die in den Strudel der Zeiten hereingerissen wurden, die keiner Opfer- oder Tätergruppe angehörten, sondern sich durch die Zeiten schlugen, sich weniger verantwortlich fühlten, sich weniger politisch wahrnahmen und dementsprechend politisch inaktiv blieben. Nach 1945 stellte man sich in Ost und West darauf ein, in dieser Disparatheit den Aufbau zu leisten, ohne die Verantwortung der schweigenden Mehrheiten, der Mitläufer, der „nominellen Parteigenossen (PG's)" (wie es im Osten hieß) allzu stark zu thematisieren. Im Osten gab es deutlichere Verurteilungen der großen Nazis als im Westen, aber auch hier bedurfte man der vielen kleinen PGs und sicherte ihnen bei Anpassung Stillhalten zu. Erst in den nachfolgenden Generationen wurden im Westen die Verantwortungen der Anpassung und des „Mitlaufens" thematisiert, und es kamen die Erforschungen anderer Themen hinzu, wie die Behandlung der Zwangsarbeiter, der Millionen umgebrachten sowjetischen Kriegsgefangenen und ähnliche Themen mehr. Auch die Ambivalenzen von Opfern und Widerstandskämpfern wurden thematisiert, und der Widerstandsbegriff erfuhr durch die Kategorie der „Resistenzen" Erweiterung.

Aber bis heute sind diese Divergenzen so virulent, daß es feindliche Lager in der Wissenschaft gibt: diejenigen, die die Opfer des Nationalsozialismus zentral in ihrer Forschung behandeln und sich mit ihren Opfern identifizieren einerseits und jene, die andere Themen oder gar Traumatisierungen der Nachkriegszeit untersuchen. „Die Deutschen entdecken, daß auch sie Opfer waren", wurde z.B. in den USA gespottet. Die „Goldhagen-Debatte" führte nicht nur die Verantwortung deutscher Eliten ins Feld, sondern auch zu Neuauflagen alter Feindstellungen in der Wissenschaft. Je klarer dabei die individuellen Erfahrungen im Zentrum der Untersuchungen standen, desto deutlicher wurde die Bedeutung der Traumatisierungen für den Nachkriegskonsens in Ost und West wahrgenommen, die Flüchtlinge, Kriegsgefangene, von den Alliierten Internierte, Kriegerwitwen, Kriegsversehrte usw. erfahren hatten.

Insofern zeigt sich, daß die Zeitgeschichte Teil der historischen, generationell bestimmten Debatten ist, und dies gilt natürlich um so mehr, je mehr sich die Forschungen um Subjekte zentrieren. Ähnliche Entwicklungen in der Wissenschaft gibt es nun in der Erforschung der DDR-Diktatur mit ähnlichen Schwerpunktsetzungen und Debatten zwischen einer Wissenschaft, die „Parteilichkeit für die Opfer" postuliert, und den vielfältigen anderen Forschungen. Hier dürften Ursachen für die Vorsichten liegen, die gegenüber Zeitzeugenforschungen in diesen thematischen Feldern vorhanden sind.

Über diese „großen" Themen hinaus, dennoch häufig mit ihnen verbunden, haben sich erfahrungsgeschichtliche Forschungen mit anderen Fragen befaßt, wie z.B. mit Lebensverläufen, mit dem „woher?" und „wohin?" von Bevölkerungsgruppen oder Eliten, mit den Durchmischungen der Bevölkerungsstruktur nach der Erosion von traditionellen Milieus durch Nationalsozialismus, Krieg und Flüchtlingsströmen, mit Veränderungen in Erziehungsstilen, Geschlechterbeziehungen, mit Individualisierungsfragen usw. usf.

Insgesamt zeigte sich in diesen Arbeiten, daß die Zeitzeugenbefragung wichtige realgeschichtliche Ergebnisse zeitigte, natürlich vor allem dort, wo es bisher keine oder nur eine geringe Variationsbreiten anderer Quellen gab, daß sie ihre Stärke jedoch dort besonders hatte, wo es weniger um Rekonstruktion von Ereignissen und Abläufen ging, sondern vor allem um die Verarbeitung von Geschichte und ihre Wirkungen auf spätere historische Perioden.

V Entsprechend der thematischen Entwicklung und dem Abwehren unter Historikern ist es verstehbar, daß es vielfach Personen und Gruppen außerhalb der Historikerzunft waren, die sich mit mentalitätsgeschichtlichen Fragen befaßten: Eine der zahlenmäßig größten Sammlungen und – trotz der häufig erstmaligen wissenschaftlichen Beschäftigung – erstaunlich ergebnisreichen Arbeiten entstanden seit den siebziger Jahren mit dem regelmäßig durchgeführten „Schülerwettbewerb deutsche Geschichte um den Preis des Bundespräsidenten" in Hamburg. Durch ihn wurden Schülerinnen und Schüler angeregt, sich überhaupt mit der jüngeren deutschen Geschichte tiefgängiger als im Unterricht zu befassen.[12] Überdies wurden seine thematischen Schwerpunkte selbst Teil einer sich entwickelnden kollektiven Geschichtskultur in Westdeutschland, nun in

---

[12] Vgl. Dittmer und Siegfried 1997

ganz Deutschland, sicherlich weit über die beteiligten Schülerinnen und Schüler, den späteren Studenten, hinaus. Ähnlich bedeutsam waren die Arbeiten von Geschichtswerkstätten in vielen Orten der Bundesrepublik. Der Schriftsteller Walter Kempowski sammelt seit Jahren unveröffentlichte Autobiographien sowie Briefe, Tagebücher und Fotoalben. Die westdeutschen Gewerkschaften haben eine Zahl von Projekten dieser Art unter dem deutlich programmatischen Titel „Geschichte von unten" durchgeführt.[13] Und viele westdeutsche Kommunen haben im Rahmen von Gedenktagen zum Kriegsende oder allgemein zu Widerstand und Verfolgung im Nationalsozialismus Zeitzeugenbefragung zum Teil mit professionellen Historikern und Historikerinnen durchgeführt.

Auch innerhalb der universitären Wissenschaften gibt es einen vorsichtigen Anerkennungsprozeß: In der Soziologie hat sich eine eigenständige „Sektion Biographieforschung" gebildet, desgleichen in der Pädagogik. In der Historiographie gab es eine deutliche Anerkennung seit den ersten Hochschul-Forschungen der Oral History. In den verschiedenen wissenschaftlichen Zeitschriften wird „Erfahrungsgeschichte", wenn auch schwach, berücksichtigt. Heute gibt es ein „Institut für Geschichte und Biographie" der Fernuniversität Hagen. Und es gibt seit neun Jahren eine interdisziplinäre wissenschaftliche Zeitschrift mit dem Namen „BIOS – Zeitschrift für Biographieforschung und Oral History", in dessen erweiterter Herausgeberschaft neben Soziologen, Historikern und Volkskundlern auch andere Disziplinen vertreten sind.

Mit der Entwicklung der Forschung und ihrer Teilanerkennung ist auch ein Etablierungsprozeß ihrer Repräsentanten zu beobachten: Viele derjenigen, die ihre ersten wissenschaftlichen Versuche in den Geschichtswerkstätten oder als ABM-Kräfte in den Kommunen unternahmen, sind heute wohlbestallte Museologen, Gedenkstättendirektoren oder Hochschullehrer.

VI Mit wachsender Forschungserfahrung und Etablierung hat sich auch das methodische Instrumentarium und methodische Bewußtsein geschärft. Man ist quellenkritischer geworden, nutzt verschiedene Quellen und vergleicht die unterschiedlichen Zugänge in interdisziplinären Symposien. Gegenseitige methodische Kritik an „subjektiven Quellen" und ihren „Barfußhistorikern" oder umgekehrt an „Herrschaftswissenschaft" und ihren Historikern, wie sie in den späten 70er Jahren noch an der Tagesordnung waren, wurden in dieser plumpen Polarisierung aufgelöst. Konnten zunächst Ideologien für diese jeweiligen Kritiken dingfest gemacht werden, so besteht gegenwärtig eine größere Bereitschaft, die Quellenkritik sogar des Historismus ernster zu nehmen. Im Historismus sind Kritiken an den Zeitzeugenprotokollen benannt worden, die bis heute nachdenklich stimmen und zu besonderer Quellenkritik führen müssen:

---

[13] Scharrer 1988

Sie seien später produzierte Quellen, im Dialog mit wissenschaftlichem Personal entstanden, ihre Aussagen trügerisch und legitimatorisch wie das Gedächtnis selbst. In der damaligen methodischen Kritik spielte natürlich auch noch eine Rolle, daß die Gespräche schriftlich protokolliert worden waren, zumeist von den auswertenden Personen selbst; ihre Quellen besaßen nicht die Authentizität und Kontrollierbarkeit späterer Tonbandaufnahmen.

In den letzten 20 Jahren kamen noch andere Kritiken hinzu, die etwas mit der Favorisierung der Themen aus der jüngeren deutschen Geschichte zu tun hat: die Überidentifikation mit den jeweiligen Opfern des Nationalsozialismus oder des Stalinismus, die Zeugenschaften verschiedener Befragtengruppen im Kalten Krieg in Ost und West usw. Mit diesen Überidentifikationen waren manchmal Moralismus statt Distanz, politische Korrektheit statt empirischer Wahrhaftigkeit zu beobachten, die nach den Erfahrungen mit Subjektivität im Nationalsozialismus neues Mißtrauen in die Subjektivität besonders der Auswertenden schuf oder verstärkte. Ähnliche Beobachtungen werden auch im Ausland gemacht, wo Oral History sich ebenfalls vor allem mit „ihren" Opfergruppen, mit ethnischen Minderheiten, mit Behinderten oder gesellschaftlichen Außenseitern, mit Arbeiterkulturen als Minderheitenkultur usw. beschäftigt hatte. Aber auch hier hat es ähnliche Veränderungen wie in Deutschland gegeben: eine Etablierung und Professionalisierung.

In die hermeneutische Falle, wie ich sie nenne, tappen heute jedenfalls weniger als noch vor 20 Jahren: Heute nimmt die qualitative Forschung die Aussagen der Befragten weder blauäugig als „die" Wirklichkeit, noch striegelt sie die Subjekte entsprechend realhistorischen Vorannahmen so glatt, daß von ihnen nur das knöcherne Gerippe des Zeitgeistes oder die leblosen Thesen der Wissenschaftler übrigbleiben. Subjektive Erinnerungen oder Lebensverläufe nutzte man damals weit häufiger als heute ausschließlich als Beleg für Thesen, die man aus anderen Quellen gewonnen hatte, weniger als eigenständige Quelle für spezifische Fragestellungen zur subjektiven Verarbeitung historischer Erfahrungen.

Das ist eine regelrechte Falle der hermeneutischen Wissenschaft für Realhistoriker, in die diese sowohl mit ihrer Kritik als auch mit eigenen hermeneutischen Versuchen häufig tappen. Sie bleiben blind gegenüber den Fragen nach dem unterschiedlichen Verhalten von Subjekten in gesellschaftlichen Vorgaben und politischen Anforderungen, blind gegenüber den Verarbeitungsweisen von erlebter Geschichte oder den Merkwürdigkeiten von Schwankungen in den Konsensentwicklungen einer Gesellschaft. In diesem Denken, in dem Subjekte aus dem Gesellschaftssystem deduziert werden, bleibt Sartres Problem gegenüber Deduktionisten auf der Strecke, die Valery aus seinem Kleinbürgertum heraus erklären wollte: Gut, Valery war ein Kleinbürger, aber nicht jeder Kleinbürger war ein Valery.

Interdisziplinarität und methodisches Bewußtsein haben zu einer Etablierung sozialwissenschaftlicher Interviewtechniken bei Bevorzugung des halboffenen narrativen Interviews auch in der Geschichtswissenschaft geführt, zu einer (Wieder) Entdeckung hermeneutischer Verfahren, zur deutlichen Vielfalt in der Quellenwahrnehmung und Nutzung in den Interpretationen. Aber es hat sich mehr als diese Verfeinerung des Instrumentariums getan: Die Kooperationen mit Volkskundlern hat die Wahrnehmung und Interpretationshilfen von in dieser Disziplin seit längerem kategorisierten Erzählmustern gebracht. Ähnliche Erweiterungen des Interpretationshorizontes brachten die Berührungen zur Literaturwissenschaft, die Zeitzeugeninterviews als Erzählungen und Texte mit den in diesem Kulturkreis üblichen Erzähl- und Textformen verglich.[14] Die Überschneidungen zur Soziologie, Pädagogik und Psychologie halfen nicht nur in der spezifischen Berücksichtigung des sozialwissenschaftlichen Instrumentariums in der qualitativen Forschung (inklusive ihrer Ablehnung aller Vorstellungen von Repräsentativität), sondern es wurde vor allem die eher dilettierende Übernahme verschiedener konkurrierender Schulen von der Psychoanalyse bis zur „objektiven Hermeneutik" professionalisiert.[15] Umgekehrt hat sich auch die Arbeit von Historikern auf die Historisierung bestimmter Fragestellungen und Interpretationsmuster durch Vertreter anderer Disziplinen positiv, im Sinne einer Erweiterung der Interpretationsmöglichkeiten niedergeschlagen.[16]

Auf der anderen Seite läßt sich auch eine solche Erweiterung bei den sogenannten traditionellen Historikern beobachten. Es ist ein Bewußtsein dafür entstanden, daß auch die Geschichtswissenschaft Geschichte konstruiert, daß man selbst Teil kollektiver Geschichtskultur ist, ja daß es mit den verschiedenen Historikergenerationen zum Teil Umschreibungen von Geschichte gab, die nachdenklich stimmten. Daß uns Geschichte tradiert wird, auch wenn sie einmal *vor* ihren professionellen Tradeuren, den Historikern, Künstlern, Journalisten und vielen anderen, stattfand, ist eine Erkenntnis, die nicht neu, aber zu immer neuen Varianten des gleichen Themas nach der „historischen Wahrheit" geführt hat. Diese Frage stellt sich überall auch als Frage nach der Quelle – sei es den Schreibern von Zeitungsartikeln, von Akten und Polizeiprotokollen oder bei den lebensgeschichtlichen Interviews mit Zeitzeugen. Für alle diese Quellen hat jeder Student und jede Studentin spezifische Quellenkritik gelernt, wenn auch bei den letzteren, den Zeitzeugen-Untersuchungen weniger, da auch die professionellen Hochschullehrer selbst geringe Erfahrung mit diesen qualitativen Methoden hatten.

---

[14] Sill 1995
[15] Vgl. vor allem Fuchs 1984, Nassehi und Weber 1990, Koller 1993, Nassehi 1994, Rosenthal 1995, Straub 1996, Krüger und Marotzki 1996 (2. Auflage)
[16] Schröder 1992, Nassehi 1992, Niethammer / v. Plato 1985, Wierling / Brüggemeier 1986

Diese Grundfrage nach dem „realgeschichtlichen" Gehalt hat sich überall[17], aber mit besonderer Schärfe in Deutschland an erfahrungswissenschaftlichen Arbeiten bzw. an der Oral History entzündet: Es ging und geht nicht nur um den Wert der Analyse subjektiver Erinnerungszeugnisse als Quelle, sondern darum, ob sie Rückschlüsse auf *realgeschichtliche* Prozesse zulassen oder nur von Wert sind für die Beurteilung von nachträglichen subjektiven Erklärungsmustern. Sind sie ausschließlich Konstruktionen von Individuen ohne Möglichkeiten der Verallgemeinerung, nachträgliche Texte, die nur als – zur Geschichte beziehungslose – Erzählmuster zu interpretieren sind? Nach den Antworten von Schütze[18], der eine ganze Generation von qualitativen Forscherinnen und Forschern prägte und der weitgehende, von manchen als „idealistisch" eingeschätzte, Rückschlüsse von Zeitzeugenaussagen auf „Wirklichkeiten" vornahm, gab es auch unter Soziologen Differenzierungen.[19] Es ist in diesen Debatten der letzten 25 Jahre offensichtlicher geworden, daß diese große Grundfrage nach dem Verhältnis von Konstruktion von Geschichte und „objektiver" Realgeschichte natürlich immer und in jedem historiographischen Ansatz mit je besonderer Quellenkritik gestellt werden muß.

Zeitzeugen hatten übrigens ihre besondere Annahme von historischer Konstruktion. Die meisten Interviewpartner stellten – zum Teil resignierend – fest: Die Geschichte sei ihnen mindestens zweimal begegnet, zum einen als erlebte, zum anderen als Schulbuchgeschichte. Nur – beide Seiten sind sich sicher, daß die andere Unrecht hat ...

Literatur

Briesen, Detlef und Rüdiger Gans: Über den Wert von Zeitzeugen in der deutschen Historik. Zur Geschichte einer Ausgrenzung, in: BIOS – Zeitschrift für Biographieforschung und Oral History 1993 (6. Jg.), Heft 1, Seite 1 ff.

Dittmer, Lothar und Siegfried, Detlef (Hg.): Spurensucher. Ein Praxisbuch für historische Projektarbeit, Weinheim und Basel 1997.

Droysen, Johann Gustaf: Historik. Vorlesung über Enzyklopädie und Methodologie der Geschichte, München 1937, 7. Auflage, Nachdruck, Darmstadt 1974, Vorlesung von 1867.

Fuchs, Werner: Biographische Forschung. Eine Einführung in Praxis und Methoden, Opladen 1984.

Gradmann, Christoph: Historische Belletristik. Die historischen Biographien Werner Hegemanns und Emil Ludwigs in der Weimarer Republik, in: BIOS – Zeitschrift für Biographieforschung und Oral History 1990 /3. Jg.), Heft 1, Seite 95 ff.

Koller, Hans-Christoph: Biographie als historisches Konstrukt, in: BIOS 1/1993, S. 33 ff.

---

[17] Vgl. besonders die Schärfe dieser Grundfrage bei White 1998, 1987 und 1994
[18] Vgl. z.B. Schütze 1981 und 1986
[19] die auch mir näher liegen, vgl. z. B. Schröder 1992 oder Rosenthal 1995

Krüger, Heinz-Hermann und Winfried Marotzki (Hg.): Erziehungswissenschaftliche Biographieforschung, Opladen 1996 (2. Auflage).

Lehmann, Albrecht: Erzählstruktur und Lebenslauf. Autobiographische Untersuchungen. Frankfurt/New York 1983.

Nassehi, Armin und Georg Weber: Zu einer Theorie biographischer Identität. Epistemologische und systemtheoretische Argumente, in: BIOS 2/1990, S. 153 ff.

Nassehi, Armin: Zwischen Erlebnis, Text und Verstehen. Kritische Überlegungen zur „erlebten Zeitgeschichte", in: BIOS 2/1992, S. 167 ff.

Nassehi, Armin: Die Form der Biographie. Theoretische Überlegungen zur Biographieforschung in methodologischer Absicht, in: BIOS 1/1994, S. 46 ff.

Niethammer, Lutz: Oral History in USA. Zur Entwicklung und Problematik diachroner Befragungen, Archiv für Sozialgeschichte 18 (1979), 457–501.

Niethammer, Lutz (Hg.): „Die Jahre weiß man nicht, wo man die heute hinsetzen soll." Faschismus-Erfahrungen im Ruhrgebiet, Berlin – Bonn 1983. (Lebensgeschichte und Sozialkultur im Ruhrgebiet Band 1), hier ist besonders von Interesse das Vorwort des Herausgebers.

Niethammer, Lutz und Alexander v. Plato (Hg.): „Wir kriegen jetzt andere Zeiten." Auf der Suche nach der Erfahrung des Volkes in nachfaschistischen Ländern. Berlin/Bonn 1985 (Lebensgeschichte und Sozialkultur im Ruhrgebiet Band 3).

Niethammer, Lutz: Oral History, in: Kowalczuk, Ilko-Sascha (Hg.): Paradigmen deutscher Geschichtswissenschaft, Berlin 1994, S. 189–210.

Petersen, Alice v.: Exotismus und Geschichte. Das Geschichtsbild in der Präsentation des Fremden auf den Pariser Weltausstellungen im 19. Jahrhundert, Vortragsmanuskript Hannover 1991.

Plato, Alexander v.: Oral History als Erfahrungswissenschaft. Zum Stand der „mündlichen Geschichte" in Deutschland, in BIOS – Zeitschrift für Biographieforschung und Oral History 1991 (4. Jg.), Heft 1, Seite 97 ff.

Plato, Alexander v. und Leh, Almut: „Ein unglaublicher Frühling". Ein Lesebuch erfahrener Geschichte in Deutschland (Bundeszentrale für politische Bildung in Bonn), Bonn 1997.

Plato, Alexander v. (Hrg.): Sowjetische Speziallager in Deutschland. Studien und Berichte, Band 1 der Reihe: Sowjetische Speziallager in Deutschland 1945 bis 1950, herausgegeben von Sergej Mironenko (Staatliches Archiv der Russischen Föderation), Lutz Niethammer (Historisches Institut der Friedrich-Schiller-Universität Jena) und Alexander v. Plato (Institut für Geschichte und Biographie der Fernuniversität Hagen, Koordination) in Verbindung mit Volkhard Knigge (Gedenkstätte Buchenwald) und Günther Morsch (Gedenkstätte Sachsenhausen), Akademieverlag, Berlin, 1997.

Rosenthal, Gabriele: Erlebte und erzählte Lebensgeschichte. Gestalt und Struktur biographischer Selbstbeschreibung, Frankfurt/New York 1995.

Scharrer, Manfred: Macht Geschichte von unten. Handbuch für gewerkschaftliche Geschichte vor Ort, Köln 1988.

Schröder, Hans Joachim: Die gestohlenen Jahre. Erzählgeschichte und Geschichtserzählung im Interview: Der Zweite Weltkrieg aus der Sicht ehemaliger Mannschaftssoldaten, Tübingen 1992.

Schütze, Fritz: Prozeßstrukturen des Lebenslaufs, in: Joachim Mathes, Arno Pfeifenberger, Manfred Stosberg (Hrsg.): Biographie in handlungswisenschaftlicher Perspektive, Nürnberg 1981, S. 67–156.

Schütze, Fritz.: Das narrative Interview. Kurs der Fernuniversität Hagen, Hagen 1986.

Sill, Oliver: „Über den Zaun geblickt." Literaturwissenschaftliche Anmerkungen zur soziologischen Biographieforschung, in: BIOS 1/1995, S. 28 ff.

Sokoll, Thomas: Kulturanthropologie und Sozialgeschichte. Vortrag in Hagen, September 1996.

Straub, Jürgen: Zur narrativen Konstruktion von Vergangenheit. Erzähltheoretische Überlegungen und eine exemplarische Analyse eines Gruppengesprächs über die „NS-Zeit", in: BIOS 1/1996, S. 30–58.

Thomae, Hans: Die biographische Methode in den anthropologischen Wissenschaften, in Studium Generale 5 (1952), S. 163–177.

Thompson, Edward P.: The Making of the English Working Class, London 1967.

Thomson, Paul: The Voice of the Past. Oral History, Oxford 1988.

White, Hayden: Auch Klio dichtet oder die Fiktion des Faktischen, Stuttgart 1986.

White, Hayden: Das Problem der Erzählung in der modernen Geschichtstheorie, in: Rossi, Pietro (Hg.): Theorie der modernen Geschichtsschreibung, Frankfurt am Main 1987, S. 57–106.

White Hayden: Der historische Text als literarisches Kunstwerk, in: Conrad und Martina Kessel (Hg.): Geschichte schreiben in der Postmoderne. Beiträge zur aktuellen Diskussion, Stuttgart 1994, S. 123–160.

Wierling, Dorothee und Franz-Josef Brüggemeier: Oral History. Studienbriefe der Fernuniversität Hagen, Hagen 1986.

Außerdem sind folgende Bibliographien hilfreich:

Heinritz, Charlotte: Literaturüberblick aus der Biographieforschung und der Oral History 1978–1988, in: BIOS. Zeitschrift für Biographieforschung und Oral History, Hefte 1 und 2 1989, S. 121–167 bzw. S. 103–138.

Oder die Übersichtsarbeit mit umfangreichem bibliographischen Apparat:

Alheit, Peter, Wolfram Fischer-Rosenthal und Erika M. Hoerning: Biographieforschung. Eine Zwischenbilanz in der deutschen Soziologie. Werkstattberichte des Forschungsschwerpunkts Arbeit und Bildung, Universität Bremen 1990.

Psychologische Biographik. Theoretische und methodische Grundlagen

Hans Thomae

Einleitung

In der Soziologie spricht man von einer ‚Konjunktur der Biographieforschung in den 80er und 90er Jahren' (Nassehi 1996, S. 130). Demgegenüber führen biographische Forschungsansätze trotz der optimistischen Einschätzungen durch Jäger (1996, S. 326) in der Psychologie eher ein Schattendasein. Dies hängt einmal mit der verstärkten Zuwendung der ‚main-stream psychology' zu experimentellen und quasi-experimentellen Forschungsdesigns zusammen, zum anderen mit der zunehmenden Anwendung von Fragebögen als einer ‚ökonomischen' Informationsquelle. Zeitaufwendige Erhebungsmethoden sind in einer Forschungslandschaft wenig gefragt, in der große Rechenanlagen möglichst kontinuierlich gefüttert werden müssen, damit sich ihre Investition lohnt.

Ein weiterer Grund für die Situation biographischer Arbeitsweisen in der Psychologie ist in der relativen Vagheit dessen, was man unter biographischer Forschung versteht, zu suchen. Dabei muß man nicht Probleme aufwerfen, die Hahn (1988) und Leitner (1988) veranlaßten, zwischen Lebenslauf als dem „was tatsächlich gelaufen ist" und der Biographie als einer „Neuproduktion des Vergangenen in der Gegenwart" zu unterscheiden. Auch die Frage, ob „die biographische Gesamterzählung im narrativen Interview oder die situationsbezogene Detailerzählung im episodischen Interview" (Flick 1995, S. 130; vgl. dazu auch Straub 1995, S. 131) vorzuziehen sei, dürfte die Situation kaum erklären.

Drei Formen von Biographieforschung

Zur Erleichterung der Diskussion zwischen verschiedenen Ansätzen, welche sich biographischer Quellen bedienen, sollte man zwischen soziologischer Biographieforschung, biographischen Verfahren in der Psychologischen Diagnostik und der biographischen Methode als einem psychologischen Forschungsansatz unterscheiden. Unter soziologischer Biographieforschung ist nach Fuchs (1984) sowohl die „lebensgeschichtliche Erzählung" als Weg zum Verständnis sozialer

Wirklichkeit wie die Verwendung dieser Erzählung zur Charakteristik des Erzählers und seiner Lebenswelt zu verstehen.

Biographische Verfahren sind „jene Instrumente, mit deren Hilfe zielgerichtet diagnostisch relevante Informationen erhoben werden, um die individuelle (Lebens-)Geschichte von Merkmalsträgern in Ausschnitten oder insgesamt darzustellen" (Jäger 1996, S. 325).

Als biographische Methode wurden „alle Annäherungsweisen an menschliches Verhalten, seine innere Begründung und seine Auswirkungen in Kultur, Gesellschaft und Natur verstanden, welche keine einmalige Begegnung, sondern ein möglichst intensives Mitgehen mit dem zu beschreibenden, zu erklärenden Phänomen als ausreichende Bedingung gültiger Einsicht ansehen" (Thomae 1952, S. 163).

Mit dieser Unterscheidung dreier Formen von Biographieforschung sollen keine künstlichen Gräben gezogen werden. In der klassischen Einführung von Fuchs in die soziologische Biographieforschung werden alle Probleme von Erhebungsmethoden und ihrer Auswertung diskutiert, die auch für die Psychologie bedeutsam sind. Gegenstand für die Soziologie aber bleibt ‚die soziale Wirklichkeit', für die Psychologie das menschliche Verhalten.

Für die diagnostischen biographischen Verfahren wie für biographische Forschungsmethoden in der Psychologie ergibt sich vor allem das Problem, dem Wissenschaftsverständnis dieser Disziplin gerecht zu werden, welches sowohl eine theoretische Fundierung wie die Möglichkeit einer an naturwissenschaftlichen Vorbildern zu messenden Kontrollierbarkeit der Erfahrungsgewinnung fordert. Diagnostische biographische Verfahren suchen dieser Forderung einmal durch eine eigenschaftstheoretische Fundierung (Jäger: „(Lebens-)Geschichte von Merkmalsträgern"), zum anderen durch die Anwendung standardisierter Fragebögen gerecht zu werden. Biographische Forschungsmethoden im Sinne der zitierten Definition suchen vor allem der Eigenart menschlichen Verhaltens und Erlebens gerecht zu werden, das sich in konkreten, biographisch eingebetteten Verläufen ereignet. Wie bei den diagnostischen biographischen Verfahren können dabei sowohl die ganze Lebensgeschichte wie bestimmte Ab- oder Ausschnitte aus dieser zum Gegenstand der Erhebung und der Analyse werden.

Psychologische Biographik: methodische Gesichtspunkte

Unter Psychologischer Biographik wird die Anwendung biographischer Methoden zum Zwecke der Forschung in der Allgemeinen Psychologie, der Entwicklungs-, Persönlichkeits- und Sozialpsychologie verstanden. In ersten Veröffentlichungen waren von mir u.a. historische und literaturhistorische Quellen als Instrumente dieser Forschung genannt worden (Thomae 1951a, b, 1952). Angesichts der nicht ausreichenden Kompetenz der Psychologie zur Beurteilung der Validität solcher Quellen wurden sie in späteren Veröffentlichungen zur gleichen Thematik ausgeklammert. Für eine interdisziplinäre biographische Forschung stellen sie jedoch zweifellos wertvolle, leider noch kaum genutzte Quellen dar.

Wie bei vielen Vertretern der soziologischen Biographieforschung stellt auch für die Psychologische Biographik das halbstrukturierte Interview, das sich auf die Lebensgeschichte bzw. ausgewählte Ausschnitte aus ihr bezieht, die wichtigste Vorgehensweise dar. Geschriebene Autobiographien bzw. Tagebücher können als ergänzende Methoden angesehen werden. Die dadurch gewonnenen Informationen sind jedoch hinsichtlich ihrer Genese weniger kontrollierbar als der in der Interaktion mit dem Interviewer gegebene Bericht.

In früheren Darstellungen der biographischen Methode wurde für die Gesprächsform, welche die Informationen für unsere Arbeit liefern soll, die Bezeichnung ,Exploration' gewählt. Da deren wörtlicher Sinn mit ,Ausforschung' gleichgesetzt werden kann, erscheint die Wahl des Terminus ,halbstrukturiertes Interview' in vieler Hinsicht zweckmäßig. Exploration und Interview sind jedenfalls als Kommunikationsformen anzusehen, die durch ein vertrauensvolles Verhältnis zwischen den Partnern gekennzeichnet sind. Zur Herstellung dieses Vertrauens sind Vorgespräche notwendig, in denen das Interesse der Interviewer an der Lebenserfahrung der Gesprächspartner glaubhaft vermittelt wird. Die Sicherung des notwendigen Vertrauens setzt auch voraus, daß den Partnern in der Kommunikation dieses partnerschaftliche Verhältnis verdeutlicht und sowohl auf die Rolle des ,Versuchsleiters bzw. der Versuchsleiterin' wie auf jene eines Therapeuten verzichtet wird. Die Überprüfung der Richtigkeit der Aussagen ist insofern kein vordringliches Anliegen, als eine der wichtigsten Voraussetzungen der biographischen Methode in einer kognitiven Theorie des Verhaltens zu suchen ist, dergemäß dieses Verhalten von der erlebten und nicht in erster Linie von der ,objektiven' oder realen Situation bestimmt wird (vgl. S. 79ff.). Nur dann, wenn die Darstellung der eigenen Rolle durch die jeweiligen Partner zu sehr durch Verfälschungen bestimmt erscheint, wird man einige Rückfragen einschieben oder aber auf die Auswertung solcher Gesprächspassagen verzichten. Sofern die notwendige vertrauensvolle Atmosphäre hergestellt ist, wird auch die Zustimmung der Interviewpartner zur Aufzeichnung des Gesprächs zu erreichen sein. Durch eine solche Aufzeichnung auf einem Tonträger und deren spätere Analyse ist die Methode des halbstrukturierten Interviews bezüglich der Kontrolle der Bedingungen, unter denen eine Antwort zustande kam, erheblich im Vorteil gegenüber allen Fragebogenmethoden. In ihnen sind die Überlegungen, die zu einer bestimmten Testantwort führten, nicht nachvollziehbar.

Weitere Vorbedingungen für eine methodisch einwandfreie Handhabung psychologischer Biographik beziehen sich auf die Auswertung der Informationen. Erstes Gebot ist dabei, jede Aussage so, wie sie gegeben wurde, hinzunehmen, sie also weder zu ‚hinterfragen' oder sofort zu interpretieren. Der erste Schritt der Auswertung besteht in der Zuordnung der Aussagen zu bestimmten Klassen des Erlebens und Verhaltens, wie sie in der Vorbereitung eines konkreten Forschungsprojekts entwickelt wurden. Diese Klassen sind deskriptive Kategorien, denen allerdings bestimmte theoretische Vorannahmen zugrunde liegen können. Die quantitative Analyse der Informationen erfolgt mit einem System von Ratingskalen (Lehr 1969, Kruse (diesen Bd. S. 161 ff.), Fisseni 1997 und diesen Band S. 332 ff., Thomae 1996).

Psychologische Biographik: theoretische Fundierung

Ein wesentliches Hindernis für die Entwicklung der Psychologischen Biographik ist die Unterschiedlichkeit der expliziten und impliziten Theorien, an denen sie sich orientiert. Viele folgen den Annahmen der Psychoanalyse über Zusammenhänge zwischen bestimmten frühkindlichen Erfahrungen einerseits und der späteren Lebensentwicklung. Heute findet die modifizierte psychoanalytische Biographik von Erikson (1950, 1968) vor allem Beachtung (vgl. Conzen 1996). Andere suchen mit Hilfe von Biographien die endogen erfolgende Strukturierung des menschlichen Lebenslaufs in Phasen und Stufen zu beweisen (Bühler 1933/59, Levinson et al. 1976). Wieder andere gehen von einer Stabilitätstheorie der Persönlichkeit aus und wenden biographische Verfahren für die Vorhersage künftigen Verhaltens an (Kemmler & Echelmeyer 1978). Handlungstheoretische Konzepte liegen der Anwendung biographischer Methodik in der Psychotherapie durch van Queckelberghe (1984) zugrunde. Mit Hilfe dieser Methodik sollen Sinnzusammenhänge erhellt werden, um kognitive Umstrukturierungen und damit die Herausarbeitung von Handlungsmotiven im Kontext handlungsbegleitender Motivsysteme zu ermöglichen. Dieses Vorgehen soll zugleich die Einsicht in die Geschichtlichkeit und das Bewußt werden der soziohistorischen Eingebundenheit fördern.

Diese kleine Auswahl von theoretischen Orientierungen Psychologischer Biographik widerlegt die These Jägers (1996) von einem Theoriedefizit dieses Forschungsansatzes. Psychoanalytische, individualpsychologische und tiefenpsychologische Beiträge waren und sind die Repräsentanten einer ätiologischen Theorie biographischer Strukturen. Frühere Ereignisse werden als Ursachen späterer Erlebens- und Verhaltensstrukturen gedeutet. Unterschiede bestehen hinsichtlich der Einbeziehung von moderierenden Konstrukten wie Ich, Es, Überich oder eines persönlichen oder kollektiven Unbewußten.

Weitgehend unabhängig von diesen psychoanalytischen oder tiefenpsychologischen Theorien, aber dennoch deren ätiologischer Orientierung verbunden, ist die ‚Life-Event-Forschung' (Katschnig & Nouzak 1988). Veränderungen in der Lebenssituation, die einen ‚mehr oder weniger katastrophalen Charakter' haben, führen bei entsprechender Häufung und zeitlicher Verdichtung zu Schwierigkeiten in der physischen und/oder psychischen Anpassung und damit zu Erkrankungen.

Im Gegensatz zu diesen ätiologischen Theorien biographischer Zusammenhänge zentrieren die entwicklungstheoretischen Arbeitsrichtungen ihre Aufmerksamkeit auf die Art des Verlaufs des Lebens von der Geburt bis zum Tod, insbesondere auf dessen Gliederung in Phasen und Stufen. Dabei werden von Umgebungseinflüssen relativ unabhängige Wendepunkte der Entwicklung in bestimmten Lebensabschnitten angenommen. Ein in der Öffentlichkeit bekannt gewordenes Beispiel einer solchen Theorie bezieht sich auf die Postulierung einer ‚Mid-Life-Crisis' (McGill 1980, zur Kritik Chiriboga 1989).

Eine dritte Gruppe theoretischer Orientierungen in der Biographik konzentriert sich auf die Analyse von Zusammenhängen zwischen dem historisch-politischen und sozialen Kontext menschlicher Entwicklung einerseits und deren Verlauf. Das bekannteste Beispiel hierfür ist der Aufweis nachteiliger Folgen der großen Depression von 1930 in den USA bei den Kindern der davon besonders betroffenen Väter (Elder 1974). In diesem Falle dienten Daten der Child Guidance-Studie von Berkeley (Jones 1958) als Beleg. Aber auch retrospektive Studien über die Häufigkeit von Konflikten und psychosozialen Belastungen in verschiedenen Lebensabschnitten bei unterschiedlichen Geburtskohorten verweisen auf einen engen Zusammenhang zwischen der jeweils für eine bestimmte Generation gegebenen sozialen und politischen Konstellation und der Lebensentwicklung (Thomae & Lehr 1986). Durch solche Befunde wird die Rolle der Kohorte nicht nur als Sammelbezeichnung für unterschiedliche Bildungschancen z.B. von vor 1900 und nach 1920 Geborenen, sondern als Inbegriff der jeweils gegebenen historischen Situation unterstrichen und die Theorie einer weitgehend endogen erfolgenden Strukturierung der psychischen Entwicklung während der Lebensspanne widerlegt.

Kognitive Theorie des Verhaltens und Psychologische Biographik

Im Gegensatz zu den bisher genannten theoretischen Orientierungen von biographischer Forschung wurde die Bedeutung der kognitiven Theorie des Verhaltens für diese Arbeitsrichtung bisher nur wenig erkannt. Entwicklungen in der Emotionstheorie, der Theorien der Attribution und der Streßforschung weisen daraufhin, daß die von einer Person vorgenommene – oder im Experiment ihr suggerierte – Deutung einer Situation und nicht deren ‚objektive' Qualität für Erleben und Verhalten bestimmend sind (Bierhoff & Bierhoff-Alfermann 1983, Dörner & Stäudel 1990, Schmalt 1996). Biographische Erhebungen zeigen immer wieder, wie unterschiedlich ‚objektiv' gleiche Situationen wie etwa Erfolg oder Mißerfolg, Krankheit oder Verlust eines Angehörigen von Personen mit verschiedenem Erlebnishintergrund erlebt und emotional wie aktional beantwortet werden können (Lehr 1969, 1996, Kipnowski 1980, Kruse 1986, Boeger 1988, Thomae 1960, 1970, 1996).

Von derartigen Befunden aus ergibt sich ein allgemeines Schema für den Ablauf biographischer Untersuchungen im Kontext kognitiver Theorien des Verhaltens. In einem ersten Schritt werden die kognitiven Repräsentationen bestimmter Situationen zu erkunden versucht. Die dabei gewonnenen Informationen werden mit Hilfe von Skalen in ihrer Qualität z.B. hinsichtlich einer mehr negativen oder positiven Einschätzung, eines eher vertrauten oder fremden Charakters oder hinsichtlich der eigenen Kontrolle über die Situation eingeschätzt. Wegen der engen gegenseitigen Verflechtung von kognitiven und motivationalen Komponenten psychischen Geschehens wird in einem zweiten Schritt die ‚thematische Struktur' der Person in der zu analysierenden Situation aufgrund spontan geäußerter Wünsche, Gefühle oder Gedanken zu erfassen versucht. Schließlich werden die emotionalen, kognitiven und praktischen Reaktionen auf unterschiedliche Aspekte der Situation analysiert. Diese drei Analyseschritte sind nicht nur auf Probleme in der Entwicklungspsychologie, sondern auch auf viele der Allgemeinen Psychologie sowie der Persönlichkeits- und Sozialpsychologie anwendbar.

Die Erhebung und Analyse biographischer Daten im Kontext einer kognitiven Theorie des Verhaltens ist somit auf die Erfassung des Erlebens und der Beantwortung von bestimmten Situationen durch bestimmte Personen gerichtet. Von hier aus unterscheidet sich Psychologische Biographik zweifellos von vielen soziologischen Ansätzen, in denen neben der subjektiven Rekonstruktion von Realität doch auch die Beziehung solcher Rekonstruktionen zu einer sozialen Realität gesucht wird. Auch der Beitrag von ‚oral history' wird nicht nur in der Erfassung subjektiver Wahrnehmungen von Geschichte, sondern von historischer Realität auf der individuellen Ebene gesehen. Für manche historischen Prozesse wie zum Beispiel die Wissenschaftsgeschichte ist die ‚oral history' oft die einzige Quelle für Informationen über Details von Entdeckungen oder anderen Veränderungen im Forschungsbetrieb.

Die Aufgabe der Psychologischen Biographik im Kontext einer kognitiven Theorie des Verhaltens besteht in der Erfassung der Interaktionen zwischen kognitiven, emotionalen, motivationalen und aktionalen Komponenten psychischen Geschehens. Die Grundlage hierfür ist die Erkundung der Sequenzen von Erlebnissen, Ereignissen und Handlungen von Menschen in jeweils konkret umschriebenen Situationen und Situationsabläufen, wie sie durch die biographische Methode zugänglich wird. Derartige Sequenzen stellen das dar, was wir psychisches Geschehen nennen. Adäquat für eine Erfassung dieses Geschehens können nur Verfahren sein, welche dessen zeitlichen Charakter bewahren und seine Eliminierung durch die Bezugnahme auf erklärende Konstrukte vermeiden.

Bergsons Theorie des Psychischen und die Psychologische Biographik

In seinem Essay über die unmittelbaren Erscheinungen des Bewußtseins von 1889 verwies Bergson auf die Tatsache, daß wir solche Erscheinungen nur ‚in einer durch den Raum gebrochenen Beleuchtung erleben' (Bergson 1949, S. 140). In Wirklichkeit seien aber für eine adäquate Erfassung psychischer Geschehnisse nur zeitliche Kategorien angemessen. Im Interesse der Bequemlichkeit und zur Erleichterung der Verständigung über diese Geschehnisse halten wir deren in räumliche Gebilde oder Beziehungen übersetzten Rekonstruktionen für deren realen Charakter und bemerken selten, daß wir diese Geschehnisse dann ohne oder ohne zureichende Analyse auf Begriffe zurückführen, die eigentlich nur ein Notbehelf für eine erste Verständigung waren.

„Es ist eine grobe, von der Sprache irre geleitete Psychologie, welche die Seele von einer Sympathie, einer Abneigung oder einem Haß determiniert sein läßt, als seien dies lauter auf sie drückende Kräfte" (Bergson a.a.O. S. 138).

Auch das Bild vom ‚Raum' des Bewußtseins, in den bestimmte Empfindungen nach den Regeln der Psychophysik eintreten, ist ein Beispiel für diese Vorgehensweise.

Ein anderes Beispiel für die Rolle der Übersetzung psychischer Geschehnisse in räumliche Kategorien ist der Begriff der Assoziation. Er galt und gilt zum Teil als Bezeichnung und Erklärung für die Verbindung zwischen verschiedenen Bewußtseinsinhalten, die in mehr oder minder langem zeitlichen Abstand aufeinanderfolgen. Die zeitliche Beziehung wird durch den Assoziationsbegriff in eine Beziehung zwischen einzelnen Gliedern einer Gesellschaft übertragen.

Weitere Beispiele für den von Bergson hervorgehobenen Sachverhalt sind die Begriffe des ‚Behaltens' oder der ‚Speicherung' von Information bzw. von ‚Gedächtnisinhalten'. Der schwer zugängliche Prozeß der Präsenz von Vergangenem in der Gegenwart wird durch räumliche Kategorien wie jene eines Speichers, in welchem etwas aufbewahrt wird, umschrieben. Es würde in diesem Zusammenhang zu weit führen, wenn man alle Belege für die Interpretation zeitlichen Geschehens wie es das Psychische darstellt, durch räumliche und soziale Bilder anführen wollte. Besonders augenfällig ist diese Vorgehensweise etwa in den Begriffen der ‚Einstellung', des ‚Eindrucks', der ‚Extra- und Introversion', der ‚Fixierung' und ‚Regression', des ‚Triebes' oder der ‚Verdrängung' usf.

Der Hinweis auf die Rolle räumlicher Kategorien bei der vorwissenschaftlichen und wissenschaftlichen Erfassung von Phänomenen, die im Grunde nur in einem Zeitkontinuum vor sich gehen, dient Bergson als Warnung vor möglichen Verfälschungen in unserer Sicht des Psychischen. Vor allem sei von der Einsicht in die zeitliche Natur dieses Geschehens unser Glaube an die Wiederkehr gleicher oder ähnlicher Erlebnisse zu hinterfragen. Beruhe dieser Glaube doch nur darauf, daß wir die äußeren Anlässe oder die räumlichen Symbole psychischer Vorgänge für deren Qualität halten. Die Unmöglichkeit der völligen Identität sich wiederholender Gefühle, Gedanken, Vorsätzen und dergleichen ergebe sich aus der Tatsache, daß diese scheinbar wiederholten Ereignisse ‚zwei verschiedene Momente eines geschichtlichen Verlaufs bilden' (Bergson a.a.O., S. 165).

Dieser Hinweis auf den illusionären Charakter vieler vorwissenschaftlicher wie wissenschaftlicher Auffassungen von psychischen Phänomenen scheint zunächst jede Möglichkeit einer Wissenschaft vom Psychischen in Frage zu stellen. Was bleibt, sind phänomenologische Analysen von bestimmten Entscheidungen oder Prozessen der emotionalen Angleichung wie sie Bergson und andere Philosophen vorgenommen haben. Man kann aber aus solchen Hinweisen auch Folgerungen ziehen, welche die notwendige Umschreibung psychischer Prozesse durch räumliche Bilder anerkennen und dennoch deren Geschehenscharakter ständig im Auge behalten.

Der Gegenstand der Psychologie nach Wilhelm Wundt

Trotz großer Unterschiede im methodischen Vorgehen finden sich in bezug auf die Charakteristik der grundlegenden Phänomene der Psychologie doch wichtige Übereinstimmungen zwischen Bergson und Wilhelm Wundt, dem Begründer der modernen Psychologie. Gegenstand dieses Faches sind nach Wundt Bewußtseinsphänomene, die aber sind „niemals konstante Objekte, sondern Vorgänge, flüchtige Ereignisse" (Wundt 1908, S. 10), die einander fortwährend in ihrem Charakter ablösen. Neben der Einführung des Experiments war für Wundt die Loslösung psychologischen Denkens von allen Einflüssen und Resten der ‚Vermögenspsychologie' des 18. Jahrhunderts das wichtigste Anliegen. Stamme der Begriff des Vermögens doch letztlich aus dem mythologischen Kraftbegriff. Wie Bergson sah Wundt im Begriff des ‚Vermögens‘ die verhängnisvollste und folgenschwerste Irreführung für die moderne Psychologie. Deshalb seien Begriffe wie Verstand, Vernunft und Wille in einer wissenschaftlichen Psychologie nicht zulässig, sondern nur Beschreibungen von Vorgängen wie Wahrnehmungen, Vorstellungen und Gefühlen. Wenn Wundt auch der Gedanke einer nur an zeitlichen Kategorien orientierten Psychologie fremd blieb, so eindeutig vertrat er den Standpunkt, alle unzulässigen Reduktionen von Prozessen und Zusammenhängen zwischen solchen auf Konstrukte wie Vernunft und Wille seien für einen Psychologen zu vermeiden.

Unter dem Einfluß von Francis Galton und seinen Enkeln und Urenkeln ist die gegenwärtige Psychologie trotz ihres hochmodern anmutenden methodischen und begrifflichen Inventars heute in vieler Hinsicht wieder auf Denkweisen zurückgefallen, welche die unkritische Verwendung räumlicher Kategorien mit der im Grunde an die Vermögenspsychologie erinnernde Reduktion von Prozessen auf den Vermögen ähnliche Konstrukte wie ‚Eigenschaft‘, ‚Leistungsmotiv‘, ‚fluide Intelligenz‘, ‚Wille‘ oder ‚Coping-Strategien‘ verbinden.

Gegenüber solchen Entwicklungen hat die Psychologische Biographik den zeitlichen Charakter psychischer Geschehnisse stets in den Mittelpunkt ihrer Bemühungen gestellt. Von ihr können deshalb viele Korrekturen der ‚main stream psychology‘ ausgehen, welche wichtigen ursprünglichen Zielsetzungen dieser Wissenschaft wieder zu ihrem Recht verhelfen und Verzeichnungen psychischen Geschehens, wie sie in der neueren und neuesten Psychologie eingetreten sind, revidieren. Unter diesen Gesichtspunkten kommt der Psychologischen Biographik eine zentrale theoretische und methodische Bedeutung für eine Psychologie zu, welche sich wirklich um die Erforschung psychischen Geschehens und nicht auf dessen Elimination mit Hilfe irreführender Konstrukte konzentriert.

Vermögenspsychologische Orientierung in der Persönlichkeitspsychologie

Die deutlichste Art der Abkürzung psychologischer Analyse von Erleben und Verhalten liegt zweifellos in der ‚trait‘-orientierten Persönlichkeitspsychologie vor, ob sie mit H.J. Eysenck (1986) 80% der Varianz intellektueller Leistung auf hereditäre Faktoren zurückführt und damit den Problemlösungsprozeß ohne nähere Analyse als Produkt invarianter Vermögen darstellt, oder ob sie das gesamte menschliche Verhalten auf die Wirksamkeit von drei bis fünf Faktoren

zurückführt (Digman 1990). Man behauptet sogar, Nachweise für eine eindeutige erbbiologische Basis dieser Persönlichkeitsfaktoren nachgewiesen zu haben
(McCrae & Costa 1995, S. 238). Situative Einflüsse auf die Persönlichkeitsentwicklung hätten nur in der intrauterinen Phase oder im Falle chronischen
Drogenkonsums eine Chance. Wenn man berücksichtigt, daß zu diesen angeblich erbbedingten Persönlichkeitsfaktoren auch ‚Gewissenhaftigkeit‘ gehört,
dann wird die Ähnlichkeit dieser modernen ‚Forschung‘ mit der Vermögenspsychologie eines Tetens (1777) ohne weiteres deutlich. Voraussetzungsvolle,
Jahrtausende dauernde kulturelle Prozesse und höchst komplexe soziale Interaktionen und Sozialisationen werden hinweggewischt zugunsten des Glaubens
an ein Vermögen – nunmehr ‚Gen‘ genannt, das alle Einsichten über diese geschichtlichen Ereignisse unnötig macht.

Derartigen Denkweisen gegenüber verweist eine biographisch fundierte kognitive Persönlichkeitstheorie auf eine große Menge von Vorgängen der Über-
zeugungsbildungen, der sie begründenden motivationalen Entwicklungen und
der mit ihnen verbundenen Handlungssysteme (Thomae 1996). Vor allem aber
verweist sie auf die situationsspezifischen und damit oft wechselnden Beziehungen zwischen den innerpsychischen und sozialen Prozessen, welche Konstanz wie Veränderlichkeit der Persönlichkeit bestimmen.

Die Wiedereinführung des Willens – Fortschritt oder Rückschritt ?

Eine ähnliche korrektive Funktion kann die Psychologische Biographik auch in
bezug auf einige neuere Entwicklungen der Psychologie der Motivation aus-
üben. Diese hat sich in den letzten fünfzig Jahren auf die Konzeptualisierung
und Messung von Einzelmotiven wie Leistungsmotiv, Machtmotiv, Altruismus
oder Angst konzentriert und dabei mehr und mehr vergessen, daß der Begriff
‚Motivation‘ ja nur eine behelfsmäßige Bezeichnung für eine Vielzahl von Prozessen ist, die man zum Teil als Hintergrund bestimmter Verhaltensweisen
erlebt, zum Teil aber solchem Verhalten hypothetisch zugrunde legt. Bei dem
Versuch zur Messung der einzelnen Motiveinheiten und Motivationskomplexe
wurde völlig übersehen, daß diese Motive ja in den unterschiedlichsten Formen
auftreten können, sei es als Wunsch, ein bestimmtes Objekt oder Ziel zu erreichen, teils als Begierde danach. Andere Formen der Motivation wurden mit
Begriffen wie Drang, Trieb, Impuls, Neigung, Leidenschaft umschrieben, wieder andere mit solchen wie Interesse, Streben, Vorsatz und Wollen. In dem
Bemühen, möglichst reliable Meßmethoden für inhaltlich umschriebene Moti-
vationsprozesse zu finden, hat man die Mannigfaltigkeit der Motivationsformen

in der theoretischen Psychologie völlig übersehen. Nur in der Forensischen Psychologie wurde der affektiven Form des Erscheinens mancher Bedürfnisse oder Triebe Aufmerksamkeit geschenkt.

Bei der Begutachtung der strafrechtlichen Verantwortlichkeit von ‚Affekttätern' bildet die Erfassung der sich zum Teil über Jahre hinziehenden Geschichte von zur Tatzeit in affektiver Form auftretenden Motivationsstrukturen eine wichtige Grundlage. Aber auch im Bereich der psychischen Norm zeigen biographische Erhebungen, auf welch unterschiedliche Weise etwa das Streben nach beruflichem Erfolg auftreten kann: als vager Wunsch, als klar umrissenes Interesse, als angespannte Bemühung um Überwindung von Schwierigkeiten, als dumpfes Gefühl der Enttäuschung oder als auslösendes Moment einer Serie von Klagen über Umstände, welche einen Erfolg vereitelten. Auch in aktuellen Situationen weist etwa leistungsbezogenes Verhalten von der Übernahme einer Aufgabe bis zu ihrer Erledigung viele formale Varianten auf – von einem quasi impulsiven Beginn über ein planendes Umgehen mit den Details der Anforderung und den Möglichkeiten der Lösung, gefolgt von Zuständen der Verzagtheit über erfahrene Mißerfolge bis zu einem willentlichen Bemühen, das eine Konzentration aller inneren und äußeren Kräfte bewirkt. Eine derartige Entwicklung kann aber auch nach der Umformung des Geschehens, das man als willensbestimmt nennt, wieder zurückkehren zu Zuständen der Unsicherheit oder aber des Disengagements, in denen man auf ein anderes Ziel ausweicht oder für die offensichtliche Unlösbarkeit des Problems echte und falsche Gründe findet.

Systematische Beobachtungen des Verhaltens von Menschen außerhalb des psychologischen Laboratoriums und systematische Befragungen über den Umgang mit alltäglichen Freuden und Lasten verweisen auf einen großen Formenreichtum motivationalen Geschehens, den die Sprache durch Begriffe wie Drang, Trieb, Sucht, Neigung, Interesse und Wille mehr oder minder unzureichend umschreibt (vgl. Graumann 1969). Alle diese und ähnliche Bezeichnungen umschreiben Geschehnisformen durch Bilder unterschiedlichen Ursprungs – ein Sachverhalt, der unproblematisch ist, solange man diese Bilder als Symbole für Ereignisse und nicht als Belege für die Existenz von verschiedenen seelischen Subsubstanzen wie ‚Trieb' oder ‚Wille' gebraucht.

Diese unterschiedlichen Motivationsformen zeigen sich in verschiedenen Varianten des zeitlichen Verlaufs: dem rhythmischen Kommen und Gehen bestimmter triebhafter Bedürfnisse steht die von komplexen Kognitions-Motivations-Interaktionen abhängige Erscheinungsweise ‚willensbestimmter' Abläufe gegenüber. Andere vorübergehende oder länger andauernde Formierungen motivationalen Geschehens ergeben sich durch Veränderungen der jeweils einbezogenen Zeitperspektive, wieder andere durch Varianten der Orientierung an Zielen, an den Mitteln, diese zu erreichen und an sozial wie durch Sachzwänge definierten Normen. Schließlich tragen Intensitätsunterschiede im psychischen und zum Teil begleitenden psychologischen Geschehen, die unter dem Begriff des Aktivationsniveaus zusammengefaßt werden, zu der großen Mannigfaltigkeit von Formen motivationalen Geschehens bei. Das Kommen und Gehen jeder einzelnen dieser Formen hängt eng mit dem in der Biographie zusammengefaßten Strom individuellen Erlebens zusammen.

In der auf inhaltliche Ziele fixierten Motivationsforschung von Heckhausen und seinen Schülern wurde die auf Durchsetzung eines Vorhabens gerichtete, von Anstrengung, Spannung und Konzentration begleitete Motivationsform aus dem Komplex der übrigen Motivationsformen herausgelöst und ihnen als „Willensfunktion" (Kuhl 1987, 1996) gegenübergestellt. „Volition kann im Bedarfsfall die Motivation ersetzen" (Sokolowski 1996, S. 494). Man bemüht sich zwar, den prozessualen Charakter dieser Funktion zu betonen, spricht auf der anderen Seite aber unbedenklich davon, daß „verschiedene Stimmungen es dem Willen erschweren ..., seine verschiedenen Funktionen zu erfüllen" (Kuhl 1996, S. 691). Die ständige Einbettung jedes motivationalen Geschehens in unterschiedliche Kognitionen, Emotionen und Stimmungen wird von dem begrenzten Erfahrungshorizont der eigenen Experimente aus nicht gesehen, „der Wille" erscheint als etwas vom übrigen motivationalen Geschehen Abgehobenes, er besitzt im „Ich" einen Auftraggeber (Kuhl a.a.O. S. 681). Völlig fremd bleibt dieser Denkweise die Einsicht in die Verflochtenheit aller psychischen Ereignisse in einen Geschehensstrom, dessen Umschreibung durch räumliche Kategorien und seelische Untersubstanzen mit der gebotenen Vorsicht geschehen muß. Wenn man ein ‚Ich' in diesen Strom psychischer Ereignisse implantiert, das einem untergeordneten Subjekt ‚Wille' Befehle erteilt, dann erliegt man der Denkweise, die viel weiter zurück in die philosophische Vergangenheit reicht als die Vermögenspsychologie des 18. Jahrhunderts. Wilhelm Wundt nannte die Willenslehre eine Doktrin, die „aus alter und neuer Vermögens- und scholastischer Reflexionspsychologie zusammengesetzt" ist (Wundt 1911, S. 337).

Aus einem methodisch bedingten Mangel an Einsichten in die vielfältigen Formen des Geschehens, die man gemäß einer durchaus nicht sehr alten Konvention unter dem Begriff der Motivation zusammenfaßte, haben die ‚Wiederentdecker' des Willens eine bestimmte, bei Leistungsanforderungen in Erscheinung tretende Motivationsform aus den zahlreichen anderen Motivationsformen herausgelöst, als ob sie gar nicht mehr Teil des Geschehens, sondern Ausdruck einer eigenständigen Sub-Person sei. Nur wer den ständigen Wandel psychischen Geschehens verfolgt, wie er in biographischen Berichten zugänglich wird, ist vor derartigen Rückfällen des Denkens in die Scholastik bewahrt.

Experimentelle und biographische Sicht
der Entscheidung

Neben den durch Schwierigkeiten bei der Ausführung von Aufgaben und Vorhaben bestimmten Episoden psychischen Geschehens bilden Konflikt und Entscheidung ein zweites Argumentationsfeld bei der ‚Wiedereinführung des Willensbegriffes‘. Kuhl (1987) postulierte die Notwendigkeit der Annahme eines „guten Willens", ein Konstrukt, das frei sei von allen „introspektionistischen und moralischen Konnotationen". Ausgangspunkt der Argumentation ist eine „Handlungskontrolltheorie", derzufolge nach einer Entscheidung „Abschirmvorgänge" angenommen werden, „welche die vorläufig ins Auge gefaßte oder die endgültig akzeptierte Handlungsalternative stützen" (a.a.O., S. 109).

Systematische Untersuchungen über die Rolle von Entscheidungen ‚im Lebensrückblick‘ (Thomae 1988) zeigen die Unhaltbarkeit eines derartigen, von Laborversuchen ausgehenden Denkmodells. Wenn es um für das Leben von Menschen bedeutsame Entscheidungen geht wie z.b. der Einstellung für oder gegen einen Lebenspartner, für oder gegen eine moralisch nicht ganz unbedenkliche Verhaltensweise oder für bzw. gegen die Annahme einer den ursprünglichen beruflichen Zielen nicht ganz entsprechenden Position, dann ist ein ‚Wille‘, der irgendwelche Informationen oder Gedankengänge nach der Lösung des Konflikts unterdrücke, nicht erkennbar. Für den Entscheidungsvorgang selbst ist das Erleben einer mehr oder minder starken Belastung, mit der man sich mit Hilfe früher schon erprobter oder vielleicht erst neu entdeckter Möglichkeiten auseinandersetzt, charakteristisch (Thomae 1960, Feger & Sorembe 1983). Die dem ‚Willen‘ zugeschriebene ‚Führungs‘- oder ‚Kontrollfunktion‘ kann als Ergebnis spezifischer Person-Situations-Interaktionen vor allem in der ‚normativen‘ Entscheidungsform auftreten, aber durch irgendeinen Gedanken oder den Rat eines/einer Vertrauten sofort aufgehoben werden in einem Spiel sukzessiv alternierender Präferenzen.

Soweit die neue Willenspsychologie auf Entscheidungsexperimente zurückgreift, ist ein erstaunlich geringer methodischer Fortschritt gegen viele herkömmliche Verfahrensweisen erkennbar. So erinnern Versuche von Heckhausen und Gollwitzer (1987) deutlich an ‚Entscheidungs‘experimente von Barrett (1911). Dieser ließ seine Versuchspersonen zwischen verschieden gefärbten und verschieden schmeckenden Flüssigkeiten entscheiden, um den ‚Wahl- oder Willensakt‘ identifizieren zu können. Heckhausen und Gollwitzer (1987) stellen ihre Versuchspersonen vor die Wahl zwischen verschiedenen ‚Test-sets‘: ein Set bestand aus Schwarz/Weiß-Abbildungen, der andere aus bunten Bildern (Gollwitzer 1996, S. 548). Der wesentlichste Unterschied gegenüber der Versuchsanordnung von Barrett liegt in dem Vergleich von Versuchsgruppen, denen jeweils unterschiedliche Zeiten für ihre ‚Wahl‘ eingeräumt wurden. In der

Gleichsetzung solcher Trivial-Situationen mit Entscheidungen verstoßen viele Vertreter der experimentellen Entscheidungsforschung heute wie vor 80 Jahren gegen eine Grundforderung, welche Ach (1936) die „Identifikation des Untersuchungsgegenstandes" nannte. Er wollte gerade in bezug auf die Untersuchung der Wahl sicher gestellt wissen, daß wirklich diese und nicht eine Art impulsiv erfolgender Präferenz untersucht wurde. Bei Anwendung dieses von Ach im Rahmen eines vielbändigen ‚Handbuchs der biologischen Arbeitsmethoden' formulierten Grundprinzips müßte man wahrscheinlich feststellen, daß in vielen Operationalisierungen psychologischer „main-stream-Forschung" statt einer Identifikation des Untersuchungsgegenstandes dessen Elimination vorgenommen werde.

Soweit sich experimentelle Entscheidungsforschung auf die Ergebnisse biographischer Untersuchungen stützt und sich an ihren Resultaten orientiert, vermeidet sie Denkfehler, wie sie etwa bei Gollwitzer (1996) vorherrschen. Sie stellt den Prozeß von der Eingangsphase der Ungewißheit über die ‚ersten Weichenstellungen', in denen das Geschehen von der Entscheidung weg in eine ‚impulsive Reaktion' oder eine normativ orientierte Überformung übergehen kann, bis zur Einleitung existentieller Neubestimmungen des eigenen Selbst in den Mittelpunkt der Analyse (Feger & Sorembe 1983). „In dieser Reaktion auf Konfliktlagen dürfte sowohl der Rückzug auf die eigene Vergangenheit als auch die Projektion in die Zukunft häufig und ausgreifend sein. Was kann und muß als Kontinuität fortgeführt werden, wo ist der Bruch unvermeidlich? Eine Vorhersage, wann die Entscheidung gefällt wird, erfordert mehr und qualitativ andere, zu einem großen Teil auf die Biographie bezogene Information" (Feger 1995, S. 57). Das von Feger entwickelte und experimentell zur Überprüfung anstehende Prozeßmodell orientiert sich an dem in der Biographie faßbaren Geschehen und vermeidet damit jene unzulässigen Substantialisierungen, wie sie die ‚neue Willenspsychologie' bestimmen.

‚Coping' – Prozeß oder Eigenschaftsprodukt?

Die Verwechslung von psychischem Geschehen mit einem durch bestimmte quasi sub-personale Wesen produzierten Akt ist auch in der neueren ‚Coping'-Forschung zu beobachten. Im Grunde geht es dabei um die Untersuchung von Prozessen der Auseinandersetzung mit physischer, psychischer und/oder sozialer Belastung. Zwar ist das von Lazarus (1978) formulierte ‚Transaktionale Streß-Modell' prozeß-orientiert. Im Verlauf der Anpassung dieses Ansatzes an die Main-stream Psychology aber wurde der Augenmerk immer mehr auf die

‚Ways of Coping' gerichtet, die auch methodisch mehr und mehr als überdauernde Eigenschaften behandelt wurden, die für ein Fragebogen-Verfahren abrufbereit zur Verfügung stehen, um die Antworten auf bestimmte Belastungen entweder als ‚problem-orientiert' oder als ‚emotions-orientiert' einordnen zu können (Lazarus & Folkman 1984).

In ihrer Übersicht über die ‚Coping'-Forschung der letzten 25 Jahre heben Parker & Endler (1992) hervor, daß trotz der mehrfach geäußerten Bekenntnisse zu einer Prozeßorientierung im wesentlichen nur interindividuelle Unterschiede in den querschnittlich erfaßten Mustern der Auseinandersetzung mit bestimmten Problemen erfaßt wurden, nicht aber intraindividuelle Unterschiede beim Vergleich der Antworten der gleichen Personen auf vergleichbare Belastungen. Darüber hinaus fehle es den meisten entwickelten Methoden zur Erfassung des ‚Copings' an Validität.

Noch verhängnisvoller für eine angemessene Erfassung der Vorgänge bei Auseinandersetzungen mit Belastung ist die spezifische Interaktion der Interviewer mit der jeweils befragten Person. Sehr oft wird diese gebeten, sich an eine Situation zu erinnern, die als mehr oder minder stark belastend erlebt wurde. Ohne daß diese Situation im einzelnen geschildert wird, werden sodann mehrere Antwortmöglichkeiten auf irgendwelche Streß-Situationen angeboten und gefragt, in welchem Ausmaß diese verschiedenen Antworten auch in der von dem/der Befragten gemeinten Situation angewandt worden seien. In der Version des ‚Way-of-Coping-Questionaire' von 1984 wurden 67 solcher Antwortmöglichkeiten angeboten wie

‚Ich mache einen Plan, wie man vorgehen solle und handele danach'
‚Ich dachte, daß die Zeit schon eine Lösung bringen könne – das einzige, was zu tun sei, sei zu warten'
‚Ich versuchte, die ganze Sache zu vergessen'
‚Ich sprach mit jemand, wie ich fühlte'
‚Ich machte mich auf das schlimmste gefaßt'
‚Ich beschäftigte mich mit etwas, um mich abzulenken'.

In einer neuen Studie wurde die gleiche Prozedur mit Hilfe direkter Fragen durchgeführt wie z.B.

‚Haben Sie versucht, das Problem zu lösen?'
‚Haben Sie von Ihren Bekannten Zuspruch gesucht?'
‚Haben Sie alle möglichen Lösungsansätze innerlich durchprobiert, bevor Sie entschieden, was zu tun sei?' (nach Amirkhan 1994).

Die von den Befragten bei Anwendung solcher Methoden verlangte Einschätzung, in welchem Ausmaß jede dieser Antworten damals angewandt worden sei, geht von der Annahme aus, daß die verschiedenen ‚Coping-Strategien' im Gedächtnis wie in einer Registratur bereit lägen, sowohl in der aktuellen Situation der Problemlösung wie in der nachträglichen Befragung. Unter dieser

Voraussetzung kann man sie abrufen, auch wenn die verschiedenen Varianten in der durch die methodische Strategie vorgeschriebenen zufälligen Reihenfolge dargeboten werden.

Bei allen eingehenden Befragungen über die Auseinandersetzung mit länger anhaltender Arbeitslosigkeit, mit Alkoholproblemen des Ehepartners, mit chronischen Erkrankungen unterschiedlichster Art, mit lebensbedrohenden Stadien von Erkrankungen, mit dem Verlust von Angehörigen usf. stellt sich dieser Vorgang als ein zum Teil lange anhaltender Prozeß dar, in welchem die unterschiedlichsten Lösungsversuche und Phasen völliger Ratlosigkeit und Verzagtheit einander ablösen. Adäquate Informationen über diesen Prozeß sind nur möglich, wenn die Befragung so zurückhaltend geschieht, daß der ursprüngliche Verlauf sich Glied um Glied wieder der Erinnerung stellt. Nur wenn man die verschiedenen Versuche zu einem Fertigwerden mit dem Schicksal gleichsam mit Gegenständen gleichsetzt, die man durch Abfragen wie aus einer Registratur durch entsprechende Boten hervorholen kann, ist die mit Fragebogen arbeitende ‚Copingforschung' sinnvoll. Will man dagegen valide Informationen gewinnen, muß man den Befragten Gelegenheit geben, das frühere Geschehen als Ganzes zu erinnern. Dann wird unter Umständen eine komplexe Folge von Lösungs- und Entlastungsversuchen und manchen Phasen der Verzweiflung sichtbar. An diesem ganzen Geschehen aber ist nicht interessant, daß es – bei grober Klassifikation – ‚problem-orientierte' und ‚emotions-orientierte' ‚Coping-Strategien' gibt, sondern wie sich sehr unterschiedliche Erlebnisformen gegenseitig ablösen und in manchen Fällen zu einem gewissen Ausgleich führen, während in anderen Fällen der Ausgleich vergeblich gesucht wird.

Im übrigen wird beim Vergleich von Reaktionen auf unterschiedliche Situationen die von diesen Situationen und ihrer kognitiven Repräsentation bestimmte unterschiedliche Strukturierung der Antworten deutlich (vgl. z.B. von Hagen 1990, Schaub 1993, Thomae 1996), während sie bei der in eigenschaftstheoretischen Ansätzen üblichen Abfragemethode verloren geht (vgl. z.B. Amirkhan 1994).

Darüber hinaus zeigen qualitative Analysen von mehreren, zeitlich nacheinander oder in größeren Abständen erfolgenden Versuchen zum ‚Bewältigen' oder Ertragen einer Situation, daß auch in logischer Hinsicht gleich erscheinende Muster des Antwortens psychologisch gesehen sehr unterschiedlich sein können. Werden etwa soziale Vergleichsprozesse zur Minderung von Niedergeschlagenheit über eine erst im Erwachsenenalter eingetretene Behinderung herangezogen (Lehr & Thomae 1991, S. 69), dann werden sie beim zweiten Versuch vielleicht intensiver, vielleicht aber auch schwächer in Erscheinung treten. Abgesehen davon gibt es qualitative Unterschiede bei der ‚Anwendung' der gleichen Art des Umgehens mit chronischer Belastung im Alltag. Sie können entweder in Richtung einer stärkeren emotionalen Tönung oder in jene einer größeren Versachlichung gehen, sie können sich ganz bewußt oder mit relativ geringer bewußter Beteiligung vollziehen. Gerade in biographischen Erhebungen über die Auseinandersetzung mit chronischer stärkerer Belastung wird deutlich, daß der Strom psychischen Geschehens keine identischen Momente, Elemente und Formationen kennt. Nur derartige qualitative Analysen werden im Grunde der Natur dieses Geschehens gerecht, das mit der vergehenden Zeit auch immer etwas von seiner Identität verliert.

Dank seines von Erikson und anderen mit Recht hervorgehobenen Strebens nach Identität konstruiert der Mensch diese immer wieder aus ähnlich erlebten Ablaufmustern. So versteht er sich entweder als nachgiebiger oder seine Interessen behauptender, als hoch empfindsamer oder als widerstandsfähiger, als vom Schicksal gezeichneter oder dem Schicksal trotzender Charakter. Diese Konstruktionen eigener Identität sind die Basis der von trait-orientierten Persönlichkeitspsychologen immer wieder konstatierten ‚Stabilität' menschlicher Eigenschaften, die sie freilich mit anders wertenden Labels versehen. So werden sich als empfindsam Verstehende zu Neurotikern, Nachgiebige zu wenig Gewissenhaften usf.

Für eine quantitative Auswertung von Informationen über die Auseinandersetzung mit Belastungen muß auch die biographische Forschung einen Kompromiß zwischen der Einsicht in das unablässige Kommen und Gehen unterschiedlicher Erlebnisse und Verhaltensweisen einerseits und dem Suchen nach bestimmten Arten der Auseinandersetzung mit Belastungen andererseits schließen. Zu diesem Zweck werden die gewonnenen Informationen über diese Prozesse mit Hilfe eines empirisch gewonnenen Kategoriensystems zwischen 15 und 30 verschiedenen ‚Reaktionsformen' zugeordnet und in ihrer Ausprägung mit Hilfe von Ratingskalen eingeschätzt. Mit Hilfe dieser Quantifizierung und der auf unterschiedlichstem Niveau erfolgten statistischen Auswertung können viele Fragestellungen der Motivations- und Emotionsforschung (Laux & Weber 1990), der Persönlichkeitspsychologie (Fisseni 1991, Thomae 1996), der Entwicklungspsychologie (Lehr 1969, Kruse & Lehr 1989) und der Klinischen Psychologie (Kipnowski 1980, Boeger 1988, Schaub 1993, von Hagen 1990) bearbeitet werden.

In einer Langzeitstudie über die Auseinandersetzung von Frauen, welche sich nach einer längeren Unterbrechung ihrer beruflichen Tätigkeit an einer vom Arbeitsamt geförderten Umschulung beteiligten, mit der Mehrfachbelastung durch die Anforderung der Schulungsmaßnahme einerseits und die verbleibende Verpflichtung als Hausfrau und Mutter andererseits konnte Thomas (1992) die Bedeutung bestimmter Reaktionsformen für den Erfolg der Maßnahme aufweisen. Ein Abschluß des Lehrgangs wurde von jenen Frauen signifikant häufiger erreicht, welche zwar die doppelte Belastung im Lehrgang und im Haushalt als hoch einschätzten, sie aber als unvermeidlich für die Erreichung des gewünschten Zieles akzeptierten. Begleitet war diese Akzeptanz von ausgeprägter Hoffnung auf einen Erfolg des eigenen Bemühens und von hoher Leistungsbereitschaft.

„Die Tatsache, daß Akzeptieren in Verbindung mit den anderen genannten Reaktionsformen kennzeichnend gerade für die Gruppe der Teilnehmerinnen ist, die ihre Umschulung abschließen und damit ihr Ziel erreichen, läßt vermuten, daß mit der Vernachlässigung von Non-Coping in der Streß-Forschung außer Erkenntnisverlusten potentiell auch Verluste für die Praxis verbunden sind, denn auf Formen der Auseinandersetzung, die nicht zur Kenntnis genommen werden, wird in Fördermaßnahmen kaum Bezug genommen" (Thomas 1992, S. 147).

Auch im klinischen Bereich weist die Analyse von Reaktionsformen in der hier aufgezeigten Form einen hohen prognostischen Wert auf. Mittels einer schrittweisen Diskriminanzanalyse von Daten, die aus der mehrfachen Befragung von schizophrenen Patienten stammten, konnte Schaub (1995) zeigen, daß die ‚Bewältigungsversuche‘, ‚Zurückstellen von Bedürfnissen‘ und ‚Korrektur von Erwartungen‘, sowie ‚Hoffnung‘ mit ‚compliance‘ zu einem Modell beitrugen, das mit 83,33% Genauigkeit das Auftreten eines Rezidivs vorhersagte. Patienten, welche die hier genannten Formen der Auseinandersetzung mit ihrer Situation aufwiesen, hatten eine weit geringere Rezidivgefährdung als solche, welche diese Antwortmuster nicht zeigten. Dies sind Einsichten, welche für die psychologische Betreuung der Patienten wertvolle Hinweise geben können.

Eine Querschnittsuntersuchung an 500 Sechzigjährigen aus Ost- und Westdeutschland, die in den Jahren 1993 und 1994 durchgeführt wurde, erbrachte wertvolle Erkenntnisse über die Bedingungen eines gesunden und zufriedenen Alterns (Minnemann & Lehr 1996). Erwartungswidrig erwiesen sich die politischen und ökonomischen Unterschiede, wie sie im Leben dieser Frauen in den alten und neuen Bundesländern vor und nach 1989 gegeben waren, als nicht so bedeutsam für die Zufriedenheit wie etwa die kognitive Repräsentation bestimmter Aspekte der gegenwärtigen Lebenssituation. Vor allem aber zeigten sich enge Zusammenhänge zwischen dem Erreichen von Zufriedenheit und bestimmten Formen der Reaktion auf Belastungen. Bei einer Gruppe von Frauen und Männern, denen auf Grund einer (Cluster-)Analyse der Daten ein ‚kompensatorischer‘ Alternsstil zugeordnet wurde, war der Übergang in die Altersphase – oft bedingt durch eine betrieblich bedingte vorzeitige Beendigung des Arbeitsverhältnisses – sehr negativ erlebt worden. Mittels einer spezifischen Struktur von Antworten auf diese und andere Belastungen war bei dem ein bis zwei Jahre später liegenden Untersuchungszeitpunkt jedoch bei den meisten dieser Gruppe ein innerer Ausgleich erzielt worden. Immer wieder hervortretende Tendenzen zur Niedergeschlagenheit und zu evasiven Reaktionen wurden durch intensive Bemühungen zur Lösung von familiären und anderen Problemen, insbesondere aber durch die Entwicklung der Fähigkeit, auch im Negativen die positiven Ausblicke und Möglichkeiten zu erkennen, aufgefangen. Insbesondere war dies in der Auseinandersetzung mit gesundheitlichen Problemen der Fall.

Während die dem ‚kompensatorischen‘ Alternsstil zuzuordnenden Personen zu fast 40% eine weiterführende Schule besucht hatten, war dies bei jenen, die viele Merkmale eines ‚gesunden, glücklichen Alterns‘ aufwiesen, nur zu 15,5% der Fall. Obwohl die finanzielle Lage der Angehörigen dieser Gruppe nicht günstiger war als die der übrigen, war die Zufriedenheit mit der ökonomischen Situation sehr hoch. Die hohe Zufriedenheit mit der Gesundheit entsprach dem vom Arzt als sehr gut eingeschätzten Gesundheitszustand. ‚Die von Zufriedenheit und Gelassenheit bestimmte Einstellung zur Gegenwart fand ihre Entsprechnung in einer im ganzen positiven Sicht der eigenen Biographie. Kindheit, Schulzeit und die Zeit der beruflichen Ausbildung wurden als glückliche Lebensabschnitte geschildert. Obwohl man bei der Schulentlassung eher geringe Chancen wahrnahm, einen den eigenen Wünschen entsprechenden Beruf zu finden, wurden sowohl die Zeit der Berufsausbildung wie diejenige der letzten Berufsjahre sehr positiv erlebt. Auch die Entwicklung von Ehe und Familie wurde von Anfang an als eine Zeit des Glücks und geringer Konflikte und Belastungen erlebt‘ (Minnemann & Lehr 1996, S. 5). Trotz dieser positiven Tönung des Erlebens von Vergangenheit und Gegenwart setzte man sich mit Belastungen sowohl in leistungsbezogener Weise wie mit Kritik an Personen und Institutionen auseinander. Reaktionen der Niedergeschlagenheit wurden von den Angehörigen dieser Gruppe nicht berichtet.

Diese beiden Beispiele – von fünf ähnlich erarbeiteten Alternsstilen – zeigen, daß Lebenszufriedenheit – das Ziel sozialwissenschaftlicher Gerontologie seit Jahrzehnten (Adams 1971) – auch bei ähnlicher ökonomischer Lage auf sehr unterschiedliche Weise erreicht oder verfehlt werden kann. Insbesondere bei hervortretenden Tendenzen zur Niedergeschlagenheit muß eine psychologische Unterstützung von Bemühungen zu Erreichung dieses Zieles Fähigkeiten zur kognitiven Umstrukturierung von Situationen entwickeln, welche deren positiven Aspekte hervorhebt. Besonders wichtig ist dies für die Arzt-Patienten-Beziehung. Wenn bestimmte gesundheitliche Probleme erörtert werden ohne den Aufweis von Möglichkeiten und Chancen zu ihrer Linderung, dann wird dies den subjektiven Gesundheitszustand negativ beeinflussen und damit nach vielen neuen Erkenntnissen (Lehr 1995) auch die ‚objektive‘ gesundheitliche Situation in ungünstiger Weise verändern.

Psychologische Biographik mag ein methodischer Zugang zu seelischen Prozessen sein, der zeitlich aufwendiger ist als manche standardisierte Abfragemethode. Der größere Aufwand rechtfertigt sich aber durch die theoretischen wie angewandten Erträgnisse dieser Arbeitsweise.

Abschließende Bemerkung

Beim vierten Europäischen Kongreß für Persönlichkeitspsychologie forderte Magnusson (1992) seine Kollegen und Kolleginnen auf, „zu den Phänomenen" zurückzukehren. Die Phänomene seien in den individuellen Weisen des Denkens, Fühlens, Handelns und Reagierens zu suchen, also weder in ‚trait'-Konstrukten noch in anderen, vorschnell zu Erklärungen herangezogenen hypothetischen sub-personalen Wesen. Unter den der Psychologie zur Verfügung stehenden Methoden gibt es – so Magnusson – keine, die von vornherein besser sind als die anderen. Dies gelte auch für das Experiment, den Fragebogen oder diese oder jene statistische Methode. Kriterium für die Methodenauswahl müsse einmal die Angemessenheit eines Verfahrens für die Untersuchung eines bestimmten Gegenstandes sein, zum anderen das Ausmaß, in welchem ein spezifisches Vorgehen Antworten gibt, die relevant und auf echte Lebenssituationen übertragbar sind.

Wenn seelisches Geschehen möglichst unter Wahrung seines zeitlichen Charakters erfaßt werden soll, dann ist die Erkundung dieses Geschehens im biographischen Selbstbericht zweifellos angemessener als ein Vorgehen, in welchem dieses Geschehen in mehr oder minder zusammenhanglose ‚items' aufgelöst wird, welche darauf abzielen, das Geschehen auf statische Elemente wie z.B. Eigenschaften zurückzuführen. Ob in der gegenwärtigen Psychologie die Mahnung Magnussons, die Angemessenheit der angewandten Methoden zu überprüfen, mehr Gehör finden wird als die vor mehr als einem halben Jahrhundert von Ach (1936) erhobene Forderung, vor jeder Untersuchung sei zu prüfen, ob in ihr auch ‚die Identifikation des Untersuchungsgegenstandes' sichergestellt sei?

Die reale Situation wird durch das von Jüttemann (1986) formulierte „Inversionsprinzip" umschrieben, das den Sachverhalt der Umkehrung des Verhältnisses von Gegenstand und Methode kennzeichnet, wie er in vielen Bereichen der Psychologie zu beobachten ist. Wenn die Angemessenheit der Methode für den zu untersuchenden Gegenstand als entscheidendes Kriterium bei der Auswahl der Verfahren bilden soll, dann müßte die Psychologische Biographik eine Schlüsselstellung in der Forschung erhalten. Denn sie bleibt der prinzipiell nur in zeitlichen Kategorien faßbaren Natur des Psychischen am ehesten verbunden und hilft Irrwege im Denken zu vermeiden, die im Grunde nicht nach vorwärts, sondern rückwärts führen, über die Zeit der Vermögenspsychologie des 18. Jahrhunderts bis zur Philosophie der Scholastik.

Literatur

Ach, N. (1936) Analyse des Willens. München – Wien: Urban & Schwarzenberg.

Adams, D.L. (1971) Correlates of life satisfaction, The Gerontologist, 11, 4, 64–68.

Amirkhan, J.H. (1994) Seeking person-related predictors of coping. European Journal of Personality Psychology 8, 13–30.

Barrett, E.B. (1911) Motive-force and motivation tasks. London.

Bergson, H. (1949) Zeit und Freiheit. Meisenheim/Glan: A. Hain.

Bierhoff, H.W. & Bierhoff - Alfermann, D. (1983) Kognitive Prozesse im Motivationsgeschehen. In: H. Thomae (Hrsg.). Theorien u. Formen der Motivation (S. 93–226). Enzyklopädie der Psychologie, Themenber. C, Serie IV, Bd. 1. Göttingen: Verlag für Psychologie.

Boeger, A. (1988) Bewältigungsversuche bei chronischer Krankheit am Beispiel von Krebs- und Nierenpatienten. Phil. Diss. Bonn.

Bühler, C. (1933) Der menschliche Lebenslauf als psychologisches Problem. Leipzig: Hirzel (2 A. 1959. Göttingen: Verlag f. Psychologie).

Chiriboga, D.A. (1989) Mental health at the midpoint. Crisis, challenge, or relief? In: S. Hunter & M. Sundel (Eds.). Midlife myths (pp. 116 – 144) Newbury Park: Sage Publ.

Digman, J.M. (1990) Personality structure: the emergence of the five-factor model. Annual Review of Psychology 41, 417–440.

Dörner, D. & Stäudel, T. (1990) Emotion und Kognition. In: K.R. Scherer (Hrsg.). Psychologie der Emotion (293–344). Enzyklopädie der Psychologie, Themenber. C, Serie IV, Bd. 3. Göttingen: Verlag für Psychologie.

Elder, G.E. (1974) The children of the Great Depression. Chicago, Ill.: University of Chicago Press.

Eysenck, H.J. (1986) Die Biologie individueller Unterschiede. In V. Sarries & A. Perducci (Hrsg.). Die Zukunft der experimentellen Psychologie (S. 179–194). Weinheim: Beltz.

Feger, H. (1995) Existentielle Entscheidungen – ihre Position in einem allgemeinen Modell der Konfliktformen. In A. Kruse & R. Schmitz-Scherzer (Hrsg.). Psychologie der Lebensalter (S. 57–60) Darmstadt: Steinkopff.

Feger, H. & Sorembe, V. (1983) Konflikt und Entscheidung. In H. Thomae (Hrsg.). Theorien und Formen der Motivation (S. 536–711) Enzyklopädie der Psychologie. Themenber. C. Serie IV, Bd. 1. Göttingen: Verlag für Psychologie.

Fisseni, H.J. (1997) Persönlichkeitspsychologie. Auf der Suche nach einer Wissenschaft. 3 Aufl. Göttingen: Hogrefe.

Flick, U. (1995) Qualitative Forschung. Theorie, Methoden, Anwendung. Reinbeck: Rowohlt.

Fuchs, W. (1984) Biographische Forschung. Opladen: Westdeutscher Verlag.

Gollwitzer, P.M. (1996) Rubikonmodell der Handlungsphasen. In: J. Kuhl & H. Heckhausen (Hrsg.). Motivation, Volition und Handlung (S. 531–582). Enzyklopädie der Psychologie: Themenber. C, Serie IV, Bd. 4. Göttingen: Hogrefe.

Graumann, C.F. (1969) Einführung in die Psychologie. Bd. 1: Motivation. Frankfurt, M.: Akademische Verlagsgesellschaft.

Hahn, A. (1988) Biographie und Lebenslauf. In: H. G. Brose & B. Hillebrand (Hrsg.). Vom Ende des Individuums zur Individualität ohne Ende (S. 91–106). Opladen: Leske & Budrich.

Heckhausen, H. & Gollwitzer, P.M. (1987) Thought contents and cognitive functioning in motivational and volitional states of mind. Motivation and emotion 11, 101–120.

Jäger, R.J. (1996) Biographische Verfahren. In K. Pawlik (Hrsg.). Grundlagen und Methoden der Differentiellen Psychologie (S. 325–359). Enzyklopädie der Psychologie, Themenber. C., Serie VIII, Bd. 1. Göttingen: Hogrefe.

Jüttemann, G. (1986) Die geschichtslose Seele. Kritik der Gegenstandsverkürzung in der traditionellen Psychologie. In. G. Jüttemann (Hrsg.). Die Geschichtlichkeit des Seelischen (S. 98–115). Weinheim: Psychologie-Verlags Union.

Katschnig, H. & Nouzak, A. (1988) Life-Event-Forschung. In: R. Asanger & G. Wenninger (Hrsg.). Handwörterbuch der Psychologie (S. 398–405). 4. Aufl. München – Weinheim: Psychologie-Verlags Union.

Kemmler, L. & Echelmeyer, L. (1978) Anamnese-Erhebung. In: L.J. Pongratz (Hrsg.). Klinische Psychologie (S. 1628–48) Handbuch der Psychologie, B. 8/2. Göttingen: Verlag für Psychologie.

Kipnowski, A. (1980) Formen der Daseinsbewältigung bei chronischer Krankheit, Phil. Diss. Bonn.

Kruse, A. (1986) Strukturen des Erlebens und Verhaltens bei chronischer Krankheit im Alter. Phil. Diss. Bonn.

Kruse, A. & Schmitt, E. (1997) Halbstrukturiertes Interview. Dieser Bd. S. 161–174.

Kruse, A. & Lehr, U. (1989) Longitudinal analysis of developmental processes in chronically ill and healthy persons. International Psychogeriatrics 1, 73–85.

Kuhl, J. (1987) Motivation und Handlungskontrolle: Ohne guten Willen geht es nicht. In H. Heckhausen, P.M. Gollwitzer & F.E. Weinert (Hrsg.). Jenseits des Rubikon: Der Wille in den Humanwissenschaften (S. 101 – 120). Heidelberg: Springer.

Kuhl, J. (1996) Wille und Freiheitserleben: Formen der Selbststeuerung. In: J. Kuhl & H. Heckhausen (Hrsg.) Motivation, Volition und Handlung (S. 665–768). Enzyklopädie der Psychologie, Themenber. C, Serie IV, Bd. 4. Göttingen: Hogrefe.

Laux, L. & Weber, H. (1990) Bewältigung von Emotionen. In: K. R. Scherer (Hrsg.) Psychologie der Emotion (S. 560–629). Enzyklopädie der Psychologie. Themenber. C, Serie IV, Bd. 3. Göttingen: Verlag f. Psychologie.

Lazarus, R.S. & Folkman, S. (1984) Stress, appraisal, and coping. New York: Springer.

Lehr, U. (1969) Frau und Beruf. Eine psychologische Analyse der weiblichen Berufsrolle. Frankfurt, Main: Athenäum.

Lehr, U. (1995) Interdisziplinarität – Aufgaben und Probleme bei der Erfassung von Alternsprozessen. Zeitschrift für Gerontologie und Geriatrie 28, 382–387.

Lehr, U. (1996) Psychologie des Alterns. 8. A. Heidelberg: Quelle & Meyer.

Lehr, U. & Thomae, H. (1991) Alltagspschologie. Darmstadt: Wissenschaftl. Buchgesellschaft.

Leitner, H. (1988) Text oder Leben? Über den Gegenstand der Lebenslauf- und Biographieforschung. In: M. Kohli & H. Leitner (Hrsg.). Biographie oder Lebenslauf? Kurseinheit 2 (S. 2–63). Hagen: Fern-Universität.

Levinson, D.J. (1978) The seasons of a man's life. New York: Ballantine Books.

Mc Crae, R.R. & Costa, P.T., jr. (1995) Trait explanations in Personality Psychology: European Journal of Personality Psychology 9, 231–252.

McGill, M.E. (1980) The 40–60 years old male. New York: Simon & Schuster.

Minnemann, E. & Lehr, U. (1996) Fünf Lebensstile im Alter: sozialer, gesundheitlicher und biogr. Kontext. Interdisziplinäre Langzeitstudie des Erwachsenenalters (ILSE). Berichtsbd. 3. Heidelberg: Institut für Gerontologie.

Nassehi, A. (1996) Tod und Biographie. In: Handlung, Kultur, Interpretation. 5, H.8, 129–138.

Parker, J.D.A. & Endler, W.S. (1992) Coping with coping assessment: a critical review. European Journal of Personality Pschology 6, 321–344.

Schaub, A. (1995) Rückfallgefährdung und Bewältigungsstrategien bei schizophrenen Patienten. In: W. Bender, W. Hubmann & F. Mohr (Hrsg.). Neuere Entwicklungen in der Behandlung schizophrener Patienten (S. 277–293). München-Haar: VTS-Verlag.

Schmalt, H.D. (1996) Zur Kohärenz von Motivation und Kognition. In: J. Kuhl & H. Heckhausen (Hrsg.) Motivation, Volition und Handlung (S. 241–273). Enzyklopädie der Psychologie, Themenber. C., Serie IV, Bd. 4. Göttingen: Hogrefe.

Sokolovski, K. (1996) Wille und Bewußtsein. In: J. Kuhl & H. Heckhausen (Hrsg.) Motivation, Volition und Handlung (S. 485–530). Enzyklopädie der Psychologie, Themenber. C., Serie IV, Bd. 4. Göttingen: Hogrefe.

Straub, J. (1995) Qualitative Forschung begreifen und vermitteln. Handlung, Kultur, Interpretation. 4, H. 7, 123–144.

Tetens, J.N. (1777) Philosophische Versuche über die menschliche Natur und ihre Entwicklung. Leipzig: M.G. Weidemann's Erben.

Thomae, H. (1951 a) Biographie und Psychologie. Die Sammlung 8, 443–455.

Thomae, H, (1951 b) Persönlichkeit. Eine dynamische Interpretation. (2. A. 1955 ff.) Bonn: Bouvier.

Thomae, H. (1952) Die biographische Methode in den anthropologischen Wissenschaften. Studium Generale 5, 163–17.

Thomae, H. (1960) Der Mensch in der Entscheidung. München: J.A. Barth.

Thomae, H. (1970) Theory of aging and cognitive theory of personality. Human Development 12, 1–16.

Thomae, H. (1983) Motivationsformen. In : H. Thomae (Hrsg.) Theorien und Formen der Motivation (S. 291–311). Enzyklopädie der Psychologie, Themenber. C., Serie IV, Bd. 1. Göttingen: Verlag für Psychologie.

Thomae, H, (1996) Das Individuum und seine Welt. Eine Persönlichkeitstheorie. 3 A. Göttingen: Hogrefe.

Thomae, H. & Lehr, U. (1986) Stages, Crisis, Conflicts, and Life Span Development. In: A.B. Soerensen, F.E. Weinert & L.R. Sherrod (Eds.) Human Development and the Life Course (pp. 429–444). Hillsdale, N.J.: Lawrence Erlbaum.

Von Hagen, C. (1990) Formen der Auseinandersetzung mit chronischer dermatologischer Erkrankung. Frankfurt, Main: P. Lang.

Van Queckelberghe, R. (1984) Zur Methodik der Lebenslaufanalyse. In R. v. Queckelberghe (Hrsg.). Studien zur Handlungstheorie und Psychotherapie 2 (S. 65–103). Landau: Erziehungswissenschaftl. Hochschule.

Wundt, W. (1908–1911) Grundzüge der Physiologischen Psychologie. 6.A., Bd. 1–3. Leipzig: Engelmann.

Biographie und Kranken-Geschichte in der Psychiatrie

Rainer Tölle

Kranken-Geschichte

Wenn der Arzt die Vorgeschichte der Krankheit (Anamnese) erhebt, kann der Lebenslauf des Kranken nicht außer Acht bleiben. „Jede rechte Kranken-Geschichte führt zur Biographie" (Jaspers 1913). Der Arzt wird mit der Krankheit konfrontiert, und zugleich begegnet er dem Menschen mit seinen situativen und biographischen Bezügen. Die Lebensgeschichte des Kranken ist daher grundsätzlich relevant, unabhängig von der im Einzelfall oft schwer zu beantwortenden Frage, ob die Krankheit im Biographischen wurzelt (psychosomatisch) bzw. das Leben von der Krankheit bestimmt wird (somatopsychisch). Im Erleben des Patienten und in seinen Erwartungen an den Arzt sind „Leben" und Krankheit nicht zu trennen.

Wissenschaftshistorische Aspekte

Kranken-Geschichten gibt es so lange wie ärztliche Behandlungen. Manche der veröffentlichten älteren Beobachtungen können auch heute noch das Interesse der Medizin beanspruchen (nicht nur unter historischem Aspekt), z.B. die Observationes des Baseler Stadtarztes Felix Platter (1536 bis 1614), unter denen sich anschauliche Beschreibungen seelischer Krankheiten in lebensgeschichtlichen Beziehungen finden. Die wissenschaftlich-biographische Forschung begann in der Psychiatrie um die Jahrhundertwende, also zu ungefähr gleicher Zeit wie die psychologische Lebenslaufforschung (Thomae 1952).

a)   In der *Psychoanalyse* gewann die biographische Methode als Behandlungs- und Forschungsinstrument zentrale Bedeutung. Schon in den frühen Arbeiten von Freud, insbesondere in den „Studien über Hysterie" (1895) mit den bekannt gewordenen Falldarstellungen (Emmy M., Lucy R. usw.), zeichnet sich ein wesentlicher Teil der psychoanalytischen Entdeckungen und der psychoanalytischen Methodik ab. Bis heute ist das psychoanalytische Vorgehen das bevorzugte Thema, wenn in der Psychiatrie von biographischer Methode die Rede ist, was auch zwei neue Berichtbände zeigen (Blankenburg 1989; Stuhr u. Deneke 1993).

Was psychoanalytisch in Erfahrung gebracht wird, ist allerdings nicht Biographie im historischen Sinne schlechthin, sondern stets *erinnerte* Biographie, erinnert in einem bestimmten Lebenszusammenhang, in einer Krankheitssituation und im Kontext einer therapeutischen Beziehung mit Übertragung und Gegenübertragung. So sprach Freud von Ändern, Wiederholen, Durcharbeiten.

Freud, zuvor als Neuropathologe tätig gewesen, erkannte bald, daß seine psychoanalytischen Krankengeschichten wie Novellen zu lesen seien, und er stellte die Frage, ob es sich dabei um ernsthafte Wissenschaft handele. Auch später gerieten gehobenes sprachliches Niveau und schriftstellerische Ambitionen in der Psychiatrie immer wieder in den Verdacht unwissenschaftlicher Dichtung. So sprach man ironisch von der Tübinger Dichterschule, nachdem E. Kretschmer anschaulich und sprachgewandt die Biographien vom Wahnkranken beschrieben hatte („Der sensitive Beziehungswahn" 1918).

Um die „Novelle" in der Psychoanalyse entstand jüngst eine lebhafte Diskussion. Eigentlich seien es „gebrochene, unvollständige Novellen" (Bude 1993). Rudolf (1993) hebt auf die Bedeutung der Interpretation ab. Von den Novellen müsse man zu Interpretationsgeschichten (Meyer 1994) bzw. zur Einzelfallanalyse (Kaechele 1993) kommen.

b)   Für die Biographik in der deutschen Psychiatrie war weniger die Psychoanalyse als vielmehr eine aus der philosophischen Methodologiediskussion (u.a. Dilthey) entwickelte psychopathologische Forschung maßgebend, nämlich die von Karl Jaspers. Seine Lebenslaufuntersuchungen, beginnend mit der Dissertation „Heimweh und Verbrechen" (1909), wurden später in „Gesammelte Schriften zur Psychopathologie" (1963) zusammengefaßt.

c)   Den nachhaltigsten Einfluß auf die wissenschaftliche Entwicklung der Psychiatrie nahm aber die Biographie-Forschung der Tübinger-Schule (Gaupp und Mitarbeiter). Sie ging einerseits von der seinerzeit ergebnisreichen Verlaufsforschung von Emil Kraepelin aus, andererseits von dem Bemühen um eine introspektive Psychologie. „Die introspektive Psychologie wagt sich in subtiler Analyse an das Verständnis des scheinbar Unverständlichen und holt sich aus der karikierenden Verzerrung der seelischen Anomalie die Bausteine für eine verstehende Psychologie des Gesunden und Kranken ..." (Gaupp 1921). Diese Psychologie war auch von der Psychoanalyse beeinflußt, ohne sich hierauf zu berufen.

Exemplarisch für die Tübinger biographische Methode wurde der „Fall Wagner", zusammengefaßt in dem Satz von Gaupp (1914): „Wurde bisher die Geisteskrankheit allzusehr als ein „Krankheitsprozeß" aufgefaßt, der mit der Macht seiner destruktiven Kräfte alles Individuelle beseitigte, so lag es mir am Herzen, alle die Fäden aufzudecken, die von der gesunden Persönlichkeit in die Krankheit hineinführen." Die über Jahrzehnte fortgesetzte Untersuchung dieses

Kranken, die ausführliche Veröffentlichung seiner Lebensgeschichte einschließlich Katamnesen und die Publikation des dichterischen Werkes des Patienten Wagner wurden zum Grundstein der psychiatrisch-biographischen Forschung und darüber hinaus der heutigen pluridimensional orientierten Psychiatrie. Die Lebensgeschichte Wagners wird bis heute in der psychiatrischen Literatur diskutiert (analog zu der Lebensgeschichte des Senatspräsidenten Schreber in der psychoanalytischen Diskussion), und sie wurde Thema literarischer Darstellungen, z.B. in „Klein und Wagner" von Hermann Hesse.

Den Arbeitsrichtungen der Psychoanalyse (Freud), der Psychopathologie (Jaspers) und der klinischen Psychiatrie (Gaupp) war – trotz aller Unterschiede in den theoretischen Ausgangspositionen – die idiographische Methode der Lebenslaufforschung gemeinsam. Jedoch trafen sie sich nicht, was wissenschaftsgeschichtlich bemerkenswert ist, im Ziel ihrer Forschungen, obwohl das bei einigen Themen nahegelegen hätte. Ein Beispiel ist die Wahnforschung. Im gleichen Jahrzehnt entstanden die maßgebenden biographischen Arbeiten: der Eifersuchtswahn von Jaspers (1910), Freuds Fall Schreber (1911) sowie zwei weitere kasuistische Studien zur Paranoia (1915, 1916) und der Fall Wagner (Gaupp 1914) sowie Kretschmers sensitiver Beziehungswahn (1918). Alle Autoren verfolgten das gleiche Ziel, entgegen der herrschenden Lehrmeinung die Ableitbarkeit des Wahns aus dem Erleben und der Vorgeschichte des Kranken aufzuzeigen. Die Schranken zwischen den Schulen waren jedoch zu hoch, so daß keine Verbindungen zustande kamen. Die theoretischen Vorstellungen blieben kontrovers, die Kranken-Geschichten lassen jedoch wesentliche Übereinstimmungen erkennen.

d) Später prägten anthropologisch orientierte Arbeiten die psychiatrische Biographik, insbesondere die Studien von L. Binswanger (1928, 1957) und von Blankenburg (1984 und 1989), dessen „Futur-II-Perspektive" eine neue Dimension eröffnete. Zu nennen ist auch die Studie von J.E. Meyer (1989) „Endlichkeit des Menschen als Gegebenheit seiner Lebensgeschichte" (des weiteren J.E. Meyer 1982). Diese anthropologisch psychiatrischen Untersuchungen nehmen Beziehungen zur psychoanalytischen Forschung erneut auf, insbesondere zu S. Freud und seinem bekannten Wort: „Wenn Du leben willst, bereite Dich auf den Tod vor". In diesem Zusammenhang ist auch auf Arbeiten von Knoll (1989), Kuhn (1989) und Kühn (1989) hinzuweisen.

Biographisches Vorgehen

Den genannten biographischen Arbeitsrichtungen ist in der heutigen Psychiatrie gemeinsam: Was anamnestisch zusammengetragen wird, steht nicht beziehungslos nebeneinander, sondern gewinnt durch die biographischen Beziehungen seinen Sinn. „Die Geschichtlichkeit biographischer Ereignisse besteht darin, daß sie nicht ausschließlich als unter Gesetzen stehend zu betrachten sind, sondern – wenn auch in noch so geringem Maße – neue Zusammenhänge, neue Konzeptionalisierungen, zu stiften vermögen. Das besagt: es handelt sich nicht nur um Fakten, die lediglich weitere Fakten bedingen, sondern um solche, die – wenn wir uns nur genügend mit ihnen vertraut machen – je neue Verstehenshorizonte eröffnen ...“ In diesen Sätzen von Blankenburg (1984) wird deutlich, daß es in der biographischen Arbeit um die Eigenartigkeit der Person im Sinne des idiographischen Vorgehens von Windelband (1894) geht.

Welche Bedeutung der Biographie des Kranken zukommt, ist insbesondere bei chronisch-schizophrenen Patienten zu erkennen. Infolge langer Hospitalisierung sind sie nicht selten so weit von den natürlichen Lebensbeziehungen abgeschnitten, daß sie Gefahr laufen, sozusagen zu geschichtslosen Wesen zu werden. Die Zukunft bietet ohnehin wenig Entfaltungsaussicht. Zudem erschwert die reduzierte Daseinsform Rückbeziehungen zur eigenen Vergangenheit. Wenn nun auch Ärzte und Schwestern nichts über das Leben dieser Kranken wissen, sehen sie in ihnen schließlich kaum etwas anderes als Träger bestimmter Störungen oder Vertreter psychiatrischer Diagnosen. Vom „Verschwinden der Biographie in der Krankengeschichte“ spricht Hoffman-Richer (1995). Nur wenn die Biographie des Patienten bekannt ist, wird eine persönliche Beziehung zum Kranken möglich. Entsprechendes gilt für die Beziehungen dieser Patienten untereinander.

Weniger mit der biographischen Arbeit befaßt ist eine andere Arbeitsrichtung der Psychiatrie, die zunehmend an Bedeutung gewinnt: Die von der Lernpsychologie ausgehende Verhaltenstherapie erfaßt mit guten therapeutischen Gründen bevorzugt das hic et nunc; sie ist auf die gegenwärtigen Verhaltensstörungen und Symptome ausgerichtet. Allerdings bleiben Bedeutungszusammenhänge nicht ausgeklammert; in der kognitiven (Verhaltens-)Therapie ist der Brückenschlag zur psychodynamisch-biographischen Vorgehensweise zu erkennen.

Die Krankheitsgeschichte wird in der heutigen Psychosomatik und Psychiatrie erweitert zu einer Bewältigungsgeschichte: Die Ergebnisse der coping-Forschung sind aus der Krankenbehandlung nicht mehr wegzudenken (Krüger 1988, Schüßler 1993).

Verlaufsuntersuchungen

Der Wert einer rein idiographisch orientierten Biographik (so bedeutsam sie auch im heuristischen Sinne ist) bleibt in den meisten psychiatrischen Forschungsbereichen begrenzt. Die interindividuelle Variabilität erfordert zumeist

Stichprobenuntersuchungen. Der „Fall" ist letztlich Zufall (Fall wird ethymologisch von Würfelfall abgeleitet).

Damit ist die nomothetische Arbeitsrichtung angesprochen, die auf allgemeine Gesetzmäßigkeiten abzielt und in der Windelbandschen Dichotomie dem idiopathischen Vorgehen gegenübersteht bzw. – wie hier aus psychiatrischer Sicht darzulegen sein wird – an die Seite zu stellen ist. Ein wesentlicher Teil der psychiatrischen Forschung ist nomothetisch ausgerichtet, so auch die Verlaufsforschung.

Die Erforschung psychischer Störungen im zeitlichen Querschnitt führte im 19. Jahrhundert zu einer verwirrenden Fülle von Zustandsbildern, deren nosologische Beziehungen zueinander nicht erkennbar waren. Die meisten Krankheitsbeschreibungen dieser Art wurden später aufgegeben, da sie sich nicht als Krankheitseinheiten, zum Teil nicht einmal als Syndrome herausstellten. Erst als Kraepelin die systematische Längsschnittuntersuchung in die Psychiatrie einführte und die Verläufe psychisch Kranker über längere Zeit hin untersucht wurden, zeichneten sich Formenkreise von Psychosen ab, nämlich Dementia praecox und Manisch-depressives Irresein, später Schizophrenien und affektive Psychosen genannt. Krankengeschichtsanalysen führten somit zu der heute noch gültigen nosologischen Systematik der Psychiatrie.

Später war es wiederum die Verlaufsforschung, die nähere Aufschlüsse über psychische Störungen erbrachte. So wurde die Neurosenforschung nach den grundlegenden Erkenntnissen der frühen Psychoanalyse wesentlich ergänzt durch Verlaufsuntersuchungen, die u.a. beträchtliche Unterschiede der Prognose in Abhängigkeit von der klinischen Symptomatik und eine erstaunliche Häufigkeit von Residualzuständen ergab (Ernst 1980). Untersuchungen des Lebenslaufes bei Persönlichkeitsstörung zeigten einen unerwartet hohen Anteil an ausreichender Lebensbewältigung (Tölle 1965, 1986). Geradezu revidiert wurde die Lehre von den schizophrenen Psychosen durch die jüngere Verlaufsforschung (M. Bleuler 1972; Huber et al. 1973; Müller 1981).

Die ältere Verlaufsforschung war ganz krankheitsbezogen und symptomorientiert. Die neuere Methodik bezieht auch psychosoziale Daten ein. Das geschieht sehr konsequent in der *life history research* der amerikanischen Psychiatrie: In Langzeituntersuchungen (zum Teil prospektiv über große Strecken von Lebensläufen) werden umfangreiche Stichproben auf bestimmte Fragestellungen hin untersucht, z.B. die Entwicklung des sozialen Verhaltens in Abhängigkeit von Persönlichkeit und Kindheitsschicksal (u.a. Roff 1972–1974; Robins 1979).

In der *life-event-Forschung* werden lebensbestimmende Ereignisse in Beziehung zu psychischen Erkrankungen untersucht. Die Lebensereignisse werden isoliert statistisch erfaßt, also weitgehend losgelöst vom Kontext der individuellen Biographie insgesamt.

Nomothetisch oder nomokratisch?

Wenn das idiographische Vorgehen vernachlässigt und somit das nomothetische Prinzip verabsolutiert wird, läuft letzteres Gefahr, „nomokratisch" zu pervertieren (Blankenburg 1981). Demgegenüber ist Jaspers (1910) anzuführen: „Die Gewinnung ganzer Lebensläufe ... ist eine Grundlage empirisch-klinischer Forschung ... Man kann sich in der Psychiatrie nicht verständigen ohne die Schilderung einzelner Fälle. Diese Ecksteine, ohne die unsere Begriffsgebilde zusammenfallen ...". Kretschmer (1919) bringt die Dichotomie in einem kurzen Satz zum Ausdruck: „Was wir an Systematik gewinnen, das verlieren wir an Verständnis." Dieser Satz läßt sich für die therapeutische Arbeit mit dem einzelnen Patienten umkehren: Wenn Verstehen unsere Absicht ist, muß Systematik (Theorie) hintenan bleiben.

Idiographisches *und* nomothetisches Vorgehen miteinander zu verbinden, also zugleich (abgekürzt formuliert) kasuistisch und statistisch zu arbeiten, verspricht den größten Erkenntnisgewinn, ist aber schwer zu verwirklichen und wurde nur selten erreicht (z.B. Mester 1981a, 1981b).

In der *Aus- und Weiterbildung* steht die individuelle Krankengeschichte didaktisch vor den abstrahierten Forschungsergebnissen. „Wenn der Autor nicht an Fallbeispielen schildert, wovon er spricht, hilft dem Leser die sorgfältigste mathematische Analyse der Befunde oft wenig für sein Verständnis des Dargebotenen. Je mehr die Forschung ihre Meßmethode vervollkommnet, desto angewiesener wird sie auf ihren vorwissenschaftlichen Kern, der ihren Fragen Leben und ihren Antworten Bedeutung verleiht" (Ernst 1980).

In schriftlichen *Publikationen* stößt die Mitteilung von Kranken-Geschichten auf Probleme der Schweigepflicht und des Datenschutzes. Und auch wenn der Patient selbst der Veröffentlichung zustimmt, bleiben Probleme der Identifizierbarkeit. Nur eine „unverfälschte" Wiedergabe der Kranken-Geschichte ist wissenschaftlich redlich und kann didaktisch nützlich werden. Selbst Kürzungen können zu Mißverständnissen führen.

Andererseits aber muß verhindert werden, daß der Leser den Patienten identifiziert (kaum zu vermeiden ist, daß ein anderer Patient, z.B. ein Wahnkranker sich in einer publizierten Krankengeschichte wiederzufinden meint). Damit entsteht die Frage, ob und wie weit Krankengeschichten anonymisiert und chiffriert werden sollen. Es genügt meist nicht, Name und Alter, Beruf und Wohnort zu chiffrieren; es müssen weitere biographische Details verändert werden. Das aber kann dem Gesagten einen anderen Sinn geben. Freud (1915) hielt es „für einen Mißbrauch, aus irgendwelchen, wenn auch aus den besten Motiven, Züge einer Kranken-Geschichte in der Mitteilung zu entstellen, da man unmöglich wissen kann, welche Seite des Falles ein selbständig urteilender Leser herausgreifen wird und somit Gefahr läuft, diesen letzteren in die Irre zu führen". Diese Probleme lassen sich wohl nicht optimal lösen.

Methoden psychiatrischer Biographik

Die wichtigste Methode psychiatrischer Biographik ist die Anamnese. Anamnestisch (wörtlich: erinnernd) wird die Vorgeschichte des Patienten ergründet. Die so erhobene Biographie endet zumeist mit der aktuellen Erkrankung.

Weiter führt die Katamnese. Hierunter versteht man nicht mehr wie früher die abschließende Beurteilung eines Krankheitsfalles (heute als Epikrise bezeichnet), sondern eine Nachuntersuchung im Abstand von einigen Jahren, maximal einigen Jahrzehnten nach der Erstuntersuchung (Erkrankung). Bei der Nachuntersuchung kann die Zwischenanamnese erhoben und hierdurch die Kranken-Geschichte verlängert werden. Zugleich ist es möglich, die Kenntnisse über den Verlaufsabschnitt bis zur Erstuntersuchung zu vervollständigen, da Angaben zu dieser Zeit nun aus einer anderen Lebensposition erfolgen und früher Gesagtes möglicherweise in neuem Licht erscheint.

Anamnese und Katamnese sind retrospektive Methoden, deren Nachteile auf der Hand liegen. Verläßlicher sind prospektive Untersuchungen. Diese arbeiten mit verschiedenen Techniken. Bei der „real-time prospective-study" wird eine Stichprobe zusammengestellt und über einen möglichst langen Zeitraum hin in festgelegten Abständen nachuntersucht (follow-up). Demgegenüber werden bei der „follow-back-study" anläßlich einer Nachuntersuchung Fälle mit ungewöhnlichem Verlauf ausgewählt und bezüglich bestimmter Daten, die früher erhoben wurden, untersucht, z.B. bei Personen, die heute psychisch krank sind, das Schulverhalten. Eine Kombination dieser Vorgehensweisen wird „catch-up prospective-study" genannt. Derartige Longitudinalstudien erfordern jedoch einen kaum realisierbaren Aufwand.

In der praktischen Psychiatrie ergeben sich heute neue Möglichkeiten prospektiv-biographischen Vorgehens. Seit die psychiatrische Behandlung nicht mehr nur in kurativer Therapie, sondern darüber hinaus weitgehend in Prävention besteht, betreut der Psychiater den Patienten in weit längeren Zeiträumen als bisher. Zumeist handelt es sich um sekundär präventive Maßnahmen. Ein Beispiel ist die prophylaktische Lithium-Langzeitmedikation bei affektiven Psychosen (melancholisch-manischen Krankheiten). Sie erreicht bei der Mehrzahl der Behandelten, daß weitere Krankheitsphasen ausbleiben. Das gelingt jedoch nur bei sehr konsequenter Durchführung und optimaler Zusammenarbeit von Patient und Arzt. Auf diese Weise entstehen langjährige Patient-Arzt-Beziehungen, die dadurch ein besonderes Gepräge gewinnen, daß diese „gesunden Patienten" bei den regelmäßigen Arztkontakten kaum über Krankes und nur wenig über die medizinischen Präventionsmaßnahmen zu sagen haben. Daher kann sich das Gespräch mehr auf die allgemeine Lebenssituation erstrecken. Diese wiederholten Gespräche vermitteln dem Untersucher ein Bild der biographischen Entwicklung in Jahren, nicht selten Jahrzehnten.

Kriterien

Die wesentlichen Anforderungen der Biographik sind nach Thomae (1952) sowie Thomae und Petermann (1983) Überschaubarkeit und Konkretheit, Vollständigkeit und Unvoreingenommenheit.

Übersichtlichkeit zu erreichen, ohne wesentliche Informationen aufzugeben, gehört zu den schwierigsten Aufgaben der psychiatrischen Kranken-Geschichtsschreibung. Konkretheit, so könnte man vermuten, würde in psychiatrischen Kranken-Geschichten am wenigsten zu vermissen sein, da es doch eine Fülle konkreter Probleme und Störungen zu beschreiben gilt. Jedoch verliert sich manche Darstellung (wohl auch in Bemühungen um Kürze und Überschaubarkeit) in abstrakten Formulierungen. Es wird z.B. eine typische Abwehrreaktion, eine ödipale Konstellation oder hysterische Reaktion angegeben, wo man die konkreten Lebenssituationen und Verhaltensweisen zu lesen erwartet, die man hinter abstrakten Bezeichnungen nur vermuten kann. Stichworte wie hebephren, blande, psychopathisch usw. anstelle anschaulicher Darstellungen kennzeichnen die mißlungene psychiatrische Kranken-Geschichte.

Vollständigkeit im absoluten Sinne ist unerreichbar. „Das meiste ist leider zu kurz beobachtet oder unzureichend mitgeteilt ... Kurze Kranken-Geschichten erscheinen meist ganz wertlos und überflüssig ...“ (Jaspers 1910). Selbst das Material, das in einer langen und eingehenden Psychotherapie gewonnen wurde, kann kaum Anspruch auf biographische Vollständigkeit erheben. Was über gesunde Zeiten und positive Seiten des Lebens zu sagen wäre, kommt im allgemeinen zu kurz, wenn es in der Behandlung um Konflikte, Fehlhaltungen und krankhafte Störungen geht. Vollständigkeit bezogen auf das Wesentliche ist ebenso schwer zu verwirklichen. Wenn mit diesem Ziel eine Auswahl bei der Untersuchung bzw. schriftlichen Darstellung getroffen wird, ergeben sich leicht Gewichtungen und Wertungen. So notwendig reduzierendes Vorgehen in der Biographik ist, es entgeht kaum der Gefahr einseitiger Akzentuierungen.

Damit ist die Forderung nach Unvoreingenommenheit berührt; denn Auswahl und Akzentuierungen werden insbesondere von der theoretischen Position bestimmt, welcher der Verfasser einer Kranken-Geschichte mehr oder weniger bewußt verpflichtet ist. Das gilt bereits für die Datenerhebung. „Was nicht verstanden war, wurde auch ungenau wahrgenommen oder wiedergegeben“ (Freud 1914). Nicht zuletzt ist zu beachten, welche Wissenschaftssituation den Hintergrund einer Veröffentlichung bildet und welche beruflichen Intentionen der Autor verfolgt.

Diese methodischen Probleme und Fehlerquellen der Biographik sind in der Psychiatrie bisher wenig bedacht worden.

Pathographie

Gemeint sind Biographien berühmter Persönlichkeiten, insbesondere von Künstlern, in psychopathologischer Sicht. Beabsichtigt ist, die pathologische Seite der Persönlichkeit darzustellen und deren Bedeutung für das Werk herauszuarbeiten. Ältere Pathographien sind aber zum Teil über dieses Ziel hinausgegangen; zurecht wurde ihnen eine „Psychiatrisierung" des Künstlers und des Werkes vorgeworfen. Inzwischen wurde erkannt, daß die Pathographie für die Interpretation der Kunst nur wenig nützlich ist.

Jedoch ist nicht zu übersehen, daß eine behutsame und sorgfältige Pathographie der Persönlichkeit durchaus gerecht werden kann; sie hat die biographische Forschung in der Psychiatrie bereichert. Hier ist insbesondere an die biopathographischen Studien der Tübinger-Schule zu erinnern.

Gaupps „Fall Wagner" wurde bereits erwähnt. Insbesondere ist Lange-Eichbaum (1928) zu nennen. Den Tübinger Pathographie-Stil kennzeichnet Krauß (1986) so: „Die Anerkennung einer seelischen Krankheit und der in ihr und trotz ihr erbrachten menschlichen wie künstlerischen Leistung kann unsere Achtung vor der Persönlichkeit dieses Künstlers ja nicht mindern, sondern nur steigern."

Statt psychiatrische Kategorien auf die Kunst anzuwenden, will die heutige Psychiatrie psychopathologische Erfahrungen aus der Dichtung übernehmen. „Der psychiatrische Roman" von Irle (1965) und „Psychiatrische Aspekte des Schöpferischen und schöpferische Aspekte der Psychiatrie" von Benedetti (1975) kennzeichnen diese Tendenz.

Autobiographien

Selbstdarstellungen von Kranken sind sowohl im Hinblick auf die Krankheit und Lebenssituation der Betroffenen als auch auf deren Biographien im ganzen ergiebig. Ihre Bedeutung bleibt aber nicht auf die Behandlung und das subtile Erfassen des Erlebens während der Krankheit und unter der Therapie (pathischer Aspekt) beschränkt. Die Ausführungen von Patienten eröffnen darüber hinaus neue Zugänge zur Biographik. „Auf den Patienten zu hören" (Tölle 1994) ist insbesondere deshalb sinnvoll und nützlich, weil Patientenberichte im allgemeinen authentisch sind, nämlich unverfälscht durch vorgegebene wissenschaftliche Theorien.

Als Beispiel wählen wir Selbstdarstellungen von Kranken mit lebenslang anhaltender affektiver Psychose (manisch-depressiver Krankheit). Bekanntlich ist das melancholische Erleben außerordentlich schwer und nie ganz zutreffend in

Worte zu fassen, da für diese fundamentale Erlebnisveränderungen weder die Alltagssprache noch die Sprache der Psychologie und Psychopathologie ausreichen. Um so eindrucksvoller sind daher die Selbstbeschreibungen mancher Kranker.

Antonio Gayen beschrieb sechs Jahrzehnte seines Lebens mit 17 manischen und 20 depressiven Phasen. Er nennt sein Buch „Im Kreuz ist Heil. 2. Teil der Lebenserinnerungen eines Hamburger Jungen über das, was er während seiner Krankheit erlebte zwischen 1915 und 1978" (erschienen 1978; der erste Teil blieb unveröffentlicht; Wolf 1988). John Custance faßte sein von der affektiven Krankheit geprägtes Leben in „Weisheit und Wahn" (1954) zusammen. In jüngerer Zeit schrieb U. Goldman-Posch (1985) einen eindrucksvollen Bericht.

Besonders ergiebig ist eine solche Selbstdarstellung, wenn der kranke Autobiograph selbst Schriftsteller ist, wie William Cowper, englischer Dichter im 18. Jahrhundert, dessen Erzählung zusammen mit 400 Briefen von J.E. und R. Meyer (1984) ausgewertet wurden. Ein anderes Beispiel ist der zeitgenössische amerikanische Romanschriftsteller William Styron, der seine depressiven Erkrankungen in „Sturz in die Nacht. Die Geschichte einer Depression" (1991) beschrieben hat.

Natürlich wurden auch andere psychische Krankheiten von betroffenen Schriftstellern und Dichtern dargestellt. Hierauf im einzelnen einzugehen, würde zu weit führen. Als ein Beispiel sei die autobiographische Darstellung der eigenen paranoiden Psychose durch August Strindberg genannt (Storch 1921).

Kranken-Geschichten in der Dichtung

„Jeder wahre Dichter fördert die Psychologie mehr als 100 Gelehrte" (Bumke 1919). Die Psychiatrie ist bemüht, auch aus der Lebensbeobachtung und -beschreibung des Künstlers zu lernen. Der „Doppelgänger" von Dostojewski und das „Tagebuch eines Wahnsinnigen" von Gogol sind treffende Darstellungen eines Wahns.

Ein eindrucksvolles Beispiel ist „Tagebuch eines alten Mannes" von C. Bermant (1966). Hier sind Leben und Leiden eines alten Menschen so beschrieben, als ob der Dargestellte selbst der Autor sei; tatsächlich aber ist der Autor ein noch junger Schriftsteller mit ungewöhnlicher Begabung.

Keineswegs handelt es sich hier immer oder ausschließlich um autobiographisch geprägte Werke. Was diese Dichtungen für die wissenschaftliche Psychiatrie bedeuten, ist insbesondere darin begründet, daß der Dichter über größere sprachliche Möglichkeiten verfügt, als der Arzt und Wissenschaftler.

Aus der zeitgenössischen epischen Literatur sei die Lebensgeschichte einer schizophren Kranken in „Mrs. Dalloway" von V. Woolf und einer geistigen Behinderung in „Schall und Wahn" von B. Faulkner zu erwähnen. Die ergiebigste dichterische Quelle ist wohl das Werk des Romantikers E.T.A. Hoffmann, der mit höchster dichterischer Erzählkunst Psychologisches und Psychopathologisches beschrieben hat wie kein anderer. In den Novellen Hoffmanns ist ein guter Teil der 100 Jahre später wissenschaftlich erarbeiteten Ich-Psychologie psychisch Kranker vorweggenommen. Die heute diskutierte psychopathologische Konzeption der „Nebenrealität" (Lempp 1984) findet man in mehreren Novellen Hoffmanns anschaulich dargestellt. Ein Krankheitsbild wie die heute viel diskutierte dissoziative Persönlichkeitsstörung (sog. multiple Persönlichkeit) wurde von Hoffmann erstmalig beschrieben (Tölle 1996). Ein Beispiel einer Lebensgeschichte, die – tiefenpsychologisch konsequent – zu einem Mord führt, ist Hoffmanns „Die Marquise von Pivardiere".

Literatur

Benedetti, G. (1975). Psychiatrische Aspekte des Schöpferischen und schöpferische Aspekte der Psychiatrie. Göttingen: Van den Hoeck und Ruprecht.

Bermant, C. (1966). Deary of an Old Man. London, Chapman. Deutsch: Tagebuch eines Alten Mannes. München: Deutscher Taschenbuch Verlag 1966.

Binswanger, L. (1928). Lebensfunktion und innere Lebensgeschichte. Monatsschrift Psychiat 68: 52–79.

Binswanger, L. (1957). Studien zum Schizophrenieproblem 1945–1952. Pfullingen: Neske.

Blankenburg, W. (1981). Nomothetische und idiographische Methodik in der Psychiatrie Schweiz Arch. Neurol Psychiat 128: 13–20.

Blankenburg, W. (1984). Biographie und Krankheit. In: Internationale medizinische Arbeitsgemeinschaft (Hrsg) Medicus oecologicus. S. 45–96. Wien–Karlsruhe.

Blankenburg, W. (1989). Futur-II-Perspektive in ihrer Bedeutung für die Erschließung der Lebensgeschichte des Patienten. In: Blankenburg W (Hrsg) Biographie und Krankheit. Stuttgart: Thieme, S. 76–84.

Bleuler, M. (1972). Die schizophrenen Geistesstörungen im Lichte langjähriger Kranken- und Familiengeschichten. Stuttgart: Thieme.

Bude, H. (1993). Freud als Novellist. In: Stuhr u. Deneke (s.u.).

Bumke, O. (1919). Psychologische Vorlesungen für Hörer aller Fakultäten Wiesbaden: Bergmann.

Custance, J. (1954). Weisheit und Wahn. Zürich: Rascher.

Ernst, K. (1980). Verlaufstendenzen der Neurosen. In: Schimmelpenning GW (Hrsg): Psychiatrische Verlaufsforschung. Bern Stuttgart Wien: Huber.

Freud, S., Breuer, J. (1895). Studien über Hysterie. Ges. Werke Band Io, Neuausgabe, Frankfurt Fischer 1970.

Freud, S. (1914). Der Moses des Michelangelo. Studienausgabe X, Frankfurt: Fischer (1969).

Freud, S. (1915). Mitteilungen eines der psychoanalytischen Theorie widersprechenden Falles von Paranoia. Ges Werke X, Frankfurt Fischer 1973.

Freud, S. (1916). Neue Folge der Vorlesungen zur Einführung in die Psychoanalyse. Ges Werke XI, Frankfurt Fischer 1973.

Gaupp, R. (1914). Die wissenschaftliche Bedeutung des Falles Wagner. Münch Med Wschr 61: 633–637.

Gaupp, R. (1921). Vorwort zur ersten Auflage von E. Kretschmer: Körperbau und Charakter. Berlin: Springer.

Gayen, A. (1978). Im Kreuz ist Heil. 2. Teil der Lebenserinnerungen eines Hamburger Jungen über das, was er während seiner Krankheit erlebte zwischen 1919 und 1958. Hamburg: Selbstverlag Goldman-Posch U (1985) Tagebuch einer Depression. München: Kindler.

Hoffmann-Richter, U. (1995). Das Verschwinden der Biographie in der Krankengeschichte. Zeitschrift für Biographieforschung 8, 204–221.

Huber, G. et al. (1973). Verlauf und Ausgang schizophrener Erkrankungen. Stuttgart: Schattauer

Jaspers, K. (1910). Eifersuchtswahn. Z. Ges Neurol Psychiat (Originaly 1: 576–637. Auch in: Ges Schriften zur Psychopathologie. Springer: Berlin Göttingen Heidelberg 1963.

Jaspers, K. (1913). Allgemeine Psychopathologie (6. Auflage 1953) Springer: Berlin Göttingen Heidelberg.

Jüttemann, G. (1993). Komparative Diagnostik und die Frage der adäquaten Diskretion ätiologischer Zusammenhänge. In: Stuhr u. Deneke (s.u.).

Kaechele, H. (1993). Der lange Weg von der Novelle zur Einzelfallanalyse. In: Stuhr u. Deneke (s.u.).

Knoll, M. (1989). Psychiatrische Krankengeschichte in der Dialektik von Schuld und Sinn. In: Blankenburg (siehe oben).

Krauß, E. (1986). Die „Charakterköpfe" des Franz Xaver Messerspidt aus psychiatrischer Sicht. Veröffentlichungsreihe „Hohenstaufen" des Geschichts- und Altertumsvereins Göppingen, Folge 13, S. 114–134.

Kretschmer, E. (1918). Der sensitive Beziehungswahn. Berlin: Springer (4. Auflage 1966).

Kretschmer, E. (1919). Über psychogene Wahnbildung bei traumatischer Hirnschwäche. Z. Neurol 45: 272–300.

Kühn, R. (1989). Biographie und Transzendenz innerhalb des psychotherapeutischen Menschenbildes. Z klin Psychol Psychopathol Pswychother 37, 228–232.

Kuhn, R. (1989). Zum Problem der Chronogenese. Das Unbewußte und die Geschichtlichkeit menschlichen Daseins. In: Blankenburg (siehe oben).

Lange-Eichbaum, W. (1928) Genie, „Irrsinn" und Ruhm. München: Reinhardt.

Lempp, R. (1984). Die Schizophrenien als funkttionelle Regressionen und Reaktionen. In: Lempp (Hrsg) Psychische Entwicklung u. Schizophrenie. Bern, Stuttgart: Huber. S. 171–222.

Mester, H. (1981). Die Anorexia nervosa. Berlin Heidelberg New York: Springer.

Mester, H. (1981). Die Ehe zwangskranker Frauen. Nervenarzt 52: 383–390.

Meyer, A.E. (1994). Nieder mit der Novelle als Psychoanalysedarstellung – Hoch lebe die Interaktionsgeschichte. Z psychosomat med 40: 77–98.

Meyer, J.E. (1982). Todesangst und das Todesbewußtsein der Gegenwart. 2. Aufl. Berlin, Heidelberg, New York: Springer.

Meyer, J.E., Meyer, R. (1984). Selbstschilderungen eines Depressiven. Zur Pathobiographie William Cowpers. Fortschr Neurol Psychiat 52, 107–112.

Meyer, J.E. (1989). Endlichkeit des Menschen als Gegebenheit seiner Lebensgeschichte. In: Blankenburg 1989 (siehe oben) S. 147–151.

Müller, C. (1981). Psychische Erkrankungen und ihr Verlauf. Bern: Huber.

Platter, F. Observationes (Lateinisches Original um 1600) Deutsch: Bern Stuttgart: Huber 1963.

Robins, L.N. (1979). Longitudinal methods in the study of normal and pathological development. In: Psychiatrie der Gegenwart. Bd I/1, 2. Aufl. Berlin Heidelberg New York: Springer.

110

Roff, M. et al. (1972–1974). Life history research in psychopathology. vol 1–3 Minneapolis: University Press.

Rudolf, G. (1993). Aufbau und Funktion von Fallgeschichten im Wandel der Zeit. In: Stuhr u. Deneke (s.u.).

Rüger, U. (1988). Einleitung zum Themenheft: Bewältigungsverhalten (Coping) Z psychosomat med 34: 203–206.

Schüßler, G. (1993). Bewältigung chronischer Krankheiten. Konzepte und Ergebnisse. Göttingen: van den Hoeck u. Ruprecht.

Storch, A. (1921). August Strindberg im Lichte seiner Selbstbiographie. Eine psychopathologische Persönlichkeitsanalyse. Grenzfragen des Nerven- und Seelenlebens. Bd. 111. München, Wiesbaden: Bergmann.

Stuhr, U., Deneke, F.W. (1993). (Hrsg) Die Fallgeschichte. Beiträge zu ihrer Bedeutung als Forschungsinstrument. Heidelberg: Asanger.

Styron, W. (1991). Darkness Visible, A memoir of Madness. Deutsch: Sturz in die Nacht. Die Geschichte einer Depression. Köln: Kiepenheuer u. Witsch.

Thomae, H. (1952). Die biographische Methode in den anthropologischen Wissenschaften. Studium Generale 5: 163–177.

Thomae, H., Petermann, F. (1983). Biographische Methode und Einzelfallanalyse. In: Feger, H., Bredenkamp, J. (Hrsg) Datenerhebung. Göttingen, Hogrefe.

Tölle, R. (1966). Katamnestische Untersuchungen zur Biographie abnormer Persönlichkeiten. Berlin Heidelberg New York: Springer.

Tölle, R. (1986). Persönlichkeitsstörungen. In: Kisker KP et al (Hrsg) Psychiatrie der Gegenwart. Bd. I. Berlin Heidelberg New York: Springer. S. 151–188.

Tölle, R. (1994). Auf den Kranken hören. Anthropologische Aspekte der psychiatrischen Behandlung. In: Kockott G, Möller HJ (HrsG) Sichtweisen der Psychiatrie. München: Zuckschwerdt. S. 33–41.

Tölle, R. (1996). Dissoziative Identitätsstörung (Doppelleben) in der Psychopathologie und der Dichtung) Z klin Psychol Psychiat Psychother 44, 174–185.

Weichbrodt, R. (1921). Der Dichter Lenz. Eine Pathographie. Arch. Psychiat Nervenkr 62: 153–185.

Windelband, W. (1894). Geschichte und Naturwissenschaft. 3. Auflage. Straßburg: Heitz 1904.

Weizsäcker, V. von (1947). Klinische Vorstellungen. Stuttgart Hippokrates. Auch in: Gesonderte Schriften (Bd 9 Erscheint 1988) Frankfurt: Suhrkamp.

Wolf, N. (1988). John Custance und Antonio Gayen: Autobiographen ihrer zyklothymen Erkrankung. Fundamenta Psychiatrica 4, 292–296.

Genetische Persönlichkeitspsychologie und Komparative Kasuistik

Gerd Jüttemann

Genetische[1] Persönlichkeitspsychologie: eine neue Perspektive

Herkömmliche Persönlichkeitspsychologie stellt sich im Bereich der einschlägigen akademischen Forschung vorwiegend als eine *Faktorenstrukturen beschreibende Wissenschaft* dar. Diese Einseitigkeit ist in hohem Maße kritikwürdig (Thomae 1990). Ein zentrales Defizit des Faktorenansatzes besteht darin, daß der genetische Aspekt der Persönlichkeit ausgeklammert bleibt.

Diese Besonderheit, die den Gegenstand der gegenwärtig vorherrschenden Persönlichkeitspsychologie als Torso erscheinen läßt, beruht allerdings nicht etwa auf einer Lücke in der Forschungskonzeption, sondern ist eine Konsequenz der Tatsache, daß sich Entwicklungen grundsätzlich nicht mit Hilfe von Faktorenstrukturen abbilden lassen.

Diese nicht mehr ganz neue Erkenntnis war das Ergebnis zahlreicher fehlgeschlagener Bemühungen, faktorielle Differenzierungstheorien zu formulieren und deren angebliche Gültigkeit auf empirisch-statistischem Wege nachzuweisen. Die prinzipielle Fragwürdigkeit dieser Versuche, die vor allem den Bereich der Intelligenzforschung betrafen und in den Sechziger Jahren ihren Höhepunkt erreichten (vgl. Jüttemann 1973), konnte Kalveram (1969) unter Hinweis auf das Phänomen der kompensatorischen Kovarianz überzeugend darlegen.

Die von ihm durchgeführte kritische Studie ist heute weitgehend in Vergessenheit geraten. Aber auch die Idee, Faktorenstrukturen entdecken zu wollen, mit deren Hilfe sich Entwicklungsprozesse darstellen lassen, ist seitdem nicht wieder aufgelebt. Da die von Kalveram widerlegten faktoriellen Differenzierungstheorien bzw. der diesen zugrunde liegende „Forschungsansatz" als lehrreiche und zugleich erheiternd wirkende wissenschaftliche Kuriositäten gelten können, erscheint die Lektüre der Kalveram'schen Arbeit nach wie vor sehr empfehlenswert.[2]

---

[1] Das Wort „genetisch" ist im vorliegenden Beitrag stets auf das Substantiv *Genese* (und nicht auf Genetik) zu beziehen.

[2] Eine Kurzdarstellung dieses „Forschungsansatzes" ist in Jüttemann (1992, S. 34 ff.) vorgenommen worden.

Das seit Kalveram endgültig offenkundig gewordene genetische Defizit faktorieller Persönlichkeitsmodelle ist in erster Linie dafür verantwortlich, daß die traditionelle Trennung der Subdisziplinen Entwicklungspsychologie und Persönlichkeitspsychologie bis heute aufrechterhalten blieb; denn zwischen der für die Entwicklungspsychologie unverzichtbaren Längsschnittbetrachtung einerseits und der strukturellen Querschnittbetrachtung in der Persönlichkeitspsychologie andererseits läßt sich auf faktorenanalytischer Grundlage eine direkte methodische Verbindung nicht herstellen.

Diese Situation erklärt zugleich, warum sich die Entwicklungspsychologie inhaltlich auf das Kinder- und Jugendalter und die Erforschung von Reifungs- oder Sozialisationsprozessen konzentriert, während die faktorenanalytische Persönlichkeitspsychologie gleichsam die alleinige Zuständigkeit für das Erwachsenenalter beansprucht und von einer *dimensionalen* Struktur des Menschlich-Psychischen ausgeht, die in zeitlicher Hinsicht als mehr oder weniger unveränderlich angenommen wird.

Vor diesem Hintergrund wird deutlich, warum in einer so definierten Persönlichkeitspsychologie für den Gegenstandsbereich *Persönlichkeit und Lebenslauf* der Raum fehlt. Dieser geradezu grotesk erscheinende Umstand war es vor allem, der Thomae (1952, 1968) veranlaßte, sich diesem vernachlässigten Forschungsfeld zuzuwenden. Daraus entstanden die Psychologische Biographik und ein genetisch akzentuierter Persönlichkeitsansatz (vgl. den Beitrag von Thomae i.d. Band).

Der Begriff *Genetische Persönlichkeitspsychologie* ist vom Verfasser (vgl. Jüttemann 1995, S. 146) als Bezeichnung für ein Fach vorgeschlagen worden, das einmal aus dem sachlich notwendig erscheinenden Zusammenschluß von Entwicklungspsychologie und Persönlichkeitspsychologie hervorgehen sollte.

Prinzipiell läßt sich auch die von Thomae lebensnah konzipierte Psychologische Biographik bereits als eine Genetische Persönlichkeitspsychologie deklarieren[3]. Vor allem die von Thomae begründete Persönlichkeitstheorie nimmt die Etablierung einer Genetischen Persönlichkeitspsychologie z.T. vorweg.

Einzelne Programmpunkte für eine so zu benennende Subdisziplin wurden bereits an anderer Stelle umrissen (Jüttemann 1995, S. 117ff.) und sollen im vorliegenden Zusammenhang durch Illustrationen inhaltlicher und methodischer Art ergänzt werden. Darüber hinaus geht es um die Darstellung einiger intradisziplinär zu beobachtender Veränderungsvorgänge, die dafür sprechen, daß das so skizzierte Programm einer Genetischen Persönlichkeitspsychologie in absehbarer Zeit aktuelle Bedeutung erlangen könnte.

---

[3] Diese Möglichkeit wird auch von Thomae selbst hervorgehoben (1996, S. 8).

Persönlichkeit und lebenslange Entwicklung

Es ist nicht zuletzt das Verdienst von Erikson (1950), die *lebenslange* Persönlichkeitsentwicklung des Menschen in das Blickfeld psychologischer Gegenstandsbetrachtung gerückt zu haben. Aber es entspricht auch einer allgemeinen Alltagserfahrung, daß unsere Identität zwar etwas im Kern Gleichbleibendes repräsentiert, in einigen Hinsichten aber dennoch einem permanenten Wandel unterliegt. Erikson hält diese Wandlungsprozesse sogar für weitgehend endogen vorprogrammiert. Diese prinzipiell bestreitbare Auffassung soll im vorliegenden Zusammenhang jedoch nicht übernommen werden.

Thomae verweist im Rahmen seiner Bemühungen um den Entwurf einer *Psychologie der gesamten Lebensspanne* u.a. auf die von Ch. Bühler und Hetzer (1929) herausgegebene Festschrift für den damals 50jährigen Karl Bühler und hebt im Hinblick auf das Jahr 1929 hervor, „daß Charlotte Bühler wenig später die Tore der Entwicklungspsychologie in Richtung auf die ganze Lebensspanne öffnete" (Thomae 1985, S. 34).

Für die Zeit danach geht Thomae eher von einer rückschrittlichen Tendenz aus, bedauert die relative Wirkungslosigkeit „regelmäßig wiederkehrender Konferenzen über ‚Life Span Development Psychology'" und bezeichnet „die Lebensspanne zwischen 15 und 65 Jahren" sogar als eine „terra incognita" (a.a.O.). Thomae erwähnt in diesem Zusammenhang auch „Stimmen, die dazu raten, die Tore der Festung ‚Kinderpsychologie' wieder zu schließen" (a.a.O.) und zitiert Flavell (1970) als eine dieser Stimmen.

Insgesamt geht Thomae vom Vorliegen einer „Identitätskrise der Entwicklungspsychologie" aus (1985, S. 33) und kennzeichnet die beobachtbaren Tendenzen in der Entwicklung des Fachs als eine Restriktion, deren Hintergründe er wie folgt beleuchtet:

„Ich möchte auf das Für und Wider dieser Restriktion hier nicht eingehen, sondern nur bemerken, daß die erwähnte Restriktion nicht nur mit der biologischen, um nicht zu sagen biologistischen, Renaissance in der Psychologie zusammenhängen dürfte. Zwar ging der Anteil der an biologisch-deskriptiven Modellen orientierten Arbeiten nach Schmitz (1979) von 13% (1965) auf ca. 6% (1975) zurück. Wenn wir auf der anderen Seite Bättigs Literaturanalyse die starke Zunahme von psychophysiologischen Arbeiten außerhalb der Entwicklungspsychologie entnehmen können und wenn sogar Witkin & Berry (1975) neuerdings neben ökologischen Variablen biologische (wie den Eiweißgehalt der Nahrung) zur Erklärung interindividueller Unterschiede hinsichtlich der Differenzierung heranziehen, dann müssen wir weder auf die Ausstrahlungen von Lorenz noch auf jene von Sir Cecil Burt zu sprechen kommen, um als einen der Gründe für die Zweifel an der Existenz einer Entwicklungspsychologie, welche die Kinderpsychologie übergreifen würde, die Gleichsetzung von Entwicklung mit Reifungsvorgängen ansehen zu können" (a.a.O., S. 34f.).

Da sich die Situation, zu der Thomae hier Stellung nimmt, auch in der Zeit danach[4] kaum verändert hat und die biologistische Renaissance somit noch anhält, ist dieser wichtige Diskussionsbeitrag Thomaes zur Geschichte bzw. zur Gegenwartsproblematik der Entwicklungspsychologie hier noch einmal auszugsweise wiedergegeben worden.

Der Rückzug der Entwicklungspsychologen auf die Untersuchung von Reifungsvorgängen hat möglicherweise aber auch etwas damit zu tun, daß die Anwendung einer naturwissenschaftlich ausgerichteten Methodik vielen Forschenden ein Gefühl der Sicherheit verleiht. Solange das Entstehungspotential von Entwicklung als endogen vorprogrammiert gedacht und experimentell zu erforschen versucht wird, bleiben die Untersuchungsdesigns jedenfalls gut überschaubar.

Zur Begründung seines eigenen Ansatzes nimmt Thomae u.a. auf Erikson Bezug. Es sind aber nicht der psychoanalytische Charakter und die – im weitesten Sinne – psychobiologische Basis der von Erikson vorgelegten Theorie, die Thomae interessieren, sondern der Veränderungsaspekt der Persönlichkeitskonzeption und die thematisch gegliederte Betrachtung des Lebenslaufs. Vorbildcharakter besitzen für ihn vor allem „die Synonymität von ‚Thematik' und situationsspezifischer motivationaler Strukturierung des Verhaltens" (Thomae 1988, S. 53).

Obwohl das von Erikson vorgelegte Entwicklungskonzept der Persönlichkeit für Thomae „ein wichtiger Fortschritt in einer dynamisch-genetischen Betrachtung der Persönlichkeit" (a.a.O.) ist und Thomaes eigener Persönlichkeitsansatz in der gleichen Denkrichtung liegt, hat sich eine genetisch fundierte Persönlichkeitspsychologie bis heute nicht allgemein durchsetzen können.

Statt dessen halten die in der akademischen Persönlichkeitspsychologie seit langem aktuellen Bemühungen um die endgültige Etablierung einer Fünf-Faktoren-Struktur[5] der Persönlichkeit weiter an. Dabei ist anzumerken, daß die Attraktivität dieser Orientierung in sehr starkem Maße auch auf opportunistischen Erwägungen beruhen dürfte (vgl. Jüttemann 1995, S. 146f.).

Es ist jedoch zu erwarten, daß die Faszination der Big Five allmählich abklingen wird. Schließlich ist nicht einzusehen, warum es wissenschaftlich oder gar praktisch sinnvoll sein soll, die ganze Vielfalt des Menschlich-Psychischen auf die Wirksamkeit von fünf Faktoren zurückzuführen. Aber selbst für diejenigen, die glauben, jeder Mensch sei in psychischer Hinsicht weitgehend durch die individuellen Ausprägungsgrade dieser fünf Faktoren determiniert, bleibt die Frage bestehen, wie sich der Prozeß der erlebnis- und handlungsspezifi-

---

[4] Nach 1979, dem Jahr der letzten von Thomae in dem zitierten Text genannten Veröffentlichungen
[5] Vgl. u.a. Digman 1990, Goldberg 1992 und die kritische Diskussion in Becker (1995, S. 8 ff.)

schen Umsetzung dieser Faktorenstruktur in der konkreten Lebenssituation vollzieht und darüber hinaus *als Entwicklung* in Erscheinung tritt.

Genetische Persönlichkeitspsychologie und Historische Psychologie

Die Notwendigkeit, zwischen einer *Natur*geschichte und einer *Kultur*geschichte des Menschen zu unterscheiden, ist evident. Ebenso offensichtlich kann zwischen angeborenen und umweltgeprägten Persönlichkeitsanteilen differenziert werden, auch wenn diese Trennung zunächst relativ abstrakt anmutet.

Vergegenwärtigt man sich jedoch die Tatsache, daß die Menschen einen vielschichtigen Sozialisationsprozeß durchlaufen müssen, um adäquat an die von ihnen selbst hergestellten und sich ständig verändernden gesellschaftlichen Bedingungen angepaßt zu bleiben und zugleich die Aufrechterhaltung der jeweiligen Gesellschaftsordnung sicherzustellen, dann wird erahnbar, in welchem Maße die menschliche Psyche über ihre natürlichen Ursprünge hinaus immer auch als ein Produkt ihrer sozialen und kulturellen Umgebung aufzufassen ist.

Zudem wird erkennbar, wie wichtig es ist, im Rahmen des Programms einer *gegenstandskritischen Psychologie* (Jüttemann 1988a) auch jenen Prozeß einer langfristigen Veränderung der Selbstkonzepte und darauf beruhender Verhaltensweisen zu untersuchen, der kulturelle Wurzeln besitzt und sich in historischer Zeit vollzieht.

Die wissenschaftliche Bearbeitung einer derartigen Fragestellung setzt aber den Rahmen einer Genetischen Persönlichkeitspsychologie geradezu voraus. Die Sozialgeschichte des Psychischen steht zur Sozialisationsgeschichte der Persönlichkeit zwangsläufig in enger Beziehung. Hieraus läßt sich nicht nur ableiten, daß eine Entwicklungspsychologie, die die historische Dimension des Psychischen unbeachtet läßt, diesen Namen nicht verdient, sondern zugleich schließen, daß Historische Psychologie prinzipiell auch als Teilbereich einer Genetischen Persönlichkeitspsychologie verstanden werden muß.

Dieses Verständnis nimmt offensichtlich stark zu, wie bereits die wenigen nachfolgend genannten *Beispiele* einschlägiger Veröffentlichungen zeigen:

Auf den engen Zusammenhang, der zwischen der Biographieforschung einerseits und der Historischen Psychologie andererseits besteht, verweist der Beitrag von Klotter und Reutter (im vorl. Band). Kruse und Thomae (1992) haben diese Verknüpfung im Rahmen einer Studie verdeutlicht, die einen Vergleich von Untersuchungen zum Gegenstand hat, die inhaltlich übereinstimmen, aber zu verschiedenen Zeitpunkten durchgeführt wurden. Der Philosoph Norbert Rath (1994, 1996) hat sich intensiv mit dem Begriff „Zweite Natur" beschäftigt, der all das einbezieht, was Menschen in Ergänzung ihrer angeborenen Ersten Natur in einer zivilisierten Umwelt erlernen, und der auch für die Historische Psychologie eine hohe Bedeutung besitzt. Charles Taylor (1994) ist kürzlich mit einer umfassend angelegten epochenvergleichenden Untersuchung zum Thema „Quellen des Selbst" hervorgetreten und hat Erkenntnisse über die Entwicklung der menschlichen Identität gewonnen, die für die Psychologie äußerst relevant erscheinen. Sie lassen sich jedoch in den Wissensbestand dieser Disziplin nicht einbeziehen, solange eine Genetische Persönlichkeitspsychologie nicht existiert, da historisch-psychologisch betrachtbare Veränderungen des Seelischen[6] im Rahmen der traditionellen Psychologie bisher kein allgemein beachtetes Thema darstellen.

Persönlichkeit als Genese und Konzept

Stellt man Studienanfängern der Psychologie die Frage[7], ob der Lebenslauf eines Menschen Bestandteil seiner Persönlichkeit sei oder ob sich der Begriff Persönlichkeit z.b. auch auf das Werk eines Dichters beziehen lasse, dann erhält man fast ausnahmslos zustimmende Antworten. Diese sind allerdings mit der in der gegenwärtigen Psychologie immer noch vorherrschenden faktoriellen Strukturbetrachtung der Persönlichkeit kaum zu vereinbaren. Das Faktorenmodell weist auf ein psychologisches Verständnis des Menschen hin, das lediglich die Annahme objektiver Wirkpotentiale und konstant arbeitender Steuerungsmechanismen nahelegt. Aber auch dort, wo, wie in der Lehre Freuds, die Seele des Menschen konsequent als *Apparat* und das Ich – neben dem Es und dem Überich – als eine relativ bedeutungslose *Instanz* der Persönlichkeit beschrieben werden, haben wir es mit einer Strukturauffassung des Menschlich-Psychischen zu tun.

Grundsätzlich ist jedoch zu fragen, ob die Persönlichkeit eines Menschen nicht eher unter den Aspekten Prozeß und Genese, Thematik und Inhaltlichkeit (des Erlebens und Verhaltens) betrachtet werden muß als unter den Aspekten Struktur und Beschaffenheit[8].

Der Begriff der Inhaltlichkeit verweist dabei auf ein Bild der Persönlichkeit, das sich eher auf eine Hierarchie von Konzepten als auf eine Struktur zurückführen läßt. Was hier *Konzept* genannt wird, ist u.a. mit dem vergleichbar, was

---

[6] Literatur zur Historischen Psychologie: Jüttemann 1986, 1988; Jüttemann, Sonntag und Wulf 1991; Sonntag und Jüttemann 1993
[7] So geschehen im SS 1997 im Rahmen einer Vorlesung über Persönlichkeitspsychologie an der TU Berlin
[8] Zur Gegenüberstellung von *Inhaltlichkeit und Beschaffenheit* des Seelischen vgl. Jüttemann (1986a, S. 110ff.)

Sartre (1964; s. auch den Beitrag von Klotter und Reutter in diesem Band) *Entwurf* nennt. Einschlägig ist hier auch der von Bude (1987; vgl. auch den Beitrag in diesem Band) geprägte Begriff *Lebenskonstruktion*. Ein auf Konzepte bezogener Persönlichkeitsbegriff liegt auch dort vor, wo – wie oben im Hinblick auf Erikson und Thomae bereits hervorgehoben wurde – eine Beschreibung *thematisch* akzentuierter Lebensabschnitte im Vordergrund steht. Die enge Verbindung zwischen Selbstkonzept und Identitätstheorie hat der Philosoph Tugendhat (1981) mit Hilfe des von ihm geprägten Begriffs „qualitative Identität" veranschaulicht. Tugendhat meint damit vor allem jene Selbstbestimmung, die in dem frei gewählten Seinsmodus „Was für ein Mensch ich sein will" (a.a.O., S. 234) zum Ausdruck kommt. Tugendhat grenzt die *qualitative* Identität ab von der *numerischen* Identität, die uns von anderen Menschen formal unterscheidbar macht.

Wichtig ist die Erkenntnis, daß sich selbst Eigenschaften, wie z. B. das Persönlichkeitsmerkmal *Zuverlässigkeit*, auf individuelle Konzepte zurückführen lassen, und daß eine daraus abgeleitete Kennzeichnung wirklichkeitsgerechter ist als eine faktorielle Beschreibung. So ist z.b. die Art und Weise, in der ein Mensch seinen Anspruch dokumentiert, als ein *zuverlässiger* Mensch zu gelten, sehr stark durch Erfahrungen und Überlegungen geprägt, die eine starre Anwendung des Zuverlässigkeitsprinzips ausschließen. Demgegenüber legt das Faktorenmodell die Auffassung nahe, daß ein zuverlässiger Mensch in relevanten Situationen schematisch reagiert und sich geradezu zwanghaft zuverlässig verhält.

Je nachdem, ob man von faktoriellen Dimensionen, d.h. von objektiven, quasi automatisch wirksam werdenden, gerichteten energetischen *Potentialen* oder aber von planenden und mehr oder weniger bewußt handelnden *Subjekten* ausgeht, ergibt sich eine völlig andere Auffassung von Persönlichkeit. Dabei sind für das Subjektmodell u.a. Alltagsnähe und Handlungsrelevanz besonders charakteristisch. Menschen stecken sich Ziele und versuchen, diese zu realisieren. Dabei setzen sie unterschiedliche Verfahrensweisen ein und gehen manchmal sogar eher seltsame Wege. Unabhängig davon, ob angestrebte Ziele erreicht werden oder nicht, entstehen immer wieder neue Ziele. Daran läßt sich zeigen, daß sich unser Erleben und Handeln zu einem großen Teil auf einer *teleologischen* Basis vollzieht.

Das Subjekt als Gegenstand teleologisch-psychologischer Forschung

Schon bevor in der Philosophie die Diskussion um „die Frage nach dem Subjekt" (Frank, Raulet u. van Reijen 1988) – die mit dem Ziel der radikalen *Infragestellung* des Subjekts bzw. der Begründung einer „Theorie der Entsubjektivierung" (Staeuble 1986, S. 76) – geführt wurde und in der Mitte der Achtziger Jahre allmählich ihren Höhepunkt erreichte, waren in einem anderen Feld dieser Disziplin Überlegungen entstanden, die sich, gerade umgekehrt, als Versuch einer *Wiederentdeckung* des Subjekts interpretieren lassen. Die Vertreter dieser Richtung, Robert Spaemann und Reinhard Löw (1991), sprachen jedoch lediglich von der „Wiederentdeckung des teleologischen Denkens". Sie konnten zwar über äußere Anzeichen für den Vorgang der Wiederentdeckung des von ihnen für fundamental gehaltenen teleologischen Denkens noch nicht berichten, plädierten jedoch nachdrücklich und in überzeugender Weise für eine Ingangsetzung eines derartigen Prozesses.

Allerdings fand diese Initiative aber weder in der Philosophie noch in der Psychologie bis heute eine besondere Beachtung. Ebenso erging es jenen Forschern innerhalb der Psychologie, die die mit jeder naturwissenschaftlich geprägten Forschungspraxis unvermeidbarerweise einhergehende „Erledigung des Subjekts" (Graumann und Métraux 1977, S. 32) beklagten. Groeben und Scheele (1977) forderten zur gleichen Zeit eine Abkehr vom „behavioralen Menschenbild" und die Entwicklung einer „Psychologie des reflexiven Subjekts". Sie formulierten in diesem Zusammenhang „Kernannahmen des epistemologischen Subjektmodells" (a.a.O., S. 22ff.). Dabei gingen sie vor allem von der streng phänomenologisch orientierten Psychologie aus, die Kelly (1955) begründet hatte, und beteiligten sich an der erfolgreichen Verbreitung dieses Ansatzes im deutschsprachigen Raum.[9]

Einige Zeit später entstand der kritisch-psychologisch inspirierte Versuch, eine „subjektwissenschaftlich" akzentuierte neue Sicht- und Arbeitsweise in die Psychologie einzuführen[10]. Dieser Versuch wurde von seiten der traditionellen Psychologie nicht beachtet oder radikal abgelehnt (Heinemann 1988). Einer anderen Denkrichtung entstammte ein von Keupp (1994) herausgegebener Sammelband mit dem Titel „Zugänge zum Subjekt". Dieses Buch stieß aber leider ebensowenig auf Resonanz wie die von Sonntag (1994) scharfsinnig formulierte Kritik an der ausufernden Vielfalt des Subjektbegriffs.

Trotz des uneinheitlichen terminologischen Hintergrunds erscheint die Orientierung an einem Subjektmodell des Menschlich-Psychischen unverzichtbar, wenn der von Graumann und Métraux (1977, S. 32) konstatierte *Reduktionismus* der naturwissenschaftlichen Psychologie überwunden werden soll.

Spaemann und Löw (1991, S. 284) zeigen auf, welche grundlegende (u.a. ökologische) Gefahr der naturwissenschaftliche Reduktionismus in sich birgt:

„Die Reduktion unserer Erkenntnis der Natur auf deren kausale Erklärung, so wie sie programmatisch seit der frühen Neuzeit durchgesetzt wurde, steht

---

[9] Groeben hat u.a. für eine – allerdings stark verkürzte – deutschsprachige Ausgabe des 1955 von Kelly veröffentlichten Hauptwerks (Kelly 1986) gesorgt.

[10] Vgl. u.a. Holzkamp 1985 und 1991

unter einem bestimmten Willen: dem Willen der Naturbeherrschung. Für diesen Zweck sehen wir von der teleologischen Betrachtung der Wirklichkeit ab. Der Mensch hat Zwecke, und diesen will er die Natur als Mittel unterwerfen. Ohne Zweifel ist das legitim. Die Existenz des Menschen hängt davon ab, daß er so verfährt. Aber ist Naturbeherrschung das einzige und das höchste legitime Ziel des Menschen? Diese Auffassung hätte verhängnisvolle Konsequenzen. Sie unterstellt das menschliche Dasein selbst als Mittel dem Zweck seiner eigenen Erhaltung, und genau dies ist das Wesen des Nihilismus. Progressive Naturbeherrschung als oberstes Ziel kehrt sich dann gegen den Menschen selbst."

Um für eine Genetische Persönlichkeitspsychologie eine wissenschaftlich tragfähige neue Grundlage zu entwickeln, könnte es aussichtsreich sein, die Vorgänge einer *Wiederentdeckung des Subjekts* und einer *Wiederentdeckung des teleologischen Denkens* zu parallelisieren. Diese Zielsetzung würde zunächst einmal erfordern, jenes teleologische Denken näher zu untersuchen, das als Ausdruck und Basis individuellen Erlebens und Handelns in Erscheinung tritt.

Damit im Zusammenhang erscheint die Einführung eines Begriffs zweckmäßig, der das je individuelle teleologische Denken kennzeichnet und zugleich einen Gegenstand umreißt, der für die Begründung eines nicht-naturwissenschaftlichen (und nicht-reduktionistischen), subjektorientierten Forschungsprogramms einer Genetischen Persönlichkeitspsychologie bedeutsam werden könnte.

Autogenese als Erfahrungstatsache und programmatischer Forschungsgegenstand

Ein deterministisches oder mechanistisches Funktionsmodell ist durch die Annahme von Kräften gekennzeichnet, die einen gegebenen Mechanismus in Gang halten, wenn die zugehörige Apparatur intakt ist und eine permanente Zufuhr der erforderlichen Energie erfolgt. Der Prototyp dieses Modells ist die Maschine. Sie bedarf keines Bewußtseins, und der zentrale Steuerungsbedarf für ihr Funktionieren besteht darin, daß jemand da ist, der sie an- und abstellt. Sowohl der kausale Erklärungsansatz der Experimentellen Psychologie als auch der dispositionelle Erklärungsansatz der faktorenanalytischen Persönlichkeitspsychologie implizieren ein maschinelles Funktionsmodell dieser Art. Schneewind (1982, 1984) spricht in diesem Zusammenhang sogar von einem „mechanistischen Menschenbild". Doch die daraus erkennbar werdende Gleichsetzung von Mensch und Maschine, die u.a. die Potenzierung einer materialistischen Ideologie darstellt, erscheint nicht nur paradox, sondern geradezu zynisch.

Im vorliegenden Zusammenhang interessieren vor allem die Absurdität dieser Gleichsetzung und die aufgrund unserer unmittelbaren Erfahrung wohlfeile Erkenntnis, daß das Funktionsmodell der Maschine und das Funktionsmodell des menschlichen Subjekts (vgl. Jüttemann 1992; 1995, S. 128 ff.) einen so starken Gegensatz markieren, daß sie zumindest im Hinblick auf die Erklärung des Alltagsverhaltens einander ausschließen. Besonders erstaunlich ist, daß die Unüberbrückbarkeit des Gegensatzes zwischen den genannten Funktionsmodellen geleugnet werden kann, um dem naturwissenschaftlichen Ansatz in der Psychologie eine uneingeschränkte Anwendbarkeit zu sichern. Bemerkenswert sind dabei vor allem zwei fundamentale Distanzierungen: zum einen die zunehmende Entfernung des experimentalpsychologischen Forschungsbetriebs von der alltagspsychologischen Empirie und zum anderen der wachsende Widerspruch zwischen Wissenschaft und Wahrheitssuche.

Um dieser Entwicklung Einhalt zu gebieten, ist es dringend an der Zeit, ein realitätsgerechtes und die Dimension geschichtlicher Veränderung berücksichtigendes Funktionsmodell des Subjekts auszuarbeiten und im Hinblick auf den Bereich der Entwicklungs- und Persönlichkeitspsychologie für (temporär) verbindlich zu erklären. Mit Bezug auf dieses noch zu elaborierende Subjektmodell wird der Terminus *Autogenese* eingeführt, um die hohe Bedeutung zu würdigen, die der Aspekt der Selbstverantwortung nach heutiger Erfahrung für die Betrachtung individueller Entwicklungen besitzt, und die bisher vernachlässigte Erforschung der auf diesen Aspekt beziehbaren Sachverhalte und Typendifferenzierungen anzuregen.

Es wird angenommen, daß der Begriff Autogenese eine komplexe Erfahrungstatsache kennzeichnet, die sich wie folgt – vorläufig – umschreiben läßt:

Autogenese ist eigenverantwortliche Lebens- und Selbstgestaltung mit dem aus Sicht des Subjekts idealen, gesellschaftlich gesehen aber nur unter bestimmten Voraussetzungen anerkennenswert erscheinenden Ziel einer optimalen Ausschöpfung gegebener persönlicher Entfaltungsmöglichkeiten.

Für die psychologisch-individualhistorische Betrachtung der Autogenese ist der Gesichtspunkt der *Selbstbestimmung des Subjekts,* der auf einen zentralen Bereich *autonomer* Lebensführung und Persönlichkeitsentwicklung verweist, von entscheidender Bedeutung. Gegenbegriffe zum Terminus Autogenese sind u.a. Homöostase, Abhängigkeit, Fremdbestimmung und Dressur.

Von besonderer Bedeutung für die Autogenese eines Menschen sind Situationen, in denen implizit oder explizit Entscheidungen von weitreichender Bedeutung gefällt werden. Außerdem läßt sich eine Kategorie autogenetisch relevanter *Orientierungen* bilden. Dazu gehören u.a. *Ziele,* die – kurzfristig oder langfristig – direkt angesteuert, aber durchaus auch verfehlt oder durch Alternativziele ersetzt werden können. Außerdem umfaßt diese Kategorie *gerichtete* Bestrebungen, wie z.B. die Anwendung des Prinzips Versuch und Irrtum aus der Intention heraus, eine Entdeckung machen zu wollen. Für gerichtete Bestrebungen sind relativ unbestimmte oder zumindest unscharfe, eher implizite Zielsetzungen charakteristisch (vgl. hierzu Schütz 1974, S. 116 ff. und S. 337 ff.). Auch eine *aufgaben-* oder *themen*orientierte Entwicklung bzw. Lebensführung, wie Havighurst (1948), Erikson (1973) oder Thomae (1988) sie annehmen, kann durch eher ungefähre – und z.t. sogar unbewußte – Ziel- und Richtungsvorstellungen gekennzeichnet sein.

Angesichts eines so weitgesteckten Betrachtungsrahmens für autogenetische Prozesse erscheint die Behauptung gerechtfertigt, daß Lebensphasen, in denen derartige Vorgänge relativ bedeutungslos bleiben (weil z.b. der Lebensstil eines Individuums den Eindruck eines zufallsbedingten, ziellosen *Sichtreibenlassens* erweckt), eher selten sein dürften oder bereits auf pathologische Zustandsbilder verweisen. Bedeutsam ist die Unterscheidung zwischen entwicklungsrelevanten Prozessen autogenetischer Prägung und reinen Bedürfnisbefriedigungen zyklischer Art. Letztere laufen in der Regel gezielt ab, besitzen aber lediglich homöostatischen Charakter. Maßgebend ist hier die Gegenüberstellung von sich *nicht* wiederholenden, individualgeschichtlichen Vorgängen einerseits und ungeschichtlichen, naturgesetzlich-kausal bedingten und u. U. reversiblen Verhaltensweisen andererseits. An dieser Stelle wird deutlich, daß sich menschliche Subjektivität vor allem in der Dimension der Historizität teleologisch (aber nicht biologisch) begründeter individueller Gestaltungsprozesse ausdrückt.

Zunächst könnte es den Anschein haben, als ob der Terminus Autogenese – als Bezeichnung für einen zentralen Teilbereich des Bios – mit den Implikationen der von Thomae (1952) präzisierten biographischen Methode unvereinbar wäre. So ist für Thomae „die eigentliche Leistungsfähigkeit der biographischen Methode" gerade dort erkennbar, „wo sich die Forschung am Menschen aus der Befangenheit in den bisher dominanten Kategorien des Erfassens, insbesondere denen des Typus und der Kausalität, zu lösen beginnt und diese Weisen des Auffassens einsetzen lernt, ohne von ihnen ersetzt zu werden" (a.a.O., S. 175).

Thomae spricht deshalb zu Recht von der „echten Kunst des *Beschreibens*" (Herv. i.Orig.) und leitet daraus das Urteil ab, daß auch jede „finalistische Betrachtung" (a.a.O.) nachrangig bleiben müsse.

Zu dieser Einschätzung steht der Vorschlag, die Untersuchung der Autogenese zu einem besonderen (prinzipiell finalistisch anzugehenden) Gegenstand der Biographieforschung zu erheben, in einem eindeutigen Widerspruch.

Dafür, daß der Vorschlag dennoch aufrechterhalten wird, gibt es allerdings einen besonderen Grund, der aus der Forderung strenger *Gegenstandsangemessenheit* grundlagenwissenschaftlicher Analyse abgeleitet wird. Im Sinne dieser Forderung ist davon auszugehen, daß das menschliche Dasein nicht nur unter den Aspekten Form, Lauf oder Verlauf (des Lebens) betrachtet werden kann, sondern auch als Aufgabe der *Lebensführung* darstellbar ist, und nicht zuletzt in einer Entwicklung vielfältiger Zielvorstellungen und außerdem in dem teils lustvollen und teils anstrengenden Bemühen zum Ausdruck kommt, diese Zielvorstellungen so erfolgreich wie möglich zu realisieren. Es ist vor allem dieser empirische Sachverhalt, der als ein wichtiger Gegenstand biographischer Forschung identifizierbar ist und ein besonderes Programm seiner Erforschung notwendig erscheinen läßt.

Konkret geht es bei der Autogenese u.a. um jene als psychisch zentral anzunehmenden Vorgänge aktuellen Erlebens und individueller Veränderung, in denen sich *selbstverantwortlich* wahrzunehmende Entscheidungs- und Gestaltungsmöglichkeiten des Subjekts ausdrücken.

Beispiele hierfür sind Aktivitäten, die darauf abzielen, eine nach innen und außen unverbrüchlich erscheinende Identität zu verkörpern, oder ein u.U. deutlich hervortretendes Streben nach Selbstoptimierung. Die Tatsache, daß sich derartige Vorgänge direkt auf den Prozeß der Autogenese beziehen lassen, spricht dafür, sie als Gegenstände einer übergreifend konzipierten Genetischen Persönlichkeitspsychologie aufzufassen.

Genetische Persönlichkeitspsychologie und Autogenese

Zu beachten ist, daß autogenetische Vorgänge starken interindividuellen Schwankungen unterliegen. So kann etwa der gesamte autogenetische Anteil an der Entwicklung eines Menschen in extremen Fällen entweder sehr groß oder aber sehr klein sein, und zwar je nach dem Vorwalten der Prinzipien der Selbstbestimmung oder Fremdbestimmung. In diesem Zusammenhang stellt sich auch die Frage der Manipulierbarkeit des Menschen und der Möglichkeit *defizitärer* Autogenesen. Dieser Frage könnte im Zeitalter einer wachsenden Beeinflussung der Menschen durch Massenmedien, einer immer noch zunehmenden Bereitschaft zum Drogenkonsum und einer erkennbaren Ausbreitung radikaler Sekten sogar eine besondere Bedeutung zukommen.

Im letzten Abschnitt wurde bereits erörtert, daß die Einführung des Begriffs Autogenese nicht zuletzt unter dem Gesichtspunkt erfolgt ist, die Gegenstandsangemessenheit einer *psychologisch* orientierten biographischen Forschung zu erhöhen. Sollte sich dabei die Annahme bestätigen, daß autogenetische Vorgänge für den menschlichen Lebenslauf von tragender Bedeutung sind, dann wäre die bewährte „*Forderung nach Vollständigkeit*" der darzustellenden Lebensgeschichte" (Thomae 1952, S. 172; Herv.i.Orig.) durch die Forderung nach einer gleichzeitig vorzunehmenden *Rekonstruktion* der jeweiligen Autogenese zu ergänzen.

In diesem Zusammenhang erhebt sich allerdings die Frage, ob es *die* Autogenese des (einzelnen) Menschen überhaupt gibt bzw. ob nicht in der Regel ganz verschiedenartige individuelle Zielsetzungen nebeneinander bestehen und insofern eine getrennte Betrachtung z.b. von Teilaspekten einer familiären, beruflichen oder gesundheitlichen Autogenese angemessen bzw. sogar notwendig erscheinen lassen. Darüber hinaus ist aber auch kaum auszuschließen, daß es einen als fundamental und umfassend anzunehmenden Prozeß der *existentiellen* Autogenese geben könnte, der die prinzipiell unterscheidbaren Teilaspekte gleichsam miteinander verbindet.

Außerdem ist zu fragen, inwieweit defizitäre Autogenesen oder das durchaus denkbar erscheinende völlige Fehlen einer Autogenese nicht als Entstehungshintergrund z.B. für das Auftreten abweichender Verhaltensformen oder psychosomatischer Erkrankungen in Betracht kommen.

Anzumerken ist, daß der Begriff Autogenese nicht nur Persönlichkeitsentwicklungen betrifft, die eine positive ethische Bewertung zulassen. Prinzipiell ist z.b. die Lebensgeschichte eines Verbrechers, der – aus *seiner* Perspektive abweichenden Verhaltens – nach Perfektionierung strebt, autogenetisch qualifizierbar.

Der Begriff der Autogenese betont zweifellos, ähnlich wie der Begriff der Salutogenese (Antonovsky 1987), die Eigenständigkeit und Wirkmächtigkeit personaler Kräfte. Dabei wird die Person als ein Zentrum von relativer Autonomie verstanden, von dem u.U. auch stark potenzierende Wirkungen ausgehen können.

Die Selbstverantwortung des Subjekts für das eigene Leben und dessen Organisation äußert sich unmittelbar in seiner Autogenese. Erst im Zustand der Unzurechnungsfähigkeit kann der Fall eintreten, daß diese Selbstverantwortung nicht mehr angemessen wahrgenommen zu werden vermag. Allerdings ist auch zu fragen, ob ein Wissenschaftler, der davon überzeugt ist, daß der Mensch in psychischer Hinsicht letzten Endes wie eine Maschine oder ein Computer funktioniert, nicht insofern auch seine eigene Zurechnungsfähigkeit in Zweifel zieht, als er Selbstverantwortlichkeit eigentlich für eine Fiktion halten muß.

Für Vorhaben, die dazu dienen, eine möglichst adäquate Umsetzung unserer Ideen zu erreichen, hat Peter Beck (1996) den Begriff „persönliche Projekte" vorgeschlagen. Auf der Metaebene einer akzentuierenden Betrachtung der Autogenese könnte man Lebensgestaltung und Selbstgestaltung als zwei prinzipiell trennbare, aber dennoch stets eng aufeinander bezogene *persönliche Projekte höherer Ordnung* bezeichnen, die teilweise in einem komplementären Verhältnis zueinander stehen. Der konkrete Lebensvollzug erfordert z.B. bei

Menschen, die nach Erfolg streben, im Idealfall ein umfassendes *Selbstmanagement*[11], dessen Vervollkommnung eine permanente Reflexion der motivationalen und konzeptionellen Basis (dieses Selbstmanagements) voraussetzt. Diese Basis, die auch als Selbstdetermination[12] bezeichnet werden könnte, im Einzelfall adäquat zu analysieren, stellt eine Aufgabe dar, die unbestreitbar dem Zuständigkeitsbereich der Psychologie zuzuordnen sein dürfte, auch wenn für die Biographieforschung insgesamt nicht der Anspruch erhoben werden kann, ein ausschließlich oder vorwiegend *psychologisches* Unternehmen darzustellen. Einschlägige biographisch einzuordnende Forschungsleistungen sind inzwischen – sogar in einem vergleichsweise größeren Umfang – von soziologischer und pädagogischer Seite erbracht worden (vgl. hierzu die Beiträge von Fuchs-Heinritz und Marotzki in diesem Band).

Das Konzept der Autogenese scheint innerhalb der Psychologie nicht nur im Bereich der grundlagenwissenschaftlichen Biographieforschung anwendbar zu sein, sondern könnte sich u.U. auch im Zusammenhang mit diagnostischen und therapeutischen Interventionen als hilfreich erweisen. So läßt sich etwa zum Praxisprogramm der „Autogenen Diagnostik" (vgl. Jüttemann 1990b, S. 69 ff.) eine direkte Beziehung herstellen.

Auch wenn der Sachverhalt der Autogenese eng an die Vorstellung einer gezielt betriebenen Selbstentwicklung gebunden ist, soll damit weder der Rationalität unseres Handelns ein besonderes Gewicht beigemessen noch soll die lebenssteuernde Bedeutung jener Außeneinflüsse geschmälert werden, die jedem Menschen in Form sogenannter Widerfahrnisse begegnen. Es wird auch keineswegs eine Kontinuität der Genese postuliert, sondern angenommen, daß Lebensläufe prinzipiell unter den Aspekten „Kontinuität und Diskontinuität" (Lehr 1978, Minnemann u. Schmitt 1995) betrachtet werden müssen. Außerdem ist grundsätzlich zwischen den angestrebten Zielen und den tatsächlichen Ergebnissen einer individuellen Entwicklung zu unterscheiden.

Im übrigen ist nicht beabsichtigt, den Sachverhalt der Autogenese im vorliegenden Zusammenhang theoretisch faßbar zu machen. Vielmehr soll es ja darum gehen, einen trotz – oder gerade wegen – seiner Subjektnähe stark vernachlässigten Wirklichkeitsbereich empirisch zu untersuchen. Damit könnte zum einen für eine genetisch apostrophierte Persönlichkeitspsychologie ein neues Feld grundlagenwissenschaftlicher Forschung erschlossen und zum anderen eine neue Perspektive praktisch-psychologischer Arbeit eröffnet werden, die möglicherweise diagnostisch und therapeutisch bedeutsam ist.

[11] Der Begriff *Selbstmanagement* ist im Hinblick auf den klinisch-psychologischen Bereich von Kanfer (1977) verwendet worden (vgl. auch Kanfer, Reinecker & Schmelzer 1996). Den gleichen Begriff benutzt außerdem Hoefert (1993) im Rahmen der Diskussion einer organisationspsychologischen Fragestellung.

[12] Mit dem hier gemeinten Sachverhalt hat sich in grundlegender Weise Kant beschäftigt (kommentierend hierzu: Kuhlen et al. 1972, S. 152). Dörner 1996 entwickelt einen eigenständigen, wenngleich vom Denken Kants weit entfernten Begriff der Selbstdetermination, den er auch wörtlich verwendet (z.B. S. 146).

Die für diese Zielvorstellung charakteristische erkenntnisleitende Frage lautet: Was macht das Subjekt *mit* sich selbst und *aus* sich selbst?

Die Methode einer angemessenen Untersuchung der Autogenese könnte am ehesten als *biographische Subjektanalyse* bezeichnet werden. Sie bedarf noch der systematischen Ausarbeitung und Erprobung. Naheliegend erscheint ein vierstufiges Vorgehen:

(1) Qualitative Erhebung von Daten über biographisch relevante Ereignisse, Situationen und Veränderungsprozesse (z.B. Wendepunkte) im Sinne objektivierbarer Sachverhalte und subjektiver Bewertungen.

(2) Entwicklung begründeter Annahmen über das Insgesamt der jeweiligen Entstehungshintergründe und Aufrechterhaltungsbedingungen.

(3) Entwicklung begründeter Annahmen über das Wirksamwerden und die Anteile von Fremd- und Selbstbestimmung unter besonderer Berücksichtigung gesellschaftlich-historischer Einflüsse.

(4) Rekonstruktion der jeweiligen Autogenese als Ergebnis einer individuellen Subjektanalyse und Versuche einer Typenbildung auf der Basis vergleichbar erscheinender Autogenesen.

Psychologische Biographik und Komparative Kasuistik

Eine tragende Zielsetzung der Psychologischen Biographik besteht darin, die nomothetische und die idiographische Orientierung[13] in der Erforschung des Menschlich-Psychischen miteinander zu verknüpfen (Thomae 1996³, S. 11 ff.).

Thomae erkennt schon früh (1952, 1968), daß es in einer Psychologie, die sich vom alltäglichen Leben nicht völlig entfernen will, darauf ankommt, den Zwischenbereich zu besetzen, der sich zwischen dem Gattungswesen Mensch und dessen naturwissenschaftlicher Erforschung einerseits und dem konkreten Individuum andererseits erstreckt. Dieses Ziel erreicht Thomae durch eine Integration verschiedener Methoden. Ausgehend von einer phänomenologisch begründbaren, theoretisch unvoreingenommenen Art der Datenerhebung in Form einer relativ offenen Exploration einzelner Personen werden auf dem Wege einer kombinierten sukzessiven Anwendung qualitativer und quantitativer Auswertungsverfahren Ergebnisse eines relativ hohen Verallgemeinerungsgrades möglich.

---

[13] In älteren Arbeiten Thomaes rangiert der Aspekt des Idiographischen *vor* dem des Nomothetischen (vgl. Thomae 1988²)

Komparative Kasuistik (Jüttemann 1990) ist ebenfalls jenem Zwischenbereich zwischen den Polen der Universalität allgemeinpsychologisch verorteter Funktionsbereiche einerseits und der Individualität des einzelnen Menschen andererseits zuzuordnen. Dies ergibt sich daraus, daß die Komparative Kasuistik eine Forschungsstrategie darstellt, die auf eine Beschreibung und Erklärung *differentieller Phänomene* (Jüttemann 1995, S. 132 ff.) zielt und insofern als eine *phänomenzentrierte* Untersuchung einschlägiger Fälle betrieben wird.

Die hier gemeinten Phänomene bilden eine bewußt breit angelegte Kategorie, in der sich prinzipiell alle psychisch relevanten Bezeichnungen wiederfinden, die sich in typisierender Weise auf Personen anwenden lassen. Es ist gleichgültig, ob es sich dabei um normale oder nicht-normale Erscheinungen, um Merkmale oder Zustände, gewählte oder errungene Positionen, vorübergehend übernommene Rollen oder dauerhaft ausgeprägte Identitätsaspekte handelt, um nur einige der zahlreich vorhandenen Subkategorien der insgesamt für eine komparativ-kasuistische Studie in Betrachtung kommenden differentiellen Phänomene zu nennen.

Subkategorien dieser Art können auch im Forschungsprozeß entwickelt werden, wenn sich herausstellt, daß das zu untersuchende Phänomen bei näherer Betrachtung in typisierbaren Variationsformen auftritt. Das ist zugleich der Bereich, in dem enge Parallelen zwischen der Komparativen Kasuistik und der Typenbildung nach Gerhardt (1986; vgl. auch d. Beitrag in diesem Band) erkennbar werden.

Ziel komparativ-kasuistischer Studien ist es, prinzipiell oder wenigstens partiell psychologisch darstellbare Erscheinungen differentieller Art in ihrer mehr oder weniger begrenzt überindividuellen Bedeutung zu erfassen, möglichst exakt zu beschreiben und hinsichtlich ihrer Entstehung und u.U. auch ihrer Aufrechterhaltung zu erklären.

Wichtig ist in diesem Zusammenhang die Tatsache, daß die hier gemeinten Phänomene stets eine doppelte Definition erfordern, da sie zum einen auf der *inhaltlichen* Ebene beschrieben und hinsichtlich ihres Generalitätsniveaus gekennzeichnet werden müssen und zum anderen im Hinblick auf die *personale* Ebene eine Bezugspopulation anzugeben ist, die für den realen Geltungsbereich des jeweiligen Untersuchungsgegenstands repräsentativ ist.

Vor diesem Hintergrund läßt sich zwischen einer beschreibenden und einer erklärenden Funktion der Komparativen Kasuistik unterscheiden. In beschreibender Hinsicht geht es darum, die Ausgangsdefinition des jeweiligen Phänomens zu präzisieren. Dies betrifft vor allem die inhaltliche Seite und charakterisiert einen Vorgang, der sich als Phänomenanalyse (Jüttemann 1990a, S. 26 ff.) kennzeichnen läßt. In erklärender Hinsicht besteht das Ziel der Forschung darin, die Ursachen und die Genese des isolierten Phänomens – u.U. getrennt für die Vorgänge der Entstehung und Aufrechterhaltung – zu identifizieren. Das geschieht zunächst dadurch, daß etwa im Falle zu untersuchender Störungsphänomene die individuelle Ätiopathogenese bei allen Mitgliedern der jeweiligen Stichprobe rekonstruiert wird. Es schließt sich der Versuch an, auf dem Wege des Vergleichs zu überindividuellen Erkenntnissen vorzudringen, indem – im Idealfall – gemeinsame, d.h. nicht mehr *person*spezifische, sondern *phänomen*spezifische Entstehungstheorien oder eine Vorform davon formuliert werden. Im Hinblick auf chronifizierte Zustände ist es notwendig, Entstehungstheorien und Aufrechterhaltungstheorien getrennt zu entwickeln.

Persönlichkeitsstörungen
und Entwicklungspsychopathologie

Die wissenschaftliche Untersuchung von psychischen Phänomenen, die unter dem Gesichtspunkt der Behandlungsbedürftigkeit definiert werden, erfolgt traditionellerweise entweder außerhalb der Psychologie (so z.B. in den Bereichen Psychiatrie und Psychopathologie) oder ist im Gebiet der Klinischen Psychologie angesiedelt. Demgegenüber bezieht man sich sowohl in der Entwicklungspsychologie als auch in der Persönlichkeitspsychologie mehr oder weniger ausschließlich auf den *normalen* und *gesunden* Menschen.

Diese Situation beginnt sich zu wandeln. Dafür sprechen bereits die Titel einiger neu erschienener Bücher (wie z.B. „Persönlichkeitsstörungen", Fiedler 1995, und „Entwicklungspsychopathologie", Resch 1996), die sich den Fächern Persönlichkeitspsychologie bzw. Entwicklungspsychologie zuordnen lassen, obwohl sich ihr Inhalt nicht auf den gesunden Durchschnittsmenschen bezieht. Die in diesen Publikationen erörterten Persönlichkeitsphänomene und die zugehörigen Entwicklungsprozesse werden außerdem nicht mehr prinzipiell voneinander getrennt behandelt.

Für die Vertreter des psychosozialen Störungsmodells (Keupp 1972, 1974), die den Begriff des abweichenden Verhaltens präferieren, war es immer schon verpflichtend, im Hinblick auf den Bereich der differentiellen Phänomene alle Versuche einer systematischen Unterscheidung zwischen den Bereichen des Normalen und des Nicht-Normalen zurückzuweisen. Ätiologie und Pathogenese von Abweichungsformen des Verhaltens sind außerdem in der Regel so eng miteinander verknüpft, daß sich der Begriff „Ätiopathogenese" zunehmend bewährt.

Im übrigen macht es durchaus Sinn, das grundlagenwissenschaftliche Fach Persönlichkeitspsychologie (oder Genetische Persönlichkeitspsychologie), das noch keinen direkten Praxisbezug aufweisen kann, und die anwendungswissenschaftlich-praxeologischen Subdisziplinen, in denen z.B. die Wirksamkeit von Interventionsprogrammen untersucht wird, prinzipiell zu trennen. Schließlich sollte im Hinblick auf alle Abweichungsphänome zunächst einmal die grundlagenwissenschaftliche Frage nach deren Ursprung geklärt werden. Dazu gehört immer auch die Aufdeckung gesellschaftlich-historischer Entstehungsbedingungen.

Auf keinen Fall darf länger hingenommen werden, daß Persönlichkeitspsychologie und Entwicklungspsychologie als Reservate für Forschergruppen dienen, die die Untersuchung abweichender differentieller Phänomene aus dem Gegenstandsbereich der grundlagenwissenschaftlichen Psychologie strikt ausklammern möchten, um die 'Reinheit' ihres Ansatzes nicht zu gefährden.

Konsequenzen

Der tiefere Grund dafür, weshalb die Anhänger der Maschinen- oder Computeranalogie des Psychischen am naturwissenschaftlichen Modell der Psychologie festhalten, ist das Diktat der quantitativen Methode. Damit sind die feste Entschlossenheit und unverbrüchlich scheinende Konvention gemeint, die traditionelle Orientierung, d.h. den „naiven Operationalismus" (Laucken 1994) und das hypothetico-deduktive Beweisverfahren kritisch-rationalistischer Provenienz bzw. die damit verbundenen Möglichkeiten einer messenden Datenerhebung und einer Anwendung statistischer Auswertungsprozeduren unter keinen Umständen preisgeben zu wollen.

Es ist dieses eingeengte Wissenschaftsverständnis – anderenorts als Inversionsprinzip (Jüttemann 1983) gekennzeichnet –, das nicht nur die gegenstandsunangemessene Abgrenzung der Persönlichkeitspsychologie von der Entwicklungspsychologie bedingt, sondern auch die Ausklammerung der Subjektfunktion aus der Betrachtung des Menschen perpetuiert. Es gilt, den daraus resultierenden Reduktionismus endlich zu überwinden.

Die eingetretene Stagnation im Erkenntnisfortschritt, die die persönlichkeitspsychologische Forschung in besonderem Maße betrifft, läßt sich aber nur auflösen, wenn es gelingt, das mechanistische Funktionsmodell durch das Funktionsmodell des Subjekts zu ersetzen oder doch zumindest zu ergänzen. Auf dem Wege zu diesem Ziel wäre die erfolgreiche Begründung einer Genetischen Persönlichkeitspsychologie mit dem Erreichen einer wichtigen Zwischenstation gleichzusetzen.

Es wurde darzulegen versucht, daß der hierzu notwendig und inzwischen dringlich erscheinende Veränderungsprozeß vor allem durch eine Intensivierung der psychologischen Biographieforschung unterstützt werden könnte.

In diesem Zusammenhang wurde der Neologismus Autogenese gebildet, um einen Gegenstand zu beschreiben, der für die Darstellung der Subjektfunktion zentral bedeutsam ist, und der u.U. sowohl für eine psychologisch orientierte Biographieforschung als auch für die diagnostisch-therapeutische Praxis wichtig werden könnte.

Literatur

Antonovsky, A. (1987). Unraveling the mystery of health. London: Jossey Bass.

Bättig, K. (1976). Thematische Gliederung der psychologischen Fachliteratur 1958–1974. Psychologie, 35, 212–217.

Beck, P. (1996). Persönliche Projekte. Eine empirische Annäherung an komplexes Handeln. Heidelberg: Asanger.

Becker, P. (1995). Seelische Gesundheit und Verhaltenskontrolle. Göttingen: Hogrefe.

Bude, H. (1987). Deutsche Karrieren. Frankfurt/M.: Suhrkamp.

Bühler, Ch. & Hetzer, H. (1929). Geschichte der Kinderpsychologie. Festschrift für Karl Bühler. Jena: Fischer.

Digman, J.M. (1990). Personality structure: emergence of the five-factor model. Ann. Rev. Psychol., 41, 417–440.

Dörner, D. (1996). Der freie Wille und die Selbstreflexion. In M.v. Cranach & K. Foppa (Hrsg.), Freiheit des Entscheidens und Handelns. Heidelberg: Asanger.

Erikson, H.E. (1950). Growth and crisis of the healthy personality. In M. Senn (Ed.), The healthy personality (S. 91–146). New York: J. Macey-Foundation.

Erikson, H.E. (1973). Idenität und Lebenszyklus. Frankfurt/M.: Suhrkamp.

Fiedler, P. (1995). Persönlichkeitsstörungen. Weinheim: Psychologie Verlags Union.

Flavell, J.H. (1970). Cognitive changes in adulthood. In. E.R. Goulet & P.B. Baltes (Hrsg.), Lifespan development psychology. Research and theory. New York–London: Academic Press.

Frank, M., Raulet, G. & Reijen, W.v. (Hrsg.) (1988). Die Frage nach dem Subjekt. Frankfurt/M. : Suhrkamp.

Gerhardt, U. (1985). Patientenkarrieren. Frankfurt/M.: Suhrkamp.

Goldberg, L.R. (1992). The development of markers of the Big-Five factor structure. Psychological Assessment, 4, 26–42

Graumann, C.F. & Métraux, A. (1977). Die phänomenologische Orientierung in der Psychologie. In K.A. Schneewind (Hrsg.), Wissenschaftstheoretische Grundlagen der Psychologie. München: Reinhardt (UTB).

Groeben, N. & Scheele, B. (1977). Argumente für eine Psychologie des reflexiven Subjekts. Paradigemenwechsel vom behavioralen zum epistemologischen Menschenbild. Darmstadt: Steinkopff.

Havighurst, R.J. (1948). Developmental tasks an education. New York: David McKay.

Heinemann, W. (1988). Das Subjekt als Objekt. Anmerkungen über objektive und subjektive Psychologie. Psychologische Rundschau, 3, 125–135.

Hoefert, H.W. (1993). Selbstmanagement: Übersehene Aspekte der Managementtätigkeit. Socialmanagement 3, (2), 22–26.

Holzkamp, W. (1985). Selbsterfahrung und wissenschaftliche Objektivität: unaufhebbarer Widerspruch? In K.H. Braun & K. Holzkamp (Hrsg.), Subjektivität als Problem psychologischer Methodik. Frankfurt/M.: Campus.

Holzkamp, K. (1991). Psychologie vom Subjektstandpunkt. Forum Kritische Psychologie, 28, 5–19.

Jüttemann, G. (1973). Empirische Beiträge zur faktorenanalytischen Intelligenzforschung. Unveröffentlichte Dissertation. Kiel.

Jüttemann, G. (Hrsg.) (1983). Psychologie in der Veränderung. Perspektiven für eine gegenstandsangemessenere Forschungspraxis. Weinheim: Beltz.

Jüttemann, G. (Hrsg.) (1986). Die Geschichtlichkeit des Seelischen. Der historische Zugang zum Gegenstand der Psychologie. München-Weinheim: Psychologie Verlags Union.

Jüttemann, G. (1986a). Die geschichtslose Seele – Kritik der Gegenstandsverkürzung in der traditionellen Psychologie. In G. Jüttemann (1986).

Jüttemann, G. (Hrsg.) (1988). Wegbereiter der Historischen Psychologie. München-Weinheim: Psychologie Verlags Union (2. Auflage unter dem Titel: Wegbereiter der Psychologie. Der geisteswissenschaftliche Zugang. Von Leibniz bis Foucault. Weinheim: Psychologie Verlags Union 1995).

Jüttemann, G. (1988a). Historische Psychologie in gegenstandskritischer Absicht. In G. Jüttemann (1988).

Jüttemann, G. (1990). Komparative Kasuistik. Heidelberg: Asanger.

Jüttemann, G. (1990a). Komparative Kasuistik als Strategie psychologischer Forschung. In G. Jüttemann (1990).

Jüttemann, G. (1990b). Komparative Kasuistik und „Autogene Diagnostik". In G. Jüttemann (1990).

Jüttemann, G. (1992). Psyche und Subjekt. Für eine Psychologie jenseits von Dogma und Mythos. Reinbek: Rowohlt.

Jüttemann, G. (1995). Persönlichkeitspsychologie. Perspektiven einer wirklichkeitsgerechten Grundlagenwissenschaft. Heidelberg: Asanger.

Jüttemann, G., Sonntag, M. & Wulf, Ch. (Hrsg) (1991). Die Seele. Ihre Geschichte im Abendland. Weinheim: Psychologie Verlags Union.

Kalveram, K.Th. (1969). Kompensatorische Kovarianz als Beispiel für einen Selektionseffekt oder Wie man aus positiven Korrelationskoeffizienten negative macht. Archiv f.d. gesamte Psychologie, 121, 255–265.

Kanfer, F.H. (1977). Selbstmanagement-Methoden. In F.H. Kanfer & A.P. Goldstein (Hrsg.), Möglichkeiten der Verhaltensänderung. München: Urban & Schwarzenberg

Kanfer, F.H., Reinecker, H. & Schmelzer, D. (1996). Selbstmanagement-Therapie (2. Aufl.), Berlin: Springer

Kelly, G.A. (1955). The psychology of personal constructs. 2 Bde. New York.

Kelly, G.A. (1986). Die Psychologie der persönlichen Konstrukte. Paderborn: Junfermann.

Keupp, H. (1972). Psychische Störungen als abweichendes Verhalten. München: Urban & Schwarzenberg.

Keupp, H. (1974). Modellvorstellungen von Verhaltensstörungen: „Medizinisches Modell" und mögliche Alternativen. In C. Kraiker (Hrsg.), Handbuch der Verhaltenstherapie. München: Kindler.

Keupp, H. (Hrsg.) (1994). Zugänge zum Subjekt. Perspektiven einer reflexiven Sozialpsychologie (2. Aufl.). Frankfurt/M. : Suhrkamp.

Kruse, A. & Thomae, H. (1992). Menschliche Entwicklung im historischen Wandel. Empirisch-psychologische Beiträge zur Zeitgeschichte. Heidelberg: Asanger.

Kuhlen, R., Seidel, Ch. & Tsouyopoulos, N. (1972). Stichwort „Determinismus/Indeterminismus". In J. Ritter (Hrsg.), Historisches Wörterbuch der Philosophie, Bd. 2. Basel-Stuttgart: Schwabe & Co.

Laucken, U. (1994). Plädoyer für das Zusammendenken von Verschiedenartigem. In A. Schorr (Hrsg.), Die Psychologie und die Methodenfrage. Reflexionen zu einem zeitlosen Thema. Göttingen: Hogrefe.

Lehr, U. (1978). Kontinuität und Diskontinuität im Lebenslauf. In L. Rosemayr (Hrsg.), Die menschlichen Lebensalter. Kontinuität und Krisen. München–Zürich: Piper.

Minnemann, E. u. Schmitt, E. (1995). Kontinuität und Diskontinuität als Konzepte biographischer Alternsforschung. In A. Kruse und R. Schmitz-Scherzer (Hrsg.), Psychologie der Lebensalter. Darmstadt: Steinkopff.

Rath, N. (1994). Jenseits der zweiten Natur. Kulturtheorie nach Nietzsche und Freud. Heidelberg: Asanger.

Rath, N. (1996). Zweite Natur. Konzepte einer Vermittlung von Natur und Kultur in Anthropologie und Ästhetik um 1800. Münster: Waxman.

Resch, F. (1996). Entwicklungspsychopathologie des Kindes- und Jugendalters. Weinheim: Psychologie Verlags Union.

Sartre, J.P. (1964). Marxismus und Existentialismus. Reinbek b. Hamburg: Rowohlt.

Schmitz, P. (1979). Trendanalyse der Entwicklungspsychologie 1960–1975. Zeitschrift für Entwicklungspsychologie, 11, (1), 16–30.

Schneewind, K.A. (1982). Persönlichkeitstheorien I. Darmstadt: Wissenschaftliche Buchgesellschaft.

Schneewind, K.A. (1984). Persönlichkeitstheorien II. Darmstadt: Wissenschaftliche Buchgesellschaft.

Schütz, A. (1974). Der sinnhafte Aufbau der sozialen Welt. Eine Einleitung in die verstehende Soziologie. Frankfurt/M.: Suhrkamp (stw).

Sonntag, M. (1994). Des Subjekts neue Kleider. In H.W. Hoefert & Ch. Klotter (Hrsg.), Neue Wege der Psychologie. Eine Wissenschaft in der Veränderung. Heidelberg: Asanger.

Sonntag, M. & Jüttemann, G. (Hrsg.) (1993). Individuum und Geschichte. Beiträge zur Diskussion um eine „Historische Psychologie". Heidelberg: Asanger.

Spaemann, R. & Löw, R. (1991). Die Frage Wozu? Geschichte und Wiederentdeckung des teleologischen Denkens (3. Aufl.). München-Zürich: Serie Piper.

Staeuble, I. (1986). Von der Perfektibilität zur Antiquiertheit des Menschen – Konzepte der historischen Subjektkonstitution. In G. Jüttemann (Hrsg.). Die Geschichtlichkeit des Seelischen. Der historische Zugang zum Gegenstand der Psychologie. München – Weinheim : Psychologie Verlags Union.

Taylor, Ch. (1994). Quellen des Selbst. Die Entstehung der neuzeitlichen Identität. Frankfurt/M.: Suhrkamp.

Thomae, H. (1952). Die biographische Methode in den anthropologischen Wissenschaften. Studium Generale, 5, 163–177 (wiederabgedruckt – und von G. Jüttemann kommentiert – in BIOS, Zeitschrift für Biographieforschung und Oral history, 10, Heft 1, 1997, 100–127).

Thomae, H. (1968). Das Individuum und seine Welt. Eine Persönlichkeitstheorie. Göttingen: Hogrefe.

Thomae, H. (1985). Dynamik des menschlichen Handelns. Ausgewählte Schriften zur Psychologie 1944–1984 (hrsg. von U. Lehr und F.E. Weinert). Bonn: Bouvier Verlag Herbert Grundmann.

Thomae, H. (1988). 2., völlig neu bearbeitete Auflage von: Thomae (1968).

Thomae, H. (1990). How European is personality psychology in Europe. In P.D. Drenth, J.A. Seargent & R.J. Takens (Hrsg.), European Perspectives in Psychology, Volume 1. Chichester: Wiley & Sons.

Thomae, H. (1996). 3., erweiterte und verbesserte Auflage von: Thomae (1968) bzw. (1988).

Tugendhat, E. (1981). Selbstbewußtsein und Selbstbestimmung. Sprachanalytische Interpretationen (2. Aufl.). Frankfurt/M.: Suhrkamp (stw).

Wittkin, H.A. & Berry, J.W. (1975). Psychological differentiation in cross-cultural perspektive. Journal of Cross-cultural Psychology, 6, 4–87.

Ansätze zu einer historisch-philosophischen Biographieforschung: Sartre und Foucault

Christoph Klotter und Tilman Reutter

Einleitung

Daß Biographien, vor allem Autobiographien, selbst ein historisches Produkt darstellen und seit der Neuzeit enorme Konjunktur haben, ist unbestritten (vgl. Ariès und Chartier, 1991). Daß Biographien zum Gegenstand der Forschung wurden, ist deshalb zwar nicht unbedingt naheliegend, aber dennoch erwartbar. Biographieforschung ist aufgrund der historischen Niederlage der geisteswissenschaftlichen Psychologie gegenüber der naturwissenschaftlichen (vgl. Schmidt, 1995) in der vorherrschenden Psychologie randständig, auch wenn bestimmte Altersgruppen oder bestimmte Kohorten seit Jahrzehnten mit sehr fruchtbaren Ergebnissen systematisch empirisch untersucht worden sind (Kruse und Thomae, 1992). Historiker und Soziologen haben sich daher weit mehr als die Psychologen des Themas Biographieforschung angenommen, auch der historischen Biographieforschung. Im Rahmen psychologischer Theorienbildung und Forschung hat sich fast nur die Psychoanalyse auf das schwierige Terrain der historischen Biographieforschung eingelassen. Von ihr und vom Kohorten-Ansatz Thomaes abgesehen, fehlt es offenbar der Psychologie an Methoden und theoretischen Ansätzen, um das Individuum in seiner historischen Einzigartigkeit zu untersuchen.

Im folgenden sollen zwei philosophische Modelle – a) die progressiv-regressive Methode von Sartre und b) die Diskursanalyse von Foucault – vorgestellt werden. Foucault und Sartre waren zwar keine Psychologen (Foucault begann allerdings als Psychologe), aber sie haben Konzepte entwickelt, Individuum und Geschichte miteinander zu verzahnen. Anstatt nun in die Breite zu gehen, und die unterschiedlichen Versuche zur historischen Biographieforschung vorzutragen, sollen zwei fruchtbare, die Psychologie hoffentlich anregende, Konzepte umrissen werden. Es soll also im folgenden der Blick auf zwei Philosophen gelenkt werden, die es einerseits für die Psychologie und insbesondere für die Biographieforschung noch zu entdecken gilt, die andererseits die Frage nach dem Subjekt so hinreichend polarisiert haben, daß sich aus dieser Polarisierung wichtige Schlußfolgerungen für eine Biographieforschung als Historische Psychologie ableiten lassen.

Die progressiv-regressive Methode nach Sartre erlaubt es, das Zusammenspiel zwischen den auf das Individuum einwirkenden Rahmenbedingungen und dem sich dazu verhaltenden Individuum (nach-)zuzeichnen. Im Sinne Sartres ist das Individuum eben nicht nur ein gleichsam automatisch geprägtes. Die Freiheit gehört notwendigerweise zum individuellen Lebensentwurf hinzu – eine Freiheit, die sich an einem bestimmten historischen Feld bricht, wie sich auch das historische Feld an der Freiheit des Individuums bricht. Sartres Entwurf des Individuums und die dazu gehörende progressiv-regressive Methode radikalisieren die Idee der Freiheit des bürgerlichen Subjekts, da es im Sinne Sartres im Grunde nicht mehr an eine allgemeine Sittlichkeit gebunden ist. Die Anbindung des Individuums an eine allgemeine Sittlichkeit gehörte zu den Hauptanliegen von Kant und Hegel. Sie haben dieses Anliegen unterschiedlich realisiert. Für Sartre hingegen ist das Individuum in gewisser Weise dem Gesellschaftlichen entbunden. Somit *antwortet* Sartre auf den Erosionsprozeß der Moderne und auf den Zerfall der Universalien. Die geringe Beachtung der progressiv-regressiven Methode in der qualitativen Sozialforschung hängt nicht nur damit zusammen, daß sie relativ aufwendig durchzuführen ist. Ihre Vernachlässigung gründet auch auf dieser spezifischen theoretischen Verankerung.

Michel Foucault brach zusammen mit Lévi-Strauss und Lacan die Vorherrschaft des Denkens von Sartre in Frankreich. In einem Interview aus dem Jahre 1966 führte Foucault aus:

„›Wir haben die Generation Sartres als eine zwar beherzte und großmütige Generation kennengelernt, die sich leidenschaftlich ans Leben, an die Politik, an die Existenz klammerte. Aber wir – wir haben etwas anderes entdeckt, eine andere Leidenschaft: die Leidenschaft für den Begriff und das, was ich das ‚System' nennen will.‹

Frage: ›Wann haben Sie aufgehört, an den ‚Sinn' zu glauben?‹

Antwort: ›Die Bruchstelle hat sich an dem Tag gezeigt, als uns Lévi-Strauss für die Gesellschaften und Lacan für das Unbewußte gezeigt haben, daß der ‚Sinn' wahrscheinlich nur eine Art Oberflächeneffekt, eine Spiegelung, ein Schaum ist und, was uns im Innersten durchquert, was vor uns liegt, was uns in der Zeit und im Raum trägt, das ‚System' ist‹" (Foucault, zit. nach Eribon, 1991, S. 249 f).

Sartre ging in die Gegenoffensive und bestritt, daß Foucault historisch denken könne, und verdächtigte ihn, ein bürgerliches Bollwerk gegen den Marxismus zu errichten: „Es handelt sich darum, eine neue Ideologie zu schaffen, die letzte Barriere, die das Bürgertum noch gegen Marx errichten kann" (Sartre, zit. nach Descombes, 1981, S. 131). Foucault entgegnete wiederum Sartre, er habe nur eine gleichsam naive *philosophische* Historie vor Augen:

„Die Geschichte für Philosophen ist eine Art große und weitläufige Kontinuität, in der sich die Freiheit der Individuen und die ökonomische oder soziale Determinierung verschränken. Wenn man an eines dieser großen Themen rührt – Kontinuität, effektive Ausübung der menschlichen Freiheit, Verbindung der individuellen Freiheit mit den sozialen Determinierungen –, wenn man an einem dieser drei Mythen rührt, fangen die wohlmeinenden Leute auf der Stelle an, ‚Vergewaltigung' oder ‚Ermordung' der Geschichte zu rufen" (Foucault, zit. nach Eribon, 1991, S. 255).

Die Themen der Kontroverse zwischen Sartre und Foucault sind also: Sinn, Geschichtlichkeit und Subjekt.

Der Ansatz von Sartre

Sartre, das Bewußtsein und die Biographie

Obwohl die methodische Seite der Biographieforschung Sartre schon während seiner Zeit als Wetterbeobachter im zweiten Weltkrieg beschäftigt hat, und obwohl die fiktionalen Beschäftigungen mit biographischen Themen, die sich in *Der Ekel* und *Kindheit eines Chefs* niedergeschlagen haben, in ihrem Anspruch auf Wahrheit über das nur Fiktionale hinausweisen, rückt die eigentliche Biographieforschung für Sartre doch erst in der Nachkriegszeit in das Zentrum seines Denkens. Der methodische Gesichtspunkt von Sartres Vorgehen, mit dem der vorliegende Text den Leser vor allem bekannt machen möchte, ist jedoch verständlich nur unter Einbeziehung auch der früheren Schriften.

Im Gegensatz zu Foucault (s.u.), der die Subjektivität vor allem als gesellschaftliches Produkt betrachtet, ist sie für Jean-Paul Sartre (1905–1980) von Anfang an eine Tatsache, die den Rang einer anthropologischen Gegebenheit beanspruchen kann[1]. Während aber die Anthropologie sonst gerne die angeborenen Merkmale und Eigenschaften des Menschen zu ihrem Inhalt erklärt, ist für Sartre (wie übrigens auch für Foucault) die Subjektivität gerade nicht natürlich determiniert und kein Ensemble festgelegter Eigenschaften. Sein Subjektmodell (oder besser, seine Existenzphilosophie) führt ihn zunächst zu einer die gängigen psychologischen Wertungen umkehrenden Sichtweise des Menschen, die einerseits die Freiheit der Subjektivität, andererseits aber auch die Gebundenheit gerade dieser Freiheit an die gesellschaftliche Situation betont. Doch was bedeutet hier Freiheit, Gesellschaft und Subjektivität? Von dieser Frage muß für das Verständnis Sartres ausgegangen werden.

Sartre ist in gewissem Maße sein Leben lang der (cartesianischen) Meinung treu geblieben, die er der Schrift über das Imaginäre (1940) voranstellt: Daß „ein reflexives Bewußtsein uns ... absolut gewisse Gegebenheiten ... liefert"

---

[1] Vgl. z.B.: „So erweist sich das Existenzverständnis als die menschliche Grundlage der marxistischen Anthropologie", Sartre 1964, S. 139.

(Sartre, 1969, S. 43). Damit ist klar, daß er die Dialektik des Bewußtseins als Ausgangspunkt seiner Analysen wählen muß. Anders als die idealistischen Subjekttheorien versucht er dabei jedoch nicht, die Welt aus der Subjektivität abzuleiten: Das Subjekt bleibt immer eine Faktizität in der Welt. Die erste Phase seiner Theoriebildung, deren Kern unbestritten *Das Sein und das Nichts* (1943) ist, hat denn auch die Gewinnung einer Theorie der Subjekt und Welt umfassenden „menschlichen Realität" zum Ziel. Diese Theorie legt das begriffliche Ensemble nicht nur von Sartres Philosophie, sondern auch von Sartres biographischem Vorgehen an und bleibt in diesem trotz mancher Veränderungen immer kenntlich.

Die Grundlage biographischen Vorgehens: Das Subjektmodell

Um das Neue an Sartres existentialistischer Form der Subjekttheorie zunächst historisch zu verstehen, ist es vielleicht günstig, sich für einen Moment seiner eigenen Vorgehensweise zu bedienen und zu fragen, auf welche gesellschaftliche Situation die neue Theorie eine Antwort bieten wollte. Als Sartre zu schreiben beginnt, ist (mit aller Vorsicht, die solchen zeitlichen Abgrenzungen entgegengebracht werden muß) die Gesellschaftsordnung, zu deren Beginn Descartes und in deren Klimax Hegel anzusiedeln ist, in einer Transformation begriffen, die, vermittelt über das imperiale Zeitalter und den ersten Weltkrieg, die Auflösung des Bürgertums des 19. Jahrhunderts zur Folge hat[2]. Die Oberfläche des gesellschaftlichen Lebens ändert sich rapide, sein Antlitz wird geprägt von der städtischen Masse, einem Phänomen, das von den Beobachtern schnell als Gegenpol des Individuums beschrieben[3] wird. Die Masse war ein Phänomen der Industrialisierung, setzte sich jedoch nicht nur aus Arbeitern, sondern auch aus Freigesetzten anderer Klassen zusammen[4]. Vor diesem Hintergrund bildete das manchmal noch entfernt familiäre, aber schon stark anonyme Paris mit seinen Hotelzimmern, Kaffeehäusern, der Atmosphäre von technischem Fortschritt, Baudelaire und Rimbaud, freier Zeit und geringen politischen Einflußmöglichkeiten den Raum, in dem Sartre zu schreiben begonnen hat. Der zweite Weltkrieg manifestiert zwar die Brüchigkeit dieser Jahre. Gerade zu Beginn aber ist er für viele der in Frankreich Eingezogenen zugleich deren Fortsetzung: Ein Ausnahmezustand ohne unmittelbare Bedrohung. Sartres Formulierung: „Nach dem Krieg kam dann die echte Erfahrung: die Erfahrung der *Gesellschaft*"

---

[2] Vgl. z.B. Hobsbawm 1995, S. 20f
[3] Im Jahr 1800 gab es in Europa 17 Großstädte mit insgesamt 5 Millionen Einwohnern, 1890 waren es 103 Großstädte mit zusammen 30 Millionen Einwohnern, darunter als neue Millionenstadt Paris (a.a.O., S. 35).
[4] vgl. die Theorie des Mobs von Hannah Arendt (Arendt 1986, S. 187ff).

(Sartre, 1980, S. 12), spricht für die fragile Leichtigkeit, die die Vorkriegswelt für Teile seiner Generation gehabt haben muß.

In dieser Welt ist wenig Platz für das universale Subjekt der idealistischen Philosophie. Und doch leuchtet ein, daß das Interesse an der Subjektivität sich gerade in einem schwebenden Zustand gleichfalls entfalten kann. Eine Subjekttheorie, die einem solchen Zustand gerecht werden soll, muß bestimmte latente Schwächen der früheren Modelle benennen und umgehen: Sie kann ein absolutes Subjekt im Hintergrund der Geschichte und des Lebens der empirischen Subjekte nicht mehr annehmen. Das Subjekt träumt sich zwar auch jetzt noch absolut: Aber eher im Sinne von losgelöst als im Sinne von allumfassend. Die Wahrheit, sagt Hegel, ist ebensosehr Subjekt wie Substanz: Das Subjekt Sartres ist alles, nur nicht beides zugleich: Es ist immer zugleich auf der Flucht vor und auf der Suche nach der Substanz. Dieses eigenartige Subjektmodell, die Basis für Sartres biographische Analysen, gilt es im folgenden kurz vorzustellen.

Die Welt ist als Phänomen gegeben in unseren Wahrnehmungen. Aber woher kommt diesen Wahrnehmungen ihr Seinscharakter, von einer Welt draußen oder aus uns selbst? Die Existenzphilosophie des frühen Sartre postuliert in phänomenologischer Ableitung *zwei* aufeinander verweisende und zugleich inkompatible Arten des Seins[5], die er nach dem Vorbild Hegels benannt hat: Das An-sich und das Für-sich (eine Abwandlung der Polaritäten Sein und Bewußtsein).

Das An-sich, dem Ding-Charakter der Wahrnehmungsobjekte entsprechend, wäre allein genommen nur dunkles, mit sich identisches materielles Sein; so sehr identisch, daß jede Benennung und jedes Urteil auf seiner Basis undenkbar wäre, da jede Benennung ja einen Verweis beinhaltet (womit durch die Differenz zwischen dem, was verweist, und dem, auf was verwiesen wird, ein Bruch in der Identitätsstruktur auftreten würde).

Das An-sich kann folglich nicht durch sich selbst in Erscheinung treten. Es bedarf eines anderen Seins, das *nicht* An-sich ist, in gewissem Sinne also gerade kein Sein genannt werden kann, jedoch einen Bezug auf das An-sich hat. Dieses andere Sein schafft jene Lücken im An-sich, durch die dieses allein wahrnehmbar wird; seine das An-sich spaltende und es so mit sich vermittelnde Tätigkeit kann nur die Negation des An-sich sein; und diese Negation kommt zum An-sich durch jene zweite, auf das An-sich unreduzierbare Seinsweise, das Für-sich. Während das An-sich alle Götter der Identität auf sich vereinigt, scheint das Für-sich ihm gegenüber alle Dämonen der Negation anzuziehen: Es ist an sich selbst nichts, es existiert nur als Beziehung auf das An-sich, es wird in jedem Augenblick An-sich, kann aber nur An-sich werden, indem es nicht

---

[5] Die Ableitung ist nicht unkritisiert geblieben für Argumente und Gegenargumente vgl. z.B. Waldenfels (1995), Hartmann (1963).

mehr ist, was es war: Eine in ihrer Art ebenso paradoxe Konstruktion der steten Selbstüberschreitung, wie das An-sich die paradoxe (weil unnennbare) Konstruktion der Lückenlosigkeit ist. Die Verklammerung der beiden Seinsarten zeigt sich in der Tatsache, daß von der einen nur durch die andere gesprochen werden kann (die lückenlose Dichtigkeit ist stumm, die Negation hat nur durch das negierte Sein Existenz), ihre Irreduzibilität aber daran, daß aus einer alleine die andere nicht stringent abgeleitet werden kann.

Die Art und Weise, wie das Für-sich das An-sich enthüllt, ist also die Negation des vorgefundenen An-sich. Diese Negation jedoch bleibt nicht bloße Verneinung dessen, was ist, sondern erhält zugleich einen positiven Ausdruck[6]: Sie erfolgt im Namen eines Zwecks. Jeder Zweck ist zugleich die Negation dessen, was bereits vorhanden ist, und die Bejahung eines anderen, zukünftigen Vorhandenseins. Der Zweck ist der Name jener Negation, durch die das Für-sich das gegenwärtige An-sich mittels eines zukünftigen An-sich enthüllt. Ohne jene Spaltung im An-sich, durch die das hinzutretende Für-sich das An-sich in ein gegenwärtiges und ein mögliches oder zukünftiges An-sich verwandelt, könnten weder gegenwärtige Realität noch zukünftiger Zweck noch das in den Zweck engagierte Subjekt in Erscheinung treten.

Diese Kombination: Das Verhältnis von An-sich und Für-sich, bildet die Grundlage des Sartreschen Existenzbegriffs; die Subjektivität ist dabei auf der Seite des Für-sich angesiedelt. Durch die These der Irreduzibilität der beiden Seinsweisen vermeidet Sartre eine Ableitung der Welt aus der Subjektivität; durch die unsymmetrische Konstruktion beider erhält die Subjektivität einen paradoxen Zug, indem sie das An-sich, ihren einzigen substantiellen Bezugspunkt, ebenso zwangsläufig sucht wie flieht; gerade durch die wechselseitige Abhängigkeit beider schließlich erhält das Subjekt, obwohl buchstäblich im Kern ein Nichts, dennoch einen Abglanz von Absolutheit, da es ohne sein Hinzutreten keine Erkenntnis des An-sich gäbe.

Es scheint, als hätte Sartre damit das Subjekt vor der Bedeutungslosigkeit, der Gefahr eines schwebenden Zustands, gerettet: Es hat sich dynamisiert, indem es die Schlacke seiner Selbstmystifizierung, die in Bildern einer ehemals substantiellen Identität zu finden ist (z.B. den gesellschaftlichen Rollen), abgeworfen hat.

Die Annahme, daß An-sich und Für-sich nur gemeinsam in Erscheinung treten, jedoch nicht aufeinander reduzierbar sind, hat weitreichende Konsequenzen. Sartre entwickelt eine Art Arithmetik des Für-sich-seins, in der gängige psychologische Anschauungen auf den Kopf gestellt werden. Zunächst ist klar, daß das Für-sich auf keine Weise wie das An-sich betrachtet werden kann (da es sich ansonsten um aufeinander reduzierbare Seinsweisen handelte). Dies

---

[6] Dabei ist jedoch die Reihenfolge wichtig: Die Negation ist primär und unhintergehbar, sie ist die Bestimmung des Für-sich. Der positive Ausdruck der Negation dagegen ist sekundär, er wird gewählt.

bedeutet: Das Für-sich wird in nur genau dem Maße ein empirisches Faktum, wie es zugleich eine Differenz zu dieser Faktizität herstellt, d.h. sich überschreitet und damit der Faktizität entgeht (was Sartre die „Faktizität der Freiheit" nennt). Jede kausale Ableitung der Verhaltensweisen eines Menschen aus seinen empirisch vorfindbaren Zwecken, Motiven oder Eigenschaften wird damit abgelehnt. Nach Sartre verhält es sich umgekehrt: Zwecke, Eigenschaften etc. sind nicht Tatsachen, die wie physikalische Ursachen bestimmte determinierte Wirkungen zur Folge haben können, sondern Ziele, die in einem gegebenen Moment als Überschreitung einer bestimmten Realität immer neu hervorgebracht werden. Der Choleriker *ist* nicht auf die gleiche Weise cholerisch, auf die die Erde rund ist: Er ist cholerisch, weil er sich in jedem Augenblick seiner Wut auf sich als Wütenden hin entwirft.

Eine solches Modell setzt sich natürlich dem Einwand des Voluntarismus aus: Es scheint zu beinhalten, daß es nur von unserem Willen abhängig sein wird, wie wir uns verhalten. Dieser Einwand, wenngleich nicht völlig unzutreffend, übersieht jedoch unter anderem die strenge Beziehung des Für-sich auf das An-sich. Eben weil das Für-sich an sich selbst nichts ist, enthält es in sich keine positiven Zwecke oder Absichten, vielmehr sind jene Zwecke und Absichten die konkrete Äußerungsform der Negation des An-sich. Da die Negation jedoch an das zu Negierende gekoppelt ist, kann die neue Setzung auch nur eine Umwandlung der bestehenden Setzungen sein. Und da in den Bereich des An-sich auch das soeben veräußerte oder vom An-sich rückerfaßte Für-sich gehört, ergibt sich durchaus eine Bindung der aufeinanderfolgenden Äußerungen eines Subjekts.

Die Ausgangsbegriffe der biographischen Analyse

Damit sind für Sartre wichtige Begriffe möglich geworden, von denen einige herausgegriffen werden sollen:

1.) Zunächst ist klar, daß sich das Für-sich immer in Situation befindet, d.h. immer auf ein es umgebendes An-sich bezogen ist. Die *Situation* wird später die kleinste Einheit der biographischen Analyse sein: Als „gemeinsames Produkt der Kontingenz des An-sich und der Freiheit" ist sie immer ein „doppeldeutiges Phänomen ... in dem das Für-sich unmöglich den Beitrag der Freiheit und des rohen Existierenden unterscheiden kann" (*Das Sein und das Nichts*, S. 843). Die Situation ist also An-sich, aber von einer Subjektivität enthülltes An-sich. Der Fels, der den Aufstieg auf den Berg hindert, ist Hindernis genau in dem Maße, in dem der Aufstieg Zweck ist. Zugleich wird der Zweck des Aufstiegs von dem An-sich des

Hindernis-Felsens rückerfaßt, er wird Zweck im Lichte der vom Felsen ausgehenden Behinderung, also z.b. nur mühevoll erreichbarer oder zu aufwendiger Zweck.

Der Situationsbegriff Sartres ist also bedeutend anders gefaßt als der psychologische Begriff der Situation, wo Situation mit einer aktuell gegebenen Reizkonstellation gleichgesetzt wird. Für eine biographische Analyse ist es damit von grundlegender Bedeutung, wie eine Situation durch ein Subjekt enthüllt wird, denn nur auf diesem Wege werden beide kenntlich. Der Situationsbegriff verbietet jedoch auch eine Form biographischer Analysen, die im Leben eine Art Epos sehen möchte, wie dies zum Beispiel Jaspers tut, wenn er meint, daß wir „die Einheit, die Abgeschlossenheit und die Vollendung eines Bios ... suchen" (Jaspers, 1959, S. 564). Es lohnt sich, einen Moment bei den Jasperschen Formulierungen zu diesem Thema zu verweilen, da sich in ihnen ein geisteswissenschaftliches Gegenbild zur Sartreschen Position ausprägt. Jaspers nämlich scheut sich nicht, die in jener ganzheitlichen „Abgeschlossenheit und ... Vollendung" mitklingende Todesmetaphorik auszusprechen: „(E)s ist aufschlußreich, wie wir einem Menschen gegenüberstehen im Augenblick seines Todes. Die Endgültigkeit verwandelt uns sein Bild zur Ganzheit und Entschiedenheit" (a.a.O. 1959, S. 564). Jedoch auch Jaspers kann, als Lebender, nicht bruchlos den Standpunkt des Todes einnehmen: All diese „Endgültigkeit" braucht ein situatives Jetzt, den aufgeladenen „Augenblick", den Moment des Hinübertretens ins Reich der Dinge, um sich manifestieren zu können. In dieser Fassung treibt der Tod Vampyrismus am lebenden Augenblick, den er sich anverwandelt. Jaspers beschwört so den Tod, um der Vergänglichkeit zu entgehen. Sartre dagegen, so will es scheinen, versucht, dem Tod standzuhalten, gerade indem er die Vergänglichkeit (die Überschreitung) als das zu rekonstruierende Faktum des Lebens betrachtet.

2.) Sodann enthält die Subjekttheorie Sartres den Begriff der *Freiheit*. Die paradoxe Natur des Für-sich (in der berühmten Formel gesagt: es ist, was es nicht ist, und es ist nicht, was es ist) beinhaltet, daß es sich immer im Übergang von sich zu sich befinden muß: Es interpretiert sich durch seine Praxis, aber auch bei kleinem Interpretationsspielraum ist es prinzipiell unrichtig zu sagen, daß es sich determiniert. Die Freiheit interpretiert Sartre existentiell: Sie führt zu Unsicherheit bzw. Angst, nämlich in bezug auf die Gestalt, die das Für-sich in der Zukunft annehmen wird. Diese Angst als Folge der Offenheit des Für-sich ist wiederum ein wirksamer Teil der aktuellen Situation, ein Moment, das in seine Handlungen eingeht. Auf das unhintergehbare Verhältnis des Für-sich zu sich spielt die Formulierung an, wir seien zur Freiheit verdammt.

3.) Die Praktiken, mit denen das Subjekt sich vor der existentiellen Angst schützen möchte (indem es z.B. Besitz erwirbt im Glauben, damit *Besitzer* werden zu können, d.h. in der Hoffnung, mit der Dauer der materiellen Gegenstände eine eigene Dauer zu erlangen), sind, von ihrem fraglichen Erfolg abgesehen, unter dem Begriff der *Unaufrichtigkeit*, einem Konkurrenzmodell des frühen Sartre zum Unbewußten Freuds, zusammengefaßt. Unaufrichtig kann das Für-sich gerade darum sein, weil es nicht ist, was es ist. In einem mit sich identischen Sein wäre kein Raum für Unaufrichtigkeit. Ein konstitutionell nicht mit sich identisches Sein ist aber unaufrichtig immer dann, wenn es so tut, als könne es anders als vorübergehend mit sich identisch sein. Für Sartre ist es also keineswegs aufrichtige Bescheidenheit, etwa zu sagen, „ich bin nur ein einfacher Angestellter, der nichts von Politik versteht", sondern eine Flucht vor der immer gegebenen Möglichkeit, diese Rolle des einfachen Menschen nicht mehr zu wählen. Aufrichtigkeit demgegenüber bestünde, etwas formelhaft gesagt, eher darin, die Offenheit des eigenen Seins zu realisieren. Die Unaufrichtigkeit (die zugleich ein Verzicht auf die Freiheit ist), zusammen mit der Freiheit selbst, als der Möglichkeit der *Wahl*, sind zwei zentrale Formen, sich in der Situation zu verhalten. Die Formen der Wahl (und später: des Entwurfs) zu finden, die den biographisch relevanten Situationen zugrunde liegen, ist damit nach Sartre der Ansatzpunkt und das Ziel der biographischen Analyse.

4.) Das Für-sich, das in seinem Entwurf die konkrete Situation zugleich bestimmt und überschreitet, ist der einzige Ort, an dem so etwas wie die synthetische Einheit der *Geschichte* in Erscheinung treten kann. Dies bedeutet *nicht*: Die synthetische Einheit der Geschichte ist hervorgebracht durch das Für-sich. Es bedeutet lediglich: Sie kann nur erscheinen mit Bezug auf ein solches Konstrukt, da Geschichte andernfalls ein Ensemble von Fakten bleiben müßte.

Von der Seite ihres gegenständlichen Inhalts her ist die Biographie zwar meist ein Stiefkind der Geschichtsschreibung (wie unwichtig ist ein Individuum in den großen Bewegungen der Geschichte), methodisch gesehen aber wird zumindest nach Sartre die menschliche Realität damit eine zentrale Grundlage genau dieser Geschichtsschreibung. Wie aber entsteht aus dem Ensemble von Situationen ein übergreifender Sinnzusammenhang wie die Geschichte? Entsteht überhaupt ein solcher Zusammenhang? Diese Fragen wird Sartre in der *Kritik der dialektischen Vernunft* zu beantworten versuchen.

Die Begriffe *Situation, Wahl, Unaufrichtigkeit* und *Geschichte* markieren also die Werkzeuge, mittels deren die menschliche Realität bei Sartre analysiert werden kann. Unzweifelhaft (so auch Sartres spätere Einschätzung, vgl. Sartre, 1969) sind sie in dieser Form unzureichend und haben zudem einen Beigeschmack weltanschaulicher Formeln, die gut geeignet erscheinen, Erkenntnis gegebenenfalls auch zu verhindern. Während aber für manche Theorien die Forderung der konkreten Analyse (zu den Sachen) nur ein Motto bleibt, wird Sartre sich der Probe der Umsetzung nicht entziehen.

Der Übergang zur Biographie: Baudelaire und Genet

Die ersten biographischen Anwendungen der Philosophie Sartres sind die Studien über Baudelaire (1946) und Genet (1956)[7]. Während die Studie über Baudelaire, obwohl sie ein ausgezeichnetes Bild des Dichters vermittelt, von Sartre wegen der Tendenz, die Lücken der Analyse durch den Begriff der freien Wahl zu schließen, und wegen des weitestgehenden Verzichts auf Empirie nicht völlig zu unrecht als „eine sehr mangelhafte" (Sartre 1969, S. 21) apostrophiert wird, zieht die Abhandlung über Genet strenge Konsequenzen aus der bisherigen Theorie, die zum Teil einer Neuformulierung ähneln:

- Die Bewegung der Negation, als Verinnerung des Äußeren, muß auch zur Verinnerung der Widersprüche der Stellung des Subjekts in seiner Situation führen: Gerade die Betätigung der Freiheit reproduziert die Gefangenschaft in einem Dilemma. Aus dem Begriff der Urwahl wird der Begriff der Urkrise.
- Auch die Überschreitung bedient sich ihrer Werkzeuge: Der Ideen. Nur in bezug auf die vorhandenen Denkformen ist eine Überschreitung möglich. Ein zehnjähriges Kind, wie jener Genet, der an der Gesellschaft, in die er hineingekommen ist, leidet, hat nicht die Mittel des sechzigjährigen Soziologieprofessors zur Verfügung, um seine Situation zu erfassen, sondern muß sich in dem engen Rahmen der unmittelbar vorgefundenen Denkformen bewegen, die die einzigen Mittel sind, mit denen sie selbst auf andere Sichtweisen hin überschritten werden können.
- Damit beginnt die geschichtliche Substanz der Gesellschaft eine größere Rolle zu spielen. Der Begriff der Situation, der sich in *Das Sein und das Nichts* vorerst auf formale Kategorien (Platz, Vergangenheit, der Andere etc.) bezogen hat, wird zum Begriff der gesellschaftlichen Situation.

Eine heuristische Strategie der Biographieforschung: Die progressiv-regressive Methode

Die letzten Fassungen der Sartreschen Ideen finden sich theoretisch formuliert in den zusammengehörigen Studien *Marxismus und Existentialismus* (1964) und *Kritik der Dialektischen Vernunft* (1960) sowie durchgeführt in der Analyse des Schriftstellers Flaubert (*Der Idiot der Familie*, 1971 und 1972). Hier greift Sartre jene Probleme auf theoretischer Ebene wieder auf, vor die ihn die Analyse der Biographie Genets gestellt hatte.

---

[7] Von den Vorstudien in seinen Kriegstagebüchern sehen wir hier ab.

Es wurde gesagt, daß sich der Begriff der Situation auf die Gesellschaft hin geöffnet hätte. Aber auf welche Gesellschaft? Wie kann ein Gesellschaftsmodell aussehen, in dem das überschreitende Für-sich (jetzt *Entwurf* genannt) als Erzeugungs- und (mehr noch) Durchgangsort von Bedeutungen erhalten bleibt, das aber trotzdem den vielfältigen Formen gesellschaftlicher Entfremdung Rechnung tragen kann? Der Strukturalismus etwa, so fruchtbar der Ansatz und seine Resultate sein mögen, ist für Sartre keine erkenntnislogisch primäre theoretische Konstruktion, da im strukturalistischen Bezugssystem die Subjektivität allein durch ihren Ort im strukturalen Geflecht definiert ist. Eine andere Gesellschaftstheorie hingegen, die sich von Anfang an als eine vom Kopf auf die Füße gestellte Subjekttheorie verstanden hat, legt sich für Sartre nahe: Der Marxismus. Aber ebensowenig, wie der frühe Sartre eine Neuauflage Hegels ist, ebensowenig kann den späten der gewendete Hegel zufriedenstellen. Die Frage nach einer zum Entwurfskonzept passenden Gesellschaftstheorie wird für Sartre zugleich die Frage nach einer dialektischen Theorie der Gesellschaft, die sich der deterministischen Verkürzungen der Dialektik entschlägt[8]. Dies ist das Thema der *Kritik der Dialektischen Vernunft*, die sich eine erkenntniskritische Begrenzung der Dialektik zum Ziel gesetzt hat. Während jedoch Kant, für den die (subjektive) Form und der (materiale) Inhalt der Erkenntnis grundsätzlich nicht ineinander überführbar sind, die Grenzen der Erkennbarkeit einfach dort suchen kann, wo die Form nicht mehr auf einen außerhalb ihrer liegenden Inhalt bezogen wird, stellen sich die Probleme für ein dialektisches Denken, für das Form und Inhalt nicht ebenso getrennt existieren, wesentlich anders[9]. Für den Dialektiker reicht es nicht, die Form des Erkenntnisprozesses zu betrachten, er muß zeigen, wie sie sich an den Gegenständen der Erkenntnis selbst entwickelt: Eine dialektische Gesellschaftstheorie muß nicht nur zeigen, warum eine Gesellschaft so und nicht anders ist, sondern auch, wie innerhalb dieser Gesellschaft die ihre, die dialektische, Auffassung dieser Gesellschaft möglich ist, oder mit Sartres Worten: Sie muß ihre eigene Intelligibilität begründen können. Und dieses Procedere kann nicht formal abgehandelt werden, es muß selbst die Entwicklung eines Begriffsinstrumentariums zur Erhellung des Gesellschaftlichen sein. Während Sartre in Frankreich, wo er für die Entkolonialisierung Algeriens Partei ergriffen hat, bekriegt und ausgebombt wird, entwickelt er

---

[8] Dabei liegt der Schwerpunkt der Kritik auf der Engelsschen Fassung des Marxismus, der die Dialektik qua Postulation dialektischer Gesetze in eine Art Seinsgeschick verwandeln will, eine Tendenz, der auch Marx laut Sartre nicht gänzlich widerstanden hat. Vgl. die ausführliche Diskussion in „Kritik der Dialektischen Vernunft", S. 23 ff und S. 148 ff.

[9] Strenggenommen nämlich stellt sich eine erkenntniskritische Frage in der Dialektik gar nicht automatisch, wie Hegel, der ein Mißtrauen in das erkenntniskritische Mißtrauen setzen wollte, wohl erkannt hat. Jedoch Sartre kennt Grenzen der Dialektik: Daß Substanz und Subjekt (mithin auch Inhalt und Form) voll ineinander überführbar sind, ist eine Prämisse, die er nicht teilt.

– eine Neufassung der Dialektik des Für-sich: den Entwurf. Die verschiedenen Elemente des Für-sich treten hier in strenger materiell gebundener Form auf. Immer noch ist der Entwurf das Nadelöhr, das die Gegebenheiten (das An-sich) passieren müssen, um sich als Sinnstruktur manifestieren zu können. Aber der Akzent ist verschoben: Das An-sich tritt hier unter dem weniger entdifferenzierenden Namen „materieller Komplex" auf, das Für-sich ist primär Organismus, für den dieser materielle Komplex die Gestalt des Mangels annimmt. Der primäre Mangel, der seine Bedeutung nur vom Organismus aus erhalten kann, und das ihn schon virtuell negierende Bedürfnis sind die Bestandstücke der ersten dialektischen Bewegungen: Die praktische Überschreitung des materiellen Komplexes auf die Befriedigung hin, in deren Verlauf einerseits jene Vielheit, für die der Begriff „materieller Komplex" stehen möchte, totalisiert, d.h. als Einheit einer „Welt möglicher Befriedigungen" aufgefaßt wird, in deren Verlauf andererseits aber auch der Organismus selbst für sich als totalisierte Einheit erscheint. Man sieht, daß am Horizont dieser (in gewissem Sinne geschichtlichen) Bewegung, die mit dem Begriff des Entwurfs gemeint ist, nach wie vor eine stumme Welt der Dinge bleibt, daß also Sartres früher Ansatz hier (ebenso wie in anderen Bestimmungen des Entwurfsbegriffs) durchaus weiterlebt. Andererseits ist es eine (für manchen Enthusiasten betrübliche) Verschiebung ums Ganze, wenn man, statt zu sagen, der Mensch sei zu Freiheit verdammt, nunmehr sagen müßte: Der Mensch sei zum Bedürfnis verdammt.

– Sartre entwickelt auf dieser Basis eine Reihe von Modellen zur Beschreibung gesellschaftlicher Zusammenhänge und Institutionen, von denen nur ein Grundzug angegeben werden soll. Ihre gemeinsame Linie besteht darin, daß auf verschiedenen Integrationsstufen der Gesellschaft immer erneut dem synthetisierenden Entwurf die trennende, der Synthesis widerstehende Trägheit der materiellen Komplexe entgegengesetzt wird, die ebensowenig logisch im Entwurf aufgelöst werden kann, wie früher das An-sich auf das Für-sich reduzierbar war. Da aber der materielle Komplex in jeder, auch der sinnlosesten, seiner Erscheinungen durch die Praxis auf eine Bedeutung hin überschritten werden muß, hat Sartre damit die Möglichkeit, ein erweitertes Sinnkonzept zu begründen. Noch das Geschehen einer Naturkatastrophe erweist sich für ihn als integrierbar in den Sinnzusammenhang der Gesellschaft: Obwohl die Naturkatastrophe sinnlos ist, muß sie als Gegen-Sinn oder Zielvereitelung in eine Ordnung der Ziele integrierbar sein (Kontrafinalität). Der historische Charakter von Sartres neuer Begrifflichkeit zeigt sich insbesondere darin, daß die Trägheit der Materie nicht nur im Allgemeinen, sondern insbesondere unter einer historischen Bedingung ihre trennende Wirkung entfaltet: wenn sie als Mangel in Erscheinung tritt (Mangel ist nur möglich, wo ein gewünschter Gegenstand aufgrund seiner materiellen Beschaffenheit nicht für alle zugänglich ist). Die Trägheit des materiellen Komplexes reproduziert sich in den Institutionen, Regeln und Reproduktionsweisen einer Gesellschaft und als Rückverinnerung[10] der Trägheit auch in den Verhaltensweisen des Einzelnen.

– Als Beispiel dieser Rückverinnerung möge Sartres Modell der Serie als Vorform der Gruppe dienen. Die Entstehung einer Gruppe wird manchmal mit einer etwas mechanischen Form der Dialektik assoziiert: Ich erkenne mich im anderen, weil der andere mich objektivieren kann wie ich ihn, der andere erkennt sich ebenso in mir, unsere erkannte Gleichheit bringt uns als Gruppe zusammen. Was folgt dagegen aus Sartres Theorie des Entwurfs? Durch den primären Mangel erscheint dort der Organismus nicht einfach als Ganzes, sondern konkret als durch den Mangel bedrohtes Ganzes: Damit erscheint er sich aber zugleich als ein äußeres, materielles, weil von materiellem Mangel bedrohtes Objekt. Die Beziehungen, die ein solcher Organismus zu einem anderen, gleichartig bedrohten Organismus entwickelt, ist zunächst gerade die Form der Trennung in der Gleichheit, da die Identität des Bedürfnisses von Organismen erlebt wird, die (materielle) Konkurrenten um Objekte der Bedürfnisbefriedigung sind. Die Gruppe ist von hier aus gesehen ein Sonderfall, der von Sartre auch niemals als wirkliche Verschmelzung der Individuen zu einer Art Hyperorganismus verstanden wird. Der logisch frühere Gegenbegriff zur Gruppe ist die Serie: ein (durch die inerte, anorganische Einheit der vergesellschafteten Gegenstände oder die quasi-anorganische Einheit der gesellschaftlichen Regeln gebildetes) Kollektiv von Personen als gleichartig Objektivierte („passive Synthese"), die direkt oder indirekt an jene anorganische Einheit gebunden sind (als Beispiel möge man etwa an die Arbeitslosen denken, die durch den Mangel des gesellschaftlichen Gegenstands ‚Arbeitsplatz' einer passiven Synthese unterliegen, die sie eben nicht zu einer Gruppe, sondern nur zu einer Serie vereint). Diese passive Synthese ist eine Tatsache, die als solche die Basis des Entwurfs eines seriellen Verhaltens und Erlebens wird, das wenig Ähnlichkeit mit dem Verhalten und Erleben in einer Gruppe hat. Die Formen dieses Verhaltens und Erlebens sind bestimmbar (z.B. als Erleben von Ohnmacht). Ihr allgemeines Kennzeichen ist, daß ein Serienmitglied für ein anderes immer als „anderer als er selbst" (Sartre 1980, S. 280), d.h. z.B. als ‚der andere Arbeitslose, die anderen Arbeitslosen' in Erscheinung tritt: Beide trifft das gleiche Schicksal, aber aus ihm wird kein gemeinsames Geschick.

– Schließlich schlägt Sartre in *Marxismus und Existentialismus* eine bestimmte Heuristik der biographischen Analyse vor, die versucht, eine Rekonstruktion des Entwurfs zu ermöglichen. Die Methode geht in drei Schritten vor: Den

---

[10] Die Übersetzung von Traugott König verwendet (in Abstimmung mit Sartre) die Form „Verinnerung" statt „Verinnerlichung" (vgl. „Kritik der Dialektischen Vernunft", S. 872 und S. 874).

Beginn der Untersuchung macht eine regressive Analyse. Sie untersucht die gegebenen Äußerungen (Werke, Zeugnisse, Aussprüche) einer Person. Sie stellt die Kantsche Frage: Unter welchen Bedingungen sind diese und genau diese Äußerungen möglich[11]? Im nächsten Schritt gilt es, die auf diesem Wege gefundenen Annahmen und Fragen an die reale Geschichte der Person zu halten. Dieser Teil der Analyse ist ein immer mehr präzisierendes „Hin und Her" zwischen den Gegebenheiten und dem Entwurf der Person: Die Gegebenheiten werden durch den Entwurf und der Entwurf wird durch die Gegebenheiten enthüllt. Dabei trifft die Analyse auf eine Reihe verschiedener Ebenen der historischen Realität (das Umfeld, die Techniken, auch die Produktionsverhältnisse), die sich gegenseitig umfassen, ohne daß sie ineinander überführbar werden. All diese Ebenen sind dabei von der Sinn- und Zeitstruktur des Entwurfs her gedacht, und genau für die Herausarbeitung dieser Durchdringung ist das „Hin- und Her" gedacht. Als Abschluß des Dreischritts schließlich ist die Progressive Synthese zu leisten: Im Hin- und Her bleiben die verschiedenen Analyseebenen vergleichsweise selbständig, ihre Totalität zeigt sich erst, wenn man den die Ebenen auf spezifische Weise integrierenden und überschreitenden Entwurf als zusammenhängende Bewegung darstellt.

Hinsichtlich der Umsetzung des hier knapp dargestellten methodischen Konzepts muß der Hinweis auf die Studie über Flaubert (*der Idiot der Familie*) genügen, die Sartre etwa 15 Jahre beschäftigt hat, und die er parallel zu seinen methodischen Überlegungen verfolgt hat.

Der Ansatz von Foucault

Wer ist Michel Foucault?

Michel Foucault (geboren 1926, gestorben 1984) ist kein Kind der 68er Bewegung (weltweite Studentenrevolten), aber er ist in dieser Zeit *entdeckt* worden (also größeren Kreisen bekannt geworden). Die damals sich nicht nur in den politisch linken Gruppierungen durchsetzende Erfahrung, ein weitgehend von der *Gesellschaft* unterworfenes Subjekt zu sein, wurde von Foucault theoretisch untermauert. Foucaults theoretischer Weg begann nicht offenkundig, jedoch implizit mit dieser Erfahrung. Psychiatrische und psychoanalytischen Themen – Foucault arbeitete als Psychologe in der Psychiatrie – bildeten seinen Aus-

---

[11] Vgl. Sartre 1964, S. 113: „weil man dieses Problem auch in Kantschen Termini stellen könnte: ‚Unter welchen Bedingungen ist die Feminisierung der Erfahrung möglich?'"

gangspunkt. So schrieb er 1954 ein umfangreiches, stark von Heidegger beeinflußtes Vorwort zur französischen Ausgabe des Binswanger-Buches *Traum und Existenz* (1992).

Das vernünftige Subjekt

Dann wandte er sich der Geschichte der Psychiatrie zu, um den neuzeitlichen Prozeß der Trennung von Vernunft und Unvernunft herauszuarbeiten. „Mit meinen Studien über Wahnsinn und Psychiatrie, Verbrechen und Strafe habe ich herauszufinden gesucht, wie wir unser Selbst auf indirekte Weise durch den Ausschluß anderer – z.B. Krimineller, Irrer usw. – konstituiert haben" (Foucault, 1993, S. 169). Bereits in dieser frühen Phase ging es Foucault um die moderne Subjektformierung, die mittels Abstoßung bestimmter Elemente vollzogen wird: Die Unvernunft, der Wahnsinn werden gleichsam stigmatisiert und pathologisiert. Zum normalen menschlichen Wesen sollten sie fortan nicht mehr gehören. Und wehe dem, der diese Elemente nicht erfolgreich verstoßen konnte. Die Erfahrung, ein durch die Gesellschaft unterworfenes Subjekt zu sein, hat ihren Ausgangspunkt so bereits in der frühen Neuzeit. Die Unterwerfung besteht in dem jedem Menschen auferlegten Zwang, sich normativ vernünftig verhalten zu müssen und vom Wahnsinn nicht mehr zu wissen, als das, was man in der Literatur darüber lesen kann. Diese Position von Foucault ist naheliegenderweise von der Anti-Psychiatriebewegung in den 70er Jahren aufgegriffen worden. Derrida, ein Schüler Foucaults, wie er sich selbst nennt, hat allerdings auch auf die methodischen Probleme des Unternehmens von Foucault hingewiesen: „Indem er eine Geschichte des Wahnsinns schrieb, hat Foucault – und das ist der ganze Wert, aber auch die Unmöglichkeit seines Buches – eine Geschichte des Wahnsinns selbst *schreiben* wollen" (Derrida, 1972, S. 56). Die Frage, die Derrida hier aufwirft, ist die, ob es möglich ist, mit der Vernunft die Unvernunft sprechen zu lassen und letztere damit faßbar zu machen. Auch Langrange (1990) betont das notwendige Scheitern des Unterfangens von Foucault, die Geschichte des Wahnsinns schreiben zu wollen: „So arbeitet die Kritik (der Ansatz von Foucault; A.d.A.) im – leicht nostalgisch getönten – Stil der ‚Wiederkehr', im Namen einer Sprache, die sich der primären Erfahrung des Wahnsinns soll öffnen können" (S. 17). Unabhängig von dieser Kritik an Foucault bleibt festzuhalten, daß seine historische Rekonstruktion der Trennung von Vernunft und Unvernunft in der Neuzeit bei dem Vorhaben äußerst hilfreich sein kann, historische Biographieforschung zu betreiben. Die Frage, die u.a. hierzu zu stellen ist, lautet: Ab wann wird in Biographien und Autobiographien auf die Präsentation eines vernunftbestimmten Subjektes gezielt?

Das souveräne erkenntnistheoretische Subjekt

Die neuzeitliche Geschichte der sich wandelnden Denksysteme bildete eine weitere Etappe seiner Arbeit. Davon zeugt vor allem das Buch „Die Ordnung der Dinge" (1971). Seine Frage lautete: Wie verändern sich Wissensformen zu den Themen *Arbeit, Leben, Sprache* von der Renaissance bis zum Beginn der Moderne? Zur Disposition stand für Foucault hierbei die ahistorisch konzipierte Erkenntnistheorie von Kant, die für Foucault selbst nur eine historische Etappe darstellt. Das menschliche Erkenntnisvermögen ist nach Foucault dementsprechend weder nur biologisch noch nur erkenntnistheoretisch, sondern vor allem notwendigerweise historiographisch identfizierbar. Insbesondere bemühte sich Foucault darum, die Aporien der modernen Erkenntnistheorie bezüglich der in der „Ordnung der Dinge" behandelten Themen *Arbeit, Leben, Sprache* herauszuarbeiten. Lagrange (1990) schreibt hierzu:

„Für das Wissen hat damit die Stunde der Endlichkeit geschlagen. Allenthalben befindet das Denken sich in der Auseinandersetzung mit der anstrengenden Grenzenlosigkeit, sei's eines Lebens, von dem es beherrscht wird, sei's einer Arbeit, der sie unterworfen ist, sei's einer Sprache, die ihm vorauseilt; all dies sind Mächte, deren Grenzen ihm – wie er weiß – ungeachtet aller über sie akkumulierten Erkenntnisse niemals zugänglich sein werden, so wie man die Grenzen seines Besitztums abschreitet. Lebenslängliche Endlichkeit. Die Systeme, die Gesamtdarstellungen, in denen man einst schwelgte, werden an allen Ecken brüchig. Aber schon macht der Mensch – der partout nicht vergessen mag, daß er jenes Lebewesen ist, in dem das Leben sich spiegelt, und jener Sprecher, durch den die Sprache zur Welt kommt – sich emsig daran, im Repräsentierbaren dieses (ihm als dunkle Hälfte vorausgesetzten) Ungedachten habhaft zu werden. Eine seltsame ‚empirisch-transzendentale Dublette' taucht nun auf, die mit einem Bein im Konstituierten, mit dem anderen im Konstituierenden steht: der Mensch. Und – dieses Paradox vermochte die neue *episteme* nicht zu vermeiden – ausgerechnet einem solchen Wesen, das im tiefsten Grunde seiner selbst von sich getrennt ist durch jenes Leben, in dem es nur ein Moment darstellt, jene Arbeit, welche die unmenschliche Verwirklichung seines Menschseins bildet, jene Worte, mit denen es alles machen kann, aber die es nicht gemacht hat, – ausgerechnet einem solchen gespaltenen Wesen wollen die Wissenschaften vom Menschen die Herstellung der ihr Wissen stiftenden Einheit aufbürden" (Lagrange, 1990, S. 18).

Die kopernikanische Wende hat den Glauben an Gott erschüttert, die Kantsche Antwort darauf, an die Stelle Gottes ein vernunftbegabtes menschliches Subjekt, ausgestattet mit einem bestimmten Erkenntnisvermögen als a priori, zu setzen, ist entsprechend der Zusammenfassung der Foucaultschen Gedanken durch Lagrange darin vollkommen überfordert, ein *totales* Wissen über den

Menschen zu gewinnen. Der Mensch kann deshalb über sich keine positive Definition abgeben, weil er über sich nicht gänzlich verfügt. Steht das Kantsche Subjekt gleichsam auf einem Feldherrenhügel, die Welt der Phänomene hinreichend überblickend und sich selbst reflektierend erkennend, so konzediert Foucault dem Menschen gleichsam nur noch, mit dem Oberkörper aus dem Maulwurfshügel herauszuragen, der in der Sprache der Psychoanalyse das Unbewußte heißt und für Foucault das Vor- und Nachgängige des Menschen darstellt: Leben, Arbeit und Sprache. Der Mensch wird in ein Leben hineingeboren und herausgeholt. Weder über Beginn noch Ende geschweige denn die Bedingungen des Lebens verfügt der Mensch. Der Mensch ist in eine gewisse Arbeitsweise, eine gewisse Sprache hineingeboren, die er ebenfalls nicht bestimmen kann. Er ist unabweisbar in ein begrenztes Leben, eine bestimmte Arbeitsweise, eine bestimmte Sprache hineingeworfen, aus denen er nicht hinaustreten kann, die er nicht hinter sich lassen kann, und die er schon gar nicht aus der Ferne, aus der Distanz betrachten kann, weil er nur durch sie *ist*. Um die Vorstellung dessen, was ein Subjekt im Sinne Foucault sei, noch einmal zusammenzufassen: „Ein Subjekt, das ... ebenso wie seine Welt ‚zurechtgemacht‘ wird, ist nie völlig bei sich, im Gegenteil, das Außen dringt bis in das Arcanum des Selbst vor, das stets *auch* ein Anderes ist" (Waldenfels, 1995, S. 210).

In der Sprache von Merleau-Ponty läßt sich das genannte Kantsche Problem des erhabenen, im „Jenseits" stehenden Subjekts auf folgende Weise umreißen. Merleau-Ponty verneint eine Dichotomie zwischen einem souveränen sehenden, sprechenden und denkenden menschlichen Subjekt und einer Welt des Körpers und der Objekte. Vielmehr seien diese beiden Sphären unausweichlich miteinander verflochten:

„Wie müssen die alten Vorurteile zurückweisen, die den Leib in die Welt und den Sehenden in den Leib oder umgekehrt die Welt und den Leib in den Sehenden packen wie in eine Schachtel. Wo sollen wir die Grenze zwischen Leib und Welt ansetzen, wenn die Welt Fleisch ist? Wo innerhalb des Leibes soll der Sehende angesiedelt werden, wo es doch offensichtlich im Leib nur ‚eine mit Organen angefüllte Finsternis‘, also selbst wiederum Sichtbares gibt? Die gesehene Welt ist nicht ‚in‘ meinem Leib, und mein Leib ist letztlich nicht ‚in‘ der sichtbaren Welt: als Fleisch, das es mit Fleisch zu tun hat, umgibt ihn weder die Welt, noch ist sie von ihm umgeben. Als Teilhabe und als Verwandtschaft mit dem Sichtbaren umfaßt das Sehen dieses nicht, noch wird es von diesem endgültig umfaßt. Die oberflächliche Haut des Sichtbaren besteht nur für mein Sehen und für meinen Leib. Aber die Tiefe unter dieser Oberfläche enthält meinen Leib und also auch mein Sehen. Mein Leib als sichtbares Ding ist im großen Schauspiel mitenthalten. Aber mein sehender Leib unterhält diesen sichtbaren Leib und mit diesem alles Sichtbare. Es gibt ein wechselseitiges

Eingelassensein und Verflochtensein des einen ins andere" (Merleau-Ponty, 1986, S. 182).

Merleau-Ponty nimmt hier aus einer phänomenologischen Sicht, die klassische erkenntnistheoretische Subjekt-Objekt-Trennung sowie die Trennung zwischen *Geist* und Körper relativierend, Abschied vom Feldherrenhügel des Kantschen Subjekts. Sehen, Sprechen, Denken seien eingelassen in einen Körper, von dem sie nicht zu abstrahieren seien. Der *Geist* kommt über den Körper nicht hinaus. Wie bei Foucault das erkennende Subjekt nicht über die Vor- und Nachgänglichkeit des Lebens, der Arbeit und der Sprache hinauskommt. Ob der Mensch als souveränes erkenntnistheoretisches Subjekt konzipiert wird, oder ob er im Sinne von Foucault oder Merleau-Ponty als *eingebunden* begriffen wird, hat erhebliche Konsequenzen für eine historische Biographieforschung. Beide Konzepte stellen anthropologische Grundannahmen dar, die unausweichlich jede Form von Biographieforschung bestimmen. Foucault und Merleau-Ponty kommt das Verdienst zu, die übliche Auffassung vom Menschen als souveränem Subjekt relativiert, bzw. ein Alternativmodell angeboten zu haben. Beide Autoren lenken den Blick auch darauf, was die Konstituenten von Subjektivität sein können. Subjektivität wäre damit in einer historischen Biographieforschung nicht einfach vorausgesetzt, sondern das primär zu erforschende.

Der disziplinierte Körper und das machtdurchdrungene Individuum

Ende der 60er Jahre fügte Foucault der Analyse der Denkformationen die Analyse des Körpers und der *Praktiken* hinzu. Er arbeitete heraus, daß die modernen Gesellschaften alles andere als körperfern sind. Mit der Herausbildung der modernen Nationen in der Neuzeit und mit dem Beginn ihrer allzu häufig mörderischen Rivalität wurde der funktionstüchtige, gefügige und gesunde Körper jedes einzelnen zur Basis dieses Konkurrenzkampfes. So machte sich der moderne Staat anheischig, mittels demographischer Methoden das Leben und Sterben der Bevölkerung eingehend zu eruieren und entsprechend seiner Zielsetzungen zu verändern. Sowohl für die Industrialisierung als auch für die gleich Maschinen präzise operierenden Massenheere brauchte man große Mengen an höchst gelehrigen und intensiv geübten Körpern. Das Gefängnis spielte in diesem Prozeß der Disziplinierung eine herausragende Rolle. Es war gleichsam der Ort, an dem die moderne Körperdressur paradigmatisch umgesetzt wurde. Und es ist der Geburtsort moderner Machtausübung im Sinne Foucaults. Dessen Theorie der modernen gesellschaftlichen Macht skizziert gleichsam die Schattenseite der bürgerlichen Aufklärung. Die politisch-philosophische Aufklärung des 17. und 18. Jahrhunderts machte zumindest dem Wunsche nach endgültig Schluß mit der religiösen Fundierung des politischen Lebens (Erblast des Feudalismus) und befreite in diesem Sinne den Bürger aus der göttlichen Ordnung. Der Mensch als sich qua seiner Vernunft selbst setzendes (nicht von Gott oder einer bestimmten Tradition bestimmtes), souveränes Wesen war (wieder-) geboren. Der Aufklärungsphilosophie schien der Mensch mit einer hinreichend (moralisch) guten Natur ausgestattet, um ihn mittels eines umfangreichen Erziehungsprozesses zu einem durch und durch vernünftig und gut handelnden Bürger zu prägen, der damit in der Lage war, qua Gesellschaftsvertrag die Geschicke eines Landes demokratisch mit zu regulieren. Aus der Gemeinschaft vernünftiger und souveräner Einzelwesen erwuchs als kollektiver Souverän das Volk, aus dessen Mitte Vertreter gewählt wurden, die den Volkswillen repräsentieren und umsetzen sollten. Die Idee des Volkes als Souverän schloß das Konzept der Menschenrechte mit ein. Im Schatten des großen Projekts der Aufklärung und der Moderne habe ein neues Machtmodell Platz gegriffen – so lautet die (Gegen-)Position von Foucault. Anstelle der feudalen und anschließend der absolutistischen Machtausübung, die wesentlich mit juridisch-administrativen Mitteln gearbeitet hätte, sei eine unauffälligere, feinmaschigere, individualisierende und effizientere Form der Machtausübung getreten. Wesentliche Elemente dieser Form der Machtausübung sollen hier zusammengefaßt werden. Einige werden später, sofern sie das Thema Individualisierung betreffen, noch näher erläutert:

– Herstellung von dressierten, gefügigen und gelehrigen Körpern für Armee und Fabrik
– Kontrolle des Lebens und des Todes
– Organisation des Gesellschaftskörpers durch Teilungs- und Einschließungspraktiken (seit dem Mittelalter Ausschließung der Kranken, der Irren (Produktion der Irren), s.o.)
– Normierung als Zuteilungs- und Verteilungspolitik (Entwicklung von Normen, Produktion von Abweichungen)
– Produktion von unendlichen Wissensbeständen über den Menschen in den Humanwissenschaften (s.o.)
– Verankerung der Macht in den Körpern (vor allem mittels des Dispositivs Sexualität; s.u.)
– Identitätsbildung (Erschließung eines Binnenraumes; Subjektivierung qua Geständnis sowie qua Anschließung an Wissen und Praktiken; s.u.).

Den Machtbegriff möchte Foucault, wie bereits angedeutet, ablösen von einer juridisch-administrativen Vorstellung von Macht. Macht ist für ihn ein apersonales, flexibles, die Konturen ständig änderndes, nicht zentral gesteuertes

Kräftediagramm, was die Gesellschaft durchdringt, was damit auch zentral den sogenannten Widerstand durchläuft. Macht ist nicht verortbar. Sie beschränkt sich zudem nicht auf globale Steuerungen, sondern nimmt sich jedes einzelnen „liebevoll" an: von der Wiege bis zur Bahre. Die moderne Macht hat das Betreuungsmodell der Kirche übernommen: die Sorge um jeden einzelnen – die Pastoralmacht. Im Gegensatz zur Antike geht es hiermit nicht um die Sorge um sich, sondern um die institutionell organisierte Sorge um den anderen. Die Sorge um den anderen erzeugt im Sinne Foucaults einen enormen Individualisierungsschub. Alles, was der Mensch denkt, fühlt und tut ist von gleichsam staatlichem Belang. Es wird beobachtet, befragt, untersucht, taxiert und modifiziert. Am Beispiel des Verhältnisses von Sexualität, Macht und Individualität läßt sich dies gut veranschaulichen:

Foucault machte sich Mitte der 70er Jahre äußerst unbeliebt, als er in den Chor der sexuellen Befreiung nicht mit einstimmte, vielmehr sowohl die Sexualität als auch deren vermeintliche Befreiung in den Fängen der *Macht* erblickte. Das als das ureigenste begriffene: die eigene Sexualität diagnostizierte er nicht à la Wilhelm Reich als gesellschaftlich nutzbringend unterdrückt, sondern von der *Macht* durchdrungen. Er begründete dies folgendermaßen:

Nicht nur daß der moderne Staat das Fortpflanzungsverhalten flächendeckend zu beobachten und zu kontrollieren begann, vielmehr *zauberte* die im 19. Jahrhundert entstehende Sexualwissenschaft ein gänzlich neues Verhältnis zum Körper. Im Gegensatz zur traditionellen *ars erotica* ging es ihr nicht mehr um die *Optimierung* der Lüste, sondern um die neuartige Verknüpfung von Wissen und Körper. Alle erdenklichen Spielarten sexuellen Verhaltens wurden zunächst katalogisiert, alsdann ätiologisiert. Zu jeder sexuellen Variante wurde eine spezifische (gegebenenfalls psychopathologische) Ätiologie gleich mit entwickelt und den sogenannten Betroffenen frei Haus geliefert. In diesem Zusammenhang verdächtigt Foucault die Psychoanalyse, einen wesentlichen Transmissionsriemen dieses Prozesses gebildet zu haben. Bei der Fremdzuschreibung bleibt der Prozeß jedoch nicht stehen. Die neuzeitlichen Traditionen der Gewissenserforschung, der Beichte und des Geständnisses ermöglichen die *Introjektion* der sexualwissenschaftlichen Wissensbestände. Die reflektierende *frigide Frau* erkennt sich als Hysterikerin, der Mann, der körperlichen Kontakt zu Männern pflegt, definiert sich nun als eine homosexuelle Persönlichkeit mit einer bestimmten Biographie. Aus gewissen körperlichen Verhaltensweisen werden mittels Reflexion der von den Sozialwissenschaften zur Verfügung gestellten Wissensbestände individuelle Persönlichkeiten. Die Verknüpfung von Wissen, Körper und Selbstthematisierung funktioniert im Sinne von Foucault keineswegs nur negativ. Die moderne *Macht*, so lautet sein in Anschluß an Kant formuliertes Credo, arbeitet nur peripher repressiv. Sie beschneidet nicht die Lüste, sondern produziert Lüste. Die seit zweihundert Jahren bestehende sexualwissenschaftliche Problematisierung der Onanie hat aus einer harmlosen und beiläufigen Form der Erleichterung ein aufregendes, abenteuerliches, vergleichsweise höchst lustvolles Drama geschaffen.

Im Sinne von Foucault müßte also im Rahmen einer historischen Biographieforschung der Verknüpfung von gesellschaftlicher Macht und Individualität/ Subjektivität nachgegangen werden. Individualität und Subjektivität wären dementsprechend weniger Freiräume, sondern von der gesellschaftlichen Macht mit konstituiert. Dieser Ansatz eröffnet eine neue Perspektive auf die Betrachtung von Individualität. Sie gilt nicht mehr als Bollwerk von Freiheit gegen die gesellschaftlichen Bedingungen. Vielmehr erscheint sie im Netz gesellschaftlicher Macht verfangen, ohne allerdings darin ganz aufzugehen.

Die Ästhetik der Existenz

In seinen letzten Lebensjahren wandte sich Foucault einem anderen und doch gleichen Thema zu: „Meine gegenwärtige Arbeit befaßt sich mit der Frage: Wie haben wir auf direkte Weise unsere Identität geschaffen mit ethischen Selbsttechniken, die sich von der Antike bis in unsere Zeit entwickelt haben?" (1993, S. 169). Foucault klammerte angesichts dieser Fragestellung die Machtproblematik keineswegs aus, aber im Vordergrund stand nun das Problem der Erzeugung *seiner selbst* oder seiner Identität durch bestimmte Techniken:

„Jetzt schien es nötig, eine dritte Verschiebung vorzunehmen, um das zu analysieren, was als ‚das Subjekt' bezeichnet wird; es sollte untersucht werden, welches die Formen und die Modalitäten des Verhältnisses zu sich sind, durch die sich das Individuum als Subjekt konstituiert und erkennt" (1986, S. 12).

Hierzu führt er genauer aus:

„Technologien des Selbst, die es dem Einzelnen ermöglichen, aus eigener Kraft oder mit Hilfe anderer eine Reihe von Operationen an seinem Körper oder seiner Seele, seinem Denken, seinem Verhalten und seiner Existenzweise vorzunehmen, mit dem Ziel, sich so zu verändern, daß es einen gewissen Zustand des Glücks, der Reinheit, der Weisheit, der Vollkommenheit oder der Unsterblichkeit erlangt" (1993, S. 26).

Foucault interessierten hierbei weniger individuelle Biographien, sondern die kulturüblichen Herstellungsweisen von Identität. Er erforschte z.B., was die Unterschiede seien zwischen antiken, heidnischen und christlichen Technologien des Selbst. Es ging ihm also weniger um die individuellen Besonderheiten, um die individuell spezifischen Umgangsweisen mit dem kulturellen Angebot an Technologien, es ging ihm insofern nicht um die Psychologie, aber er ergründete die kulturell spezifischen „Produktionsweisen" von Identität. In diesem Sinne war er ein historischer Biographieforscher par excellence, der allerdings immer einen großen Bogen darum machte, psychische Strukturen oder Entitäten aufzuweisen. Auch in dieser Phase hielt er sich an die in der „Ordnung der Dinge" aufgewiesene Maxime, daß es nicht möglich sei, eine positive Definition des Menschen zu verfassen. Nach Forst (1990) lehnte sich Foucault hinsichtlich der Wesensbestimmung des Menschen auch an Heidegger an: Nach Heidegger geht die Existenz der Essenz voraus, und Wesensbestimmungen des Menschen dienen der Fixierung und Unterwerfung des Menschen. Foucault blieb also beim Blick von außen auf das menschliche Subjekt, wiewohl er vehement auch auf einen Begriff von Erfahrung rekurrierte (vgl. Schmid, 1996).

Historische Biographieforschung nach Foucault

Neben dem bisher zu Foucault als historischem Biographieforscher Skizzierten, hat Foucault den Versuch unternommen zu eruieren, wie die sogenannten kleinen Leute zu einer Biographie gelangen:

„Mathurin Milan, eingeliefert ins Spital von Charenton am 31. August 1707: ‚Es war immer sein Wahnsinn, sich vor seiner Familie zu verbergen, ein obskures Leben auf dem Land zu führen, Prozesse am Hals zu haben, von zahlungsunfähigen Schuldnern Wucherzins zu verlangen, seinen armen Geist auf unbekannte Straßen zu führen und sich der größten Beschäftigungen für fähig zu glauben" (Foucault, 1982, S. 41).

Es sind Aktennotizen, die den „infamen Menschen" (Foucault) kleine, knappe Biographien verleihen. Die weiter oben umrissene Macht ist die *Autorin* dieser Biographien:

„Damit etwas von ihnen bis zu uns herüberkomme, bedurfte es allerdings eines Lichtbündels, das sie – einen Augenblick zumindest – beleuchten kam. Licht, das von anderswo kommt. Was sie der Nacht entreißt, in der sie hätten bleiben können und vielleicht für immer bleiben müssen, das ist die Begegnung mit der Macht: ohne diesen Zusammenstoß wäre gewiß kein Wort mehr da, um an ihren flüchtigen Durchgang zu erinnern. Die Macht, die diesen Leben aufgelauert hat, die sie verfolgt hat, die ihren Klagen und ihrem kleinen Lärm, sei es auch nur einen Augenblick, Aufmerksamkeit geschenkt hat und sie mit ihrem Paukenschlag gestempelt hat, sie ist es, die die wenigen Wörter hervorgerufen hat, die uns von ihnen bleiben" (Foucault, 1982, S. 44f).

Die Macht im Sinne Foucault konstituiert demnach nicht nur die edlen bürgerlichen Subjekte, sie ist auch die Urheberin der Biographien der infamen Menschen. Historische Biographieforschung wäre demnach weniger die Rekonstruktion dessen, was hinter den Biographien steckt, welche wirklichen Personen sich dahinter verbergen, sondern vielmehr die Analyse dessen, warum und wie die Macht das Leben schreibt und damit auch den Nachkommenden diese Leben schenkt.

Abschluß

Die Gegensätze zwischen Foucault und Sartre liegen, so scheint es, auf der Hand: Der eine lehnt genau jene Begriffe ab (Subjekt und Sinn), die für den anderen im Zentrum seiner Theorie stehen. Ohne diese Kontroverse zu nivellieren, muß aber ihr gegenüber auch auf die Verwandtschaft wesentlicher Denkfiguren bei beiden Autoren hingewiesen werden.

Schon die Frage, ob das Subjekt Sartres eigentlich in seinen inhaltlichen Bestimmungen identisch ist mit jenem Subjekt im Kräfteparallelogramm der Macht, das Foucault beschreibt, führt schnell zu der Erkenntnis, daß hier die Verschiedenheit der Begriffe und der Lösungswege eine Verwandtschaft der Intentionen verbirgt: Gegen was nämlich ist der Sartresche Subjektbegriff eigentlich gerichtet, wenn nicht gegen das ganze Ensemble der Praktiken, die das Individuum nach Foucault konstituieren? Und wenn Foucault die Verfahren der Sinnproduktion beschreibt, ist er dann wirklich auf einem ganz anderen Stern als Sartre, für den Sinn nur und genau die andere Seite einer Praxis ist?

Wenn man diesen Faden weiterverfolgt, gelangt man an jenes Faszinosum, von dem aus Sartre die objektive Vernunft auflöst und von dem aus Foucault die aufeinanderfolgenden Dispositive der Macht schildert: Zur Kategorie des Nichtseins nämlich, die – als Negation für Sartre, als Diskontinuität der geschichtlichen Formationen für Foucault – genau das spezifisch Moderne beider Theoretiker berührt. Im Gegensatz zu einer Philosophie, die verkündet, „Sein gibt es, Nichts aber gibt es nicht" (Parmenides, 1991, S. 23, Frag. B6), und zu den zahlreichen Derivaten dieser Philosophie, die in den meisten Formen dazu tendieren, das Bestehende über das Nichtbestehende, die Ewigkeit über die Zeit und das Allgemeine über das Einzelne zu stellen, sind Sartre und Foucault von der Bedeutung jener anderen Kategorie, der des Nichtseins, überzeugt[12].

Einen Begriff wie den des Nichtseins für Foucault in Anspruch zu nehmen, bedarf einer kurzen Begründung, um so mehr, als seine Bedeutung sich mit Aufkommen der Machttheorie deutlich wandelt. Über der Analyse der Positivitäten eines Diskurses, die Foucaults erklärtes Hauptziel ist, darf man jenes andere, in der Archäologie des Wissens formulierte Hauptziel: die Geschichte der Diskontinuität zwischen den großen Formationen der Diskurse oder der Machdispositive, nicht übersehen. Wenn die Geschichte keine bruchlose Entwicklungslinie, aber auch keine nach dem Modell von Fortschritt und Reaktion auf immer neuem Niveau sich reproduzierende dialektische Bewegung ist, bekommt der Bruch zwischen verschiedenen geschichtlichen Formationen eine eigene Bedeutung. Foucault kennt das Nichtsein in der Gestalt der Bruchstelle

---

[12] Es handelt sich dabei weder um eine dialektische noch um eine utopistische Parteinahme, die beide Male das Nichtsein als Übergang zu einem neuen oder zukünftigen Sein betrachten, in dem es sich auflösen wird. Das Nichtsein ist bei beiden zunächst nur neutrale Differenz, ohne Ziel oder Richtung.

der historischen Systeme. Zugleich bestimmt er auf diese Weise die erkenntnistheoretische Stellung des Historikers. Dank der Diskontinuität hofft Foucault, seinem zentralen erkenntnistheoretischen Problem zu entgehen: Wie es denkbar ist, eine historische Formation, die schließlich auch den Rahmen der Subjektivität und des Denkens hervorbringt, von außen als Gesamt ihrer Kräftekonstellationen zu beschreiben, obwohl ihre Zeit noch nicht abgelaufen ist? Die Antwort wird sich auf die Diskontinuität berufen: Es ist denkbar vor dem Hintergrund *zweier* Systeme, dessen, das der Denkende denkt, und dessen, das den Denkenden denkt und das „in dem Maße zurückweichen wird, in dem ich es entdecken werde, indem es sich entdecken wird" (Descombes 1981, S. 209). Diese Argumentation verdeutlicht zugleich Ähnlichkeiten und Unterschiede zu Sartre: Das System überschreitet bei Foucault immer das Subjekt[13].

Dieses Interesse am Nichtsein kann darum mit Recht ein Faszinosum genannt werden, weil es auf ein für beide Autoren zentrales und auf verschiedene Weise gemeinsames Interesse verweist: Für beide ist das Nichtsein eine Chiffre der (je verschieden verstandenen) Freiheit. Hier trennen sich jedoch die Wege. Für den Sartre von *Das Sein und das Nichts* ist das Nichtsein inmitten des Seins. Es ist eine Waffe im Kampf gegen die Vorstellung einer „objektiven Vernunft", mittels seiner gelangt das Subjekt nicht nur zur Freiheit, sondern auch zur Kenntlichkeit; das Nichtsein (re)produziert Sein, jede einzelne Existenz ist eine kleine „Seinsfabrik". Für den Foucault der Archäologie dagegen ist das Nichtsein eine Zuflucht vor dem Zugriff der Subjektproduktion. Sein Historiker sieht ein geschlossenes von einem unbekannten System aus. Voll bitteren Realismusses gegenüber den Formationen der Vernunft, die Beschränkung der Freiheit anerkennend, ist er in das Dunkel einer Anonymität gehüllt, die ihn, da notwendig einem anderen System entspringend, zugleich vor den Formationen der Vernunft zu bewahren scheint. Was war, liegt ausgebreitet hinter uns, vor uns ist das Meer. Es gab keine verpaßten Chancen *innerhalb* der Formationen der Vernunft (ein System *ist*, es hängt zusammen, und wo keine Lücken sind, gibt es keine Chancen): Die Diskontinuität selbst ist die Chance: „Man frage mich nicht, wer ich bin, und man sage mir nicht, ich solle der gleiche bleiben" (Foucault 1981, S. 30).

In der Mitte zwischen zwei entgegengesetzten Meinungen, sagt Goethe, liegt nicht die Wahrheit, sondern das Problem: Die Identifikation von Freiheit und Nichtsein birgt in sich die Möglichkeit, durch Entwirklichung vor dem Gegebenen zu fliehen, eine Möglichkeit, die beide Autoren zu Teilen verwirklicht haben. Subtil wird bei Sartre aus dem Nichtsein als Waffe das Nichtsein als

---

[13] Jedoch so gewendet, verändert sich die Überschreitung in ihrem Charakter auf logisch schwer haltbare Weise: Sie geht vom Abgeschlossenen zum Abgeschlossenen, man versteht nicht, wie sich das eine System auf das andere, und sei es nur auf die Außenseite des anderen, öffnen kann.

Ersatz der Substantialität: ein Theater der Freiheit[14]. Was hohl ist, darauf läßt sich gut pfeifen[15]: Deklarative Formelhaftigkeit ist bei Sartre manchmal die Folge. Darauf spielt Foucault an: „wenn er (Sartre) sagte, es gibt einen Sinn, so war das zugleich eine Feststellung, ein Befehl, eine Anordnung". Jedoch Foucaults Konzeption der Nichtidentität gleicht auf ihre Weise nur zu sehr den Formeln Sartres: Sein Nichtsein ist in Formulierungen wie der oben zitierten Theaterdonner, eine Aufführung, in der die initiatorische Beschwörung des Nichtseins vor dem Schrecken des Nichtseins schützen soll.

Entwirklichung ist dennoch weder die *ultima ratio* Sartres noch die Foucaults. Sartre wird die Freiheit immer mehr durch die Objektivität zwangsweise reproduzierter Sinnstrukturen beschränken, Foucault wird das Subjekt durch die Ästhetik der Existenz wieder aus dem Spagat von Machtidentität und Nichtidentität zu befreien suchen: Die Bewegungen verlaufen entgegengesetzt. Ob sie aufeinander zulaufen, ist schwerer zu bestimmen.

Literatur

Ariès, P. und Chartier, R. (1991). Geschichte des privaten Lebens, Bd. 3. Frankfurt: S. Fischer.

Arendt, H. (1986). Elemente und Ursprünge totaler Herrschaft. München: Piper.

Descombes, V. (1981). Das Selbe und das Andere. Frankfurt: Suhrkamp.

Derrida, J. (1972). Die Schrift und die Differenz. Frankfurt: Suhrkamp.

Eribon, D. (1991). Michel Foucault. Eine Biographie. Frankfurt: Suhrkamp.

Forst, R. (1990). Endlichkeit Freiheit Individualität – Die Sorge um das Selbst bei Heidegger und Foucault. In: E. Erdmann, R. Forst, A. Honneth, (Hg.), Ethos der Moderne – Foucaults Kritik der Aufklärung, Frankfurt: Campus.

Foucault, M. (1968). Psychologie und Geisteskrankheit. Frankfurt: Suhrkamp.

Foucault, M. (1968). Wahnsinn und Gesellschaft. Frankfurt: Suhrkamp.

Foucault, M. (1971). Die Ordnung der Dinge. Frankfurt: Suhrkamp.

Foucault, M. (1976). Überwachen und Strafen. Frankfurt: Suhrkamp.

Foucault, M. (1977). Sexualität und Wahrheit I. Frankfurt: Suhrkamp.

Foucault, M. (1981). Archäologie des Wissens. Frankfurt: Suhrkamp.

Foucault, M. (1982). Das Leben der infamen Menschen. Tumult, 4, 41–57.

Foucault, M. (1986). Sexualität und Wahrheit II. Frankfurt: Suhrkamp.

Foucault, M. (1986b). Sexualität und Wahrheit III. Frankfurt: Suhrkamp.

Foucault, M. (1992). Einleitung zu Binswanger, L., Traum und Existenz. Bern – Berlin: Verlag Gachnang & Springer.

Foucault, M. et al. (1993). Technologien des Selbst. Frankfurt: Fischer.

Foucault, M. (1996). Der Mensch ist ein Erfahrungstier. Frankfurt: Suhrkamp.

Hartmann, K. (1963). Grundzüge der Ontologie Sartres in ihrem Verhältnis zu Hegels Logik. Berlin: Walter de Gruyter.

---

[14] Erinnert sei nur noch einmal an das „zur Freiheit verdammt".

[15] (nach einer Formulierung von Ernst Bloch)

Hobsbawm, E.J. (1995). Das imperiale Zeitalter 1875–1914. Frankfurt: Fischer Taschenbuch Verlag.

Jaspers, K. (1959). Allgemeine Psychopathologie. Berlin – Göttingen – Heidelberg: Springer-Verlag.

Kruse, A. und Thomae, H. (1992). Menschliche Entwicklung im historischen Wandel. Heidelberg: Asanger.

Lagrange, J. (1990). Lesarten der Psychoanalyse im Foucaultschen Text. In: M. Marques (Hg.), Foucault und die Psychoanalyse. Tübingen: edition discord.

Merleau-Ponty, M. (1986). Das Sichtbare und das Unsichtbare. München: Wilhelm Fink.

Parmenides (1991). Die Fragmente. München und Zürich: Artemis Verlag.

Sartre, J.-P. (1964). Marxismus und Existentialismus. Reinbek bei Hamburg: Rowohlt-Verlag.

Sartre, J.-P. (1969). Sartre über Sartre. In: Sartre, Jean-Paul (1980): Das Imaginäre. Reinbek bei Hamburg: Rowohlt-Verlag.

Sartre, J.-P. (1980). Das Imaginäre. Reinbek bei Hamburg: Rowohlt-Verlag.

Sartre, J.P. (1980). Kritik der dialektischen Vernunft (Bd. 1). Reinbek bei Hamburg: Rowohlt-Verlag.

Sartre, J.-P. (1986). Baudelaire. In: Sartre, Jean-Paul (1986): Schriften zur Literatur 1. Der Mensch und die Dinge. Baudelaire. Reinbek bei Hamburg: Rowohlt-Verlag.

Sartre, J.P. (1986). Saint Genet, Komödiant und Märtyrer. Reinbek bei Hamburg: Rowohlt-Verlag.

Sartre, J. P. (1991). Das Sein und das Nichts. Reinbek bei Hamburg: Rowohlt-Verlag.

Schmidt, N.D. (1995). Philosophie und Psychologie. Reinbek bei Hamburg: Rowohlt-Verlag.

Schmid, W. (1996). Wer war Michel Foucault? In: M. Foucault, Der Mensch ist ein Erfahrungstier, Frankfurt: Suhrkamp.

Waldenfels, B. (1987). Phänomenologie in Frankreich. Frankfurt: Suhrkamp.

Waldenfels, B. (1995). Deutsch-Französische Gedankengänge. Frankfurt: Suhrkamp.

Teil 2

Erhebung und Auswertung biographischer Interviews

Halbstrukturiertes Interview

Andreas Kruse und Eric Schmitt

Die psychologische Analyse von Biographien gründet auf den Schilderungen von Situationen, Ereignissen und Entwicklungen durch die befragte Person. Dabei interessiert weniger die bloße zeitliche Abfolge und mehr die Bedeutung, die sie einzelnen Situationen, Ereignissen und Entwicklungen im Lebenslauf zugeordnet hat (oder rückblickend zuordnet). Es ist durchaus möglich, auf der Grundlage solcher Schilderungen die Frage zu stellen, inwieweit sich in der Bedeutungszuordnung Ähnlichkeiten oder Unterschiede zwischen Personen finden; auch die Analyse „typischer", für bestimmte Gruppen, Schichten oder Kulturen charakteristischer Bedeutungszuordnungen kann auf dieser Grundlage vorgenommen werden. Die psychologische Analyse von Biographien wäre hingegen nicht möglich, wenn (a) keine ausführliche, konkrete, differenzierte Schilderung einzelner Situationen, Ereignisse und Entwicklungen vorläge, und (b) nicht herausgearbeitet würde, in welchen Kategorien Menschen diese wahrgenommen haben (oder rückblickend wahrnehmen). Die Erfassung der subjektiven Kategorien – und dies heißt auch: der subjektiven Bedeutungszuordnungen – bildet den Ausgangspunkt der psychologischen Analyse von Biographien.

Das halbstrukturierte Interview stellt einen methodischen Zugang zur Erfassung dieser Kategorien dar. Diese – unseres Erachtens sehr anspruchsvolle – Methode, ihre Anwendungsgebiete und Vorzüge sollen im folgenden dargestellt werden. Es soll herausgearbeitet werden, daß das halbstrukturierte Interview in keinem Konkurrenz-, sondern vielmehr in einem Ergänzungsverhältnis zu anderen Verfahren steht und Daten ausreichend hoher Qualität liefern kann, sofern die notwendigen Voraussetzungen hierfür in den Phasen der Vorbereitung, Durchführung und Auswertung beachtet werden.

Zum Begriff des halbstrukturierten Interviews

Nach dem Grad der Standardisierung kann zwischen (voll-)strukturierten, halbstrukturierten und unstrukturierten, offenen Interviews unterschieden werden (Aiken, 1989; Keßler, 1982; Trost, 1996). Während in strukturierten Interviews eine Reihe von im Wortlaut verbindlich festgelegten Fragen in einer definierten Sequenz gestellt wird, ist bei einem „offenen" Interview lediglich ein thematischer Rahmen vorgegeben. Unter dem Begriff des „halbstrukturierten" oder

„teilstrukturierten" Interviews können alle Formen mündlicher Befragung, die zwischen diesen beiden „Extremvarianten" liegen, subsumiert werden (vgl. z.B. Bortz, 1984). In einer solchen rein formalen Definition kommen jedoch zentrale Merkmale halbstrukturierter Interviews nicht zum Ausdruck. Wir gehen in diesem Beitrag von folgender *positiver Definition* halbstrukturierter Interviews aus:

Ein halbstrukturiertes Interview ist eine Form mündlicher Befragung, in der versucht wird, spezifische Situationen, Ereignisse und Entwicklungen – ausgehend von deren Repräsentanz im subjektiven Erleben des Gesprächspartners – möglichst ganzheitlich und authentisch zu erfassen, wobei thematische Bereiche und prototypische Fragen in Form eines Interviewleitfadens vorgegeben sind, die je nach Verlauf des Interviews ergänzt und gegebenenfalls modifiziert werden sollen.

Um diese Zielsetzung zu erreichen, werden in halbstrukturierten Interviews – ausgehend vom Gegenstandsverständnis (Groeben, 1986) der Untersucher – thematische Bereiche festgelegt und „prototypische" Fragen formuliert. Der Interviewer hat die Aufgabe, konkrete Einzelfragen in Wortlaut und Reihenfolge flexibel an die jeweils bestehende Kommunikationssituation anzupassen und gegebenenfalls zusätzliche, zum Verständnis der Aussagen seines Gesprächspartners notwendige Ergänzungs- und Erläuterungsfragen zu stellen. Weiterhin hat er darauf zu achten, daß die festgelegten thematischen Bereiche auch tatsächlich hinreichend behandelt werden. Im Unterschied zum offenen Interview ist der Interviewer beim halbstrukturierten Interview an einen Leitfaden gebunden, in dem festgelegt wird, welche Informationen erhoben werden sollen. Im Unterschied zum vollstrukturierten Interview hat er die Aufgabe, auf einen im Idealfall gleichberechtigten Gegenüber zu reagieren und den Gesprächsverlauf an eine sich aktuell entwickelnde Kommunikationssituation anzupassen.

Anwendungsgebiete und Vorzüge halbstrukturierter Interviews

Halbstrukturierte Interviews sind – sofern sie adäquat eingesetzt werden – aufwendige Verfahren zur Erhebung und Auswertung empirischer Daten. Bei der *Datenerhebung* genügt es nicht, einem verbindlichen Leitfaden zu folgen, statt dessen muß ein vorgegebener Leitfaden variabel eingesetzt werden. Dies erfordert aufwendige Interviewertrainings. Bei der *Datenauswertung* können Kategoriensysteme nicht wie einfache Schablonen angewendet werden, statt dessen müssen vorliegende Daten interpretiert und kategorisiert werden, darüber hinaus sind Möglichkeiten der Revision von Kategoriensystemen zu bedenken. Aus diesem Grunde erscheint es nicht zweckmäßig, halbstrukturierte Interviews einzusetzen, wo ebenso gut standardisierte Fragebögen zur Anwendung gelangen können. Der Anwendungsbereich halbstrukturierter Interviews soll deshalb zunächst von den *Grenzen standardisierter Fragebögen* her bestimmt werden. Diese können offensichtlich nur dort eingesetzt werden, wo der Untersuchungsgegenstand vorab hinreichend definiert ist und ausreichende Kenntnisse über mögliche Ausprägungen interessierender Phänomene bestehen. *Was (noch) unbekannt ist, kann nicht vorab kategorisiert werden.* Wenn also individuelle Perspektiven (oder die „kognitive Repräsentanz") von Interesse sind bzw. wenn sich ein Phänomenbereich je nach der Perspektive, die eine Person auf diesen einnimmt, unterschiedlich darstellt, erscheinen standardisierte Verfahren als unzweckmäßig, da sie den Gegenstandsbereich in unerwünschter Weise einengen oder gar verfälschen. Halbstrukturierte Interviews stehen deshalb in keinem Konkurrenz-, sondern vielmehr in einem *Ergänzungsverhältnis zu standardisierten Verfahren*, wie später an einem Beispiel veranschaulicht werden soll. Eine vergleichende Beurteilung der Validität von halbstrukturierten Interviewverfahren und standardisierten Erhebungsmethoden (z.B. Persönlichkeitstests) ist insofern problematisch, als sich diese Verfahren meist auf unterschiedliche Arten von Information beziehen (Fisseni, 1987, 1990). Sofern halbstrukturierte Interviews zur Erfassung individueller Sichtweisen oder zur Erfassung von Merkmalen des „subjektiven Lebensraums" (Thomae, 1996) eingesetzt werden, ist zu berücksichtigen, daß es hier keine alternativ einsetzbaren standardisierten Verfahren gibt. Insofern ist die Aussage irreführend, standardisierte Verfahren seien, sofern man die Gütekriterien der klassischen Testtheorie anlegt, halbstrukturierten Interviewverfahren generell überlegen.

Im Unterschied zu projektiven Verfahren bemühen sich halbstrukturierte Interviews in unserem Verständnis darum, das Bezugssystem der untersuchten Person im Sinne einer natürlichen, theoretisch nicht vorgeformten Beschreibung abzubilden. Es geht also darum, empirisch vorfindbare Sichtweisen zu beschreiben, ohne auf eine „hinter" den Schilderungen der Person „verborgene" Persönlichkeitsdynamik zurückzugreifen, die dieser selbst im Moment ihrer Schilderungen nicht gegenwärtig („unbewußt") ist. Anders gesagt: Es wird bei der Auswertung halbstrukturierter Interviews auf eine „Expertenposition" des Forschers verzichtet, es wird davon ausgegangen, daß die befragte Person in der Lage (und willig) ist, auf die Fragen des Forschers „wahrheitsgemäß" zu antworten (Kruse, 1987; Undeutsch, 1988; Thomae, 1996). Damit läßt sich der Anwendungsbereich halbstrukturierter Interviews von jenem projektiver Verfahren dahingehend abgrenzen, daß im Falle halbstrukturierter Interviews keine Persönlichkeitstheorie (explizit oder implizit) vorausgesetzt wird. Anders als projektive Verfahren zielen halbstrukturierte Interviews zunächst auf die Deskription individueller Perspektiven, die in einem weiteren Schritt verallgemeinert werden können.

Das Ergänzungsverhältnis zwischen standardisierten Fragebögen und halbstrukturierten Interviews – dargestellt an einem empirischen Beispiel

In einer Studie zur psychosozialen Situation von Arbeitslosen und Vorruheständlern in den Neuen Bundesländern wurden 125 arbeitslose Menschen (Altersbereich: 53–56 Jahre; 65 Frauen, 60 Männer) und 125 Vorruheständler (Altersbereich: 57–61 Jahre; 65 Frauen und 60 Männer) mit einer Kombination von psychometrischen Skalen und halbstrukturiertem Interview untersucht (vgl. Kruse, 1995). In *Tabelle 1* sind einige Werte aufgeführt, die wir in standardisierten Fragebögen (*Philadelphia Geriatric Center Morale Scale, Riegel-Skalen* und *Freiburger Persönlichkeitsinventar)* ermittelt haben. Aus diesen Werten geht hervor, daß die psychosoziale Situation arbeitsloser Menschen – vor allem arbeitsloser Männer – deutlich belasteter ist als jene der Vorruheständler.

Tabelle 1: Vergleich zwischen älteren Arbeitslosen und Vorruheständlern (PGC = Philadelphia Geriatric Center Morale Scale; RS = Riegel-Skalen; FPI-R = Freiburger Persönlichkeitsinventar). In Klammern sind jeweils die beiden Skalenpole angeführt. Für die beiden Gruppen werden jeweils Mittelwerte und Standardabweichungen (in Klammern) angegeben. Arbeitslose Frauen und Männer sind getrennt aufgeführt. * = p < ,05, ** = p < ,01.

Befindlichkeit im Umgang mit Problemen (PGC) (negativ = 0 – positiv = 12)		
Arbeitslose:	5,08 (2,21)	(Männer: 4,92, Frauen: 5,30)
Vorruheständler:	7,13 (1,98) **	
Zufriedenheit mit Beziehungen / Lebensrückblick (PGC) (gering = 0 – hoch = 12)		
Arbeitslose:	5,41 (1,69)	(Männer: 4,19, Frauen: 5,97 *)
Vorruheständler:	7,92 (2,10) **	
Einstellung zum Altern (PGC) (negativ = 0 – positiv = 10)		
Arbeitslose:	4,86 (3,01)	(Männer: 4,41, Frauen: 5,27)
Vorruheständler:	6,43 (2,97) **	
Einstellung zur Gegenwart (RS-G) (negativ = 1 – positiv = 6)		
Arbeitslose:	3,26 (1,69)	(Männer: 2,59, Frauen: 3,85 *)
Vorruheständler:	4,59 (2,31) *	
Einstellung zur Zukunft (RS-Z) (negativ = 1 – positiv = 6)		
Arbeitslose:	2,74 (1,54)	(Männer: 2,69, Frauen: 2,82)
Vorruheständler:	4,21 (2,01) **	
Beanspruchung (FPI-R) (gering = 0 – hoch = 12)		
Arbeitslose:	7,44 (2,34)	(Männer: 8,61, Frauen: 6,42**)
Vorruheständler:	5,01 (2,01) **	
Körperliche Beschwerden (FPI-R) (gering = 0 – hoch = 12)		
Arbeitslose:	7,02 (2,54)	(Männer: 9,10, Frauen: 4,62**)
Vorruheständler:	4,10 (1,61) **	

Die Ergebnisse der halbstrukturierten Interviews (Tabelle 2) tragen zum weiteren Verständnis der ermittelten Unterschiede zwischen den Gruppen bei: Es wird nämlich deutlich, worauf sich die in Tabelle 1 dargestellten globalen Belastungswerte inhaltlich beziehen, welche konkreten Belastungen ältere Arbeitslose und Vorruheständler in ihrer aktuellen Lebenssituation erleben.

Tabelle 2: Belastungen, die für die gegenwärtigen Situation geschildert wurden (n= Anzahl der Personen, die die Belastung geschildert haben; M = durchschnittlicher Intensitätsgrad der Belastung). Aufgeführt sind die fünf wichtigsten Belastungen.

Arbeitslose Männer (n = 60)	Arbeitslose Frauen (n = 65)	Vorruheständler (n = 60)	Vorruheständlerinnen (n = 65)
Gefühl, nicht mehr gebraucht zu werden und keine Aufgabe mehr zu haben. (n = 43; M = 3,0)	Materielle Einschränkungen. (n = 39; M = 2,7)	Verlust beruflich begründeter Autorität. (n = 17; M = 2,7)	Verlust sozialer Kontakte zu ehemaligen Berufskollegen. (n = 19; M = 2,3)
Materielle Einschränkungen. (n = 41; M = 2,9)	Sorge, den Lebensunterhalt der Familie in Zukunft nicht bestreiten zu können. (n = 33; M = 3,0)	Verlust sozialer Kontakte zu ehemaligen Berufskollegen. (n = 15; M = 2,4)	Versorgung hilfs- oder pflegebedürftiger Eltern. (n = 15; M = 2,8)
Sorge, den Lebensunterhalt der Familie in Zukunft nicht bestreiten zu können. (n = 39; M = 3,0)	Abnehmende Kontakte mit Bekannten und früheren Arbeitskollegen. (n = 26; M = 2.8)	Verschlechterung der finanziellen Situation. (n = 13; M = 2,5)	Konflikte in der Partnerschaft. (n = 13; M = 2,2)
Gefühl der Langeweile, geringe Motivation, den Alltag bewußt zu gestalten und Interessen nachzugehen. (n = 37; M = 2,8)	Gesundheitliche Probleme. (n = 20; M = 2,7)	Konflikte in der Partnerschaft. (n = 12; M = 2,3)	Sorge um die berufliche Zukunft nahestehender Personen. (n = 11; M = 2,6)
Abwendung anderer Menschen, die ihren Arbeitsplatz behalten haben. (n = 34; M = 2,7)	Ungesicherte berufliche Situation der eigenen Kinder. (n = 19; M = 3,0)	Sorge um die berufliche Zukunft nahestehender Personen. (n = 10; M = 2,4)	Neid ehemaliger Arbeitskollegen. (n = 7; M = 2,0)

Die psychischen Belastungen der Arbeitslosen resultieren vor allem aus dem Gefühl, nicht mehr gebraucht zu werden, aus materiellen Einschränkungen und der damit verbundenen Sorge, den Lebensunterhalt der Familie in Zukunft nicht mehr bestreiten zu können, aus Gefühlen von Langeweile und geringer Motivation sowie aus der Abwendung anderer Menschen, die ihren Arbeitsplatz behalten haben. Die beiden zuletzt genannten Belastungen (Gefühle von Langeweile und geringer Motivation; Abwendung anderer Menschen) wurden von arbeitslosen Frauen nicht berichtet. Dieser Geschlechtsunterschied ist darauf zurückzuführen, daß den Frauen nach dem Verlust des Berufs eher innerfamiliäre Rollen zur Verfügung stehen, in denen sich arbeitslose Männer nicht in vergleichbarer Weise engagieren können. Auch die psychosoziale Situation der Vorruheständler kann nicht als „unbelastet" bezeichnet werden. Die geschilderten Belastungen sind aber andere als jene, die von den älteren Arbeitslosen berichtet wurden. Von einem Teil der Vorruheständler wurden zwar Verschlechterungen der finanziellen Situation als belastend geschildert, diese Personen hatten aber keine Sorgen, den Lebensunterhalt der Familie in Zukunft nicht mehr bestreiten zu können. Desweiteren bestanden keine Sorgen vor sozialer Diskriminierung. Interessant ist weiterhin, daß 17 Vorruheständler den Verlust beruflich begründeter Autorität als belastend schilderten. Dieser Belastungsfaktor war in der Gruppe der Vorruheständlerinnen unbedeutend.

Dieses Beispiel verdeutlicht den Wert, der halbstrukturierten Interviews für ein angemessenes Verständnis globaler Merkmale zukommen kann. Die in standardisierten Fragebögen ermittelten Unterschiede zwischen Arbeitslosen und Vorruheständlern können mithin auch als Folge gruppenspezifischer Belastungskonstellationen interpretiert werden.

Zur Qualität halbstrukturierter Interviews

Die Qualität des Interviews sowie jener Befunde, die auf dessen Grundlage gewonnen wurden, hängt von mehreren Faktoren ab, die die Vorbereitung, die Durchführung sowie die Auswertung des Interviews betreffen (vgl. etwa Downs et al., 1980; Keßler, 1988; Kruse, 1987; Richardson et al., 1979; White, 1980). Uns erscheint die Aussage, wonach das Interview eine „gute" oder „keine gute" Methode sei (weil die Datenqualität ausreichend oder nicht ausreichend sei), viel zu rasch und pauschal getroffen zu werden. Um einschätzen zu können, inwieweit die Qualität der erhobenen Daten ausreichend oder nicht ausreichend ist, ob es sich beim Interview also um eine „gute" oder „keine gute" Methode handelt, ist es notwendig, im Einzelfall detailliert zu prüfen, inwieweit die für die Phasen der Vorbereitung, Durchführung und Auswertung zu fordernden Voraussetzungen erfüllt sind.

Vorbereitung des Interviews

Die Zusammenstellung eines Interviewleitfadens erfordert eine intensive Beschäftigung des Interviewers mit dem Gegenstand, der im Zentrum des Interviews stehen soll. Diese Aussage mag auf den ersten Blick trivial erscheinen, doch täuscht dieser Eindruck: Unter „Vorbereitung" verstehen wir die intensive Beschäftigung mit der möglichen Vielfalt von Aspekten, in denen Menschen eine bestimmte Situation wahrnehmen. Das intensive Studium der Literatur zu einem entsprechenden Thema ist *eine* Voraussetzung. *Zusätzlich* ist zu fordern, daß das Gegenstands(vor-)verständnis des Forschers expliziert und – wo immer dies möglich ist – überprüft wird. Eine weitere wesentliche Voraussetzung besteht in der Befragung von Personen, für die das im Interview angesprochene Thema relevant ist. Bei einer solchen Befragung (im Sinne einer Vorstudie) ist davon auszugehen, daß nicht der Forscher, sondern die zu befragenden Personen als „Experten" für den in Frage stehenden Gegenstand anzusehen sind. Daraus ergibt sich, daß eine Befragung „betroffener" Personen im Vorfeld der eigentlichen Untersuchung keine thematischen Bereiche verbindlich vorgeben kann und deshalb „offen" geführt werden muß.

Die Notwendigkeit von Vorstudien soll an einem Beispiel veranschaulicht werden, das unserer eigenen empirischen Forschung entnommen ist. Vor der Erstellung eines Leitfadens für die Interviews mit *ehemaligen jüdischen Emigranten und Lagerhäftlingen in Deutschland und unterschiedlichen Zielländern der Emigration zu ihrer aktuellen Situation* (vgl. Kruse & Schmitt, 1994, 1995; Schmitt & Kruse, *im Druck*) befragten wir 30 Personen in Vorstudien, um überhaupt einen Eindruck gewinnen zu können, welche Aspekte in die Wahrnehmung der aktuellen Situation eingehen. Es wurde uns erst durch diese Vorstudien deutlich, wieviele biographische, zeitgeschichtliche, soziokulturelle, weltanschauliche und politische Faktoren in den Bericht dieser Personen über ihre aktuelle Situation eingehen und folglich beim Interview berücksichtigt werden müssen. Für die Befragung von Emigranten und ehemaligen Lagerhäftlingen, die heute in verschiedenen außereuropäischen Ländern (Argentinien, Israel, USA) leben, war es notwendig, durch geeignete Vorstudien Informationen über unterschiedliche soziale Kontexte zu gewinnen. So war es etwa für die in Argentinien geführten Interviews wichtig, Unterschiede im kulturellen Leben zwischen liberalen und orthodoxen Gemeinden zu berücksichtigen. Auch Informationen über die historische Entwicklung des Verhältnisses zwischen jüdischen und nicht-jüdischen Einwanderern in Buenos Aires sowie über die politische und wirtschaftliche Entwicklung in Argentinien nach dem II. Weltkrieg (Inflation, Militärdiktatur und daraus resultierende Einschränkungen der Presse- wie der persönlichen Freiheit) erwiesen sich als entscheidende Hilfe bei der Entwicklung eines Interviewleitfadens.

Desweiteren geben uns Vorstudien Hinweise darauf, in welcher Sprache das Interview geführt werden sollte, wie ausführlich über bestimmte Themen geredet werden sollte, welche Themen nicht (oder nur sehr vorsichtig) angesprochen werden sollten etc. Schon im Hinblick auf die Sprache oder die gewählten Begriffe kann eine Vorstudie wertvolle Anregungen geben: So mag es für Psychologen als unproblematisch erscheinen, die Frage zu stellen: *„Was belastet Sie im Augenblick?"*. Doch für viele Menschen ist der Begriff der Belastung unklar und sie können nicht richtig einschätzen, was eigentlich mit diesem Begriff gemeint ist. Zweckmäßiger erscheint es hier, sich den momentanen Belastungen durch die Thematisierung natürlicher, konkreter Situationen zu nähern.

Erst nach Abschluß der Vorstudien ist ein endgültiger Interviewleitfaden zu erstellen, der in einer weiteren Vorstudie eingesetzt und überprüft werden sollte.

Durchführung des Interviews

Die Attraktivität halbstrukturierter Interviews für den Forscher liegt in der Möglichkeit, *Situationen in den für eine Person bedeutsamen Aspekten zu erfassen* (Lehr & Thomae, 1991). Dies erfordert von dem Interviewer die Fähigkeit und Bereitschaft, dem Interviewten ausreichend Möglichkeit zu geben, eine Situation differenziert darzustellen, diesen durch ergänzende Nachfragen dazu zu motivieren, über weitere Aspekte nachzudenken, die für ihn bedeutsam sind, und zugleich zu prüfen, ob die gegebenen Schilderungen genügen, um eine bestimmte Situation – wie diese von dem betreffenden Menschen wahrgenommen wird – differenziert einschätzen zu können.

Im Verlauf halbstrukturierter Interviews können Hypothesen generiert und falsifiziert werden. Indem der Interviewer die Aussagen seines Gesprächspartners kontinuierlich interpretiert und seine Fragen auf dessen Antworten abstimmt, nimmt auch sein Wissen um dessen „subjektiven Lebensraum" (Thomae, 1996) kontinuierlich zu. Auf dieser Grundlage kann er die „subjektive Bedeutung" oder „kognitive Repräsentanz" der im Interview zu behandelnden Thematik immer besser beurteilen. Hilfreich ist hier auch, den Gesprächspartner aufzufordern, seine eigene Sichtweise an konkreten Beispielen zu verdeutlichen. Um subjektive Theorien, Einstellungen und Interpretationen des Gesprächspartners besser nachvollziehen zu können, empfehlen Groeben & Scheele (1984), durch das gezielte Einsetzen von „Störfragen" die „subjektiv-theoretischen Thesen" des Gesprächspartners möglichst „harten", kognitive Konflikte implizierenden Explikationsprüfungen zu unterziehen (z.B. „Glauben Sie, daß man diese Aussage verallgemeinern kann?", „Glauben Sie, daß die meisten Personen Ihnen zustimmen würden?", „Kennen Sie auch andere Standpunkte?", „Kann man da auch anderer Meinung sein?").

Mit den Möglichkeiten, die die Methode des halbstrukturierten Interviews eröffnet, erhöhen sich auch die *Anforderungen an den Interviewer*. Dieser muß in der Lage sein, sein Verhalten flexibel nach der Zieldefinition seiner Interaktion („Was soll mit dem Interview erreicht, welche Erkenntnisse sollen gewonnen werden?") auszurichten. Auch wenn dem Gesprächspartner ein „Mitbestimmungsrecht" über die Gesprächsinhalte eingeräumt wird, ist darauf zu achten, daß die vorab definierten Themenbereiche tatsächlich angesprochen und geklärt werden. Die Freiheit bei der Formulierung konkreter Einzelfragen wie bei der Festlegung der Reihenfolge, in der einzelne Themenbereiche angesprochen werden, setzt spezifische Kompetenzen des Interviewers voraus. Dieser muß in der Lage sein, zum Teil „verstreute" und implizite Informationen aufzunehmen und zu integrieren. Es wäre ein folgenschweres Mißverständnis, würde man sich unter halbstrukturierten Interviews vorstellen, was man in der Alltagssprache gemeinhin als „gemütliches Gespräch" bezeichnet. Der Einsatz halbstrukturierter Interviews erfordert ein spezielles Interviewertraining.

Auswertung des Interviews

Die flexible Anpassung konkreter Fragen an die jeweilige Gesprächssituation bzw. an den vorherigen Verlauf des Gesprächs kompliziert die Auswertung der Interviews. Zunächst werden in halbstrukturierten Interviews im allgemeinen mehr Informationen generiert als in vollstrukturierten Interviews. Indem der Gesprächspartner die Möglichkeit erhält, ausführlich und frei zu antworten, erhöht sich schon unter rein quantitativen Gesichtspunkten der Auswertungsaufwand. Für die Auswertung der Daten müssen Kategoriensysteme erstellt und unter Umständen mehrmals ergänzt oder revidiert werden. Weiterhin werden spezielle Auswertertrainings und Überprüfungen der Übereinstimmung zwischen unterschiedlichen Auswertern notwendig. Schon deshalb ist es notwendig, die Interviews in angemessener Weise zu dokumentieren. Hierbei reichen nur in seltenen Fällen Mitschriften von Interviewern aus. *Die Interviews sollten in jedem Fall auf Tonband oder Video aufgezeichnet werden.* Darüber hinaus erweisen sich *Transkriptionen* als wertvolle Hilfe bei der *Schulung* von Interviewern und Auswertern sowie bei der *Auswertung* von Interviews.

Der Prozeß der Erstellung von Kategorien läßt sich in vier *Schritte* untergliedern: *(1.)* Die Entwicklung von Kategoriensystemen für jedes einzelne Interview der *Vorstudie*, *(2.)* die Entwicklung eines Kategoriensystems für alle Interviews der *Vorstudie*, *(3.)* die Entwicklung von Kategorien für einzelne

Interviews, die aus der *Hauptstudie* ausgewählt worden sind, und die Überprüfung, inwieweit das in der Vorstudie entwickelte Kategoriensystem auf die aus der Hauptstudie ausgewählten Interviews übertragbar ist, *(4.)* die Entwicklung eines Kategoriensystems für alle Interviews der *Hauptstudie.* Diese vier Schritte sollen im folgenden kurz erläutert werden:

Erster Schritt (Vorstudie): Es wurde bereits betont (vgl. Abschn. *Vorbereitung des Interviews*), daß die *Vorstudie* dem Zweck dient, die Verschiedenartigkeit und Vielfalt kognitiver Repräsentanzen einer Situation zu verstehen und begrifflich adäquat abzubilden. Aus diesem Grunde ist es notwendig, zunächst für jedes einzelne Interview ein Kategoriensystem zu entwickeln. Die in der Vorstudie durchgeführten Interviews müssen in *transkribierter Form* vorliegen, weil es sich bei der Bildung von Kategorien als notwendig erweist, die in einem Interview getroffenen Aussagen *thematisch zu ordnen.* Aussagen zu einem thematischen Bereich werden häufig in verschiedenen Passagen des Interviews getroffen (und nicht allein auf eine bestimmte Frage hin), so daß die Ordnung (Zusammenstellung) der Aussagen *in einem eigenen Protokoll* notwendig ist. Bei der Entwicklung von Kategorien für die Auswertung des Protokolls wird möglichst die wörtliche Rede – also die Art und Weise, wie bestimmte Situationen beschrieben wurden – beibehalten.

Zweiter Schritt (Vorstudie): Die für die einzelnen Interviews entwickelten Kategoriensysteme werden miteinander verglichen. Dieser Vergleich dient dazu, umfassendere Beschreibungseinheiten (Kategorien) zu erarbeiten, die einerseits so *konkret* sind, daß Aussagen aus einzelnen Interviews adäquat abgebildet werden können, die andererseits so *abstrakt* sind, daß unter diese Aussagen aus verschiedenen Interviews subsumiert werden können. Auf der Grundlage dieses Kategoriensystems werden schließlich alle Interviews der Vorstudie ausgewertet; diese Auswertung wird von mehrerern Auswertern vorgenommen, die dabei *unabhängig voneinander* arbeiten. Nach der Auswertung werden die Einschätzungen der verschiedenen Auswerter miteinander verglichen. Im Falle auftretender Abweichungen wird in einer Auswerterkonferenz geprüft, ob Veränderungen im Kategoriensystem notwendig sind. Hier gilt es abzuwägen, ob die fehlende Übereinstimmung (überwiegend) auf Fehler einzelner Auswerter oder (auch) auf Unklarheiten oder Unschärfen in der Definition einzelner Kategorien zurückgeht. Unter Umständen muß an dieser Stelle ein Teil des Kategoriensystems modifiziert und einer erneuten Prüfung – gegebenenfalls beginnend mit Definition, Beispielen und gemeinsamer Auswertung – unterzogen werden.

Wurde bereits *vor* der Durchführung von Interviews in der Vorstudie ein Kategoriensystem entwickelt (oder wurde ein solches Kategoriensystem aus einer anderen Studie *übernommen*), so dient die Auswertung der Interviews der Überprüfung dieses Kategoriensystems. Dabei ist zu beachten, daß die *unreflektierte Anwendung* eines bereits bestehenden Kategoriensystems mit der

Gefahr verbunden ist, daß das untersuchte psychologische Phänomen nicht ausreichend differenziert erfaßt wird. Gerade in diesem Zusammenhang ist die „kritische Funktion" des Interviews zu betonen. Diese Funktion sehen wir vor allem darin, daß dem Untersucher die Möglichkeit eröffnet wird, im Forschungsprozeß die Angemessenheit seines Gegenstands(vor)verständnisses zu überprüfen und mögliche Verzerrungen, die auf inadäquate Vorannahmen rückführbar sind, zu korrigieren. Das Gegenstands(vor)verständnis kommt nicht nur in den Fragen, die im Interview gestellt werden, zum Ausdruck, sondern in gleichem Maße in den Kategorien, die zur Auswertung eines Interviews verwendet werden (vgl. auch Latham, 1989; Macan & Diphoye, 1988). Bei der Überprüfung eines bereits bestehenden Kategoriensystems empfiehlt sich folgendes Vorgehen: Zunächst sollen die Transkripte der in der Vorstudie durchgeführten Interviews in gleicher Weise ausgewertet werden, wie dies bereits im ersten Auswertungsschritt dargestellt wurde. Danach sollten die Kategorien der einzelnen Interviews zu umfassenderen Beschreibungseinheiten weiterentwickelt werden, wie dies im zweiten Auswertungsschritt beschrieben wurde. Daran anschließend ist zu prüfen, in welchen Aspekten das *bereits bestehende* mit dem *neu-entwickelten* Kategoriensystem (nicht) übereinstimmt, in welcher Hinsicht es einen höheren oder einen niedrigeren Differenzierungsgrad aufweist. Aus diesem Vergleich ergibt sich schließlich eine angemessene Beurteilung hinsichtlich der Gültigkeit des bereits bestehenden Kategoriensystems; zudem ergibt sich auch die Möglichkeit seiner Veränderung in einzelnen Aspekten.

Dritter Schritt (Hauptstudie): Aus der Hauptstudie ist eine bestimmte Anzahl von Interviews (im Idealfall nach Zufallsprinzip) auszuwählen, zu transkribieren und mit dem in der Vorstudie entwickelten (oder weitergeführten) Kategoriensystem auszuwerten. Dabei wird die Auswertung durch mehrere Auswerter (die unabhängig voneinander arbeiten) vorgenommen. Im Falle auftretender Abweichungen wird in einer Auswerterkonferenz geprüft, ob Veränderungen im Kategoriensystem notwendig sind.

Vierter Schritt (Hauptstudie): Alle Interviews werden mit dem Kategoriensystem ausgewertet, wobei auch hier eine bestimmte Anzahl ausgewählter Interviews von mehreren Auswertern unabhängig voneinander ausgewertet wird.

Die Übereinstimmung zwischen unabhängig voneinander arbeitenden Auswertern wird oft als das entscheidende Kriterium bei der Beurteilung der Qualität von Interviewverfahren herangezogen. Es ist aber darauf hinzuweisen, daß die Übereinstimmung unterschiedlicher Auswerter (im Sinne der Objektivität des Kategoriensystems) zwar eine notwendige Bedingung für die Angemessenheit von Interviewverfahren darstellt (und zwar im Sinne einer für die spezifische Fragestellung adäquaten Abbildung des Gegenstandsbereiches bzw. der

Validität), aber keine hinreichende Bedingung für diese ist. Die Qualität von Interviewverfahren kann nur durch die Beachtung der notwendigen Voraussetzungen in allen drei Stadien des Interviews (Vorbereitungs-, Durchführungs- und Auswertungsphase) gesichert werden.

Abschluß

Im vorliegenden Beitrag wurde zu zeigen versucht, daß das halbstrukturierte Interview als wissenschaftliche Methode in keinem Konkurrenzverhältnis zu standardisierten und offenen oder projektiven Verfahren steht. Im Sinne einer Gegenstands-Methoden-Interaktion (Groeben 1986; Groeben & Westmeyer, 1975) erweisen sich halbstrukturierte Interviews gerade dort als sinnvoll, wo andere Verfahren deutliche Grenzen haben.

Es ist sicherlich schwierig, auf der Grundlage halbstrukturierter Interviews zu vergleichenden Aussagen über größere Populationen zu gelangen. Im Vergleich zu standardisierten Verfahren wird es in aller Regel nicht möglich sein, intervallskalierte Daten zu generieren, auf deren Grundlage sich Normwerte und Vertrauensintervalle berechnen lassen. Darüber hinaus ist es erheblich schwieriger, die Unabhängigkeit der Ergebnisse von den Besonderheiten der Datenerhebung (die „Objektivität" des Verfahrens) nachzuweisen, weil sich die Werte der Untersuchungsteilnehmer nicht ohne weiteres replizieren lassen (vgl. auch Fisseni, 1987, 1990). Das im Abschnitt „Anwendungsgebiete und Vorzüge halbstrukturierter Interviews" zitierte Beispiel einer Untersuchung zur psychosozialen Situation älterer Arbeitsloser und Vorruheständler sollte aber verdeutlicht haben, daß diese Vorteile standardisierter Verfahren häufig mit einem erheblichen Informationsverlust erkauft werden müssen. Um an das Beispiel anzuknüpfen: Es ist eine Sache, zu wissen, daß Personen hoch-belastet sind, eine andere, zu wissen, worauf diese Belastungen zurückgehen, wodurch sie verursacht sind. Aussagen über das Erleben des Menschen lassen sich oft nicht ohne Rekurs auf individuelle Perspektiven eines Menschen treffen. Über das subjektive Erleben der Menschen ist uns häufig viel zu wenig bekannt, als daß wir in der Lage wären, aus unserem Wissen erschöpfende Kategoriensysteme abzuleiten. Aus diesem Grunde benötigen wir Verfahren, die es uns erlauben, neue Perspektiven, die sich im Forschungsprozeß eröffnen, zu integrieren und die den Personen, die wir über einen Untersuchungsgegenstand befragen, zumindest prinzipiell die Rolle von „Experten" für diesen Untersuchungsgegenstand zugestehen. Wenn es bei der Auswertung halbstrukturierter Interviews gelingt, geeignete Kategoriensysteme zu entwickeln, ist es möglich, individuelle Perspektiven ebenso zu berücksichtigen, wie über den Einzelfall hinauszugehen.

Literatur

Aiken, L.R. (1989). Assessment of personality. Boston: Allyn and Bacon.

Bortz, J. (1984). Lehrbuch der empirischen Forschung. Heidelberg: Springer.

Downs, C.W., Smeyak, G.P., Martin, E. (1980). Professional interviewing. New York: Harper & Row.

Fisseni, H.J. (1987). Exploration und Fragebogen im Vergleich. In G. Jüttemann, H. Thomae (Hrsg.), Biographie und Psychologie (S. 168–177). Heidelberg: Springer.

Fisseni, H.J. (1990). Lehrbuch der psychologischen Diagnostik. Göttingen: Hogrefe.

Groeben, N. (1986). Handeln, Tun, Verhalten als Einheiten einer verstehend-erklärenden Psychologie. Tübingen: Francke.

Groeben, N., Scheele, B. (1984). Produktion und Rezeption von Ironie, Bd. II: Pragmalinguistische Beschreibung und psycholinguistische Erklärungshypothesen. Tübingen: Francke.

Groeben, N., Westmeyer, H. (1975). Kriterien psychologischer Forschung. München: Juventa.

Keßler, B.H. (1982). Biographische Diagnostik. In K.J. Großmann, L. Michel (Hrsg.). Persönlichkeitsdiagnostik. Enzyklopädie der Psychologie, Bd. III, (S. 1–56). Göttingen: Hogrefe.

Keßler, B.H. (1988). Daten aus dem Interview. In R.S. Jäger (Hrsg.), Psychologische Diagnostik. Ein Lehrbuch (S. 363–372). München: Psychologie Verlags Union.

Kruse, A. (1987). Biographische Methode und Exploration. In G. Jüttemann, H. Thomae (Hrsg.), Biographie und Psychologie (S. 119–137). Heidelberg: Springer.

Kruse, A. (1995). Risiken des Alters in Zeiten gesellschaftlicher Umbrüche. In W. Senf, G. Heuft (Hrsg.), Gesellschaftliche Umbrüche – individuelle Antworten (S. 38–57). Frankfurt: Verlag Akademische Schriften.

Kruse, A., Schmitt, E. (1994). Rückkehr nach Deutschland – persönliche Motive und Merkmale des subjektiven Lebensraums jüdischer Emigranten. Zeitschrift für Gerontologie, 27, 129–139.

Kruse, A., Schmitt, E. (1995). Wurden die in der Lagerhaft erlittenen Traumatisierungen wirklich verarbeitet? Ergebnisse aus einem Forschungsprojekt zu psychischen Nachwirkungen des Holocaust. In G. Heuft, A. Kruse, H.G. Nehen, H. Radebold (Hrsg.), Interdisziplinäre Gerontopsychosomatik (S. 31–42). München: Medizin Verlag.

Latham, G.P. (1989). The reliability, validity, and practicality of the situational interview. In R.W. Eder, G.R. Ferris (Eds.), The employment interview: Theory, research and practice (pp. 169–182). Newbury Park: Sage Publications.

Lehr, U., Thomae, H. (1991). Alltagspsychologie. Aufgaben, Methoden, Ergebnisse. Darmstadt: Wissenschaftliche Buchgesellschaft.

Macan, T.M., Diphoye, R.L. (1988). The effect of interviewers' initial impressions on information gathering. Organizational Behavior and Human Decision Processes, 42, 364–387.

Richardson, S.A., Dohrenwend, B.S., Klein, D. (1979). Die „Suggestivfrage". Erwartungen und Unterstellungen im Interview. In C. Hopf, E. Weingarten (Hrsg.), Qualitative Sozialforschung (S. 205–231). Stuttgart: Klett.

Schmitt, E., Kruse, A. (im Druck). Die Gegenwart des Holocaust im Erleben zurückgekehrter jüdischer Emigranten. In A. Kruse (Hrsg.), Jahrbuch der Medizinischen Psychologie: Psychosoziale Gerontologie – Bd 1, Grundlagen. Göttingen: Hogrefe.

Thomae, H. (1996). Das Individuum und seine Welt, 3. erweiterte und verbesserrte Auflage. Göttingen: Hogrefe.

Trost, G. (1996). Interview. In K. Pawlik (Hrsg.), Grundlagen und Methoden der Differentiellen Psychologie (S. 463–505). Göttingen: Hogrefe.

Undeutsch, U. (1983). Exploration. In H. Feger, J. Bredenkamp (Hrsg.), Datenerhebung. Enzyklopädie der Psychologie, Bd I, (S. 321–361) Göttingen: Hogrefe.

White, P. (1980). Limitations on verbal reports of internal events: A reputation of Nisbett and Wilson and of Bem. Psychological Review, 87, 105–112.

Heuristik zur Erforschung von Biographien und Generationen

Gerhard Kleining

Die heuristische Methodologie optimiert Verfahren, die auch in anderen Forschungsweisen enthalten sind, um ein Maximum an entdeckender Kapazität zu erreichen. Sie verwissenschaftlicht die heuristische Anwendung von Alltagsmethoden, zieht aber auch Nutzen aus den entdeckenden Verfahren der Naturwissenschaften, verschiedenen Geisteswissenschaften (dialektische, psychologische, sozialwissenschaftliche, informatische Heuristik) und der Tradition der Heuristik in der Philosophie[1]. Entdeckende Methoden in den Sozialwissenschaften sind den klassischen Beispielen entdeckender Psychologie verpflichtet: der Würzburger Denkpsychologie, der Gestaltpsychologie von Max Wertheimer und Wolfgang Köhler bis Kurt Lewin, entdeckenden Forschungen von Sigmund Freud und Jean Piaget (Vollmers 1992), wie auch den Verfahren, die in der Soziologie und der Ethnologie berühmte Studien hervorgebracht haben, wie die der frühen Chicago-Schule. Bei Biographieforschung achtet sie auf die Methodologie der prominenten sozialwissenschaftlichen Forschungen, die Biographien zum Gegenstand haben oder als Daten verwenden, wie die von William I. Thomas und Florian Znaniecki (1918–1920) mit der umfangreichen, von dem polnischen Einwanderer Władek Wiszniewski auf Bestellung verfertigten Autobiographie; der Darstellung eines jugendlichen Straftäters von Clifford R. Shaw (1930) mit Hilfe seiner selbsterzählten Lebensgeschichte oder den Jugendforschungen von Charlotte Bühler (1933).

Entdeckende Verfahren sind häufig nicht als solche charakterisiert, sondern gelten den Autoren als selbstverständliche Forschungsmethoden. Wachsendes Methodenbewußtsein, schon bei Ernst Mach (1905, „Psychologie der Forschung"), hat sie in die empirische Praxis wieder eingeführt. Sie liegen quer zu den traditionellen Einteilungen der Wissenschaften und den ihnen zugeordneten Forschungsverfahren. Wilhelm Diltheys Gliederung in „Natur-" und „Geistes"-Wissenschaft, denen die Methoden der kausalen Erklärung bzw. des Deutens/ Verstehens zugeordnet sind (1883, 1894, 1900), vom Neukantianismus modifiziert (Windelband 1894, Rickert 1899), ist auch in späteren Gliederungen erhalten geblieben (Habermas 1967). Die Wiederbelebung der hermeneutisch-interpretativen Verfahren in der Soziologie (Wilson 1970) betont die alten

---

[1] Joachim Jungius (1587–1657), von dem der Begriff (wahrscheinlich) stammt, nannte 1622 die „Heuretica" die höchste Form der Wissenschaft durch die Aufgabe, „nicht gelöste Probleme zu lösen, neue Lehrsätze zu finden und neue Verfahren in die Wissenschaft einzuführen" (Schepers 1974, 1116).

Trennungslinien, die durch die weiter nicht begründete Zuordnung der Daten-
formen in sozialwissenschaftlichen Lehrbüchern („qualitativ" als „verstehend/
deutend", „quantitativ" als „erklärend") noch verstärkt wird.

Gleichwohl sind immer wieder Anstrengungen unternommen worden, die
methodologischen Differenzen zu überwinden: durch die Übertragung „naturwissenschaftlicher" Verfahren auf alle Wissenschaften, wie durch den Physika-
lismus des Wiener Kreises; oder umgekehrt durch die Verabsolutierung der
Deutungsposition, wie in der Universalisierung der Hermeneutik durch Hans-
Georg Gadamer, neuerdings im „radikalen Konstruktivismus" oder, als vermit-
telnder Vorschlag, die Verbindung beider Bereiche und Methoden. Max Weber
hat die Soziologie als Wissenschaft definiert, die soziales Handeln „deutend
verstehen und dadurch in seinem Ablauf und seinen Wirkungen ursächlich erklären will" (1918–1920, 1); neuere Versuche sind die von Norbert Groeben
(„verstehend-erklärende Psychologie" 1986) und die Erörterung der biographischen Methoden als „Versuche zur Synthese ideographischer und nomothetischer Arbeitsprinzipien in der Psychologie" von Hans Thomae (1991, 251).

Eine auf Entdeckung ausgerichtete Methodologie sucht die Differenzen dadurch zu überwinden, daß sie *alle* heuristische Verfahren akzeptiert unabhängig
davon, ob sie auf einem „erklärenden" oder „verstehenden" Paradigma beruhen. Welche Verfahrensweisen zu Entdeckungen führen, ist eine empirische
Frage, die durch die Untersuchung derjenigen Vorgänge beantwortet wird, die
Erkenntnisse erbracht haben – vom Finden eines verlorenen Gegenstandes im
Alltag bis zu Problemlösungen und „ungeplanten" wissenschaftlichen Entdek-
kungen.

Die Leistung heuristischer Methoden in der Biographieforschung und der
Anspruch, der demgemäß an sie gestellt werden kann, liegt vornehmlich in
ihrem Beitrag zur Lösung von Forschungsaufgaben, die sich aus grundsätzlichen methodologischen Problemen herleiten. Ich behandle drei Themen:

– Die Verbesserung der Intersubjektivität bei der Beschreibung und Analyse
  individueller Biographien – das Problem der Subjektivität von Daten und der
  Datenanalyse.
– Die Erforschung biographischer Strukturen, also individueller und kollektiver Gleichförmigkeiten und Brüche innerhalb von Biographien – das Strukturproblem,
– Die Erforschung kollektiver Lebensgeschichten, wie des „Problems der Generationen" (Mannheim 1928): die Frage der Verallgemeinerbarkeit von
  Einzelfällen.

Im folgenden beziehe ich mich vornehmlich auf die Ausführungen, die ich
selbst zur heuristischen Methodologie und ihrer Geschichte gemacht habe

(1991, 1994, 1995). Ich skizziere, in welcher Weise die Anwendung heuristischer Methodologie der Erforschung von Biographien und der Lebensgeschichte von Gruppen von Personen dienen kann oder geeignet ist, schon vorgenommene Untersuchungen zu ergänzen und ihre Aussagekraft zu verbessern.

Die heuristische Methodologie

Der Forschungskanon umfaßt vier „Regeln", das Dialogprinzip und drei Forschungsstrategien. Die vier Regeln sind:

- Offenheit der Forschungsperson,
- Offenheit des Forschungsgegenstandes,
- maximale strukturelle Variation der Perspektiven,
- Analyse auf Gemeinsamkeiten.

Offenheit der Forschungsperson heißt, daß sich Forschende von den Gegenständen der Forschung so beeindrucken lassen, daß sie ihre eigenen Vorannahmen, Hypothesen, Konzepte modifizieren, wenn die Forschungserkenntnisse ihnen entgegenstehen. Forschende merken das, wenn sie in eine Forschungskrise geraten: eine der Möglichkeiten, aus ihr herauszukommen, ist es, zu Gunsten der Logik des Gegenstandes das eigene Vorverständnis zu korrigieren.

Unter *Offenheit des Forschungsgegenstandes* wird verstanden, daß wichtige Teile zu Beginn eines Suchprozesses unbekannt sind. Forschungspersonen sollen deswegen den Forschungsgegenstand oder den Fokus ihrer Forschung modifizieren, wenn die Ergebnisse das nahelegen. Beim Erkunden einer bestimmten Biographie kann sich während der Forschung herausstellen, daß sie *im Zusammenhang* mit einer bestimmten persönlichen, historischen oder gesellschaftlichen Situation oder Ereignissen studiert werden muß, wie die Biographie einer historischen Person, die ohne die Kenntnis der historischen Umstände keinen Sinn macht. Damit kann sich das Forschungsthema erweitern. Es kann sich aber auch verengen auf das Studium der Vorgeschichte eines bestimmten Umstandes, einer Tat, einer Beziehung, wenn dieses Verhältnis zentral ist für die Darlegung der Situation. Wie die Verhältnisse liegen, erfährt man erst im Verlauf der Forschung. Solche Veränderungen sind Forschenden bekannt; die heuristische Regel besagt lediglich, man solle Spuren folgen, auch wenn man vorher nicht an ihre Existenz gedacht hat.

Die Regel zur *maximalen strukturelle Variation der Perspektiven* erinnert daran, alle Sichtweisen und Verfahren zu berücksichtigen, die den Gegenstand von einer neuen Seite zeigen. „Strukturell" heißt: auf den spezifischen Forschungsgegenstand bezogen. Zu Beginn eines Forschungsprozesses und während seines Ablaufs überlegt man, welche Verfahren andere als die schon bekannten Ergebnisse liefern könnten – man wird sie versuchsweise anwenden, sofern möglich. Biographiedaten können variiert werden durch Selbst- und Fremdauskünfte und durch verschiedene Arten von Informationen (mündlich, schriftlich, Bilder, Filme, Tondokumente); Forschungsmethoden variieren durch die Anwendung von rezeptiven Verfahren (z.b. der Beobachtung) und aktiven (z.b. verschiedene Arten des Experiments, wie das qualitative, das Gedankenexperiment, das natürliche oder ex-post-facto-Experiment). Verschiedene Arten der Befragung sind verfügbar, von dem „rezeptiven Interview" bis zu den mehr strukturierten Formen. Variiert werden sollen auch Zeit, Ort und Umstände, in denen Forschungsdaten erhoben werden, sofern anzunehmen ist, daß sie von Einfluß auf die Ergebnisse sind. Z.B. hat Werner Fuchs bei Besprechung der Untersuchung von Shaw über den „Jack-Roller" zur Diskussion gestellt, ob das sozialökologische Hauptergebnis – Kriminalität als umweltbedingt – vom Delinquenten erst während der Untersuchung gelernt worden sei; mit Sicherheit sei „seine Erzählweise in diesem Lebensabschnitt nicht die, die er unter seinesgleichen benutzen würde" (Fuchs 1984, 109). Die gleiche Problematik entsteht bei der Befragung von Personen im Strafvollzug oder überhaupt in hierarchischen Sozialverhältnissen, in denen die Darstellungen die jeweilige soziale Situation widerspiegeln. Variation der Forschungsbedingungen ist hier angezeigt.

Die so erhobenen Daten werden auf *Gemeinsamkeiten* analysiert. War in der Datenerhebungsphase die Differenz der Sichtweisen das Leitmotiv, so ist es jetzt die Zusammenschau. Forschenden sind zumeist die Unterschiede in ihren Daten auffällig, nach denen sie ja gesucht haben. Durch Erziehung und Kultur lernen wir ebenfalls, auf Differenzen zu achten. Vieles erscheint uns deswegen als unterschiedlich, was auch als gleich angesehen werden kann.

Jedes Auto ist verschieden, durch Marke, Farbe, Typ, Alter etc. Aber die Art der Fortbewegung, die Art des Verbrauchs von Energie und der Nutzung von Raum sind gleich und vieles andere mehr. Werden wir überfahren, sind Marke, Farbe, Extras, Benzin-Marke und Werbung und all die anderen Besonderheiten wenig interessant, sondern allenfalls noch die Kraft, die uns überrollt. – Fühlen wir uns nicht wohl, „anders" als sonst, sind wir gleichwohl noch wir selbst, im Beruf wie in der Freizeit, in der Familie und im Freundeskreis.

In der Analysephase ist das Auffinden der *Konstanten* das Thema, nicht der Differenzen. Georg Simmel hat das so beschrieben: „An den komplexen Erscheinungen wird das Gleichmäßige wie mit einem Querschnitt herausgehoben, das Ungleichmäßige an ihnen ... gegenseitig paralysiert" (1908, 11).

Das *Dialogverfahren* verlangt eine Umsetzung des Forschungsprozesses in Frage-Antwort-Abfolgen, wodurch sich das Befragen zu einem „Hinterfragen" wandelt. Der „Dialog" kann unmittelbar mit einer bestimmten Person geführt werden, die über sie selbst oder anderes berichtet. Im übertragenen Sinne können auch Dokumente „befragt" werden, die den Forschungsgegenstand unter verschiedenen Fragestellungen auf ähnliche Weise erschließen, wie in einem Gespräch. „Dialoge" dieser Art beständig zu führen, d.h. einen einmal erfaßten Sachverhalt durch neue Fragen von anderer Seite zu beleuchten, ist der Antrieb für den Forschungsprozeß, der sich allmählich – „iterativ" – an die Verhältnisse heranarbeitet, die dem Gegenstand eigen sind.

Die *Strategien* einer heuristischen Sozialforschung sind:

– Maximierung/Minimierung,
– Testen der Grenzen,
– Anpassung der Gedanken an die Tatsachen.

Diese Verfahren beziehen sich auf den Forschungsprozeß selbst. *Maximierung* und *Minimierung* sind experimentelle Techniken, die Methoden und ihre Anwendung so verstärken bzw. abschwächen, daß die Struktur des Gegenstandes erkennbar wird. Gedankenexperimentell werden bestimmte Persönlichkeitsmerkmale maximiert oder minimiert, um spezifische Wirkungen von Verhaltensweisen abzuschätzen. Vielleicht findet man solche Extreme auch in der Realität, oder man kann sie – vorsichtig – experimentell herstellen. *Grenzen* geben sich zu erkennen, wenn Extreme zu „kippen" drohen („Grenzsituationen"); sie markieren gleichzeitig die Bereiche, in denen die gefundenen Verhältnisse gelten. Die „*Anpassung der Gedanken an die Tatsachen und aneinander*" ist der von Ernst Mach für physikalische entdeckende Forschung beschriebene Vorgang (1905, 164f); er wird in der „Grounded Theory" von Barney Glaser und Anselm Strauss (1967) wieder aufgenommen: Theorie soll aus Daten entstehen.

Unterschiede zu anderen Methodologien

Entdeckende Forschung ist, wie erwähnt, nicht per se „qualitativ", weil die *Datenform* kein Wahrheitskennzeichen ist. Auch entdeckende Biographieforschung ist nicht auf eine bestimmte Datenart beschränkt. Jedoch ist es im gegenwärtigen Entwicklungsstand der Psychologie und der Sozialwissenschaften zumeist nützlich, die reiche Fülle sinnhafter qualitativer Daten zu verwenden, die psychische und soziale Wirklichkeiten vergleichsweise wenig reduziert wiedergeben und deswegen der Forderung nach Variation der Perspektiven besser nachkommt als auf Skalen reduzierte Häufigkeit. Quantifizierungen sind nur dann sinnvoll, wenn die eigentliche Bedeutung der „Dimensionen", nach denen sie geordnet werden, bekannt sind, wie das in den Naturwissenschaften im allgemeinen der Fall ist (siehe die Diskussion bei Mach, 1905, 204/205).

Beide Datenarten können in verschiedener Methodologie verwandt werden, sie sind zur Beschreibung, Demonstration oder als Beleg geeignet aber auch – unser Thema hier – in heuristischer Nutzung zur Entdeckung.

Unterschieden ist die heuristische Methodologie von den „*positivistisch*" genannten (deduktiv-nomologischen, kritisch-rationalistischen, rational-choice) Vorgehensweisen. Das deduktiv-nomologische Verfahren, in der Abfolge der Forschungsschritte, verlangt zunächst die möglichst genaue Definition des Forschungsgegenstandes, dann das Aufstellen von Annahmen über ihn (Hypothesen), deren Umsetzung in Forschungsverfahren (Operationalisierung) und die angemessene Prüfung der Hypothesen (Friedrichs 1973, Bortz 1984, Roth 1984, Schnell, Hill, Esser 1988, Diekmann 1995). Ihr Kern ist das Bestimmen und Prüfen von formalisierten Annahmen über den Forschungsgegenstand. Dieses Verfahren reduziert die Erkenntnis auf deren Bestätigung oder Zurückweisung. Die Methode testet die Fähigkeit der Forschungsperson, eine Annahme über den Forschungsgegenstand zu formulieren, nicht ihre Kapazität, sich diese Annahme aus den Daten erst zu bilden. Die Abfolge der Forschungsschritte ist linear; der Forschungsverlauf wird zu Beginn festgelegt und im Prinzip nicht mehr verändert. Seine erkenntnisgenerierende Kraft steht zudem häufig im groben Mißverhältnis zum Forschungsaufwand.[2]

Die heuristische Auffassung dagegen verlangt, sich auf die Forschungsgegenstände einzulassen, also die Benennung („Rekonstruktion") der Verhältnisse, die im Forschungsgegenstand vorgefunden werden, wobei Forschende „offen" sein sollen, um diese Erkenntnis zu gewinnen und sie nicht durch eigene Vorverständnisse, Vorurteile oder Hypothesen zu verstellen. Der heuristische Forschungsprozeß ist nicht linear, sondern zirkulär, nicht forscher- sondern gegenstandsbezogen. Wenn über eine These mehr als tausend Prüfungen ohne Erfolg vorgenommen werden, dann könnte jemand auch fragen, ob nicht die Methodologie falsch war, die zu dieser These oder zu dieser Art ihrer Prüfung geführt hat.

Die Differenz der Heuristik zur *Hermeneutik* ist von anderer Art. Hermeneutik wird in ihrer neueren Form – als „interpretatives Paradigma" – wie erwähnt, auf die qualitative Datenform bezogen (Leithäuser & Volmerg 1979, Oevermann u.a. 1979, Soeffner 1989, 1992, Oevermann 1991, Schroer 1994, Flick 1995). Dies stimmt mit der Tradition der Hermeneutik überein, die ursprünglich Textauslegung war und heute den Textbegriff so verallgemeinert, daß er auch

---

[2] Erich H. Witte schätzt die Anzahl der Untersuchungen zur „Dissonanztheorie" Leon Festingers auf „mehr als 1000 Arbeiten" (1989); sie haben bisher nicht zu einem allgemein akzeptierten Ergebnis geführt.

Bilder und andere Ausdrucksformen umfaßt („Die Welt als Text", Garz 1994). Jedoch ist „Interpretation" keinesfalls auf die Deutung qualitativer Daten beschränkt. Zahlen müssen ebenfalls interpretiert werden, besonders, wenn sie Tests oder soziale Verhältnisse abkürzend beschreiben.

Daß 10 „doppelt so viel" ist, wie 5, ist ein einfaches Rechenexempel, ob aber 10% Arbeitslosigkeit doppelt so viel ist wie 5% ist sehr die Frage und hängt ab von einer großen Anzahl von Bedingungen, unter denen nur die Zeitpunkte, die Definitionen, die Erhebungsmethode, die Schwankungsbreiten, die Interessenlage der Mitteilenden usw. genannt seien, unabhängig davon, was die „Arbeitslosigkeit", die „gemessen" worden ist, psychisch oder sozial bedeutet.

Aus heuristischer Sicht sind Deutungen alltägliche Selbstverständlichkeiten, die eine Reihe von Funktionen erfüllen, u.a. Legitimation und Sinngebung. Auch erzählte Lebensläufe sind interpretiert. Aufgabe wissenschaftlicher Forschung ist aber nicht die erneute Deutung des bereits alltäglich Gedeuteten (Giddens' „doppelte Hermeneutik", 1976), sondern die psychischen, sozialen und kulturellen Regeln zu finden, welche eine bestimmte Art von Deutung hervorbringen und deren Hintergründe aufzuklären. Bis dahin sollten alle Arten von Interpretationen, die alltäglichen und die hermeneutischen, erkenntnistheoretisch als vorläufig gelten und forschungspraktisch als Daten, die durch Hinterfragen selbst noch zu analysieren sind.

Zum Subjektivitäts-Problem

Die „Objektivität" wahrgenommener oder erinnerter Ereignisse ist bekanntlich zweifelhaft. Erzählungen sind bewußten und unabsichtlichen Täuschungen unterworfen, auch und gerade solche, welche die eigene Person und Geschichte betreffen. Das, was richtig ist und falsch an „Dichtung und Wahrheit", an „Gedanken und Erinnerungen", also die intersubjektiv gültigen und die bloß subjektiven Informationen und Bewertungen sind bei biographischen, besonders bei autobiographischen Berichten (der Erzählung, den biographischen oder narrativen Interviews, der selbstverfaßten Lebensgeschichte, den Tagebüchern und Briefen) nicht gut voneinander zu trennen.

Die Frage der richtigen Auslegung von Schriftdenkmalen ist so alt wie die Hermeneutik selbst und hat sie über die Jahrhunderte begleitet. Dilthey hat Werken großer Dichter, Entdecker, eines religiösen Genius' oder echten Philosophen eigene Wahrheit zugeschrieben, eine selbständige und objektive Interpretation für möglich gehalten (1900, 320) und Allgemeingültigkeit der Interpretation gegen „romantische Willkür und skeptische Subjektivität" verteidigt

(331). Als „letztes Ziel" sah er an, „den Autor besser zu verstehen als er sich selbst verstanden hat" (321). Das Gewicht, das Dilthey dem Interpreten zuweist, wird von den Sozialforschern Thomas und Znaniecki (1918–1920) auf ihren Erzähler verlagert, dessen Aufrichtigkeit (sincerity) gefragt ist; dabei stützen sie ihre Hauptthese, die Desintegration durch Wanderung, indem sie deren Wirkung an *verschiedenen* Datenarten zeigen: in Briefen, amtlichen Dokumenten, Gerichtsakten, Kirchen- und Vereinsschriftstücken und eben auch an einer Autobiographie. Shaw (1930) verlangte zusätzlich zum Dokument über die Lebensgeschichte: „die übliche Familiengeschichte, die medizinischen, psychiatrischen und psychologischen Erkenntnisse, die offizielle Liste der Festnahmen, Vergehen und Strafen, die Beschreibung des Freundeskreises und anderes belegbares Material, ohne das jede Interpretation der Lebensgeschichte etwas fragwürdig ist" (zitiert nach Kohli, 1981, 71). Kohli empfiehlt, auf die Strukturen autobiographischer Texte zu achten, wobei ihm beispielsweise deutsche Lebensgeschichten, die die Jahre 1933–1945 nicht elaboriert darstellen, verdächtig sind. Er weist auch auf die Möglichkeit zu Rückfragen bei narrativen Interviews hin, aus gleichem Grund. Obgleich Forscher nicht nur mit expliziten methodologischen Kenntnissen sondern auch interpretativer Kapazität ausgestattet seien, ist offensichtlich, „.... that we cannot rely on all of this occuring naturally in all instances" (1981, 72). Hier entscheidet der Experte über die Objektivität, wenngleich nicht immer richtig.

Die heuristische Methodologie sieht *alle Einzeldaten* als „Interpretationen" an, die „subjektiv" sind, d.h. persönlichkeits- und interessengebunden und außerdem situationsabhängig, also psychischen, sozialen und kulturellen Einflüssen unterworfen, auch wenn sie nicht absichtlich verfälscht werden, weil Berichterstatter, auch wenn sie schwören, die Wahrheit zu sagen (was bei Berichten über Lebensgeschichten allenfalls vor Gericht vorkommt), notwendigerweise die Ereignisse aus ihrer eigenen Sicht darstellen. Experten sind davon nicht ausgenommen.

Das Subjektivitäts-Problem wird dann besonders relevant, wenn vom Wahrheitsgehalt eines Berichtes weitreichende Folgen für den Berichterstatter oder andere Personen abhängen.

Ein Beispiel sind Gerichtsprozesse, bei denen Aussagen darüber entscheiden, wie ein Ereignis stattgefunden hat. Juristische Erkundungen stützen sich deswegen nicht (nur) auf deutende, sondern vor allem auf entdeckende, tatsachenfindende Verfahren, wie den aus dem römischen Recht stammenden Grundsatz, „auch die andere Seite zu hören", zwischen Anklage und Verteidigung zu unterscheiden, also verschiedene Deutungen einander gegenüberzustellen und nach Indizien zu suchen. Andere heikle Themen sind die Verstrikkungen von Personen der Zeitgeschichte in Vorgänge in der Nazizeit, von denen auch Publizisten nicht frei geblieben sind und deren Biographien unterschiedlich von ihnen selbst und von Biographie-Forschern dargestellt werden (z.B. Noelle 1940, Institut für Demoskopie 1996, dagegen Bogart 1991, Simpson 1996).

Das Problem der Subjektivität subjektiver Daten – in der Biographieforschung wie in der Sozialforschung im allgemeinen – wird bei Verwendung der heuristischen Methodologie durch *„maximale strukturelle Variation der Perspektiven"* angegangen, also dem Sammeln von möglichst unterschiedlichen Daten, die mit dem Forschungsgegenstand in Verbindung stehen. Diese Daten werden auf *Gemeinsamkeiten* analysiert. Das Suchen nach dem „Gleichmäßigen" führt weg vom individuell-Subjektiven, es entdeckt und analysiert kollektive Strukturen, die in den Sozialwissenschaften „inter-subjektiv" genannt werden. Die Einbeziehung weiterer Bezüge erweitert die Möglichkeit der Kennzeichnung des Forschungsgegenstandes, bis die Exploration an Bereiche stößt, die ihm offenbar nicht mehr zugehören („Testen der Grenzen").[3]

Daß verschiedene Wissenschaften methodologische und inhaltliche Beiträge zur Erforschung von Biographien liefern sollen, vor allem Psychologie und die Sozialwissenschaften, reflektiert nicht nur den „Doppelaspekt von Individuum und Gesellschaft" in Biographien (Fischer-Rosenthal, 1991, 254), sondern ist auch Chance für eine heuristische Vorgehensweise, ebenfalls Beiträge anderer mit der Entwicklung von Biographien befaßter Wissenschaften in die Forschung einzubeziehen wie die aus Demographie, Geschichte, Literaturwissenschaft, Medizin.

Zum Strukturproblem

Strukturen sind Gleichförmigkeiten in verschiedenen Erscheinungsweisen eines Forschungsgegenstandes. Sie werden nach der heuristischen Methodologie erstellt, indem man maximal verschiedene Daten über ihn sammelt, die auf Gemeinsamkeiten analysiert werden.

---

[3] Die Lösung der Subjektivitätsfrage ist nicht das Suchen nach einer vermeintlich „bestgeeigneten" Methode, wie der Selbstauskunft, die zu Beginn der Biographieforschung als sichere Methode galt (Kohli 1981, 69) oder einer gut kontrollierbaren Erhebungssituation, wie einer experimentellen oder der Anwendung eines bestimmten Verfahrens der Befragung, etwa des biographischen oder narrativen Interviews oder der Herstellung eines „herrschaftsfreien Diskurses" (Habermas) oder des Verobjektivierens der Verfahren (Standardisierung, Quantifizierung). Alle Begrenzungen dieser Art schreiben Einseitigkeiten fest. Vielmehr werden die Einseitigkeiten durch *Variation der Perspektiven* relativiert. Das Verfahren hat zudem den Vorteil, daß die Forschungsperson nicht entscheiden muß, welche der verschiedenen Verfahren „besser" sind als andere – was unterstellt, daß ihr eigenes Urteil „objektiv" sei, was es natürlich nicht ist, zumal nicht zu Beginn einer Forschung.

Den Vorgang illustrieren folgende Beispiele. Ich zitiere aus einer Fragebo-
generhebung über Biographieverläufe, bei der halbstrukturierte Fragen verwandt wurden[4]. Aus Raumgründen beschränke ich mich auf fünf (von 24)
Fragen.

(Einleitung) Wir machen eine Befragung über Menschen und ihre verschiedenen Lebenswege und Lebensschicksale. Ich möchte Sie bitten, mir etwas über Ihr Leben zu erzählen.
(1) Nehmen Sie einmal an, Sie treffen einen Freund oder Freundin aus Ihrer
Kindheit wieder, den/die Sie lange nicht gesehen haben und wollen etwas über
Ihre *derzeitigen Lebensumstände* erzählen: was würden Sie sagen, wie würden
Sie Ihr gegenwärtiges Leben beschreiben?
(18) Wenn Sie Ihren bisherigen *Lebensweg* überblicken – welche *Abschnitte*
kann man da vor allem unterscheiden? (Nachfrage: Wie alt waren Sie jeweils?).
(19) Welches waren die *wichtigsten Ereignisse* in Ihrem Leben?
(20) Welches war Ihre *schönste Zeit*? Was war da besonders kennzeichnend?
(21) Jeder hat ja Probleme und Krisen. Was waren die wichtigsten Probleme in
Ihrem Leben? Und wie sind Sie mit ihnen zurecht gekommen?

Die hier ausgewählten Fragen variieren die Gliederung des Lebenslaufes.
Andere Themenbereiche, die ebenfalls jeweils durch einige Fragen erkundet
wurden, waren: Lebensumstände jetzt, ein ähnliches Leben, Lebensumstände
früher, zukünftige Lebensumstände, Lebenslauf-Alternativen.
Ein (1990) 67jähriger Mann, nach seinen Angaben ohne abgeschlossene Berufsausbildung, der 16 Jahre als Fernfahrer und 22 Jahre im Kundendienst einer
großen Firma tätig war, sagte auf die genannten Fragen:

(1) Bin in die Arbeit gegangen, als ich aus der Schule kam. Bin mit knapp
18 Jahren Soldat geworden, nach vierwöchiger Ausbildung kam ich nach Ruß-
land. Mit 22 Jahren aus dem Krieg gekommen, aus Gefangenschaft, nach
Kriegsende. War schwer verwundet. Im Oktober '45 wieder in den Arbeitsprozeß. Habe in verschiedenen Firmen gearbeitet, war nie arbeitslos und bin De-
zember 1983 in Rente gegangen. Bin seit sieben Jahren Rentner. In Rente gegangen 60jährig.
(18) Ich bin in der Jugend streng erzogen worden, bis hin zum Kadavergehor-
sam. Als ich Soldat wurde, war die Rekrutenausbildung meine erste Kur. Soldat

---

[4] Das Sample bestand aus 144 Personen, nach Geschlecht, Alter und Sozialstatus variiert („Lebenswelten"),
die sich in Einzelgesprächen (von 1–2 Stunden Dauer) gegenüber studentischen InterviewerInnen zu
einem Fragebogen mit 24 offenen („qualitativen") Fragen über verschiedene Bereiche ihrer Biographie
äußerten. Halbstrukturierte Befragungen sind rascher analysierbar als vollständig offene, deren Daten erst
in eine Ordnung gebracht werden müssen. Alle Befragte äußern sich zudem zu allen Fragen.

war ich gerne, bis auf den Krieg. Der Krieg war grausam, furchtbar und schlimm. Nach dem Krieg wurde geheiratet und Familie gegründet. Ich habe selbständig gelebt. So, daß mir auf Grund meiner Erziehung nichts mehr als zu schwer erschien. Ich verurteile die Erziehung nicht. Die kam mir gerade in der Nachkriegszeit gut zupaß. Wenn andere stöhnten, konnte ich noch lachen. Dann bin ich in Rente gegangen. (Nachfrage): Soldat 18–22 Jahre, Heirat 28, Rente 60 Jahre.

(19) Daß ich lebend aus dem Krieg gekommen bin. Daß ich die richtige Frau geheiratet habe, ein gesundes Kind bekommen. Bin nie arbeitslos gewesen. Daß ich im Krieg verwundet war, hab' ich schon gesagt. Der Hauskauf war auch sehr wichtig. Abgesehen von der Kriegsverletzung war ich kerngesund, bis zum Herzinfarkt im Rentenalter.

(20): Ich möchte beinah' sagen, das ganze Berufsleben. Früher war man noch jünger, heute ist man so'n alter Kerl. Man freut sich, wenn man morgen noch lebt.

(21): Das war nach dem Krieg, als ich hierher kam. Ich bin ja Flüchtling und mußte mich erst einleben, durchbeißen, neue Freunde suchen und neue Beziehungen knüpfen. Man muß erst mal beweisen, daß man als Fremder auch imstande ist, etwas zu leisten. Denn man war ja ein Unbekannter, wie der Hamburger sagt, ein Quittje (lacht). Als ich hier mein erstes Mädchen kennenlernte und sie mich mit nach Hause nahm, sagte ich, daß ich aus Breslau komme. Da fragte mich der Vater, wo ich denn so gut deutsch gelernt hab'. So fing das hier an.

Man erkennt, wie der Befragte sein Leben in der Rückschau gliedert und dem Interviewer gegenüber (oder dem Kindheitsfreund) darstellt. Zunächst (Frage 1) schildert er sein Arbeitsleben, von der Schule bis zur Rente mit Unterbrechung durch Kriegsdienst und Gefangenschaft. Im Lauf des Interwiews differenziert er etwas: Jugend in Breslau, Soldat/Krieg mit Verwundung, Flucht, Neuanfang in der Nachkriegszeit, Berufsleben, Heirat, Familie, Hauskauf, Rente, Herzinfarkt, aber „relativ gut erholt" (Frage 3). Die schönste Zeit war das „gesamte Berufsleben" (Frage 20).

Sein Leben wird einerseits bestimmt durch spezifische Umstände: strenge Erziehung, Krieg, Flucht, Nachkriegszeit und andererseits durch bestimmte Leistungen, die er sich zurechnet: die strenge Erziehung erweist sich als positiv, er hat den Neuanfang geschafft, die richtige Frau geheiratet, eine Familie gegründet, ein Haus gekauft, ist dabei gesund geblieben außer früher Verwundung und spätem Herzinfarkt. Sein Leben wird bestimmt durch konkrete Ereignisse und Verläufe. Er gliedert es in Abschnitte, schon in der ersten Erzählung. Es gab Umstände, die zum Teil außerhalb seiner Einflüsse lagen, wie Krieg und Vertreibung, zum Teil aber auch von ihm selbst bestimmt wurden, wie seine Aufbauarbeit oder die sich für ihn zum Guten gewendet haben: die strenge Erziehung, nie arbeitslos gewesen.

Die Struktur der Darstellung ist sehr einfach: Arbeit hat sein Leben geprägt, das Arbeitsleben sein Leben gegliedert, mit kriegsbedingter Unterbrechung. Gab es keine Brüche oder Krisen? Man kann fragen, welche Art von „Krisen" entweder nicht eingetreten sind oder von ihm nicht berichtet wurden. Es sind dies – gedankenexperimentell – die *Umkehrungen* seiner „Leistungen": nicht gesund geblieben/sich nicht erholt zu haben, eine zu weiche Erziehung, Neuanfang nicht geschafft, nicht die richtige Frau geheiratet, keine Familie gegründet, kein gesundes Kind gehabt, kein Haus gekauft, also *individuelles Versagen*, über das eben nicht berichtet wird, weil alles gut gegangen ist oder so dargestellt wird. Die *schicksalshaften Umstände* hat er durch *individuelle Leistungen* gemeistert, so strukturiert sich sein Leben in der Rückschau.

Will man das *Leben* des Befragten *selbst* genauer studieren, also die Fakten, die seiner Interpretation des Lebens zugrunde liegen, wird man weitere Methoden einsetzen, die sich aus den Umständen ergeben: der Interviewer wird ihn vielleicht häufiger sehen (teilnehmende Beobachtung, offen oder verdeckt), vielleicht sein Hobby teilen (Bootsfahren und Angeln, wie sein Schwager), mit seiner Frau, der Tochter, den Nachbarn, mit früheren Kollegen Kontakt aufnehmen, sein Fotoalbum ansehen (so er eines hat) oder seine Urlaubsbilder, vielleicht auch Briefe zu Gesicht bekommen etc. und daraus die Gemeinsamkeiten abstrahieren. Vielleicht wird man ihn nach einiger Zeit nochmals befragen usw. Vielleicht reicht aber auch das eine Gespräch schon aus, um einen Eindruck von seinem Leben zu erhalten, zumal, wenn man es mit anderen vergleichen will.

Ein anderes Beispiel aus derselben Untersuchung. Ein 27jähriger Ingenieur, der im nächsten Monat seine erste Stelle als Konstrukteur antreten wird, berichtet (Fragen wie oben):

(1) Umbruchsituation. Sie ist ausgelöst durch das Ende des Studiums und jetzigem Arbeitsbeginn. Stadtwechsel. Das löst weiteres aus: der Freundeskreis hier wird weniger, die alten Freundschaften in früherer Stadt werden wieder zu aktivieren sein.

(18) Es gibt (a) die Schulzeit, (b) die Bundeswehr, (c) die Lehre, (d) das Studium.

(19) 1. die Erkenntnis, daß es keinen Gott, keinen Sinn, Nichts gibt (14/15 Jahre). 2. Daß man auch das nicht sicher weiß (20 Jahre). 3. Die Erfahrung, daß es im Gegensatz zur Beziehung zu Mutter, Vater, Schwester, es Beziehungen gibt, die genauso wichtig sind, die man verlieren kann (23 Jahre). 4. Das unmittelbare Erleben des Todes. Mein Opa ist gestorben, er lebte noch auf einem Bauernhof und wurde drei Tage nach dem Tode zu Hause aufgebahrt. Und ich habe gesehen, daß diese Lücke, die sich aufgetan hat, sich sehr schnell schließt. Daraus folgt die Erkenntnis, daß es Endgültiges gibt, endgültig ist der Tod.

(Daß) eine Beziehung endgültig vorbei ist, d.h. Irreversibilität mancher Lebensprozesse. Durch den Tod habe ich erfahren, daß es Entscheidungen gibt im Leben, die man nicht mehr zurücknehmen kann. Daraus ergibt sich die Möglichkeit des Scheiterns, weil man Fehler nicht mehr korrigieren kann. Wichtig ist nicht der Tod an sich, sondern, was er ausgelöst hat an Prozessen bei mir.

(20) Schönste Zeit – die Frage lehne ich ab, da es nur Zeiten gibt, die dicht sind und/oder weniger dicht. Ich lehne es ab, vergangene Zeiten zu verherrlichen und einige Dinge darin zu vergessen. Leben ist immer ein Gemisch.

(21) Eine Krise war die Erkenntnis, daß wir Menschen vielleicht nur ein Staubkorn sind, ohne Sinn, ohne Bestimmung, ohne Ziel.

– Bundeswehrzeit: meine Rationalität war für die Bundeswehr, meine Emotionalität dagegen. Und die totale Freiheitsbeschränkung, der Verlust von Freiheitsbestimmung.
– Ungewollter Verlust einer vierjährigen Beziehung.
– Nahes Miterleben einer Depression meines Vaters.
– Ich hatte nie materielle Krisen gehabt, sondern nur geistige und zwischenmenschliche.

Zurechtgekommen bin ich damit durch Abtöten des Schmerzes, verbrannte Erde. Politik hab' ich's damals genannt. Die Liebe aus seinem Herzen reißen, die Energie daraus gewinnen, daß man sich nicht unterkriegen läßt, daß man die Sachen, egal mit welchen Verlusten, durchsteht oder daß man sich gegen das Unvermeidliche trotzig auflehnt.

Man sieht, wie verschieden die Reflexionen der beiden Befragten über ihr Leben sind – der Ältere glättet und präsentiert einen Ideal-Lebenslauf, der Jüngere steht offenbar unter Schock: Übergang in einen neuen Lebensabschnitt („Karriere-Schock"), Veränderung des Freundeskreises, Verlust der Beziehung, Erleben des Todes. Der Ältere hat nichts zu verändern, der Jüngere leidet und kämpft. Gleichwohl gibt es *Gemeinsamkeiten*: Das Leben beider ist in Abschnitte gegliedert, auch des zweiten, da ein Lebensabschnitt endet und der neue noch nicht begonnen hat; die Abschnitte gehen auseinander hervor, sie sind nicht umkehrbar, sie werden charakterisiert durch jeweils bestimmte Wirkungen, die bei den Betroffenen Reaktionen hervorbringen, die sie mehr oder weniger stark selbst wieder beeinflussen.

Auch die Erzählung des Ingenieurs kann man gedankenexperimentell hinterfragen. Da er seinen Lebenszustand als Umbruchsituation (Frage 1) und krisenhaft charakterisiert (Frage 21), erkennt man durch Negation die ihr zugrunde liegende „Normalität", gegen die er sich absetzt: Kontinuität, Sinnhaftigkeit des Lebens; Erhaltung der persönlichen Freiheit; Erhaltung der erwünschten persönlichen Beziehung; keine Krankheit des Vaters. Die Ähnlichkeit der Darstellung des Lebens des pensionierten Fernfahrers ist augenscheinlich: beide beziehen sich auf Gesundheit (die eigene bzw. die der Angehörigen), Kontinuität und Sinnhaftigkeit des Lebens, gute Beziehung zum Partner, gute Beziehung zur Familie, materielle bzw. geistige Harmonie, individuelle Leistung oder die individuelle Krise – nur stellt der Pensionär sein Leben so dar, daß es in *Übereinstimmung* mit dem Bezugsschema steht, das er als Grundmuster verwendet, das des angehenden Ingenieurs aber im *Widerspruch* dazu. Das Schema selbst ist gleich.

Gemeinsamkeiten in den Verschiedenheiten zu finden, ist das Ziel heuristischer Forschung. Erst auf ihrem Hintergrund ist es sinnvoll, sich die einzelnen Lebenslauf-Erzählungen vergleichend anzusehen. Ihre Besonderheiten werden dann nicht von der Forschungsperson gesetzt, sondern entstehen gewissermaßen aus den Lebensläufen selbst.

Zum Problem der Verallgemeinerung

Heuristische Forschung muß die Verallgemeinerbarkeit von Ergebnissen, die an Einzelfällen gewonnen wurden, an konkreten Beispielen nachweisen. Dazu dient das „Testen der Grenzen".

Zur These von der Universalität von Merkmalen oder Verhältnissen, wie sie von Talcott Parsons („Evolutionäre Universalien") oder Hans-Georg Gadamer (Universalität der Hermeneutik) behauptet haben, kann sich empirische Heuristik nicht äußern, weil die Behauptungen nicht belegbar sind. Ob *alle* Gesellschaften ein Schichtungssystem, *alle* Menschen ein Deutungsverfahren besäßen und besitzen werden, ist eine metaphysische, nicht eine empirische Frage. Empirie würde die Gesellschaften benennen, die ein Schichtungssystem besitzen (und welches) und die Menschen, die interpretieren (und wie, und warum die Frage derzeit überhaupt auftritt). Anders gesagt: Heuristik hat keine andere Möglichkeit, als empirisch vorzugehen.

Dies geschieht durch „komparative Kasuistik" (Jüttemann 1990), also durch den Vergleich von Einzelfällen, aber mit bestimmter Determination: die *Gemeinsamkeiten* von zwei oder mehreren Einzelfällen zu erforschen und gleichzeitig die *Grenzen* der Gemeinsamkeiten festzustellen. Die zweite Aufgabe erfordert eine *Sampletheorie*.

Heuristische Samples sind keine deduktiv festgelegten „Stichproben", die von einer „Grundgesamtheit" ausgehen, sondern Zusammenstellungen von Einzelfällen, die sich „maximal strukturell variiert" auf den Forschungsgegenstand beziehen. Hat man einen Einzelfall analysiert, soll der nächste Einzelfall demselben Themenbereich zugehören, aber die vermutlich beeinflussenden Faktoren verändern und zwar möglichst stark. Am Beispiel des Lebensbildes des Fernfahrers kann man „Fernfahrer" zum (vorläufigen) Gegenstand erklären, oder „Rentner" oder „Flüchtlinge", oder „Hauskäufer", oder „Infarktpatienten" etc. oder auch Kombinationen von Merkmalen, wie „Männer, die x Jahre im Beruf waren" oder „Männer, die ihren Lebenslauf positiv darstellen" etc.

Die Analyse auf Gemeinsamkeiten wird das jeweilige Kennzeichen herausarbeiten, es wird aber zunächst nur für die tatsächlich Beforschten gelten. Die Einbeziehung von nicht im Sample Enthaltenem ist aber in den Fällen möglich, die *innerhalb* der untersuchten *Extreme* liegen. Deswegen müssen die *Grenzen* der Geltung empirisch festgestellt werden.

Ich verdeutliche das am Beispiel der Bestimmung von „Generationen", einer Gruppierung von etwa gleichaltrigen Personen, die sich gegenüber Älteren und Jüngeren abgrenzen und denen ein gemeinsames „Schicksal" oder eine besondere Mentalität zugeschrieben wird. Forschungspragmatisch sind „Generationen" Personen mit ähnlichen Strukturen ihrer Biographie, die dadurch zustande kommen, daß sie sich in gleichen Phasen ihrer Entwicklung mit den gleichen überindividuellen Bedingungen ihres Lebens auseinanderzusetzen hatten. Darauf bezieht sich auch das Alltagsverständnis, das beispielsweise die „Kriegsgeneration" von den „68ern" unterscheidet oder, in den USA, die „Veteranen" von der „Hippie-Generation" oder von der „Generation X", die erste von der zweiten Generation der Einwanderer usw.

„Generationen" spielten in der Soziologie seit den zwanziger Jahren eine Rolle zusammen mit der Herausbildung von Altersgruppen als gesellschaftliche Akteure: von der Jugendbewegung zur Nazi-Jugendideologie („Jugend muß von Jugend geführt werden") und der Nachkriegs-"skeptischen Generation" Schelskys bis zum „Generationenvertrag", der „Marketing-Zielgruppe Alte" und der „Rentnerschwemme" unserer Tage.

Empirisch werden Lebensläufe von Personen einer bestimmten Altersgruppe etwa so erstellt, wie die auszugsweise referierten und die Aussagen auf Gemeinsamkeiten verglichen, so daß Lebenslauf-Muster deutlich werden. Es ist offensichtlich, daß, um beim ersten Beispiel zu bleiben, nicht die 1923, sondern erst die 1930 Geborenen zwar möglicherweise von Krieg und Vertreibung betroffen waren, aber Militärdienst nicht zu leisten hatten und sich der „Gnade der späten Geburt" erfreuen konnten, wie der Bundeskanzler Kohl. Hier wird man vermutlich eine Generationsgrenze entdecken. Ebenfalls kann es sein, daß Frauen, auch wenn sie im gleichen Jahr geboren wurden wie der Fernfahrer, auch nach Flucht und Vertreibung charakteristisch andere Lebensschicksale hatten. Derartige Grenzen können auch geschlechtsspezifisch sein.

Auf gleiche Weise wird man, ausgehend von dem Ingenieur Jahrgang 1963 oder einem anderen Einzelfall weitere Einzelfälle suchen, die „in der Nähe" des ersten liegen und hier nach Gemeinsamkeiten suchen, bis man durch Einbeziehung immer größere Kreise kollektiven Schicksale identifizieren kann. Dabei ist nicht nur offen, wie weit die Grenzen nach oben und unten jeweils auseinanderliegen oder wie lange es dauert, ehe sich wichtige Einflüsse auf den Lebenslauf ändern, sondern auch und vor allem, welche lebenswichtigen Gemeinsamkeiten überhaupt festgestellt werden. Vielleicht tritt die ökonomische Lage wieder mehr in den Vordergrund und deren Wirkungen auf Geschlecht und Schicht einer Altersgruppe.

Verallgemeinerungen von Biographien zu finden, ist eine Forschungsaufgabe, die, von bestimmten Fällen ausgehend, Vergleichbares in anderen Fällen feststellt und die Grenzen der Gemeinsamkeiten testet. Dies unterscheidet sie von mancher hermeneutischen Deutung, für deren Interpretationen auch willkürlich ausgewählte Einzelfälle auszureichen scheinen. [5]

Literatur

Bogart, L. (1991). The Pollster & the Nazis. Commentary, August, 47–49.

Bortz, J. (1984). Lehrbuch der empirischen Forschung für Sozialwissenschaftler. Berlin u.a.: Springer.

Bude, H. (1987). Deutsche Karrieren. Lebenskonstruktionen sozialer Aufsteiger aus der Flakhelfer-Generation. Frankfurt/Main: Suhrkamp.

Bühler, Ch. (1933). Der menschliche Lebenslauf als psychologisches Problem. Leipzig: Hirzel.

Diekmann, A. (1995). Empirische Sozialforschung. Grundlagen, Methoden, Anwendungen. Reinbek: Rowohlt.

Dilthey, W. (1883). Einleitung in die Geisteswissenschaften. Versuch einer Grundlegung für das Studium der Gesellschaft und Geschichte. Gesammelte Schriften, 1, (8. Aufl. 1979). Göttingen: Vandenhoeck & Ruprecht.

Dilthey, W. (1894). Ideen über eine beschreibende und zergliedernde Psychologie. Gesammelte Schriften, 5, (2. Aufl. 1957). Stuttgart: Teubner, 139–240.

Dilthey, W. (1900). Die Entstehung der Hermeneutik. Gesammelte Schriften, 5, (7. Aufl. 1982). Göttingen: Vandenhoeck & Ruprecht, 317–338.

Fischer-Rosenthal, W. (1991). Biographische Methoden in der Soziologie. In U. Flick u.a. (Hrsg.) 253–256.

Flick, U. (1995). Qualitative Forschung. Theorie, Methoden, Anwendung in Psychologie und Sozialwissenschaften. Reinbek: Rowohlt.

Flick, U., Kardorff, E.v., Keupp, H., Rosenstiel, L.v. & Wolff, S. (Hrsg.) (1991). Handbuch Qualitative Sozialforschung, Grundlagen, Konzepte, Methoden und Anwendungen (2. Aufl. 1995). Weinheim: Psychologie Verlags Union.

Friedrichs, J. (1973). Methoden empirischer Sozialforschung (14. Aufl. 1990). Opladen: Westdeutscher Verlag.

---

[5] Heinz Bude (1987) hat Interviews mit drei Personen zur Bestimmung einer „Flakhelfer-Generation" als „Aufsteiger in einer Aufstiegsgesellschaft" verwendet.

Fuchs, W. (1984). Biographische Forschung. Eine Einführung in Praxis und Methoden. Opladen: Westdeutscher Verlag.

Garz, D. & Kraimer, K. (Hrsg.). Die Welt als Text. Theorie, Kritik und Praxis der objektiven Hermeneutik. Frankfurt/Main: Suhrkamp.

Giddens, A. (1976). Interpretative Soziologie. Eine kritische Einführung. Frankfurt/M: Campus.

Glaser, B. G. & Strauss A. L. (1967). The Discovery of Grounded Theory. Strategies for Qualitative Research (10. Aufl. 1979). New York: Aldine.

Groeben, N. (1986). Handeln, Tun, Verhalten als Einheiten einer verstehend-erklärenden Psychologie. Tübingen: Franke.

Habermas, J., (1967). Ein Literaturbericht (1967): Zur Logik der Sozialwissenschaften. In ders. (1970). Zur Logik der Sozialwissenschaften. Materialien, Frankfurt/M: Suhrkamp, 71–329.

Institut für Demoskopie (1996). Elisabeth Noelle-Neumann wird 80 Jahre alt. Allensbach: Presseinformation.

Jüttemann, G. (1990) (Hrsg.). Komparative Kasuistik. Heidelberg: Asanger.

Kleining, G. (1995). Lehrbuch Entdeckende Sozialforschung. I. Von der Hermeneutik zur qualitativen Heuristik. Weinheim: Psychologie Verlags Union.

Kleining, G., Heuristik für Psychologie und Sozialwissenschaften. In: G. Jüttemann, (Hrsg.) Individuelle und soziale Regeln des Handelns. Beiträge zur Weiterentwicklung geisteswissenschaftlicher Ansätze in der Psychologie. Heidelberg: Asanger, 197–207.

Kleining, G. (1994). Qualitativ-heuristische Sozialforschung. Schriften zur Theorie und Praxis. (2. Aufl. 1995). Hamburg: Fechner.

Kohli M. & Robert, G. (Hrsg.) (1984). Biographie und soziale Wirklichkeit. Neue Beiträge und Forschungsperspektiven. Stuttgart: Metzler.

Leithäuser T. & Volmerg, B. (1979). Anleitung zur empirischen Hermeneutik. Psychoanalytische Textinterpretation als sozialwissenschaftiches Verfahren. Frankfurt/M: Suhrkamp.

Mach, E. (1905). Erkenntnis und Irrtum. Skizzen zur Psychologie der Forschung. (5. Aufl., Nachdruck 1980). Darmstadt: Wissenschaftliche Buchgesellschaft.

Mannheim, K. (1928). Das Problem der Generationen. In K.H. Wolff (Hrsg.) Karl Mannheim, Wissenssoziologie Neuwied, Berlin: Luchterhand, 509–565.

Noelle, E. (1940). Amerikanische Massenbefragungen über Politik und Presse. Limburg: Berliner Diss.

Oevermann, U. (1991). Genetischer Strukturalismus und das sozialwissenschaftliche Problem der Erklärung der Entstehung des Neuen. In S. Müller-Dohm (Hrsg.) Jenseits der Utopie. Frankfurt/M: Suhrkamp, 267–336.

Oevermann, U., Allert, T., Konau, E. & Krambeck, J. (1979). Die Methodologie einer „objektiven Hermeneutik" und ihre allgemeine forschungslogische Bedeutung in den Sozialwissenschaften. In H.-G. Soeffner (Hrsg.), 352–434.

Rickert, H. (1899). Kulturwissenschaft und Naturwissenschaft. (7. Aufl. 1926). Tübingen: Mohr.

Roth, E. (1984). Sozialwissenschaftliche Methoden. (2. Aufl. 1987). München, Wien: Oldenbourg.

Schepers, H. (1974). Stichwort: Heuristik, heuristisch. In J. Ritter (Hrsg.). Historisches Wörterbuch der Philosophie, 3. Basel, Stuttgart: Schwabe, Sp. 1115–1120.

Schnell, R., Hill, P.B., Esser, E. (1988). Methoden der empirischen Sozialforschung. München, Wien: Oldenbourg.

Schröer, N. (Hrsg.)(1994). Interpretative Sozialforschung. Auf dem Wege zu einer hermeneutischen Wissenssoziologie. Opladen: Westdeutscher Verlag.

Shaw, R.C. (1930). The Jack-Roller. A delinquent Boy's own Story. Chicago: University of Chicago Press.

Simmel, G. (1908). Soziologie. Untersuchungen über die Formen der Vergesellschaftung. (4. Aufl. 1958). Berlin: Duncker & Humblot.

Simpson, C. (1996). Elisabeth Noelle-Neumann's „Spiral of Silence" and the Historical Context of Communication Theory. Journal of Communication, 46, 149–173.

Soeffner, H.-G. (1989) Auslegung des Alltags – der Alltag der Auslegung. Zur wissenssoziologischen Konzeption einer sozialwissenschaftlichen Hermeneutik. Frankfurt/M: Suhrkamp.

Soeffner, H.-G. (1992). Die Ordnung der Rituale. Die Auslegung des Alltags 2. Frankfurt/M: Suhrkamp.

Thomae, H. (1991). Biographische Methoden in der Psychologie. In U. Flick u.a. (Hrsg.), 249–253.

Thomas, W.I. & Znaniecki, F. (1918–1920). The Polish Peasant in Europe and America. Monograph of an Immigrant Group, 5 Bde., Boston: Goram Press (Neuausgaben 1927, 1958).

Vollmers, B. (1992). Kreatives Experimentieren. Die Methodik von Jean Piaget, den Gestaltpsychologen und der Würzburger Schule. Wiesbaden: Deutscher Universitäts Verlag.

Weber, M. (1918–1920). Wirtschaft und Gesellschaft. Grundriß der verstehenden Soziologie. 1. Halbband. (5. Aufl. 1976). Tübingen: Mohr.

Wilson, Th. P. (1970). Theorien der Interaktion und Modelle soziologischer Erklärung. In Arbeitsgruppe Bielefelder Soziologen (Hrsg.) 1, 1973. Reinbek: Rowohlt 54–79.

Windelband, W. (1894). Geschichte und Naturwissenschaft. Strassburg: Heitz.

Witte, E.H. (1989) Lehrbuch Sozialpsychologie (2. Aufl. 1994). Weinheim: Psychologie Verlags Union.

Die Verwendung von Idealtypen bei der fallvergleichenden biographischen Forschung

Uta Gerhardt

Die Verwendung von Idealtypen in der Biographieforschung ist bei weitem nicht auf die Medizinsoziologie beschränkt, wo Verläufe insbesondere des Familien- und Berufslebens bei chronisch Kranken unter dem analytischen Gesichtspunkt der Patientenkarriere untersucht worden sind (Gerhardt 1984, 1986a, 1990, 1991b, Gerhardt/Kirchgässler 1987). Sondern in jüngerer Zeit wurde der Gedanke der idealtypischen Analyseperspektive zum einen auf nicht-medizinsoziologische Themenfelder der Soziologie übertragen – so etwa bei Monika Ludwigs „Armutskarrieren" (1996) – und auch in der Psychotherapieforschung genutzt (z.B. Klotter 1994). Zum anderen hat die Lehrbuch-Methodenliteratur über qualitative Forschung seit Beginn der neunziger Jahre rezipiert, daß es heute möglich ist, Idealtypen der Verlaufstrukturenbetrachtung in der biographischen Forschung zu verwenden (Flick et al. 1991, Bohnsack 1993).

Der skizzenhafte Aufriß der Biographiekonzeption, Weber-Rezeption und induktiv-systematischen Forschungsstrategie der idealtypischen Verlaufsstruktur(en)analyse erbringt in dem ersten Teil des hier vorgelegten Beitrages zunächst, daß in Umrissen herauszulesen ist, was das Besondere dieses biographieanalytischen Ansatzes ist. Danach werden, um den Leistungswert der fallvergleichenden Verlaufsstruktur(en)analyse zu veranschaulichen, einige Ergebnisse dargestellt, die durch Verwendung von Idealtypen erzielt wurden.

Die Doppelstruktur von Biographien

Eine Biographie ist zuallererst das einmalige gelebte Leben einer jeden individuellen Person, und als solches ist sie unwiederholbar und grundsätzlich anders als bei jedem anderen Menschen. Die Biographie – das Leben des einzelnen als einmalige Aufsummierung und Strukturierung von Lebenserfahrungen – muß solange als unabgeschlossen und insofern zukunftsoffen unprognostizierbar gelten, bis der Tod den Biographieverlauf beendet und zugleich nunmehr den Zeitpunkt setzt, an dem retrospektiv allererst möglich wird, den Gang der Biographie endgültig zu erkennen (Dilthey 1909). Diese philosophische Einsicht muß beachtet werden; aus ihr ergeben sich notwendigerweise zwei Desiderate für die soziologische Biographieforschung: Erstens muß an Biographien deren *Individualität* gesehen werden. Die Einzigartigkeit einzelbiographischer Lebensgestaltung darf nicht durch vorschnelle Verallgemeinerungen verwischt werden. Man darf nicht fragen nach Strukturgegebenheiten biographischen Geschehens und Erlebens, als wäre die Biographie ein Produkt der vielzitierten „gesellschaftlichen Institutionalisierung des Lebenslaufs"; zu vermeiden sind also Modelle transindividueller Determinierung von Biographien à la „ärgerliche Tatsache Gesellschaft" (Dahrendorf).

Zweitens muß man an Biographien das Moment der *Freiheit* und der *Rationalität* des einzelnen sehen. Damit wird grundsätzlich postuliert, daß subjektiv eine Wahlchance zwischen Möglichkeiten der Lebensgestaltung allemal gegeben ist und entweder aktiv genutzt wird oder durch Nichthandeln ungenutzt bleibt. Talcott Parsons drückte diesen Sachverhalt in der Formel aus, daß der Mensch ein „aktives, schöpferisches, wertendes" Wesen ist (1935: 282). Max Weber wies darauf hin, daß subjektiv rational gemeinter Sinnbezug im sozialen Handeln zwar nicht automatisch auch zugleich objektiv richtigkeitsrational, jedoch für das Handeln des einzelnen soziologisch allemal zentral ist; Helmuth Girndt, der Webers Handlungstheorie erläutert, faßt diesen Sinnbezug in die Begriffe, daß das vernünftige Handeln – dessen Untertypus das rationale Handeln ist – zwei Merkmale nachweislich miteinander verbindet, nämlich *Intentionalität* und *Reflexivität* (Weber 1913, Girndt 1967).

Ausgangspunkt ist die individuelle Biographie in ihrer Je-Einmaligkeit. Wie kann die Soziologie, die sich mit gesellschaftlichen Strukturierungen des Handelns beschäftigt, einen Beitrag leisten zur Erforschung der Verlaufsdynamik individueller Biographien? Der Soziologie geht es um Institutionenordnungen wie Wirtschaft, Staat etc., und sie analysiert die gesellschaftliche Eigendynamik sozialer Kollektivgebilde wie etwa sozialer Schichten, Klassen, Stände oder Kasten – um nur beispielhaft ein Feld sozialer Kollektive zu nennen. Was kann die Soziologie, deren Erkenntnisinteresse nicht impliziert, daß die Individuen immer 'ihres Glückes Schmied' sind, beitragen zum Verständnis von Biographien, die ihrerseits stets individuell sind und grundsätzlich frei und rational gestaltet werden?

Auf diese Frage gibt es zwei Antworten, die sich auf jüngere soziologische Literatur zu Biographie und Lebenslauf stützen. Die erste Antwort verweist auf Martin Kohlis Arbeiten zur Lebenslaufthematik und Lutz Leisering/Stephan Leibfrieds Untersuchungen zu Strukturen des Lebenslaufregimes. Kohli (1981) fand, daß erstens in Entscheidungssituationen des biographischen Wählens (z.B. bei der Berufswahl) mögliche „Pfade" des weiteren Lebensweges offenstehen als absehbare Sequenzen der danach hintereinander gestaffelten Verlaufsphasen, und daß zweitens bei Personen mit gegebenen Merkmalen (z.B.

einem bestimmten Schulbildungsniveau) erkennbare „wahrscheinlichste Pfade"
der weiteren Lebensgestaltung empirisch festzustellen sind – obwohl Abweichungen von „wahrscheinlichen Pfaden" zu finden sind und auch Fälle, wo ein
„wahrscheinlicher Pfad" erst beschritten und später zugunsten eines „unwahr-
scheinlichen Pfades" verlassen wird. Die Grundidee probabilistischer Biogra-
phiemuster systematisierte Kohli (1985) aus der Perspektive der „wahrscheinlichen Pfade": Er sprach nun von einer „Institutionalisierung des Lebenslaufs",
womit er erstens hinweisen wollte auf wachsende Anähnelung jeweiliger Pha-
senverläufe bei den heute zeitgenössischen Biographien – etwa daß Art und
Dauer der Biographiestadien Kindheit/Jugend – Erwerbsphase – Ruhestand
immer gleichartiger werden seit der Jahrhundertwende. Zweitens wollte er darauf aufmerksam machen, daß diese neuen Ähnlichkeiten individueller Biographien in den entwickelten Industriegesellschaften wohlfahrtsstaatlichen Siche-
rungssystemen vornehmlich wegen deren Regulierung von Lebensläufen zu
verdanken sind (qua Festlegung von Schuleintrittsalter, Volljährigkeitsalter,
Ruhestandsalter etc.).

Diesen Gedanken erweiterte Leisering (1992) zu einer Analyse konkurrierender „Lebenslaufregimes", die im freiheitlichen Wohlfahrtsstaat offenstehen zur
Gestaltung von Lebensläufen, insbesondere denjenigen, die durch Risikolagen
wie Arbeitslosigkeit, Armut etc. gefährdet sind (siehe dazu auch Leibfried/
Leisering 1995). Das Lebenslaufmodell, das nunmehr gelten soll, geht über
dasjenige der „wahrscheinlichen Pfade" hinaus; nun wird systematisch berücksichtigt, daß zu jedem Zeitpunkt jeder Biographie grundsätzlich eine Chance
eingeräumt werden muß, daß die gegebene Lebenslage sich zum Besseren oder
zum Schlimmeren kurzfristig oder langfristig ändert. Ein derartiges *Kontingenz*modell, wie Ludwig (1996) formuliert – unter Berufung auf Gerhardt
(1986a) –, setzt voraus, daß gelebte Biographien sich zwar an institutionalisierten Lebenslaufregimes *orientieren*, aber diesen niemals – oder allenfalls in seltenen Ausnahmefällen – gänzlich entsprechen. Letztlich darf man deshalb ein
etabliertes Lebenslaufregime nicht etwa als einen normierten Verlauf auffassen,
der den Individuen aufoktroyiert wird. Sondern das Lebenslaufregime ist ein
Bündel paralleler Verlaufsoptionen, die innerhalb ein und desselben Biographiemusters unterschiedliche Phasensequenzen ermöglichen und ganz verschiedene – oftmals konträre – Ergebnisperspektiven gestatten. Bei den Sozial-
hilfeverläufen, die im Bremer SFB 186 untersucht werden, dem die Forscher
Leibfried/Leisering/Ludwig angehören, gibt es beispielsweise eine Variations-
breite, die reicht von durch Sozialhilfe gedeckten Wartezeiten auf anderweitig
bereits beantragte Einkommensleistungen über die Überbrückung lebensgeschichtlich krisenhafter Umstände (etwa nach Scheidung), die allerdings erfolgreich beendet werden oder erfolglos bleiben kann, so daß letztlich dort dann
ungewollt Dauerbezug sich abzeichnet, bis hin zu als Spätfolge unvorherseh-ba-

rer Umstände sich entwickelndem oder sogar andererseits bewußt gewolltem Dauerbezug der „Hilfe zum Lebensunterhalt". Die verschiedenen Formen, die individuell dabei gewünscht werden oder die nach und nach im Lebensverlauf tatsächlich sich herauskristallisieren, gehören zu den Variationsmöglichkeiten, die ein seinerseits normiertes bzw. als Normalform institutionalisiertes Lebenslaufregime empirisch hat.

Die zweite Antwort der Soziologie auf die Frage nach den gesellschaftlichen Strukturierungsprinzipien der dennoch stets individuell einmaligen Biographien stützt sich auf Überlegungen Thomas Luckmanns zu „biographischen Schemata" und Hans-Georg Soeffners zu „Interaktionskonfigurationen". Luckmann (1986) analysiert verschiedene Dimensionen der Zeitlichkeit sozialen Handelns und nennt als Rahmen sowohl der „inneren" als auch der „sozialen" Zeit, daß *historische Zeit* im Lebenslauf gestaltet wird entsprechend „Typisierungen, (die) dienen als vorgefertigte, intersubjektiv gültige Modelle für kognitive Prozesse..., die Ziele und Entwürfe, Anfänge und Bedingungen unterscheiden (und die Verschränkung von Handlungsphasen koordinieren)" sowie „dazu, Handlungsverläufe zeitlich zu gliedern" (1986:163). Besonders interessiert ihn, daß „biographische Schemata einen Kern narrativer Verläufe enthalten", wobei „der Begriff ʻKarriereʼ, wie er in der Berufssoziologie entwickelt wurde, als brauchbare Analogie dienen (kann). Da gibt es aufwärts- und abwärtsgehende Bahnen, Aufstiege und Stürze, Erfolge und Niederlagen" (1986: 169).

Soeffner (1989) setzt diesen Gedanken fort. Er will berücksichtigt wissen, daß Handeln stets kontextbezogen ist, und zwar dergestalt, daß eine Handlungsnormierung oder ein „biographisches Schema" jeweils anders wahrgenommen bzw. anders interpretiert wird, wenn unterschiedliche biographische oder zeitgeschichtliche Konstellationen von Handlungspartnern gegeben sind. Derartige „Interaktionskonfigurationen", so Soeffner, bestehen aus Handlungs-Sets bei gesellschaftlich standardisierten Ereignissen im Lebensverlauf (z.B. Schulabgang, Hochzeit) oder bei Lebensphasenübergängen (z.B. Entscheidung nach einer Operation zum Wiedereinsteigen ins Berufsleben oder Ausscheiden aus dem Erwerbsleben). Interaktionskonfigurationen können sich ihrerseits durchaus über eine gewisse (meistens begrenzte) Zeitperiode erstrecken (z.B. Examenszeit am Ende eines Studiums). Entscheidend ist, daß Interaktionskonfigurationen individuell jeweils typisch sind für das Durchleben bestimmter – ihrerseits mehr oder minder allgemeiner – Lebensumstände. Dazu erläutert Soeffner, der zugleich auf Vorgänge der „sozialen Konstruktion der Wirklichkeit" (Berger/Luckmann 1966) verweisen will: „Mit dem Ausdruck ʻInteraktionskonfigurationʼ wird eine konkrete, historische, soziale Einheit bezeichnet, die zugleich als Entscheidungsstelle und Handlungsort für soziale Handlung, das heißt für ʻInteraktionsprodukteʼ fungiert. Interaktionsprodukte repräsentieren den objektiven Sinn der von den Interaktanden in der Sozialisation erworbenen Interaktionsrepertoires, das heißt von Verhaltensmustern (habit sets) und Handlungsplänen (habit plans) (vgl. Mead 1934). Die aktuelle Umsetzung solcher ‚Sinngrößen' durch eine spezifische Interaktionsgemeinschaft in einer konkreten Handlungssituation bezeichne ich als die konkrete, objektiv typisierte und interpretierbare ‚Sinnfigur' einer Interaktionskonfiguration" (1989: 22).

Aufgrund der solchermaßen offenkundigen Doppelstruktur von Biographien – einmalig zu sein und dennoch zu gesellschaftlich strukturierten Formen der Lebensgestaltung zu passen – ergeben sich für die soziologische Biographieforschung zwei grundlegende Postulate als methodologische Fundierung. Diese sind: *Erstens* muß stets der *Einzelfall* verstanden und erklärt werden. Fallorientierung des Untersuchungsansatzes und des Daten-Analyse-Verfahrens sind unverzichtbar. Jede Strukturaussage muß dazu taugen, auch den Einzelfall in seiner Besonderheit verständlich zu erklären. *Zweitens* haben alle Biographie- bzw. Fallvorgänge einen Verlaufs- oder Zeitcharakter. *Zeitlichkeits*verständnis ist daher unerläßlich zur Erfassung der Handlungsrationalität, die sowohl den Befragten zur Biographiegestaltung dient als auch in Regelungen der „Lebenslaufregimes" steckt, worin die „Institutionalisierung des Lebenslaufs" heutzutage besteht.

Idealtypen für die verstehende Erklärung geschichtlicher (lebensgeschichtlicher) Strukturen und Verläufe in der Soziologie

Max Weber erkannte, daß die Soziologie für sich einen Ausweg suchen mußte aus dem Dilemma, in dem die Nationalökonomie der Jahrhundertwende steckte. Auf der einen Seite gab es eine nomothetische (durch gesetzhafte Regelmäßigkeiten erklärende) und auf der anderen Seite eine idiographische (durch historische Rekonstruktion erklärende) Nationalökonomie. Die Soziologie, die geschichtliche Phänomene adäquat erkennen und zugleich daran Regelmäßigkeiten erfassen wollte, so Weber, mußte einen *dritten* Weg der sozialwissenschaftlichen Erklärung wählen. Dieser dritte Weg war die Bildung von *Idealtypen*. Damit meinte Weber idealisierte („reine") Gedankenbilder typisierter geschichtlich-gesellschaftlicher Zusammenhänge, die dazu dienten, empirische Phänomene (Strukturen und Prozesse) verstehend zu erklären. Der Vorgang der Erklärung bestand darin, daß die empirischen Strukturen und Verläufe an den idealisierten Konstruktionen der typisierten Phänomene *„gemessen"* wurden, d.h. ihrerseits in ihrer Einzigartigkeit dadurch verstehbar wurden, daß sie in Bezug zum „reinen" Typus gesetzt und also *per Abweichung* davon bestimmt

wurden. Weber nannte in diesem Sinne den Idealtypus „ein Gedankenbild,
...welches die Bedeutung eines rein idealen *Grenz*begriffes hat, an welchem die
Wirklichkeit zur Verdeutlichung bestimmter bedeutsamer Bestandteile ihres
empirischen Gehaltes *gemessen*, mit dem sie *verglichen* wird" (1904/1968: 194).
Das Erkenntnisinteresse war dabei stets, so betonte er ausdrücklich, daß der
einzelne individuelle Fall – er sprach von „Kulturerscheinung" – zu erfassen
war. „Nicht das Gattungsmäßige", so unterstrich er, „sondern umgekehrt die
Eigenart von Kulturerscheinungen" sollte „scharf zu Bewußtsein" gebracht
werden (1904/1968: 202).

Wie stellte er sich das methodische Procedere bei derartiger soziologischer
Erklärung von Einzelfällen (Kulturerscheinungen) vor? Er unterschied insgesamt drei Schritte des Vorgehens, die ihrerseits teilweise in weitere Einzel-
schritte zerfielen. Die drei Schritte waren: Fallvergleich (Kontrastierung) –
Bildung von Idealtypen – Konfrontierung (Anwendung der Idealtypen zur Ein-
zelphänomenerklärung). Diese drei Schritte sollen nun skizzenhaft nachge-
zeichnet werden:

Ausgangspunkt ist der *beschreibende Fallvergleich*. Auf ihn geht Weber nur
sporadisch ein (z.B. im „Objektivitätsaufsatz", 1904/1968: 210f., wo er nach
einer Erklärung der „Interessen" der Landwirtschaft sucht und dabei zeigt, daß
der Forscher stets einen heuristischen idealisiert-typisierten Begriff des zu untersuchenden Phänomens bereits in die fallvergleichende Materialsammlung
einbringt).

Der nächste Schritt ist die *Bildung von Idealtypen*, wobei ein zu untersu-
chendes Phänomen durch mehrere – allerdings nicht beliebige – Idealtypen
angepeilt werden kann: „Die Zahl der möglichen Idealtypen wird bestimmt
durch die Gegebenheit selbst", schreibt Dieter Henrich (1952: 85), der dabei den
Rationalitätsrahmen hervorhebt. Um zu prüfen, ob ein gewählter Idealtypus
geeignet ist, um ein untersuchtes Phänomen zu erklären, so schlägt Weber vor,
müssen drei Prüfschritte durchgeführt werden. Dies sind: (1) „Zu-Ende-Den-
ken": Im Licht des über den zu erklärenden Sachverhalt bereits bekannten Wissens wird geprüft, ob konsequentes Weiterdenken der logischen Zeitreihen, die
im Idealtypus tentativ gesetzt werden, zu Ablaufbildern führt, die – nach dem
vorhandenen Wissen – weder unsinnig noch unwahrscheinlich sind (Weber
1904/1968: 208, Henrich 1952: 91, Gerhardt 1983: 199, 1991a: 24); (2) „Fortdenken": Durch probeweises Fortdenken – wie Weber es nennt – von Elementen der idealtypischen Konstruktion eines Geschehens wird geprüft, ob jedes
Element notwendig ist zur Erklärung des Phänomens/Vorgangs. Mit anderen
Worten: Der Idealtypus enthält nur solche Elemente, von denen feststeht, daß
ihr *Weglassen* beim Aufbau des idealtypischen Konstrukts dazu führen würde,
daß ein *anderer* Ablauf des Geschehens konstruiert würde (ein anderes Geschehen postuliert würde); (3) „Erfahrungsprobe": Der dritte Schritt ist nicht

immer möglich; Weber nennt ihn: „Kontrolle der verständlichen Sinndeutung durch den Erfolg" – also Verifizierung der im Idealtypus gesetzten Verlaufshypothese durch Langzeitbeobachtung historischer Verläufe. „Im übrigen", so fährt er fort, „gibt es nur die Möglichkeit der Vergleichung möglichst vieler Vorgänge des historischen oder Alltagslebens, welche sonst gleichartig, aber in dem entscheidenden einen Punkt: dem jeweils auf seine praktische Bedeutsamkeit hin untersuchten ‚Motiv' oder ‚Anlaß', verschieden geartet sind: eine wichtige Aufgabe der vergleichenden Soziologie. Oft bleibt leider nur das unsichere Mittel des ‚gedanklichen Experiments', d.h. des Fort*denkens* einzelner Bestandteile der Motivationskette und der Konstruktion des *dann* wahrscheinlichen Verlaufs" (1922/1956: 4–5).

Um nun den Einzelfall adäquat zu erklären, also „die Eigenart von Kulturerscheinungen ... zu Bewußtsein zu bringen", wird der Idealtypus in Bezug gesetzt zum einzelnen besonderen Fallverlauf. Dies ist der Schritt der *Konfrontierung*. Weber sagt dazu: „Nur durch die idealtypischen Begriffsformeln werden die Gesichtspunkte, die im Einzelfall in Betracht kommen, in ihrer Eigenart im Wege der *Konfrontierung* des Empirischen mit dem Idealtypischen wirklich deutlich" (1904/1968: 212).

Die Idealtypen-Methode der interpretierenden (nicht-statistischen) Datenanalyse in der fallvergleichenden biographischen Forschung begründet ihren Rekurs auf Webers Idealtypen-Konzept mit einem Hinweis auf die gemeinsame methodologische Ausgangslage. Weber ging es darum, für gesellschaftlich-geschichtliche Lebenszusammenhänge – also Daten historischer Provenienz – ein angemessenes Erklärungsverfahren zu finden, das die Mängel der nomothetischen ebenso wie jene der idiographischen zeitgenössischen Modelle vermied. Die Biographieforschung beschäftigt sich mit lebensgeschichtlichen Zusammenhängen – analysiert als Daten mit Zeitverlaufscharakter, deren Dynamik, Variabilität und Kontingenz ganz ähnlich wie bei historischen Daten sind. Also scheint angemessen, in der Soziologie das durch Weber für gesellschaftlich-geschichtliche Daten entwickelte Verfahren nunmehr in der Biographieforschung für gesellschaftlich-lebensgeschichtliche Daten anzuwenden.

Diese Gemeinsamkeit zwischen Webers Soziologie der gesellschaftlichen Ordnungsorientierung(en) des Handelns und der hier dargestellten – den Typusbegriff ebenfalls zentral setzenden – Soziologie der biographischen Strukturorientierung(en) ist ein wichtiges Fundament. Das Vorgehen der Idealtypenbildung, die bei Weber bekanntlich nur in der „nicht-empirischen" Forschung geschieht, kann sich selbstbewußt rechtfertigen durch eine durchaus textkonforme Weiterentwicklung eines Webergedankens. Es geht um das Problem, wie denn das heuristische Konstrukt, das als Idealtypus geeignet ist zur verstehenden Erklärung bestimmter Phänomene (z.B. jeweiliger Biographieverläufe), überhaupt so konkret gemacht werden kann, daß es dazu taugt, den untersuchten Fallverläufen seinerseits gegenübergestellt zu werden bzw. als Gegenpart der „Messungen" zu dienen, die dann die Eigenart der Einzelbiographie(n) erklären sollen. Die Antwort nimmt den Hinweis Webers ernst, daß gelegentlich ein „reiner" Fall bzw. Typus empirisch aufzufinden ist. Diese Einsicht wird verallgemeinert, und daraus ergibt sich für die fallvergleichende Biographieforschung: Sie findet den Idealtypus oder die Idealtypen für die untersuchten Fallverläufe unter den empirisch erhobenen Materialien. Das Erkenntnisinteresse bzw. das Forschungsproblem gibt jeweils eine Perspektive vor, unter der innerhalb des Gesamt der untersuchten – entsprechend Ausgangskriterien homogenen – Biographien gesucht werden kann nach einem einzelnen Fall (oder einer Gruppe sehr ähnlicher Fälle), worin ein „reiner" Typus des Gegenstandes im Rahmen der gegebenen Datenanalyse zu erkennen ist. (Zur idealtypischen Struktur der gesellschaftlichen Wirklichkeit, die dabei durchaus postuliert wird, vgl. Gerhardt 1996).

Zwei Prinzipien und drei Ebenen der systematisch qualitativ interpretierenden Datenanalyse

Die sogenannte „Grounded Theory" und andere Verfahren haben interessante Zugänge zur qualitativen Erhebung und teilweise Aufbereitung (Coding) diskursiver (tonbandgestützter) Daten eröffnet (Glaser/Strauss 1967, Wiedemann 1991). Aber ein anderes stringent qualitatives fallvergleichendes Verfahren der systematischen Daten*auswertung* als die Idealtypenanalyse liegt bisher nicht vor. Nur nicht-intuitionistisches Vorgehen – dies steht allerdings fest – kann die Wissenschaftlichkeit der biographischen soziologischen Forschung sicherstellen. Die Verwendung von Idealtypen, die Webers Überlegungen über wissenschaftliches Verstehen ernstnimmt, füllt eine anders bisher nicht geschlossene Lücke hinsichtlich systematisch qualitativer Datenanalyse.

Die zwei *Prinzipien*, die bei der Wahl der in einer Studie jeweils angewandten Vorgehensweise für die Datenaufbereitung und -auswertung wichtig sind, heißen Prinzip der *Fallanalyse* und Prinzip der *Zeit-Verlaufs-Perspektive*. Diese werden hier nun etwas näher erläutert, ehe die Stufen des Vorgehens der idealtypischen Datenanalyse beschrieben werden.

Robert Yin (1984) schlägt vor, jeden einzelnen untersuchten Fall anzusehen wie ein Experiment. Damit meint er, daß bei Fallanalysen jeder einzelne Fall so untersucht werden muß, daß ein früheres Stadium der zeitlichen oder systematischen Entwicklung in Bezug gesetzt wird zu einem späteren zeitlichen oder systematisch relevanten Zustand desselben Falls. Dadurch gewinnt der Forscher für jeden einzelnen Fall zunächst eine Aussage darüber, inwiefern das frühere zum späteren Stadium in einer verstehbaren Wenn-Dann-Relation steht. Mit anderen Worten: Jeder Fall wird erhoben und im ersten Schritt analysiert nach dem Muster eines (Quasi-)Experiments. Yin, dem es indessen um fallübergreifende, nicht bloße Einzelfallanalysen geht, sieht die – mit multiplen Datenquellen triangulierend arbeitende – Fallbetrachtung als notwendige Vorstufe der „Cross-Case-Analysis", die dann die Erkenntnisse aller (quasi)experimentell analysierten Einzelfallrekonstruktionen zusammenführt zu einem Bild der vergleichend analysierten multiplen Fallverläufe. Das Prinzip der (quasi)experimentellen Fallverlaufsbetrachtung ist grundlegend für die Verwendung von Idealtypen in der fallvergleichenden biographischen Forschung.

Das zweite Prinzip, das sich auf Felder konkomitanter Fälle bezieht, leitet sich aus Thomas Cook/Donald Campbells Überlegungen zu quasi-experimentellen Designs in der empirischen Forschung insgesamt ab. Cook/Campbell (1979) schlagen ein *Unterbrochene-Zeitreihen-Design* vor, wobei ein hypothetisches Verlaufsparadigma zugrunde gelegt wird, gegen das die empirischen Fälle jeweils „gehalten" werden; man muß sich dies vorstellen wie den Vorgang des „Messens" der empirischen Kulturerscheinungen am idealtypischen Konstrukt, den Weber beschreibt. Mit anderen Worten: Beispielsweise kann eine Biographie hypothetisch als Zeitreihe einer graduellen Einkommensoptimierung im Lebensverlauf gesetzt werden, und empirisch könnte eine Studie, die etwa Verheiratete mit Unverheirateten vergleicht, untersuchen, ob die Heirat die Zeitreihe der hypothetisch gesetzten Sukzession gradueller Einkommensverbesserungen unterbricht oder weiterführt – wobei Unterbrechung heißen kann, daß ein „Sprung" nach „oben" oder nach „unten" gleichermaßen eine Unterbrechung der hypothetisch gesetzten Zeitreihe bedeutet. In dieser Weise kann eine systematisch interpretierende Mehrfall-Analyse den beiden Grundprinzipien der Fallspezifikation und der Zeitlichkeitsstrukturrelevanz entsprechen.

Mit dem Vorverständnis der beiden Prinzipien der Datenauswertung können die drei Ebenen der idealtypischen Verlaufsanalyse nun näher beschrieben werden. Diese drei Ebenen bezeichnen zugleich das methodische Vorgehen bei der Verwendung von Idealtypen in der qualitativ interpretierenden empirischen Forschung.

Die erste Ebene – also der erste Schritt bei der Auswertung biographischer Materialien – ist die *Fallrekonstruktion*. Sie ist stets unter dem „theoretischen" Interesse durchzuführen (Yin), also unter dem analytischen Gesichtspunkt, der die Fragestellung der jeweiligen Studie bildet. Es geht dabei *nicht* darum herauszuarbeiten, „wie es eigentlich gewesen", als wäre ein Forscher nur ein profilloses Medium, der durch sich hindurchrauschen läßt, was als „objektive" oder „subjektive" Wirklichkeit der Befragten an ihn heranbrandet. Sondern rezipierend-reflektierende Momente gehen in das Verstehen jeder Fallsequenz in einem Interview ein. Reflexive Gesichtspunkte in der Fallrekonstruktion müssen sich allerdings systematisch herleiten lassen aus der Fragestellung der jeweiligen Studie. Die analytischen Gesichtspunkte, unter denen der Fall in seiner Besonderheit rekonstruiert wird, bilden einen intersubjektiv kommunizierbaren Rahmen des Fallverstehens; der Forscher muß in seinem Bericht erläutern können, wie die Fälle unter dem analytischen Gesichtspunkt sich darstellen. Ganz eindeutig ist der Arbeitsschritt der parallelen Rekonstruktion der Untersuchungsfälle, der sich an der Problemstellung der jeweiligen Studie orientiert, verwandt mit dem Vorgehen der „komparativen Kasuistik" (Jüttemann 1981, 1990). Letztere leistet vergleichende Individualanalyse. Wegen dieses viel zu wenig beachteten Erkenntnismodus verdient sie, mehr als bisher weithin ernstgenommen zu werden.

Ist die Fallrekonstruktion abgeschlossen, kann sie dazu dienen, Felder ähnlicher Fallverläufe empirisch zu identifizieren. Man kann dann erkennen, welche Ausgangsbedingungen empirisch mit welcher individuellen Chance der weiteren Fallentwicklung verbunden sind, und auch, welche unterschiedlichen Gruppen oder Cluster verlaufsähnlicher Fälle im empirischen Material zu finden sind. Derartige Cluster lassen sich verdeutlichend *beschreiben*, indem man einen besonders anschaulichen Fall herausnimmt und daran paradigmatisch das Interessante der betreffenden Fallgruppe erläutert. Solche Fälle können das Typische einer Verlaufssequenz oder Fallgruppe oftmals höchst eindringlich sichtbar machen.

Wenn man idealtypisch analysiert, muß man allerdings noch einen Schritt weitergehen. Zunächst muß man noch einmal zurück zum Datenmaterial und dort eine weitere Aufbereitung der Daten vornehmen. Nunmehr geht es darum, unter dem Gesichtspunkt der Fragestellung der Studie jenen „reinen" Fall zunächst hypothetisch zu konkretisieren, der das Phänomen, das zu erklären ist, idealisiert in typisierter Form verkörpert. Dieser zunächst hypothetische, „reine" Fall enthält Merkmale des Verlaufs etc., deren Bedeutsamkeit für den Untersuchungszusammenhang mit dem Prüfschritt des „Fortdenkens" – siehe Weber – zu sichern ist. Der Kanon der Merkmale (auch Verlaufsaspekte), die am „reinen" Fall interessieren, ist meistens eher klein. Er enthält vielleicht zwei, drei oder vier Kriterien, Punkte oder Stadien, die vorhanden oder erfüllt sein müssen, damit ein Fall eine „reine" Verkörperung eines „theoretischen" Sachverhalts ist. Natürlich ist für jedes Kriterium etc. zu klären, warum es systematisch eine Optimierung des Sachverhalts anzeigt, der erklärt werden soll. Die Konstruktion eines derart „reinen" Falls per Kriterien der Optimalität für den Untersuchungszusammenhang kann vielfach hin- und herüberlegend geschehen, und schließlich kommt ein im Medium dieser Kriterien gewissermaßen nur skeletthaftes Bild einer Biographie zustande, das für den Erkenntniszweck nun als weiterer Maßstab dient. Erst jetzt werden alle untersuchten Fälle noch einmal vercodet, nunmehr nur noch entsprechend der ausgewählten Kriterien der gegenstandsbezogenen „Reinheit". Die Fälle werden neu zueinander in Bezug gesetzt, und nun bilden sich Gruppen ähnlicher Fälle unter dem strengen Maßstab der vorher formulierten Kriterien für die Optimierung des Untersuchungszusammenhangs.

Die Cluster der Fallverläufe, die nun zu erkennen sind, bilden *Strukturen* des gesellschaftlichen Geschehens. Nun müssen diese im einzelnen näher untersucht werden. Zunächst wird innerhalb der empirisch gefundenen Cluster der systematisch verglichenen Fälle jeweils derjenige herausgesucht, der am nächsten liegt zu der Erfüllung sämtlicher Kriterien für den „reinen" Fall. Dieser ist der idealtypische Fall für den Zweck der daraufhin möglichen Struktur-Verlaufs-Analyse oder der weiterhin danach – bei Weber besonders betonten – Untersuchung und Erklärung der Einzelfälle. Der Idealtypus (idealtypische Fall) steht zum einen paradigmatisch für den Themenzusammenhang, der durch ein Cluster paralleler Fallverläufe verkörpert wird; zum anderen gestattet der idealtypische Fall innerhalb dieses Clusters, die Abweichung der anderen Fälle als „Differenz" zum Idealtypus differentiell und dabei vergleichend zu erfassen.

Die Strukturanalyse von Verlaufsdynamiken, die fallbezogen idealtypisch arbeitet, kann zwei unterschiedliche Vorgehensweisen bei der verstehenden Erklärung untersuchter Sachverhalte wählen (Gerhardt 1994). Sie kann erstens eine Fallmuster-Erklärung sein. Das heißt, dabei wird das Verhältnis der Fälle zueinander innerhalb der Felder im einzelnen betrachtet. Neben dem Gesichtspunkt, welche Falleigenheiten am besten die Erreichung eines idealtypischen Verlaufs ermöglichen, wird auch der Gesichtspunkt angelegt, ob weitere Fallmerkmale aufzufinden sind, die bei den nicht idealtypischen Fällen erklären, *daß* sie nicht idealtypisch sind, sondern sich individuell anders entwickelt haben (Fallmuster-Analyse). Ein Beispiel: Fallmuster-Interpretation erlaubt in der Armutsforschung, daß man Vorbedingungen einer letztlich erfolgreichen Sozialhilfebezugs-Überwindung am Material vergleichend erkennt und auch bezüglich individueller Fälle hypothetisch eine Prognose über eine falltypische Wahrscheinlichkeit ihrer jeweiligen Armutsüberwindung machen kann.

Zweitens kann die Strukturerklärung darauf angelegt sein, eine *zeitbezogene* Dynamik zu finden, die sich darstellt entweder als systematisch über Zeit immer bessere Verwirklichung einer idealtypisch möglichen rationalen Handlungskonstellation oder allgemein als eine Zeitdynamik der typischen Verlaufsstadien eines Biographiemusters oder „Lebenslaufregimes". Wieder ein Beispiel: Den mit einem chronischen Leiden langfristig Überlebenden gelingt über Zeit immer besser, ihre Krankheitsfolgen zu kontrollieren (siehe dazu auch nächster Abschnitt). Hier hat das Coping selbst – als kollektive Leistung der Betroffenen einer bestimmten Lebenslage – eine Zeitstruktur im Langzeitaufriß. Entsprechende Strukturdynamiken lassen sich auf den meisten Gebieten

des gesellschaftlichen Lebens finden. Das Vorgehen – als Form der Strukturanalyse – ist dabei, eine Prozeßstruktur im (Langzeit)Aufriß zu erkennen (Prozeßstruktur-Analyse).

Schließlich bleibt als dritter Schritt derjenige, der bei Weber explizit betont
wird: – Verstehen der Besonderheit der einzelnen Kulturerscheinungen. In der
fallvergleichenden biographischen Forschung will man nun erklären, warum
ein besonderer Fall, der sich „so und nicht anders" (Weber) entwickelt hat, so,
wie er geworden ist, ist. Diese Erklärung des Einzelfalls geschieht, indem durch
Vergleich zwischen ihm und dem relevanten Idealtypus (oder mehr als einem
Idealtypus als Bezugsgröße(n), wovon der Fall jeweils abweicht) geklärt wird,
was an diesem besonderen Fall ganz anders als im idealtypischen Fall ist – und
warum dies ganz anders (geworden) ist. Hier kann dann etwa eine Einzelfaller-
klärung dartun, daß die Biographie eines Obdachlosen, der einer Flüchtlings-
familie entstammt und vorzeitig von der Schule abging, sowohl von den Mustern der Flüchtlinge als auch jenen der Schulabsolventen (Schulabbrecher)
charakteristisch abweicht. Man mag dann finden, daß dieser Obdachlose einem
durch Alkoholismus beeinträchtigten Elternhaus entstammt und/oder daß er als
Jugendlicher eine auf Bewährung ausgesetzte Jugendstrafe wegen eines Eigen-
tumsdelikts erhielt. Letztere Besonderheiten dieser Biographie, die anders sind
als bei der für den Untersuchungszusammenhang idealtypischen Fallbiographie
– etwa anläßlich einer Untersuchung erfolgloser/erfolgreicher Absolventen
einer Umschulungsmaßnahme – mögen nun das Eigenartige dieses einzelnen
Lebens plausibel dartun. Zugleich wird die erklärte Einzelbiographie systematisch in ihrer Eigenheit sichtbar im Verhältnis zu den anderen Fällen der Unter-
suchungspopulation, die insgesamt in der betreffenden Studie beforscht wird.

Der Leistungswert
der idealtypisch fallvergleichenden Forschung

Um zu demonstrieren, welche Erkenntnisse mit diesem qualitativen Verfahren
erzielt werden können, ist es angebracht, nun zwei Studien etwas ausführlicher
zu referieren und ihre Ergebnisse darzustellen. Dadurch kann deutlich werden,
daß die Verwendung von Idealtypen in der fallvergleichenden biographischen
Forschung sowohl nützlich als auch möglicherweise notwendig ist – jedenfalls,
solange in der Soziologie kein weiteres qualitativ systematisches Verfahren der
Datenauswertung zur Verfügung steht.

Eine erste große Studie, die den Ansatz verwendete, widmete sich zunächst
der Frage, ob bei chronischem Nierenversagen des Mannes/Vaters Patienten
(Familien) mit Dialysebehandlung schlechter oder besser ihre wirtschaftliche

Existenz langfristig sichern können (sozialökonomisches Coping) als Patienten(familien) mit Transplantatbehandlung. Die Aufbereitung der Daten rekonstruierte sowohl die Krankheits- als auch die Berufsbiographie (für beide Ehepartner). In bezug auf die Behandlungsverläufe wurden drei Langzeittypen gefunden, nämlich Transplantat-Krankenhausdialyse-Sequenz (Typ I), Heimdialyse-Krankenhausdialyse-Sequenz (Typ II) und – oftmals erst nach Jahren oder gar einem Jahrzehnt geschehender – Wechsel von Typ II zu Typ I (Typ III). Die Berufsbiographien der Ehepartner wurden aufgeschlüsselt zu Typen der Familienrehabilitation (wobei individuelle Familien oftmals über Zeit den Familienrehabilitationstypus, zu dem sie gehörten, wechselten), nämlich (a) Mann voll berufstätig, Frau Hausfrau oder in Teilzeitjob berufstätig (traditional), (b) Mann arbeitslos, Frau Hausfrau oder in Teilzeitjob berufstätig (Arbeitslosigkeit), (c) beide voll berufstätig (Doppelverdiener) und (d) Mann arbeitslos, Frau voll berufstätig als Familienernährer (Rollentausch). Die *Fallmuster-Analyse* der kombinierten Teilbiographien erbrachte zunächst folgende Ergebnisse: 1. Patienten aus Doppelverdiener- und Rollentausch-Ehen hatten bessere Überlebenschancen in der zweijährigen ersten Anpassungsphase an die dramatische Krankheitstherapie; 2. Langfristig (nach vier oder mehr Jahren) waren die Patienten mit traditionaler oder Arbeitslosigkeits-Familienrehabilitation (also bei mannzentrierter Ehestruktur) demgegenüber besser vor Nichtüberleben geschützt; 3. Patienten der oberen sozialen Schicht hatten häufiger (anfängliche) Dialysebehandlung und waren voll berufstätig (traditional); Patienten der untersten sozialen Schicht hatten demgegenüber häufiger eine (verhältnismäßig bald erreichte) Transplantatbehandlung, und sie lebten fast durchweg in Ehen mit Doppelverdienerstruktur; beide Schichtzugehörigkeiten (Oberschicht, Unterschicht) bedeuteten insgesamt, daß die Patienten eher weniger Behandlungswechsel hatten und dennoch eine bessere langfristige Überlebenschance als bei Zugehörigkeit zu den mittleren Schichten.

Die idealtypische Konstruktion zur Untersuchung des sozialökonomischen Coping war eine *Karriere* eines Patienten im Sinne eines beruflichen Aufstiegs wie bei einem Gesunden. Vier Kriterien erfaßten, was den „reinen" Fall der Patientenkarriere definieren sollte: (a) beruflicher Aufstieg *nach* Beginn der Dialyse- oder Transplantatbehandlung, (b) Verbesserung der finanziellen Lage der Familie (c) Fehlen schwerwiegender Rückwirkungen der Copinganstrengungen auf die Ehequalität (Harmonie der Ehepartnerbeziehung) und (d) Fehlen schwerwiegender Rückwirkungen auf die Kinder (also normale Entwicklung anstatt Symptomen wie etwa Bettnässen, Kleptomanie etc.). Sämtliche vier Kriterien erfüllten unter den achtundsechzig Fällen nur insgesamt zwei Fälle. Sie verkörperten zwei komplementäre Ausprägungen von Patientenkarrieren. Die beiden Typen von Patientenkarriere und ihre Verwirklichung in den Fällen 27 und 60 sahen folgendermaßen aus: A. *Behandlungsorientierte Be-*

rufskarriere (Fall 27): In einer traditionalen Ehe gelingt einem Architekten anderthalb Jahre nach Behandlungsbeginn ein Aufstieg zum Chefarchitekten; die finanzielle Situation wird derart gut, daß die Familie ein neues großes Haus kauft; die Ehe bleibt weiterhin ein pragmatisches Miteinander „eingespielter" Partner, trotz langjähriger Heimdialyse; die Kinder entwickeln keine negativen Symptome: Dieser Patient (soziale Schicht I) hat zehn Jahre Heimdialyse hinter sich, als er ein funktionsfähiges Transplantat im Alter von über 50 Jahren erhält. B. *Berufsorientierte Behandlungskarriere* (Fall 60): Den beruflichen Aufstieg hat hier die Ehefrau des Doppelverdiener-Ehepaares; die finanzielle Situation wird derart gut, daß die Familie als Hobby eine Pferdezucht beginnt; die anfänglich scheidungsgefährdete Ehe wird wieder zu einer harmonischen Beziehung; den Kindern geht es gut: Dieser Patient (soziale Schicht IV) hat nur eineinhalb Jahre Heimdialyse gehabt, als er – als gerade seine Frau beruflich länger abwesend ist – ein erfolgreiches Transplantat im Alter von 36 Jahren erhält. Dies waren die beiden Grundtypen der Patientenkarriere, ermittelt nach den vier festgelegten Kriterien und jeweils nur in einem Fall aus dem Untersuchungskollektiv verwirklicht. Im Zuge der Datenanalyse wurden die beiden Grundtypen der Karriere als polare Bezugsgrößen aufgefaßt, in Relation zu denen jeweils die weiteren Fälle nahe daran oder weiter davon entfernt zu erkennen waren. Die „reinen" Typusfälle der Patientenkarriere dienten dazu, an den weiteren untersuchten Fällen in Einzelheiten abzulesen, was bereits die idealtypischen Fälle nahelegten, nämlich daß bestimmte Merkmalskonstellationen zum Zeitpunkt des Behandlungsbeginns eine kurzfristige oder langfristige Optimierung des sozialökonomischen Coping begünstigten oder behinderten.

Schließlich wurde nach mehreren Follow-ups, die insgesamt zwölf Jahre der Lebensverläufe überschaubar machten, eine *Prozeßstruktur-Analyse* durchgeführt. Sie stellte die Frage nach den langfristigen Chancen einer Optimierung der Ergebniszustände Überleben, Berufstätigkeit und (Transplantat)Behandlung. Was kam heraus? In Kürze vier Punkte dazu: 1. In der ersten Phase unterschieden sich mannzentrierte und partnerschaftliche Ehen hinsichtlich sozioökonomischem Coping derart, daß die Fälle besser daran waren, wo die Frauen voll in die ökonomische Existenzsicherung einbezogen waren; 2. Langfristig galt eher umgekehrt, daß die mannzentrierte Struktur bessere Chancen bot; 3. Die oberste Sozialschicht, wo typischerweise eher mannzentrierte Ehestruktur bestand, und die unterste Sozialschicht, wo die Ehestruktur typischerweise partnerschaftlich war, waren „günstiger" als die mittleren Schichtlagen; 4. Immer mehr Fälle, die bereits am Ende der Interviewphase eine volle Berufstätigkeit des Patienten aufwiesen, konnten im Laufe der Zeit auch ein erfolgreiches Transplantat verbuchen: Der Anteil der Fälle (der Überlebenden), die den optimalen Copingtyp schließlich erreichten und also eine „überlebensrationale" Berufs-Behandlungs-Konstellation hatten/bekamen, wuchs im Verlauf der zwölfjährigen Beobachtungsphase (inklusive Follow-ups) immer mehr an: So erreichten immer mehr Langzeitüberlebende eine immer optimalere karrierehafte Lebenslage.

An dieser Darstellung der – in einem Buch und insgesamt fünf Aufsätzen über einen Zeitraum von sieben Jahren veröffentlichten – Ergebnisse der Studie „Patient Careers in End-Stage Renal Failure" läßt sich ablesen, was man herausfinden kann und wie detailliert die Ergebnisse sind, wenn man Idealtypen in der fallvergleichenden biographischen Forschung verwendet. Eine zweite größere Studie liegt inzwischen ebenfalls abgeschlossen vor, die am Thema „Rückkehr zur Arbeit nach koronarer Bypassoperation" wiederum mittels idealtypischer Analyse zu interessanten Einsichten gelangt. Diese seien nunmehr eher zusammenfassend dargestellt, allerdings durchaus in einigen Einzelheiten. Es zeigt sich auch hier, daß die idealtypische Analyse stets sensibel auf die inhaltlichen Besonderheiten des jeweiligen Themengebietes achten muß und daß die Erläuterung ihrer Befunde zuweilen nicht auf Details der Fallbestimmungen verzichten kann.

Die Studie nahm sich vor, signifikante Aussagen zu erarbeiten zu einem Thema, das bisher in der klinischen Forschung immer wieder ins Niemandsland geführt hat: Warum kann man nicht nachweisen, daß erfolgreiche Bypassoperationen zur Rückkehr zur Arbeit führen und erfolglose zur Frühberentung? Nur biographische Forschung, die jeden einzelnen Fallverlauf berücksichtigt, konnte hier weiterhelfen. Das Untersuchungsdesign sah vor: Untersucht wurden nur Fälle, die nach den vier anerkannten Parametern der Kardiologie-Kardiochirurgie eine optimale postoperative Berufsrückkehrchance hatten, und an ihnen wurde nachgeprüft, wieviele (und wer) tatsächlich postoperativ ins Arbeitsleben zurückkehrten etc. Eine retrospektiv untersuchte Merkmalskohorte bereits ca. ein Jahrzehnt vorher Operierter stand einer prospektiv zu drei Zeitpunkten untersuchten Merkmalskohorte gegenüber. Die Aufbereitung der Materialien codierte die Fälle nach Verlaufsmodell der sukzessiven – hier nur angedeuteten – Stadien: Herzinfarkt/Präinfarktsyndrom – Operation (inklusive Operationsergebnis) – erste postoperative berufsbezogene Rehabilitationsentscheidung – zweite postoperative berufsbezogene Rehabilitationsentscheidung etc. So stellte sich die postoperative Biographie in die Dynamik Beruf – Frühberentung – Altersberentung.

Im ersten Analysegang wurde die Interaktionskonfiguration „Operation – erste postoperative berufsbezogene Rehabilitationsentscheidung" näher betrachtet. Dabei zeigten sich folgende Umstände: 1. Eine erfolgreiche Operation führte signifikant häufiger zur Arbeitswiederaufnahme als zur Frühberentung, aber eine erfolglose Operation führte ihrerseits zur Frühberentung eher als zur Arbeitswiederaufnahme (dies ließ erst recht fragen, warum die klinische Forschung keine aussagekräften Korrelationen hat ermitteln können); 2. Immerhin bei jeweils drei Zehnteln der erfolgreich oder erfolglos Operierten paßte die berufsbezogene Rehabilitation nicht zum Operationsergebnis; 3. Patienten der untersten sozialen Schicht (an- und ungelernte Arbeiter) wichen von allen anderen durch ihre besonders hohe Bereitschaft zur Frühberentung ab, die ihrerseits unabhängig vom Operationsergebnis bzw. in vielen Fällen auch nach gelungener Revaskularisation bewußt verwirklicht wurde; und 4. Patienten mit hoher Berufsidentifikation (zentralem Lebensinteresse Beruf) kämpften geradezu um ihre Arbeitswiederaufnahme, und dies taten sie unabhängig von der Qualität ihres Operationsergebnisses, also auch nach erfolgloser Revaskularisation. Diese vier Aspekte der Dynamik der Interaktionskonfiguration der postoperativen Patientenbiographiephase konnten im einzelnen veranschaulicht werden an paradigmatischen Fällen aus dem Untersuchungsmaterial, die diese Aussagen plausibel illustrierten.

Die Idealtypenbildung setzte an, wo nach gesellschaftlichen Strukturen gefragt wurde, die in den Biographieverläufen stecken. Eine Betrachtung der retrospektiv über ein Jahrzehnt untersuchten Fälle erbrachte zunächst, daß im Langzeitaufriß zu sehen war, daß der Prädiktorwert der Operationsqualität für die berufsbezogene Rehabilitationsform sich insgesamt immer weiter verminderte. Was also ist ausschlaggebend für den biographischen Verlauf? Nun wurden wiederum Kriterien erstellt für einen „reinen" Typus, und zwar einen Typus der optimalen *Lebensführung,* die auch noch oder auf jeden Fall nach einer Bypassoperation möglich sein soll. Diese Kriterien wurden wiederum verwendet zur „abstrahierenden" neuerlichen Fallverlaufsbetrachtung, wobei nun die folgenden drei Kriterien der optimierenden existenzerhaltenden Lebensführung Bezugspunkte waren: (a) Wohlbefinden wie bei einem Gesunden, d.h. Wiederherstellung eines dauerhaft symptomfreien Zustandes durch die Operation; (b) finanzielle Sicherheit, d.h. Erhaltung oder Verbesserung des präoperativen Einkommensniveaus postoperativ auf voraussichtlich unbestimmte Dauer, und (c) kooperatives Arzt-Patient-Verhältnis, d.h. Zufriedenheit des Hausarztes mit den Erfolgen bzw. dem Zustand des Patienten sowohl gesundheitlich als auch bezüglich Beruf/Berentung. Die drei Kriterien, so zeigte die Sichtung der sechzig Fälle der Studienpopulation(en), wurden *sämtlich* nur in insgesamt zwei Fällen des empirischen Materials erfüllt. Diese beiden Fälle waren optimal unter dem Gesichtspunkt der drei Kriterien, und zugleich unterschieden sie sich entscheidend, da der eine zum „biographischen Schema" der Frühberentung, der andere zum „biographischen Schema" der Berufstätigkeit paßte. Die beiden Fälle verkörperten alternative Möglichkeiten der Lebensführung jeweils optimal (durch gesundheitliches Wohlbefinden, finanzielle Sicherheit und Vertrauensverhältnis zu ihrem Arzt); wir nannten sie den Idealtypus Rentnerleben (Fall 14 P = prospektiv untersucht) und den Idealtypus Berufsleben (Fall 20 R = retrospektiv untersucht). Ihre Optimierung der Lebensführung nach kononarer Bypassoperation sah biographisch folgendermaßen aus:

A. *Rentnerleben* hieß bei Fall 14 P (Operationsalter 49 Jahre), daß er durch die Operation völlig symptomfrei wurde, daß er nach seiner selbst forcierten Erwerbsunfähigkeitsberentung (die ihm sein Hausarzt befürwortete) mehrere Jobs und Hobbys zusätzlich zu seiner Rente als Geldquelle auftat, so daß er sogar zeitweise etwas mehr Einkommen als vor seiner Operation nun erzielte, und daß sein Hausarzt ihn als einen großen Erfolg der Bypasschirurgie pries: Dieser Patient sieht zufrieden einem zukünftigen weiteren Leben als Rentner entgegen, und seine Partnerin stützt ihn dabei vollständig (sie ist ganztägig berufstätig); B. *Berufsleben* hieß bei Fall 20 R (Operationsalter 50 Jahre), daß er durch seine Operation völlig symptomfrei wurde, daß er nach kürzestmöglicher Krankschreibungsphase in seinen Beruf zurückkehrte, den er noch (fast) ein Jahrzehnt später voll ausübte, und daß sein Hausarzt auf ihn so stolz war, daß er ihn das „Paradepferd" unter seinen Patienten nannte: Dieser Patient sieht zufrieden seinem verbleibenden Berufsleben entgegen, von dem er sich nie vorstellen konnte, daß es vorzeitig enden könnte, und seine Frau ist überzeugt, daß er das Richtige tut (sie ist nicht berufstätig).

Die beiden Rehabilitationsformen, die in diesen zwei idealtypischen Fällen „rein" verwirklicht wurden, nannten wir „Rehabilitation durch gesellschaftliches Altern" (wobei letzteres den Übergang zum Rentnerdasein bezeichnet) gegenüber „Rehabilitation durch Beruf". Die folgenden Befunde über die Verlaufsstrukturen in den untersuchten Biographien wurden möglich: 1. Herzinfarkt in der Anamnese begünstigt eine Rehabilitation durch Beruf; 2. Präinfarktsyndrom in der Anamnese begünstigt eine Rehabilitation durch gesellschaftliches Altern (Rentnerdasein); 3. Dauerhafte Symptomfreiheit (klinisch optimale Rehabilitation) gibt es sowohl bei Lebensführung Rentnerleben als auch bei Lebensführung Berufsleben; 4. Sicherheit der finanziellen Existenz ist eher größer bei Lebensführung Berufsleben nach einer koronaren Bypassoperation als bei Lebensführung Rentnerleben. Insgesamt konnte die Studie im Überblick über die idealtypisch durch Fallmuster-Analyse erbrachten Befunde zeigen, daß man nicht grundsätzlich sagen kann, daß die postoperative Biographie (Wahl des Biographiemusters) beeinflußt wird durch die Qualität des Operationsergebnisses; insbesondere im Langzeitaufriß wird dieser Bezug immer schwächer. Durch Verlaufsanalyse der postoperativen Lebensführung, wobei zwischen den Grundmustern der Rentnerlebens und des Berufslebens unterschieden wurde und die Fälle jeweils in Relation zu einem (nächstliegenden) oder beiden Idealtypen gesetzt wurden, konnte gezeigt werden: 1. Nicht immer, jedoch meistens gelingt eine Existenzsicherung im (approximativen) Sinne eines der beiden idealtypischen Modelle; Verlust der gesamten Existenzsicherung ist im Langzeitaufriß insgesamt eher eine unwahrscheinliche Gefahr;

2. Altersorientierung (Lebensführungstyp Rentnerleben) haben etwa die Hälfte (etwas weniger als die Hälfte) der untersuchten Bypasspatientenfälle; die Rentenverwirklichung gelingt überwiegend; aber bei etwa einem Viertel der Altersorientierungsfälle scheitert die Rentenverwirklichung – und sie gehen ungewollt zunächst in den Arbeitsmarkt zurück oder werden gegen ihre Absicht dort festgehalten; 3. Berufsorientierung (Lebensführungstyp Berufsleben) haben etwa die Hälfte (etwas über die Hälfte) der Fälle; die Berufsfortsetzung gelingt überwiegend; aber etwa einem Viertel ist dieser Erfolg entweder nicht dauerhaft möglich oder die Arbeitswiederaufnahme scheitert gleich nach der Operation oder ist danach nicht dauernd erfolgreich, so daß ungewollt Frühberentung ‚gewählt‘ werden muß oder sogar schließlich nur noch Sozialhilfe als Existenzminimum offensteht.

Diese zugegebenermaßen skizzenhaften und zugleich recht detaillierten Darstellungen der Ergebnisse der Studie „Rückkehr zur Arbeit nach koronarer Bypassoperation" können zeigen, wie auch hier – ähnlich wie bei der Studie über chronisches Nierenversagen – biographische Forschung unter Verwendung von Idealtypen differenzierte Einsichten ermöglicht. Die Studie ist bisher in drei Aufsätzen näher erläutert worden und wird demnächst in einem Buch zusammenfassend vorgestellt.

Schlußbemerkung

Qualitative Forschung wird oftmals irrigerweise als wenig strukturiertes Vorgehen beschrieben, und zudem fehlte bisher in der Datenauswertung ein – was das hier vorgestellte Verfahren nun leistet – systematisch fallvergleichend interpretierendes Analyseprogramm. Bisher wurde qualitativ in der soziologischen Biographieforschung anhand von Einzelfallmaterialien ein Zusammenhang jeweils erläutert („erklärt"), von dem gesagt wird, daß er strukturell zu verstehen sei, aber dessen Typizität wurde – wie etwa bei der „strukturellen Hermeneutik" – nur per Behauptung bestimmt. Die Verwendung von Idealtypen ist ein großer Schritt vorwärts auf dem Weg zur hypothesengeleiteten, intersubjektiv gültigen Erklärung von Sachverhalten mittels qualitativer Forschung – also Forschung im eigentlichen Sinne dieses Wortes.

Daß Max Weber, der geschichtliche Daten soziologisch mittels Idealtypen analysierte, unwillkürlich ein Forschungsvorgehen der heutigen Biographieforschung mitbegründete, welche lebensgeschichtliche Daten bearbeitet, ist auch wegen der dadurch abgesicherten methodologischen Ortsbestimmung ganz unzweifelhaft ein segensreicher Glücksumstand.

Literatur

Berger, P. & Luckmann, T. (1966). The Social Construction of Reality. Garden City: Doubleday (dt. Die gesellschaftliche Konstruktion der Wirklichkeit, 1967).

Bohnsack, R. (1993). Rekonstruktive Sozialforschung. Opladen: Leske und Budrich (1. Auflage 1991).

Cook, T.D. & Campbell, D.T. (1979). Quasi-Experimentation. Design and Analysis Issues for Field Settings. Chicago: Rand McNally.

Dilthey, W. (1909). Erster Teil. Erleben, Ausdruck und Verstehen. In: Gesammelte Schriften, Band VII (S. 191–251), Stuttgart: Teubner 1958.

Flick, U., von Kardorff, E., Keupp, H., von Rosenstiel, L. & Wolff, S. (Hrsg) (1991). Handbuch Qualitative Sozialforschung. München: Psychologie Union.

Gerhardt, U. (1983): Patientenkarrieren: Biographische Typenkonstruktion in den Patientenkarrieren bei chronischer Niereninsuffizienz. Gießen/London: Abschlußbericht DFG-Projekt Nr. Ge 313/3 und SSRC-Projekt No. HR 5013.

dies. (1984). Typenkonstruktion bei Patientenkarrieren. In: Kohli, M. & Roberts, G. (Hrsg), Biographie und soziale Wirklichkeit (S. 53–77), Stuttgart: Metzler.

dies. (1985). Erzähldaten und Hypothesenkonstruktion. Kölner Zeitschrift für Soziologie und Sozialpsychologie, 43, 230–256.

dies. (1986a). Patientenkarrieren. Eine medizinsoziologische Studie. Frankfurt: Suhrkamp.

dies. (1986b). Verstehende Strukturanalyse: Die Konstruktion von Idealtypen als Analyseschritt bei der Auswertung qualitativer Forschungsmaterialien. In: Soeffner, H.-G. (Hrsg), Sozialstruktur und soziale Typik (S. 31–83), Frankfurt: Campus.

dies. (1990). Patient Careers in End-Stage Renal Failure. Social Science and Medicine, 30, 1211–1224.

dies. (1991a). Idealtypische Analyse von Statusbiographien bei chronisch Kranken. In: dies., Gesellschaft und Gesundheit. Begründung der Medizinsoziologie (S. 9–60), Frankfurt: Suhrkamp.

dies. (1991b). Family Rehabilitation and Longterm Survival in End-Stage Renal Failure. In: Albrecht, G. & Levy, J. (Hrsg), Advances in Medical Sociology, Vol. 2: Chronic Illness (S. 205–244), Greenwich, CT.: JAI Press.

dies. (1992a). Frühberentung und Handlungsrationalität. Soziale Welt, 43, 422–448.

dies. (1992b). Altersdynamik und Rehabilitation nach koronarer Bypassoperation. Zeitschrift für Gerontologie, 25, 243–254.

dies. (1994). The Use of Weberian Ideal-Type Methodology in Qualitative Data Interpretation: An Outline of Ideal-Type Analysis. Bulletin de Méthodologie Sociologique, No. 45 (Dec. 1994), 74–126.

dies. (1996). „Ideal Type" and the Construction of the Life Course. A New Look at the Micro-Macro Link. In. Weymann, A. & Heinz, W.R. (Hrsg), Society and Biography (S. 21–50), Weinheim: Deutscher Studien Verlag.

dies. & Kirchgässler, K. (1987). Analyse idéaltypique de carrières de patients. Sciences Sociales et Santé, 5, 41–91.

dies., Borgetto, B. (1993). Soziale Statuslage und gesellschaftliches Altern nach koronarer Bypassoperation. Sozial- und Präventivmedizin, 38, 165–171.

dies., Borgetto, B. & Rockenbauch, B. (1993). Aortokoronarer Venenbypass und Rückkehr zur Arbeit. Abschlußbericht DFG-Projekt Ge 313/5. Gießen/Heidelberg: unveröffentlicht.

Girndt, H. (1967). Das soziale Handeln als Grundkategorie erfahrungswissenschaftlicher Soziologie. Tübingen: Mohr (Siebeck).

Glaser, B. & Strauss, A.L. (1967). The Discovery of Grounded Theory. Chicago: Aldine.

Henrich, D. (1952). Die Einheit der Wissenschaftslehre Max Webers. Tübingen: Mohr (Siebeck).

Jüttemann, G. (1981). Komparative Kasuistik als Strategie psychologischer Forschung. Zeitschrift für Klinische Psychologie und Psychotherapie, 29, 101–118.

ders. (Hrsg) (1990). Komparative Kasuistik. Heidelberg: Asanger.

Klotter, C. (1994). Idealtypenbildung nach Max Weber als qualitative Datenauswertungsstrategie – exemplarisch erprobt am Beispiel von Eßstörungen. In: Faller, H. & Frommer, J. (Hrsg), Qualitative Psychotherapieforschung (S. 297–310), Heidelberg: Asanger.

Kohli, M. (1981). Biographische Organisation als Handlungs- und Strukturproblem. In: Matthes, J., Pfeiffenberger, A. & Stosberg, M. (Hrsg), Biographie in handlungswissenschaftlicher Perspektive (S. 157–168), Nürnberg: Selbstverlag Forschungsvereinigung.

ders. (1985), Die Institutionalisierung des Lebenslaufs. Kölner Zeitschrift für Soziologie und Sozialpsychologie, 43, 1–37.

Leisering, L. (1992). Sozialstaat und demographischer Wandel. Frankfurt: Campus.

Leibfried, S., Leisering, L. et al. (1995). Zeit der Armut, Frankfurt: Campus.

Luckmann, T. (1986). Zeit und Identität: Innere, soziale und historische Zeit. In: Fürstenberg, F. & Mörth, F. (Hrsg), Zeit als Strukturelement von Lebenswelt und Gesellschaft (S. 135–174), Linz: Trauner.

Mead, G.H. (1934). Mind, Self, and Society from the Standpoint of a Social Behaviorist, Chicago: Chicago University Press (Hrsg. C. Morris).

Parsons, T. (1935). The Place of Ultimate Values in Sociological Theory. International Journal of Ethics, 45, 282–316.

Soeffner, H.G. (1989). Auslegung des Alltags – Alltag der Auslegung. Frankfurt: Suhrkamp.

Weber, M. (1904). Die „Objektivität" sozialwissenschaftlicher und sozialpolitischer Erkenntnis. In: Gesammelte Schriften zur Wissenschaftslehre (Hrsg. J. Winckelmann), 3. Auflage (S. 146–214), Tübingen: Mohr (Siebeck) 1968.

ders. (1913). Über einige Kategorien der verstehenden Soziologie. In: Gesammelte Schriften zur Wissenschaftslehre (Hrsg. J. Winckelmann), 3. Auflage (S. 427–477), Tübingen: Mohr (Siebeck) 1968.

ders. (1922). Wirtschaft und Gesellschaft. Grundriß der verstehenden Soziologie (Hrsg. J. Winckelmann), 4. Auflage, Tübingen: Mohr (Siebeck) 1956.

Wiedemann, P. (1991). Gegenstandsnahe Theoriebildung. In: Flick, U. et al. (Hrsg), Handbuch Qualitative Sozialforschung (S. 440–445), München: Psychologie Verlags Union.

Yin, R. (1984). Case Study Research. Beverly Hills: Sage.

Dokumentarische Methode
und die Analyse kollektiver Biographien

Ralf Bohnsack

Biographische Methoden in den Human- oder Sozialwissenschaften nehmen überwiegend den Weg über die Analyse *individueller* Biographie. Mehr oder weniger stillschweigend steht das Individualinterview und die individuenbezogene Fallanalyse auch dort im Zentrum, wo es um Phänomene geht, die in *kollektiven* Biographien fundiert sind: wie z.b. Generationen oder Milieus. Die Dokumentarische Methode vermag hier vor allem in Verbindung mit dem Gruppendiskussionsverfahren neue Perspektiven zu eröffnen. Sie eignet sich zugleich allerdings auch für die Analyse individueller Biographien.

Zur Aktualität der Analyse kollektiver Biographien

Die gleichermaßen in der qualitativen wie in der quantitativen Forschung zu beobachtende Tendenz zu individualisierenden Instrumenten wurde in jüngster Zeit entscheidend befördert durch die Dominanz der modernisierungstheoretisch argumentierenden Lebenslaufanalyse vor allem im Bereich der Soziologie. An die Stelle traditionaler kollektiver Bindungen tritt – dieser Argumentation zur Folge – die Institution des individuellen Lebenslaufs.

Dort, wo es um die Analyse von Phänomenen der Desintegration im Bereich traditionaler Lebensweisen oder Milieus geht, werden Wege der Bewältigung dieser Phänomene überwiegend im Bezugsrahmen des Individualisierungstheorems analysiert. Neue Formen von Sozialität und die Entstehung neuer Milieus als Reaktion auf den Verlust traditionaler Lebenszusammenhänge geraten auf diese Weise nur schwer in den Blick[1].

Mehr denn je erscheint es notwendig, der Dynamik von Milieus und Generationszusammenhängen theoretisch und methodisch Rechnung zu tragen. Die dafür notwendigen methodologischen Grundlagen hatte Karl Mannheim in seiner Wissenssoziologie – u.a. auch in seiner Generationenkonzeption – bereits in den zwanziger Jahren entworfen. Mannheim konnte zeigen, daß gerade auch das *gemeinsame Erleben* milieuspezifischer Desintegration und biographischer Diskontinuitäten unter denjenigen, die gleichermaßen von diesem Schicksal

---

[1] In diesem Zusammenhang ist kritisch z. B. von einer „Verfallssemantik" des Individualisierungsdiskurses die Rede (vgl. Neckel 1993, S. 79 f.).

betroffen sind, neue kollektive „Erfahrungsräume", d.h. Milieu- und Generationszugehörigkeiten zu begründen vermag. Der für die wissenssoziologische Analyse von Mannheim zentrale methodologische Begriff ist derjenige der „Dokumentarischen Methode der Interpretation". Obschon bereits in den zwanziger Jahren ausgearbeitet und erkenntnistheoretisch begründet, hat dieser Begriff in der Bundesrepublik erst in den siebziger Jahren Eingang in die methodische Diskussion gefunden; und dies erst, nachdem er zunächst durch die amerikanische Ethnomethodologie rezipiert und dann nach Deutschland „re-importiert" worden war. Eine kurze Rekapitulation dieser Rezeptionsgeschichte soll dazu beitragen, die Dokumentarische Methode in dem hier verstandenen, auf die Ursprünge bei Mannheim zurückgehenden, Sinne prägnanter darzustellen.

Der prekäre Charakter alltäglicher Verständigung: Die „Dokumentarische Methode" der Ethnomethodologie

Harold Garfinkel, der Begründer der Ethnomethodologie, hatte zuerst 1959 in einem Vortrag anläßlich des vierten Weltkongresses für Soziologie auf die Dokumentarische Methode Bezug genommen. Er hatte, illustriert anhand der sogenannten Krisenexperimente, die Zerbrechlichkeit alltäglicher Kommunikation zu demonstrieren versucht. Krisenhafte Situationen wurden ausgelöst durch die von Studentinnen und Studenten experimentell initiierte Weigerung, Äußerungen naher Bekannter oder Ehepartner (z.B.: „Wie geht es Dir?") auf ein gemeinsam geteiltes (biographisches) Kontextwissen zu beziehen und somit zu verstehen. Die Experimentator(inn)en weigerten sich, so die Erklärung von Garfinkel, die Dokumentarische Methode anzuwenden. Dokumentarische Interpretation in diesem Sinne „bedeutet die Behandlung einer Erscheinung als das 'Dokument', als 'Hinweis auf', als etwas, das anstelle und im Namen eines vorausgesetzten zugrundeliegenden Musters steht (...) Jede der beiden Seiten („Dokument" und „Muster"; R.B.) wird benutzt, um die je andere auszuarbeiten" (Garfinkel 1973: 199).

Die Dokumentarische Methode im Sinne der Ethnomethodologie ist das interpretative Verfahren zur Bewältigung der „wesensmäßigen Vagheit" von situationsabhängigen oder „okkasionellen" Ausdrücken (vgl. dazu auch Husserl 1968). Sprachliche Äußerungen im Alltag wie auch in der Wissenschaft sind grundsätzlich „indexikal" (Garfinkel/Sacks 1976). D.h., sie haben den Charakter von Indikatoren für den interpretativ, d.h. in dokumentarischer Interpretation, immer erst zu erschließenden Sinnzusammenhang (vgl. Mehan/Wood 1975 sowie Bohnsack 1983). Entsprechend prekär gestaltet sich die alltägliche Verständigung. Garfinkel hat damit an das Modell von Sozialität bei Alfred Schütz angeschlossen: Sozialität muß als Inter-Subjektivität auf der Basis einer „Reziprozität der Perspektiven" (vgl. Schütz 1971: 11 ff.), also der wechselseitigen Perspektivenübernahme immer erst hergestellt werden. Dieser prekäre Charakter alltäglicher Verständigung in der phänomenologischen Soziologie von Schütz wurde durch die Ethnomethodologie noch auf die Spitze getrieben.

Dies geschah in kritischer Absicht: Gegenstand der empirischen Analyse der Ethnomethodologen waren die Prozesse der Verständigung und Interpretation in bürokratischen Organisationen der staatlichen Kontrolle wie z.b. der Polizei (Cicourel 1968), der Justiz (Garfinkel 1967c, 1976; Emerson 1969; McHugh 1970), der Sozialarbeit (Zimmermann 1969) und der sozialwissenschaftlichen Forschung. So stand die Kritik an deren Forschungspraxis unter dem Gesichtspunkt der Codierung von Fragebögen (Garfinkel 1967e) und ganz allgemein der Meßproblematik (Cicourel 1970) am Anfang einer radikalen (ethno-)methodologischen Reflexion.

Insgesamt gesehen erscheint die Ethnomethodologie als (erfolgreiche) Methodenkritik im weitesten Sinne[2]. Es geht um die Frage danach, *wie* „gesellschaftliche Tatsachen", z.B. „Kriminalität" (einschließlich der Biographie des Kriminellen) und „Wahrheit", beispielsweise im gerichtlichen Verfahren *hergestellt* werden – in Abgrenzung von einer Analyseeinstellung, die darauf gerichtet ist, *was* Kriminalität oder was Wahrheit *ist*[3]. An eine derartige prozeßbezogene oder „genetische" Analyseeinstellung, wie sie bei Mannheim (1980: 85 ff.) genannt wird, haben die neueren „konstruktivistischen" Ansätze angeschlossen (vgl. Knorr-Cetina 1989)[4]. Die interpretativen Prozeduren der Akteure formaler Organisationen und ihre Methoden der Entscheidungsfindung und der Konstruktion von Identitäten und Biographien, z.B. des „Kriminellen", des „psychisch Kranken" (Smith 1967), des „Transsexuellen" (Garfinkel 1967d) etc., wie auch die sozialwissenschaftlichen Methoden konnten auf diese Weise erfolgreich rekonstruiert und kritisiert werden. Dies geschah mehr oder weniger implizit unter dem Gesichtspunkt, daß sie dem Selbstverständnis und der Lebenswelt, d .h. der milieuspezifischen Wirklichkeit derjenigen, die Gegenstand der Entscheidungspraxis bzw. der Forschungspraxis sind, nicht gerecht werden (vgl. Bohnsack 1983).

[2] Eine Sonderstellung nimmt hier freilich die ethnomethodologische Konversationsanalyse ein (Sacks 1995), die *empirische* Rekonstruktion jener Strukturen der kommunikativen Praxis, die als Bedingungen der Möglichkeit jeglicher sprachlicher Verständigung zugrunde liegen. Sacks hat als erster die *sequenzanalytische Textinterpretation* eingeführt.
[3] Vgl. dazu die Bestimmung der „phänomenologischen Methode" bei Heidegger (1927: 27): „Der Ausdruck Phänomenologie bedeutet primär einen Methodenbegriff. Er charakterisiert nicht das sachhaltige Was der Gegenstände der philosophischen Forschung sondern das *Wie* dieser".
[4] Die neueren konstruktivistischen Analysen unterscheiden sich allerdings insofern von den früheren ethnomethodologischen, als nicht mehr allein das Interpretationsverfahren, sondern die direkt beobachtete Handlungspraxis Gegenstand des Interesses ist (vgl. auch Garfinkel 1986).

Gleichwohl ist die Ethnomethodologie aufgrund ihrer konstruktivistischen Rahmenorientierung eine „halbierte" Wissenssoziologie geblieben. Denn die Frage, wie denn nun ein *adäquater* methodischer Zugang zur „Indexikalität" der fremden milieuspezifischen Wirklichkeit gefunden werden kann, ist von den Ethnomethodologen nicht beantwortet worden. Demgegenüber ging es Karl Mannheim mit der von ihm in seiner Wissenssoziologie als Lehre von der „Seinsverbundenheit des Wissens" entwickelten Dokumentarischen Methode gerade darum, einen adäquaten Zugang zu finden zur Indexikalität fremder „Erfahrungsräume". Auch hier ist die Frage diejenige nach dem *Wie*, nach der *Herstellung* sozialer Wirklichkeit. Im Unterschied zur ethnomethodologischen Frage nach der definitorischen oder theoretischen *Fremdkonstruktion* geht es nun aber um diejenige nach der *erlebnismäßigen Herstellung* von Wirklichkeit in der Praxis des milieuspezifischen oder biographischen Handelns. Dies vermag sich in Erzählungen, Beschreibungen und Diskursen zu dokumentieren.

Verstehen und Interpretieren: die Dokumentarische Methode bei Mannheim

Ein Verstehen von Äußerungen oder Handlungen bzw. das Verstehen der in ihnen implizierten Haltungen oder Orientierungen setzt voraus, daß wir die Alltagspraxis, den erlebnismäßigen Kontext, den Erlebniszusammenhang oder Erfahrungsraum kennengelernt haben, in den diese Äußerung hineingehört. Nach Mannheim (1980: 272) „erfassen wir ... beim Verstehen der geistigen Realitäten, die zu einem bestimmten Erfahrungsraum gehören, die besonderen existentiell gebundenen Perspektiven nur, wenn wir uns den hinter ihnen stehenden Erlebniszusammenhang irgendwie erarbeiten".

Mannheim unterscheidet zwischen „*Verstehen*" und „*Interpretieren*". Diejenigen, die durch gemeinsame Erlebniszusammenhänge miteinander verbunden sind, die zu einem bestimmten „Erfahrungsraum" gehören, verstehen einander unmittelbar. Sie müssen einander nicht erst interpretieren. Damit verbunden sind zwei fundamental unterschiedliche Modi der Erfahrung bzw. der Sozialität: die auf unmittelbarem Verstehen basierende „*konjunktive*" Erfahrung[5] und die in wechselseitiger Interpretation sich vollziehende „*kommunikative*" Beziehung.

Die Ethnomethodologie vermag hier nicht zu differenzieren. Die Krisenexperimente von Garfinkel hatten aber eben – unbeabsichtigt – die Unterschied-

---

[5] René König (1984) zufolge hat sich in Mannheims Wissenssoziologie, insbesondere dessen Konzeption der „konjunktiven Erfahrungsgemeinschaft", ein „Paradigmawechsel" der deutschen Soziologie der 30er Jahre abgezeichnet, dessen Entfaltung dann u.a. durch Mannheims Emigration verhindert worden sei. – Für eine sehr frühe Würdigung der paradigmatischen Bedeutung Mannheims siehe auch Matthes 1967.

lichkeit dieser beiden Modi der Sozialität demonstriert: Die Experimentator(inn)en verweigerten nämlich künstlich das fraglos-selbstverständlich gegebene Verstehen innerhalb eines „konjunktiven Erfahrungsraums" und transformierten die Situation *willkürlich* in eine des kommunikativen (dokumentarischen) Interpretierens einander fremder Subjekte.

Das (intuitive) Verstehen, welches aus der Handlungspraxis erwächst, erläutert Mannheim (1980: 73ff.) zunächst am Beispiel eines Knotens. Um den Knoten zu „verstehen", müssen wir seinen Herstellungsprozeß, den Prozeß der Fingerfertigkeit nachvollziehen können. Dies geschieht intuitiv, auf der Grundlage eines „atheoretischen" Wissens. Im Unterschied zum „Verstehen" des Knotens ist es schwierig, ihn zu „interpretieren", d.h. eine begrifflich-theoretische Explikation seines Herstellungsprozesses[6] bzw. seiner *Prozeßstruktur*, also eine *genetische* oder *dokumentarische Interpretation*, zu leisten.

Vom intuitiven Erfassen oder Verstehen des Gebildes (Knoten) einerseits und von dessen genetischer Interpretation andererseits ist dann noch einmal die *„immanente Betrachtung"*, der immanente oder auch „objektive" Sinngehalt eines Knotens zu unterscheiden. Die immanente Interpretation zielt auf den *zweckrationalen* Handlungszusammenhang: Ich knüpfe einen Knoten, *um* ein Abschleppseil *zu* reparieren, konstruiere also eine zweckrationale Handlungsabsicht bzw. eine kommunikative Absicht im Sinne der *Um-Zu-Motive* bei Alfred Schütz (1974). In dieser Hinsicht ist der Sinn eines Knotens relativ leicht zu explizieren. Auf derartigen wechselseitigen Motivunterstellungen basiert nicht nur das Kommunikationsmodell von Schütz, sondern auch das von Habermas. Demgegenüber basiert die dokumentarische oder genetische Interpretation auf der *prozeß*- oder *sequenzanalytischen* Rekonstruktion von Handlungspraktiken, aber auch von Interaktions-, Diskurs- und Erlebnisprozessen, wie sie vor allem der Textinterpretation zugänglich sind.

Konjunktive und kommunikative Erfahrung

Im Unterschied zur immanenten Betrachtung ist das intuitive Erfassen oder Verstehen geistiger Gebilde an den Nachvollzug der Handlungspraxis bzw. an die Existenz *in* dieser Handlungspraxis gebunden. Dies gilt – analog zum technischen Gebilde („Knoten") – auch für soziale Phänomene. Mannheim verdeutlicht dies am Beispiel der griechischen „polis". Die Existenz der „polis" und die Zugehörigkeit zu ihr ist nicht primordial darauf zurückzuführen, daß

---

[6] Hier werden die Parallelen zur Praxisphilosophie von Heidegger erkennbar, obschon diese hier von Mannheim nicht zitiert wird: „Dieses Seiende ist dabei nicht Gegenstand eines theoretischen ‚Welt'-Erkennens, es ist das Gebrauchte, Hergestellte und dgl." (Heidegger 1986: 67).

„Einzelsubjekte sie denken oder irgendwie bewußtseinsmäßig auf sie gerichtet sind" (Mannheim 1980: 250); vielmehr „*existiert* man *in der* daseienden polis nicht durch Begriffsbildung, sondern indem man *in* jenen geistigen Beziehungen steht, die die polis-Existenz ausmachen" (Mannheim 1980: 248).

Wenn wir als ein anderes Beispiel den Begriff des „Dorfes" nehmen, so ist uns dieser einerseits in jener verwaltungsmäßigen, juristischen, verkehrstechnischen oder auch wissenschaftlichen Bedeutung mehr oder weniger verfügbar, die u.a. durch die Abgrenzung vom Begriff der „Stadt" oder der „Gemeinde" bestimmt ist. Eine zusätzliche, aber völlig andere Bedeutung gewinnt er für diejenigen, die, im Dorf wohnend, Erfahrungen der dörflichen Alltagsexistenz damit verbinden[7]. Die gemeinsame Existenz in derartigen geistigen Beziehungen konstituiert einen „konjunktiven Erfahrungsraum" der beteiligten Subjekte auf der Grundlage gemeinsamer Praxis – jenseits des theoretischen Erkennens und der kommunikativen Absichten[8].

Da der Begriff des Dorfes beide Bedeutungsdimensionen aufweist, „entsteht dadurch als Ergebnis faktisch eine Doppeltheit der Verhaltensweisen in jedem einzelnen, sowohl gegenüber Begriffen als auch Realitäten" (Mannheim 1980: 296). Diese „Doppeltheit" ist diejenige der „konjunktiven" Sinn- und Typenbildung auf der einen und der *kommunikativ-generalisierenden*, zum immanenten Sinngehalt gehörenden, Typenbildung auf der anderen Seite.

Der Kunsthistoriker Erwin Panofsky hat im Zuge seiner *Stilanalysen* diese beiden Arten der Typenbildung deutlich voneinander unterschieden: diejenige des „Bedeutungssinns" als eine kommunikativ-generalisierende von jener, „die wir mit einem Ausdruck Karl Mannheims als die Region des ‚Dokumentsinns' oder auch als die Region des ‚Wesenssinns' bezeichnen können" (Panofsky 1932: 115; vgl. auch Panofsky 1975). Träger des Dokumentsinns ist, wie Panofsky an anderer Stelle (1989) darlegt, der „Habitus"[9]. Hieran hat dann später Bourdieu angeschlossen (vgl. dazu weiter unten).

Ein Beispiel für diese beiden Sinnebenen alltäglicher Kommunikation entnehme ich einer eigenen empirischen Untersuchung (Bohnsack u.a. 1995), in die neben Cliquen von Hooligans auch jugendliche Musikgruppen (dazu auch: Schäffer 1996) einbezogen wurden. In einer Gruppendiskussion haben die Jugendlichen auf eine Frage der Diskussionsleitung („Was macht ihr eigentlich für Musik?"), die sie als diejenige nach einer kommunikativ-generalisierenden

---

[7] Dies ist im Sinne von Schütz (1971) der „innere" Horizont einer Typik, wie er mit der Genese der „Weil-Motive" (Schütz 1974) im Zusammenhang zu sehen ist. Beides bleibt jedoch – im Vergleich zu den „Um-zu-Motiven" und zum „äußeren" Horizont – unausgearbeitet, stellt eher eine Residualkategorie dar (vgl. dazu genauer: Bohnsack 1997c).

[8] „Dieses Verstehen ist, wie Verstehen überhaupt, nicht eine aus Existenz erwachsene Kenntnis, sondern eine ursprüngliche Seinsart, die Erkennen und Kenntnis allererst ermöglicht" (Heidegger 1986: 123).

[9] Panofsky (1951) spricht hier von „mental habits". In der deutschen Übersetzung (1989) ist inadäquaterweise von „Denkgewohnheiten" die Rede.

Klassifikation ihres Stils interpretierten, zunächst mit Distanz bzw. Verweigerung reagiert. Nach einer langen Pause folgt schließlich eine ironisch-distanzierte und bis hin zur Banalisierung getriebene, interaktiv entfaltete *Beschreibung* der eigenen musikalischen *Praxis*: „mal laute, mal leise, mal schnelle, mal langsame"; „ab und zu singt mal jemand"; „en Mädel is ooch mit bei".

Die Beschreibung wird dann in einer nun nicht mehr ironisch-distanzierten Erzählung der Entwicklung der Gruppe fortgeführt. In der *gemeinsamen Erzählung gemeinsamer Aktivitäten* oder situativer Aktionismen dokumentiert sich deren Funktion für die Entfaltung einer *habituellen Übereinstimmung*, eine Suche nach *habituellen Stilelementen*, die nicht zweckrational am musikalischen Produkt und auch nicht an generalisierend klassifizierbaren Stilen orientiert ist, deren Sinngehalt sich durch eine „ikonographische Aufdeckung des Bedeutungssinns" (Panofsky 1932: 109) erschließen ließe. Stile in ihrem immanenten „Bedeutungssinn" (hier: „Hip Hop") werden, wie die Musik überhaupt, lediglich als Medium benutzt, um auf dem Wege des situativen Aktionismus, im Zusammen-Spiel im ursprünglichen Sinne des Wortes, d.h. im zweckfreien spielerischen Erleben der gemeinsamen Praxis, eine habituelle Übereinstimmung und die „eigentlichen", *habituellen* Stilelemente in ihrem „Wesenssinn" entfalten zu können. Die Suche nach habitueller Übereinstimmung und einem darin fundierten konjunktiven Erfahrungsraum findet ihre Fortsetzung in der Interaktion mit einem Publikum während des von uns beobachteten Konzertes, welches dann nicht primär als Show der Selbstdarstellung, sondern als „Party" Bedeutung gewinnt.

Die hier sich abzeichnende (milieuspezifische) Bewältigung einer adoleszenzspezifischen Orientierungssuche schafft – jenseits einer Zweckrationalität – einen biographisch relevanten Orientierungsrahmen und damit eine Sicherheit der Wahl – z.B. bei der Partnersuche.

Konjunktive Erfahrung und Kollektivität

Dieser primordiale Sinnzusammenhang des „konjunktiven Erfahrungsraums" resultiert – oberflächlich betrachtet – aus einer gruppenhaften Handlungspraxis. Mannheims Intention geht jedoch weiterführend dahin, die Konzeption des konjunktiven Erfahrungsraums vom Phänomen der Gruppe, d.h. der unmittelbaren Interaktion, zu trennen, wie dies u.a. in seinem Generationenbegriff geleistet wird[10]. Ein „Generationszusammenhang" konstituiert sich durch „eine *Partizi-*

---

[10] Die Kategorie der „Zugehörigkeit" bei Gurwitsch als das „Einanderverstehen im Medium des Selbstverständlichen" (1967: 178) entspricht in vieler Hinsicht der Kategorie des „konjunktiven Erfahrungsraums". Die Lösung vom Gruppenbegriff ist hier jedoch nicht konsistent entfaltet.

pation an den *gemeinsamen Schicksalen*" (Mannheim 1964b: 542), d.h. aufgrund von Gleichartigkeiten der „Erlebnisschichtung" (a.a.O.: 535f.). Sie sind insoweit existentiell bestimmend, als sie auf einer selbst, d.h. *in eigener Handlungspraxis*, erworbenen Erinnerung basieren – im Unterschied zu einem lediglich kommunikativ angeeigneten Wissen[11].

Dort, wo diejenigen, die zum selben Generationszusammenhang gehören, sich in Gruppen zusammenfinden, ist die Gruppe nicht der soziale Ort der *Genese*, sondern derjenige der *Artikulation* und Objektivation generationsspezifischer bzw. allgemeiner: kollektiver Erlebnisschichtung. Dabei ist jeweils im Einzelfall zu klären, welche kollektiven oder milieuspezifischen Gemeinsamkeiten der Erlebnisschichtung durch den Diskurs bzw. die Gruppe repräsentiert werden, aufgrund welcher derartiger Gemeinsamkeiten sie sich konstituiert hat. Die Gruppe ist somit lediglich ein „Epi-Phänomen" für die Analyse milieuspezifischer Erfahrungsräume, vermittelt aber einen validen empirischen Zugang zur Artikulation derartiger kollektiver Orientierungen. „Ein jeder Kult, eine jede Zeremonie, ein jeder Dialog ist ein Sinnzusammenhang, eine Totalität, in der der einzelne seine Funktion und Rolle hat, das Ganze aber etwas ist, was in seiner Aktualisierbarkeit auf eine Mehrzahl der Individuen angewiesen ist und in diesem Sinne über die Einzelpsyche hinausragt" (Mannheim 1980: 232). Dieser „Sinnzusammenhang", den Mannheim auch als „Kollektivvorstellung" bezeichnet, artikuliert sich in „zeremoniellen", also *habitualisierten*, d.h. immer wieder reproduzierten Handlungspraktiken des Diskurses. Aus diesem Grunde ist die dokumentarische Methode, wie wir sie im Mannheimschen Sinne verstehen, vorrangig im Rahmen der Diskursanalyse, insbesondere im Zusammenhang des Gruppendiskussionsverfahrens, angewandt worden (vgl. Bohnsack 1996).

Diskursanalyse und Typenbildung

Die Artikulation kollektiver Orientierungen vollzieht sich in der Handlungspraxis – und dies in doppelter Hinsicht. Zum einen (propositional) werden die Orientierungen in Beschreibungen und Erzählungen *erlebter* Interaktions*praxis* zum Ausdruck gebracht. Sie gelangen primordial in metaphorischer oder „atheoretischer" Weise (Mannnheim 1964a) zur Darstellung, nicht in begrifflich-theoretischer Explikation. Zum anderen (performatorisch) werden sie in der Handlungspraxis des Diskursprozesses selbst entfaltet.

Die Art der interaktiven Bezugnahme, die Diskursorganisation, welche formal rekonstruiert wird, ist u.a. davon abhängig, ob über *gemeinsames* oder le-

---

[11] Vgl. zu diesen unterschiedlichen Wissensarten auch die Differenzierung von „knowledge of acquaintance" und „knowledge about" bei William James, wie Schütz (1971: 16) sie aufgreift.

diglich *strukturidentisches* Erleben verhandelt wird (oder ob gar kein gemeinsamer Erlebniszusammenhang gegeben ist und damit auch keine „Gruppe"). Die von der Diskussionsleitung initiierte und geförderte Selbstläufigkeit ermöglicht ein diskursives Einpendeln auf Erlebnis*zentren*, in denen der *Focus* kollektiver Orientierungen und – im Falle von Realgruppen, z.B. Cliquen Jugendlicher – auch die Bedingungen ihrer Konstitution gefunden werden können. Die in derartiger Steigerung der metaphorischen und interaktiven Dichte entfalteten Darstellungen bezeichnen wir als *Focussierungsmetaphern*. Diese *Dramaturgie* des Diskurses, ebenso wie die formale Diskursorganisation und die darin eingelassenen Beschreibungen und Erzählungen, werden in genauer Textinterpretation sequenzanalytisch rekonstruiert[12].

Dies soll an einem Beispiel aus einer früheren Untersuchung von Cliquen Jugendlicher erläutert werden (Bohnsack 1989): Im Diskurs einer überwiegend männlichen Gruppe von Gymnasiasten erhält die Beschreibung eines Referendars, der – in der Darstellung der Jugendlichen – eine schnelle Karriere mit Überängstlichkeit und Fassadenhaftigkeit erkauft hat, den Stellenwert einer Focussierungsmetapher. Es dokumentiert sich hier eine Auseinandersetzung der Jugendlichen mit dem von ihnen antizipierten Eingespurtwerden in normalbiographische Ablaufmuster. Hierdurch sehen sie Möglichkeiten einer authentischen Lebensweise gefährdet, wissen aber gleichwohl keine Alternative – im Unterschied zu der anwesenden jungen Frau, die in dieser Hinsicht aus dem Orientierungsrahmen der Gruppe herausfällt. Eine anschließende Diskussion mit einer Clique von Gymnasiastinnen, der sich die junge Frau zugehörig fühlt, läßt Differenzen zwischen geschlechtsspezifischen Erfahrungsräumen sichtbar werden. Die jungen Frauen sehen durchaus biographische Alternativen zum Eingespurtwerden.

An diesem Beispiel kann zunächst der Unterschied zu jener Art von Kollektivvorstellungen veranschaulicht werden, deren Objektivität und Wirksamkeit im Sinne der „faits sociaux" bei Durkheim in ihrer *Exteriorität* begründet ist; hier sind es die institutionalisierten biographischen Ablaufmuster. Ein valider empirischer Zugang zu einer derart exterioren Wirklichkeit setzt aber die Analyse jener konjunktiven milieuspezifischen Erfahrungsräume voraus, innerhalb derer ihr überhaupt ein Wirklichkeitscharakter zukommt. Dies ist in dem von uns untersuchten Erfahrungsraum von Lehrlingen z.B. in dem Maße gar nicht der Fall. Für sie sind derartige institutionalisierte Ablaufmuster nur von marginaler Bedeutung (vgl. dazu auch Bohnsack u.a. 1995).

Hierin liegt die Bedeutung der komparativen Analyse. Sie läßt zunächst bildungsmilieutypische Unterschiede zwischen Erfahrungsräumen sichtbar wer-

---

[12] Für *Forschungsbeispiele* der Dokumentarischen Methode im Rahmen der Diskursanalyse siehe u.a.: Bohnsack 1989 u. 1993a, Schmid 1987, Bohnsack u.a. 1995, Meuser 1998, Nentwig-Gesemann 1997, Schäffer 1996, Nohl 1996, Wild 1996, Behnke 1997 u. Loos 1998a u. 1998b

den. *Innerhalb* der übergreifenden Gemeinsamkeiten des bildungsmilieutypischen Erfahrungsraumes der Gymnasiastinnen und Gymnasiasten können dann geschlechtsspezifische Erfahrungsräume *ausdifferenziert* werden. Die komparative Analyse folgt – und das ist auch die Idee des „Theoretischen Sampling" (vgl. Glaser/Strauss 1969) – dem Prinzip des *Kontrasts in der Gemeinsamkeit bzw. der Differenz in der Einheit*. So können durch bildungsmilieutypische und geschlechtsspezifische Kontraste hindurch weitergehend Gemeinsamkeiten generationstypischer Art im Sinne eines übergreifenden Erfahrungsraumes *abstrahiert* werden (die Inauthentizität spezifischer Vertreter der älteren Generation ist – je unterschiedlich ausgeprägt und bearbeitet – ein Problem aller Gruppen).

Die komparative Analyse bewahrt damit auch vor einer naiven Identifikation von Fall und Typus, oder anders: sie ermöglicht überhaupt erst valide *Typenbildung* (vgl. auch Bohnsack 1992 a). Die Variation von Vergleichshorizonten ermöglicht es, am jeweiligen Fall und auch bereits an einer Textpassage unterschiedliche Dimensionen (Erfahrungsräume) oder Typiken sichtbar werden zu lassen.

Stufen der Textinterpretation und die Einklammerung des Geltungscharakters

Die methodologische Leitdifferenz von immanentem und dokumentarischem Sinngehalt schlägt sich forschungspraktisch in zwei klar voneinander abgrenzbaren Schritten der Textinterpretation nieder: *„Formulierende Interpretation"* und *„Reflektierende Interpretation"*. Im ersten Schritt geht es darum, den *immanenten* Sinngehalt insoweit zu erfassen, als der „wörtliche" Gehalt des Mitgeteilten zusammenfassend formuliert wird[13]. Dies ist eine Leistung der *Reflexivität*. Die Grundstruktur der Formulierenden Interpretation ist die thematische Gliederung, die Thematisierung von Themen, die Entschlüsselung der weitgehend impliziten thematischen Struktur. Erst im nächsten Schritt, demjenigen der eigentlichen dokumentarischen Interpretation, wird auf den erlebnismäßigen und diskursiven Herstellungsprozeß von Wirklichkeit *reflektiert*[14] – vor dem Hintergrund von *Vergleichshorizonten* (siehe dazu weiter unten). Grund-

---

[13] Vgl. dazu den Begriff der „formulating practices" bei Garfinkel/Sacks 1970. – Nach Panofsky (1932: 105) ist dies die Ebene des „Sachsinns". Ein „Bedeutungssinn" wird nur insoweit herausgearbeitet, als er von den Erforschten selbst mitgeteilt wird.

[14] Eine ausführliche Darstellung dieser beiden Interpretationsschritte ist hier nicht möglich. Diese findet sich u.a. in Bohnsack 1993. Zur Unterscheidung von „Reflexivität" und „Reflexion" vgl. genauer: Bohnsack 1983. – Für eine kritische Diskussion der beiden Interpretationsschritte sei verwiesen auf Straub 1990, 1993 sowie 1994 (Kap. 6.3.).

gerüst der Reflektierenden Interpretation ist die bereits erwähnte Rekonstruktion der Formalstruktur der Diskurse.

Die wissenssoziologische Analyseeinstellung bewahrt in beiden Interpretationsschritten Distanz gegenüber der Frage, ob die zu interpretierenden Darstellungen (z.b. die Charakterisierung des Referendars) den Geltungskriterien der *Wahrheit* oder der *normativen Richtigkeit* entsprechen. Die Suspendierung der mit dem immanenten *Sinngehalt* verbundenen Geltungsansprüche, die „Einklammerung des Geltungscharakters" ist konstitutiv für die *soziogenetische Interpretation*, die auf den Prozeß der (erlebnismäßigen) *Herstellung* von Wirklichkeit, also auf die Frage nach dem ‚*Wie*‘, zielt und nicht darauf, ‚*Was*‘ diese Wirklichkeit jenseits des milieuspezifischen Er-Lebens *ist*. Hierin liegt zugleich die *erkenntnislogische Differenz* zur Alltagspraxis mit ihren pragmatischen Zwängen wie auch gegenüber den Ansprüchen eines objektivistischen Zugangs zur Wirklichkeit und den damit verbundenen Aporien der Gegenüberstellung von „objektiver Realität" und „subjektiver Erfahrung" (vgl. zur Kritik: Matthes 1985 u. 1992).

Die soziogenetische Interpretation vollzieht sich auf der Grundlage einer Rekonstruktion der sozialisationsgeschichtlichen und der kommunikativen Alltagspraxis, in deren Kontext die Genese der zu interpretierenden Äußerung zu suchen ist.

Eine derartige soziogenetische Interpretation setzt als Reflektierende Interpretation allerdings Vergleichshorizonte voraus (vgl. dazu Bohnsack 1983, 1993 sowie 1996), d.h. ein Wissen um alternative, kontingente Handlungspraktiken. Eine Explikation dieser Vergleichshorizonte und eine dadurch gewährleistete intersubjektive Überprüfbarkeit der Interpretation kann um so mehr gelingen, je mehr diese Horizonte nicht lediglich gedankenexperimentell, sondern in empirisch fundierter und überprüfbarer Weise eingeführt werden – auf dem Wege des Fallvergleichs. Auf diese Weise vermögen die von den Interpret(inn)en zunächst naiv, d.h. von dem Hintergrund der eigenen milieuspezifischen Alltagspraxis, unterstellten Vergleichshorizonte hinter die empirisch kontrollierten zurückzutreten.

Damit kommt der komparativen Analyse im Rahmen der Dokumentarischen Methode eine doppelte Bedeutung zu. Sie ermöglicht die methodische Kontrolle der für die Reflexion notwendigen Vergleichshorizonte und ist zugleich, wie weiter oben dargelegt, Grundlage der Abstraktion und Typenbildung[15].

---

[15] Zur Bedeutung der „komparativen Methode" in diesen verschiedenen Hinsichten siehe auch Bourdieu 1996, S. 268 f.

Erzählanalyse, Interview und Teilnehmende Beobachtung

Gegenstand dokumentarischer Interpretation ist nicht allein der kollektive, sondern auch der individuelle, der persönliche Habitus. Mannheim selbst hatte dort, wo er die Dokumentarische Methode zu veranschaulichen suchte (1964 a: 105 ff.), ein dahingehendes Beispiel gewählt, obschon die „Weltanschauung eines Individuums" im Unterschied zur „Weltanschauung einer Gruppe, eines Zeitalters" nicht im Zentrum seines Interesses stand (Mannheim 1980: 88).

Als einer der methodologisch fundiertesten Beiträge zur Analyse des persönlichen Habitus kann die Konzeption der „Biographischen Gesamtformung" bei Schütze (1981) gelten. Prädestiniert für die Darstellung jener Dimension, in der der persönliche Habitus sich dokumentiert, ist die „autobiographische Stegreiferzählung". Der hier angestrebte hohe Detaillierungsgrad des Erzählens hat nicht, wie oft mißverstanden, den Sinn, den Wahrheitsgehalt der Faktizität des Dargestellten (auf der Ebene des immanenten Sinngehalts) zu erhöhen. Vielmehr geht es hier darum, daß sich primär in der detaillierten Darstellung *handlungspraktischer* Vollzüge die *Prozeßstruktur* des Habitus zu dokumentieren vermag. Auch für die Auswertung von Stegreiferzählungen eignet sich unser Analyseverfahren (vgl. u.a. Straub 1993, Weissmann 1994, Nestler 1997, Bohnsack u.a. 1995). Anstelle der Rekonstruktion der Formalstruktur der Diskurse (wie bei der Analyse der Gruppendiskussionen) tritt hier die Ausdifferenzierung unterschiedlicher Ebenen der Darstellung in den Vordergrund (Erzählungen, Beschreibungen, Biographische Entwürfe, Theorien; vgl. dazu auch Schütze 1989). Insbesondere eignet sich dieses Verfahren für die *komparative* und auch themenbezogene Auswertung von Interviews (Leitfaden- und Expert(inn)eninterviews, vgl. u.a. Meuser/Nagel 1991) sowie für die Erstellung und Auswertung von Protokollen Teilnehmender Beobachtung und die *methodenvergleichende* Analyse („Methodentriangulation") von Biographischen Interviews, Teilnehmender Beobachtung und Gruppendiskussionen (vgl. u.a. Loos 1998a; Bohnsack u.a. 1995).

Habitualisierte Stile und intendierte Ausdrucksstile

Vom Habitus bzw. von den habitualisierten Stilen, die Gegenstand dokumentarischer Interpretation sind, lassen sich die *intendierten* Ausdrucksstile unterscheiden, die Motivunterstellungen voraussetzen[16]. Sie sind auf jener Ebene der (strategischen) Selbstpräsentation, der dramaturgischen Selbstinszenierung an-

---

[16] Bei Mannheim (1964 a: 104 ff.) ist von „intendiertem Ausdruckssinn" die Rede.

gesiedelt, die Erving Goffman so meisterlich analysiert hat. Goffman spricht mit Bezug auf derartige Selbstpräsentationen selten von „Stil", verwendet diesen Begriff allerdings explizit für das, was wir habitualisierte Stile nennen. „Stil kommt uns unecht (‚false') vor, wenn er absichtsvoll ist". Goffmann (1974: 290) verdeutlicht hier, daß die Ebene der Handlungspraxis, auf der wir Stil zu suchen haben, jenseits kommunikativer Absichten angesiedelt ist. Er erwähnt dies eher beiläufig als eine Residualkategorie in seiner „Rahmenanalyse".

Ein aktuelles Beispiel für die Analyse intendierter Ausdrucksstile ist die Untersuchung von Soeffner (1992) über den „Punk". In diesem Sinne „wird Stil produziert, um beobachtet zu werden" (a.a.O.: 78). Damit zeigt die stilproduzierende Person, „daß sie auch sich selbst beobachtend und interpretierend gegenübertritt. – ‚Stil' wird so zu einem Ausdrucksmittel und zu einer Darstellungsform sozialer *Abgrenzung*" (a.a.O.: 81). Eine derartige Abgrenzung oder auch „‚kulturelle Überhöhung' des Alltäglichen" (a.a.O.: 79) setzt aber ein Bewußtsein, wie opak auch immer, um die eigene Alltäglichkeit, um den eigenen Habitus, bereits voraus, also eine dokumentarische Selbstinterpretation. Für ein adäquates Verständnis des intendierten Ausdrucksstils ist somit die dokumentarische Interpretation des Habitus, der *habituellen* Stilelemente immer schon Voraussetzung.

Konjunktion und Distinktion

Zur Entwicklung der Konzeption habitueller Stilelemente hat Bourdieu, der hiermit an Panofsky anknüpft (vgl. Bourdieu 1970), wichtige Beiträge geleistet. Allerdings hat seine Habitus-Konzeption auf dem Wege ihrer empirisch-methodischen Umsetzung in „Die feinen Unterschiede" (1982) vor allem durch die Reduzierung auf die Fragebogenuntersuchung eine methodologische Einengung erfahren, die sie in die Nähe der „ikonographischen Aufdeckung des Bedeutungssinns" nach Panofsky rückt (vgl. dazu weiter oben). Auch in anderer Hinsicht ist diese Analyse von Bourdieu nur zur Hälfte eine Wissens-Soziologie in dem hier verstandenen Sinne. Dies insofern als die „Genese" der Habitusformen und stilistischen Praxisformen, also das, was das „strukturierende Prinzip" des Habitus seinerseits strukturiert, durch „Kapitalkonfigurationen" erklärt wird. Dies sind „sinnfremd kausale Vorbedingungen der Genesis" (Mannheim 1964c: 395), im Unterschied zu einer sinnhaften *soziogenetischen* Interpretation, die die Konstitutionsbedingungen des Habitus, die „Seinsgebundenheit des Wissens" in der je unterschiedlichen milieuspezifischen *Erlebnisschichtung* aufweist. Demgegenüber ist die Bourdieusche Analyse eine „*kausalgenetische*" (Mannheim 1980: 87f.). Insbesondere die sozialisatorischen

Interaktionsbedingungen für die Aneignung und emergente Entfaltung habitueller Stilelemente (vgl. dazu Bohnsack u.a. 1995) entziehen sich aber einer kausalgenetischen Interpretation.

Im Vergleich zum Analyseverfahren von Bourdieu wird noch eine weitere entscheidende Charakteristik der soziogenetischen Interpretation oder Dokumentarischen Methode erkennbar. Sie zielt auf Gemeinsamkeiten der Erlebnisschichtung, auf Zentren gemeinsamen Erlebens, auf den Focus einer gemeinsamen Weltanschauung, dokumentiert in den – weiter oben erläuterten – „Focussierungsmetaphern".

Somit wird der Habitus nicht primär im Medium der *Distinktion* analysiert, sondern unter dem Gesichtspunkt einer *habituellen Übereinstimmung*, d.h. im Medium der *Konjunktion*, der konjunktiven Erfahrungen, wie sie in Gemeinsamkeiten der Alltagspraxis und den daraus resultierenden kollektiven Biographien fundiert sind.

Literatur

Behnke, C., 1997: „Frauen sind wie andere Planeten": Das Geschlechterverhältnis aus männlicher Sicht – Eine empirische Analyse von Gruppendiskussionen mit Männern. Frankfurt/ New York. Campus.

Bohnsack, R., 1973: Handlungskompetenz und Jugendkriminalität. Neuwied u. Berlin. Leske und Budrich.

Ders., 1983: Alltagsinterpretation und soziologische Rekonstruktion. Opladen. Westdeutscher Verlag.

Ders., 1989: Generation, Milieu und Geschlecht. Ergebnisse aus Gruppendiskussionen mit Jugendlichen. Opladen. Leske und Budrich.

Ders., 1992a: Dokumentarische Interpretation von Orientierungsmustern. Verstehen – Interpretieren – Typenbildung in wissenssoziologischer Analyse. In: Meuser, M./Sackmann, R. (Hg): Analyse sozialer Deutungsmuster. Pfaffenweiler. Centaurus.

Ders., 1992b: Interaktion und Kommunikation. In: Korte, H./Schäfers, B. (Hg): Einführungskurs Soziologie, Band I, Einführung in Hauptbegriffe der Soziologie. Opladen. Leske und Budrich.

Ders., 1993a: Rekonstruktive Sozialforschung. Einführung in Methodologie und Praxis qualitativer Forschung; 2. Auflage. Opladen. Leske und Budrich.

Ders., 1993b: Dokumentsinn, intendierter Ausdruckssinn und Objektsinn. In: Ethik und Sozialwissenschaften, 4. Jg., Heft 4: 518–521.

Ders., 1995: Auf der Suche nach habitueller Übereinstimmung. Peer-groups: Cliquen, Hooligans und Rockgruppen als Gegenstand rekonstruktiver Sozialforschung. In: Krüger, H.-H./Marotzki, W. (Hg): Erziehungswissenschaftliche Biographieforschung. Opladen. Leske und Budrich.

Ders./Loos, P./Schäffer, B./Städtler, K./Wild, B., 1995: Die Suche nach Gemeinsamkeit und die Gewalt der Gruppe. Hooligans, Musikgruppen und andere Jugendcliquen. Opladen. Leske und Budrich.

Ders., 1996: Forschungsprozeß und Interpretation in wissenssoziologischer Perspektive – Umrisse einer praxeologischen Methodologie, Vortrag auf dem 27. Kongreß der Deutschen Gesellschaft für Soziologie. Halle.

Ders., 1997a: Adoleszenz, Aktionismus und die Emergenz von Milieus – Eine Ethnographie von Hooligan-Gruppen und Rockbands. In: Zeitschrift für Sozialisationsforschung und Erziehungssoziologie, 17. Jg., Heft 1.

Ders., 1997b: Gruppendiskussionsverfahren und Milieuanalyse. In: Friebertshäuser, B./ Prenge, A. (Hg): Handbuch qualitativer Forschungsmethoden der Erziehungswissenschaft. Weinheim u. München. Juventa.

Ders., 1997c: „Orientierungsmuster": Ein Grundbegriff qualitativer Sozialforschung. In: Schmidt, F. (Hg.), Methodische Probleme der empirischen Erziehungswissenschaft. Hohengehren. Schneider.

Bourdieu, P., 1970: Zur Soziologie der symbolischen Formen. Frankfurt a.M. Suhrkamp.

Ders., 1982: Die feinen Unterschiede. Kritik der gesellschaftlichen Urteilskraft. Frankfurt a.M. Suhrkamp.

Ders., 1996: Die Praxis der reflexiven Anthropologie. In: Ders. u. Loic J.D. Wacquant, Reflexive Anthropologie. Frankfurt a.M. Suhrkamp.

Cicourel, A. V., 1968: The Social Organization of Juvenile Justice. London und Edinburgh. Heinemann.

Ders., 1970: Methode und Messung in der Soziologie. Frankfurt a.M. Suhrkamp. (Original: 1964, Method and Measurement in Sociology. Glencoe. The Free press).

Ders., 1973: Basisregeln und normative Regeln im Prozeß des Aushandelns von Status und Rolle. S. 147–188 in: Arbeitsgruppe Bielefelder Soziologen (Hg): Alltagswissen, Interaktion und gesellschaftliche Wirklichkeit. Reinbek b. Hamburg. Rowohlt. (Original: 1970, Basic and Normative Rules in the Negotiation of Status and Role. S. 4–45 in: Dreitzel, H.P. (Hg): Recent Sociology, No. 2, Patterns of Communicative Behavior. New York, The Free Press).

Douglas, J.D., 1970: Deviance and Respectability: The Social Construction of Moral Meanings. S. 3–30 in: Ders. (Hg): Deviance and Respectability: The Social Construction of Moral Meanings. New York/London. Basic Books.

Ders., 1971: Understanding Everyday Life. In: Ders. (Hg): Understanding Everyday Life. London. Routledge and Kegan Paul.

Garfinkel, H., 1962: Common Sense Knowledge of Social Structures. The Documentary Method of Interpretation in Lay and Professional Fact Finding. S. 689–712 in: Scheer, J.M. (Hg): Theories of the Mind. New York.

Ders., 1967: Studies in Ethnomethodology, Englewood Cliffs. New Jersey. Prentice Hall.
darin:

Ders., 1967a: „Preface": VII–XIV.

Ders., 1967b: What is Ethnomethodology?: 1–34.

Ders., 1967c: Some Rules of Correct Decisions that Jurors respect: 104–115.

Ders., 1967d: Passing and the Managed Achievement of Sex Status in an Intersexed Person: 116–185.

Ders., 1967e: „Good organizational reasons for ‚bad' clinic records": 186–207.

Ders., 1967f: The Rational Properties of Scientific and Common Sense Activities: 262–283.

Ders./Sacks, H. (Hg), 1976: Über formale Strukturen praktischer Handlungen. S. 130–176 in: Weingarten, E./Sack, F./Schenkein, J. (Hg): Ethnomethodologie – Beiträge zu einer Soziologie des Alltagshandelns. Frankfurt a.M. Suhrkamp (Original: 1970, On formal structures of practical actions. In: McKinney, J.C./Tyriakian, E.A. (Hg): Theoretical Sociology. New York. Meredith Corporation.)

Ders., 1973: Das Alltagswissen über soziale und innerhalb sozialer Strukturen. S. 189–260 in: Arbeitsgruppe Bielefeler Soziologen (Hg): Alltagswissen, Interaktion und gesellschaftliche Wirklichkeit. Reinbek b. Hamburg. (Original: Aspects of Common-Sense Knowledge of

Social Structures. S. 51–65 in: Transactions of the Fourth World Congress of Sociology, Vol. IV. Louvain 1961).

Ders. (Hg), 1986: Ethnomethodological Studies of Work. London and New York. Routlegde and Kegan Paul).

Glaser, B.G./Strauss, A., 1969: The Discovery of Grounded Theory. Chicago. Aldine.

Goffman, E., 1973: Interaktion: Spaß am Spiel, Rollendistanz. München. Piper. (Original: Encounters: Two Studies in the Sociology of Interaction. 1961, Indianapolis, Penguin).

Ders., 1974: Frame Analysis. An Essay on the Organization of Experience. New York. Penguin. (deutsch: Rahmen-Analyse. Ein Versuch über die Organisation von Alltagserfahrungen. 1977, Frankfurt a.M. Suhrkamp.).

Gurwitsch, A., 1976: Die mitmenschlichen Begegnungen in der Milieuwelt. Berlin/New York. De Gruyter.

Heidegger, M., 1986: Sein und Zeit. Tübingen. Niemeyer. (ursp. 1927).

Husserl, E., 1968: Logische Untersuchungen, Bd II. Tübingen. Mohr.

Knorr-Cetina, K., 1989: Spielarten des Konstruktivismus. Einige Notizen und Anmerkungen. In: Soziale Welt, Jg. 40, 1989, Heft 1 u. 2: „Über Soziologie" – Jubiläumsheft zum 40. Jg.

König, R., 1984: Über das vermeintliche Ende der deutschen Soziologie vor der Machtergreifung des Nationalsozialismus. In: Kölner Zeitschrift für Soziologie und Sozialpsychologie, 36. Jg., H. 1.

Loos, P., 1998a: Aufstand der Gerechten – Zur Lebenswelt von Anhängern der Republikaner. Opladen. Leske + Budrich.

Ders., 1998b: Zwischenpragmatischer und moralischer Ordnung – Der männliche Blick auf das Geschlechterverhältnis. Opladen. Leske + Budrich.

Mannheim, K., 1952: Wissenssoziologie. In: Ders.: Ideologie und Utopie. Frankfurt a.M. Schulte-Bulmke. (urspr.: In: Vierkandt, A., [Hg] 1931: Handwörterbuch der Soziologie. Stuttgart).

Ders., 1964a: Beiträge zur Theorie der Weltanschauungsinterpretation. S. 91–154 in: Ders.: Wissenssoziologie. Neuwied. Luchterhand. (urspr.: 1921–1922: In: Jahrbuch für Kunstgeschichte I (XV), 4).

Ders., 1964b: Das Problem der Generationen. S. 509–565 in: Ders.: Wissenssoziologie. Neuwied. Luchterhand. (urspr.: 1928: In: Kölner Vierteljahreshefte für Soziologie, 7. Jg. Heft 2).

Ders., 1964c: Ideologische und soziologische Interpretation der geistigen Gebilde. S. 509–565 in: Wissenssoziologie. Neuwied. Luchterhand. (urspr.: 1926: In: Jahrbuch für Soziologie, 2).

Ders., 1980: Strukturen des Denkens. Frankfurt a.M. Suhrkamp. (ursprünglich 1922–1925; unveröff. Manuskript).

Ders., 1984: Konservatismus. Ein Beitrag zur Soziologie des Wissens. Frankfurt a.M. Suhrkamp. (veröffentl. Fassung der Habilitationsschrift von 1925).

McHugh, P., 1970: A Common Sense Conception of Deviance. S. 61–88 in: Douglas, J.D. (Hg): Deviance and Respectability. New York/London. Basic Books.

Ders., 1971: On the Failure of Positivism. In: Douglas, J.D. (Hg): Understanding Everyday Life. London. Routledge and Kegan Paul.

Matthes, J., 1967: Hat die Wissenssoziologie eine Zukunft? Antrittsvorlesung an der Westfälischen Wilhelms-Universität Münster, MS., Münster.

Ders., 1985: Die Soziologen und ihre Wirklichkeit. In: Bonß, W./Hartmann, H. (Hg): Entzauberte Wissenschaft. Soziale Welt, Sonderband 3.

Ders., 1992: The Operation Called „Vergleichen". In: Ders. (Hg) Zwischen den Kulturen? Die Sozialwissenschaften vor dem Problem des Kulturvergleichs. (Sonderband 8 der Sozialen Welt). Göttingen.

Mehan, H./Wood, H., 1970: The Reality of Ethnomethodology. New York. Wiley.

Meuser, M., 1998: Geschlecht und Männlichkeit – Soziologische Theorie und kulturelle Deutungsmuster, Opladen. Leske + Budrich.

Meuser, M./Nagel, U., 1991: ExpertInneninterviews – vielfach erprobt, wenig bedacht. Ein Beitrag zur qualitativen Methodendiskussion. S. 441–471 in: Garz, D./Kraimer, K., (Hg): Qualitativ-empirische Sozialforschung. Opladen. Westdeutscher Verlag.

Neckel, S., 1993: Die Macht der Unterscheidung – Beutezüge durch den modernen Alltag. Frankfurt a. M. Fischer.

Nentwig-Gesemann, I., 1996: Veränderungen des professionellen Selbstbildes und des Bildes vom Kind bei Krippenerzieherinnen aus den neuen Bundesländern. Unveröff. Dissertation. Berlin.

Nestler, E., 1997: Pneuma: Außeralltägliche religiöse Erfahrungen und ihre biographischen Kontexte. Konstanz. Universitätsverlag Konstanz.

Nohl, A.-M., 1996: Jugend in der Migration – Türkische Banden und Cliquen türkischer Jugendlicher in empirischer Analyse. Baltmannsweiler. Schneider.

Panofsky, E., 1932: Zum Problem der Beschreibung und Inhaltsdeutung von Werken der bildenden Kunst. In: LOGOS, Band XXI: 103–119.

Ders., 1975: Ikonographie und Ikonologie. Eine Einführung in die Kunst der Renaissance. In: Ders.: Sinn und Deutung in der bildenden Kunst. Köln. Dumont (Im Original: 1955: Meaning in the Visual Arts. New York. Doubleday.).

Ders., 1989: Gotische Architektur und Scholastik. Zur Analogie von Kunst, Philosophie und Theologie im Mittelalter. Köln. Dumont. (Original: Gothic architecture and scholasticism. Pennsylvania. Saint Vincent Archabbey Press).

Psathas, G., 1979: Die Analyse von Alltagsstrukturen und das ethnomethodologische Paradiagma. In: Sprondel M./Grathoff, R. (Hg.): Alfred Schütz und die Idee des Alltags in den Sozialwissenschaften, Stuttgart, Enke.

Sacks, H., 1995: Lectures on Conversation, Vol. I and II, Cambridge. Blackwell.

Schäffer, B., 1996: Die Band – Stil und ästhetische Praxis im Jugendalter. Opladen. Leske und Budrich.

Schütz, A., 1971: Gesammelte Aufsätze, Bd. 1, Das Problem der sozialen Wirklichkeit. Den Haag. Nijhoff. (Original: 1962: Collected papers, Vol. 1, The Problem of Social Reality. Den Haag. Nijhoff.).

Ders., 1974: Der sinnhafte Aufbau der sozialen Welt. Eine Einleitung in die verstehende Soziologie. Frankfurt a.M. Suhrkamp. (zuerst: 1932. Wien).

Schütze, F., 1981: Prozeßstrukturen des Lebensablaufs. In: Matthes, J. u.a. (Hg): Biographie in handlungswissenschaftlicher Perspektive. Erlangen/Nürnberg. Verlag der Nürnberger Forschungsvereinigung.

Ders., 1987: Das narrative Interview in Interaktionsfeldstudien: Erzähltheoretische Grundlagen, Teil I, Merkmale von Alltagserzählungen und was wir mit ihrer Hilfe erkennen können. (Studienbrief der Fernuniversität Hagen). Hagen.

Smith, D. E., 1976: K. ist geisteskrank. Die Anatomie eines Tatsachenberichts. S. 368–415 in: Weingarten, E./Sack, F./Schenkein, J. (Hg): Ethnomethodologie. Beiträge zu einer Soziologie des Alltagshandelns. Frankfurt a.M. Suhrkamp.

Soeffner, H.-G., 1992b: Stil und Stilisierung – Punk oder die Überhöhung des Alltags. S. 76–101 in: Ders.: Die Ordnung der Rituale. Frankfurt a. M. Suhrkamp.

Straub, J., 1990: Interpretative Forschung und komparative Analyse: Theoretische und methodologische Aspekte psychologischer Erkenntnisbildung. In: Jüttemann, G. (Hg): Komparative Kasuistik. Heidelberg. Asanger.

Ders., 1993: Geschichte, Biographie und friedenspolitisches Handeln. Biographieanalytische und Sozialpsychologische Studien auf der Basis von narrativen Interviews mit Naturwissenschaftlern und Naturwissenschaftlerinnen. Opladen. Leske und Budrich.

Ders., 1994: Handlung, Interpretation, Kritik. Grundzüge einer textwissenschaftlichen Handlungs- und Kulturpsychologie. Habilitationsschrift Universität Erlangen-Nürnberg. Erlangen.

Weissmann, S., 1994: Über-Lebens-Künstlerinnen. Lebenswege sexuell mißbrauchter Frauen. Pfaffenweiler.

Wild, B., 1996: Kollektivität und Konflikterfahrungen – Modi der Sozialität in Gruppen jugendlicher Fußballfans und Hooligans, Dissertation, Berlin.

Zimmermann, D. H. 1969: Recordkeeping and the intake process in a public welfare agency. S. 319–354 in: Wheeler, S. (Hg): On Record: Files and Dossiers in American Life. New York. Basic Books.

„Typus und Stil"
als forschungslogisches Konstrukt
in der narrativen Biographieforschung

Heide Appelsmeyer

Lebensgeschichtliche Erzählungen, die sich auf größere zeitliche Abschnitte oder das ganze Leben erstrecken, unterscheiden sich von „kleineren" Erzählungen, wie sie im Rahmen alltäglicher Lebenszusammenhänge stattfinden. Sie zeichnen sich, wie in den folgenden Ausführungen näher erläutert werden soll, durch spezifische Zeit- und Sinnkonfigurationen aus, die von alltäglichen Erfahrungszusammenhängen verschieden sind. Diese Differenz erweist sich im Hinblick auf die in der interpretativen Sozialforschung verankerte narrative Biographieforschung als folgenreich. Insbesondere der soziologische Narrativismus Fritz Schützes vertritt nämlich den Anspruch, mit Hilfe lebensgeschichtlicher Erzählungen der alltäglichen Lebenswelt bzw. der Vergangenheit des gelebten Alltags besonders nah zu kommen. Lebensgeschichtliche Erzählungen würden demnach die tatsächliche alltägliche Wirklichkeit vergangener Ereignis- und Handlungszusammenhänge repräsentieren und wie kein anderes Medium Einblicke in die Verflechtung objektiver gesellschaftlicher Strukturen und subjektiver Erlebenskontexte gewähren.

Demgegenüber wird in diesem Zusammenhang davon ausgegangen, daß lebensgeschichtliche Erzählungen als spezifische sprachliche Formen solchen Regelkontexten folgen, die eine von alltäglichen Erfahrungszusammenhängen unterschiedene Sinnstruktur aufweisen. In einer Analyse lebensgeschichtlicher Erzählungen gilt es folglich, das lebensgeschichtlichen Selbstpräsentationen eigene Wissens- und Orientierungssystem zu berücksichtigen. Die nachfolgenden Ausführungen gehen zunächst auf diese eigene Wirklichkeit lebensgeschichtlicher Erzählungen ein und begründen einen das narrative Interview ergänzenden methodischen Schritt, der über die Analyse spezifisch *lebensgeschichtlicher* Sinnkonfigurationen auch die Herausarbeitung *individueller und alltäglicher* Handlungsaspekte zum Ziel hat. Abschließend werden diese methodologischen Ausführungen durch ein Beispiel erläutert.

Zur zeitlichen Struktur der Erfahrungsbildung

Daß lebensgeschichtliche Erzählungen in ihrer sprachlichen Besonderheit auf einen Sinngehalt verweisen, der sich von der alltäglichen Handlungs- und Erfahrungswirklichkeit unterscheidet, läßt sich mit den zeitlichen Sinngliederungen in Anschluß an Schütz bzw. Schütz/Luckmann begründen. Der „Sinn" menschlicher Erfahrungen ist, wie Schütz verdeutlicht, ganz wesentlich zeitlicher Natur. Zeitliche Strukturen der Erfahrungsbildung sind es auch, die die soziale Fundierung unserer Wirklichkeit begründen.

Wie Schütz/Luckmann (1979 u. 1984) ausführen, vollzieht sich die Konstitution von Erfahrungen grundsätzlich in der *rückschauenden Vergegenwärtigung*, über eine nachträglich erfolgende reflexive Erfassung subjektiv bedeutsamer Erlebnisabfolgen. Eine wichtige Rolle spielt dabei die Sprache als *System objektivierter lebensweltlicher Typisierungen*, als „Sedimentierung typischer Erfahrungsschemata, die in einer Gesellschaft typisch relevant sind" (Schütz/Luckmann 1984, S. 283). Sprachliche Symbolisierungen und Typisierungen stellen Wirklichkeitskonstituenten dar, die die Vermittlung intersubjektiv gültiger Sinnstrukturen wie auch die Herausbildung „neuer Bedeutungsfelder" (ebd., S. 283) ermöglichen. Solche dem gesellschaftlichen Wissensvorrat entstammende sprachliche Konzeptualisierungen sind wesentliche Grundlagen der Erfahrungsbildung. Jede individuelle Erfahrung basiert solchermaßen auf traditionalen Sinnzusammenhängen.

Die sogenannten *Rhythmen der subjektiven inneren Dauer* – dies entspricht dem ersten der hier relevanten von Schütz unterschiedenen Zeitmodi – entziehen sich durch die Konstitution der Erfahrungsbildung auf „nachträgliche" Weise prinzipiell der bewußten Erfahrbarkeit. Zwar stellen die „Rhythmen des Erlebnisstroms" (Schütz), also die Rhythmen der subjektiven inneren Dauer, die zeitliche Grundlage jeglicher Erfahrungsbildung dar – „auf ihrer Basis werden sowohl reflektive Zuwendungen zu vergangenen Erfahrungen als auch prospektive Vorstellungen zukünftiger Zustände bewußt in den Griff genommen" (Luckmann 1983, S. 19). Die subjektiven zeitlichen Rhythmen sind jedoch überlagert von Kategorien, die der inneren Dauer selbst *nicht* entsprechen; sie werden in der erinnernden Rückschau von gesellschaftlich bedeutsamen Typisierungen bestimmt. Während die Wahrnehmungsmodalitäten nach Schütz „innerhalb der Welt in aktueller Reichweite" (Schütz/Luckmann 1979, S. 64) von großer „subjektiver Bedeutung" (ebd.) sind, „verblassen" (ebd.) sie in der Erinnerung, da die durch die Erinnerung „erfaßten Gegenstände (...) immer mehr vermittels Typisierungen geweckt werden, die in sozial objektivierte, versprachlichte Bedeutungszusammenhänge eingebettet sind" (ebd.). Diese objektivierten Bedeutungszusammenhänge aber „idealisieren und anonymisieren weitgehend die in der aktuellen Erfahrung noch lebendigen Sinnesmodalitäten und Auffassungsperspektiven" (ebd.). Quasi „natürlich" stehen sozial vermittelte sprachbezogene Zeit-Kategorien als sinnstiftende Grammatik alltäglichen Lebens bereit und stellen unhinterfragte Wirklichkeitskonstituenten dar. „Die Grundausstattung der den Rhythmen des Erlebnisstroms ,aufgesetzten' Zeitformen besteht aus den Erinnerungs- und Erwartungsgewohnheiten des täglichen Lebens" (Luckmann 1983, S. 19, Hervorh. H.A.). Diese *Erinnerungs- und Erwartungsgewohnheiten des täglichen Lebens* stellen den zweiten der von Schütz unterschiedenen Zeitmodi dar. Sie lassen das Individuum über ein Inventar routinisierter Erfahrungsdeutungen und Handlungsmöglichkeiten verfügen – ein Inventar, das im alltäglichen Wirkzusammenhang, der sich mit demjenigen anderer durchkreuzt, die Synchronisierung des Handelns bewirkt und eine gemeinsame, intersubjektiv geteilte Welt sichert.

Um den Unterschied zwischen alltäglichen und lebensgeschichtlichen Sinnzusammenhängen zu plausibilisieren, ist ein weiterer von Schütz angeführter Zeitmodus zu erläutern. Neben den subjektiven Rhythmen der inneren Dauer und der Zeitlichkeit des alltäglichen Lebens können wir noch einen dritten Zeitmodus unterscheiden: sogenannte *lebens-deutende und lebens-planende Sinnkategorien*, die – als gesellschaftlich gebundene Vorstellungen über Lebensläufe – diese einzelnen Tagesabläufe übergreifend umspannen. Ebenso wie die Sinnstrukturen des alltäglichen Lebens liegt ihr Ursprung in der Intersubjektivität begründet. Allerdings sind sie von ihrer im unmittelbaren intersubjektiven Handeln begründeten Entstehung als *historische Ausformungen* biographischen Sinns „unabhängig" geworden. Lebens-deutende und -planende Sinnkategorien sind als hochgradig objektivierte Zeitkategorien aufzufassen – als Kategorien, die zu Institutionen bzw. Bestandteilen von Institutionen werden. Im Unterschied zur Zeitlichkeit des täglichen Lebens, die als „der ,rein subjektiven' inneren Dauer des Menschen ,aufgesetzt'"(Luckmann 1983, S. 20) gelten kann und „von ihrer Rhythmik sozusagen mitgerissen und modifiziert" (ebd.) wird, sind lebensdeutende und -planende Sinnkategorien „so hochgradig objektiviert, daß sie von der Rhythmik der inneren Dauer gänzlich unabhängig werden" (ebd.).

Von diesen „hochgradig objektivierten" lebens-deutenden und –planenden Sinnkategorien ist nun auch das lebensgeschichtliche Erzählen geprägt. Die in vielen einzelnen Tagesläufen *polythetisch* aufgebauten Erfahrungen werden mit der biographischen Selbstvergegenwärtigung auf *monothetische* Weise erfaßt (vgl. Luckmann 1983, S. 21). Während sich der Begriff des polythetischen Erfahrungsaufbaus dabei auf die in einzelnen Tagesläufen gemachten Erfahrungen bezieht, zielt der Begriff des monothetischen Zugriffs auf die sich in einem einzigen deutenden Akt konstituierende Sinnsetzung, wie sie auf Grund lebensdeutender Sinnkategorien erfolgt. Der beim lebensgeschichtlichen Erzählen erfolgende monothetische Zugriff auf die vergangenen Erlebnisse und

Erfahrungszusammenhänge beruht auf *biographischen Interpretationsschemata*. Es handelt sich bei diesen biographischen Interpretationsschemata um Sinnkategorien, die kulturellen und historischen Rahmenbedingungen unterworfen sind. Lebensgeschichtliche Erzählungen sind als eine spezifische Ausprägung historisch und kulturell varianter Formen der Selbstvergegenwärtigung aufzufassen. Als besondere sprachliche Formen, die sich von anderen Äußerungsformen dadurch unterscheiden, „daß die Interagierenden sich in einer voraussagbaren Typik an vorgefertigten Mustern ausrichten" (Günthner/Knoblauch 1994, S. 699), stellen sie eine spezifische *kommunikative Gattung* (Luckmann 1988) dar.[1] Entscheiden sich Individuen für diese Gattung, heißt das zugleich, „daß sie sich den Gattungsregeln ‚unterwerfen'" (Günthner/Knoblauch 1994, S. 699). Bei der Darstellung des eigenen Lebens wird in diesem Sinne ein bestimmtes Bild des Ich erzeugt, bei dem vergangene Erfahrungen *typisierten* Formen sinnhafter Lebens-Gestalten untergeordnet werden. Die *Form* solcher sinnhafter Selbstbeschreibungen wird von Kultur zu Kultur variieren, der *Modus* der Selbstbeschreibung dagegen und „die Notwendigkeit, in einem Bild seiner selbst sich zu fassen" (Leitner 1990, S. 319), kann als konstitutionelle Gegebenheit des Menschen aufgefaßt werden.

Zeitliche Strukturen, durch die sich Formen lebensgeschichtlicher Erzählungen auszeichnen, sind also keine Spiegelungen „alltagsweltlicher" Zeiterfahrungen, sondern haben ihre eigene Zeitlichkeit. Neben wirklichkeitskonstituierenden *zeitlichen Strukturen* weisen sinnvolle Gestalten der Lebensdeutung auch *sachliche, „inhaltliche"* Bezüge der in einer Kultur möglichen Variationen der Lebensführung auf. Bestimmte Ereignisse, die innerhalb eines Kulturkreises als identitätsrelevant aufgefaßt werden, Erlebnisse, die als auslegungsbedürftig oder sinnvoll gelten, bilden die Ankerpunkte einer Erzählung. Typen, die jeder konkreten lebensgeschichtlichen Erzählung vorausgehen, umschließen also *sach- wie auch zeitlogische Aspekte*. Sie können beispielsweise geschlechtsspezifische Vorstellungen ausdrücken oder auch negativ sanktionierte Karrieren, also abweichende Karrieren, umfassen. Derartige Typen können theoretisch gelagert sein: So kann eine Biographie in einem psychoanalytischen oder auch entwicklungspsychologischen Rahmen verankert werden oder vor dem Hintergrund soziologischer oder beispielsweise auch religiöser Kategorien verfaßt sein. Jede dieser Textformen enthält eine spezifische „Ebene identifikatorischer Sinnbildung" (Leitner 1982, S. 72), vor deren Horizont die jeweilige Selbstbeschreibung stattfindet. Als kommunikative Gattung stellt die lebensgeschichtliche Erzählung ein formalisiertes Darstellungsmuster dar, das eine

---

[1] Wie Günthner/Knoblauch 1994 zum Begriff der „kommunikativen Gattung" erläuternd ausführen, bezeichnen kommunikative Gattungen „diejenigen kommunikativen Prozesse, die sich gesellschaftlich verfestigt haben. Sie sind nicht mehr bloß Ergebnisse individueller Handlungen, sondern stehen den Handelnden gewissermaßen als ‚Fertigprodukte' zur Verfügung" (S. 696).

„Kombination verschiedener verfestigter (rekurrenter) Elemente" (Günthner/ Knoblauch 1994) aufweist.

Lebensgeschichtliche Erzählungen, wie sie im Rahmen narrativer Interviews erhoben werden, erlauben demnach keinen unmittelbaren Aufschluß über die Vergangenheit alltäglicher Erfahrungs- und Lebenszusammenhänge, sondern geben in erster Linie Auskunft über die jeweils kulturell gültigen typischen Muster der Selbst- und Weltsicht. Dieser formalisierte Sinn- und Bedeutungsgehalt muß – unter methodischen Aspekten – berücksichtigt werden.

Zur Rekonstruktion typischer Gattungsregeln

Eine Analyse lebensgeschichtlicher Erzählungen, die den wirklichkeitskonstitutiven Charakter bestimmter sprachlicher Formen, also spezifischer kommunikativer Gattungen, berücksichtigen will, betrachtet biographische Erzählungen in jedem Fall auch unter dem Aspekt *allgemeiner Erzählschemata*, die für eine bestimmte Kultur *typisch* sind und somit unter dem Aspekt von *Gattungsregeln*, die der jeweiligen Erzählung zugrunde liegen. Die Analyse lebensgeschichtlicher Erzählungen zielt gemäß diesem Verständnis nicht in erster Linie auf die Rekonstruktion des in der Erzählung angesprochenen Geschehens ab, sondern auf die Rekonstruktion der für einen bestimmten Personenkreis typischen Erzählschemata und der diesen zugrunde liegenden Regeln. Bei der Auswertung biographischer Großerzählungen kann damit konkret die Frage einhergehen, welche Ereignisse als Ankerpunkte der jeweiligen lebensgeschichtlichen Erzählung fungieren. Mit einer solchen Fragestellung verbindet sich das Ziel, typische Erzählgestalten des interessierenden Personenkreises (z.B. einer bestimmten Generationslage) herauszuarbeiten. In einer von der Verfasserin unternommenen Studie (Appelsmeyer 1996) ging es beispielsweise um die Analyse der typischen Erzählgestalten einer bestimmten Frauengeneration (jener Frauengeneration, deren Lebensgeschichten die historischen Umbrüche vom Ende der Weimarer Republik bis zur Nachkriegszeit umspannen).[2] Dabei konnten – grob verallgemeinert und reduzierend – folgende Muster der

---

[2] Gewonnen wurden diese lebensgeschichtlichen Erzählungen mit Hilfe narrativer Interviews, einem von Fritz Schütze begründeten Verfahren, das nicht durch die üblicherweise für Interviews typische Abfolge von Frage und Antwort gekennzeichnet ist. Das narrative Interview verfolgt vielmehr das Ziel, den Interviewpartnern/-partnerinnen die Entfaltung ihrer eigenen Relevanzsetzungen zu ermöglichen; den Interviewpartnern/-partnerinnen kommt solchermaßen die Rolle zu, ihr Leben (oder auch nur bestimmte zeitliche Abschnitte) selbst zu strukturieren und darzustellen. Abgesehen von einem Nachfrageteil nimmt der Interviewer/die Interviewerin dabei die Rolle eines aufmerksamen Zuhörers ein.

Selbstpräsentation herausgearbeitet werden[3]: Es konnte erstens die ausschließliche Orientierung der Erzählung an familienbezogenen Themen festgestellt werden, zweitens die Orientierung an Ortswechseln (die für die Zeit während und unmittelbar nach dem 2. Weltkrieg durch Fluchtorte, danach durch Orte der Berufsausübung markiert werden) und – drittens – die Verankerung der eigenen Biographie an berufsbezogene Stationen. Beim dritten Typ ließen sich noch zwei Untertypen unterscheiden: zum einen eine Lebensgeschichte, die eine durchgängige Berufskarriere im Sinne eines erlernten und über die einzelnen Lebensphasen hinweg ausgeübten Berufs aufweist und zum anderen eine solche Selbstpräsentation, die verschiedenste, zumeist ungelernte Tätigkeiten umfaßt. Eine weitere Selbstpräsentation schließlich erwieß sich als fragmentierte, nicht chronologische Darstellung, der eine Perspektive als Opfer, insbesondere als Opfer benachteiligter Kindheitsverhältnisse, zugrunde liegt.

Die individuelle Anwendung allgemeiner Gattungsregeln

Eine Analyse lebensgeschichtlicher Erzählungen wird sich in vielen Forschungszusammenhängen nicht auf die Herausarbeitung solcher *allgemeiner* Muster der Darstellung, denen die jeweiligen biographischen Erzählungen folgen, beschränken können. Insbesondere im Rahmen psychologisch relevanter Fragestellungen müssen methodologische Überlegungen und methodische Vorgehensweisen auch der Besonderheit des *Individuums* Raum geben und damit solchen Sinnbezügen, die über allgemeine und typische Regeln der Selbstthematisierung hinausgehen. Es gilt im folgenden also, einen Begriff der Individualität erzählender Subjekte einzuführen, der sich nicht in der Kombinatorik sozialer Typisierungen erschöpft.

---

[3] Die Auswertung der verschrifteten Interviews orientierte sich an einem sequenzanalytischen Vorgehen. Dem von Schütze entwickelten Auswertungsverfahren, das der Auffassung folgt, daß *narrative* Darstellungsweisen im Unterschied zu anderen Äußerungsformen „am engsten an die zu berichtende Handlungswirklichkeit und entsprechende Orientierungsbestände" (Schütze 1977, S. 51) anschließen, wurde dabei allerdings nicht entsprochen. Gemäß der von Schütze ausgearbeiteten Auswertungsstrategie soll in einer zunächst vorgenommenen „Eliminierung" nicht-narrativer Sequenzen und ausschließlichen Berücksichtigung narrativer Sequenzen das vergangene Lebensgeschehen rekonstruiert werden. Erst später könne eine Wissensanalyse erfolgen, bei der nicht-narrative Elemente (beispielsweise Selbsttheoretisierungen) mit narrativen Passagen in Beziehung gesetzt werden mit dem Ziel, „illusionäre Lebensorientierungen" und „Selbsttäuschungen" (vgl. Schütze 1983, S. 284) herauszuarbeiten. Da nach meinen methodologischen Prämissen die lebensgeschichtliche Erzählung keine Repräsentation des vergangenen Lebensgeschehens ermöglicht, erfolgte bei mir keine prinzipielle Bereinigung des Textes von nicht-narrativen Darstellungsweisen (wie beschreibende oder argumentierenden Textpassagen). Da es mir darum ging, die *formale Gesamtgestalt* der lebensgeschichtlichen Darstellung herauszuarbeiten, fanden Reflexionen im Hinblick auf unterschiedliche Redeweisen und deren möglichen Zusammenhang innerhalb der jeweiligen Interviewpassagen statt.

Dieser Forderung liegt die Überlegung zugrunde, daß mit den allgemein gültigen Regeln, wie sie den Formen der Selbstpräsentation zugrunde liegen, nicht zugleich auch deren Anwendung – etwa als mechanisierter Prozeß – festgelegt ist. Die charakteristische Art einzelner Individuen, in der Welt zu sein, erschöpft sich weder in der nachvollziehenden Einnahme bestimmter regelhafter Strukturperspektiven, noch sind Individuen mit dieser Struktur gleichzusetzen. Es ist in diesem Sinne auch nicht *die* Sprache, die sich selbst spricht und im Laufe der Zeit gar selbstläufig Veränderungen unternimmt. Es sind vielmehr sprechende Individuen, die in ihren Redehandlungen die den jeweiligen sprachlichen Codes zugrundeliegenden Regeln anwenden und dadurch schließlich auch die Grenzen jener definierenden Sprachsysteme, also die Regeln selbst, verändern. Das „Allgemeine" tritt immer *im Akt der Anwendung der Regeln* – in den Entwürfen der sich selbst als sinnvolle Gestalten entwerfenden Individuen – in Erscheinung: „Das Allgemeine ist stets mannigfach individuell verinnerlichtes und mannigfach individuell rückentäußertes Allgemeines" (Frank 1991, S. 75). Handlungen weisen immer individuelle Züge und damit auch innovative Aspekte auf, ansonsten wären soziale und kulturelle Veränderungen, die letztlich auf individuelle Handlungen zurückgehen, nicht denkbar. Dem Handeln von Individuen liegt also, wie wir sagen können, jeweils eine spezifische Regelanwendung zugrunde.

Wir können daraus folgern, daß es – auch wenn lebensgeschichtliche Erzählungen als Repräsentationen *typischer* sinnhafter Gestalten aufzufassen sind, in denen sich erzählende Subjekte selbst entwerfen, – gilt, das Augenmerk auf dieses Entwerfen als spezifischer sprachlicher *Handlung* zu richten. Eine psychologische Untersuchung lebensgeschichtlicher Erzählungen wird – über das Ziel hinaus, typische, innerhalb einer Kultur gebräuchliche Gattungsregeln herauszuarbeiten –, die Frage verfolgen müssen, *auf welche spezifische Weise* Erzähler die der lebensgeschichtlichen Erzählung zugrundeliegenden Regeln anwenden. Der Sinn einer Erzählhandlung ist nicht allein aus dem allgemeinen sprachlichen Code, der typisierten lebensdeutenden Sinngestalt und den dieser zugrundeliegenden Regeln, zu erschließen, sondern wird auch durch individuelle Sinnbildungsleistungen konstituiert. *Individuen* sind nicht aus den Regeln deduzierbar – während *Typen* unter Regeln subsumiert werden können. Die individuelle Aktualisierung typischer Gattungsregeln bedeutet somit, daß den deutenden Lebenskonstruktionen unserer Erzähler auch idiosynkratische, in einem individuellen lebensgeschichtlichen Prozeß begründete individuelle Aspekte der Wirklichkeitskonstruktion zugrunde liegen.

Im Hinblick auf eine mögliche Fassung solcher individuellen Handlungsaspekte erweist sich nun der theoretische Rahmen von Schütz als begrenzt.[4] Der
Begriff des Individuellen zeigt sich hier auf kombinatorische Varianten sozialer
Kategorien und Typisierungen reduziert. Für die Konzeptualisierung eines Begriffs von Individualität muß deshalb an andere theoretische Zusammenhänge
angeknüpft werden.

Dieser Anknüpfungspunkt besteht in Konzepten *Sartres*, die gerade im Hinblick auf psychologisch relevante Fragestellungen vielversprechende Perspektiven eröffnen. Der Bezug auf Sartre erweist sich im Hinblick auf erzähl- und
handlungstheoretische Diskussionen insofern als fruchtbar, als in dessen Theorie des Selbst und seinen handlungstheoretischen Überlegungen das Handlungssubjekt nicht im Sinne einer rationalistisch verkürzten Handlungspraxis als auto-
nomes Zentrum seiner Handlungen und Planungen erscheint. Handlungen werden hier nicht lediglich im Rahmen eines Zweck-Mittel-Schemas begriffen und
tragen immer auch Züge, die nicht vorhersehbare Aspekte einschließen. Ohne
ein vorsoziales, substantielles Selbst vorauszusetzen, ermöglicht die Theorie
Sartres, einen *nicht vollständig sozial bestimmten Anteil des Handelns* ins Auge
fassen: einen nichtreflexiven Handlungszug, der auch im Rahmen jener typisierten Großformen des Sprechens wie der lebensgeschichtlichen Erzählung
zum Tragen kommt.

Im Zentrum der folgenden methodologischen Ausführungen steht dabei
ein spezifischer *Stil*begriff, der zum einen den sprachlichen Charakter des
textförmigen Materials, mit dem wir es im Rahmen der interpretativen Sozialforschung zu tun haben, in den Vordergrund rückt. Zum anderen erlaubt
dieser Stilbegriff einen Blick auf *individuelle Aneignungsweisen typisierter Formen der Darstellung* als für das jeweilige Individuum charakteristische Handlungsaspekte – von Handlungsaspekten, die Aufschluß über
die spezifische Wirklichkeitsorganisation unserer Interviewpartner geben
können.

Eingebettet sind die für unsere Fragestellung relevanten handlungstheoretischen Erörterungen in die phänomenologische Ontologie Sartres, weshalb auf
diese zunächst einzugehen ist.[5]

---

[4] Dies betrifft auch den Handlungsbegriff von Schütz, auf den deshalb kein Bezug genommen wird. Zu
diesem Handlungsbegriff sei hier lediglich angemerkt, daß handlungstheoretische Erwägungen bei Schütz
eng mit der Untersuchung sinnsetzender und sinndeutender Bewußtseinsakte verbunden sind – ein Aspekt,
auf den ich in Anlehnung an Luckmann (1983) bei meiner Darstellung der zeitlichen Struktur der Erfahrungsbildung nicht eingegangen bin.

[5] Dabei folge ich im wesentlichen der Interpretation Sartres durch Danto (1993), der dessen Schriften vor
dem Hintergrund der analytischen Handlungstheorie diskutiert. Eine ausführlichere Darstellung dieses auf
Sartre zurückgehenden Stilkonzepts findet sich bei Appelsmeyer 1996.

Stil als Ausdruck individueller Handlungsaspekte

Nach Sartre unterscheiden sich bloße Dinge vom Menschen dadurch, daß sie keine Distanz zu sich selber und zu anderem einnehmen können; sie sind in gewisser Weise mit sich selbst identisch. Die Möglichkeit des Menschen, etwas bewußt erleben und dadurch dieses Erleben zum Gegenstand des Bewußtseins machen zu können, bewirkt eine Differenz mit sich selbst. Dieser Umstand führt Sartre zur Unterscheidung zwischen Bewußt-Sein und Ding-Sein: Das Sein der Dinge bezeichnet er wegen seiner Identität mit sich mit dem „positiven" Begriff des *An-sich-seins* (»être-en-soi«). Die Seinsformen des An-sich können kein Bewußtsein von sich haben; sie können aber zu Objekten eines Bewußtseins werden. Im Unterschied zu diesen zeichnet sich das menschliche Sein durch „Negativität" aus: Der Mensch ist, was er nicht bzw. noch nicht ist (d.h. im Grunde genommen strebt der Mensch nach der Seinsart des An-sich, womit – wäre diese erreicht – die spezifisch menschliche Bewußtseinsform ausgelöscht wäre). Bewußtsein, das sich durch eine Nicht-Übereinstimmung mit sich, durch Nicht-Identität auszeichnet, ist für Sartre die Seinsart des *Für-sich* (»être-pour-soi«). Die Negation, die das Für-sich-sein in sich birgt, bezieht sich dabei sowohl auf die Differenz zu den Dingen als auch auf die Differenz zu sich selbst.

Mitgedacht werden muß hier unbedingt eine soziale Komponente des Bewußtseins, das *Für-andere-sein* (»être-pour-autrui«). Nach Sartre gehört in die Struktur des Bewußtseins notwendigerweise auch die Existenz der Anderen. Der einzelne kann sich nur insofern auf sich selbst beziehen, als er wahrnimmt, daß und wie andere sich auf ihn beziehen. In diesem Sinne setzt das Bewußtsein von sich selbst voraus, für andere zum Objekt deren Bewußtseins zu werden. Das bedeutet, daß ich selbst mich nur über die Spiegelung der Anderen wahrnehmen kann und daß mein Bild von mir selbst zwangsläufig von dem der anderen abhängt: Was ich von mir weiß, ist verknüpft mit dem „Erblicktwerden" durch andere. Wie ausgeführt, betrifft dies auch biographische Selbstvergegenwärtigungen: Diese stiften eine kommunikative Gegenwart mit den (im weitesten Sinne) gemeinsamen Angehörigen einer Kultur.

Unschwer sind hier Parallelen zu G.H. Mead erkennbar[6]: Das Bild von sich selbst als Gesamt gesellschaftlicher Rollenbeziehungen, Erwartungen und historisch gewachsener Identitätsfiguren würde in etwa dem Meadschen „me" entsprechen. Auch eine Entsprechung zum Meadschen „I" als dem nicht fixierbaren, dem Organismus verbundenen, kreativen Teil des Selbst findet sich bei Sartre. Bei der Erläuterung desselben gilt es im Folgenden, die Differenz zwischen Bewußtsein und Reflexion im Auge zu behalten; Bewußtsein darf auf

---

[6] Dies hängt wohl damit zusammen, daß unabhängig voneinander beide – Sartre wie Mead – sich auf Hegel beziehen.

keinen Fall in den vielleicht gewohnten Kontext von Bewußtheit als Gegensatz zu Nicht-Bewußtheit bzw. auch als Gegensatz zu einem im psychoanalytischen Sinne verstandenen Unbewußten gestellt werden:

Der Modus des reflexiven Bewußtseins, der dem pour-soi (dem Für-sich) entspricht und von dem pour-autrui abhängt, ist unbedingt zu unterscheiden von einer Bewußtseinsform, die existiert, wenn jemand etwa mit Gegenständen der Außenwelt beschäftigt ist.[7] Diesem Bewußtsein fehle nach Sartre der kognitive Bezug auf sich selbst, es sei unmittelbarer, es sei *„präreflexiv"*. Es macht sich nicht selbst zum Gegenstand und wird von Sartre deshalb auch als *„nicht-setzend"* bezeichnet. Zur Konkretisierung soll auf das Sartresche Beispiel des Zählens verwiesen werden: Beim Zählen bin ich darauf konzentriert, die Zahl (z.B. von Zigaretten) herauszufinden. Ich reflektiere aber im gleichen Augenblick nicht, daß ich es bin, der diese Handlung des Zählens vollzieht; im Gegenteil nehme ich dies unmittelbar war. Diese präreflexive Wahrnehmung ist gleichzeitig Basis des aktuellen Handlungsvollzugs des Zählens wie auch Basis anderer Handlungen. Ich mache mich also nicht selbst zum Gegenstand: Das Bewußtsein „setzt sich nicht" in diesem Moment; es *ist*. Es ist Voraussetzung jeglicher Erkenntnis, also auch jeglicher reflexiven Bewußtseintätigkeit, ohne aber selbst erkannt zu werden. In diesem Sinne wird die präreflexive Wahrnehmung als Bewußtseinsmodus von Sartre mit Spontaneität bzw. mit einer Aktivität in Verbindung gebracht, die sich quasi aus sich selbst heraus begründet.

Dieser Bewußtseinsmodus nun ist es, der dazu beiträgt, daß die Handlungen einer bestimmten Person einen spezifischen Zug aufweisen, der für eben jene Person charakteristisch ist. Er prägt die jeweilige Anwendung von Regeln, bezeichnet also individuelle Ausdrucksaspekte innerhalb allgemeiner Handlungsmuster. In diesem Bewußtseinsmodus liegen die nicht völlig sozial bestimmten Aspekte des Handelns begründet, die schließlich Anstöße für die Veränderungen bestehender sozialer Ordnungen bieten und außerdem zur Entstehung von Handlungsmotiven im zeitlichen Vollzug des Handelns selbst beitragen – von Handlungsmotiven, die sich der subjektiven Gewußtheit des Handelnden (zumindest gegenwärtig) entziehen. Aus dem präreflexiven Bewußtseinsmodus leitet sich der in der Zukunft begründete Handlungssinn – die den Menschen auszeichnende *Freiheit* – mit ab. Auf diesen Bewußtseinsmodus kann jenes „Neue", „noch nie Dagewesene", das in anderen handlungstheoretischen Zusammenhängen als kreativer Aspekt menschlichen Handelns (Joas 1992) bzw. auch als produktives Handeln (Waldenfels 1990) beschrieben wird, zurückgeführt werden.

---

[7] Sartre nimmt also innerhalb des Bewußtseins Unterscheidungen an und grenzt sich damit von der geläufigen psychoanalytischen Konzeption eines Unbewußten als Gegensatz zum Bewußten ab.

Spuren des nichtsetzenden bzw. des präreflexiven Bewußtseins sind prinzipiell nur auf Grund der *Handlungen* eines Individuums erfahrbar, was Danto zu der Aussage führt, daß das Wesen von Menschen nur über ihre Handlungen verstanden werden kann: „Man ist die Summe seiner Handlungen" (Danto 1993, S. 61). Solcher gelebten Subjektivität steht die erkannte Objektivität gegenüber, das „objektive" bzw. das „reflexive" Bewußtsein. Das präreflexive Bewußtsein kann sich im Unterschied zu diesem niemals in der gleichen Weise zum Objekt machen wie dies mit Gegenständen geschehen kann oder auch dem Ich.[8] Es drückt sich prägend in jedem Akt aus, ist aber für den Handelnden selbst gleichzeitig nicht erkennbar. Es markiert einen individuellen Handlungszug, ohne daß das Handlungssubjekt über diesen Handlungsaspekt reflexiv verfügen könnte. Die Selbst-Erkenntnis wird in erster Linie durch den Bewußtseinsmodus des pour-soi bestimmt sein, wird von der Spiegelung des eigenen Bildes durch andere geprägt sein und damit auch von gesellschaftlich gewußten, typischen Identitätsformen.[9] Das nichtsetzende Bewußtsein jedoch ist mit der konkreten Handlungspraxis eines Subjekts verwoben und entzieht sich dessen Zugriff.

Mit dem präreflexiven Bewußtseinsmodus ist nun keineswegs die Vorstellung eines substantiellen Bewußtseins verbunden, das dem Handeln vorausginge und die Akte eines Menschen als voraussetzendes „Wesen" sinndefinierend fundierte. Es kann vielmehr als eine Färbung begriffen werden, die sich erst im Vollzug des Handelns bemerkbar macht. Diese Färbung, die als individueller Sinnausdruck die jeweiligen Handlungen eines Individuums auszeichnet, verweist schließlich auf die spezifische Anwendung allgemeiner Regeln: auf den *Stil* des Handlungssubjekts, das mit anderen Handelnden gemeinsam einen Korpus allgemeiner Regeln teilt, diese aber auf eine „individuelle" Weise anwendet. In der konkreten Redepraxis, also im Akt der Anwendung von Regeln, die der Struktur des *Typischen*, des *Typus* angehören, werden allgemeine

---

[8] Nach Sartre (1962) wäre das Ich – also auch jenes Ich, das in Erzählungen als Handlungssubjekt erscheint – Objekt des Bewußtseins: „Das Ego ist nicht Eigentümer des Bewußtseins, es ist dessen Objekt. Wir konstituieren zwar spontan unsere Zustände und unsere Handlungen als Produktionen des Ego. Aber unsere Zustände und unsere Handlungen sind auch Objekte. Niemals haben wir eine direkte Intuition von der Spontaneität eines instantanen Bewußtseins, das durch das Ego hervorgebracht wäre. Das wäre unmöglich. Nur auf der Ebene der Bedeutungen und der psychologischen Hypothesen können wir eine ähnliche Produktion begreifen – und dieser Irrtum ist nur möglich, weil das Ego und das Bewußtsein auf dieser Ebene *blind* anvisiert sind. In diesem Sinne hat man, wenn man das *Ich denke* so versteht, daß man aus dem Denken eine Produktion des Ich macht, das Denken bereits als Passivität und *Zustand* konstituiert, das heißt als Objekt; man hat die Ebene der reinen Reflexion verlassen, auf der das Ego zwar erscheint, aber *am Horizont* der Spontaneität. Die reflexive Einstellung wird korrekt durch jenen bekannten Ausspruch von Rimbaud (...) wiedergegeben: »Ich ist *ein anderer* [Je est un autre].« Der Zusammenhang beweist, daß er einfach hat sagen wollen, die Bewußtseinsspontaneität könne nicht aus dem Ich hervorgehen" (S. 85 f).

[9] Vgl. dazu im Folgenden Sartre: „Um *sich zu sehen*, wie man ist, müßte man sich fremde Augen ausborgen können; aber die Praktiken der vorangehenden Generation haben uns bis in unsere reflexive Sicht hinein strukturiert; was die objektivierende Reflexion im Reflektierten erfassen will, ist bereits in ihm und entscheidet darüber, was sie sehen kann und was sie sieht" (Sartre 1977, Bd. III, S. 732, Hervorh. i.O.).

Strukturen quasi individualisiert. Die Individualisierung der allgemeinen Strukturen, wie sie sich innerhalb der jeweiligen Redehandlung vollzieht, steht als *Stil* dem Typus, der dem allgemeinen sprachlichen Code zuzuordnen ist, gegenüber. Dabei fokussiert der Begriff Stil individuelle Handlungsaspekte, durch die sich *verschiedene* Handlungen eines Individuums auszeichnen. Die einzelnen Handlungen eines Handlungssubjekts sind Teil eines *strukturellen* vielschichtigen Sinnzusammenhangs, der sowohl von *typischen* und *allgemeinen* Bedeutungsaspekten durchzogen ist, aber auch auf *individuelle* Aspekte der Handlungspraxis – auf einen bestimmten (Individual-)*Stil* – verweist. Stil läßt sich in diesem Sinne zwar als ein besonderer Zug des Sprachlichen begreifen; gleichzeitig geht er aber über das Sprachliche hinaus. Er ist, wie wir unter Bezugnahme auf Sartre sagen können, Ausdruck des nichtsetzenden Bewußtseins und wird sich in *jedem* Akt prägend ausdrücken, verweist also auf einen umfassenden Sinnzusammenhang, der dem Selbst- und Weltverhältnis des Handelnden zugrunde liegt. Jenseits der reflexiven Verfügbarkeit durch den Handelnden angesiedelt[10], deutet er auf die einem Individuum eigentümliche „Weise, die Welt zu sehen" (Danto 1991, S. 249), also auf die *Wirklichkeitsorganisation des Handlungssubjekts*, und wird sich auch in nichtsprachlichen Äußerungen des Handelnden zeigen.

Es stellt sich nun die Frage, wie wir wir dieses „zwischen" den allgemeinen Strukturen typisierter Darstellungsformen aufscheinende „individuelle" Sinnmoment im Forschungsprozeß erfahren können. Dieses Individuelle begegnet uns schließlich im Gewand *typischer* Ausdrucksweisen. Das Vorhaben, individuelle Deutungsrelevanzen jenseits der spezifischen Darstellungssemantik lebensgeschichtlicher Erzählungen und damit die *individuelle Aneignung eines bestimmten biographischen Erzähltypus'* zu erforschen, erweist sich als problematisch.

Eine Möglichkeit, dieser Schwierigkeit in der Analyse biographischer Großerzählungen zu begegnen, liegt in der systematischen *Komparation* begründet. Ein Zugang zur individuellen Aneignung eines bestimmten biographischen Erzähltypus' eröffnet sich dann, wenn wir die lebensgeschichtliche Erzählung mit anderen Äußerungsformen unserer Interviewpartner vergleichen. Wir können, wie mit Hilfe des Stilbegriffs erläutert wurde, die narrativen Selbstvergegenwärtigungen der Erzähler als mit anderen Handlungen in einem strukturellen Zusammenhang stehend begreifen: Als Teil dieser Struktur können beispielsweise auch Äußerungen des Interviewten aufgefaßt werden, die in einem zweiten Interview gemacht werden; darunter fallen aber auch alltägliche Handlungen des Erzählers, die jenseits der Kommunikationssituationen von

---

[10] Eine reflexive und zielgerichtete Verfügbarkeit jener Ausdrucksaspekte der Sprache würde Danto als „Manier" vom Stil unterscheiden. Im Unterschied zum Stil bewegt sich die „Manier" als Ausdrucksmittel auf einer Ebene, auf der sie reflektiert und gezielt eingesetzt werden kann: „Eine Manier läßt sich erlernen, obwohl von außen vielleicht kein besonderer Unterschied erkennbar ist" (Danto 1991, S. 303 f.).

Interviews stattfinden. Um Aspekte dieses individuellen Sinns jenseits typisierter Lebensgestalten zu beleuchten, deren Konstruktionsprinzipien in erster Linie auf kulturell definierten lebens-deutenden und lebens-planenden Sinnkategorien beruhen, müssen biographische Erzählhandlungen im Rahmen der Interpretation durch andere Äußerungsformen, Interviewtypen etc. ergänzt werden:
Wir gewinnen dadurch schließlich auch die Möglichkeit, mit den individuellen
Stilelementen Aspekte *alltäglich relevanter Sinnsetzungen* zu erfahren.

Ein erläuterndes Beispiel: Stil und Typus im Vergleich zweier Interviewformen

In der von der Verfasserin unternommenen Studie erfolgte diese Untersuchung
individueller Sinnpotentiale, die typisierten Formen der Darstellung zugrunde
liegen, mit Hilfe *literaturinterpretativer Interviews* (Appelsmeyer 1996), also
Interviews über einen literarischen Text, der den Interviewpartnerinnen einige
Tage zuvor ausgehändigt wurde.[11] Die Spiegelung der biographischen Erzählungen durch die im literaturinterpretativen Interview gewonnen Texte ermög-
lichte solchermaßen Einblick in idiosynkratische Deutungstendenzen und jeweilige Sichtweisen auf Welt.[12] Die aufgrund des zweiten Interviews gewon-

---

[11] In diesem Interview über den literarischen Text wurde im Unterschied zum ersten lebensgeschichtlichen Interview nicht die Darstellung des Selbst gefordert; Ausgangspunkt war nicht die Person der Interviewten. Die Interviewpartnerinnen wurden vielmehr gebeten, ihre subjektiven Eindrücke von einem bestimmten literarischen Text wiederzugeben. Es wurde verdeutlicht, daß es nicht um eine „richtige" oder „falsche" Interpretation des Textes ginge, sondern daß der persönliche Eindruck und das *Erleben* im Zusammenhang mit dem Text gefragt sei. Was den Kommunikationsverlauf dieses Interviews anbelangt, so handelt es sich bei diesem Interview im Unterschied zum narrativen Interview um ein Verfahren, bei dem häufiger ein Sprecherwechsel stattfindet, auch wenn ein Prinzip der Interviewführung darin bestand, die Strukturierung des Gesprächs weitgehend den Interviewpartnerinnen selbst zu überlassen, um so ihrem eigenen Relevanzsystem hinreichend Raum zur Entfaltung zu gewähren. Es wurde so weit wie möglich vermieden, ein Thema in die Gesprächssituation hineinzutragen.
Was den Verlauf dieser Interviews anbelangt, zeigte sich, daß von den Interviewpartnerinnen – um die Wirkung der literarischen Erzählung auf sie zu erläutern – häufig andere literarische Beispiele, also literarische Gegenentwürfe, herangezogen wurden, die für die Interviewpartnerinnen eine bestimmte Literarizität verkörpern. (Diese individuell variierenden Erfahrungen mit Literatur und die individuellen Vorstellungen über das, was Literatur auszeichnet, müssen bei der Analyse der Interviewtexte unbedingt berücksichtigt werden.) Häufig erfolgten im Rahmen der Deutung des literarischen Textes auch emotionale Reaktionen wie beispielsweise eine heftige Ablehnung des Textes. Eine solche Ablehnung oder auch Befürwortung kann sich dabei auf spezifische „Inhalte" der Erzählung beziehen oder auch auf die „Form"; manchmal wurde die Erzählung formal gutgeheißen, der Inhalt dagegen abgelehnt. Die Ablehnung bzw. Befürwortung, deren Darstellung, Begründung, daran sich knüpfende Reflexionen und Assoziationen (die scheinbar nichts mit dem Text zu tun haben) – darunter auch weitere lebensgeschichtliche Erzählepisoden – bilden die Basis des Interviews über den literarischen Text.

[12] Die Einbindung eines literarischen Textes in die Interviewsituation ist dabei in besonderer Weise geeignet, neue, nicht antizipierbare Aspekte in die kommunikative Beziehung zwischen Interviewer und Interviewten einzuführen. Sie läßt Handlungsaspekte, die auf den präreflexiven Bewußtseinsmodus Sartres zurückgeführt werden können, besonders deutlich hervortreten. Vgl. zur Begründung dieses Umstandes Appelsmeyer 1996.

nenen Hinweise vermögen hier die Konfiguration der lebensgeschichtlichen Darstellung zu „erläutern". „Brüche", also Inkonsistenzen der lebensgeschichtlichen Darstellung, die bei einer sequentiellen Analyse des Textes bisweilen zutage treten, aber in ihrer Bedeutung nicht schlüssig erklärt werden können, erfahren durch die Bezugnahme auf das zweite Interview eine Plausibilisierung.

An einem knappen Fallbeispiel – *Frau Helbig* – läßt sich dieser Umstand erläutern. Frau Helbigs lebensgeschichtliche Selbstpräsentation erweist sich als einheitliche Gesamtgestalt, die von der Schilderung der Kindheitssituation bis hin zu zukunftsbezogenen Reflexionen eine durchgängige Struktur aufweist: die Geschichte einer Verhinderung ihrer eigentlichen Wünsche und ihrer Autonomie. Frau Helbigs Darstellung folgt ausschließlich familienbezogenen Themen und läßt – im Unterschied zu anderen Interviewpartnerinnen – keine Einbettung der Lebensgeschichte beispielsweise in historische Ereigniszusammenhänge erkennen. Ihre Geschichte nimmt einen Ausgang von der Darstellung der Zurücksetzung ihren Geschwistern gegenüber – eine Perspektive, die sich auch im Hinblick auf heutige Handlungszusammenhänge von hoher Relevanz für ihr Selbstbild zeigt – und führt eine Reihe von Lebensstationen aus, die der Erläuterung einer niemals von anderen erfahrenen Unterstützung ihrer – auch beruflichen – Autonomie dienen. Frau Helbig habe immer nur für andere gelebt: zunächst für die Pläne und Interessen der Eltern, ihren Mann, ihre Kinder und gegenwärtig und zukünftig für ihre Enkelkinder. Ihr Leben zeigt sich solchermaßen von Einschränkungen und der Zurückstellung eigener Interessen bestimmt, was sich – wie sie betont – auch in der Zukunft nicht ändern werde. Als „Bruch" kann dabei ihre zu spürende Unzufriedenheit einerseits und ihre häufige Betonung ihrer „positiven Sichtweise" hinsichtlich ihres erfüllten Lebens andererseits bezeichnet werden.

Die Struktur dieser erzählerischen Gesamtgestalt spiegelt sich im literaturinterpretativen Interview nun folgendermaßen wieder: Als auffälligster Zug, der hier zum Tragen kommt, erweist sich der spannungsgeladene Gegensatz, von dem Frau Helbigs Deutungen durchzogen werden – der Gegensatz zwischen Sachverhalten, die „man" offen aussprechen darf und solchen, über die „man" sich allenfalls Gedanken machen darf. „Etwas sagen und etwas denken" werden von Frau Helbig in jedem Fall als nicht deckungsgleiche Felder behandelt. Dieses Thema entfaltet sich im Zusammenhang mit den von Frau Helbig an den literarischen Text herangetragenen Kategorien „guter Erziehung" und „anständigen Benehmens", die einem autoritativen Komplex zugeordnet werden können und mit einer Tendenz zur Konfliktvermeidung einhergehen. Offen zutage tritt weiterhin Frau Helbigs Resignation im Hinblick auf das ihr verfügbare Handlungspotential und die Möglichkeit zur Einflußnahme auf ihre Mitwelt. Als charakteristisches Handlungsmuster im Zusammenhang mit diesen Resignationstendenzen zeigt sich dabei eine Haltung, die das eigene Schicksal als quasi natürlich generalisiert und von dieser Generalisierung her moralische Appelle zur Selbstdisziplinierung ableitet („...man muß eben einfach ...").

Stil und Typus lassen sich stichwortartig folgendermaßen zusammenfassen: Als *typisch* kann Frau Helbigs Geschichte einer Verhinderung der eigenen Autonomieentfaltung und der Unterordnung unter die Interessen der Familie gelten. Ankerpunkte der Erzählstruktur bilden dabei ausschließlich familienbezogene Episoden. Den *Stil* Frau Helbigs bestimmt eine „Heimlichkeit der Gedanken" – eine Kluft zwischen dem „Eigentlichen", „Privaten" und der Artikulation in einer sozial verbindlichen Welt. Die Formulierung der „Heimlichkeit der Gedanken" heißt dabei nicht, daß dieser für sie typische Handlungszug ihr reflexiv verfügbar und als „Heimlichkeit" bewußt wäre. Aspekte des Stils sind vielmehr Ausdruck einer gelebten Praxis. Ihre Erfahrungsorganisation wird in gewisser Weise von einer „doppelten Buchführung" – einer „Kluft" – bestimmt. Diese Kluft schließlich macht sich im Rahmen ihrer lebensgeschichtlichen Selbstpräsentation, die als Geschichte der Verhinderung ihrer „eigentlichen Bedürfnisse" erfolgt, im Bruch zwischen der spürbaren Unzufriedenheit und der auffälligen Betonung ihrer Zufriedenheit bemerkbar.[13]

Wie das Beispiel erläutert, bilden die Ergebnisse der Analysen beider Interviews keinen Widerspruch. Vielmehr entfalten die im Vergleich beider Interviews deutlich werdenden Sinnstrukturen eine umfassende Perspektive auf das jeweilige Selbst- und Weltverhältnis der Interviewpartnerinnen, die über die Rekonstruktion typischer und allgemeiner Erzählschemata hinausgeht. Die im zweiten Interview zutage tretenden Deutungsmuster und Orientierungsbestände plausibilisieren – in der Rückwendung auf die lebensgeschichtliche Großerzählung – die individuelle Aneignung einer typischen biographischen Erzählgestalt und zeigen Sinnaspekte auf, die auch alltäglichen Handlungszusammenhängen zugrunde liegen. Erst der Einbezug einer weiteren Interviewform neben dem narrativen Interview gewährt uns somit Aufschluß über die konkreten Bedeutungen und den individuellen Sinn, die der Aktualisierung allgemeiner Darstellungsregeln zugrunde liegen.

Literatur

Appelsmeyer, Heide (1996). Stil und Typisierung in weiblichen Lebensentwürfen. Eine vergleichende Analyse biographischer und literarischer Konstruktionen älterer Frauen. Weinheim: Deutscher Studien Verlag.
Danto, Arthur C. (1991). Die Verklärung des Gewöhnlichen: eine Philosophie der Kunst. Frankfurt/Main: Suhrkamp (The Transfiguration of the Commonplace. A Philosophy of Art, 1981)

---

[13] Dies stellt nur einen von mehreren Aspekten dar, die Frau Helbigs spezifischen Stil erläutern. Vgl. zur ausführlichen Falldarstellung Appelsmeyer 1996.

Danto, Arthur C. (1993). Jean Paul Sartre. Göttingen: Steidl (Originalausg. 1975).

Frank, Manfred (1991). Selbstbewußtsein und Selbsterkenntnis. Essays zur analytischen Philosophie der Subjektivität. Stuttgart: Reclam.

Günthner, Susanne & Knoblauch, Hubert (1994). „Forms are the Food of Faith". Gattungen als Muster kommunikativen Handelns. Kölner Zeitschrift für Soziologie und Sozialpsychologie, 46, 693–723.

Joas, Hans (1992). Die Kreativität des Handelns. Frankfurt/Main: Suhrkamp.

Leitner, Hartman (1982). Lebenslauf und Identität: Die kulturelle Konstruktion von Zeit in der Biographie. Frankfurt: Campus.

Leitner, Hartman (1990). Die temporale Logik der Autobiographie. In: Walter Sparn (Hg.). Wer schreibt meine Lebensgeschichte? Biographie, Autobiographie, Hagiographie und ihre Entstehungszusammenhänge. S. 315–359. Gütersloh: Mohn.

Luckmann, Thomas (1983). Lebensweltliche Zeitkategorien, Zeitstrukturen des Alltags und der Ort des historischen Bewußtseins. In: Bernard Cerquiglini & Hans Ulrich Gumbrecht (Hgg.). Der Diskurs der Literatur- und Sprachhistorie: Wissenschaftsgeschichte als Innovationsvorgabe. S. 13–28. Frankfurt/Main: Suhrkamp.

Luckmann, Thomas (1988). Kommunikative Gattungen im kommunikativen ‚Haushalt' einer Gesellschaft. In: Gisela Smolka-Koerdt u.a. (Hgg.). Der Ursprung der Literatur. S. 279–288. München: Fink.

Sartre, Jean-Paul (1962). Das Sein und das Nichts. Versuch einer phänomenologischen Ontologie. Hamburg: Rowohlt.

Sartre, Jean-Paul (1975). Die Anthropologie. In: Mai '68 und die Folgen. Hamburg: Rowohlt.

Sartre, Jean-Paul (1977). Der Idiot der Familie. Gustave Flaubert 1821–1857. I: »Die Konstitution«, II: »Die Personalisation I«, III: >>Die Personalisation II<<. Hamburg: Rowohlt.

Sartre, Jean-Paul (1982). Die Transzendenz des Ego. Philosophische Essays 1931–1939. Hrsg. v. Bernd Schuppener. Hamburg: Rowohlt.

Schütz, Alfred (1974). Der sinnhafte Aufbau der sozialen Welt. Eine Einleitung in die verstehende Soziologie. Frankfurt/Main: Suhrkamp.

Schütz, Alfred & Luckmann, Thomas (1979 u. 1984). Strukturen der Lebenswelt. Bd. 1 u. 2. Frankfurt/Main: Suhrkamp.

Schütze, Fritz (1977). Die Technik des narrativen Interviews in Interaktionsfeldstudien. Universität Bielefeld, Fakultät für Soziologie, Arbeitsberichte und Forschungsmaterialien Nr.1, Bielefeld.

Schütze, Fritz (1983). Biographieforschung und narratives Interview. In: Neue Praxis, 13, 283–293.

Waldenfels, Bernhard (1990). Tun und Erleiden. In: Ders. Der Stachel des Fremden. S. 83–134. Frankfurt/Main: Suhrkamp.

Lebenskonstruktionen als Gegenstand der Biographieforschung

Heinz Bude

Obwohl die Biographieforschung mittlerweile als ein eigener Zweig der Sozialwissenschaften mit separaten Publikationsorganen und eigenen Netzwerken gelten kann, herrscht immer noch eine gewisse Unklarheit über ihren Gegenstand. Die Unterscheidung zwischen objektiv konstituierten Lebensläufen und subjektiv konstruierten Biographien (vgl. Leitner 1982, S. 113 ff.; und dann kanonisch Voges 1987) schützt zwar vor objektivistischen und subjektivistischen Mißverständnissen, was die Steuerbarkeit oder Gesteuertheit des „eigenen Lebens" betrifft, tut dies aber um den Preis des Auseinanderfallens zwischen einem objektiven und einem subjektiven Aspekt der Lebensführung. Konzepte wie „Person-Umwelt-Interaktion" (Mischel 1973) oder „reziproke Kausalität" (Overton/Reese 1973) können nur schwer über den unterstellten Bruch zwischen persönlicher Abgeschlossenheit und sozialer Einpassung hinwegtäuschen. Natürlich gibt es eine ganze Reihe von Versuchen, diesen impliziten Dualismus zu überwinden. Doch wie das Beispiel des Habitusbegriffs von Pierre Bourdieu zeigt, endet das nicht selten mit der Bestreitung eines eigenen Gegenstandsfeldes für die Biographieforschung. Bourdieus Entlarvung der „biographischen Illusion" (1990) soll die Biographieforschung nur in eine kulturalistisch renovierte Klassentheorie zurückführen.

Was also gebraucht wird, ist eine ebenso theoretisch anspruchsvolle wie sachlich angemessene Konstituierung eines eigenen Gegenstandes der Biographieforschung. Die Tradition biographischer Forschung (siehe Szczepanski 1962; Kohli 1981; Paul 1987) legt dafür eine naturalistische Strategie nahe, die auf dem Wege der Reflexion konkreter Forschungserfahrungen zu methodischen Vorschlägen und methodologischen Prämissen gelangt. Der Begriff, den ich hier zur Klärung des Gegenstandes der Biographieforschung vorstellen möchte, basiert auf den Erfahrungen mit offenen Interviews (Kohli 1978), die den Zusammenhang von persönlicher und gesellschaftlicher Geschichte zum Thema hatten. Man könnte sie als „sozialwissenschaftlich aufgeklärte Alltagsgespräche" bezeichnen, bei denen der Interviewer um die Raffinessen von „Dilemma-Interviews", „klinischen", „problemzentrierten", „fokussierten", „narrativen" oder „diskursiven Interviews" weiß und sich ihrer bedient, aber keinem dieser Interviewtypen (dazu Hopf 1991) folgt. Nicht „niemand" zu sein, ein Problem deutlich zu machen und etwas wissen zu wollen, ist am Ende wichtiger als alle Interviewermaskierung, hinter der sich doch nur die „Obszönität des

Fragens" (Bodenheimer 1984) verbirgt. Die transkribierten Protokolle dieser Gespräche waren der konkrete Gegenstand der Forschungspraxis. Wie ist dieser Alltagstext zu verstehen? Worum geht es in all seinen Windungen, Abweichungen und Überzeichnungen? Wer steckt hinten diesem ganzen Spiel von Effekten, Kniffen und Finten? Der Begriff der Lebenskonstruktion ist ursprünglich aus den Erfahrungen bei der Lektüre dieser Alltagstexte entwickelt worden (Bude 1984). Der Begriff expliziert das sachliche Korrelat einer bestimmten hermeneutischen Prozedur. Das Gewebe eines einzigen Textes soll die Konstruktion eines ganzen Lebens enthüllen.

Diesen Entstehungskontext muß man sich vor Augen halten, um die spezifische Differenz zu anderen gegenstandskonstitutiven Begriffen der Biographieforschung zu ermessen. So ist das von Anselm Strauss und Barney G. Glaser (1970) entwickelte „trajectory"-Konzept auf Beobachtungen und nicht auf Befragungen bezogen, nur in langen Strecken und nicht in kurzen Sequenzen zu rekonstruieren und vor allem unter der Voraussetzung dauernder institutioneller Kontexte und nicht im Blick auf flüchtige Alltagsgespräche entstanden. Deshalb wird in den entsprechenden methodischen Vorschlägen mehr Wert auf Verfahren der Datensicherung und Datenordnung als auf solche der Textanalyse und Interpretationskontrolle gelegt. Die Betonung des operativen Aspekts der grundlagentheoretischen Begriffe ist im übrigen charakteristisch für die Methodologie einer „rekonstruktiven Sozialforschung" (Bohnsack 1991), weshalb Begriff, Methode und Darstellungsform im Zusammenhang entwickelt und gesehen werden müssen.

Begriff

Identitätstheorien aus dem Symbolischen Interaktionismus kritisieren den soziologischen wie den psychologischen Reduktionismus, indem sie von der ontologischen Einheit von persönlichem Selbst und sozialer Welt ausgehen. Für George Herbert Mead ist die soziale Handlung der primäre Grund des zwischenmenschlichen Geschehens, woraus die einzelne Handlung Sinn und Bedeutung erhält. Das Individuum wird daher nicht als substantielle Einheit gedacht, sondern als Teil einer „ongoing activity" von Praktiken des Koordinierens, Kombinierens und Kommentierens. Im Zusammenspiel von erwarteten Identitätformularen und spontanen Ich-Leistungen bringt das Selbst sich als emergente Struktur symbolisch vermittelter Interaktionen hervor. Aus Zurechnungssituationen können Selbstfestlegungen und aus Überschußinformationen Selbsttranszendierungen folgen. Entscheidende Bedingung für das persönliche Identitätsmanagement wird dann die Fähigkeit zur Beteiligung an sozialen Handlungsprozessen. „Die vom Individuum für die Beteiligung an Kommunikation und gemeinsamem Handeln zu erbringende Leistung", definiert Lothar Krappmann (1969, S. 8), „soll hier mit der Kategorie der Identität bezeichnet werden."

Doch die pragmatistische Konzeption der Akteurskompetenz ist mit dem alteuropäischen Begriff der Person nicht so leicht in Einklang zu bringen. Geht dieser von der Idee von Einheit und Bildung aus, betont jene die Tatsache wechselnder Anpassung und vielfältiger Beteiligung. Die Kategorie der Person steht für das einzigartige Streben nach Selbstverbesserung und die der Identität für die komplexe Fähigkeit zur Kooperation und Verständigung. Auch wenn von seiten der Identitätstheoretiker gelungene Identitätsbildung an die Leistung des Verweises an einen im Augenblick zwar nicht realisierten, aber im Prinzip unterstellten Gesamtzusammenhang des Lebens gebunden wird, werden die Philosophen der Person die Vorstellung von der Einzigartigkeit jeder menschlichen Person als Träger einer unsterblichen Seele einklagen. In diesem Streit geht es um die Frage, wie die Präsenz eines Ganzen in einem einzigen Moment verstanden werden kann.

In der Sprache der Sozialwissenschaften haben wir es hier mit dem Dilemma zwischen Situationismus und Personalismus zu tun. Die personalistische Perspektive geht davon aus, daß der einzelne bestimmte Züge und Einstellungen in sich trägt, die sein Verhalten auf Dauer bestimmen. In der situationistischen Perspektive dagegen ist das Verhalten des individuellen Akteurs als abhängige Variable sozialer Situationen und systemischer Funktionen zu begreifen. Das eine Mal liegen die Gesetzmäßigkeiten des Verhaltens in der identischen Person, das andere Mal in den multiplen Situationen.

Die situationistische Doktrin ist für eine sozialwissenschaftliche Betrachtung selbstverständlich. Schon der Allbegriff der Gesellschaft ist ohne den Konkretionsbegriff der sozialen Situation gar nicht zu denken (vgl. Thomas 1964 oder Markowitz 1980). Die soziale Welt besteht aus einer Mannigfaltigkeit raumzeitlich definierter Weltausschnitte, wo eigene Regeln herrschen, die wie das Skript eines Theaterstücks das Thema festlegen, den Beteiligten ihren Part zuweisen und ihre einzelnen Beiträge zu einem gemeinsamen Stück ordnen. Allerdings sind die Regeln einer sozialen Situation nie zu Ende definiert. Selbst in höchstgradig formalisierten oder automatisierten Situationen – auf dem Standesamt oder in der Untergrundbahn – bedarf es einer interpretativen Eigenleistung des individuellen Akteurs, um die Regeln solcher Sitationen auf die konkreten Umstände und Personen, mit denen dieser gerade zu tun hat, zu beziehen. Die Situationsregeln schreiben vor, wie man sich in Situationen dieser Art zu verhalten hat, aber nicht, wie ich in dieser einen Situation handeln soll. Deshalb ist jede Situationsdefinition das Ergebnis einer meist schnellen und unmerklichen, manchmal aber auch harten und spitzen Situationsverhandlung. Dies bringt die Personalisten ins Recht. Denn wo verhandelt und ge-kämpft wird, ist die Subjektivität jedes einzelnen sofort im Spiel. So hängt das relative Recht beider Positionen mit ihrer konkreten Vermitteltheit in der all-täglichen Lebenspraxis zusammen, wo immer Situation und Person zusammen-spielen. Man bekommt am Handeln des einzelnen ganz genau mit, was daran der allgemeinen kulturellen Normalform entspricht und was der besonderen Individualitätsform dieses Individuums entspringt. Der automatische und an-onyme Akteur gibt sich zugleich als eigensinnige und einzigartige Person zu erkennen. Der Begriff der Lebenskonstruktion zielt auf den Ausdruck von Subjektivität, wie sie in devianten Stilelementen, taktischen Spielzügen und undurchsichtigen Kommentaren zu Tage tritt. Subjektivität meint jedoch kein heimliches Bewußtsein, sondern eine alltägliche Seinsweise: Das Subjekt ist das, wodurch der einzelne so ist, wie er sich zeigt.

Von der Wiedererkennbarkeit einer „Gestalt" im permanenten Wechsel und Wandel handelt der moderne Strukturbegriff. Das Wesen von Strukturen be-steht darin, daß sie, so die berühmte Formel Humboldts, „unendlichen Ge-brauch von endlichen Mitteln machen". Jean Piaget etwa definiert: „In erster Annäherung ist eine Struktur ein System von Transformationen, das als System (im Gegensatz zu den Eigenschaften der Elemente) eigene Gesetze hat und das eben durch seine Transformationen erhalten bleibt oder reicher wird, ohne daß diese über seine Grenzen hinaus wirksam werden oder äußere Elemente hinzu-ziehen. Mit einem Wort: eine Struktur umfaßt die drei Eigenschaften Ganzheit, Transformation und Selbstregelung" (Piaget 1973, S. 8). In diesem Sinne wird Subjektivität als Kreativität begriffen. Nicht innerer Zwang und mentale Vor-schriften, sondern ein sich selbst konstituierendes System von Bedeutungen sichert die Identität der Person im Durchgang durch die verschiedenen Positio-nen im sozialen Raum und im Wechsel der biographischen Zustände. Der Be-griff der Lebenskonstruktion sucht nach dem Kern dieser generativen Struktur, nach den „endlichen Mitteln" der Selbstkonstitution, nach reversiblen biogra-phischen Mustern in der Irreversibilität des Lebenslaufs.

Der Begriff der Lebenskonstruktion nimmt also die Innovationen des neuen Strukturbegriffs auf und bezieht sie auf die Grundintentionen des alten Person-begriffs. Dabei wird ein alltägliches Verständis entfaltet (vgl. Bude 1987, S. 75ff.). Die erste und grundlegende Bestimmung besagt, daß das Individuum ein eigenkonstruktives Wesen ist. Der Lebenslauf des einzelnen ist weder reines Zufallsprodukt noch Vollzugsvariable einer sozialstrukturellen Position. Trotz der „normativen" Umstände des Alters, des Status und der Geschichte und der „nicht-normativen" Ereignisse der Biographie (so – soziologisch variiert – die bekannte Konzeptualisierung von Baltes 1979), mit denen sich der einzelne konfrontiert sieht, führt er sein „eigenes Leben". Im „Zeitpfeil" (Prigogine 1995) der Biographie setzt der einzelne durch seine Handlungen und Unterlassungen bestimmte Bedingungen für den Spielraum weiterer Ereignisse, die dann wieder als Bedingungen auf seine nächsten Entwürfe und Bilanzen zurückwirken. Damit ist freilich nicht gemeint, wie uns „rational choice"- Ansätze glauben machen wollen, daß eine individuelle Lebensweise das Resultat der Verwirklichung subjektiv gesetzter Ziele und Zwecke sei. Wir sind im Alltag weit davon entfernt zu glauben, daß unser Leben durch rationale Kalkulationen, was Nutzenmaximierung oder Optionserweiterung betrifft, reguliert würde. Es gibt eine innere Handlungsführung, aber wir wissen nicht so genau, wie sie funktioniert. Die zweite Bestimmung des Konzepts der Lebenskonstruktion lautet daher, daß das Leben einer Person von Regeln geleitet ist, die diesem eine wiedererkennbare Form verleihen, aber daß der einzelne über keinen bedienbaren Regelapparat verfügt. Man spricht von „tacit knowledge" (Chomsky 1973) oder „practical knowledge" (Polanyi 1958) und unterstellt damit eine Differenz zwischen dem, was der einzelne wirklich weiß und kann, und dem, was er über sein Wissen und Können berichten kann. Sinnorientiertes Handeln bedeutet die Übereinstimmung mit einer Regel, selbst wenn der Angesprochene und Befragte im Augenblick nicht in der Lage ist, eine Regel für sein Wollen, Handeln und Fühlen anzugeben, und sich vielleicht nicht einmal der Tatsache bewußt ist oder sie gar leugnet, daß er in seinen Handlungs- und Erfahrungsweisen einem erkennbaren Muster folgt. Und schließlich ergibt sich als dritte Bestimmung, daß der Wirkungsbereich dieser Regeln sich auf die gesamte Existenz erstreckt. Gerade weil alles mit allem zusammenspielt, die Einrichtung der Wohnung mit der Haltung zu den Kindern, die Wahl des Urlaubsorts mit der politischen Einstellung, der Klang der Stimme mit der Beziehung zum Lebenspartner, die Körperhaltung mit den Abwehrmechanismen, ziehen wir den Schluß, daß in den vielen Lebensäußerungen eine innere Schlüssigkeit zum Tragen kommt. Man könnte auch von einer umfassenden Stilkonstanz sprechen, die nicht einfach auf manifeste Ziele oder ausdrückliche Verhaltensregeln zurückzuführen ist (vgl. etwa Hahn 1986). Damit sind die Bestimmungen des Begriffs der Lebenskonstruktion genannt: Konstruktivität, Regularität und Totalität. Unter einer Lebenskonstruktion soll das gestaltbildende und formgebende Regelgerüst eines individuellen Lebens verstanden werden.

Das Problem der Form bringt die soziale Dimension ins Spiel. Die vielfältigen Verweisungen in der Welt des Individuums fügen sich zur Form einer Lebenspraxis, insofern in ihnen die Ordnung einer möglichen Lebenspraxis herrscht. Im Blick der anderen formt sich, was sonst in alle möglichen Richtungen auseinanderstreben würde. Wir machen Anleihen bei dem um uns herum angebotenen Skripts und Formularen, die uns als Kohärenzregeln für unsere eigene Lebensorganisation dienen. Erving Goffman unterstellt eine sich durchhaltende „resource-continuity" (1974, S. 287 ff.), und in der Sprache Max Webers würde man auf tragende Würdegefühle und leitende Stolzbegriffe abheben.

Jedenfalls handelt es sich um Standards der Zurechnung und Einpassung, die festlegen, welche Handlungsweisen und Erfahrungsmodelle zu unserer Existenz passen und welche als ungeeignet und unpassend ausgesondert werden. Diese Angemessenheitsurteile werden in intuitiver Sicherheit vollzogen. Uns ist unmittelbar klar, was wir ekelhaft oder bezaubernd, erhebend oder verwerflich, süß oder bitter finden. So modelliert sich das individuelle Leben unmerklich nach der Struktur eines sozial anerkennungsfähigen Lebens. In Zeiten persönlicher Krisen indes werden wir auf diese unterhalb der Ebene bewußter Ziele und Maxime wirkende Strukturalisierung unserer Existenz aufmerksam. Uns passiert etwas, was wir nicht mehr „auf die Reihe" bringen können. Die Kohärenzregeln unseres Lebens sind nicht mehr mächtig, unserem Handlungs- und Erfahrungsraum Grenzen und Richtung zu geben. Eine psychisch aufwendige Dekonstruktions- und Rekonstruktionsarbeit setzt ein, an deren Ende meist eine veränderte Lebenskonstruktion steht, die ein verändertes Leben regiert. Halten wir fest: Lebenskonstruktionen liegen der persönlichen Lebensführung als sozial validierte Kohärenzregeln zugrunde. Sie begründen die Intuition vom Zusammenhang der einzelnen Existenz.

Methode

Der begrifflichen Sequenz von Eigenkonstruktivität, Regularität und Totalität entspricht die methodische von Minimalisierung, Kontextualisierung und Totalisierung. Die Arbeit mit minimalen Datenmengen ist das Kennzeichen nahezu aller interpretativer Verfahren. Der erste Schritt besteht immer darin, eine Sequenz, einen Abschnitt oder eine Beobachtung aus dem Datenkorpus herauszuheben und durch einen Bruch mit der pragmatischen Etcetera-Regel zu vergrößern. Die Strategie gezielter Minimalisierung beruht auf der methodologischen Überzeugung, daß die Vollzugsformen und Verteilungslogiken der sozialen Realität sich in winzigen Handbewegungen (Latour 1995, S. 15 f.) oder zufälligen Aphorismen (Weick 1985, S. 60 f.) verdichten.

Bei fortlaufenden textlichen Protokollen fängt man am besten mit dem Anfang an. Die ersten Äußerungen in einem offenen Interview sind immer signifikant. Hier muß sich die zur Rede gestellte Person buchstäblich ins Nichts entwerfen, was oft dazu führt, daß bereits in den ersten völlig unscheinbaren Äußerungen das Ganze eines Lebens zum Vorschein kommt. Es ist wie mit dem Verstehen einer Sprache, deren einzelne Sequenzen das Gesamt des artikulierten Systems beinhalten. Nur ist das Ganze in den anfänglichen Äußerungen weder vollständig noch grundsätzlich gegeben. Man sollte eher an die tragende Konstruktion eines Gewölbes denken, bei dem ein Element das andere abstützt. Von Saussure ist zu lernen, daß der Sinn einer Äußerung sich nicht aus sich selbst, sondern aus der Differenz zu anderen Äußerungen ergibt. Sinn kommt aus dem Unterschied zwischen Zeichen, der selbst nicht wieder bezeichnet ist. Wir haben es daher beim Verstehen der ersten Sätze eines Interviews stets mit einem ganzen Gefüge von Sätzen zu tun, dessen Muster daran zu erkennen ist, wie hier ein Wort das andere gibt. Die Paradoxie des Interpretationsprozesses besteht nun darin, daß wir das Ganze aus einem ersten kleinen Teil entziffern müssen, der wiederum nur vor dem Hintergrund des Ganzen verständlich wird.

Vor welchen Schwierigkeiten man da steht, läßt sich an folgendem Textausschnitt demonstrieren (zum Gesamtzusammenhang dieser Stelle Bude 1995, S. 242ff.):

I: Wissen Sie noch, wie Sie die Nachricht gekriegt haben von dem Attentat auf Rudi Dutschke, wissen Sie noch, wie das war oder wie Sie das erfahren haben? Wissen Sie das nicht mehr?
E: Das war Ostern 1968, nicht?
I: Ja.

Was soll diese zufällige und beiläufige Gesprächspassage über die Lebenskonstruktion der befragten Person aussagen? In was für ein Gefüge soll man diese eine Äußerung stellen? Wie soll man von einer einzigen Nachfrage auf das Ganze eines sich selbst konstituierenden Bedeutungssystems schließen?

Hier hilft das zweite methodische Prinzip rekonstruktiver Verfahren weiter: nämlich die Kontextualisierung der minimalisierten Datenmenge. Dazu muß sich der Interpret zunächst in eine Haltung der „methodischen Dummheit" versetzen. Man tut so, als verstünde man nichts. So wird künstlich dekontextualisiert, was natürlich kontextualisiert ist. Sofort fällt einem dann etwas auf. Da wird jemand zu einem allgemein bekannten zeitgeschichtlichen Ereignis befragt, und der weiß gar nicht mehr so genau, wann das stattgefunden hat. Schon während des Stellens der Frage muß es ein entsprechendes Zeichen gegeben haben, auf das der Interviewer mit der verwunderten Nachfrage „Wissen Sie das nicht mehr?" reagiert. Kontextualisierung bedeutet jetzt, daß man sich fragt, wie das möglich ist. Ist das Ereignis zu lange her? Befindet sich die befragte Person in einem Alter, in dem man mit einem gewissen Gedächtnisschwund rechnen muß? Oder handelt es sich bei dem Interviewpartner einfach um eine falsche Wahl? Man sieht, wie diese „dummen" Fragen den Text merkwürdig und erstaunlich erscheinen lassen. Denn dies alles wären Kontexte, die die Nachfrage verständlich machen würden.

Tatsache ist jedoch, daß die befragte Person eine durchaus nicht unbekannte Figur der Achtundsechziger-Bewegung war. Sie ist übrigens eine Frau von knapp fünfzig Jahren, und wir nennen sie Katharina von Gransow. Das Gespräch war arrangiert als „biographisches Interview" innerhalb einer größeren Recherche über die Wirkungsgeschichte von „1968". Natürlich muß Katharina von Gransow wissen, daß das Attentat Ostern 1968 passiert ist. Schließlich gehört der 11. April 1968 zu den signifikanten Daten der alten Bundesrepublik. Aber warum dann die fragende Aufforderung an den Interviewer, das Datum zu bestätigen? Sie ist doch die Zeitzeugin, die Auskunft geben soll über den Ereignis- und Erfahrungszusammenhang von „1968". Und sie hatte sich durch die Bereitschaft zu dem Interview als Angehörige der Achtundsechziger-Generation identifizieren lassen.

Diese Feststellungen machen Sinn vor dem Hintergrund eines gedankenexperimentellen Vergleichs zwischen dem Gesagten und dem Nicht-Gesagten. Sinn ist ein Selektionsphänomen. Wir rekonstruieren die Bedeutung einer Äußerung, indem wir uns einige der Ausdrücke vergegenwärtigen, die an ihre Stelle hätten treten können, aber aussortiert und verworfen worden sind. Sie hätten den Redefluß anders in Gang gebracht und in Bewegung gehalten, und diese Erkenntnis führt uns vor Augen, daß die tatsächlich gefallene Äußerung der einzig mögliche Ausdruck eines verborgenen Sinns war. So gehen wir bei der ausgewählten Sequenz Schritt für Schritt vor, bis wir die Anschlußselektion, nach der hier eins auf andere folgt, verstanden haben. Wir vergewissern uns des Hofs möglicher Bedeutungen einer Äußerung, um die wirkliche Bedeutung als einen Akt der Aussage zu rekonstruieren. Jede Selektion beruht demnach auf einer Entscheidung, durch die der Prozeß des Bestimmens zum Punkt einer Bestimmung kommt. Merleau-Ponty (1984, S. 76) spricht vom Hintergrund des Schweigens, der nicht aufhört, eine Äußerung zu umgeben, und ohne den sie nichts bedeuten würde.

Es muß also etwas zu bedeuten haben, daß sich Katharina von Gransow mit diesem „nicht?" an den Interviewer wendet. Dies ist um so erstaunlicher, als dieser durch die Art seiner Eingangsfrage zu verstehen gegeben hatte, daß er sich nicht zur Bezugsgruppe ihrer Generation rechnet. Vielleicht will sie deutlich machen, daß sie an den in Frage stehenden Ereignissen nicht unmittelbar beteiligt war, weil sie sich zu diesem Zeitpunkt im Ausland, in der Provinz oder an einem anderen entfernten Ort aufgehalten hatte. Doch dann müßten ihr die Umstände der Nachricht von dem Attentat eigentlich noch klarer erinnerlich sein. Die äußeren Kontexte sind es nicht, es muß ein innerer Kontext im Spiel sein. Wir wenden daher unseren Blick von den Referenzen des Gesagten zum Subjekt der Aussage. Katharina von Gransow präsentiert sich gleich zu Beginn dieses Gesprächs als eine nicht-authentische Achtundsechzigerin. Denn durch die Aufforderung an den Interviewer, das Datum zu ratifizieren, stigmatisiert sie sich selbst als Unwissende. Wie sonst soll man dieses kleine „nicht?" verstehen, womit Katharina von Gransow nach Unterstützung durch einen unbeteiligten anderen sucht? Sie akzeptiert die Zumutung der Befragung, aber sie macht sofort ihr Ungenügen als Zeugin deutlich. Die Bezeichnung eines Mangels steht somit am Anfang dieses Gesprächs über die Wirkungsgeschichte von „1968".

Nach Minimalisierung und Kontextualisierung stellt die Totalisierung den dritten Schritt der Interpretation dar. Totalisierung bedeutet zunächst die Formulierung einer Deutungshypothese an einer im Prinzip beliebigen einzelnen Stelle. Dann folgt der Test dieser Hypothese an anderen, am besten widersprechenden oder widerstrebenden, Stellen des Interviewtextes. Man liest eine Spur, sucht nach Lösungen eines rekonstruierten Dilemmas oder schärft die erste Fassung eines problematischen Kerns. So folgt die Interpretation dem verschobenen, verkannten oder verpaßten Schwerpunkt eines individuellen Prozesses der Selbstdetermination. Tritt allerdings der Fall ein, daß eine Stelle sich der Verstehenshypothese sperrt, dann ist diese falsifiziert und dann muß der ganze Vorgang von vorne beginnen. Das Prinzip der Totalisierung ermöglicht also insofern ein falsifikationistisches Vorgehen, als die an einer Stelle erschlossene Deutungshypothese die Totalität des Textes erfassen muß. Am Ende der Totalisierung steht schließlich der kombinatorische Schluß auf die Regel des ganzen Falls. Dazu bedarf es freilich einer gewissen Stilisierung. Der Einzelfall muß, mit Max Weber gesprochen, zu seiner inneren Konsequenz gesteigert oder, wie Michel Foucault sagen würde, auf sein Erzeugungsmuster hin verknappt werden. In der Loslösung von den inhaltlichen Konkretionen ist der individuelle Fall dann als Fall einer bestimmten Art zu fassen. Wir verstehen die Person mit einem bestimmten Namen als Repräsentantin eines bestimmten Typs.

Im Fall Katharina von Gransows hängt an dem „nicht?" der ersten Äußerung die tragische Geschichte einer Achtundsechzigerin, die zu spät zur Bewegung stieß und zu lange dabei blieb. Im unbekümmerten Stolz auf seine außergewöhnliche Begabung folgte das Flüchtlingskind der Mission seiner Mutter und begann eine glänzende Bildungskarriere. Doch in ihrem unbedingten Glauben ans Höhere verlor Katharina von Gransow das Gefühl für die Gunst der Stunde. Sie verharrte im Hochmut des marxistischen Glaubens, als die Zeit für eine Rhetorik radikaler Gesellschaftsveränderung längst vorbei war. Die junge Frau mit der großen Zukunft wurde zum bemitleideten Berufsverbotsfall. Aber wie es sich für eine Tochter aus ehemals gutem Hause gehört, nahm sie ihr Schicksal klaglos hin. Das Modell des Vaters, der sich nach Krieg und Vertreibung als Schnapsvertreter und auf Adelsbällen durchschlug, konnte gegen die Übermacht des mütterlichen Zugriffs nichts ausrichten. Katharina von Gransow ist die „hörige Tochter" deklassierter Flüchtlinge, die nach 1945 nie wirklich in der Bundesrepublik angekommen sind. Sie ist in der Tat keine authentische Achtundsechzigerin. Die verpaßte Chance in der Studentenbewegung stellt sich vor diesem weiteren Hintergrund als Ausdruck der gescheiterten Beheimatung einer entwurzelten Familie dar.

Darstellungsform

Die passendste und verbreitetste Form der Darstellung von biographischen Fallrekonstruktionen ist das Porträt. Das Porträt kann neben der Rätselerzählung, der Novelle, dem Epos oder der Reportage zur Gruppe der soziologischen Erzählungen gerechnet werden (Bude 1993). Die Form des Porträts unterscheidet sich etwa von der Form der Novelle durch den weitgehenden Verzicht auf das Ereignishafte. In den Sittenbildern, die von einer Epoche, einem Milieu oder eine Familie gezeichnet werden, dominiert die Statik in der Bewegung. Was passiert, dient im Grunde nur der Erfüllung eines latenten Gesetzes.

Andererseits erlaubt die narrative Technik die Darstellung des Kontingenzspielraums in der Strukturentfaltung. Erzählungen mischen Zwecke, Ursachen und Zufälle. Eine Person mit Wünschen und Zielen trifft auf Bedingungen, die sie nicht ändern kann, und sieht sich in Ereignisverkettungen involviert, die völlig überraschend und prinzipiell unvorhersehbar waren. Paul Veyne (1990, S. 36) nennt das eine sehr menschliche und wenig wissenschaftliche Mischung. Im Fortlauf der Erzählung verleiht die narrative Serie dem einzelnen Ereignis Sinn, obwohl klar ist, daß sich alles auch hätte anders enwickeln können.

Was damit zum Ausdruck gebracht werden kann, ist die Verschmelzung von konservativen und evolutiven Transformationen in der Reproduktion einer Struktur (zu dieser Unterscheidung Bude 1986). Konservative Transformationen setzen ein strukturelles Regime durch, indem sie die vielen Handlungserfahrungen einem identischen Prinzip einverleiben, und evolutive Transformationen brechen ein strukturelles Regime, indem sie Brüche, Lücken und Ausfransungen in den Verweisungszusammenhängen zum Ausgangspunkt für Nebenentwicklungen und Abweichungsverstärkungen nehmen. In der einen Perspektive schaut man auf die zirkuläre Selbstreproduktion, in der anderen auf die lineare Selbsttranszendierung einer Struktur. Da beide Prozesse zugleich ablaufen, kommt es auf Dauer zu minimalen Krümmungen in der Strukturreproduktion, aus denen plötzliche Wenden und qualitative Sprünge hervorgehen können.

Die narrative Technik verwahrt die Potenz zur Selbstschöpfung, weil sie die Konstanz einer Form mit dem Vergehen der Zeit vermittelt. Für Paul Ricoeur (1986, S. 19) besteht die Kunst des Erzählens darin, aus der Sukzession eine Konfiguration zu gewinnen. Es ist die Kunst, zu verknüpfen und gleichzeitig zu lösen, untergründige Zusammmenhänge zu erkennen und trotzdem nicht alles in einem Modell seiner selbst aufgehen zu lassen.

Denn der Schluß aufs Allgemeine erzeugt sofort den Widerstand des Besonderen. Der individuelle Fall läßt sich auf ein generelles Prinzip nur um den

Preis blanker Strukturformeln reduzieren, die gleichzeitig zuviel und zuwenig besagen. Am Ende entscheidet die Plastizität des Porträts über die Plausibilität der Rekonstruktion. Roland Barthes (1969, S. 13) hat im Blick auf die Besonderheit des literarischen Werks davon gesprochen, daß dieses immer auch etwas anderes ist als seine eigene Geschichte, als die Summe seiner Quellen, Einflüsse und Vorbilder. Es bildet einen harten irreduziblen Kern in der unentschiedenen Masse der Ereignisse, der Bedingungen und der kollektiven Mentalitäten.

Literatur

Baltes, P.B. (1979). Einleitung. In P.B. Baltes (Hrsg.), Enwicklungspsychologie der Lebensspanne (S. 13–33). Stuttgart: Klett-Cotta.

Barthes, R. (1969). Literatur oder Geschichte. Frankfurt am Main: Suhrkamp.

Bodenheimer, A.R. (1984). Warum? Von der Obszönität des Fragens. Stuttgart: Reclam.

Bohnsack, R. (1991). Rekonstruktive Sozialforschung. Einführung in Methodologie und Praxis qualitativer Forschung. Opladen: Leske + Budrich.

Bourdieu, P. (1990). Die biographische Illusion. Bios, 3 (1), 75–82.

Bude, H. (1984). Rekonstruktion von Lebenskonstruktionen – eine Antwort auf die Frage, was die Biographieforschung bringt. In M. Kohli & G. Robert (Hrsg.), Biographie und soziale Wirklichkeit. Neue Beiträge und Forschungsperspektiven (S. 7–29). Stuttgart: Metzler.

Bude, H. (1986). Zum Problem der Selbstdetermination. In H.-G. Soeffner (Hrsg.), Sozialstruktur und soziale Typik (S. 84–111). Frankfurt am Main/New York: Campus.

Bude, H. (1987). Deutsche Karrieren. Lebenskonstruktionen sozialer Aufsteiger aus der Flakhelfer-Generation. Frankfurt am Main: Suhrkamp.

Bude, H. (1993). Die soziologische Erzählung. In Th. Jung & St. Müller-Doohm (Hrsg.), „Wirklichkeit" im Deutungsprozeß. Verstehen und Methoden in den Kultur- und Sozialwissenschaften (S. 409–429). Frankfurt am Main: Suhrkamp.

Bude, H. (1995). Das Altern einer Generation. Die Jahrgänge 1938 bis 1948. Frankfurt am Main: Suhrkamp.

Chomsky, N. (1973). Aspekte der Syntax-Theorie. Frankfurt am Main: Suhrkamp.

Goffman, E. (1974). Frame Analysis. An Essay on the Organisation of Experience. New York u.a.: Harper & Row.

Hahn, A. (1986). Soziologische Relevanzen des Stilbegriffs. In H.U. Gumbrecht & K.L. Pfeiffer (Hrsg.), Stil. Geschichten und Funktionen eines kulturwissenschaftlichen Diskurselements (S. 603–611). Frankfurt am Main: Suhrkamp.

Hopf, C. (1991). Qualitative Interviews in der Sozialforschung. Ein Überblick. In U. Flick u.a. (Hrsg.), Handbuch Qualitative Sozialforschung (S. 177–182). Weinheim: Psychologie Verlags Union.

Kohli, M. (1978). „Offenes" und „geschlossenes" Interview. Neue Argumente zu einer alten Kontroverse. Soziale Welt, 29, 1–25.

Kohli, M. (1981). Wie es zur „biographischen Methode" kam und was daraus geworden ist. Zeitschrift für Soziologie, 10, 273–293.

Krappmann, L. (1969). Soziologische Dimensionen der Identität. Strukturelle Bedingungen für die Teilnahme an Interaktionsprozessen. Stuttgart: Klett.

Latour, B. (1995). Wir sind nie modern gewesen. Versuch einer symmetrischen Anthropologie. Berlin: Akademie.

Leitner, H. (1982). Lebenslauf und Identität: Die kulturelle Konstruktion von Zeit in der Biographie. Frankfurt am Main/New York: Campus.

Markowitz, J. (1980). Die soziale Situation, Frankfurt am Main: Suhrkamp.

Merleau-Ponty, M. (1984). Das mittelbare Sprechen und die Stimme des Schweigens. In M. Merleau-Ponty, Das Auge und der Geist (S. 69–114). Hamburg: Meiner.

Mischel, W. (1973). Toward a Cognitive Social Learning Reconceptualization of Personality. Psychological Review, 80, 252–283.

Overton, W.F. & Reese, H.W. (1973). Models of Developement: Methodological Implications. In J.R. Nesselroade & H.W. Reese (eds.), Life-span Developement Psychology: Methodological Issues. New York: Academic Press.

Paul, S. (1987). Die Entwicklung der biographischen Methode in der Soziologie. In G. Jüttemann & H. Thomae (Hrsg.), Biographie und Psychologie (S. 26–35). Heidelberg: Springer.

Piaget, J. (1973). Der Strukturalismus. Olten/Freiburg: Walter.

Polanyi, M. (1958). Personal Knowledge. Chicago: University of Chicago Press.

Prigogine, I. (1995). Die Gesetze des Chaos. Frankfurt am Main/New York: Campus.

Ricoeur, P. (1986). Zufall und Vernunft in der Geschichte. Tübingen: konkursbuchVerlag Claudia Gehrke.

Strauss, A. & Glaser, B.G. (1970). Anguish. A Case History of a Dying Trajectory. Mill Valley: The Sociology Press.

Szczepanski, J. (1962). Die biographische Methode. In R. König (Hrsg.), Handbuch der empirischen Sozialforschung, Bd.1 (S. 226–252). Stuttgart: Enke.

Thomas, K. (1964). Die betriebliche Situation der Arbeiter. Stuttgart: Enke.

Veyne, P. (1990). Geschichtsschreibung – Und was sie nicht ist. Frankfurt am Main: Suhrkamp.

Voges, W. (1987) (Hrsg.). Methoden der Biographie- und Lebenslaufforschung. Opladen: Leske + Budrich.

Weick, K. (1985). Der Prozeß des Organisierens. Frankfurt am Main: Suhrkamp.

Narrative Pragmatik und Beispielhermeneutik. Zur soziologischen Beschreibung biographischer Situationen

Achim Hahn

> Zeigt die Erfahrung, daß die Selbstauffassung des Menschen als Selbst-Auffassung, als Mensch im Sinne einer ethnisch und historisch abwandelbaren ‚Idee‘ selbst ein Produkt seiner Geschichte bedeutet, die Ideen Mensch, Menschlichkeit von ‚Menschen‘ eroberte Konzeptionen sind, denen das Schicksal alles Geschaffenen bereitet ist, untergehen – und nicht nur außer Sicht geraten – zu können, so wird er dieser ungeheuren Freiheit durch eine neue Bindung begegnen müssen. Diese Bindung wächst ihm aus keiner wie immer gearteten absoluten Wirklichkeit mehr zu. Der Wirklichkeit ist ein für allemal, solange der Mensch an sich als Mensch, d.h. ursprunggebundener Macht zur Objektivität festhält, ihr Schrecken genommen. Auch *die Wirklichkeit der Geschichte darf für diese Selbstauffassung nicht mehr bedeuten als erfahrbare Wirklichkeit.*
>
> (Helmuth Plessner, *Macht und menschliche Natur*, S.163, Hervorhebung durch mich, A. H.).

Vorbemerkung: Der Rahmen einer empirischen Erfahrungswissenschaft

Wilhelm Szilasi hat in einem Aufsatz, der von der „Erfahrungsgrundlage der Daseinsanalyse Binswangers" handelt, den Versuch unternommen, den methodologischen Rahmen einer *empirischen Erfahrungswissenschaft* abzustecken (vgl. Hahn 1994a, S.151 ff.). An diesem Rahmen kann sich auch die soziologische Beispielhermeneutik bestens orientieren. Für Szilasi steht dabei folgende Frage im Zentrum: Welche Art Erfahrung ist die empirische Erforschung der menschlichen Daseinsformen im Unterschied zur „objektiven" Erfahrung der Daseinsverläufe (vgl. Szilasi 1961, S. 98)? Um sinnvoll von Erfahrung sprechen zu können, so Szilasi gleich zu Anfang seiner Arbeit, dürfen Weltentwürfe nicht an „Normwidrigkeitsmomenten" gemessen werden. Denn mit der Feststellung einer neuen Norm würde zwar eine neue Einordung geschaffen, nicht jedoch könnte eine *neue* Erfahrung gewonnen werden (vgl. Hahn 1994a, S. 93 f.). Es geht Szilasi also vor allem um die Feststellung der spezifischen Erfahrung, zu der eine interpretative empirische Sozialwissenschaft fähig ist. Diese Erfahrungswissenschaft wird in erster Linie das besondere *Zeitphänomen*

des Lebens im Auge haben müssen und so zu einem diese Wissenschaft aus-
zeichnenden eigenen Erfahrungsbereich durchstoßen, „der weder nur phänome-
nologisch beschreibende, noch existentialontologische Erfahrung ist, sondern
gerade die Zwischenstufe, die jede exakte Wissenschaft in Besitz nehmen muß"
(Szilasi 1961, S. 98).

Der Wirklichkeitsbereich dieser praktischen Erfahrungswissenschaft, die sich
den Gegebenheiten des sozialen Umgangslebens empirisch zuwendet, umfaßt
das in „natürlicher Erfahrung" gewonnene Umgangswissen der Menschen. Das
ist der Bereich des für uns Bekannten und Vertrauten. Die natürliche Erfahrung
„richtet sich auf das proteron pros hemas, um es mit dem lateinischen Wort zu
sagen, auf das von uns aus gesehene a priori. Mit dem Ausdruck ist das bezeichnet, worauf wir unmittelbar stoßen, das Dingliche, Aufdringliche, auch
das Bedrängende, alles das, was unsere Stelle innerhalb des Seienden jeweils
genau bestimmt" (S. 98). Szilasi weist darauf hin, daß durch die eindeutige
Bestimmung des „von uns" oder „wir" nichts Zufälliges, Relatives, Willkürliches und Beliebiges ausgesagt ist, sondern, im Gegenteil, damit ist der „natürliche Erfahrungsstandpunkt", das Hier und Jetzt des in Situationen stehenden
und handelnden Menschen inmitten seiner konkreten Welt, eindeutig festgelegt.
„Es ist nichts so eindeutig und klar bestimmt wie die natürlich definierte Stelle,
die wir mit dem Wörtchen ,wir' bezeichnen. ,Wir' bezeichnet von vornherein
die Stelle, von woher das Nächste Nächstes ist" (S. 99). Die „natürliche Stelle"
für eine empirische Wissenschaft ist deshalb die Welt, genauer: die jeweilige
Weise, in der wir uns zur Welt verhalten. Das uns zugewandte, uns vertraute
Nächste erfahren wir als in unsere weltliche Situation Verstrickte. Jede wissenschaftliche Erfahrung hat in diesem mitweltlichen Erfahrungsleben bei den
Dingen ihren Anlaß und Grund, weil in der natürlichen Erfahrung selbst der
Schlüssel zur wissenschaftlichen Erfahrung liegt. Gerade in dem Phänomen des
„uns nächsten", sagt Szilasi, liegt die Anleitung für den Weg zum *proteron tè
physei*, dem von Natur her Bekannten, insofern nämlich die natürliche Erfahrung selbst die Hinweise und die Richtung der Erfahrung, die der Wissenschaftler mit der natürlichen Erfahrung machen kann, beibringt. Erfahrung in
den Geisteswissenschaften ist nur möglich, insofern das „wir" und „uns" das
Miteinander-sein von mitweltlich Handelndem und Forscher beschreibt. Der
Forscher versteht die Beschreibungen des anderen, insofern er sie als Mitteilungen versteht. Sie geben Zeugnis von einer gemeinsamen Welt.

Wird die in der natürlichen Erfahrung liegende Anleitung für die wissenschaftliche Erfahrung in den Fall-Beschreibungen des Forschers aufgenommen,
dann bestehen hermeneutische Anschlußweisen. Der praktische Erfahrungswissenschaftler „lernt" von solchen Mitteilungen aus der Praxis, insofern jede Erfahrung neben einem Besonderen auch ein Allgemeines festhält. Wird das Allgemeine des mitgeteilten Sachverhalts mit einem schon bekannten Allgemeinen

in Verbindung gebracht, ist auch die Mitteilung eine Art von Erfahrung durch andere. Die Mitteilung muß als Erfahrung dann genauso verarbeitet werden wie die „am eigenen Leibe" gemachte. Die Erfahrung, die der Erfahrungswissenschaftler durch das Herausstellen des *proteron physei* macht, ist eine mit *eigener* Objektivität. Objektivität meint hier die Wirklichkeit der Dinge, wie sie „an sich" sind, nämlich als Ergebnis des Überblicks aller bekannten Praxis-Fälle. Die Fall-Beispiele lassen Muster erahnen, aber das Muster läßt sich nicht losgelöst von den Beispielen in Verwahrung bringen: „Sie zeigen Gemeinsamkeit des Vorganges in einem adäquaten, ihnen ‚natürlichen' eigenen Zeitgeschehen. Jedes der verschiedenen Momente ist an seiner ‚natürlichen' Stelle in der Gefügeordnung, so sehr, daß diese Stelle nicht austauschbar ist" (Szilasi 1961, S. 101 f.).

Szilasi macht deutlich, daß die wissenschaftliche Erfahrung eine *dialektische* ist, insofern sie das *proteron physei* nur im Blick auf die Beispiele „erfährt" und die Beispiele vom Wissenschaftler „erfahren" werden können, insofern der Blick sich gleichzeitig auf das von Natur her Bekannte richtet. „Das Wort ‚natürlich' bedeutet die reale Gebundenheit des Folge- und Zuordnungszusammenhanges und dieser Zusammenhang ist ‚apriorische Struktur'. Wohl nicht im Sinne der Apriorität des Erkenntnisvermögens. Was erfahren ist, ist das durch die Erfahrung geforderte, durch Rückführung der Erfahrung gewonnene reale a priori" (S. 102).

Was der Wissenschaftler in der Verfolgung der verschiedenen Apriori erfährt, ist die Gangstruktur der Erfahrung selbst, deren begriffliche Konzeption jene „Dialektik des Weges" aufbewahrt. „Die letzte (Erfahrung, A.H.) erfährt in Konsequenz der verschiedenen Aspekt-Erfahrungen die einheitliche Eidos-Struktur, das Bildschema aller Möglichkeiten der verschiedenen Richtungen des Ins-Auge-fassens bzw. Beredens" (S. 102). Im „Bildschema" ist die wesentliche Hinsicht auf ein Sich-verhalten-zu (praktischen Fällen) konzipiert. Jedes Fallbeispiel ist eine „real mögliche Abwandlung" (Szilasi) der von ihm selbst mitgefaßten einheitlichen Struktur. Etwas Gemeinsames innerhalb der natürlichen Erfahrungsstruktur ist die Bezugsbasis, auf die hin die verschiedenen Fälle unterscheidbar werden. Das hermeneutische Können des Forschers weist sich als „die Meisterschaft im Erfahren" (Szilasi) aus. Als spezifische Erfahrung des vielfältigen „von uns her Nächsten" ist diese konzeptionelle Begrifflichkeit *proteron physei*: „Was das ‚von der Natur her Nächste' meint, ist dasselbe wie: das aus unserer Erfahrung her Gewonnene. Die Wissenschaft erfüllt dann die Aufforderung des Logos, der Ratio, der Rationalität, wenn sie sich an dieses Gegebene, d.h. an das von der Natur uns Zu-gemessene und eben deswegen an das ihr An-gemessene hält" (Szilasi 1961, S. 105).

Wenn das Betreiben von Wissenschaft (Wahrnehmen, Beobachten, Beschreiben) selbst Praxiserfahrung ist, dann sind Forschung und die „Entdeckung" von Theorien durch die Erfahrungsmöglichkeiten des Wissenschaftlers begrenzt. Denken und Erfahrung stehen sich ja nicht als etwas Getrenntes gegenüber, sondern die Erfahrung des Wissenschaftlers ist eine solche, die das Denken selbst im Umgang mit seinem Material macht. Geben wir die Vorstellung auf, die das Denken und das Machen von Erfahrungen getrennten Wirklichkeiten zuschreibt, dann sind es die vielfältigen *Beschreibungen* der Beziehungen, die zwischen Menschen und den Dingen ihrer Umwelt bestehen, wodurch wir zur Welt Stellung nehmen. Wissenschaftliche und alltägliche Beschreibungen unterscheiden sich dann nicht mehr durch ihre verschiedene Nähe zur „Wahrheit", sondern durch die je eingenommene Perspektive und praktische Haltung – beides hinterlegt im je benutzten Vokabular.

Antizipationen

Der Vorgriff, der in der Wahl der beispielhermeneutischen Methode liegt, folgt der Überzeugung, daß das Verstehen sozialen Handelns in konkreten Gemeinschaften vor allem dann produktiv ist, wenn es von den Erfahrungen, die Menschen in der „Gesellschaft" gemacht haben, Mitteilung bekommt. „Gesellschaft" begegnet dem Erfahrungswissenschaftler dann als bezeugter Umgang mit unserer Umwelt und dem, was uns dabei angeht. Man hat zugleich in und mit der Gesellschaft der anderen so seine Erfahrungen gemacht. Und darüber kann man berichten. Und dieses Berichten muß motiviert werden. Wir sehen keine Möglichkeiten, *hinter* diese Erfahrungen zu kommen, noch diese *jenseits* der Beschreibungen anzutreffen, in denen sie mitgeteilt werden. Alles was wir über uns, unsere Welt und Gesellschaft, in der wir leben, wissen können, ist in diesen Erfahrungsmitteilungen hinterlegt. Jede Mitteilung ist ein Beispiel solcher Erfahrungen, die man in seinem Leben gemacht hat. Daß das Mitteilen eine soziale Handlung („in Gestalt eines Satzes") ist, insofern wir so auf etwas zeigen, was der andere, dem die Mitteilung gilt, noch nicht weiß, darauf hat eindringlich Josef König hingewiesen (vgl. König 1994). Ich werde zu zeigen versuchen, daß es sinnvoll ist, sich an den praktischen Erfahrungen der Menschen zu orientieren und ein „Selbst" aus den Beschreibungen ihres Tuns und Lassens heraus zu verstehen.

   Innerhalb der empirischen Soziologie hat Gerd Vonderach kürzlich seine Konzeption einer soziologischen „Geschichtenhermeneutik" (Vonderach 1997) vorgelegt. Diese versteht Vonderach als Möglichkeit einer „lebensgeschichtlich ausgerichteten Sozialforschung". Der Beispielhermeneutik wie der Geschichtenhermeneutik liegt ein „Bild" vom Menschen zugrunde, wie es exemplarisch von Wilhelm Schapp und Hans Lipps geprägt wurde. Vor allem Schapps Auslegung von *Geschichten* als einem mitweltlichen Geschehen, das immer einen oder mehrere darin Verstrickte aufweist, und Lipps' Verständnis von der nicht-hintergehbaren Situationsbezüglichkeit sozialer Handlungen und der Situationshaftigkeit des menschlichen Lebens insgesamt haben zur Ausarbeitung des methodologischen Konzepts der Beispielhermeneutik beigetragen. Schließlich antizipiert unsere Konzeption eine Entsprechung von Sprache und Welterfahrung.

Für die soziologische Beispielhermeneutik ist jede Lebensgeschichte ein Beispiel, das wegen seiner Besonderheit Erwähnung findet. *Beispiele* sind Beschreibungen von Menschen über ihre Beziehungen zu etwas in ihrer Umwelt. Jede erzählte Geschichte ist aber auch Beispiel für eine *biographische Situation*. Sammle ich zu einem Thema verschiedene Geschichten (Beispiele), so ist der vom Forscher an die Geschichten herangeführte motivierte Gesichtspunkt die Hinsicht, unter der die Geschichten betrachtet und gereiht werden können. Das Lesen von Geschichten entdeckt darin nicht bloß den Sinn, den der Text „hat", sondern *gibt* diesem erst einen Sinn. Insofern ist die Beispielhermeneutik keine Rekonstruktion von „gemeintem Sinn". Lebensgeschichten sagen nichts „von sich aus". Nur einem sie befragenden Interpreten können sie eine Antwort sein.

Wenn im folgenden die Beispielhermeneutik als eine empirische Methode innerhalb der Soziologie vorgestellt wird, dann wird sie einen bestimmten Weg soziologischen Erfahrungswissens beschreiben. Dieses Projekt begreift die individuelle Geschichte eines Menschen als der innere Bezug seiner Erfahrungen untereinander. Das erzählte Leben ist nicht einem regel-gemäßen Verlauf (einem Lebenslauf an-sich; schlechthin) geschuldet, so daß festgestellte (besser: erfundene) Abweichungen etwa als Scheitern und Verfehlung kommentiert werden können. Hier wird eine *theoretische* Ordnung und Regel an Geschichten herangeführt, deren Logik nicht die dieser Geschichten ist.

Die „Methode" der Praxis

Die soziologische Beispielhermeneutik unternimmt den Versuch, eine geisteswissenschaftliche Methode anzuwenden, die sich an den Beschreibungen von Mensch und Welt orientiert, wie sie die Philosophische Hermeneutik (u.a. Lipps, Bollnow, Gadamer, Buck) und der Pragmatismus (u.a. Peirce, James, Dewey, Rorty) vorgelegt haben. Beide Positionen erscheinen mir geeignet, die philosophische Fundierung einer praktischen Erfahrungswissenschaft nachhaltig zu unterstützen. Ihre Bedeutung für ein solches Projekt sehe ich in der Aufhebung der Unterscheidung zwischen Wahrheit und Methode, d.h. zwischen dem Wahren und Guten, von dem wir überzeugt sind, *und* dem Weg, durch den wir etwas als gut und wahr erkennen. Dabei ist die *Bindung* von Theorie und Methode an Praxis und Erfahrung das Paradigma, dem wir auch methodologisch folgen.

Das Verhältnis von Erfahrung und Erkenntnis ist seit dem Programm der neuzeitlichen Aufklärung einseitig verzerrt worden. Objektivität wird einer „Erfahrung" nur dann zugestanden, wenn sie einen zuvor exakt definierten experimentellen Charakter annimmt. Diese Auffassung von einer planbaren „Erfahrung" unterstellt, daß „Erfahrung" im wissenschaftlichen Urteil enden muß und „Erfahrung" ein Begriff der Erkenntnistheorie ist (vgl. auch Gehlen 1961). Dem Pragmatismus kommt hier das Verdienst zu, den ursprünglichen lebensweltlichen Sinn aller Erfahrung aufgedeckt und zugleich das versteckte pragmatische Interesse, das die Wissenschaft antreibt, gegen jene Ideologie des neuzeitlichen wissenschaftlichen Erkenntnisideals verteidigt zu haben (vgl. Hahn 1996). Philosophische Hermeneutik und Pragmatismus haben die Reduktion der Erfahrung auf das wissenschaftliche Experiment wieder aufgehoben und dabei auf die *besondere Situation* der Erfahrung hingewiesen. Erfahrung beruht auf dem praktischen Umgang mit unseren erworbenen Fähigkeiten und Fertigkeiten. Wissen, Denken, Vernunft setzten nicht erst mit der wissenschaftlichen Erkenntnis ein. Kommt Erfahrung ins Stocken, dann „(bewegt) sie sich selbst in Richtung auf ihre eigene Verbesserung hin" (Dewey 1989, S. 140). Erkennen und Erkenntnis sind Weisen unseres Umgangsverhaltens; sie stehen im Dienst der Praxis. Erfahrung ist also vom ursprünglichen Verhalten zu den Dingen nicht zu lösen. Der Wissenschaftler täuscht sich, sollte er davon ausgehen, daß das Begreifen der Dinge ein Selbstzweck sei. Hermeneutik und Pragmatismus betonen deshalb den praktischen Sinn methodisierter Erfahrung, wie die Wissenschaften ihn ausbildeten, nämlich eine gestörte Umgangssituation zu klären. Das Ziel wissenschaftlicher Erkenntnis liegt in der Wiederherstellung bzw. Erweiterung von Umgangsmöglichkeiten.

Ausgehend von diesem Verständnis von Erfahrung wurden auch wissenschaftliche Vernunft und Logik in die Schranken der mitweltlichen Praxis verwiesen. Logische Urteile zu fällen, ist nicht der primäre Umgang mit den Dingen, sondern solche Logik und Vernunft müssen als Hilfsmittel der Praxis betrachtet werden. Der Ausgang aber von Logik und Vernunft liegt im Leben selbst (vgl. Dewey 1986). „Das Leben ist höher als die Logik", heißt es programmatisch bei William James (1994, S. 214). Und die „Logik" der Lebensführung ankert weder in den unendlichen Tiefen des Zeitlosen noch in den maßlosen Weiten des Unendlichen, sondern „in Schulterhöhe mit dem sich aussprechenden Leben" (Plessner 1981, S. 215). *Hermeneutische Logik* (vgl. auch Kühne-Bertram 1993) heißt deshalb das Programm, mit dem seit Diltheys Begründung einer lebensphilosophischen Logik nun eine „Ausdrucks-" oder

„situative Logik" des Lebens verteidigt werden soll. Vor allem Misch, König, Lipps, Bollnow und Gadamer führten dies fort. Plessner spricht von der *hermeneutischen Logik* „als die dem Menschen gemäße, in der Richtung des Lebens gelegene, seiner Entfaltung zum menschlich Bedeutsamen folgende Existenzialanalyse oder Anthropologie" (Plessner 1981, S. 216). Entscheidene Impulse für eine pragmatische Grundlage einer empirischen Geisteswissenschaft hat dieser „Selbstauslegung des Lebens" (Josef König) aber erst Hans Lipps verschafft, da er sie mit der hermeneutischen Sprachanalyse zusammenschloß. Die lebendige Sprache, das Besprechen der umweltlichen Angelegenheiten, geht jeder mittelbaren Unterscheidung von Theorie und Praxis voraus. Im situativen An-Sprechen (ebenso wie im Hantieren) vollziehe ich die Art und Weise, wie die Dinge und was sie sind. Aber nicht nur das: Indem *ich* die Dinge so und so anredend *mir* nehme, lege ich mich auch *selbst* aus. Dieser die Dinge im Hantieren ansprechende Umgang mit der Welt geschieht in konkreten einmaligen Situationen, in die ich verstrickt bin. Da jede neue Situation mir sozusagen an der Spitze meiner Lebenserfahrung widerfährt, ist dieses Selbst, das damit seine Erfahrung macht, selbst in einer steten Bildung und Umbildung begriffen. Damit sind Lebensgeschichte und biographische Situation fest und unlöslich in jeder Lebensäußerung verankert. Aufgrund der durchgängigen Sprachlichkeit der menschlichen Praxis gehören Erzählung und die Situation des Erzählers ebenso zusammen wie das Wort und seine Bedeutung.

Die Bildung des Selbst und die Geschichtlichkeit des Lebens

Die „Natur" des Menschen zeigt sich in dem, wie der Mensch *sich selbst* im Umgang mit der Welt „vollzieht" und wie er so die Wirklichkeit der Welt in den Griff bekommt. Bildung des Selbst und Auffassung der Welt sind ineinander verschränkt. Wenn Hans Lipps sagt, der Mensch lebe „verhältnismäßig", so meint er, daß das Verhältnis des Menschen zu sich und zu den Dingen in einer ursprünglichen Einheit verbunden ist. Jede Trennung wäre eine künstlich-formale. Das Bilden eines Selbst läßt sich als Lernen aus Erfahrungen fassen.

Der lebenspraktische Ausgangspunkt von Lernen und Erfahrung liegt in einer problematischen Situation. Verlegenheit und Beunruhigung durch das Unerwartete sind die Anstöße für unser reflexives Verhalten. Was bedeutet die Unterbrechung? Wie geht es weiter? John Dewey spricht von der „Erfahrung des Schocks" (Dewey 1989, S. 136), die zu Veränderungen, Untersuchungen und Neuanpassungen führt. Jede wiedergewonnene Verfügungsmöglichkeit gilt nur bis auf weiteres. Aber die Erfahrung, die durch unsere Lebenspraxis motiviert wird, macht uns nicht nur für den Augenblick geschickter, sondern insgesamt auch reicher. Wir gewinnen an Lebenserfahrung hinzu, insofern wir aus einer Erfahrung etwas dazugelernt, bislang nur Vorverstandenes und Bekanntes umgelernt haben. D.h., Erfahrung verbleibt nicht immer auf derselben Ebene. Neue Erfahrungen machen uns also nicht nur klüger im Umgehenkönnen mit den Dingen, sondern der Erfahrene wird sich so schrittweise auch *seiner selbst bewußt*. Erfahrung, Lernen und Wissen müssen aber differenziert werden. Sich-Verhalten hat nicht nur die Seite des kreativen Anpassens an sachlich zu bewältigende Situationen, sondern auch die Seite des Sich-Entscheidens, insofern wir immer in konkrete Situationen verstrickt sind, die wir nicht transzendieren können. Situationen müssen zum Abschluß gebracht werden. Wir können nicht den Beschluß einer Situation, in die wir verstrickt sind, anderen übertragen. Es ist hier das hermeneutische Verständnis von Lebenserfahrung leitend, das diese nicht als lebenslang angehäuftes oder aufgeschichtetes äußerlich bleibendes Können meint, sondern als von einer konkreten Lebenssituation nicht abzuriegelndes *Selbstwissen* oder *Selbst-Bewußtsein*. In der situativen Bewältigung seiner Angelegenheiten macht das Individuum auch immer eine Erfahrung über sich selbst. Man könnte sagen: Insofern sich Lebenserfahrung „entwickelt", wird das Selbst „älter". Darauf wird noch zurückgekommen. In der Rede von Lebenserfahrung als Selbst-Bildung und biographische Situation („Alter") ist bereits ein besonderes Verständnis von Zeit und Entwicklung aufgenommen.

Viktor von Weizsäcker hat in seiner Abhandlung *Gestalt und Zeit* den Versuch unternommen, einen nichtreduktiven, „biologischen" Begriff von Zeit zu beschreiben. Jede Bestimmung von Zeit setzt einen Standort voraus: „Es ist die Blickrichtung, welche die Zeitrichtung bestimmt – nicht umgekehrt" (von Weizsäcker 1960, S. 13). Die „biologische" Blickrichtung, die von Weizsäcker einnimmt, ist für unsere Diskussion sehr anregend: „Der biologische Zeitpunkt interessiert überhaupt nicht als Ort auf einer Zeitachse, er ist nicht einmal auf ihr bestimmbar. Sondern *der biologische Zeitpunkt setzt sich selbst als Ausgangs-Punkt*, von dem aus dann erst Aussagen über ‚früher' und ‚später', ‚zu früh' und ‚zu spät' und dann zuletzt auch ‚wieviel früher', ‚wieviel zu früh' usw. bestimmbar werden. Schon hier ist zu erkennen, daß die biologische Zeit keineswegs die Struktur der geschichtlichen Zeit hat" (S. 14; kursiv durch mich, A. H.). Welche Struktur hat die „biologische Zeit" dann?

Es kommt nun aber nicht darauf an, ein irgendwie exaktes Meßinstrument zu finden und an das Leben anzulegen, damit Zeit wirklich zum Tragen kommt. Von Weizsäcker wehrt jeglichen Versuch ab, einen biologischen Zeitpunkt in der objektiven Zeit zu lokalisieren, weil solche Meßversuche schlicht *sinnlos* sind. Sie sind deshalb sinnlos, weil „das Leben nicht in der Zeit ist, sondern die Zeit im Leben ist oder genauer durch dessen *Selbstsetzung* wird" (S. 19; kursiv durch mich, A. H.). Die Blickrichtung, von der oben gesprochen wurde, verweist ja auf ein Blicken, das sich situativ, von Weizsäcker sagt: gegenwärtig, vollzieht. Die *biographische Situation* oder Gegenwärtigkeit des An-Sprechens, Beschreibens und Handelns ist immer schon inhaltlich erfüllt durch das Wechselspiel von Erfahrung und Erwartung. Von Weizsäcker weist hierbei auf „einen praktischen Indeterminismus in der Zeit (hin), dem sich niemand entziehen kann, das ist die Unvorhersehbarkeit der Zukunft" (S. 20).

Zwischen dem Lösen von Situationen und der diese Situationsbewältigung deutenden Beschreibung liegt das, was Plessner den „Umbruch der Blickstellung" genannt hat. Die *Unmittelbarkeit* der Gegenwart bedeutet die Konfrontation mit dem „unergründlichen Woraufhin unserer Entscheidungen". Schauen wir darauf als Vergangenes, dann erst gibt es sich *als etwas* zu verstehen, so daß Sinn, Ordnung und Orientierung für uns bedeutsam werden können, Vergangenes uns tatsächlich etwas angeht. Diese Wendung erfaßt das Vergangene als Geschichte und markiert den Umschlag eines Lebensbezugs in einen reflexiven Erfahrungsbezug. „In diesem Umbrechen des Blickes wendet sich das Leben selbst sich zu, um sich als Vergangenes und Gewordenes zu entdecken" (Plessner 1981, S. 183). Damit das Leben nicht bloß natürlich ist, sondern auch geschichtlich wird, muß es nach vorne offen sein. Der Mensch lebt ja nur, insofern er sein Leben *irgendwie* zu führen weiß. Die Offenheit, die im „irgendwie" liegt, ist das Offene des menschlichen Könnens, der menschlichen Erfahrungen. Deshalb hat das Leben „stets den Charakter der Nichtnotwendigkeit, Zufälligkeit, Korrigierbarkeit und Einseitigkeit"; es ist eine „Kette von Unvorhersehbarkeiten, die hinterher sinnvoll sind" (S. 199).

Das mündliche oder schriftliche Beschreiben ereignet sich in einer Gegenwart, für die Vergangenes im Modus der Erfahrung und Zukünftiges im Modus der Erwartung gegeben sind. Vergangenheit ist gewordenes, Zukunft noch zu lebendes Leben. Gegenwärtiges Leben aber ist „Vergangenheit an Zukunft bindende Aktualität" (vgl. von Weizsäcker 1960, S. 23). Zwischen Erfahrung und Erwartung spricht sich jedes Wissen, auch das biographische Selbstwissen, aus. Nur insofern sich etwas bezogen auf unsere Erwartungen erfüllt oder nicht erfüllt, ist Erfahrung überhaupt möglich. Dabei ist das Verhältnis von Erwartung und Erfüllung, wie von Weizsäcker hervorhebt, undeterminiert. Anders das Verhältnis, wenn nun von der Erfüllung auf die Erwartung zurückgeblickt wird (wie etwa beim Erzählen). Der Blick zurück beschreibt das Geschehen als „determiniert". „Entwicklung" (des Selbst, des Ich) ist dem Erzähler in seiner Selbstbeschreibung der Schritt von der Erwartung zur Erfüllung, der ihm aber nur *nachträglich* offen ist. Da man nicht *vor* sein Leben kommen kann, *identifiziert* sich das erzählende Ich mit seinen gemachten Erfahrungen. Genauer: Es identifiziert sich durch Beispiele, die es als Geschichten veranschaulicht, an denen ihm etwas deutlich geworden ist. Dieses Ich oder Selbst, das *über Beispiele* seine Identität erfährt, setzt eine Lebensgeschichte oder ein geschichtliches, „gewordenes" Leben voraus, gleichsam als narrative Einheit von Erwartung und Erfahrung. Nur ein geschichtliches Leben, das dank der Geschichtlichkeit seiner Erfahrungen Zukünftiges und Veränderung antizipiert, kann zwischen Erwartung und Erfüllung unterscheiden. Die Geschichtlichkeit unseres Lebensverständnisses liegt gerade in dieser *Grunderfahrung der Veränderung* (Hans Blumenberg).

Eine Lebensgeschichte ist die qualitative zeitliche Spanne, in der ein bewußtes Leben sich bildet. Was sich in dieser Spanne bildet – gleichsam ihr Inbegriff –, möchte ich also *Lebenserfahrung* nennen. Das „Maß" dieser Bildung ist die Erweiterung der eigenen Handlungsspielräume und Erfahrungsmöglichkeiten (vgl. Spaemann 1986, S. 26), die Entwicklung von individuellem „Erfahrensein". Auf den geschichtlichen Charakter von Bildung, die im kreativen Umgang mit der Gesellschaft als ein wirkliches Können erworben wird, hat Gadamer hingewiesen: „In der Bildung dagegen wird das, woran und wodurch einer gebildet wird, zwar auch ganz zu eigen gemacht. Insofern geht alles, was sie aufnimmt, in ihr auf. Aber in der Bildung ist das Aufgenommene nicht wie ein Mittel, das seine Funktion verloren hat. Vielmehr ist in der erworbenen Bildung nichts verschwunden, sondern alles aufbewahrt. Bildung ist ein echter geschichtlicher Begriff, und gerade um diesen geschichtlichen Charakter der ‚Aufbewahrung' geht es für das Verständnis der Geisteswissenschaften" (Gadamer 1986, S. 17). Was sich in der Bildung „entwickelt", ist eine immanente Reflexion des Lebens, eine natürliche Ansicht des Lebens von sich selbst. Richard Rorty hat deshalb in Fortführung dieser Blickrichtung Bildung („edification") das Geschehen genannt, daß wir je neuartig uns in die Lage versetzen können, „uns immer wieder auf neue Weisen zu beschreiben" (Rorty 1987, S. 389). Bildung ist das erworbene Vermögen, Vertrautes durch unvertraute Begrifflichkeit oder metaphorischen Wortgebrauch (vgl. Hahn 1996b) anders und neu sich zeigen zu lassen. Die „Entwicklung" des Menschen ist dann nur ein anderes Wort „für das Entdecken neuer und immer interessanterer Möglichkeiten, uns auszudrücken und dadurch ein Stück Welt zu bewältigen" (Rorty 1987, S. 389).

Die Erfahrung, auf die es uns in der Beispielhermeneutik ankommt, ist praktischer Natur. Praxis meint dabei das soziale Verhalten in Situationen, wobei dieses immer auch an der konkreten Mitwelt orientierte Handeln gelingen oder scheitern kann. Umgangserfahrung nenne ich das diesem Handeln zugehörige spezifische Wissen und Können, die praktische Urteilskraft (vgl. Wieland 1972; Pleines 1983), die eine „kritische" Beschreibung und Selbstvergewisserung des Erreichten liefert. Nicht intentional oder hypothetisch, sondern nur im umgänglichen An-Sprechen von Situationen, Menschen und Dingen wird dieses Wissen als ein Vermögen vollzogen und wirksam. Das Erfahrungswissen ist dann führend für die Bewältigung der Situation. Dieses erworbene Umgangswissen steht an der „Spitze" dessen, was wir über die Gesellschaft, in der wir praktisch leben, aber auch über uns und unser Leben sinnvoll wissen können. Günther Buck hat diesen Weg der Praxis in Anlehnung an Hans Lipps und Ludwig Wittgenstein den „Gang von Beispiel zu Beispiel" genannt (vgl. Buck 1989, S. 145 ff.). Für eine geisteswissenschaftliche Methode kommt es nun darauf an, diese „Methode" der Praxis soziologisch fruchtbar zu machen. Das versucht die soziologische Beispielhermeneutik.

Die Identifikation durch Beispiele

„Die Überzeugungen der Menschen", sagt William James, „sind zu jeder Zeit eine Summe verdichteter Erfahrungen" (1977, S. 140). Deshalb gibt es eine interne Beziehung zwischen unseren Überzeugungen und neuen Erfahrungen. Denn jene müssen, so gut es geht, an diese angepaßt werden. Überzeugungen sind Leistungen der praktischen Erkenntnis. Peirce hat ja bekanntlich den Pragmatismus als eine „Methode" verstanden, die uns hilft, zu Handlungsgewohnheiten zu kommen, von deren Richtigkeit wir wirklich überzeugt sind, zur *Bildung einer einheitlichen Hinsicht*, dank der wir der Umgangspraxis überhaupt verstehend begegnen. Überzeugungen, unter deren Leitung wir zunächst unsere Umwelt bearbeiten, bilden also untereinander eine widerspruchsfreie, in sich geschlossene *einheitliche Hinsicht* aus. So sind wir unter der Hand ausgerichtet auf das, was tunlich und geboten ist. Machen wir jedoch Erfahrungen, die unseren Erwartungen entgegen laufen, dann erst kommen wir überhaupt in die Situation, unsere Gewohnheiten und Überzeugungen zu bedenken.

Woran orientieren wir uns aber, wenn wir explizit nach dem fragen, von dem wir überzeugt sind? Wir orientieren uns an den Handlungsfolgen und den damit verbundenen Erfahrungen und fragen uns, ob sie sich mit unseren Überzeugungen decken. Nun sind solche Erfahrungen aber nichts Allgemeines, sondern etwas Konkretes. Wir erzählen von Erfahrungen als von Praxisbeispielen, die den anderen (den Zuhörer) auf das bringen sollen, von dem wir überzeugt sind. Beispiele sind Hilfsmittel, sie haben für uns die Funktion von Werkzeugen. Wir *identifizieren* bestimmte Beispiele, weil sie auf etwas verweisen und den Angesprochenen auf etwas aufmerksam machen, was wir eben nicht „prinzipiell" ausdrücken, sondern nur am (Parade- oder Muster-)Beispiel *zeigen* können. Mit einem Beispiel gebe ich dem anderen quasi ein Suchbild an die Hand, mit dem dieser dann an die Wirklichkeit herantritt und das er nun in der Wirklichkeit identifiziert. Das Beispielgeben hat dabei also vor allem die Funktion auf etwas aufmerksam zu machen, was man nicht in Wirklichkeit vorführen kann. „Identität", verstanden hier sozusagen als Prinzip unserer Lebensführung und

unseres Selbstbewußtseins, ist nur durch Gebrauch von Beispielen zu vergegenwärtigen. Der Handelnde, der gelernt hat, seine praktische Vernunft zu bilden, realisiert durch die Identifizierung solcher Paradebeispiele seine Geschichte und gewinnt so seine Identität. „Das Identifizieren von Handlungsbeispielen als Beispiele ‚für' dies oder jenes vollendet sich im Identischwerden, in
der Selbstbestimmung und Selbstfindung des Handelnden über die Erfahrung
der Welt der anderen Handelnden, die für ihn unvermeidlich eine Welt der Beispiele ist" (Buck 1979, S. 62). Die soziale Welt und was wir Gesellschaft nennen begegnen uns und andern als Welt der Beispiele.

Ich habe schon erläutert, daß ich eine Gegenwart nur dann als meine Situation habe, wenn ich sie unter Rückgriff auf meine Vorgeschichte zu nehmen
weiß und im Vorgriff auf eine Erfüllungserwartung zu bewältigen unternehme.
In der Reflexion der Folgen der Situationslösung habe ich auch etwas über
meine Handlungsmöglichkeiten gelernt. Deshalb ist das situative Umgangswissen, nämlich das Wissen, das zur Praxis gehört („*phronesis*", vgl. Hahn 1994a,
S. 123 ff.), geschichtliches Wissen. Dem Handelnden geht es bei seiner Praxis
um die Erweiterung seiner Möglichkeiten und Kompetenzen in Hinblick auf
sein innerweltliches Ziel, nämlich daß sein Leben gelingen möge. Für die Bildung solcher Kompetenz und Vermögen wird jede nicht routinisiert bewältig-
bare Situation daraufhin überprüft, wie sie in den überkommen Handlungszusammenhang hineinpaßt. Denn das *Besondere* der neuen Situation und Erfahrung besteht unter Umständen ja darin, daß es auf unsere Überzeugungen und
Ziele, nämlich unsere einheitliche Hinsicht, deutet und deshalb als Beispiel für
ein „gelungenes Leben" genommen wird.

Dies bedeutet also die Identifizierung durch Beispiele als Beispiele der Praxis,
daß nämlich die Lebenserfahrung, d.i. die die ganze *Reihe* der vorausgegangenen
Praxissituationen vereinheitlichende Hinsicht, der angewandte Maßstab ist, eine
neue Situation in ihrem Beispielcharakter zu verstehen. Die Hinsicht der Praxis
bildet sich so im „Gang von Beispiel zu Beispiel". Solcher Gang „ist charakteristisch für jede Art nicht streng methodisierter Erfahrung, wie sie etwa in der
außerwissenschaftlichen Alltagserfahrung vorliegt, aber ebenso für jede *praktische Erfahrung*, auch in der Form handlungsbezogener ‚hermeneutischer' Disziplinen" (Buck 1979, S. 71). Damit ist die praktische Erfahrungswissenschaft
ausgelegt als ein Unternehmen, das mit den mitgeteilten Alltagserfahrungen
anderer seine eigenen Erfahrungen macht. Der Forscher wiederholt deshalb den
„Gang von Beispiel zu Beispiel" – aber unter der Maßgabe der *reflexiven oder
ausdrücklichen Wiederholung* (vgl. Hahn 1994b). Dies geht aber nur unter pro-
duktiver Aufnahme der in den Praxisbeispielen mitgeführten Begriffe. Denn
auch der situativ gebrauchte Begriff ist nur Beispiel eines mitgemeinten, aber
meist unausdrücklich bleibenden *Prinzips* (vgl. Hahn 1994a). Da die begrifflichen Konzeptionen unlöslich mit einer Lebenserfahrung verbunden sind und in

wirklichen Situationen gebraucht werden, somit Vorgriff und Rückgriff einer besonderen geschichtlichen Lebensführung vereinen, können solche Alltagsbegriffe oder Konzeptionen nicht als beliebige Fälle behandelt werden, die man unter einen wissenschaftlichen Allgemeinbegriff subsumiert. Begriffe der praktischen Erfahrungswissenschaften sind nur als Reihe ihrer Verwendungsbeispiele darzustellen. Die Beispielhermeneutik ist interpretativer Nachvollzug einer Praxis, insofern sie die Perspektive des Handelnden nicht kopierend imitiert oder als logisches Verfahren reproduziert, sondern sie „anders" wiederholt.

Peirce hatte nahegelegt, die Aufgabe des Denkens als Ermöglichung der Übereinstimmung von Handlungsgewohnheit und Überzeugung auszubilden, indem wir Handlungen an ihren praktischen Folgen beurteilen. Praktische Erkenntnis versucht, Haltungen und Handlungsdispositionen durch die Orientierung an „gelungenen" Beispielen zu ermöglichen. Das Lernen an praktischen Handlungsfolgen oder an Praxis-Beispielen vollbringt in beiden Beschreibungen eine *Identifikation* mit einer am Gelingen orientierten Praxis. Lebenserfahrung und die Bildung einer Handlungsgewohnheit sind zwei Seiten einer geschichtlich „entwickelten" Identität. Beide sind methodisch zu beschreiben. Deshalb muß der biographischen Methode daran gelegen sein, unsere gewohnheitsmäßigen Überzeugungen in ihrer spezifischen Geschichtlichkeit zu vergegenwärtigen.

Gegenwärtigkeit, Alter und die narrative Einheit unserer Beschreibungen

Jeder Standpunkt ist von Antizipationen geprägt. Indem wir Konzeptionen gebrauchen, kommen wir auf etwas zurück, was wir zur Bewältigung der neuen Lage dieser sozusagen überwerfen. Solcher Überwurf ist hier nur möglich im Rückgriff auf Erfahrung und Gewohnheit. Was sind aber Erfahrung und Gewohnheit anderes als die Geschichten, in die wir verstrickt sind? (vgl. Schapp 1959, S. 134) Diese Gegenwärtigkeit des situativ Verstricktseins nimmt W. Schapp in seiner „Geschichtenhermeneutik" (vgl. auch Vonderach 1997) zum Anlaß, vom konkreten Lebensalter des Menschen zu sprechen, der mit seinen Geschichten in die Gegenwart hineinragt. Jede Situation hat ein Alter, das Erzählen und Beschreiben ebenso wie das Zuhören und Lesen. Mit anderen Worten: Jede erfahrungswissenschaftliche Methode, die den Menschen und seine Selbstbeschreibungen in den Mittelpunkt rückt, um davon erkenntnismäßig zu profitieren, hat ein konkretes Leben in seinem Alter vor sich. Dieses Alter hat eine feste Beziehung zum Jetzt und damit zum lokal-praktischen Kontext der Forschungssituation. „Die Zeit ist in der Welt, die Welt ist aber nicht in der Zeit. Alles was in der Welt ist, hat ein Alter" (Schapp 1959, S. 96).

„Das Alter (geht) immer von einer Jetztzeit und damit von einer Geschichte aus" (S. 100). Das Alter ist der Jetztpunkt der Geschichten, insofern das Erzähl-Ich „selbst in einem Alter gleichsam an die Spitze meiner Geschichten in diese Gegenwart hineinragt" (S. 117). Mit Alter meint Schapp die Lebensspanne eines ausgefüllten Lebens, auch das prägnante Fazit vieler Geschichten, in die einer verstrickt ist. Ins Zentrum der soziologischen Antizipationen rückt somit die *Geschichtlichkeit* der individuellen Situation wie die der sozialen Welt, zu denen der Mensch sich je verstehend-beschreibend verhält. Die Geschichtlichkeit der individuellen Situation ist nicht hintergehbar, weil wir die *Gegenwärtigkeit* des Ansprechens und Zuhörens, des Lesens und Wiederholens nicht neutralisieren können. Forschung ist praktische Mitverstrickung. Der Wissenschaftler *entscheidet*, welche Fragen er an den Text und den Erzähler richten will.

Wir haben oben nach der Struktur der „Zeit" gefragt. Jetzt wollen wir eine Antwort geben: Die Struktur der „Zeit" ist narrativ! Denn wir können uns an der „Zeit" nur orientieren, indem wir auf Geschichten zurückgreifen. Wenn wir etwas über unsere Vergangenheit erzählen, dann machen wir den Zuhörer gleichsam aufmerksam auf Geschichten, die uns passiert sind. Wir zeigen auf sie als auf Beispiele unserer Vergangenheit. Wie wir oben gesehen haben, verweist schon die Orientierung an Handlungsbeispielen oder an den Folgen vorangegangener Praxis auf die Geschichtlichkeit unseres Lebens. Wir teilen sie andern mit als Geschichten, die uns widerfahren sind und die uns heute dies oder das bedeuten und an denen wir uns auch noch morgen orientieren werden, falls nicht neue Erfahrungen uns eines Besseren belehren sollten. Wie ist nun aber das Prinzip zu begreifen, für das eine Geschichte Beispiel sein soll?

Das *Verstehen* des eigenen Lebens ist ein *Wissen*, das man mit Georg Misch *Selbst-Bewußtsein* nennen kann. „Unser Leben verläuft nicht bloß in der Welt als ein naturhafter Vorgang, ein Ablauf von Handlungen, Gefühlen und Reaktionen (...), sondern wir führen unser Leben mit Bewußtsein, wobei Selbstbewußtsein und Weltbewußtsein gleich ursprünglich sind" (Misch 1949, S. 11). Ich und Welt sind zusammen als Einheit gegeben. Im „Wissen" der Welt ist Selbst-Wissen immer schon eingegangen. „Wissen" ist auf ein geschichtliches und weltliches Leben hin immer schon orientiert. Aber unser „Wissen" davon, daß die Ereignisse des Lebens ihre Bedeutung für das „einheitliche Ganze" (Misch) haben, muß nicht auch als bewußtes explizit aussprechbar sein. Es ist vielmehr eine *Gewißheit* (Überzeugung, belief), nicht ein bloß „gemeintes Wissen". „Wohl ist Leben, auch das menschliche, nicht an Bewußtsein gebunden, sondern bewegt sich diesseits und jenseits desselben. Ja, auch das Wissen, das wir von uns selbst haben, kann insofern ,unbewußt' sein, als es nicht zum Ausdruck gelangt in Worten, sondern diesseits und jenseits der Sphäre der Sprache liegt" (Misch 1949, S. 11). Daß es nicht *ausgesagt* werden kann, ist dabei kein

Mangel, der behoben werden sollte, denn es hat andere Möglichkeiten des Sich-Ausdrückens (vgl. Hahn 1996, S. 175 ff.).

Das „Prinzip" unseres Lebens, das die Einheit dieses Ganzen konstituiert und zu dessen Veranschaulichung wir Beispiele geben, ist nichts Selbständiges und isoliert Darstellbares. Vielmehr bleibt dieses Prinzip gebunden an die vielen Episoden, für die es Prinzip ist. Die erzählten Geschichten eines Lebens haben insofern eine Begründungsfunktion, als sie auf etwas zeigen und so etwas Allgemeines uns einsehen lassen. Das Beispiel „stellt ein Besonderes mit der Aufforderung vor Augen, es unter dem Blickwinkel des Allgemeinen zu betrachten" (Buck 1989, S. 98). Daß man hier etwas Prinzipielles nur *zeigen* nicht jedoch für sich aussagen kann, hat damit zu tun, daß es in unserem Alltag darauf ankommt, mit einer Angelegenheit richtig und sachgemäß umzugehen, sich auf die Dinge gekonnt zu verstehen, nicht sie nach Prinzipien zu erkennen, aber auch damit, daß das am besonderen Beispiel Gezeigte nicht eigens begrifflich begründet werden kann.

Das im biographischen Erzählen dargestellte Wissen ist *praktischer* Natur. D.h., der Erzähler bezieht sich auf sein Erfahrungs- und Lebensführungswissen, insofern er sein Leben, von dem die Erzählung handelt, in eine plausible Ordnung bringt. „Weh dem", warnte William James einmal seine Zuhörer, „dessen Überzeugungen mit der Ordnung, die in der Wirklichkeit seiner Erfahrungen besteht, ein willkürliches Spiel treiben" (1975, S. 166). Die Erzählung ist (in einem pragmatistischen Sinne) wahr, insofern sie „paßt", nämlich dem Erzähler ein Gefühl der Zufriedenheit gibt und so sein Lebensbedürfnis nach Identität befriedigt. Es geht also beim biographischen Erzählen um diesen Prozeß der Übereinstimmung von deutend geordneten Lebensereignissen mit den Überzeugungen, die wir schon besitzen.

Erst die Selbst-Erfahrung bezieht das Erlebte *als Beispiel* auf eine Einheit, die das konkrete Allgemeine meiner Erfahrungen zu einem Paradebeispiel verdichtet. Das sich Durchhaltende und identitätsstiftende Allgemeine dieser besonderen Lebenskonzeption ist etwas Umfassendes, was man als jemandes Lebenserfahrung bezeichnen kann.

Zur lebensgeschichtlichen Struktur von Konzeptionen

Biographisches Erzählen, wie jedes Beschreiben, ist keine sprachliche Rekonstruktion von dem, was „so und so" tatsächlich war, sondern eine gegenwärtige „Erfindung" der Vergangenheit im Vorgriff auf eine pragmatische Situationslösung. Mit jeder Beschreibung, die „neu" ist, verändern sich auch die beschriebenen Personen und Dinge. Ohne Beschreibung entbehrten Personen wie Dinge jeglicher „Eigenschaften". Diesem Faktum des immer neuen situativen An-Redens und An-Sprechens müssen sich auch unsere Begriffe unterziehen. Sie sind nicht zeitlos, sondern in der „biologischen" Zeit.

Pragmatismus und Philosophische Hermeneutik haben auf Begriffsverwen-dungen hingewiesen, deren Bedeutung darin gesehen wird, inwiefern sie uns bei unseren Angelegenheiten tatsächlich helfen und weiterbringen. Hans Lipps hat von Konzeptionen als von nichtwissenschaftlichen *Grundbegriffen* gespro-chen, mit denen wir alltagsweltlich unsere Wirklichkeit sprachlich in Griff nehmen. Sie zeichnen sich gegenüber den wissenschaftlichen Allgemeinbegrif-fen dadurch aus, daß sie sich im praktischen Gebrauch bewährt haben. Auch wenn ihnen jene Exaktheit abgeht, die eindeutig definierte Begriffe auszeich-net, so sind sie deshalb nicht nur am isolierten Einzelfall orientiert. Vielmehr bezeichnen die sprachlichen Konzeptionen das durch Erfahrungen erworbene „Prinzip", uns über unsere Welt und uns selbst „sicher" zu verständigen. Kon-zeptionen sind der leitende Vor-Griff bei der Bewältigung von Situationen. Darin besitzen unsere Erfahrungsbegriffe ihre besondere „Allgemeinheit", da sie – gewonnen aus der Breite und Vielschichtigkeit des Umgangs mit ähnli-chen Fällen – uns beim neuen Praxisfall *selbst-bewußt* führen. Ihnen muß des-halb eine gewisse Vagheit eigen sein, weil die Situationen, in denen wir sie anwenden, nicht nur nicht voraussehbar, sondern auch immer verschieden sind.

Die *ganze* Breite historischer und lebensgeschichtlicher Erfahrung kann dann zum Zuge kommen, wenn das Konzeptionelle, das in der alltäglichen Begriffs-bildung steckt, nicht verabsolutiert und zeitlos gemacht, sondern wenn es als notwendige (Sinn-)Antizipation im menschlichen Handeln und Sprechen selbst verstanden wird. Dem Ansprechen von Begebenheiten der sozialen Mitwelt geht ein Geschehen voraus, auf *welches* das folgende Mitteilen jemanden auf-merksam machen will. Im Ansprechen der Dinge wird etwas nur fortgeführt, so aber, daß man es *bestimmt*. Wir sollten deshalb praktische Aussagen nicht am Maßstab theoretischer Sätze messen, weil Konzeptionen nicht Aussagen eines unbeteiligten Weltbeobachters sind, sondern praktische Handlungen: jemandem etwas zeigen, mitteilen.

Wir haben die Begriffe, die wir für die Beschreibungen unseres Weltverhal-tens benutzen, als Konzeptionen erläutert (vgl. Hahn 1994a). Konzeptionen passen sich an unser Umweltverhalten an. Sie sind dynamische Begriffe von erfolgreichen Handlungen. Die Beispiele, mit denen unsere Begriffe veran-schaulicht werden, sind Beispiele solchen Verhaltens. Das gegebene Beispiel steht an der Spitze einer lebensgeschichtlich erworbenen *Reihe* von Beispielen, die auf die „Geschichte" unseres Begriffsgebrauchs verweist. Dies ist selbstre-dend die besondere Geschichte irgendeines Begriffs einer *Gemeinsprache*, den auch andere Menschen in vielleicht ähnlichen Kontexten verwenden. Ein pas-sendes Beispiel aber genügt, um die Hinsicht des besonderen Begriffsgebrauchs zu veranschaulichen. Der Maßstab des erfolgreichen Handelns ist nicht von unserem Erfahrungsleben zu trennen, sondern er geht in die Konzeptionen unserer Lebensgeschichte mit ein. Die erfolgreiche Handlung ist „sie" ja nur *im Hinblick* auf alle anderen Handlungen, deren Folgen mich in meinem Leben bislang betroffen haben.

Der Zusammenhang von Erfahrung und Begriff faßt die wissenschaftliche Begriffsbildung nicht als etwas Statisches auf, sondern als einen *Prozeß*, der die Situationsbezüglichkeit auch der theoretischen Begriffe mit einschließt (vgl. Hahn 1994a). Auch diese sind nur in der Weise „wahr", als sie uns bei ihrer Anwendung nützlich sind. Die subsumptionslogisch gebildeten Begriffe negieren aber die besondere Funktion der sprachlichen Konzeptionen für jemandes Lebenserfahrung, insofern sie nämlich die wechselnden Situationen des praktischen Umgangs nicht begrifflich mit fassen können. Eine dogmatisch aufgefaßte Allgemeingültigkeit und Objektivität muß zwangsläufig übersehen lassen, daß es schon im methodologischen „Vorfeld" der sozialwissenschaftlichen Begriffsbildung darum geht, eine Breite von Bedeutungsvielfalt und -variation zuzulassen. Dann sind auch die wissenschaftlichen Begriffe nicht mehr durch systematische Definitionsarbeit festzulegen, indem alles situativ Wesentliche der „ein-eindeutig" machenden Abstraktionsarbeit zum Opfer fällt, sondern Begriffe werden durch Beispiele der Praxis verständlich gemacht. Jedes Beispiel kann dann in seinem situativen Kontext verbleiben, aus dem heraus es Bedeutung gewinnt. Die Reihe der Beispiele, insofern sie die gebräuchlichen Bedeutungsversionen zeigt, tritt an die Stelle der traditionellen Begriffe, unter die Fälle subsumiert werden. So bleibt die Begriffsbildung in Bewegung, Begriffe werden flüssig, da neue Beispiele nie auszuschließen sind. Der nutzlos gewordene Anspruch auf Universalität kann fallengelassen werden. Auf den Begriff der Objektivität braucht man nicht zu verzichten, muß ihn aber pragmatisch fassen. Objektivität bedeutet ja nur dem etwas, der in die Dinge verstrickt dazu Distanz zu bekommen sucht. So vor allem wird Objektivität der Sache der *Praxis* gerecht. „Man läßt es bewenden bei einer Objektivität im Sinne einer Richtigkeit, die ihr Maß in einer Auslegung der Wirklichkeit als einer mit anderen geteilten Welt findet" (Lipps 1976, S. 34). Ähnlich hat Jahre später Donald Davidson ein pragmatistisches Verständnis von Objektivität vorgestellt: Objektivität ist „in den Schnittpunkten verschiedener Standpunkte" zu entdecken. „Sie liegt für jede Person in der Beziehung zwischen ihren eigenen Reaktionen auf die Welt und denen der anderen" (Davidson 1991, S. 1012).

Die beispielhermeneutische Begriffsbildung wirkt der Verselbständigung der wissenschaftlichen Begriffe gegenüber den praktischen Konzeptionen entgegen. Sie ersetzt die übliche *Definitionsbeziehung* zwischen Begriff und Begriffssystem durch die *Veranschaulichungsbeziehung* zwischen Konzeption und Beispiel. Der Wort-Begriff hätte dann lediglich die Funktion einer Überschrift, unter welche seine Anwendungsversionen gereiht werden. Erst das gegebene Beispiel erschließt die spezifische Hinsicht des Begriffsgebrauchs. Diese Haltung gegenüber den Begriffen der Praxis hätte den Vorteil, daß nicht Begriffe „an sich" gebildet werden müßten, was mit einer zunehmenden Abstraktheit und Entfernung von der sozialen Praxis der Gesellschaft verbunden ist. Vielmehr sehen wir uns veranlaßt, unsere Aufmerksamkeit gezielt auf die jeweiligen konkreten Bedeutungs- und Verwendungsweisen von Begriffen zu richten. Unsere Begriffe könnten dann freilich nicht mehr universell angesetzt werden, sondern sie reichten so weit, wie die Beispiele reichen, die als Praxisbeispiele einen Begriff veranschaulichen.

Anwendungsbeispiele

Die *soziologische Beispielhermeneutik* ist als eine praktische Erfahrungswissenschaft konzipiert worden, bei der der Wissenschaftler sich Alltagserfahrungen „aussetzt". Er macht Erfahrungen über die Erfahrungen anderer Menschen. Dies geschieht insofern „methodisch", als der Forscher sich nicht auf durch Theorien, Begriffsdefinitionen oder Schlüsse vorgebahnte Gleise begibt, die eine „Entwicklungslogik" oder Normalitätsstandards biographischer Verläufe vorab begründen wollen, sondern sich bei der Interpretation von den im Text „entdeckten" Antizipationen und Hinsichten des Textproduzenten *führen* läßt. Wir nehmen die lebensgeschichtlichen Beschreibungen der Menschen zum Anlaß, deren Lebensführungswissen, Selbst-Bildung und Selbst-Bewußtsein zu verstehen. Lebensgeschichten interessieren also, insofern jemand sein Leben am „Leitfaden" erworbener Überzeugungen und Handlungsgewohnheiten führt. Entscheidend für die Beispielhermeneutik ist, daß wir die Logik des beschriebenen sozialen Geschehens dem Text selbst entnehmen wollen, insofern wir an ihn Fragen herantragen, und daß es deswegen ungerechtfertigt ist, den Praxisfall als Fall einer allgemeingültigen Entwicklungsregel vorzuführen. Ziel der Einzelfallanalyse – nur darüber will ich hier sprechen – ist die *übersichtliche Darstellung*. Diese Darstellung hat die Aufgabe, das Verständnis zu vermitteln, wie *wir* die Zusammenhänge des Textes sehen. Und diese übersichtliche Darstellung kann dann eine Überschrift haben, so etwas wie das Lebensführungsmotto des „Bernd", das uns zum *Leitmotiv der Interpretation* wird:
„Man muß immer mit der Situation leben, die man momentan hat und – versuchen, das Beste draus zu machen". Dieses Leitmotiv motiviert sozusagen unser Fragen; nur so kann der Text eine Antwort sein.
  Mit der folgenden Interpretation einer biographischen Situation (vgl. auch Vonderach 1994) kommt es mir darauf an, in einem fortlaufenden soziologi-

schen Text die Geschichte des „Bernd" nachzuerzählen, sie gewissermaßen „anders" zu wiederholen. Das Interview ist entnommen der Untersuchung „Lebensgeschichte und berufliche Rehabilitation" der Oldenburger Forschergruppe um Gerd Vonderach, die den individuellen Umgang mit einer körperlichen Behinderung zum Thema hat (vgl. Vonderach u.a. 1996).

Mit dem oben angeführten Motto hat man einen bestimmten Schlüssel zum Text gefunden. Ich könnte aber nicht schlüssig *erklären*, warum gerade diese Passage zum Leitmotiv der Interpretation werden soll. Ich kann im folgenden aber zeigen, was ich erreiche, wenn ich den Text unter dieser Überschrift interpretiere. In diesem Motto liegen zwei Ausdrücke frei, die ich an den Text herantragen will: *Situation* und *das Beste*. Damit habe ich die Hinsicht der Interpretation ausgewählt, unter der ich den Text befragen will. Wo finden wir Beispiele für den Gebrauch, an denen wir diese Ausdrücke, was „Bernd" damit meint, studieren können? Was begreift also „Bernd" als *seine* Situation und was ist das Beste *für ihn*? Zunächst begegnet uns „Bernd" als ein Mensch, dem ein schwerer Unfall ein Lebenskonzept verdorben hat. Ein Widerfahrnis ist störend in sein Leben eingedrungen: *„dabei ist mir dann der Unfall passiert, aufgrund dessen (bin) ich hier"* (nämlich im Reha-Zentrum). Seine Situation – in die ist er völlig passiv reingeraten. Ihn hat etwas getroffen, was ihn nun als seine Situation betrifft. Aber in diesem Sich-betreffen liegt schon ein Verständnis der Situation als etwas, das ihm passiert ist. Was einem passiert, muß hingenommen werden.

Was läßt sich nun an den vielen widerfahrenen und bewältigten Ereignissen für eine Erwartungshaltung des „Bernd" ablesen? Denn in unseren Erwartungen resümieren sich gleichsam unsere Erfahrungen. Der Unfall ist die entscheidende Wende seiner Lebensgeschichte. Zunächst hören wir nur enttäuschte Erwartungen: die Pläne, zu Fuß *„von zu Hause bis München runter"* zu laufen, muß er aufgeben. Die Beziehung mit der Lebenspartnerin ist in die Brüche gegangen, ist *„völlig (...) leider auseinandergegangen"* und hat ihn *„weit zurückgeschmissen"*, *„lange Zeit"* habe er *„gar nichts mehr auf die Reihe gekriegt (...) Da ging gar nichts absolut gar nichts mehr"*. Er muß seinen Beruf aufgeben. Auch die Erfahrungen mit dem Anwalt, der seine Ansprüche durchsetzen soll, sind für ihn enttäuschend: *„nichts bei rausgekommen, nur hin- und hergeschoben"*. Als sein Fazit läßt sich zitieren: *„Jeder will dich woanders hinschikken. Aber du weißt ja letzten Endes gar nicht, was du tun sollst"*. In dieser Haltung scheint auf den Punkt gebracht, wie „Bernd" zunächst seine Situation nach dem Unfall als persönliches Tief erlebt. Das Selbstverständliche und Gewohnte gilt für viele Bereiche der alltäglichen Angelegenheiten nicht mehr, statt dessen Unsicherheit, was werden wird. Er ist orientierungslos.

Zum Zeitpunkt des Interviews hat er sich eine gewisse Distanz zu den schrecklichen Erlebnissen verschafft. Er hat sein Schicksal akzeptiert. Es ist nun eine Situation eingetreten, von der er sagt, so wie es ist, ist es gut für ihn. Er ist stolz auf seine Leistungen während der Umschulung, ja er hat sich darin selbst neu kennengelernt. In den enttäuschten Erwartungen hat er eine neue Erfahrung von sich gemacht, insofern er nämlich nun weiß, ja sich gewiß ist, was das Gute und Richtige für ihn ist. Ist man sich erst mal des Guten und Richtigen für sich selbst bewußt, dann hat man eine neue Gewißheit gewonnen. Die anfängliche Mutlosigkeit und Lethargie scheinen überwunden; neue, bessere Erfahrungen stellen sich ein. Er wird aktiv und nimmt seine Sache selbst in die Hand. Er trifft Entscheidungen: *„da hab ich mir Mut gefaßt, da habe ich gesagt, mit dem Rechtsanwalt machste Schluß"*. Auch in den Sport will er nun zurück: *„Ich weiß auch, daß ich da irgendwo wieder rein will"*; *„das hab ich in der Richtung auch vor, wenn ich wieder fit bin"*. Nun hat er neuen Mut gefaßt, auch dank der Hilfe aus seinem Herkunftsort.

Die Erfahrung wirklicher Hilfe, insofern „Bernd" nämlich nun wieder weiß, wo es lang gehen soll, hat den Umschwung mit eingeleitet. Es geht darum zu wissen, was als das Richtige je zu tun ist. Mit der Unterstützung von Menschen aus seinem Heimatdorf hat „Bernd" einen gangbaren Weg gefunden: *„Und, wie gesagt, das war der goldene Weg. Das war gut"*. Es war nicht allgemein oder absolut gut, sondern gut für „Bernd" in seiner Situation.

Inzwischen hat „Bernd" wieder Pläne. Wir erfahren, daß er sich ein *„Konzept zurechtgelegt"* habe. Verfolgen wir diese Hinweise näher, so zeigt sich, daß er sich vor allem mit sich selbst beschäftigt hat. Er hat eine neue Sicherheit gefunden, so daß er alles das, was auf ihn demnächst noch zukommen wird, in einer neu gewonnenen Gelassenheit erwarten kann: *„Aber – man kann so leben, und es geht gut"*; *„Ich kann mir das momentan gar nicht vorstellen, wie das Ganze weiterlaufen wird ... Ich hab keine Vorstellung. Ich muß das einfach alles so nehmen, wie das in der nächsten Zeit auf mich zukommt"*. Er akzeptiert sich und seine Situation und richtet sich darin pragmatisch ein, schafft sich daran angepaßte Umgangsregeln, an denen er sich orientieren kann: *„Aber wenn man sich so'n Konzept zurechtlegt, gönnt man sich eigentlich doch immer nur das, was gebraucht wird"*; *„solange du umschulst, ziehste keine Beziehung mehr auf, überhaupt nichts mehr"*; *„das habe ich mir von vorneherein selbst eigentlich unterbunden"*. Auch für den Umgang mit den Schmerzen stellt sich eine Sicherheit ein: *„Da kommt man durch. Man weiß, das hört wieder auf"*.

Offensichtlich hat er einen neuen Zugang zu dem gefunden, was mit dem Unfall abrupt abgebrochen ist, eine Konzeption, das eigene Leben zu führen. Die Erfahrungen, die er seit dem Unfall gemacht hat, haben, so seine Worte, zu einer *„Selbstbildung"* geführt, *„weil – man ist irgendwie doch wieder ein anderer Mensch"*. Dieser *andere* Mensch muß unterschieden werden von dem Menschen, der man vor dem Unfall war. *„Ohne den Unfall in der Hinsicht* (nämlich bezogen auf ein anderes Konzept der Lebensführung), *ja da hätte ich wohl*

nichts gemacht, da wärs ja so weitergegangen". Diese Unterscheidung zu akzeptieren, scheint mir die eigentliche „Leistung" seiner *Selbst-Bildung* zu sein:
*„aber man kann ne ganze Menge an Selbstbewußtsein damit wirklich aufbauen.
– Und das hat es auch"*. Denn diese Unterscheidung zu treffen, bedeutet, das
Leben nach dem Unfall tatsächlich als etwas anderes zu sehen. Dieses andere
ist nicht die schlechte und erzwungene Fortsetzung eines brutal unterbrochenen
guten Lebens, sondern etwas Neues, das gewissermaßen mit dem Unfall erst
begonnen hat. Nur so ist „Bernd" in der Lage, seine Situation positiv zu sehen.
Man hat noch einmal eine Chance bekommen, und „Bernd" hat in gewisser
Weise noch mal von vorne begonnen, auch indem er nun ein Gefühl dafür bekommen hat, was „Zeit-zu-haben" bedeutet: *„Solange man immer noch ein
bißchen Glück hat ..., man lebt noch – irgendwie und bißchen bewußter. Man
genießt irgendwie – die Zeit auch viel besser. Man hat .. mehr Gefühl für die
Zeit, die man noch hat"*.
  Das Beste für ihn in einer zunächst ausweglos erscheinenden Situation wird
sichtbar: Sich seiner Situation stellen. Er muß sich in ein für ihn annehmbares
Verhältnis zu seiner Invalidität bringen, positiv damit umgehen. Man muß das
Glück, das man im Unglück gehabt hat, als Chance betrachten, so „Bernds"
Devise: *„Denn ich bin davon ausgegangen – andere, die haben so was gehabt,
die habens nicht überlebt, weils ein bißchen weitergegangen ist, und bißchen
mehr Pech. Man merkt, man hat Glück im Unglück gehabt. Ja, ich sehe das
positiv"*. Die vielen guten Erfahrungen, die er während der Zeit der Umschulung gemacht hat, bestärken ihn auch nachträglich in seinem Entschluß: *„das
war genau der richtige Weg"*. Es war das Beste für ihn angesichts seiner Situation. Hat er erst einmal verstanden, was die Unterscheidung zwischen vor und
nach dem Unfall bedeutet, nämlich daß es kein Zurück mehr in das alte Leben
gibt, dann kann das Richtige und Gute nur *vor* ihm liegen: *„Ich habe mich jedenfalls für das Vorwärts entschieden, und das war richtig. Das war gut"*. Für
„Bernd" war es wichtig, eine neue, andere, situationsbezogene Konzeption zu
finden, das eigene Leben zu führen. Er hat den Eindruck, ja er ist sich dessen
wohl gewiß, daß er sich wieder zu seinem Leben zukunftsbezogen verhalten
kann. Er weiß wieder, wie *man es macht*, aus seinen Erfahrungen zu lernen,
damit *es einem paßt: „Man lebt – ja bewußt und positiv, ne, irgendwie jetzt.
Man muß seine eigene Lebensphilosophie ja irgendwo – irgendwie so aufbau-
en,– wie es einem immer paßt. Und wenn man es im Positiven will, dann macht
man es so"*.
  Ein zweites Beispiel: Ich möchte den wesentlichen Charakter des nun vorgestellten Gesprächs mit „thematisch" und „assoziativ" beschreiben. Ich habe
mich bei der Gesprächsführung am Gang der Erfahrung orientiert: Erwartung
aufgrund schon gemachter Erfahrung – enttäuschte Erwartung – „neue" Erfahrung. Ich möchte nun das Beispiel Frau Mittler darstellen, wie sie von ihren

Beziehungen zum bewohnten Erfahrungsraum, d.h. zu Menschen und Dingen, die ihr dort begegnen, berichtet. Der Hintergrund dieses Gesprächs bildet eine Untersuchung von Wohnbiographien von Menschen, die zum Zeitpunkt der Interviews am Berliner Wohnungsbauprojekt „kommunikatives Wohnen" (vgl. Hahn 1995a) beteiligt sind.

Frau Mittler ist Anfang dreißig. Sie stammt aus einer „Kleinstadt" in Ostfriesland. Dort hat sie zusammen mit zwei Geschwistern, den Eltern und der Großmutter gewohnt. Mit achtzehn Jahren hat sie das Elternhaus verlassen, um in Tübingen zu studieren. Dort habe sie in einem internatsähnlichen Kolleg mit fünfzig Leuten zusammen gewohnt und gearbeitet. Nach verschiedenen Wohnaufenthalten in Göttingen (in einer Wohngemeinschaft) und in Berlin (mit Familienanschluß) zieht sie, inzwischen verheiratet, zu ihrem Mann in eine Zweizimmerwohnung: „ganz konventionell auch Kreuzberger Altbau". Und dann, sagt Frau Mittler, „haben wir von dem Projekt gehört und das paßte einfach total gut".

Der letzte Ausdruck weist darauf hin, daß Frau Mittler hier einer Gegebenheit und Situation zustimmt. Sie verwendet immer wieder dieses Bild, als ob etwas irgendwo hineinpaßt. Ich möchte diese Redewendung, daß etwas gut passe oder überhaupt gut sei, Ausdruck einer Überzeugung nennen. Frau Mittler ist davon überzeugt, daß ihr jetziges Wohnen zu ihr passe. Sie beschreibt die Geschichte ihres Wohnens am Leitfaden dessen, wovon sie überzeugt ist. Wovon sie überzeugt ist, was sie für sich als gut und richtig bezeichnet, ist: „ich wollte mit Leuten zusammen wohnen aber .. frei wählen, was ich sonst so mache". Daran wollen wir uns auch bei der Interpretation orientieren. Dieses Für-wahr-halten einer Wohnkonzeption ist das Kriterium, mit dem sie ihr vorheriges Wohnen beurteilt. Oder anders ausgedrückt: unter Gebrauch dieser Hinsicht vom „guten Wohnen" (vgl. Hahn 1995b) erzählt sie ihre Wohngeschichte.

Ihr Entschluß, schon mit achtzehn das Elternhaus zu verlassen, begreift sie als richtig und gut: „was halt gut war, dann von zu Hause wegzukommen"; „da war dieser Schritt nach Tübingen also sehr weit weg denn auch gut"; und „gut und denn auch heftig". Er war nicht an und für sich gut, sondern gut, insofern sie „eigene Erfahrungen sammeln" konnte.

Mit dem Umzug nach Berlin spielt nun ihr Mann in ihre Lebenskonzeption hinein. Sie spricht von einem „wir", das sich für ein bestimmtes Wohnen entschieden hat:

„(...) dann wars aber so, also als ich dann schwanger war und auch schon vorher, daß wir immer so den Gedanken hatten, ja zusammen wohnen wollen wir aber gerne noch mit anderen. Also das war uns gerad als ich dann schwanger war auch wichtig, jetzt nicht so dann die Perspektive zu haben, als Kleinfamilie isoliert allein zu wohnen und ehm (...) dann haben wir von dem Projekt gehört und das paßte (amüsiert) einfach total gut, ne".

Diese Vorstellung von einem anderen Wohnen ist offensichtlich älter als jene Erfahrung, die sie dann nach der Geburt des Sohnes in der Kreuzberger Wohnung gemacht hat. Der Gedanke, einfach anders zu wohnen, als man es bislang kannte, begleitet sozusagen alle ihre Wohnstationen, ohne daß ihr aber schon deutlich war, was sie eigentlich genau suchte. Sie mußte aber auch nicht mit einer festen Gewohnheit brechen, was es ihr wohl erleichterte, sich auf das neue Projekt eher neugierig einzustellen:

„(...) ich kann gar nicht sagen, daß es bei mir irgendwann mal so war, daß ich dachte, ich will ... einfach zu zweit oder dritt in 'ner Beziehung oder als Familie wohnen und dann bin ich zufrieden, ne, also es war immer schon mehr eine, ne, Suche nach was anderem oder ... also es gab nicht so'n Umbruch, daß wir irgendwie zu zweit oder zu dritt gewohnt haben und dann uns gesagt haben, das wird uns jetzt langweilig oder was (...) wir wollen was anderes, sondern wir wollten es immer anders".

Diese Wohnerfahrungen können als Versuch gelesen werden, das richtige Wohnen zu finden. Inzwischen, nämlich mit den Erfahrungen *dieses* Wohnprojektes im Rücken, hat sie eine *kreative Entdeckung* gemacht: Sie weiß nun, was im Wohnen zu ihr paßt und was nicht. Dieses Gefühl der Befriedigung oder des Sichwohlfühlens, das sich einstellt, ist die ganze Verifikation dessen, wovon sie überzeugt ist. Die Bedürftigkeit nach diesem „neuen" Wohnen wird zwar erfahren als eine bewußte Entdeckung von dem, was man sein Leben lang immer schon suchte und brauchte: *„das paßte einfach total gut"*; jedoch ist dies wohl eher eine nachträgliche und gleichsam rückblickende Sicht auf das bisherige Wohnen, denn es verdeckt den Umstand, daß Frau Mittler ihr besonderes Wohnbedürfnis sicherlich nicht schon bestimmen konnte, bevor sie diese konkrete Zufriedenheit, nämlich daß etwas tatsächlich zu ihr paßt, wirklich erlangte.

Die Erfahrungen, die Frau Mittler resümiert, verdichten sich zur Überzeugung, was für sie gut und richtig ist. Von diesem Ende her gesehen, war es gut, von zu Hause wegzukommen, eigene Erfahrungen zu sammeln. Und auch die *„negative Erfahrung"* des Wohnens in der WG hat sie weitergebracht, weil ihr in der Enttäuschung klar wurde, was sie nicht wollte: nämlich diesen Familienanspruch und diese ungeschriebenen Regeln, die einem nicht die freie Wahl der Entscheidung ließen. Auch die schlechten Erfahrungen hatten also ihr Gutes, insofern sie sie vorwärts brachten.

Die Situationen, vor die das Wohnprojekt die Bewohner stellt und zu denen diese sich so oder so verhalten *müssen*, haben praktische Bedeutung. Die Handlungen, die diesen ungewohnten Situationen gemäß sind, liegen aber zunächst nicht unmittelbar vor Augen. Sie müssen gesucht und erprobt werden. Auch dabei kommt es darauf an, den passenden Handlungsvollzug zu finden, das „richtige Gute", nämlich das *gute Wohnen* (vgl. Hahn 1995 b). Frau Mittler bewohnt den Erfahrungsraum inzwischen so, daß er zu ihr paßt. Der Gedanke oder schärfer: der Wille „anders-zu-wohnen", den Frau Mittler mehrmals im Gespräch betont, findet seine spezielle Erfüllung in den Umgangsgewohnheiten, die sie aufgebaut hat und nun praktiziert. Ihre Wohnerfahrungen haben ihr gezeigt, was paßt und gut ist: was *vernünftig* ist. Die praktische Vernunft, die in ihrem Wohnen zum Ausdruck kommt, hat ihr Maß gefunden im Gefühl der Zufriedenheit, welches sich unter anderem darin äußert, daß man *bleiben* will. Mit dieser Interpretation soll jedoch nicht der Eindruck erweckt werden, das Wohnen von Frau Mittler sei an sein vorbestimmtes Ziel angekommen. In der Tat weiß niemand, wie es für Frau Mittler weitergehen wird. Denn sie wird neue Erfahrungen machen, die sich schon jetzt darin ankündigen, daß Mieter das Haus verlassen haben und neue Bewohner ins Haus einziehen werden.

Literatur

Buck, G. (1979). Über die Identifizierung von Beispielen – Bemerkungen zur ‚Theorie der Praxis'. In O. Marquardt & K. Stierle (Hrsg.), „Identität". Poetik und Hermeneutik 8. (S. 61–81). München: Fink.

Buck, G. (1989). Lernen und Erfahrung – Epagogik: zum Begriff der didaktischen Induktion (3. Auflage). Darmstadt: Wissenschaftliche Buchgesellschaft.

Davidson, D. (1991). Subjektiv, Intersubjektiv, Objektiv. Merkur. Deutsche Zeitschrift für europäisches Denken, 512 (11), 999–1014.

Dewey, J. (1989). Die Erneuerung der Philosophie. Hamburg: Junius.

Gadamer, H.-G. (1986). Wahrheit und Methode (5. Auflage). Grundzüge einer philosophischen Hermeneutik. Gesammelte Werke Band I. Tübingen: Mohr (Paul Siebeck).

Gehlen, A. (1961). Vom Wesen der Erfahrung. Anthropologische Forschung. Reinbek: Rowohlt.

Hahn, A. (1994a). Erfahrung und Begriff. Zur Konzeption einer soziologischen Erfahrungswissenschaft als Beispielhermeneutik. Frankfurt/M.: Suhrkamp.

Hahn, A. (1994b). Praxis und Interpretation. Die methodologische Herausforderung von Michael Walzers „Hermeneutik der Wiederholung". Neue Praxis. Zeitschrift für Sozialarbeit, Sozialpädagogik und Sozialpolitik, 1, 16–35.

Hahn, A. (1995a). Wohnen und Gemeinschaft. Grundlagen und Erfahrungen mit genossenschaftlichem Mietwohnen im Rahmen des Sozialen Wohnungsbaues. Deutsche Bauzeitschrift (DBZ), 6, 115–122.

Hahn, A. (1995b). Architektur und Erfahrung. Unterwegs zum soziologischen Erfahrungswissen vom Umgang mit Architektur. In S. Meyer & E. Schulze (Hrsg.), Einsichten, Ansichten und Übersichten. Ein soziologisches Kaleidoskop. Festschrift für Rainer Mackensen (S. 107–122). Berlin: TU Berlin, FB 7: Umwelt und Gesellschaft.

Hahn, A. (1996a). Der Primat der Praxis. Begegnungen zwischen Pragmatismus und Hermeneutik. Handlung Kultur Interpretation. Bulletin für Psychologie und Nachbardisziplinen, 8, 139–192.

Hahn, A. (1996b), Metaphern der Lebensführung. Pragmatische Interpretationen im Vorfeld der soziologischen Begriffsbildung. BIOS. Zeitschrift für Biographieforschung und Oral History, 2, 155–175.

James, W. (1975). Der Wahrheitsbegriff des Pragmatismus. In E. Martens (Hrsg.), Pragmatismus. Ausgewählte Texte von Ch.S. Peirce, W. James, F.C.S. Schiller, J. Dewey (S. 161–187). Stuttgart: Reclam.

James, W. (1977). Der Pragmatismus: ein neuer Name für alte Denkmethoden. Einleitung von Klaus Oehler. Hamburg: Meiner.

James, W. (1994). Das pluralistische Universum. Vorlesungen über die gegenwärtige Lage der Philosophie. Mit einer Einführung herausgegeben von Klaus Schubert & Uwe Wilkesmann. Darmstadt: Wissenschaftliche Buchgesellschaft.

König, J. (1994). Der logische Unterschied theoretischer und praktischer Sätze und seine philosophische Bedeutung. Herausgegeben von Friedrich Kümmel. Freiburg/München: Alber.

Kühne-Bertram, G. (1993). Logik als Philosophie des Logos. Zu Geschichte und Begriff der hermeneutischen Logik. Archiv für Begriffsgeschichte. Band XXXVI, 260–293.

Lipps, H. (1976). Untersuchungen zu einer hermeneutischen Logik. Werke II. Frankfurt/M.: Klostermann.

Misch, G. (1949). Geschichte der Autobiographie (3. Auflage). Einleitung. Band 1. Frankfurt/M: Schulte-Buhmke. ˚

Pleines, J.-E. (1983). Praxis und Vernunft. Zum Begriff praktischer Urteilskraft. Würzburg: Königshausen und Neumann

Plessner, H. (1981). Macht und menschliche Natur. Ein Versuch zur Anthropologie der geschichtlichen Weltansicht. Gesammelte Schriften V. Frankfurt/M.: Suhrkmp.

Rorty, R. (1987). Der Spiegel der Natur. Eine Kritik der Philosophie. Frankfurt/M.: Suhrkamp.

Schapp, W. (1959). Philosophie der Geschichten. Leer/Ostfriesland: Rautenberg.

Spaemann, R. (1986). Ende der Modernität? In P. Koslowski, R. Spaemann & R. Löw (Hrsg.), Civitas. Resultate, Band 10. Stuttgart: Herzel.

Szilasi, W. (1961). Philosophie und Naturwissenschaft. Bern, München: Francke.

Vonderach, G. (Hrsg.) (1994). Qualitative Biographieforschung am Fallbeispiel eines beruflichen Rehabilitanten. Bamberg: Wissenschaftlicher Verlag.

Vonderach, G., Herrmann, V. & Beyer, E. (1996). Lebensgeschichte und berufliche Rehabilitation. Eine empirisch-soziologische Untersuchung in Berufsförderungswerken. Münster: Lit.

Vonderach, G. (1997). Geschichtenhermeneutik. In R. Hitzler & A. Honer (Hrsg.), Sozialwissenschaftliche Hermeneutik. Opladen: Leske + Budrich (im Druck).

von Weizsäcker, V. (1960). Gestalt und Zeit (2. Auflage). Göttingen: Vandenhoeck & Ruprecht.

Wieland, W. (1972). Praktische Philosophie und Wissenschaftstheorie. In M. Riedel (Hrsg.), Rehabilitierung der praktischen Philosophie, Bd. 1 (S. 505–534). Freiburg: Alber.

Selbstreflexivität und Subjektivität im Auswertungsprozeß biographischer Materialien. Zum Konzept einer „Projektwerkstatt qualitativen Arbeitens" zwischen Colloquium, Supervision und Interpretationsgemeinschaft[1]

Katja Mruck und Günter Mey

> Alle Deutungen sind vorläufig; sie werden von Subjekten gegeben, die von einer bestimmten Position aus sprechen und darauf vorbereitet sind, bestimmte Dinge zu erkennen, andere jedoch nicht.
>
> Renato Rosaldo

Die Schweigsamkeit der wissenschaftlichen Subjekte

Das Problem der Subjektivität hat die Geschichte der abendländischen Wissenschaften, begleitet von unterschiedlichen Lösungsversuchen, seit ihren Anfängen durchzogen. Der bis heute weitreichendste, programmatisch formuliert in Bacons „von uns selbst schweigen wir", führte zum Ausschluß der Subjektivität der Forschenden bzw. zu der Formulierung einer subjektfreien „Logik der Forschung" (Popper 1984). Obwohl diese – orientiert am Modell der Naturwissenschaften – ihren Alleinvertretungsanspruch für wissenschaftliches Handeln überhaupt zu wahren sucht, waren und sind die Einwände gegen die Konstruktion einer objektiven Erkenntnis zahlreich: So verwenden aktuellere wissenschaftstheoretische Konzeptionen „Begriffe wie ‚Logik' oder ‚Denkform' lieber im Plural" und signalisieren damit den „Verzicht auf die Suche nach einer einheitlichen Strategie im Erwerb und bei der Überprüfung von Wissen" (Perger 1996, S. 1). Die nach-Kuhnschen Reflexionswissenschaften befassen sich nach der „Entzauberung der Wissenschaft" (Bonß & Hartmann 1985) mit der Sozio- und Psychologik von Forschung und explizit wird, z.B. von Rauschenbach (1991, 1996), die Wiedereinführung des Erkenntnissubjekts in die Wissenschaft gefordert – „von uns selbst aber sprechen wir ".

---

[1] Wir danken den Studierenden und Kolleg(inn)en, die eine frühe Version dieses Textes kritisch gelesen und kommentiert haben. Die unterschiedlichen Lesarten, Reaktionen und Anmerkungen waren für uns fruchtbar und wertvoll. Besonderer Dank gebührt den Teilnehmer(inne)n der *Projektwerkstatt*, mit denen und von denen wir viel gelernt haben.

Die Psychologie als akademische Disziplin hat sich vor den Unwägbarkeiten einer Beschäftigung mit Subjektivität in einen quantitativen Dornröschenschlaf zu retten versucht, der lange Zeit nur von einzelnen Mahnern unterbrochen wurde (hier sind für den deutschsprachigen Raum in den letzten Jahrzehnten vor allem Graumann, Holzkamp, Jüttemann und Thomae zu nennen). Mittlerweile zeichnet sich jedoch – auch auf seiten angloamerikanischer Psycholog(inn)en (vgl. hierzu Smith, Harré & Van Langenhove 1995a, 1995b) – eine etwas selbstbewußtere Verwendung qualitativer Forschungsstrategien ab: Entgegen der von quantitativer Seite vorgenommenen Konzeptualisierung von Subjektivität als Störvariable, die im Forschungsprozeß kontrolliert bzw. eliminiert werden soll, wird der Verzicht auf eine Hypothesenbildung ex ante, der Einbezug der „Sicht der Subjekte" (Bergold & Flick 1987) in alltagsweltliche und veränderungsoffene Untersuchungssituationen, sowie eine angemessene Berücksichtigung der kommunikativen Verfaßtheit einer Untersuchung von Subjekten durch Subjekte gefordert.

Gleichwohl bleibt auch für die qualitative Forschung die Subjektivität insbesondere der Forschenden ein sperriges und irritierendes Phänomen. Die Vorwürfe des quantitativen Mainstreams, denen zufolge der Subjektivitätsverdacht sehr schnell in die Nähe von Unwissenschaftlichkeit führt, haben – ebenso wie tiefgreifende Unsicherheiten und Ängste auf seiten qualitativer Forscher(innen) – trotz teilweise anderslautender Prämissen zu einem Fortdauern des „Phantoms der Störungsfreiheit" (Mruck & Mey 1996a) geführt: So folgt auch qualitative *Forschungspraxis* weiterhin meist „dem illusionären ‚naturalistischen' Ideal der von Versuchsleitereinflüssen unverzerrten Protokollierung von Beobachtungen" (Fleck 1992, S. 754). Die eigene Involviertheit in den Prozeß der Datenerhebung und -auswertung wird bestenfalls in editorische Vor- und Nachbemerkungen verbannt. Auf seiten qualitativer *Methodologien* finden sich zum einen vermehrt Versuche, statistikähnliche, qualitative Regelsysteme auszuarbeiten (siehe hierzu insbesondere die Arbeiten von Mayring 1988 zur qualitativen Inhaltsanalyse und die zunehmende Formalisierung der Grounded Theory durch Strauss & Corbin 1995). Zum anderen und damit teilweise zusammenhängend ist derzeit eine Tendenz feststellbar, die im Anschluß an die von Fuchs und Berg (1993) für die Ethnologie vorgenommene Charakterisierung als „textuelle Wendung" in den Sozialwissenschaften bezeichnet werden kann. Ziel dieser auf Textwissenschaft reduzierten qualitativen Sozialforschung bleibt – trotz einiger moderner kognitiver und linguistischer Einsprengsel – der zu explizierende oder zu entdeckende Sinn der anderen, der Beforschten. Das qualitative Pendant zu dem welt- und selbstvergessenen Experimentator, der als Erbe des „bestallten Richters" Kants versucht, „die Natur zu nötigen", seine Fragen zu beantworten, ist der einsame Textwissenschaftler, der sich durch Berge von Interviewmaterial hindurch bemüht, zu den Merkmalen seines Gegenstandes vorzudringen bzw. diese zur Emergenz zu veranlassen. Doch seine Bemühungen scheinen vergeblich, und Devereux' Diagnose in bezug auf experimentelle Untersuchungspraxen, aus der folgt, daß „jede Sozialwissenschaft ..., wie sie im Augenblick praktiziert wird, eine Form der Autobiographie" (La Barre 1992, S. 10) hervorzubringen neigt, trifft u.e. auch für qualitative Forschungsarbeiten zu: Das Idiosynkratische der einsamen Deutungsarbeit wird offensichtlich, wenn es mit den Ergebnissen anderer Interpret(inn)en am gleichen Material konfrontiert wird. So hält z.b. Mertens angesichts der Beobachtung, „wieviele Deutungen und Rekonstruktionen sich bei kasuistischen Seminaren anläßlich eines Falles ergeben können" (1993, Bd. 2, S. 137), zumindest für nachdenkenswert, ob für psychoanalytische Deutungsarbeiter(innen) nicht in Teilen eher die Metapher des „Dichters" denn die des „Archäologen" naheliegend sein könnte; ein Eindruck, der sich in Anbetracht unterschiedlicher Schulrichtungen noch verstärkt: „Wer sich mit narzißmustheoretischen Fragestellungen längere Zeit beschäftigt hat, erblickt in nahezu jeder Erzählung seiner Patienten Probleme der Selbstwertregulation. Dem Kernberg-Anhänger springt die manipulierende Tendenz seiner Patienten ins Auge, die ihn auf aggressive Weise als Objekt verwenden wollen, der Kohut-Adept fokussiert auf die Spiegelungsdefizite, ausgelöst durch unempathische Eltern, Kleinianer suchen nach versteckten Penissen, Anhänger von Bion spüren die Container-Wünsche ihrer Analysanden auf und Freudianer wittern hinter jeder Deckerinnerung die Urszene." (a.a.O.) Mertens Schilderung läßt sich auf nicht-klinisch und nicht-psychoanalytisch orientierte Psycholog(inn)en und Sozialwissenschaftler(innen) ausdehnen: Es bleibt nicht folgenlos für Interpretationen, ob sie von einer behavioristischen oder kognitiven Warte, von einer realistischen oder konstruktivistischen Position, von Verfechter(inne)n z.B. von Erwartungs-Wert-Modellen oder durch das „konversationsanalytische Mikroskop" eines „neugierigen Botanisierers" (Wolff & Meier 1995) geleistet werden, der am Ende ebenfalls als Ergebnis erhält, was er als Textarbeit hineingesteckt hat, nämlich daß sich Gespräche „nicht auf Persönlichkeitsstrukturen oder Phantasien der Beteiligten reduzieren [lassen]. Sie bestehen aus einer endlosen Sequenz aufeinander bezogener Kommunikationszüge" (a.a.O., S. 86) – Eigenschaftstheoretiker(innen) wären sicher zu anderen Resultaten gekommen.

Was bedeutet es, diese Überlegungen vorausgesetzt, wenn die Deutungsarbeit statt von einem einzelnen Forscher bzw. einer einzelnen Forscherin von einer Gruppe von Forscher(inne)n geleistet wird? Ergibt sich aus dem Zusammentragen verschiedener Deutungsperspektiven, aus der gemeinsam in der Gruppe vollzogenen Dezentrierung, eine Annäherung z.B. an (biographische) Wirklichkeiten? Oder wird auf diesem Wege lediglich ein weiterer „kollektiver/kultureller/subkultureller Konsens [geschaffen] ..., der seinerseits kritisch zu analysieren ist" (Jaeggi & Faas 1991, S. 6)?

Versuche jenseits der einsamen Textwissenschaft

Versuche einer Rekonzeptualisierung der Beziehung zwischen Forschungssubjekt und Forschungsobjekt, die im Unterschied zu der „textuellen" als „reflexive Wendung" bezeichnet werden können, werden in der deutschsprachigen Psychologie insbesondere im Rahmen der psychoanalytischen Sozialforschung unternommen. So versteht z.b. Volmerg (1988) Forschung als konkretes Handeln im Spannungsfeld zwischen Wissenschaft, Persönlichkeit der Forschenden und dem jeweiligen Untersuchungsfeld. Nicht nur die Subjektivität der Forschenden wäre hiernach unumgänglich und als Erkenntniszugang zu nutzen, sondern auch die „Mikropraktiken des Wissenschaftssystems" (Rabinow 1993) werden im Rahmen konkreter Forschungsarbeiten als reflexionsbedürftig erachtet, da sie in die Gegenstandskonstruktionen einfließen bzw. die Auseinandersetzung mit dem Gegenstand von der Fragestellung bis hin zur schließlichen Ergebnisdarstellung wesentlich mitstrukturieren. (Der Versuch einer Re-Konstruktion am Beispiel einer eigenen Forschungsarbeit findet sich in Mruck & Mey 1996b.) Eine in diesem Sinne „reflexive Wendung" vollziehen auch Breuer (1996a) und Mitarbeiter(innen) mit ihrem „qualitativen Forschungsstil"; teilweise ähnliche Bemühungen finden sich in der Strategie des „Co-operative Inquiry" von Reason und Heron (1995).

Mit Breuer verstehen wir Daten, die wir als qualitative Sozialwissenschaftler(innen) erheben, „prinzipiell als interaktiv, sozial, sub-/kulturell, situativ und kontextuell konstituierte ‚Hervorbringungen' der beteiligten Personen" (1996b, S. 16). Da wir mit den vorgenannten Autor(inn)en davon ausgehen, daß Beobachtungen und Interpretationen von den (wissenschaftlichen) Subjekten abhängen, die beobachten und interpretieren, und dies nicht als mit methodologischem Fortschritt behebbares Manko oder als „epistemologische Katastrophe" (Breuer 1989) begreifen, sondern als unhintergehbare Voraussetzung jeglichen Forschens, stellt sich die Frage nach den Möglichkeiten und Grenzen einer Reflexion der Subjekt- und Standortgebundenheit von Deutung im Rahmen des qualitativen Forschungsprozesses, die über die Arbeit einsamer Textwissenschaftler(innen) hinausweist. Den Versuch einer forschungspraktischen Umsetzung werden wir im folgenden am Beispiel der *Projektwerkstatt qualitativen Arbeitens* (PW) skizzieren. Es geht uns dabei weniger darum, konkrete Auswertungsvorschläge zu unterbreiten, sondern es soll nachvollziehbar gemacht werden, in welcher Weise qualitative Deutungsarbeit in Gruppen organisiert und vollzogen werden kann. Da die Notwendigkeit von qualitativen Deutungsgruppen bzw. von Forschungssupervision zwar sporadisch betont wird, ausgearbeitete Konzepte aber weitgehend fehlen, haben wir uns in der eigenen Arbeit, wenn nötig, in verwandten Bereichen – z.B. der Supervisions- und Gruppenpsychotherapieforschung – kundig zu machen versucht. Im vorliegenden Zusammenhang beschränken wir uns auf eine möglichst konkrete Beschreibung der PW bzw. nehmen nur dann auf das Einfließen derartiger Modelle Bezug, wenn es sinnvoll erscheint, um unsere Arbeit zu verdeutlichen.

Die Projektwerkstatt qualitativen Arbeitens

Die PW ist aus der Einzelbetreuung qualitativer Diplomarbeiten entstanden, bei denen im Rahmen gemeindepsychiatrischer Feldforschungsstudien die enge und langdauernde Begegnung mit teilweise hospitalisierten, chronisch psychisch kranken Menschen Forschungssupervision erforderlich gemacht hatte.[2] Im Unterschied zu der „Forschungswerkstatt" von Breuer et al. (vgl. Breuer 1996c, S. 122ff.), an der bis zu 20 Personen mitarbeiten und die in der Vorlesungszeit in zweiwöchentlichem Turnus durchgeführt wird, besteht eine PW aus einer geschlossenen Gruppe von vier bis sieben Personen, die sich in der Regel wöchentlich für ca. drei Stunden und auch in der vorlesungsfreien Zeit treffen. Insofern bilden unsere Erfahrungen interessante Kontraste zu den von Breuer et al. berichteten, denen zufolge die Mitarbeit in der Forschungswerkstatt insbesondere zu Beginn des Arbeitens fruchtbar ist, während in späteren Phasen die „Expertise, die dann notwendig ist, um kompetent über ihren Erkenntnisfortschritt mitzusprechen, ... im Rahmen des Kolloquiums kaum noch unterstellt oder hergestellt werden [kann]" (Breuer 1996c, S. 125). Die kleinere Gruppengröße, verbunden mit einem festen Kreis von Teilnehmenden, trägt zudem wesentlich zum Entstehen von Kontinuität und Intimität bei, wodurch eine von uns als zentral erachtete Aufgabe erst möglich wird: Während in der von Breuer beschriebenen Gruppe „Dynamiken in der Zusammenarbeit ... üblicherweise nicht besprochen [werden]" (a.a.O., S. 123), besteht ein Teil der Deutungsbemühungen in der PW gerade darin, Bezüge zwischen den subjektiven Reaktionen der einzelnen Forschenden, den „Dynamiken in der Zusammenarbeit" und dem zu bearbeitenden Material probeweise herzustellen.

Bisher liegen Erfahrungen mit fünf Gruppen vor, von denen drei mittlerweile abgeschlossen sind. Aufgrund des für uns hohen Arbeits- und Zeitaufwandes wurden unterschiedliche Formen der Gruppenleitung erprobt (an einigen Gruppen nehmen wir kontinuierlich teil, an anderen nur einmal pro Monat, wobei diese Gruppen ihre Sitzungen wöchentlich in Selbstverantwortung organisieren und ausführlich protokollieren; die Aufzeichnungen werden anschließend von uns kommentiert). Das Spektrum der erstellten Untersuchungen umfaßt u.a. klinisch-psy-

---

[2] Die Projektwerkstatt qualitativen Arbeitens wird seit Herbst 1994 an der FU Berlin von der Erstautorin durchgeführt, der Zweitautor nutzte Teile der Konzeption für eine *Projektwerkstatt qualitative Jugendforschung*, die er im Rahmen des universitären Grundstudiums im Fach Entwicklungspsychologie an der TU Berlin anbietet. Alle erwähnten Beispiele entstammen den Gruppen, mit denen die Erstautorin arbeitet.

chologische Fallstudien zur Genese der Narkolepsie, zu luziden Träumen, Eßstörungen, Suizidalität etc. und mikrosoziologische Studien z.b. zu Interaktionspro-
blemen von ausländischen Student(inn)en in Deutschland oder zur Rekonstruktion
der Entscheidung für Zwangsbehandlungen in psychiatrischen Krankenhäusern.

Das Modell der „Themenzentrierten Interaktion" als heuristischer Rahmen für die Arbeit in der Projektwerkstatt

Die Strukturierungsvorschläge für die Arbeit in der PW sind bewußt flexibel
gehalten. Am ehesten folgen wir den Überlegungen, die Ruth C. Cohn (1991)
für die „Themenzentrierte Interaktion" (TZI) vorgeschlagen hat. Ausgehend
von gruppentherapeutischen Erfahrungen hatte sie versucht, das dort erlebte „lei-
denschaftliche Interesse" und „lebendige Lernen" auf Bereiche wie das „akademische Lernen" auszudehnen: „Es hatte mich immer wieder in Erstaunen ver-
setzt, in welchem Ausmaß Mitglieder therapeutischer Gruppen ... ein ungeheuer
anregendes und nutzbringendes Lernen erlebten, während die meisten Studenten in Hörsälen das Studieren als trocken und nicht bereichernd quasi erdulde-
ten." (Cohn 1991, S. 111) Auf der Grundlage von ethisch-sozialen, pragmatischen und anthropologischen Axiomen, zu denen u.a. gehört, daß Menschen
über „physische, emotionale und intellektuelle Bedürfnisse und Erfahrungen
[verfügen], die nicht separiert werden können" (Langmaack 1991, S. 12), entwickelte Cohn ein Verständnis von Interaktionen in Gruppen entlang der Eckpunkte Individuum (*Ich*), Thema bzw. Arbeitsaufgabe (*Es*), Gruppe (*Wir*) und
dem die Eckpunkte umgebenden, sozialen, politischen und kulturellen System
(*Globe*). Während das „akademische Lernen ... sich fast nur auf das ‚Es' (das
Thema), das psychologische auf das ‚Ich', die Gruppentherapie auf das ‚Ich-
Wir' [bezieht]" (Cohn 1991, S. 115), ist es Ziel der TZI, eine „dynamische
Balance" zwischen diesen Bereichen herzustellen. Da diese Balance jedoch
immer nur vorläufig sein kann – das TZI-„Dreieck" somit fortwährend Gefahr
läuft, entweder „Sach-" oder „Beziehungstorso" (Langmaack 1991) zu werden
–, obliegt es der Gruppenleitung, mit Hilfe verschiedener technischer Regeln
bzw. Vereinbarungen möglichen „Ich-", „Wir-" oder „Themen-Defiziten" ent-
gegenzuarbeiten. Zu diesen Regeln gehören insbesondere die beiden Grundpo-
stulate „sei dein eigener Chairman" und „Störungen haben Vorrang", d.h. zum
einen die Aufforderung an alle Teilnehmenden, sich eigene Bedürfnisse und
Bestrebungen, Möglichkeiten und Grenzen in der konkreten Gruppensituation
möglichst bewußtzumachen und die Verantwortung für die eigene Person zu
übernehmen, zum anderen der Hinweis auf die Notwendigkeit, all dem, was im

Verlauf der Sitzung „jemanden abhält, ... am eigentlichen gemeinsamen Thema mitzumachen" (Langmaack 1991, S. 87), die Aufmerksamkeit zu schenken, die es sich ohnehin verschafft, denn „Störungen haben de facto Vorrang, ob Direktiven gegeben werden oder nicht. Störungen fragen nicht nach Erlaubnis, sie sind da: als Schmerz, als Freude, als Angst, als Zerstreutheit" (Cohn 1991, S. 122). Beide Postulate laufen dem üblichen Ablauf in Arbeitsgruppen und - teams zuwider: insbesondere das Störungspostulat wurde auch in einigen Gruppen, mit denen wir arbeiten, zumindest zu Beginn als zeitraubend und hinderlich eingeschätzt, da es zu persönlichen Themen führe, die *nicht zur Sache* gehörten. Dem stand jedoch in der Folgezeit meist die Erfahrung entgegen, daß von einzelnen thematisierte Störungen auch auf Probleme in der Gruppe bzw. auf inhaltliche Schwierigkeiten mit dem jeweils zu bearbeitenden Thema verwiesen. Zudem hat die Nichtbeachtung von Störungen gerade im Zusammenhang mit biographisch sensiblem, qualitativem Material teilweise „schwerwiegende Folgen und führt im schlimmsten Fall zu Explosionen am ungeeigneten Ort zu ungeeigneter Zeit, abgesehen davon, daß es Menschen demotiviert und krankmacht" (Langmaack 1991, S. 90). Neben diesen beiden Postulaten, die nach Cohn „Klarstellungen existentieller Phänomene sind und nicht auswechselbare Spielregeln" (Cohn 1991, S. 123), wurden im Rahmen der TZI eine Reihe von Hilfsregeln bzw. Verabredungen für den konkreten Umgang in Gruppensituationen entwickelt (vgl. auch Langmaack & Braune-Krickau 1993 und deren „Anregungen zum Planen und Leiten von Gruppen").

Die TZI hat in verschiedenen Praxisfeldern Verwendung gefunden. Eher selten ist ihre Anwendung im akademischen Bereich, in dem weiterhin meist eine „von jeder persönlichen Erfahrung gereinigte Atmosphäre" (Mann & Thomas 1991, S. 154) vorherrschend zu sein scheint. Im eigenen Konzept dient die TZI zum einen als Modell zur Klärung und Bewußtmachung der im Forschungsprozeß wirksamen Einflußgrößen, zum anderen als Hilfestellung bei dem Versuch, ein Arbeitsklima zu schaffen, in dem die notwendige Auseinandersetzung mit diesen Faktoren überhaupt möglich ist.

Phasen des Arbeitens in der Projektwerkstatt

Der übliche *Ablauf der Einzelsitzungen* sieht vor, daß zu Beginn ein „Blitzlicht" mit allen Teilnehmenden stattfindet. Danach werden organisatorische Fragen und Inhalt und Reihenfolge der Schwerpunktthemen vereinbart: Themen können entlang der individuellen Wünsche und deren Aushandlung in der Gruppe gleichermaßen „die Lösung von Sachaufgaben, ebenso die Bearbeitung persönlicher Probleme oder die Klärung von Beziehungen, das Durcharbeiten von Lern- und

Diskussionsstoff [sein]" (Langmaack 1991, S. 63). In der Regel werden in einer dreistündigen Sitzung zwei Einzelbeiträge behandelt, an besonders wichtigen oder arbeitsintensiven Punkten eventuell längere Zusatztermine angesetzt.

Die Beschäftigung mit der Ebene des „Ich", d.h. mit der Art und Weise, in der die oder der einzelne an der Arbeit der Gruppe und am Thema teilhat bzw. sich, infolge von „Störungen", verschließt und ebenso mit der Ebene des „Wir", d.h. mit denjenigen Dynamiken, die damit verbunden sind, daß „eine Anzahl von Menschen ... am gleichen Ort, zur gleichen Zeit, am gleichen Thema beschäftigt sind" (Langmaack 1991, S. 51), erstreckt sich über den gesamten Zeitraum. Gleichwohl lassen sich für die PW als qualitative Forschungsgruppe im *Gesamtverlauf* verschiedene Phasen unterscheiden, in denen sie teilweise unterschiedliche Funktionen wahrnimmt. So überwiegt insbesondere zu Beginn die *Colloquiumsfunktion*, bei der einerseits die Vorstellung und Diskussion des jeweiligen Standes einer Einzelarbeit im Vordergrund steht, andererseits die Anleitung bzw. das gemeinsame Erarbeiten qualitativer Erhebungs- und Auswertungsstrategien. Als *Interpretationsgemeinschaft* fungiert die PW, indem entlang der Fragen und Instruktionen der Verfasserin oder des Verfassers einer Einzelarbeit alle Teilnehmenden z.B. qualitatives Interviewmaterial deuten bzw. ihre Deutungen zusammentragen und in der Gruppe besprechen. Da in diesem Zusammenhang die Persönlichkeit und die biographischen Eigenheiten der Interpret(inn)en bedeutungsvoll werden, besteht ein Teil der *supervisorischen Funktion der PW* darin, soweit möglich Bezüge zwischen den Deutungen und den jeweils deutenden Personen bzw. der Gruppensituation herzustellen und in der Folge zu einer Dezentrierung bzw. zu einer Strukturierung der Zusammenschau von Perspektiven beizutragen. Zudem übernimmt die PW supervisorische Aufgaben im Sinne einer Entlastung und Unterstützung insbesondere in den Anfangs- und Schlußphasen der Einzelarbeiten, in denen – neben themenbezogenen Aufgaben, (berufs-) biographischen Einflüssen aus dem „Ich" und gruppendynamischen aus der konkreten Gruppenkonstellation – häufig Belastungen aus unterschiedlichen Regel- und Bezugssystemen thematisiert werden: Hierzu gehören z.B. soziale und materielle Abhängigkeiten oder Notlagen der Teilnehmenden, ihre Zugehörigkeit zu anderen Bezugsgruppen, die Arbeitsmarktsituation für Psycholog(inn)en und damit einhergehende Erwartungen und Ängste, sowie aus der Einbettung in den Wissenschaftskontext resultierende Antizipationen, Verunsicherungen, Anforderungen (u.a. durch die Vorgaben der Prüfungsordung für den Diplomstudiengang Psychologie; durch die im Institut durch Lehrende bzw. Gutachter[innen] vertretenen methodisch/methodologischen und theoretischen Orientierungen; als Standards qualitativer Forschung, wie sie von uns als PW-Leitung vertreten werden).

Im folgenden werden zunächst die Phasen des Arbeitens in der PW kurz skizziert. Daran anschließend wird an einigen Beispielen – dem Umgang mit dem Blitzlicht, dem Prozeß der Mottofindung sowie einer problematischen Gruppensituation – verdeutlicht, wie wir versuchen, das komplexe Netz von interpret(inn)en-, gruppen- und textabhängigen Einflüssen für den qualitativen Auswertungsprozeß zu nutzen.

Erste Phase: Die Projektwerkstatt als Colloquium

In dieser Phase steht die Vorstellung der einzelnen Forschungsanliegen und ihre Präzisierung in der Gruppendiskussion, sowie die methodische Beratung und Begleitung des Feldzugangs bis hin zum Fertigstellen des ersten Interviewtranskripts im Vordergrund.

Bezogen auf die inhaltliche Präzisierung der Untersuchungsthemen und das erste Sondieren von Gegenstandswissen fungiert die PW angesichts der Unterschiedlichkeit der Forschungsfragen vor allem als Informations- und Hinweisbörse z.b. für Literaturzugänge oder wichtige Gesprächspartner(innen), indem das jeweilige „Kontextwissen" der Teilnehmenden – „dazu gehören nicht nur ... Fachwissen und ... Forschungserfahrungen, sondern auch ... persönliche Erfahrungen" (Strauss 1994, S. 36) – zusammengetragen wird. Bezogen auf die zu verwendenden Erhebungs- und Auswertungsverfahren, von denen mittlerweile auch für qualitative Untersuchungen eine recht große Zahl vorliegt (vgl. für einen Überblick Flick et al. 1991 und Schäfer 1995), gehen wir davon aus, daß mit der „Wahl einer wissenschaftlichen Methodik als eine[r] Festlegung hinsichtlich des Modus' der Interaktion mit dem fokussierten Gegenstand [auch] ... eine Entscheidung über die Wahl der Fakten [getroffen wird]" (Breuer 1996b, S. 9). Unsere Aufgabe als Gruppenleitung besteht deshalb zunächst darin, bei den Teilnehmenden eine – im Laufe des Studiums zumeist nicht erworbene – Sensibilisierung für den qualitativen Forschungsprozeß „als Abfolge von Entscheidungen" (Flick 1991, S. 148) zu initiieren. Gemeinsam wird sukzessive herauszuarbeiten versucht, welche Erhebungs- und Auswertungsverfahren bezogen auf die je konkrete Forschungsfrage, den Personenkreis, der beforscht werden soll, die Persönlichkeit der Forschenden und in dem Rahmen einer Qualifikationsarbeit Vorteile oder Probleme beinhalten können: Z.B. war das „narrative Interview" (Schütze 1983) für Gespräche mit langjährig hospitalisierten Menschen weitgehend ungeeignet, teilweise mußte, wenn massive Ängste vor technischen Geräten bestanden, auf eine Tonbandaufnahme verzichtet und auf alternative Dokumentationsmöglichkeiten zurückgegriffen werden (vgl. Ciuni 1996). Die von einer Interviewerin präferierte Selbstpräsentation durch sexuell aggressive Kleidung erwies sich als besonders reflexionsbedürftig, als diese Interviews zu weiblicher Sexualität durchführte (wichtig sind in diesem Zusammenhang die Überlegungen von Devereux [1992] zur Notwendigkeit der

Reflexion des „Reizwertes", der einem Forscher oder einer Forscherin bezogen auf ein je konkretes Gegenüber zukommt).

Im Anschluß an bzw. im Verlauf dieser Näherungs- und Klärungsversuche werden unterschiedliche Zugangswege je nach Untersuchungsfeld bzw. Zugänglichkeit von Interviewpartner(inne)n besprochen, ebenso die geplante Interviewsituation sowie eventuelle Probleme im Vorfeld. Sofern noch keine oder nur wenige Erfahrungen mit qualitativen Interviewverfahren vorliegen, lassen sich erste Begegnungen und auch die Interviewsituation selbst in Rollenspielen in der Gruppe erproben.

Insgesamt versuchen wir von Beginn an zu ermuntern, möglichst viele, auch nebensächlich erscheinende Begebenheiten, Assoziationen, Eindrücke etc. in Form von Forschungsnotizen zu dokumentieren, die sich im Rahmen der Auswertung als bedeutungsvoll erweisen können, indem sie u.a. erlauben, im nachhinein Reaktionen auf die Interviewpartner(innen) zu rekonstruieren, die teilweise schon aus der ersten telefonischen Kontaktaufnahme oder der Anfangssequenz des Interviews herrühren und die weitere Einstellung der Deutenden bis hin zur Formulierung von „Schlüsselkategorien" wesentlich mitbestimmen können (einige „Faustregeln für das Schreiben von Memos" finden sich bei Strauss 1994, S. 172 ff; fruchtbare Hinweise für das Verständnis von Interviewinteraktionen in qualitativen Untersuchungen geben Forschungsarbeiten, die sich mit der Eindrucksbildung im Rahmen psychotherapeutischer Erstinterviews befassen; vgl. z.B. Eckstaedt 1996, Wilke 1992).

Neben Fragen der Themen- und Methodenwahl sind in dieser Phase Verunsicherungen hinsichtlich der (antizipierten) Anforderungen an Wissenschaftlichkeit und Ängste über die eigene Kompetenz, eine wissenschaftliche Arbeit anzufertigen, bedeutsam. Diese verlieren jedoch, wenn sie in der Gruppe thematisiert werden und mit der beginnenden inhaltlichen und methodischen Näherung an die Untersuchungsfrage und den damit sichtbar werdenden ersten Erfolgen und Fortschritten, (vorläufig) an Gewicht.

Zweite Phase: Die Projektwerkstatt als Interpretationsgemeinschaft

Am Beginn der zweiten Phase steht der Versuch, den Deutungsraum möglichst breit zu eröffnen und durch eine erste Annäherung ohne Konsistenz- oder Vollständigkeitsdruck (sowohl für den einzelnen als auch in der Gruppe) verschiedene Verstehensmöglichkeiten zusammenzutragen. Da wir jede Auswertungsstrategie als eine (unumgehbare) Anstrengung verstehen, ein sehr vieldeutiges und schwer überschaubares Material zu ordnen und zu reduzieren, bemühen wir uns in dieser Phase vor dem individuellen Rückgriff auf spezielle Verfahren, diese Vieldeutigkeit möglichst bewußt zu akzeptieren und zu fördern.

Ausgangspunkt der Einzel- und Gruppenarbeit sind zum einen Tonbandmitschnitte von Interviews, zum anderen Interviewtranskripte und Prä- und Postskripte. Der konkrete Arbeitsprozeß in der PW sieht in der Regel vor, daß alle Teilnehmenden vor dem eigentlichen Besprechungstermin das zu bearbeitende Material lesen und alle während des Lesens auftretenden Deutungsideen, Phantasien, Auffälligkeiten etc. notieren. Zusätzlich wird ein Motto für den Text gewählt, das möglichst prägnant den Gesamteindruck in bezug auf das Gelesene wiedergibt. Die gemeinsame Sitzung wird dann – als Erinnerungshilfe für die einzelnen Forschenden und (bei Bedarf) zur Rekonstruktion des Deutungsprozesses in der Gruppe – auf Band aufgezeichnet: Zunächst werden die Mottos genannt und begründet, daran anschließend die Notizen der einzelnen gesammelt und diskutiert, wobei Art, Heftigkeit und Inhalte des Gesprächs zusätzliche Deutungshinweise ergeben können (zum Umgang mit unterschiedlichen Mottos und Gruppendynamiken s.u.). Im Anschluß daran werden ausgewählte Passagen aus dem Tonbandmitschnitt der Interviewsituation gemeinsam gehört und eventuell neue bzw. veränderte Eindrücke besprochen. Im Unterschied zu Transkripten, die selbst schon im Vergleich zur gelebten Interaktion reduzierte Resultate von Übersetzungs- und Interpretationsleistungen sind (O'Connell & Kowal 1995), bieten Tonbänder z.B. durch die Stimme der Sprechenden (Höhe, Klangfarbe, Sprechgeschwindigkeit) zusätzliche Verstehensmöglichkeiten.

Neben ersten assoziativen Näherungen werden – je nach Instruktion der Einzelforscher(innen) aufgrund von deren Entscheidung für bestimmte Auswertungsverfahren – z.B. einzelne Interviewepisoden oder bestimmte Textabschnitte feinanalytisch (bis hin zu Wort-für-Wort-Analysen) von den PW-Mitgliedern bearbeitet. Ziel dieser Phase ist das Erstellen von Kategorien aus unterschiedlichen Quellen:

– A priori-Kategorien aus der Fragestellung und (soweit vorhanden) dem Leitfaden bzw. einer ersten theoretischen Bestandsaufnahme
– Kategorien aus ersten assoziativen Näherungen an das Material (Transkripte, ausgewählte Bandpassagen, Prä- und Postskripte, Mottos)
– Kategorien aus der Rekonstruktion und Zusammenfassung von (Sub-) Sequenzen bzw. Themen (-folgen)
– Kategorien aus der Deutung zentraler Episoden
– Kategorien entlang ausgewählter Feinanalysen.

In bezug auf die Auswahl von Auswertungsstrategien haben sich zwar im Laufe des Arbeitens Präferenzen und Routinen herausgebildet, gleichwohl obliegt die Entscheidung auch für die Wahl eines Auswertungsverfahrens den einzelnen Teilnehmenden. Am häufigsten gearbeitet wird mit Varianten der „Grounded Theory" (Glaser & Strauss 1967); vor allem mit deren Weiterentwicklungen durch Strauss (1994) und Strauss und Corbin (1995). Obwohl wir selbst sowohl einigen erkenntnistheoretischen Implikationen der Grounded Theory als auch ihrer durch Strauss und Corbin vorangetriebenen (und von Glaser kritisierten) Formalisierung eher skeptisch gegenüberstehen, hat sich die Arbeit mit einzelnen Segmenten insbesondere für Anfänger(innen), die sich auf ein einigermaßen klares „Regelgerüst" angewiesen fühlen, als durchaus sinnvoll erwiesen, zumal die Grounded Theory als innovatives und hypothesengenerierendes Verfahren erlaubt, auch subjektive Ideen der Forschenden in den Verständnisprozeß einzubeziehen und zu organisieren. Da allerdings im Rahmen von Diplomarbeiten oder anderen, kleineren Forschungsarbeiten einige Aspekte der Grounded Theory schon aus zeitlichen Gründen schwerlich einlösbar sind, wird meist auf überarbeitete und teilweise gekürzte Versionen zurückgegriffen, wie sie aus der Abteilung für Klinische Psychologie der TU Berlin bzw. dem dort angesiedelten Forschungsprojekt „ATLAS" vorgelegt wurden (vgl. u.a. Böhm, Legewie & Muhr 1992, Böhm, Mengel & Muhr 1994, Jaeggi & Faas 1991). Daneben kommt in einigen Fällen – da ebenfalls ein vergleichsweise formalisiertes und damit für Anfänger(innen) gut nachvollziehbares Verfahren – die qualitative Inhaltsanalyse (Mayring 1988) zur Anwendung; seltener Auswertungsverfahren aus dem Bereich der psychoanalytischen Sozialforschung (vgl. z.B. Löchel 1995).

Dritte Phase: Verdichtung der Quellen – Supervision und Interpretation

Im weiteren Verlauf des Arbeitens gibt es mindestens zwei Wege, um aus der Vielfalt der verfügbaren Deutungen Verstehen zu organisieren, wobei die Entscheidung den einzelnen Teilnehmenden obliegt, da die PW vor allem als Begleitung wissenschaftlicher Einzelarbeiten konzipiert ist. Wesentlich für die Wahl scheint zu sein, daß insbesondere während der zweiten Phase subjektive Erfahrungen, Reaktionen und Phantasien nicht als Störungsquelle ausgeschaltet werden müssen, sondern explizit erwünscht sind. Die hieraus folgende, *mehrfache Überflutung* – mit dem Material der Befragten, mit dem eigenen Material und mit dem in der Gruppe produzierten Material – wird meist ambivalent erlebt und teils durch ein vermehrtes individuelles Arbeiten, teils durch zusätzliche Verstehensbemühungen in der Gruppe beantwortet. Im ersten Fall wird die PW, nachdem eigene erste Deutungsüberlegungen durch das berichtete Erleben und die Interpretationen der anderen Teilnehmenden eine Relativierung erfahren haben, vor allem als *Ideen-Supermarkt* genutzt: Die einzelnen ziehen sich entlang persönlicher, methodischer und theoretischer Präferenzen in die Auswertungsarbeit zurück und stellen zu einem späteren Zeitpunkt die dann ausgearbeiteten Kategoriennetze oder Fallbeispiele zur Diskussion. Da die Organisation der Vieldeutigkeit hierbei dem durch die jeweilige Auswertungsmethode zwar strukturierten, aber gleichwohl individuellen *Erfindungsgeist* obliegt, findet – und zwar je weniger Teilnehmende eigene Anteile am Erhebungs- und Auswertungsprozeß in der PW zu thematisieren bereit sind, desto deutlicher – deren sehr persönliche Verflechtung mit ihrem Thema und in der Gruppe bis hin zur Formulierung von „Schlüsselkategorien" weitgehend ohne weitere Reflexion Eingang in die Ergebnisdarstellung; allerdings mit einer weitaus größeren Deutungsbreite, als dies bei einsamer Auseinandersetzung mit Interviews der Fall wäre.

Der zweite mögliche Weg besteht darin, die persönliche Betroffenheit vom Interviewmaterial und die Dynamik in der PW auch für den Prozeß der Integration der gewonnenen Deutungen als zusätzliche Reflexionsmöglichkeit in Anspruch zu nehmen. Weiter unten wird an einigen Beispielen erläutert, wie diese Arbeit vollzogen werden kann.

Vierte Phase: Die Projektwerkstatt als Unterstützung und Begleitung

In der Schlußphase begeben sich die einzelnen Forscher(innen) in einen neuen Durchgang mit ihrem Interviewmaterial. Häufig folgen jetzt die im Rahmen der Grounded Theory beschriebenen Arbeitsschritte der systematisierenden Textarbeit sowie eine sukzessive Komparation der Einzelfälle. Soweit notwendig, kann die Gruppe zu jedem Zeitpunkt als Interpretationsgemeinschaft reaktualisiert werden. Im Vordergrund stehen in dieser Phase aber vor allem zwei Funktionen: zum einen die gemeinsame Kommentierung und Diskussion der produzierten Texte, zum anderen die Begleitung und Unterstützung bei teilweise auftretenden Blockaden und Ängsten. Auch hat der gerade mit Blick auf Abgabefristen einsetzende Zeitdruck teilweise ein Überhandnehmen der Forschungsarbeiten über alle anderen Lebensbereiche hinaus und eine in einigen Fällen massive soziale Vereinsamung der Forschenden zur Folge. In diesem Zusammenhang kann die PW gegen die Anonymität des Hochschulalltags eine – so eine wiederkehrende Formulierung – *zeitweilige Heimat* bieten.

Beispiele aus der Arbeit der Projektwerkstatt

Der zunächst eindrucksvollste Effekt des Arbeitens in einer PW ist, daß erkennbar wird, wie sehr auch bei teilweise geübtem Rückgriff auf qualitative Erhebungs- und Auswertungsverfahren die Sichtweisen und biographischen Eigenheiten der einzelnen Forscher(innen) in allen Phasen des Arbeitens eine Rolle spielen. So verweist bereits das individuelle Untersuchungsinteresse auf persönliche, soziale und berufliche Wünsche und Befürchtungen und – in vielen Fällen – auf eine heimliche Frage bzw. Hypothese, die anhand der Arbeit belegt, einen heimlichen Adressaten, der überzeugt, beschwichtigt, verführt oder vorgeführt werden soll. Je mehr es gelingt, diese als biographisch legitime Thematiken in der Gruppe zu veröffentlichen, desto mehr kann Neugier der eigenen Untersuchungsfrage gegenüber sowie die Bereitschaft, sich im Laufe des Forschungsprozesses überraschen zu lassen, an Raum gewinnen.

Ein wichtiges Instrument hierzu ist bereits das *Blitzlicht* zu Beginn jeder Sitzung. Im Unterschied zu Böhm, Legewie und Muhr (1992, S. 15), die für das Blitzlicht in Auswertungsgruppen Festlegungen hinsichtlich der Reihenfolge der Beitragenden („reihum"), der zu erwähnenden Themen („wie es ihm persönlich im Augenblick geht und wie seine Einstellung zur folgenden Arbeitssitzung ist") und der zu veranschlagenden Zeit vornehmen („strikt beachten: jeder nur zwei Sätze und keine Kommentare – sonst wird das Blitzlicht zum ‚Zeitklau'"), versuchen wir, möglichst wenige Vorgaben zu machen bzw. schon mit dem im Verlauf des Blitzlichts gelieferten Material zu arbeiten. So erlaubt beispielsweise die Teilnahme der Gruppenleitung an dem Blitzlicht Lenkungs- und Reflexionsmöglichkeiten: Werden insbesondere in der ersten Phase lediglich sachbezogene Themen erwähnt, so besteht die Möglichkeit, durch das Aussprechen tabuisierter „privater" Anteile auch die persönliche Befindlichkeit als legitime Thematisierung kenntlich zu machen. Ähnliches gilt für Beiträge, die sich auf die Interaktion mit einzelnen in der Gruppe oder auf Befürchtungen, Vermutungen, Phantasien und Wünsche hinsichtlich der Reaktionen einzelner oder der Gruppe beziehen. Auf diese Weise werden Themen, die die Teilnehmenden beschäftigen, aussprechbar, d.h. sie durchziehen (und blockieren) zum einen nicht mehr hinterrücks und für andere schwer entzifferbar den Umgang mit den Arbeitsinhalten. Zum anderen können die Anwesenden in für sie problematischen Bereichen Rückmeldung, Unterstützung und Verständnis erlangen, individuelle Strategien und gemeinsame Lösungsversuche können vorgeschlagen und ausprobiert werden. Für den konkreten Auswertungsprozeß ist besonders bedeutsam, daß bereits das Blitzlicht genutzt werden kann, um im nachhinein die subjektiven Befindlichkeiten und den in der PW stattfindenden Gruppenprozeß in Beziehung zu dem jeweils bearbeiteten Thema zu setzen. Insbesondere bei sehr belastendem Interviewmaterial beobachteten wir, daß die Gruppen sich bereits zu diesem frühen

Zeitpunkt um eine erste „Verdauung" bemühen: So schilderte ein Teilnehmer relativ ausführlich und detailliert von der Schlachtung eines Tieres, die er miterlebt hatte, woraufhin einige sehr lustvoll Erfahrungen mit eigenen „blutigen" Alltagssituationen berichteten, andere trugen – ähnlich akribisch und teilweise lustvoll – Ekel- und Unlustgefühle bei. Insgesamt war die Gruppe während dieses Blitzlichts vergleichsweise laut, Einzelbeiträge wurden immer wieder durch Lachen kommentiert oder unterbrochen. Im weiteren Verlauf konnten diese Reaktionen auf die der Sitzung vorangegangene, individuelle Beschäftigung mit dem Interview mit einem Sexualstraftäter bezogen werden. Einerseits schien die Gruppe dessen während des Interviewverlaufs vorgenommene Verharmlosung und Bagatellisierung „wiederholt" zu haben, andererseits wurde auf diese Weise eine erste Annäherung an die Ungeheuerlichkeit der von ihm begangenen Tötungsdelikte unternommen. Die erste Sichtweise eröffnete im weiteren einen Zugang zum Verstehen der wechselseitigen Sozialisation im forensischen Stationsalltag mit dem dort teilweise vorfindbaren Nebeneinander von „Therapieresistenz" auf seiten der Klientel und „Supervisionsresistenz" auf seiten des Pflegepersonals. Die zweite half bei dem sehr schwierigen Unterfangen des Verstehens der Täterperspektive mittels eigener Lust- und Ekelerlebnisse.

Was die *Interviewdurchführung* angeht, haben wir uns im Laufe des Arbeitens immer mehr von der Bemühung um die Herstellung einer „idealen Sprechsituation" entfernt bzw. wir versuchen statt dessen, im nachhinein gemeinsam nachzuvollziehen, wie Interviewinteraktionen zustande kommen und welche Deutungsmöglichkeiten sich hieraus in bezug auf die jeweilige Untersuchungsfrage ergeben können (zum „Benutzen" der Interviewenden z.B. als „Sprachrohr" für bestimmte Anliegen der Interviewten vgl. Ciuni 1996). Auch sogenannte Interviewfehler führen nicht dazu, daß Interviewpassagen aus dem Deutungsprozeß als untauglich ausgefiltert werden, sondern sie können als Verstehenshinweise genutzt werden: Im Rahmen einer Untersuchung zur Genese von psychiatrischen Zwangsmaßnahmen ignorierte ein Interviewer die bereits nach kurzer Zeit einsetzenden, zunächst sehr zögernden Versuche seines Gegenübers, das Gespräch zu beenden, da er fürchtete, das Interview dann nicht verwenden zu können. Es folgte eine – in der Nachbetrachtung und insbesondere beim gemeinsamen Hören des Bandes – als quälend empfundene Sequenz, in der beide nicht auf die sehr vorsichtigen, aber fortdauernden Impulse des je anderen reagierten, schließlich endete das Interview mit einer (verbalen) Eruption von seiten des Interviewten. Im folgenden half die Deutung dieser Sequenz die sukzessive Eskalation nachzuvollziehen, die im Falle dieses Mannes schließlich in eine aggressive Aktion mit anschließender Zwangsbehandlung gemündet war.

Vor der in der Psychoanalyse unter den Stichworten Übertragung-Gegenübertragung behandelten Problematik, biographische und aktuelle Anteile der beteiligten Personen zumindest tendenziell und probeweise auseinanderzulösen,

stehen – mit weitaus größeren Schwierigkeiten, da in der Regel nur sehr kurz-
zeitige Kontakte zu den Beforschten hergestellt werden – auch qualitative Sozi-
alforscher(innen). Eine kleine Hilfe zur Reflexion der eigenen Subjektivität im
Deutungsprozeß bietet in der PW der Prozeß der *Mottofindung*. Im Unterschied
z.B. zu Legewie (1994), der für eine relativ späte Phase der „Globalauswertung" rät, je Interview eine „pointierte Überschrift" zu vergeben, verstehen
wir die individuellen Mottos zu einem Interview als erste und sehr persönliche
Beziehungsaufnahmen und -stellungnahmen gegenüber einem konkreten, auf
eine bestimmte Untersuchungsfrage und in einem bestimmten Untersuchungs-
kontext hervorgebrachten Material. Verfolgt man die über einen längeren Zeitraum an verschiedenen Interviews zu unterschiedlichen Fragestellungen verge-
benen Mottos der einzelnen Teilnehmenden, so wird ersichtlich, daß sie immer
wieder für sie selbst – wie zusätzliche Gespräche zeigen – biographisch relevante Dimensionen enthalten. In einem Fall gilt die Aufmerksamkeit vor allem
Widersprüchen z.B. zwischen gesprochenem Text und der Art der Interviewinteraktionen, in einem anderen überwiegen Mottos, die das Thema Kontakt und
Nähe-Distanz fokussieren, eine dritte Person kann sensibilisiert sein für Aktivität und Passivität bzw. Täter- und Opferrollen etc. Diese individuellen, biographisch entwickelten zentralen Dimensionen bzw. Thematiken entfalten sich
jedoch in der Interaktion mit einem bestimmten Material; es sind Reaktionen,
die durch die Spezifität der Untersuchungsfrage und der am Interview beteiligten Personen nahegelegt werden: durch eine bestimmte Art und Weise, wie die
jeweils Interviewten sich den Interviewenden – und späteren Hörer(innen) bzw.
Leser(innen) – darbieten, wie sie sich selbst dem oder der anderen gegenüber in
bestimmten Rollen präsentieren, der oder dem anderen Rollen „ansinnen" bzw.
diese(n) einladen, auffordern, bitten und drängen, „den vakanten Platz des
Rollenangebots zu besetzen" (Klüwer 1983, S. 833). Die einzelnen Inter-
pret(inn)en in der PW gestalten diesen „vakanten Platz" jedoch in sehr unterschiedlicher Weise, z.B. indem sie sich im Sinne einer „konkordanten Identifizierung" in die „Selbstanteile" der Interviewten einzufühlen versuchen oder
umgekehrt zu einer „komplementären Identifikation" – folgt man der psychoanalytischen Terminologie – mit deren „Übertragungsobjekten" neigen (Racker
1993, S. 158ff.). Das anschließende Zusammentragen und gemeinsame Betrachten des auf diese Weise erschlossenen Deutungsraumes erlaubt wertvolle
Einblicke in mögliche (Selbst-) Definitionen und Konzepte der Befragten ebenso wie in potentielle Reaktionen für sie bedeutsamer Umwelten. So kam es z.B.
im Verlauf der Besprechung eines Interviews über frühe Mutter-Kind-
Interaktionen zu polemisch-polarisierenden Diskussionen, die uns im Rahmen
nachfolgender und infolge der Heftigkeit der Auseinandersetzung auch zunächst mühevoller Gesprächsversuche neue Verstehensmöglichkeiten eröffne-
ten. Diese betrafen zum einen die je eigenen, sehr unterschiedlichen biographi-

schen Verstrickungen mit diesem Material und die ausgeprägten Rivalitäten zum damaligen Zeitpunkt der gemeinsamen Gruppengeschichte, zum anderen eine für diese Mutter zentrale Polarisierung zwischen Innen- und Außenwelten (vgl. Roth & Stüwert 1996).

Da es im Laufe der Deutung von unterschiedlichen Interviews zu immer neuen, passageren Identifikationen kommt, sind Situationen besonders auffällig, die sich durch die Heftigkeit der teilweise markant als „ich-fremd" erlebten, individuellen Emotionen und durch eine Zunahme der Dramatik der Gruppendynamik auszeichnen. Aufgrund unserer bisherigen Erfahrung und in Übereinstimmung mit interaktionellen Gegenübertragungskonzepten scheinen solche „Phasen leidenschaftlichen und regressiven Verstricktseins" (Mertens 1993, Bd.3, S. 31) auf besonders konflikthafte Beziehungen – in unserem Falle angesichts bestimmten Interviewmaterials – zu verweisen, die in der PW „interpersonell in Szene gesetzt" (Lamott 1994, S. 191) und auf diese Weise gleichzeitig „entschärft" und bearbeitet werden können. Als Beispiel sei abschließend auf eine *Gruppen-Inszenierung* im Kontext einer Studie u.a. zu biographischen Faktoren der Narkolepsie-Genese verwiesen.

Während der Besprechung eines Interviews mit einem Narkoleptiker war es zu einer Auseinandersetzung zwischen dem Interviewer und dem jüngsten PW-Teilnehmer gekommen. Nachdem letzterer den zeitweise „männlich-autoritären Interviewstil" freundlich, aber mit teilweise drastischen Begriffen kritisiert hatte, reagierte der Interviewer in der darauffolgenden Woche gleich zu Beginn des Blitzlichts, da er sich „ausgelacht" und „verspottet" gefühlt hatte, mit massiven Angriffen gegen „die weibische Art" seines Kritikers. Anschließend wandte er sich mit einigen Deutungsüberlegungen in versöhnlich-weichem Ton an die Gruppenleiterin, mit der er bis dahin häufig und teilweise aggressiv zu konkurrieren versucht hatte. Die übrigen Gruppenteilnehmer(innen) wirkten während dessen und im weiteren Verlauf überwiegend bedrückt. Die Gruppenleiterin hatte bereits unmittelbar nach der vorangegangenen Sitzung mit heftigen erotisch-aggressiven Gefühlen dem sehr jungen PW-Teilnehmer gegenüber reagiert; beim Versuch, die eigene Verstrickung zu verstehen, produzierte sie Phantasien, die nahelegten, daß sie mit einigen der Teilnehmenden bestimmte Ausschnitte ihrer Herkunftsfamilie reinszeniert hatte. Spätere Gespräche und Verstehensversuche zeigten, daß die je individuellen Rollenzuweisungen und -übernahmen in dieser „künstlich geschaffenen Familie" (Lamott 1994, S. 191) nicht beliebig waren, sondern auch für die anderen Beteiligten an biographisch erworbene und relevante Muster ihrer Herkunftsfamilien anschlossen. In diesem Sinne sind die sehr persönlichen und interaktionellen Verstrickungen der Gruppenmitglieder als eine Art Niederschlag der einzelnen und der *Gruppe im Text* zu verstehen. Umgekehrt kann jede Sequenz im Prozeß einer PW jedoch nicht nur auf ihre Bedeutung für die einzelnen Gruppenmitglieder bzw. für die

Gruppe, sondern auch für das gerade besprochene Thema hin betrachtet werden – sie wäre damit Ausdruck einer Dramaturgie, in der (jenseits individueller Intentionen) sich der *Text in der Gruppe* „ereignet": Im vorliegenden Beispiel handelte der Interviewer in der zweiten Sitzung verbal und szenisch aus einer Identifikation mit dem Interviewten heraus. Dies reichte von bestimmten Wortwahlen (z.b. „weibisch") über das „Nachstellen" von Szenen (wie der Interviewte ihm, so zeigte er der Gruppe ein für ihn wichtiges Buch) bis hin zu seiner Wut über die von ihm so erlebte „Häme" bzw. „Verachtung" (der Interviewte hatte während des Interviews eher beiläufig Situationen erwähnt, in denen er von Schulkameraden „verspottet" und „gehänselt" worden war). Die Gruppenleiterin beantwortete – folgt man der Re-Konstruktion ihrer biographischen Assoziationen – das „Versagen" des Interviewers („des Mannes") verächtlich, u.a. ausgedrückt durch ihre Fixierung auf den jüngsten Teilnehmer („das Kind"). Letzter wiederum hatte erotisch-konkurrent und mit „närrischen" Attacken gegenüber dem Interviewer als dem Vater-Repräsentanten reagiert. Diese Konstellation mit den in ihr ausgelösten Emotionen verwies auf Elemente in der Biographie des Interviewten, die bis dahin in der Deutungsarbeit eher vernachlässigt worden waren: die Geringschätzung, die die Mutter des Interviewten dessen Vater aufgrund seiner niedrigeren gesellschaftlichen Stellung entgegengebracht hatte und die wiederkehrenden Bemühungen des Interviewten, die potentielle Verachtung ihm wichtiger Bezugspersonen (Mutter, Schulkameraden, Ehefrau, Arbeitskolleg[inn]en) abzuwenden etc. Eine zusätzliche Interpretationsperspektive folgt aus einem weiteren Blickwechsel auf das Geflecht der beteiligten Rollen: Hiernach befindet sich die Gruppenleiterin nicht mehr in einer komplementären, sondern in einer konkordanten Identifikation mit dem Interviewten, der selbst den Lehrerberuf ausübt. Die von ihr aufgrund des Alters- und Statusunterschiedes als bedrohlich erlebten emotionalen Reaktionen gelten dann dem Lernenden bzw. Schüler und können als Hinweis auf erotische und aggressive Phantasien und Wünsche des Interviewten gelesen werden, die durch narkoleptische Symptome gebannt werden sollen. Diese Deutung wird unterstützt durch einige Sequenzen über Klassenfahrten mit Schüler(inne)n, das Erwähnen von Kindern in einem zeitlichen Zusammenhang mit dem Ausbruch der Narkolepsie und die massive Belebung der „Mißbrauchs-Thematik" in der PW, die bis dahin in dieser Gruppe keine Rolle gespielt hatte. Obwohl die hier aus Platzgründen nur angedeutete Lesart nicht die einzig denkbare ist, wurde sie als mögliche erst durch die besondere Gruppen-Inszenierung nahegelegt. Sie sensibilisierte zudem für die bis dahin von uns übergangene Bedeutsamkeit einer sehr spezifischen, berufsbiographischen Wahl, verbunden mit einem engen, hierarchischen und tabuisierten Beziehungsgefüge, auch bei einigen anderen Narkoleptiker(inne)n.

Schlußbemerkungen

Qualitative Forschung bedeutet ein durch methodische Verfahrensregeln vergleichsweise wenig strukturiertes und geschütztes Aufeinandertreffen von Subjekten mit Subjekten. Forscher(innen), die diesen Weg wählen, werden bereits durch die relative Offenheit ihrer Erhebungsverfahren mit potentiell belastendem und bedrohlichem Material konfrontiert, ihren Auswertungsstrategien haftet weiterhin der Geruch des bloß Subjektiven, Unwissenschaftlichen an. Auch aus diesem Grund wird immer wieder auch von qualitativer Seite gefordert, Perspektiven sollten „trianguliert", Deutungen „intersubjektiv validiert" werden. Bisher sind Versuche, diese Forderungen umzusetzen, sehr selten.

Von der *Projektwerkstatt*, ursprünglich als arbeitstechnische Erleichterung bei der Betreuung von Diplomarbeiten entstanden, erhofften wir einige Zeit, daß sie zu „richtigeren" Deutungen, zu einer „wissenschaftlicheren" Art qualitativen Arbeitens würde beitragen können. Auftretende Probleme begründeten wir mit den „Kinderkrankheiten" eines solchen Versuches und mit persönlichen oder lokalen Beschränkungen. Mittlerweile ist uns deutlich geworden, wie sehr diese ersten Überlegungen einem uns zunächst nicht bewußten Festhalten an einem an traditionellen Gütekriterien orientierten Wissenschaftsbegriff geschuldet waren. Wir vermuten – auch infolge des Arbeitens in und mit der PW – daß der Wunsch nach nicht- oder möglichst wenig kontaminierten Daten oder „Rekonstruktionen" auch im Rahmen von Deutungsgruppen nicht einlösbar ist, selbst wenn diese intensiv und über längere Zeit am gleichen Material arbeiten und z.B. in bezug auf ihren (erkenntnis-) theoretischen Hintergrund einigermaßen heterogen zusammengesetzt sind. Die eingangs erwähnte Annahme, daß Human- und Sozialwissenschaften in aller Regel autobiographisches Material produzieren, das (meist hinter dem Rücken der Forschenden) am jeweiligen Untersuchungsgegenstand und in wissenschafts(sub)kulturell naheliegender Weise entfaltet wird, trifft insoweit auch die Arbeit in Deutungsgruppen: Forschende rekonstruieren nicht „sine ira et studio", jenseits persönlicher und institutioneller Bindungen und Verflechtungen, was „eigentlich" (gewesen) ist. Das gilt – ohne es an dieser Stelle weiter ausführen zu können – auch für sachlich und wertfrei sich gerierende quantitative Unternehmungen. Am Ende der variablenpsychologischen „Behandlung" bleiben fast nur mehr leblose Fragmente – Überbleibsel einer Forschungsorientierung, die Hans Albert (1975), ein besonderer psychoanalytischer oder qualitativ-psychologischer Neigungen eher unverdächtiger Philosoph, sehr treffend als „Analempirismus" diagnostiziert hat. Die autobiographischen Spuren einzelner finden sich hier vor allem im gemeinsamen und stark hierarchisch strukturierten Ritual der geleisteten Zerstückelungs- und Säuberungsarbeit.

Im Unterschied hierzu bringt qualitative Arbeit an biographischem Material Neuschöpfungen hervor, Konstruktionen, die sich auf „die psychische Lebensgeschichte von Individuen [beziehen], in der Wahrnehmung und Phantasie unauflösbar miteinander amalgamiert" (Teising 1994, S. 28) sind und deren Erzählung zusätzlich den Herstellungsbedingungen einer je konkreten Erhebungssituation unterliegt. Wie Personen in (berufs-) biographisch unterschiedlicher Weise auf diese „Erzählungen" und ihre potentielle Bedeutungsvielfalt Bezug nehmen, kann erst ersichtlich werden, wenn verschiedene Interpret(inn)en die Arbeit gemeinsam vollziehen. Gleichwohl bleibt der Raum, der durch dieses Vorgehen eröffnet wird, „weder der des *das bedeutet nichts,* noch der des *das bedeutet das,* sondern der des *das könnte das bedeuten"* (Wegner 1994, S. 61): Was entstehen kann sind Versuche, anstelle des „monotonen Singsangs" einer einzigen wissenschaftlichen (und eigentlich autobiographischen) „autoritativen Stimme" (Tedlock 1993, S. 282) die potentielle Vielstimmigkeit von Deutungen hörbar zu machen und darüber hinaus die Inszenierungen der Gruppe und in der Gruppe zu nutzen, um zu Hinweisen und „nützlichen Metaphern" (Mertens 1993, Bd. 3, S. 62) zu gelangen, die einzelne Interpret(inn)en schwerlich hervorbringen könnten.

Literatur

Albert, H. (1975). Traktat über kritische Vernunft (3. Aufl.). Tübingen: Mohr.

Bergold, J.B. & Flick, U. (Hrsg.) (1987). Einsichten. Zugänge zur Sicht des Subjekts mittels qualitativer Forschung. Tübingen: DGVT.

Böhm, A., Legewie, H. & Muhr, T. (1992). Textinterpretation und Theoriebildung in den Sozialwissenschaften – Lehr- und Arbeitsmaterialien zur Grounded Theory. IFP ATLAS, TU Berlin, Bericht 92–3.

Böhm, A., Mengel, A. & Muhr, T. (Hrsg.) (1994). Texte verstehen. Konzepte, Methoden, Werkzeuge. Konstanz: UVK.

Bonß, W. & Hartmann, H. (Hrsg.) (1985). Entzauberte Wissenschaft. Zur Relativität und Geltung soziologischer Forschung. Soziale Welt, Sonderband 3. Göttingen: Schwartz.

Breuer, F. (1989). Die Relativität der Realität. Zur erkenntnis- und praxisbezogenen Produktivität differentieller Sehweisen der „Wirklichkeit". In I. Beerlage & E.M. Fehre (Hrsg.), Praxisforschung zwischen Intuition und Institution (S. 57–69). Tübingen: DGVT.

Breuer, F. (Hrsg.) (1996a). Qualitative Psychologie. Grundlagen, Methoden und Anwendungen eines Forschungsstils. Opladen: Westdeutscher Verlag.

Breuer, F. (1996b). Theoretische und methodologische Grundlinien unseres Forschungsstils. In F. Breuer (Hrsg.), Qualitative Psychologie. Grundlagen, Methoden und Anwendungen eines Forschungsstils (S. 14–40). Opladen: Westdeutscher Verlag.

Breuer, F. (1996c). Schritte des Arbeitsprozesses unter unserem Forschungsstil. In F. Breuer (Hrsg.), Qualitative Psychologie. Grundlagen, Methoden und Anwendungen eines Forschungsstils (S. 79–173). Opladen: Westdeutscher Verlag.

Ciuni, U. (1996). Enthospitalisierung – die Sicht der Betroffenen. Unv. Diplomarbeit, Institut für Klinische Psychologie, Psychologische Diagnostik und Gemeindepsychologie, FU Berlin.

Cohn, R.C. (1991). Von der Psychoanalyse zur themenzentrierten Interaktion. Von der Behandlung einzelner zu einer Pädagogik für alle (10. Aufl.). Stuttgart: Klett-Cotta.

Devereux, G. (1992). Angst und Methode in den Verhaltenswissenschaften (3. Aufl.). Frankfurt/M.: Suhrkamp.

Eckstaedt, A. (1996). Die Kunst des Anfangs. Psychoanalytische Erstgespräche (2. Aufl.). Frankfurt/M.: Suhrkamp.

Fleck, C. (1992). Vom „Neuanfang" zur Disziplin? Überlegungen zur deutschsprachigen qualitativen Sozialforschung anläßlich einiger neuer Lehrbücher. Kölner Zeitschrift für Soziologie und Sozialpsychologie, 44, 747–765.

Flick, U. (1991). Stationen des qualitativen Forschungsprozesses. In U. Flick, E. v. Kardorff, H. Keupp, L. v. Rosenstiel & S. Wolff (Hrsg.), Handbuch qualitative Sozialforschung. Grundlagen, Konzepte, Methoden und Anwendungen (S. 147–173). München: Psychologie Verlags Union.

Flick, U., v. Kardorff, E., Keupp, H., v. Rosenstiel, L. & Wolff, S. (Hrsg.) (1991). Handbuch qualitative Sozialforschung. Grundlagen, Konzepte, Methoden und Anwendungen. München: Psychologie Verlags Union.

Fuchs, M. & Berg, E. (1993). Phänomenologie der Differenz. Reflexionsstufen ethnographischer Repräsentation. In E. Berg & M. Fuchs (Hrsg.), Kultur, soziale Praxis, Text. Die Krise der ethnographischen Repräsentation (S. 11–108). Frankfurt/M.: Suhrkamp.

Glaser, B.G. & Strauss, A.L. (1967). The discovery of grounded theory. Strategies for qualitative research. New York: Aldine.

Jaeggi, E. & Faas, A. (1991). Denkverbote gibt es nicht! Vorschläge zur interpretativen Auswertung kommunikativ gewonnener Daten/Texte. Arbeitsmaterialien der Abt. Klinische Psychologie, TU Berlin.

Klüwer, R. (1983). Agieren und Mitagieren. Psyche, 37, 828–840.

La Barre, W. (1992). Vorwort. In G. Devereux, Angst und Methode in den Verhaltenswissenschaften (3. Aufl., S. 9–12). Frankfurt/M.: Suhrkamp.

Lamott, F. (1994) Übertragung – Gegenübertragung. In R. Haubl & F. Lamott, F. (Hrsg.), Handbuch Gruppenanalyse (S. 181–194). Berlin: Quintessenz.

Langmaack, B. (1991). Themenzentrierte Interaktion. Einführende Texte rund ums Dreieck. Weinheim: Psychologie Verlags Union.

Langmaack, B. & Braune-Krickau, M. (1993). Wie die Gruppe laufen lernt. Anregungen zum Planen und Leiten von Gruppen (4. Aufl.). Weinheim: Beltz/Psychologie Verlags Union.

Legewie, H. (1994). Globalauswertung von Dokumenten. In A. Böhm, A. Mengel & T. Muhr (Hrsg.), Texte verstehen. Konzepte, Methoden, Werkzeuge (S. 177–182). Konstanz: UVK.

Löchel, E. (1995). Technik zwischen Text und Szene. Psychodynamik und Geschlechterdifferenz in der Beziehung zum Computer. Habilitationsschrift, Universität Bremen.

Mann, R. & Thomas, K. (1991). TZI an der Hochschule. Gegen akademische Trockenheit. In B. Langmaack, Themenzentrierte Interaktion. Einführende Texte rund ums Dreieck (S. 152–156). Weinheim: Psychologie Verlags Union.

Mayring, P. (1988). Qualitative Inhaltsanalyse. Grundlagen und Techniken (2. Aufl.). Weinheim: Deutscher Studien Verlag.

Mertens, W. (1993). Einführung in die psychoanalytische Therapie, Bde.1–3 (2. Aufl.). Stuttgart: Kohlhammer.

Mruck, K. & Mey, G. (1996a). Qualitative Forschung und das Fortleben des Phantoms der Störungsfreiheit. Journal für Psychologie, 4(3), 3–21.

Mruck, K. & Mey, G. (1996b). Überlegungen zu qualitativer Methodologie und qualitativer Forschungspraxis – die Kehrseite psychologischer Forschungsberichte. Forschungsbericht aus dem Institut für Psychologie der TU Berlin, Nr. 1/96.

O'Connell, D.C. & Kowal, S. (1995). Basic Principles of Transcription. In J.A. Smith, R. Harré & L. Van Langenhove (Hrsg.), Rethinking Methods in Psychology (S. 93–105). London: Sage.

Perger, J. (1996). Vorabmanuskript Habilitationsschrift, Philosophische Fakultät, Universität Innsbruck.

Popper, K.R. (1984). Logik der Forschung (8. Aufl.). Tübingen: Mohr.

Rabinow, P. (1993). Repräsentationen sind soziale Tatsachen. Moderne und Postmoderne in der Anthropologie. In E. Berg & M. Fuchs (Hrsg.), Kultur, soziale Praxis, Text. Die Krise der ethnographischen Repräsentation (S. 158–199). Frankfurt/M.: Suhrkamp.

Racker, H. (1993). Übertragung und Gegenübertragung. Studien zur psychoanalytischen Technik (4. Aufl.). München: Reinhardt.

Rauschenbach, B. (1991). Nicht ohne mich. Vom Eigensinn des Subjekts im Erkenntnisprozeß. Frankfurt/M.: Campus.

Rauschenbach, B. (1996). Von uns selbst aber sprechen wir. Störenfried Subjektivität als Symptom und Methode unserer Zeit. In M. Heinze & S. Priebe (Hrsg.), Störenfried „Subjektivität". Subjektivität und Objektivität als Begriffe psychiatrischen Denkens. Würzburg: Königshausen & Neumann.

Reason, P. & Heron, J. (1995). Co-operative Inquiry. In J.A. Smith, R. Harré & L. Van Langenhove (Hrsg.), Rethinking Methods in Psychology (S. 122–142). London: Sage.

Roth, A. & Stüwert, A. (1996). Rund ums Tragen – Eine empirische Studie über die Befindlichkeit von Müttern, die sich vorgenommen haben, ihr Kind kontinuierlich am Körper zu tragen. Unv. Diplomarbeit, Institut für Klinische Psychologie, Psychologische Diagnostik und Gemeindepsychologie, FU Berlin.

Schäfer, J. (1995). Glossar qualitativer Verfahren. Veröffentlichungsreihe des Berliner Forschungsverbundes Public Health, Nr. 95–1.

Schütze, F. (1983). Biographieforschung und narratives Interview. Neue Praxis, 13, 283–293.

Smith, J.A., Harré, R. & Van Langenhove, L. (Hrsg.) (1995a). Rethinking Psychology. London: Sage.

Smith, J.A., Harré, R. & Van Langenhove, L. (Hrsg.) (1995b). Rethinking Methods in Psychology. London: Sage.

Strauss, A.L. (1994). Grundlagen qualitativer Sozialforschung: Datenanalyse und Theoriebildung in der empirischen und soziologischen Forschung. München: Fink.

Strauss, A.L. & Corbin, J. (1995). Grounded Theory: Grundlagen qualitativer Sozialforschung. Weinheim: Psychologie Verlags Union.

Tedlock, D. (1993). Fragen zur dialogischen Anthropologie. In E. Berg & M. Fuchs (Hrsg.), Kultur, soziale Praxis, Text. Die Krise der ethnographischen Repräsentation (S. 269–287). Frankfurt/M.: Suhrkamp.

Teising, M. (1994). Die Bedeutung der Säuglingsbeobachtung für die Psychoanalyse am Beispiel von D. Stern: Die Lebenserfahrung des Säuglings. In C. Frank (Hrsg.), Wege zur Deutung. Verstehensprozesse in der Psychoanalyse (S. 17–31). Opladen: Westdeutscher Verlag.

Volmerg, B. (1988). Erkenntnistheoretische Grundsätze interpretativer Sozialforschung in der Perspektive eines psychoanalytisch reflektierten Selbst- und Fremdverstehens. In T. Leithäuser & B. Volmerg, Psychoanalyse in der Sozialforschung (S. 131–179). Opladen: Westdeutscher Verlag.

Wegner, P. (1994). Von der freien Assoziation zur Gegenübertragung. In C. Frank (Hrsg.), Wege zur Deutung. Verstehensprozesse in der Psychoanalyse (S. 54–71). Opladen: Westdeutscher Verlag.

Wilke, S. (1992). Die erste Begegnung. Eine konversations- und inhaltsanalytische Untersuchung der Interaktion im psychoanalytischen Erstgespräch. Heidelberg: Asanger.

Wolff, S. & Meier, C. (1995). Das konversationsanalytische Mikroskop: Beobachtungen zu minimalen Redeannahmen und Fokussierungen im Verlauf eines Therapiegesprächs. In M.B. Buchholz (Hrsg.), Psychotherapeutische Interaktion. Qualitative Studien zu Konversation und Metapher, Plan und Geste (S. 49–91). Opladen: Westdeutscher Verlag.

Teil 3

Anwendungsfelder und Ergebnisse
biographischer Forschung

Der Beitrag der biographischen Forschung zur Entwicklungspsychologie

Ursula Lehr

Unter den „Pionieren" einer Lebenslaufpsychologie (vgl. Havighurst 1973) sind nahezu ausschließlich biographisch arbeitende Autoren wie Charlotte Bühler, Erikson, Frenkel-Brunswick, Moers, Havighurst, Neugarten, Maas und Kuypers, Vaillant, Thomae und Lehr und ihre Schülerinnen und Schüler zu erwähnen. Schon die Nennung dieser Namen zeigt allerdings, daß eine biographische Orientierung bei verschiedenen Arbeitsgruppen durchaus Unterschiedliches bedeuten kann. Selbst die biographische Methode zur Fundierung verschiedener theoretischer Konzeptualisierungen des Lebenslaufs läßt unterschiedliche Ansätze erkennen.

Annahmen über Entwicklungsphasen des menschlichen Lebens und ihre empirische Begründung

Ein wesentlicher Unterschied in der Verwendung der biographischen Methode bei Bühler (1933; Bühler u. Massarik, 1969), Moers (1953) und Erikson (1950, 1968) einerseits und der Chicagoer oder Bonner bzw. Heidelberger Schule andererseits besteht in der unterschiedlichen Ausgangsbasis und im Grad der Generalisierung. So scheint z.B. bei Bühler und Erikson, aber auch bei Moers, die Entscheidung für ein bestimmtes Phasenmodell schon getroffen worden zu sein, bevor überhaupt Biographien gesammelt bzw. „re-konstruiert" wurden (wie im Falle der von Erikson 1958 wiedergegebenen Lebensläufe von Maxim Gorki oder von Luther oder der von Bühler berichteten Lebensläufe von Wilh. v. Humboldt, Casanova, Franz v. Liszt, Leo Tolstoi, Sören Kierkegaard und anderen).

Bei anderen Autoren wird das qualitative biographische Material einer systematischen Inhaltsanalyse unterzogen und quantitativ aufbereitet. Man versucht, über den idiographischen Ansatz hinaus zu einem nomothetischen zu gelangen. Das Material wird entweder unter dem Aspekt „der Bewegung einer größeren Anzahl von Personen durch eine Phasensequenz" zum Zwecke der Kalkulation von mehrphasigen Flußdiagrammen oder Übergangsmatrizes ausgewertet (Runyan 1982; vgl. u.a. Sears u. Feldman 1964; Levinson 1978; Sheehy 1974; Fried 1967) oder aber zur Kritik an solchen Phasentheorien der Entwicklung im Erwachsenenalter und zum Aufweis der Strukturierung des Lebenslaufs durch die jeweilige biographische Konstellation verwendet (wie u.a. bei Fiske 1980; Lehr u. Thomae 1965; Lehr 1969, 1976, 1978a, b).

Whitebourne und Weinstock (1982) glauben, einen hohen Grad an Übereinstimmung konstatieren zu können zwischen den verschiedenen Ansätzen zur Gliederung des Lebenslaufs durch kasuistisch bzw. deduktiv arbeitende Psychologen einerseits und solcher mit stärker quantitativer Orientierung andererseits. Ein näherer Vergleich der Strukturierung der Lebensspanne durch prominente Vertreter einer Psychologie des Lebenslaufs weist aber doch auf wichtige Unterschiede hin. Diese sind einmal durch die verschiedenen theoretischen Ausgangsorte, zum anderen durch unterschiedliche methodische Orientierungen und Ansprüche, nicht zuletzt aber durch die engen Grenzen einer jeden generalisierenden Aussage über Phasen und Stufen im Erwachsenenalter bedingt.

Bei einer Auswertung mündlich berichteter ausführlicher Biographien von 741 Frauen und 570 Männern der Geburtsjahrgänge 1890–1939, die in den Jahren 1955 bis 1964 erhoben wurden (Lehr u. Thomae 1965; Lehr 1969, 1978b) wurde festgestellt, daß im Durchschnitt weit mehr markante Einschnitte im eigenen Leben wahrgenommen werden als dies nach allen in der Literatur bisher vorliegenden Gliederungsversuchen erwartet werden konnte. Während bei einer Analyse der Biographien mit Hilfe „von außen" angelegter Maßstäbe in der bisherigen Literatur zwischen neun und elf Einschnitte festgelegt wurden, fanden wir im subjektiven Erleben derjenigen, die ihre Biographie spontan frei berichteten, im Durchschnitt 17–18 markante Zäsuren, welche als Wendepunkte erlebt wurden. Ein Drittel dieser Einschnitte wurde positiv, die übrigen eher neutral oder negativ erlebt. Nur 7,5% dieser Zäsuren wurden biologisch bzw. somatisch bedingt gesehen (körperliche Reife, Erkrankung, Wiedergesundung etc.). 21% dieser Einschnitte waren dem familiären Bereich zuzuordnen (wie Geburt eines Geschwisters, Erkrankung der Eltern, Abwesenheit des Vaters, Kennenlernen eines Freundes etc. – vgl. Lehr 1978). Auch scheint der Grad der persönlichen Bedeutsamkeit durch die biographische Einbettung bestimmt. So ist festzustellen, daß manche der hier genannten, dem Lebenszyklus zuzuordnenden Ereignisse keinesfalls in jeder Biographie als subjektiv bedeutsam wahrgenommen werden und von jedem Individuum als Zäsur erlebt wurden. – Nur 15,4% der subjektiv als markant erlebten Einschnitte im Lebenslauf beziehen sich auf den beruflichen Bereich (wie Berufsanfang, Stellen- oder Berufswechsel, Wechsel des Vorgesetzten, Berufsunterbrechung, Arbeitslosigkeit, Auseinandersetzung mit Kollegen, Wiederaufnahme der Berufstätigkeit, Pensionierung).

Weitere 17,8% der subjektiv erlebten Einschnitte im eigenen Lebenslauf sind durch zeitgeschichtliche Ereignisse (wie Beginn des 1. oder 2. Weltkrieges,

Gefangenschaft, Besatzung, Verlust der Ersparnisse durch Inflation, Wirtschaftskrise, Machtergreifung Hitlers, Verlust der Wohnung durch Bombenangriffe, Flüchtlingsschicksal, Kriegsende usw.) bedingt. –

Schließlich beziehen sich 38,5% – also mehr als ein Drittel – der erlebten Zäsuren der eigenen Biographie auf ganz persönliche Erlebnisse und Erfahrungen, die sich mit den üblichen Fragebogen z.b. zur Anamneseerhebung oder auch zu „kritischen Lebensereignissen" (Filipp 1981, 1990) keineswegs erfassen lassen. Dieser hohe Anteil ganz persönlicher, ureigenster Erlebnisse und jener immerhin beträchtliche Anteil der zeitgeschichtlichen Determinanten einer Gliederung des eigenen Lebenslaufs, welche zusammen über 56% der Zäsuren ausmachen, verweist darauf, daß alle „Phasen-" oder „Stufentheorien" entweder auf unzulässigen Annahmen über „Wachstum" und „Verfall" der Persönlichkeit oder auf nur bedingt gültigen soziologischen Strukturierungen der individuellen Biographie beruhen.

Insbesondere ist auch auf die vielen geschlechtsspezifischen Unterschiede in der subjektiven Gliederung der Lebensgeschichte zu verweisen, die allerdings von epochalen Faktoren beeinflußt erscheinen. Außerdem trat die soziale Schicht bzw. die Schulbildung als Moderatorvariable hervor. Von hier aus gesehen sind Zweifel an der Existenz der sogenannten „männlichen" und „weiblichen" Normalbiographie anzumelden.

Eine Analyse der Biographien läßt auch erkennen, daß die Theorie der „gains" and „losses", der Gewinne und der mit zunehmendem Alter vorherrschenden Verluste (Heckhausen 1990), in der biographischen Erhebung sich keinesfalls in ausgeprägter Form widerspiegelt. Im Gegenteil, gerade im höheren Lebensalter wird oft zunehmend von positiv erlebten Zäsuren berichtet, während die Jugendzeit im eigenen Erleben häufig negativ getönt gesehen wird (vgl. Lehr 1964). In unserer Untersuchung (Lehr, Schmitz-Scherzer, Quadt 1979) vermochten nur 30% der 210 erfaßten über 70jährigen, die in objektiv schwierigen Verhältnissen (Sozialhilfeempfänger und/oder Essen-auf-Rädern-Empfänger) lebten, unangenehme Aspekte der eigenen Lebenssituation anzugeben. Spontane Vergleiche mit der Lebenssituation der eigenen Eltern im Alter und vor allem mit der eigenen Lebenssituation im mittleren und jüngeren Erwachsenenalter (wo man hungerte, von finanziellen Sorgen stärker geplagt war, wo man in der Nachkriegszeit frieren mußte oder sehr mühsam sich das Holz im Wald besorgen mußte) waren die Basis für die Feststellung: „Insgesamt ist bemerkenswert, daß im persönlichen Alternserleben die positiven Seiten stark überwiegen und die Begründungen hierfür viel zahlreicher und mannigfaltiger sind als jene für negatives Alternserleben" (1979, S. 71, 72).

Belastungen, Konflikte, Krisen und die Strukturierung des Lebenslaufs

Viele der vorliegenden Phasenlehren der menschlichen Entwicklung sind durch die Annahme bestimmt, typisch „kritische Ereignisse" oder Wendepunkte seien biologisch oder sozial in die Biographie der Menschen einprogrammiert. Dabei ist eine organismische Orientierung bzw. ein „verhüllter Biologismus" bei aller Würdigung der sozialkulturellen Einflüsse auf die Persönlichkeit unverkennbar (vgl. Thomae 1956a).

Diese organismische Sicht der Persönlichkeitsentwicklung wurde auch von Vaillant (1979) übernommen, der seine Interpretationen der Biographien der Teilnehmer der „Grant-Studie" als volle Bestätigung der Stadienlehre von Erikson ansieht. Der Übergang ins junge Erwachsenenalter wird von ihm mit der Situation eines eben geschlüpften Schmetterlings verglichen, der lebensfähige Verbindungen zwischen sich selbst und der äußeren Welt herstellen müsse. – Auch Levinson (1978) ist offensichtlich an dem Leitbild einer organismischen Strukturierung von Lebensphasen orientiert, die er als „Krisenzeiten...", von tiefen inneren Konflikten" begleitet sieht (Levinson, 1978, S. 51). – Ein weiterer „krisenorientierter" Versuch zur Konzeptualisierung des Lebenslaufs wurde von Riegel (1975) unternommen, der Krisen als „Knotenpunkte" definierte, welche strukturelle Veränderungen der biologischen, psychologischen und kulturellen Ebene miteinander verknüpfen, worin offenbar eine Annäherung zum „developmental- task- Konzept" von Havighurst (1948) zu erkennen ist.

Kritisch äußerten sich Neugarten und Datan (1979) ebenso wie Fiske (1980) zu der Annahme vorprogrammierter „normaler" Krisenzeiten im Lebenslauf. Auch Längsschnittstudien, welche die Entwicklung im Jugendalter, jungen Erwachsenenalter und darüber hinaus erfaßten, haben keine Belege für allgemeingültige krisenhafte Übergänge in bestimmten Entwicklungsphasen nachweisen können, sondern eher eine Kontinuität der Persönlichkeitsentwicklung betont (Haan 1981; Block u. Haan 1971; Block 1977; Uhr 1966).

In einer Analyse von mündlich berichteten ausführlichen Biographien von 326 Männern und Frauen der Geburtsjahrgänge 1985–1935 konnten wir insgesamt 13316 Äußerungen über erlebte Belastungs- und Konfliktsituationen nachweisen (Lehr und Thomae, 1965). Hier fand sich zwar eine berichtete Konflikthäufung in der Jugendzeit, doch trat auch hier die Kohorte als modifizierender Faktor auf. So war für die Geburtsjahrgänge 1885–1910 die Anzahl der berichteten Konflikt- und Belastungssituationen während des Jugendalters weit größer als während der späteren Lebensphasen. Für die Geburtsjahrgänge 1920–1930 traf dies ebenso zu, nicht aber für die Geburtsjahrgänge 1910–1920. Auch hierfür waren – wie weitere Analysen deutlich werden ließen –

epochale Faktoren verantwortlich zu machen. Noch deutlicher traten geschlechts- und kohortenspezifische Unterschiede für nahezu alle Lebensphasen im Erwachsenenalter hervor. So kumulierten Konflikt- und Krisensituationen in der Kriegs- und Nachkriegszeit, einerlei, ob sich Männer und Frauen damals im 4. oder 5. oder gar 6. Jahrzehnt befanden.

Dreißig Jahre nach diesen Erhebungen führte Robrecht (1995) eine Replikationsstudie durch. Dabei zeigten sich einige Übereinstimmungen zwischen den verglichenen Kohorten. Die Reifezeit wurde auch von den jüngeren Kohorten als die am meisten durch Konflikte und Belastungen gekennzeichnete Entwicklungsphase erlebt, die dritte Dekade hingegen erschien nach anfänglich schwierigen Jahren als relativ wenig belastet. Häufiger aber waren die Unterschiede zwischen den Kohorten. Insgesamt fand Robrecht mehr Belastungen und Konflikte als bei der von Lehr und Thomae (1965) analysierten Stichprobe. Vor allem die von den Männern der jüngeren Kohorten berichteten Konflikte nahmen so stark zu, daß der ursprünglich konstatierte geschlechtsspezifische Unterschied nun nicht mehr zu verzeichnen war. In den von Robrecht befragten Kohorten zählte das mittlere Erwachsenenalter (40–55 Jahre) zu den konflikt-ärmsten Lebensabschnitten – ein deutlicher Hinweis auf das Fehlen einer „midlife-crisis" beim Durchschnitt der Bevölkerung (vgl. Thomae 1996).

Auf jeden Fall aber ist festzustellen, daß Belastungssituationen, Konflikte und „Krisen" nicht durch eine organismische Determinante in das menschliche Leben hineinprogrammiert werden und daß nicht bestimmten biologischen – und damit stärker lebensalterabhängigen – Entwicklungen eine krisenauslösende Funktion zugesprochen werden darf. Von daher gesehen ist auch die Behauptung einer sog. „Midlife-crisis" (Fried 1967, Sheehy, 1976; vgl. auch Lehr 1961, 1978a, b) zurückzuweisen. Für Geburtsjahrgänge, die stark mit zeitgeschichtlichen, politischen und ökonomischen Problemen konfrontiert werden, verändert sich sogar der normale berufsbezogene Lebenszyklus. Derartige Veränderungen des beruflichen und familiären Lebenszyklus hat übrigens Neugarten schon 1982 als ein typisches Merkmal unserer Zeit herausgestellt. Mit einem Fehlen von Altersnormen und der notwendigen Korrektur von Alterserwartungen begründet sie ihre Forderung nach einer „age-irrelevant society". So bilden unterschiedliche Ereignisse und Zeiteinteilungen im privaten und beruflichen Leben (z.B. die Übernahme der Großmutterrolle mit 37 Jahren, die Geburt des ersten Kindes mit über 40 Jahren; die Übernahme eines Direktorenpostens mit 27 Jahren, der Beginn eines Hochschulstudiums mit 71 Jahren), insbesondere aber jene ureigensten Erlebnisse und Erfahrungen, deren Wichtigkeit für die selbsterlebte Strukturierung des Lebens Ausschlag gibt, die Grundlage für ein hohes Maß an interindividueller Variabilität in der zeitlichen Ordnung des Lebenslaufs, im Auftreten etwaiger Belastungs- und Konfliktsituationen.

Bedeutsame Lebensereignisse, spezifische Entwicklungsaufgaben und Persönlichkeitsentwicklung

Die Einengung des Begriffs „bedeutsame Ereignisse" auf kritische oder belastende wurde bereits 1976 kritisiert (Lehr 1976; vgl. auch Hultsch u. Plemons 1979). Dennoch glaubt man, das Konzept dieser „bedeutsamen Lebensereignisse" als ein „organisierendes Erklärungsprinzip für entwicklungsmäßige Veränderungen" (Baltes 1979, S. 49) in Analogie zu dem transaktionalen Streßmodell von Lazarus für die Psychologie der Lebensspanne fruchtbar machen zu können (Hultsch u. Plemons 1979). Hier wirkt das „mechanistische Modell" der kritischen Lebensereignisse nach. Die sehr umfangreiche und inzwischen sehr modern gewordene „critical-life-event"-Forschung (Dohrenwend u. Dohrenwend 1974, Holmes u. Rahe 1967, Siegrist 1980, Katschnig 1980, Filipp 1981, 1990) unterscheidet jedoch zwischen „positiven Stressoren" und „negativen Stressoren", zwischen sog. „Eustress" und „Distress" und sieht mit Recht beide als entwicklungsfördernd.

Biographische Untersuchungen machen jedoch deutlich, daß weniger bestimmte Lebensereignisse selbst für die weitere Entwicklung entscheidend sind als vielmehr deren kognitive Repräsentanz und die Formen der Auseinandersetzung mit diesen. Diese Auseinandersetzungsformen wiederum werden bestimmt durch die Einbettung dieser Ereignisse in die biographische Gesamtsituation und die dadurch gegebene kognitive Repräsentanz. Bewältigte Ereignisse, Lehr 1980 a, b). Es genügt deshalb nicht, mit Fragebogen etwaige mögliche Ereignisse abzufragen oder auch ein kompliziertes Modell möglicher Einflußfaktoren zu entwickeln (Filipp 1981) und nach der „Gültigkeit" oder Irrelevanz zu forschen, sondern es kommt darauf an, zu ergründen, welche Persönlichkeit mit welcher biographischen Entwicklung in welcher gegenwärtigen Lebenssituation mit welchen Ereignissen unter welchen Bedingungen konfrontiert wird, wie sie diese Ereignisse erlebt und mit welchen Bewältigungsstrategien sie darauf reagiert. – Eine Analyse bedeutsamer Lebensereignisse im Kontext erhobener Biographien läßt den unterschiedlichen Belastungsgrad, die unterschiedliche kognitive Repräsentanz wie auch unterschiedliche Reaktionsstile deutlich werden.

Der Einfluß von Vergangenheit, Gegenwart und Zukunft auf das subjektive Erleben, die kognitive Repräsentanz und die Reaktionsformen

Neben vielen ureigensten persönlichen Erlebnissen und Erfahrungen, mit denen man sich zeit seines Lebens auseinanderzusetzen hat (vgl. Lehr, 1976), gibt es einige „Grundsituationen," (Thomae) oder auch „developmental tasks", Entwicklungsaufgaben (Havighurst), mit denen viele Menschen in bestimmten Lebensabschnitten konfrontiert werden. In unserem Arbeitskreis wurden beispielsweise untersucht: der Berufsanfang, Berufswechsel, die Familiengründung, Geburt der Kinder, der Auszug des letzten Kindes aus dem Elternhaus (die „empty-nest"-Situation), das Berufsende, die Auseinandersetzung mit Partnerproblemen und Scheidung, mit verschiedenen (z.t. chronischen) Krankheiten, mit Erkrankungen Angehöriger, mit Partnerverlust, mit Wohnungswechsel u. dergl. mehr – eine Untersuchung über die Anpassung von Zahnprothesen fehlt noch.

Dabei zeigte sich: diese in der äußeren Form oft durchaus vergleichbaren Ereignisse werden höchst unterschiedlich erlebt (vgl. Abb.1):

– je nach bisheriger Entwicklung (Vergangenheitsaspekt)
– je nach der jeweiligen Konstellation gegenwärtiger situativer Bedingungen (*Gegenwartsaspekt*)
– und je nach persönlichen Zukunftsorientierungen.

Die Erlebnisformen, die „kognitive Repräsentanz" (Thomae 1971) wiederum beeinflussen die Art und Weise, wie man solchen Belastungssituationen begegnet, wie man sich mit ihnen auseinandersetzt. *Reaktionsweisen, Auseinandersetzungsformen sind also auch mehrfach determiniert.* Sie sind einmal *biographisch geprägt*, persönlichkeitsspezifische Sozialisationseffekte. Sie sind

Abb. 1: Der Einfluß von Vergangenheit, Gegenwart und Zukunft auf Erleben, kognitive Repräsentanz und Reaktionsformen

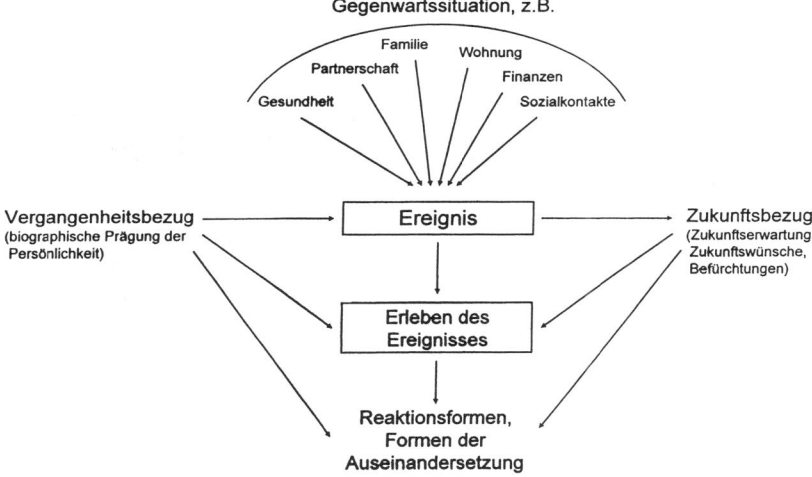

sodann aber auch *vom Erleben der gegenwärtigen Situation* bestimmt, das wiederum sowohl von der bisherigen Entwicklung bzw. Lebensgeschichte abhängt als auch von einer Vielzahl von Aspekten der Gegenwartssituation und schließlich vom *Zukunftsbezug* mitbestimmt wird. *Vergangenheit, Gegenwart und Zukunft beeinflussen das Erleben der Situation, bestimmen damit deren „kognitive Repräsentanz" und die Formen der Auseinandersetzung, die Reaktionsweisen oder auch „coping- Stile"* (Lehr, 1980a).

Diese „kognitive Repräsentanz" konnten wir in einer Vielzahl empirischer Untersuchungen auf einer 7er Skala erfassen unter den Aspekten:

1.) negatives (1) ... positives Erleben (7) der spezifischen Situation
2.) Einengung/Beschränkung (1) ... Offenheit/Ausweitung (7) des Lebensraumes durch das Ereignis
3.) Fremdbestimmung (1) ... Selbstbestimmung (7) in der Herbeiführung dieser Situation
4.) Unveränderbarkeit (1) ... (erlebte) Veränderbarkeit (7) durch eigene Aktivität; der Situation ausgeliefert sein; Verlust der „Kontrolle" über die Situation
5.) keine Antizipation (1) ... hohe Antizipation (7), Erleben als plötzliches Überrumpeltwerden oder gedankliche Vorwegnahme der Situation
6.) geringe Kongruenz (1) ... hohe Kongruenz (7) zwischen Erwartung und Erleben: Es kam völlig anders als erwartet (1); es kam genau so wie erwartet (7)
7.) geringe (1) ... hohe persönliche Bedeutsamkeit (7) als unwichtig bzw. sehr wichtig für einen selbst erlebt
8.) Ablehnung (1) ... Zustimmung durch die Umwelt (7). Umwelt wendet sich ab oder wird als positiv zugewandt erlebt.

Die durch diese Dimensionen erfaßte kognitive Repräsentanz der Situation wiederum bestimmt weitgehend die Formen der Auseinandersetzung, der Reaktionsweisen, die von „sachlicher Leistung, aktiver Bewältigung" bis hin zu evasiven Reaktionen reichen. Solche Reaktionsformen sind zum Beispiel:

– Sachliche Leistung
– Anpassung an die institutionellen Aspekte der Situation
– Anpassung an die Eigenheiten und Bedürfnisse anderer
– Aufgreifen von Chancen
– Bitte um Hilfe
– Stiftung und Pflege sozialer Kontakte
– Zurückstellen eigener Bedürfnisse
– Sich auf andere verlassen
– Korrektur von Erwartungen

- Akzeptieren der Situation
- Positive Deutung der Situation
- Situation den Umständen überlassen
- Hoffnung auf Wende
- Depressive Reaktion/Resignation
- Evasive Reaktion.

Dabei zeigte sich, daß bei einem Erleben der Gegenwartssituation als negativ und unveränderbar, ohne Möglichkeiten eigener Beeinflussung, als fremdbestimmt und hilflosem der Situation Ausgeliefertsein, als Einengung des Lebensraumes auf nahezu allen Gebieten, bei völlig fehlender Antizipation und bei einem Erleben negativer Reaktionen seitens der Umwelt *Auseinandersetzungsformen zur Anwendung gelangen, die wenig oder gar nicht zur Lösung der Problemsituation beitragen.* Hier finden wir neben Formen der Verdrängung, des Nicht-Wahrhaben-Wollens, der Resignation und Depression, des Sich-Abfindens mit den Gegebenheiten ohne sie zu akzeptieren, auch evasive Reaktionen, das Flüchten in eine Scheinwelt. *Eine dieser evasiven Reaktionen kann die Flucht in die Sucht bedeuten.* – Hingegen zeigen sich bei eher positivem Erleben der Situation, bei stärkerer Offenheit des Lebensraumes, erlebter Möglichkeit der Veränderung durch eigenes Tun häufiger Reaktionsweisen im Sinne der aktiven Bewältigung des Problems durch sachliche Leistung, Zugehen auf andere Menschen, Aufgreifen von Chancen und dergl. mehr.

Es kommt also darauf an, Auseinandersetzungsformen zu entwickeln, sich zunächst dem Problem zu stellen und es nicht zu verdrängen – und es dann aktiv zu meistern versuchen. Solche Verhaltensstile werden aber bereits in der Kindheit und im Schulalter eingeübt. Übermäßige Fürsorge, Overprotection, das Bemühen, Kindern alle Schwierigkeiten fernzuhalten (u.a. auch durch den Verzicht auf Schulnoten in den ersten Schuljahren) nimmt die Möglichkeit der „Einübung" erfolgreicher, durch eigene Aktivität bestimmter Auseinandersetzungsformen und begünstigt Verhaltensstile des „Sich-Verlassens-auf-andere", des „Verdrängens" und der „evasiven Reaktion". Manche Drogenproblematik im Jugendalter hat hier ihre Wurzeln. –

Berufswahl, Berufsentwicklung und Berufszufriedenheit

Thomae (1958) hat in eingehenden Erhebungen zur Berufswahl und Berufsentwicklung bzw. Berufsbewährung während der dreijährigen Lehrzeit Jugendlicher Zusammenhänge zwischen innerer bzw. äußerer Motivation der Berufswahl und Berufserfolg aufdecken können. Bei den Jungen war bei einer innerlich motivierten Berufswahl der Berufserfolg größer, bei Mädchen traf das nicht zu.

Unsere Untersuchungen (Lehr 1969) zeigten, daß bei Mädchen eine innerlich motivierte Berufswahl meist mit ganz prägnanten und sehr differenzierten Berufsvorstellungen gekoppelt war, welcher dann die Realität oft nicht entsprach. Dies rief vielfach Enttäuschungen hervor und führte manchmal sogar zum Abbruch der Ausbildung bzw. zu einer – für diese Kohorten gesellschaftlich gebilligten – „Flucht in familiäre Aufgaben". Bei stärker äußerer Berufsmotivation waren die Berufserwartungen weniger prägnant und führten auch seltener zu Enttäuschungen.

Die Einbettung der Berufswahl in die biographische Gesamtsituation wurde durch die Analyse von 500 Frauenbiographien und 160 Männerbiographien durch Lehr (1969, S. 81 ff. und 145 ff.) aufgewiesen (vgl. dazu auch Lazarsfeld 1931 und A. Roe 1957, Grigg 1959, Hagen 1960, Nachmann 1960). Wir konnten zeigen, daß keineswegs dem elterlichen Erziehungsstil bzw. früher Interessenentwicklung allein eine große Bedeutung einzuräumen ist. Vielmehr prägen sonstige Sozialisationsfaktoren, die während des gesamten Lebens wirksam wurden, wie vor allem zeitgeschichtliche und persönliche Erfahrungen die Berufswahl und Berufsentwicklung (vgl. Lehr 1969; Fall N.: S. 146 ff.; Fall F.: S. 151; Fall Ho.: S. 153). Es wurde ferner gezeigt, daß mit ihrer gegenwärtigen Lebenssituation zufriedene Frauen sich von jenen, die weniger zufrieden sind, im Hinblick auf sehr zentrale biographische Daten unterscheiden. Bei ihnen findet man stärker positiv getönte Kindheitserlebnisse, die Schulzeit wird stärker sachbezogen und weniger sozialbezogen geschildert, ein weitreichenderes Ausmaß des Lebensplanes war bereits bei Schulende gegeben, die Berufswahl war weitgehend innenmotiviert und geradlinig, man erlebte die Berufstätigkeit als Erfüllung und nicht als notwendiges Übel zur Existenzsicherung. Weitere biographische Einflußfaktoren bezogen sich auf den privaten Lebensbereich, auf die äußeren Gegebenheiten des privaten Lebensraumes, auf Freizeitverhalten und familiäre Konstellation.

Zusammenfassend können wir feststellen: Die Analyse vieler individueller Berufsentwicklungen über mehrere Jahrzehnte hinweg ließ den Einfluß der gesamten biographischen Situation, wie sie durch erfahrungs- und erlebnisbedingte, persönlichkeitsbedingte, gesellschaftliche und epochale Momente bestimmt wird, deutlich werden. Die Berufsentwicklung wurde als lebenslanger Prozeß deutlich, der mit dem gesamten Lebensschicksal eng verbunden ist (Lehr, 1969, S. 393).

Derartige Befunde fanden ihre Bestätigung in einer Untersuchung von Maier (1996) an älteren Arbeitnehmern der chemischen Industrie, in der sich eine Vielzahl biographischer Determinanten der Berufsentwicklung und Berufszufriedenheit zeigte.

Auch in der Interdisziplinären Längsschnittstudie des Erwachsenenalters (ILSE), in der Männer und Frauen der Kohorten 1930–32 und 1950–52 in

Heidelberg und Leipzig erfaßt wurden, wird die vielfältige biographische Verflochtenheit der Berufsentwicklung deutlich. Jene Frauen und Männer, die ihren Beruf dem eigenen Wunsch gemäß wählen konnten, unterschieden sich in mehrfacher Hinsicht von jenen, die diese Chance nicht hatten. Eine engere Beziehung zu den Eltern und eine größere Nähe der Mutter zur Welt des Berufes ging einher mit einer positiveren Einschätzung der Chancen für die eigene Berufswahl. Der Berufsausbildung und der Berufstätigkeit der Mutter, einer positiven Beziehung zum Vater und einer erlebten Harmonie zwischen den Eltern kam dabei eine besondere Bedeutung zu. Weitere Zusammenhänge ergaben sich zwischen der Überzeugung, damals eher gute Chancen zu einer den eigenen Wünschen entsprechenden Berufswahl gehabt zu haben einerseits und einem eher positiven Erleben des Übergangs in den Ruhestand andererseits (vgl. Thomae 1996, S. 49f.).

Die Beendigung der Berufstätigkeit, die nachberufliche Phase

Die Auswirkungen des bedeutsamen Lebensereignisses des Berufsendes wurden an einer Stichprobe von ehemaligen Stahlarbeitern und Angestellten der gleichen Betriebe durch Dreher (1969) untersucht. In der Schilderung ihrer Lebensgeschichte stellten die meisten 70–72jährigen Rentner und Pensionäre die Zeit unmittelbar nach dem Übergang in den Ruhestand als von starker Unzufriedenheit geprägt dar, während dann etwa fünf bis zehn Jahre später die große Mehrheit mit ihrer Situation sehr zufrieden war. Diese Zufriedenheit mit der momentanen Lebenssituation war bei jenen größer, die ihre beruflichen Ziele erreicht zu haben glaubten. Hingegen fiel jenen Männern, die beruflich nicht das erreicht zu haben glaubten, was sie sich früher einmal vorgenommen hatten, der Übergang in den Ruhestand schwerer. Die Anpassung an den Ruhestand zeigte sich außerdem von der sozialen Gesamtsituation mitbestimmt: sie war höher bei wirtschaftlicher Unabhängigkeit, bei physischer und psychischer Kompetenz und bei harmonischen Beziehungen zu Kindern und Enkeln. Außerdem trug das Gefühl „noch irgendwo gebraucht zu werden", wesentlich zur Anpassung an die neue Lebenssituation bei.

In einer Untersuchung von Niederfranke aus dem Jahre 1986 zeigte sich, daß jene Männer, die zufriedener auf ihre Berufsjahre zurückblicken und eine größere Geradlinigkeit in ihrer beruflichen Entwicklung aufwiesen, den Übergang in die nachberufliche Zeit offenbar leichter gemeistert haben. Mehr Anpassungsprobleme hatten jene, deren berufliche Vorstellungen und Wünsche sich nicht erfüllt hatten. Die Bewältigung dieses Lebensereignisses war entscheidend von der Antizipation abhängig. Doch trotz großenteils positiver Erwartungen erlebten 69% der Männer das Berufsende zunächst eher negativ akzentuiert, fühlten sich „im Kern ihrer Person getroffen". Vielfach war man auch von der ursprünglich ersehnten Freizeit etwas enttäuscht. Die „freie Zeit" in der Ruhestandssituation wurde nicht mehr als Komplement den wesentlichen sozialen Lebensbezügen zugeordnet, sondern wurde einerseits als wertloser erlebt, andererseits als Notwendigkeit, durch Freizeitgestaltung nun dem weiteren Leben einen Sinn zu geben (Niederfranke, 1986). Zu Beginn der 90er Jahre untersuchte Niederfranke auch eine Stichprobe von Frauen während der Zeit ihres Übergangs in die nachberufliche Phase (vgl. Niederfranke u. Lehr, 1992). Eine positive wie auch negative Anpassung an die neue Lebenssituation wurde beeinflußt von einem Zusammenspiel verschiedener Faktoren, die sowohl die bisherige private und berufliche Entwicklung, die letzte Berufssituation und die gesamte gegenwärtige Lebenssituation betrafen. Eine Anpassung gelang besonders denjenigen schwerer, für die der Beruf zum zentralen Aspekt der eigenen Identität geworden war. Die geringsten Anpassungsschwierigkeiten hatten diejenigen, die beruflich und privat mit ihrem bisherigen Leben sehr zufrieden waren, die von daher die neue Lebensphase als positive Chance sahen.

Hier haben sich epochale Wandlungen niedergeschlagen. Das Berufsende, früher von vielen gefürchtet, wird heute von einer großen Zahl Älterer geradezu herbeigesehnt. Erlebte man das Ausscheiden aus dem Beruf früher geradezu als ein „Abgeschobenwerden auf ein Abstellgleis", sieht man heute in dem Berufsende vielfach den Beginn einer neuen, expansiven Lebensphase, erlebt es als „späte Freiheit", in der man noch viel unternehmen möchte und sich viele Wünsche erfüllen möchte.

Bedeutsame Lebensereignisse im privaten und familiären Bereich: Kinderwunsch und Erleben der Schwangerschaft

Auch im familiären Bereich sind „bedeutsame Lebensereignisse" bzw. das spezifische Erleben bestimmter Entwicklungsaufgaben und die individuellen Formen der Auseinandersetzung mit diesen nur auf dem biographischen Hintergrund zu verstehen. So untersuchte Fachinger (1982) den Kinderwunsch bei Partnern, die eine „Ehe ohne Trauschein" führten, bei kinderlosen Ehepaaren und bei Ehepaaren mit zwei Kindern. Gegen ein eigenes Kind sprach die „Einschränkung der persönlichen Entfaltungsmöglichkeit". Die Verwirklichung der eigenen Interessen wurde gefährdet gesehen, zumal sich in der Partnerschaft bereits ein „kinderloser Lebensstil" entwickelt hatte. – Ehepaare mit zwei Kindern unterschieden sich hinsichtlich vieler Aspekte in ihrer Biographie von den beiden anderen Gruppen. Hier wurden in der gesamten Entwicklung traditionelle Züge deutlich, eine generell stärkere Orientierung an gesellschaftlichen Normen, ein weniger thematisierter (und problematisierter) Partnerschaftsbezug. Eines der wichtigsten Ergebnisse, welches nur mit Hilfe der biographischen Methode, nicht aber mit gezielten Befragungen zu gewinnen ist, lautet: „Es konnte widerlegt werden, daß objektiv positivere Bedingungen (größere Wohnung, höheres Einkommen etc.) eher fördernd auf die Entscheidung für ein Kind wirkten. Es hatte sich vielmehr gezeigt, daß das subjektive Erleben objektiver Gegebenheiten einen stärkeren Einfluß ausübte als die tatsächliche objektive Gegebenheit" (Fachinger, 1982, S. 235). – Ebenfalls auf biographischem Hintergrund untersuchte Oppelland-Hampel (1978) die erste Schwangerschaft im Erleben junger Frauen. Auch hier erwies sich, daß objektiv vergleichbare Situationen eine unterschiedliche kognitive Repräsentanz erfahren, je nach bisheriger Entwicklung, je nach der jeweiligen Konstellation situativer Bedingungen und je nach persönlichen Zukunftserwartungen.

Das Heranwachsen der Kinder und ihr Auszug aus dem Elternhaus

Sehr deutlich konnte die empirische Untersuchung von Mudrich (1978) an Müttern, deren letztes Kind das Elternhaus verließ, die biographische Einbettung dieses bedeutsamen Lebensereignisses zeigen. Der bisherige Entwicklungsprozeß der Mutter beeinflußte deren Erleben der Situation und die Formen der Auseinandersetzung mit dieser – und dadurch auch die weitere Entwicklung der Mutter. Je nach bisheriger Persönlichkeitsentwicklung und nach der Rolle, welche das Kind in ihrem bisherigen Leben spielte, aber auch je nach momentanen Gegebenheiten (je nach finanzieller, gesundheitlicher, beruflicher Situation, je nach Wohnsituation, nach Partnerschaftserleben und sonstigen sozialen Kontakten) und je nach Zukunftsplänen und Zukunftszielen fand sich eine erlebte Veränderung von Aktivität, Stimmungslage, Anregbarkeit und Selbstsicherheit nach dem Auszug des Kindes. Ein konflikthaftes Erleben des „empty nest", oft begleitet von einem beeinträchtigten Gesundheitsgefühl, einem Erleben der Restriktion des Lebensraumes, war dann gegeben, wenn die Mutter sehr traditionelle Rollenauffassungen hatte, wenn sie in ihrem bisherigen Leben ausschließlich auf die Familie hin orientiert war, einen geringen Interessensradius hatte und keine eigenständigen Zukunftspläne kannte.

Das Erleben der Beendigung der Phase der sog. „aktiven Mutterschaft" war das Thema einer Untersuchung von Fahrenberg (1985). Bei Hausfrauen mittleren Alters untersuchte sie die Auswirkungen der „empty-nest-Situation". Als oft beobachtete Veränderungen wurden Verunsicherung und Unzufriedenheit mit der Hausfrauenrolle, Niedergedrücktheit und intra- wie interpsychische Konflikte genannt. Auf der anderen Seite aber wurde ein außerordentlich hoher Grad an interindividueller Variabilität in bezug auf diese Situation angetroffen. „Da jede Frau das Ende ihrer Familienphase auf dem Hintergrund ihrer biographischen und situativen Bedingungen individuell verschieden erlebt, kann es wenig gleichartige Bewältigungsformen dieses Lebensabschnittes geben ... von möglicherweise depressiver Reaktion bis zur Erleichterung und Freude" (Fahrenberg, 1985, S. 301).

Die Sorge um die alten Eltern

Unsere Untersuchungen zur Daseinsthematik der Frau (Lehr 1961) wiesen auf sehr spezifische Problemsituationen der Frau im mittleren Lebensalter hin. Die 40–50jährigen erlebten sich besonderen Streß-Situationen ausgesetzt. Es waren aber nicht die in solchen Fällen immer wieder herangezogenen „Wechseljahre" und die hormonelle Umstellung, die ihre Lebenssituation erschwerte (vgl. Lehr, 1966). Die schwierige Lebenssituation vieler Frauen dieses Alters war durch einen Rollenkonflikt zu erklären: hier die Mutter oder Schwiegermutter herangewachsener Kinder, dort die Tochter, die ihren altgewordenen Eltern gegenüber zu gehorchen hat und doch Verpflichtungen hat. Unterschiedliche Erwartungen in bezug auf das eigene Verhalten führte bei manchen Frauen zu erheblichen Konfliktsituationen.

Diese Situation hat 1981 Brody als „the Woman in the middle" beschrieben, die sich für die nachfolgende Generation ihrer Kinder (und Kindeskinder) und gleichzeitig für die Generation ihrer Eltern verantwortlich zu fühlen hat. – Die vielzitierte Midlife-Crisis hat vielfach in diesem Rollenkonflikt ihre Wurzeln. – Auch Blenkner (1965) beschrieb die schwierige Situation, wenn die selbst alternde Frau ihre Mutter-Rolle gegenüber der Tochter aufgegeben hat, jedoch ihrer eigenen Mutter gegenüber nun eine „Mutter-Rolle" zu übernehmen hat. Konflikte, die in einem früheren Mutter-Tochter-Verhältnis gegeben waren, die nie ganz ausgetragen worden sind und oft durch getrennte Wohnorte nur verdeckt worden sind, flammen plötzlich wieder auf. Die Folge dieser meist vorhandenen, ungelösten Konflikte, die 30 oder 40 Jahre zurückliegen, ist oft bei den Töchtern aufkommendes Schuldgefühl (oder sogar Haßgefühl, gegen das man anzugehen versucht und dessentwegen man sich schuldig fühlt). Brody (1979, 1981) umschrieb diesen Rollenkonflikt als jenen der „woman in the middle" und beschrieb verschiedene Verhaltensweisen pflegender Töchter:

– Entweder die alternden Töchter reagieren schuldbewußt nun übereifrig und versuchen, ihre Mutter gleichsam aus Wiedergutmachungstendenzen zu ver-

wöhnen – und bringen dadurch die alte Mutter erst recht in Abhängigkeit bzw. pflegen sie krank.
- Oder man nimmt (aus dem Schuldgefühl heraus) eine aktive Vermeidungshaltung ein, zieht sich zurück, bleibt bei aller Pflege der Mutter gegenüber weiterhin distanziert mit dem Erfolg, daß die Schuldgefühle zunehmen und es bei der Tochter zu einem psychischen Zusammenbruch kommt.
- Häufig wird jedoch ein ständiger Wechsel zwischen übereifriger Zuwendung und starkem Vermeidungsverhalten bzw. starkem Sich-Zurückziehen beobachtet. Durch ein solches Verhalten wird der Pflegebedürftige irritiert und die Belastung steigt.

Zu der nach Brody einzig hilfreichen Verhaltensweise, zurückliegende Probleme anzusprechen und diese gemeinsam aufzuarbeiten, sind meist weder Pflegende noch Pflegebedürftige in der Lage. Die Einstellung „damit kann ich die Kranke jetzt nicht belästigen" führt aber zu einer lebenslangen inneren Auseinandersetzung bei der pflegenden Tochter und oft zu ihrem Zusammenbruch. –
In einer Studie von Wand-Niehaus, 1986 bei 55–70jährigen Frauen, die noch für einen alten Elternteil zu sorgen hatten, wurde u.a. gezeigt: Jene Frauen, die ihre Mütter früher als fördernd erlebt haben, übernahmen die Pflege mit größerer Selbstverständlichkeit und fühlen sich weniger belastet als jene, die in der eigenen Lebensentwicklung die jetzt zu pflegende Mutter als Hemmschuh erlebt haben („sie war gegen eine Berufsausbildung"; „sie machte mir meine Freundschaft kaputt"; „sie lehnte meinen Mann ab"; „sie redete mir stets in die Kindererziehung hinein" u.a.m.). In solchen Fällen sollte man von einer Familienpflege eher abraten. Völlig abzuraten ist von einer Schwiegertochterpflege, die nun die Schwiegermutter pflegen muß, welche vor 30, 35 Jahren gegen die Hochzeit war und die Schwiegertochter damals als „nicht gut genug" für ihren Sohn ablehnte. In solchen Fällen finden sich häufig Anzeichen sehr subtiler Altenmißhandlungen („dann laß ich sie halt den ganzen Tag in ihrem Dreck liegen", „dann kann ich manchmal den ganzen Tag kein einziges Wort mit ihr reden" und dergl. mehr). – Alle pflegenden Töchter haben spontan zum Ausdruck gebracht, daß sie selbst dies zwar auf sich nehmen, daß sie aber keinesfalls erwarten, daß ihre eigenen Kinder später sie selbst einmal pflegen.
Frauen, die trotz der Pflege in der Lage waren, ihren eigenen Bedürfnissen zum Teil zu folgen und wenigstens gelegentlich zwei bis drei Stunden außer Haus zu gehen, verarbeiteten die schwere Situation leichter. Am besten waren jene Frauen dran, die wenigstens in Teilzeitarbeit noch berufstätig waren, die „auch mal mit anderen Menschen zusammenkamen". – Wir fanden das, was Blenkner schon 1965 mit „filial maturity" bezeichnete. Jene Frauen, die in der Lage sind, eigenen Bedürfnissen und eigenen Interessen zumindest in eingeschränktem Maße Raum zu geben, meistern die Situation leichter: hilfegebende

Kinder müssen lernen, wo Grenzen der Verantwortlichkeit den alten Eltern gegenüber gegeben sind. *Nicht nur pflegende Töchter haben zu akzeptieren, was ihre pflegebedürftigen Eltern nicht mehr können, sondern auch alte Eltern haben zu akzeptieren, was ihre Kinder ihnen gegenüber nicht tun können, ohne die eigene Existenz, die eigene Persönlichkeitsentwicklung zu gefährden.*

Wand-Niehaus (1986) fand die durch die Literatur bekannte Feststellung bestätigt, daß das pflegende Kind oft vom Pflegebedürftigen kritisiert wird, während dessen Geschwister, die nur gelegentlich einmal nach dem Pflegebedürftigen schauen, von diesem bevorzugt werden (oft sogar im Testament besser bedacht werden). Dies kränkt und schmerzt den Pflegenden verständlicherweise sehr und erschwert seine Pflegesituation.

Partnerschaft aus biographischer Sicht

Unsere biographischen Studien (Lehr 1961; 1969) zeigen, daß die Intensität der Bindung zum Partner Schwankungen erkennen läßt, die durch Fragebogenerhebungen kaum erfaßt und erst recht nicht in ihren vielschichtigen Auslösefaktoren erhellt werden können. Aufgrund der in der Lebenslaufforschung gewonnenen Einsichten wird man Feststellungen von Meinungsforschungsinstituten, die auf Fragebogenerhebungen basieren und Prozentzahlen der „glücklich Verheirateten" bzw. „unglücklich Verheirateten" angeben, skeptisch gegenüberstehen. In nahezu jeder Biographie kristallisieren sich Phasen heraus, in denen die Bindung zum Partner als gestört empfunden, und solche, die als glückliche Zeiten enger Bindung erlebt werden. Diese Phasen, ein Pendeln zwischen den beiden mehr oder minder ausgeprägten Polen, sind bereits im 3. Lebensjahrzehnt nachzuweisen und zeigen sich beim älteren Menschen ebenso. Aus den Biographien geht hervor, daß gemeinsam erlebte Notsituationen (Krieg, Krankheit usw.), durchzustehende Schwierigkeiten (evtl. finanzieller Art, Geschäftsgründung) als ein die Partnerbeziehung intensivierendes Moment angesehen werden können, während Zeiten allgemeinen Wohlstandes, Zeiten finanzieller Sorglosigkeit sich eher als Störfaktoren bemerkbar machen.

Dem Partnerschaftsbezug entsprechend zeigte sich in den Biographien die Einstellung zum Kind mehrfachen Wandlungen unterworfen. Bei auftretenden Krisensituationen in der Partnerschaft neigt die Frau häufig zu einer verstärkten Zuwendung zum Kind, während gleichzeitig der Mann eine eher distanzierte Haltung einnimmt. So wird besonders bei gestörter Partnerschaftsbeziehung von der Frau das Kind als einziger und letzter Lebensinhalt erlebt, bei harmonischer Partnerbeziehung wird oft eine größere Distanz zum Kind gewünscht. Bei den männlichen Probanden sind gegenläufige Tendenzen festzustellen.

Eine ganz besondere Bedeutung gewinnt der Partnerbezug in Krankheits-
und Pflegesituationen. So wurde u.a. die Übernahme der Pflege des an einem
Schlaganfall erkrankten Partners untersucht (Kruse 1984,1986; Lehr u.
Kruse, 1984). Diese Aufgabe wird je nach bisheriger Lebenssituation und gegenwärtigen situativen Gegebenheiten unterschiedlich gemeistert. Die Pflegesituation
wurde dann erleichtert, wenn der Pflegende auch noch anderweitige Aufgaben
und Interessen aus früheren Zeiten hatte und diese auch während der Pflegesi-
tuation gelegentlich wahrnehmen konnte. Zunehmend mehr Partnerbeziehungen werden heutzutage durch Trennung
oder Ehescheidung aufgelöst. Ein positives Erleben der Situation nach der Ehescheidung wird in Fragebögen zur Erfassung und Einschätzung von Lebensereignissen (Schwarzer 1981) mit „0" gewertet und damit unberücksichtigt gelas-
sen. Dies heißt, daß das bedeutsame Lebensereignis „Scheidung" in Frage-
bogenuntersuchungen außer Betracht bleibt, wenn es positiv erlebt wurde. Wie
eine biographisch orientierte Studie zur Verarbeitung der Scheidungssituation
(Fester-Waltzing 1983) jedoch zeigt, wird dieses Ereignis von 58% als positiv,
von 37% der Befragten als eher negativ und von 5% als „neutral" erlebt. Interessanterweise finden sich sogar bei Frauen positivere Erlebnisqualitäten als bei
Männern, was durch eine stärkere Einengung des Lebensraumes der Frau in den
vergangenen Jahren der Partnerschaft erklärt wird. So wird das Erleben der
Scheidung durch vergangene Erfahrungen, die sich in einer ausführlichen Biographie niederschlagen, bestimmt. Nach Fester-Waltzig (1983) ergeben sich
aber auch beachtenswerte Zukunftsfolgen: bei positiver Bewertung der Scheidung sind dies u.a. eine stärkere positive Zukunftsorientierung, Zunahme des
Freundeskreises, Zunahme des Selbstvertrauens, geringerer Kontakt zum früheren Partner ohne negative Gefühle ihm gegenüber. Ein positives Gefühl der
Scheidung geht einher mit dem Gefühl, diese Situation selbst herbeigeführt
zu haben und mit der Zuversicht, eigenständig sein Leben weiter planen zu
können.

Partnerverlust, Verwitwung

In biographischen Studien und Wiederholungsuntersuchungen wurde der Verlauf von Anpassungsprozessen an den Partnerverlust durch Tod zu erhellen
versucht (Fooken 1978, 1980a;b, Stappen 1987). Hier wurden biographisch verankerte Formen der Auseinandersetzung mit Belastungssituationen im früheren
Lebenslauf erfaßt (neigte man generell zu mehr aktiver Auseinandersetzung,
zum Hilfeappell an andere, zur Pflege und Stiftung sozialer Kontakte, – oder
aber dominieren in der Biographie Formen des aktiven Widerstandes, der ag-

gressiven Durchsetzung oder gar der positiven Deutung schwieriger Situationen, – oder handelt es sich um eine Persönlichkeit, die ein Leben lang vor Schwierigkeiten auswich, diesen passiv und „gelähmt" gegenüberstand, die zur Resignation und Depression neigt?). Fooken (1980a) konnte Anpassungsprozesse an die Verwitwung sowohl in biographischer Sicht als auch durch begleitende Längsschnittstudien aufzeigen. Die Rolle, die der Partner im bisherigen Leben der/des Verwitweten einnahm, ist dabei ganz entscheidend.

Stappen (1987) erfaßte sehr konkret das subjektive Erleben des vor kurzem stattgefundenen Partnerverlustes. Eine erfolgreiche Bewältigung und Anpassung an die neue Lebenssituation scheint nach ihren Befunden eher möglich, wenn die Ehe partnerschaftlich ausgerichtet war und Raum ließ für die Entwicklung von Eigenständigkeit in der Bewältigung des Lebensalltags, ferner, wenn über die Lebensgemeinschaft hinaus eine persönliche Identität erreicht wurde, die dem Hinterbliebenen das Alleinsein nun erleichtert, wenn die Partnerschaft als „gut" erlebt wurde sowie eine Möglichkeit zur Antizipation des Partnerverlustes gegeben war und zuvor eine bewußte Auseinandersetzung mit der Endgültigkeit und Endlichkeit des Daseins erfolgte.

Hinweise auf eine erschwerte Anpassung an die Verwirrung ergeben sich zum einen aus der fehlenden oder problematischen Bewältigung früherer Verlusterlebnisse, zum anderen aus spezifischen Beziehungsaspekten, wie sie in der Partnerschaft realisiert worden sind. Beruhte die Ehe auf einer Identifikation mit dem Partner unter weitgehender Aufgabe der persönlichen Identität, bringt die Re-Organisation eigener Lebensmöglichkeiten erhebliche Schwierigkeiten mit sich. Ebenso scheint es sich für den Auseinandersetzungsprozeß als problematisch zu erweisen, wenn eine Realitätsorientierung im Hinblick auf die Einschätzung des Partners und der Ehe nicht gelingt („Verklärungssymptome"). Dies kann sich sowohl in einer Idealisierung als auch in einem Vorrangigwerden negativer Aspekte in der heutigen Einschätzung des Partners bzw. der gegenseitigen früheren Beziehungen zeigen. Es läßt sich vermuten, daß ein Abhängigkeitsverhältnis in der Ehe zu einer geringeren Akzeptanz des Verlustes, zur Idealisierung und/oder Identifikation mit dem Verstorbenen führt und so dem jetzt notwendigerweise geforderten eigenen Selbständigwerden entgegensteht.

Schließlich bleibt noch zu erwähnen, daß die „husband-oriented-woman" bzw. die „family-centered-woman" (nach Maas und Kuypers 1974), also die ausschließlich auf Haushalt und Partner hin ausgerichtete Frau mit der Erschwernis konfrontiert wird, neue Inhalte für ihr alltägliches Leben zu finden. Der Verlust der Lebensaufgabe, die oft durch längere Pflege des kranken Partners noch eine Verstärkung erfuhr, verzögert die Mobilisierung aktiver Lebensenergie, welche für eine erfolgreiche Bewältigung der Situation des Alleinseins notwendig ist.

Schlußbemerkung

Dieser Beitrag hat zum einen gezeigt, daß das Studium von Biographien Stufen- oder Phasenmodelle des Verlaufs von Entwicklungsprozessen in Frage stellt. Ebenso wurde deutlich, daß eine ausschließlich konflikt- und krisenorientierte Sicht die menschliche Entwicklung nur zum Teil zu erfassen vermag, zumal auch positiv erlebten Ereignissen ein erheblicher Einfluß auf die Persönlichkeitsentwicklung zugesprochen werden muß. Außerdem erwies sich nicht nur das Erleben von „bedeutsamen Lebenssituationen" als wesentlich, sondern vielmehr die Formen der Auseinandersetzung mit diesen Ereignissen, mit denen der Mensch im Laufe seines Lebens konfrontiert wird.

Die biographische Lebenslaufforschung weist nach, daß Entwicklungsaufgaben bzw. bedeutsame Lebensereignisse unterschiedlich kognitiv repräsentiert sind. Diese kognitive Repräsentation wird durch ein Netz von Vergangenheitserfahrungen, von spezifischen Sozialisationserfahrungen, von epochalen Einflüssen, aber auch durch vielfältige Gegebenheiten der Gegenwartssituation und durch die zum Teil durch Vergangenheit und Gegenwart mitbestimmte Zukunftsorientierung mitbeeinflußt. Die Art der kognitiven Repräsentation, die Art des spezifischen Erlebens der Situation wiederum beeinflußt neben biographischen und situativen Gegebenheiten die Formen der Auseinandersetzung und trägt dadurch zu einer weiteren Persönlichkeitsentwicklung bei. Auf dem Hintergrund des mehrfach verzweigten Bedingungsgefüges wird es auch verständlich, daß es weder generelle – d.h. auf alle Persönlichkeitsbereiche ausgedehnte – noch universelle – d.h. alle Individuen in gleicher Weise betreffende – Entwicklungsnormen geben kann. Aufgrund der mehrdimensionalen Bedingtheit von Entwicklungsprozessen kann nur eine differentielle Entwicklungspsychologie dem Individuum gerecht werden, die auf den methodischen Zugang einer eingehenden biographischen Analyse nicht verzichten kann.

Literatur

Baltes, P.B. (1979). Entwicklungspsychologie unter dem Aspekt der gesamten Lebensspanne. In L. Montada (Hrsg.), Brennpunkte der Entwicklungspsychologie (S. 42–60). Stuttgart: Kohlhammer.
Blenkner, M. (1965). Social work and family relationships in later life. In E. Shanas & G.F. Streib (Hrsg.), Social structure and the family (S. 47–59). New York.
Block, J. & Haan, N. (1971). Lives through time. Berkley: Bancroft.
Block, J. (1977). Advancing the psychology of personality: Paradigmatic shift or improving the quality of research. In D. Magnusson & N.S. Endler (eds.), Personality at the cross-roads (pp 37–64). Hillsdale/NJ: Erlbaum.
Brody, E. (1981). The "woman in the middle" and family help to older people. The Gerontologist, 21, 471–480.

Bühler, C. (1933). Der menschliche Lebenslauf als psychologisches Problem. Leipzig: Hirzel.

Bühler, C. & Massarik, F. (Hrsg.) (1969). Lebenslauf und Lebensziele. Stuttgart: Fischer.

Dohrenwend, B.S. & Dohrenwend, B.P. (1974). Stressful life events: Their nature and effects. New York: Wiley.

Dreher, G. (1969). Die Anpassung an die Pensionierung als psychologisches Problem. Phil. Diss., Universität Bonn.

Erikson, E.H. (1950). Childhood and society. New York: Norton.

Erikson, E.H. (1958). Young man Luther. New York: Norton.

Erikson, E.H. (1966). Identität und Lebenszyklus. Frankfurt: Suhrkamp.

Erikson, E.H. (1968). Identity: Youth and Crisis. New York: Norton.

Fachinger, B. (1982). Lebenssituation und Kinderwunsch. Phil. Diss., Universität Bonn.

✗| Fahrenberg, B. (1985). Frauen nach der Familienphase. Phil. Diss., Universität Bonn.

Fester-Waltzing, H. (1983). Scheidung – eine psychologische Analyse. Frankfurt: Lang.

Filipp, S.H. (1981). Ein allgemeines Modell für die Analyse kritischer Lebensereignisse. In S.H. Filipp (Hrsg.), Kritische Lebensereignisse (S. 3–52). München: Urban & Schwarzenberg.

Filipp, S.H. (Hrsg.) (1990). Kritische Lebensereignisse (2. Aufl.). München: Urban & Schwarzenberg.

Fiske, M. (1980). Tasks an crises of the second half of life: The interrelationship of commitment, coping and adaption. In J.E. Birren & R.B Sloane (eds.), Handbook of mental health and aging (pp 337–373). Englewood Cliffs/NJ: Prentice Hall.

Fooken, I. (1978). Zur Situation älterer Witwen. In U. Lehr (Hrsg.), Seniorinnen (S. 102–130). Darmstadt: Steinkopff.

Fooken, I. (1980a). Biographische Faktoren des Alterserlebens lediger und langjährig verwitweter Frauen. Z Gerontol, 13, 475–490.

Fooken, I. (1980b). Frauen im Alter – eine Analyse intra- und interindividueller Differenzen. Frankfurt: Lang.

Frenkel-Brunswick, E. (1936). Studies in biographical psychology. Character and personality, 5, 1–34.

Fried, B. (1967). The middle age crisis. New York: Harper & Row.

Grigg, A.E. (1959). Childhood experience with parental attitudes: A test of Roe's hypotheses. J Couns Psychol, 6, 153–155.

Haan, N. (1981). Common dimensions of personality development; early adolescence to middle life. In D. Eichhorn, J.A. Clausen, N. Haan, M.P. Honzik & P.H. Mussen (eds.), Present and past in middle life (pp 117–151). New York: Academic Press.

Hagen, D. (1960). Careers and family atmospheres. J Couns Psychol, 7, 251–256.

Havighurst, R.J. (1948). Developmental tasks and education (3d edn.) (1972). New York: McKay.

Havighurst, R.J. (1953). Human development and education. New York: Longmans, Green & Co.

Havighurst, R.J. (1956). Research on the developmental task concept. School Rev, 63, 215–223.

Havighurst, R.J. (1963). Dominant concerns of the life-circle. In H. Thomae & L. Schenk-Danziger (Hrsg.), Gegenwartsprobleme der Entwicklungspsychologie. Göttingen: Hogrefe.

Havighurst, R.J. (1973). History of developmental psychology: Socialization and personality development through the life span. In P.B. Baltes & K.W. Schaie (eds.), Life-span developmental-psychology: Personality and socialization (pp 3–24). New York: Academic Press.

Heckhausen, J. (1990). Entwicklung im Erwachsenenalter aus der Sicht junger, mittelalter und alter Erwachsener. Z Entwicklungspsychologie, 22, 1–21.

Holmes, T.H. & Rahe, R.H. (1967). The social readjustment rating scale. J Psychosom Res, 11, 213–218.

Hultsch, D.F. & Plemons, J.K. (1979). Life events and life-span development. In P.B. Baltes & O.G. Brim (eds.), Life-span development and behaviour (pp 1–37). New York: Academic Press.

Katschnig, H. (Hrsg.) (1980). Sozialer Stress und psychische Erkrankung. München: Urban & Schwarzenberg.

Katschnig, H. (1980). Methodische Probleme der Life-Event-Forschung. Nervenarzt 51, 332–342.

Kruse, A. (1984). Der Schlaganfallpatient und seine Familie. Z Gerontol, 17, 359–366.

Kruse, A. (1986). Strukturen des Erlebens und Verhaltens bei chronischer Erkrankung im Alter. Phil. Diss., Universität Bonn.

Lazarsfeld, P. (1931). Jugend und Beruf. Jena: Fischer.

Lazarus, R.S. (1990). Streß und Streßbewältigung – ein Paradigma. In S.H. Filipp (Hrsg.), Kritische Lebensereignisse (2. Aufl.) (S. 198–132). München: Psychologie Verlags-Union.

Lehr, U. (1961). Veränderungen der Daseinsthematik der Frau im Erwachsenenalter. Vita Humana, 4, 193–228.

Lehr, U. (1964). Positive und negative Einstellung zu einzelnen Lebensaltern. Vita Humana, 7, 201–227.

Lehr, U. (1965). Erscheinungsweisen des Konflikts. In H. Thomae (Hrsg.), Handbuch der Psychologie, Bd. II, Allgemeine Psychologie: Motivation (S. 306–331). Göttingen: Hogrefe.

Lehr, U. & Thomae, H. (1965). Konflikt, seelische Belastung und Lebensalter. Opladen: Westdeutsche Verlagsanstalt.

Lehr, U. (1966). Zur Problematik des Menschen im reiferen Erwachsenenalter – eine soziopsychologische Interpetation der "Wechseljahre". Psychiatrie, Neurologie und Med. Psychologie, 18, 2, 59–62.

Lehr, U. (1969). Die Frau im Beruf – eine Entwicklungspsychologische Analyse der weiblichen Berufsrolle. Frankfurt: Athenäum.

Lehr, U. (1972). Psychologie des Alterns. Heidelberg: Quelle & Meyer.

Lehr, U. (1976). Zur Frage der Gliederung des menschlichen Lebensablaufs. Akt Gerontol, 6, 337–345.

Lehr, U. (1978a). Das mittlere Erwachsenenalter – ein vernachlässigtes Gebiet der Entwicklungspsychologie. In R. Oerter (Hrsg.), Entwicklung als lebenslanger Prozeß (S. 147–177). Hamburg: Hoffmann & Campe.

Lehr, U. (1978b). Kontinuität und Diskontinuität im Lebenslauf. In L. Rosenmayr (Hrsg.), Die menschlichen Lebensalter: Kontinuität und Krisen (S. 315–339). München: Piper.

Lehr, U., Schmitz-Scherzer R. & Quadt, E. (1979). Weiterbildung im höheren Erwachsenenalter. Stuttgart: Kohlhammer.

Lehr, U. (1980a). Alterszustand und Alternsprozeß – biographische Determinanten. Z Gerontol, 13, 442–457.

Lehr, U. (1980b). Die Bedeutung der Lebenslaufspsychologie für die Gerontologie. Akt Gerontol, 10, 257–269.

Lehr, U. (1984). Interventionsgerontologie und Psychologie. In J. Tuba (Hrsg.), Schlaganfall – Frühdiagnose und Frührehabilitation (S. 89–102). Wien Innsbruck: Hollinek.

Lehr, U. (1986b). Biographische Einflußfaktoren auf Alterszustand und Alternsprozesse. Z Allgemeinmed, 62, 512–518.

Levinson, D. (1978). The seasons of a man's life. New York: Knopf. Dt.: Das Leben des Mannes, Werdenskrisen, Wendepunkte, Entwicklungschancen (1979). Köln: Kiepenheuer & Witsch.

Maas, S. & Kuypers, J. (1974). From thirty to seventy. San Francisco: Jossey-Bass.

Maier, G. (1986). Das Erleben der Berufssituation bei älteren Arbeitnehmern – Ein Beitrag zur differentiellen Gerontologie. Unveröff. Diss., Universität Heidelberg.

Moers, M. (1953). Die Entwicklungsphasen des menschlichen Lebens. Ratingen: Henn.

Mudrich, B. (1978). Der Wegzug des letzten Kindes aus dem Elternhaus im Erleben der Mutter. Unveröff. Diplomarbeit, Universität Bonn.

Nachmann, B. (1960). Childhood experience an vocational choice in law, dentistry and social work. J Couns Psychol, 7, 243–250.

Neugarten, B.L. (1982). Age or need? Public policies for old people. London: Sage.

Neugarten, B.L. & Datan, N.(1979). Soziologische Betrachtung des Lebensablaufs. In P.B. Baltes & L.H. Ekkensberger (Hrsg.), Entwicklungspsychologie der Lebensspanne (S. 361–371). München: Klett.

Neugarten, B.L. & Falk, J.M. (eds.) (1964). Personality in middle and late life. New York: Academic Press.

Niederfranke, A. (1986). Das Ausscheiden aus dem Erwerbsleben bei männlichen Arbeitern und Angestellten. Phil. Diss., Universität Bonn.

Niederfranke, A. und Lehr, U. (1992). Altersgrenze auf dem Höhepunkt der Schaffenskraft? Zeitschr. für Unternehmensgeschichte, Beih. 75/1.

Oppeland-Hampel, G. (1978). Die erste Schwangerschaft im Erleben junger Frauen. Unveröff. Diplomarbeit, Universität Bonn.

Riegel, K.F. (1975). Adult life crises: a dialectic interpretation of development. In N. Datan & L.H. Ginsberg (Hrsg.), Life span developmental psychology: Normative life crisis (S. 99–128). New York: Academic Press.

Robrecht, J. (1995). Konflikte im Lebenslauf. Ein empirischer Beitrag zur Psychologie der Lebensspanne. Regensburg: Roderer Verlag.

Roe, A. (1957). Early determinants of vocational choice. J Couns Psychol, 4, 212–217.

Runyan, W.-M. (1982). Life histories and psychobiography. Explorations in theory and methods. New York: Oxford University Press.

Schwarzer, R. (1981). Streß, Angst und Hilflosigkeit. Stuttgart: Kohlhammer.

Sears, R. & Feldman, S.-H. (eds.) The seven ages of man. Los Altos/CA: Kaufmann.

Sheehy, G. (1976). In der Mitte des Lebens; die Bewältigung vorhersehbarer Krisen. München: Kindler.

Siegrist, J. (1980). Die Bedeutung von Lebensereignissen für die Entstehung körperlicher und psychomsomatischer Erkrankungen. Nervenarzt, 5, 313–320.

Stappen, B. (1987). Partnerverlust – Formen des Erlebens und der Auseinandersetzung mit der Situation. Phil. Diss., Universität Bonn (im Druck).

Thomae, H. (1956a). Psychologische Probleme des Erwachsenenalters. In O.-W. Haselhoff & H. Stachowiak (Hrsg.), Moderne Entwicklungspsychologie (S. 1094–113). Berlin: Lüttke.

Thomae, H. (1956b). Der Lebenslauf und die biographische Methode der Psychologie. In O.-W. Haselhoff & H. Stachowiak (Hrsg.), Moderne Entwicklungspsychologie (S. 132–142). Berlin: Lüttke.

Thomae, H. (1958). Berufswahl und Berufsbewährung. In W. Hagen & H. Thomae (Hrsg.), Jugendliche in der Berufsbewährung (S. 115–137). Stuttgart: Thieme.

Thomae, H. (1971). Die Bedeutung eine kognitiven Persönlichkeitstheorie für die Theorie des Alterns. Z Gerontol, 4, 8–18.

Thomae, H. (1975). The developmental task approach to a theory of aging. Z Gerontol, 8, 125–137.

Thomae, H. (1996). Das Individuum und seine Welt (3. erw. Aufl.). Göttingen: Hogrefe.

Thomae, H. & Kranzhoff, U.-E. (1979). Erlebte Unveränderlichkeit gesundheitlicher und ökonomischer Belastung. Z Gerontol, 12, 439–459.

Thomae, H. & Lehr, U. (1958). Eine Längsschnittuntersuchung bei 30–50jährigen Angestellten. Vita Humana, 1, 100–109.

Thomae, H. & Lehr, U. (1986). Stages, crises, conflict and human development. In A. Soerensen, L.-R. Sherrod & F.-E. Weinert (eds.), Human develpoment and the life course. Hillsdale/NJ.: Erlbaum.

Uhr, R. (1966). Verlaufsformen der Entwicklung bei Kindern und Jugendlichen. Phil. Diss., Universität Bonn.

Wand-Niehaus, E. (1986). Intergenerationelle Beziehungen und ihre Korrelate – Töchter im 6. und 7. Lebensjahrzehnt und ihre alten Eltern. Phil. Diss., Universität Bonn.

Whitbourne, S.K. & Weinstock, C.S. (1982). Die mittlere Lebensspanne. München: Urban & Schwarzenberg.

Erträgnisse biographischer Forschung in der Persönlichkeitspsychologie

Hermann-Josef Fisseni[1]

„Was wir als Persönlichkeit bezeichnen, ist das charakteristische Verhalten eines Individuums in seiner natürlichen Umwelt. Eine Persönlichkeit vollständig zu erfassen heißt darum, ihre ganze Lebensgeschichte zu erfassen." Der Forschungsansatz, den Dailey hier favorisiert (1960, S. 22), setzt voraus, daß „in der Lebensgeschichte die Gesamtheit des Individuums enthalten" sei (Ch. Bühler, 1969a, S. 10). – Wer einen biographischen Zugang wählt, trifft bestimmte Grundannahmen. Wie diese lauten, sollte sich im Laufe unserer Darstellung erhellen. Für eine Gliederung seien drei Stichworte gewählt, die nicht disjunkt trennbar sind: Biographische Forschung beruht auf klinischem *Fallmaterial* (Abschnitt 1), kreist um das Konstrukt der *Ichintegrität* (Abschnitt 2), entfaltet sich von einem *stärker theoretisch und methodisch orientierten Ansatz her* (Abschnitt 3*)*. Die Darstellung schließt mit einer *thematischen Zusammenfassung* (Abschnitt 4).

Biographische Forschung zentriert um klinisches Fallmaterial

Begonnen sei mit *Sigmund Freud*. Nach einer langen Vorgeschichte biographischer Forschung hat Freud die Biographie im doppelten Sinne zum Gegenstand psychologischer Erkenntnisbemühungen gemacht: Erstens hat er selber den individuellen Lebenslauf als Zugang zu neurotischen Störungen erschlossen, zweitens hat er Freund und Gegner gleichsam dazu aufgefordert, sich mit der biographischen Methode auseinanderzusetzen – zum einen, was ein entwicklungsbezogenes Konzept der Persönlichkeit angeht, zum anderen was die Verwendung von „Erinnerungen" betrifft (eingeschlossen die methodologischen Vorbehalte gegen eine naive Berufung auf Erinnerungen).

Für Freud entwickelt sich die Persönlichkeit, indem sie psychosexuelle Phasen durchläuft, die sich bestimmen und benennen nach Zentren somatisch-erotischer Lust. Entscheidend sind vor allem die orale, anale, ödipale Phase.

---

[1] Ich danke Frau Kerstin Moritz für ihre Mitarbeit bei der Neufassung dieses Beitrages – im einzelnen: für ihre Literatur-Recherchen, für die Durchsicht ergänzender Beiträge, für die Vorgabe treffsicherer Formulierungen.

Freud nimmt an, daß eine Person bis zum fünften oder sechsten Lebensjahr (also nach der ödipalen Phase) ihre fundamentale Struktur gebildet hat: Aus dem Es, der unbewußten Energiequelle, hat sich das Ich als Prüfer der Realitätsansprüche differenziert, aus dem Ich das Über-Ich als Hüter der elterlichen Forderungen und Verbote ausgegliedert. Da dieser Prozeß zu einem erheblichen Anteil vom Unbewußten gesteuert und meist von Störungen begleitet wird, erweist sich eine Rekonstruktion der einzelnen Biographie in einer Therapie als ein schmerzhafter Korrekturversuch (Freud, 1941).

Freuds Denken beeinflußte unterschiedliche Wissenschaften, die sich jeweils mit unterschiedlichen Disziplinen verbündeten.

Als Beispiel für die Erschließung ethnographischen Fallmaterials unter psychoanalytischer Perspektive sei *Kardiners* Konzeption der kulturell geprägten Basisstruktur der Persönlichkeit genannt (1939). Primäre Institutionen – Familienstrukturen, Gruppenformen, Grundpflichten, Ernährungsgewohnheiten – prägen die Mitglieder einer kulturellen Gemeinschaft und vermitteln ihnen ähnliche Erlebens- und Verhaltensstrukturen. Die gemeinsame Struktur ihrerseits prägt sekundäre Institutionen, etwa Folklore, religiöse Überzeugungen, Einstellungen zu Gottheiten und die Art des Umgangs mit ihnen.

Als Beispiel für die Verbindung ethnographischer und klinischer Anliegen unter einem psychoanalytischen Denkstil sei *Eriksons* Beitrag erwähnt. Seine persönlichkeitstheoretischen Konzepte leitet er aus zwei Quellen ab: erstens aus Falluntersuchungen, zweitens aus der Analyse ethnographischen Materials (1950, 1959).

Obwohl Erikson sich als Freuds „Schüler" betrachtet, geht er über Freuds Konzeption hinaus: Er verfolgt die Entwicklung der Persönlichkeit über das ganze Leben hin und versucht sie in acht Phasen zu gliedern; in jeder Phase sieht er Aufgaben gestellt, formulierbar in „Themen", die ein Individuum zu Auseinandersetzungen anregen – sie enden mit Reifung oder Verfehlung. Deutlicher als Freud erkennt Erikson, wie sehr die Biographie eines Einzelnen auf die soziale Mitwelt bezogen ist. Zum wichtigsten Lebensziel wird die Entwicklung eines Selbstsystems erklärt, in dem das Ich eine aktive Rolle spielt (aktiver als in dem Modell von Freud): Das Individuum soll sich zu einer Identität durchringen, die innerhalb der Grenzen einer Kultur dem Leben des Einzelnen Sinn, Zweck und Zusammenhang gibt. Mit solchen Postulaten geht Erikson von der Deskription über zur Ausformung ethischer Postulate (Thomae, 1968, S. 200).

Eine Verbindung dreier Ansätze haben *Dollard und Miller* versucht (1950): die Verbindung von Psychoanalyse, Ethnographie und Lerntheorie. Psychoanalytisches Fallmaterial wollten sie nach Kriterien bearbeiten, die den Forderungen des Neobehaviorismus entsprechen (Dollard, 1935). Sie deuteten Kultur als das Analogon zum lerntheoretischen „Labyrinth": die Kultur präge eine Persönlichkeit, indem sie wichtige biographische Situationen (Stillen, Sauberkeitstraining, Erleben von Aggression oder Sexualität) mit Belohnungs- oder Bestrafungsritualen begleite.

Von den Schülern bzw. Gegnern Freuds seien die Beiträge von Adler und Jung erwähnt.

Aus Fallgeschichten führte *Adler* ein neues Thema in die biographische Forschung ein und illustrierte es an Einzelfällen: Das Streben nach Überlegenheit entwickle sich zum Grundthema des Individuums, hervorgegangen aus der Familiendynamik, vor allem der Stellung eines Kindes in der Geschwisterreihe (z.B. 1912); dieser Wille zur Macht übe zentralen Einfluß auf den individuellen Bios aus, aber er lasse sich kontrollieren durch das sogenannte „Gemeinschaftsgefühl": die Rücksicht auf soziale Gegebenheiten, zunächst in der Familie, dann auch in der größeren „Gesellschaft". Wie nach Freud, so ist auch nach Adler das Individuum nur verstehbar aus seiner Lebensgeschichte, diese aber erscheint stärker gestaltet von den bewußten Anteilen einer Person: Der Einzelne kann kreativ umgehen mit seinem Schicksal, er ist das Bild seiner Selbst, aber auch der Maler dieses Bildes. Einzigartig erweise der Einzelne sich darin, daß er selbständig einen Lebensstil, eine Lebensleitlinie entwerfe. Insofern ist es Zukunft und Finalität, womit Adler das Individuum charakterisiert.

Wie er konzipiert *Jung* die Persönlichkeit von ihrem Zukunftsbezug, von ihrer Individuation her (1968). Aber der individuelle Bios ist dabei eingebettet in ein kollektives Bezugssystem. Denn der Prozeß der Selbstwerdung orientiert sich an archaischen Symbolen – den Archetypen, die als Figuren oder Ereignisse in Märchen oder Mythen Gestalt erhalten, beispielsweise die Archetypen des Schattens, des Animus oder der Anima, des alten Weisen oder der großen Mutter, schließlich des Selbst. Im Ursprung handelt es sich um kollektive Bilder, bei jedem Menschen im Unbewußten angelegt; in der einzelnen Person, in ihren Projektionen und Träumen, können sie jedoch individuell variieren und die Selbstverwirklichung als Helfer fördern oder als Verführer gefährden.

Es liegt nahe, an dieser Stelle Kelly und Rogers einzuführen. Gemeinsam ist ihnen mit Freud, Adler und Jung die Art der Datengewinnung: Klinisches Fallmaterial dient der Hypothesen- und Theoriebildung. Neu ist bei ihnen, daß sie deutlicher kognitive Elemente hervorheben.

Für *Kelly* ist es die Dimension der Zeit, nicht die des Raumes, welche am meisten dazu beiträgt, Individuen zu verstehen. Verständlich wird dies von seiner Sicht des Menschen her. Ereignisse, die sich in der Zeit abspielen, machen Personen begreifbar, nicht Dinge, die sie räumlich umgeben (1958). Die zeitlichen Ereignisse bilden sich ab in „persönlichen Konstrukten", die der Einzelne entwirft, um sich selbst und seine Position in der Zeit zu verstehen. Persönliche Konstrukte sind nicht gleichzusetzen mit logischen Begriffen, sie sind psychologisch konstruierte Einheiten, die es dem Individuum ermöglichen, seine vergangenen Erfahrungen so zu deuten und so zu ordnen, daß sie kommende Ereignisse antizipieren und den Umgang mit ihnen erleichtern. Sie machen, so Kelly, die Benutzung von Konzepten wie Motiv, Emotion oder Affekt überflüssig. Nicht die Phänomene, welche die drei Konzepte abdecken, werden geleugnet; behauptet wird nur, daß im Konzept der persönlichen Konstrukte all das enthalten ist, was sonst Begriffe wie Motiv und Affekt oder Emotion bezeichnen (1955, 1958). Weil die individuelle Welt sich in den persönlichen Konstrukten darstellt, lassen sich interpersonale Beziehungen – an denen Kelly als Therapeut besonders liegt – nur erschließen, indem das Konstruktsystem „des anderen" erforscht wird. Es geht darum, die Welt mit den Augen des anderen zu sehen (1955, I, S. 239). – Kelly dürfte zur Gruppe jener Psychologen gehören, die am entschiedensten versucht haben, ein Individuum von seiner Subjektivität her zu erfassen. Sicher überschreitet Kelly in diesem Versuch seine empirische Basis.

Anders als Kelly, aber ähnlich wie Freud hat *Rogers* dem emotional-affektiven Verhaltensanteil große Bedeutung zugesprochen (1961). Um das Verhalten einer Person zu verstehen, muß der Untersucher erfahren, wie sie Umstände und Ereignisse erlebt: Nicht die Umwelt an sich, sondern ihre kognitiv-emotionale Repräsentanz bestimme das Verhalten einer Person. Das Verhalten aber ist auf Selbstverwirklichung der Person gerichtet. Was der Selbstaktualisierung dient, erfährt eine Person aus ihren Gefühlen. In den Gefühlen vollzieht sich ein autonomer Bewertungsprozeß, auf den sich der Einzelne verlassen kann. Neben dem angeborenen entwickelt sich ein zweites Bewertungssystem: Normen, die von wichtigen Bezugspersonen übernommen werden. Wenn es einer Person nicht gelingt, das eigene und das übernommene Bewertungssystem in Übereinstimmung zu bringen, können Störungen entstehen – dann nämlich, wenn jemand das eigene Wertesystem aufgibt und dem übernommenen folgt. Um solche Störungen zu korrigieren, hat Rogers eine Therapieform entwickelt, die dem Klienten helfen soll, seine eigenen Gefühle zu erkennen und sich ihnen anzuvertrauen. Dabei betont Rogers so sehr die Bedeutsamkeit gegenwärtiger Gefühle, daß sein biographischer Ansatz fast aufgehoben wird, weil vergangene Gefühle als unbedeutsam, Selbstaktualisation im „Hier und Jetzt" dagegen als wesentliches Ziel erklärt werden.

Als Zwischensumme ergibt sich: Bei gleichem biographischen Ansatz – individuelles Fallmaterial dient als Datenquelle – entwickeln Freud und Erikson, Adler und Jung, Rogers und Kelly unterschiedliche Persönlichkeitsmodelle. Gemeinsam ist ihnen, daß sie die Person in ihrem biographischen Prozeß verfolgen und Strukturbegriffe zur Beschreibung dieses Prozesses einführen.

Biographische Forschung zentriert um Ichintegrität und Selbstfindung

Weiterführen läßt sich der Gedankengang, indem wir auf Begriffe von Erikson, Jung oder Rogers zurückgreifen: auf Begriffe wie Selbstfindung oder Ichintegrität. Eine entscheidende Funktion sprechen Ch. Bühler und Maslow Personsystemen zu, die sie mit diesen Namen belegen. *Ch. Bühler* (1933, 1969 a) hat Anfang der 30er Jahre, damals noch in Wien, eine große Zahl von Biographien gesammelt und sie unter entwicklungs- und persönlichkeitspsychologischer Sicht analysiert. Ihr zufolge ist ein Individuum charakterisiert durch Intentionalität, durch seine aktive und kreative Hinordnung auf Ziele. Erreichen lassen sich die Ziele in fünf Lebensphasen – einer Zeitspanne, die von der Geburt bis zum hohen Alter reicht.

In den einzelnen Phasen realisieren sich die Zielsetzungen in vier Grundstrebungen (1968): *erstens* in Bedürfnisbefriedigung, *zweitens* in schöpferischer Expansion, *drittens* in selbstbeschränkender Anpassung, *viertens* in der Aufrechterhaltung einer inneren Ordnung. – Die vier Strebungen manifestieren sich in drei Bereichen: (a) in Aktivitäten, deren Schwerpunkt im Beruf liegt; (b) in persönlichen Beziehungen, die sich um die Suche nach Liebe zentrieren, vor allem in der Ehe; (c) in der Entfaltung des eigenen Selbst, mit den Ziel einer Herstellung von Selbstintegrität.

„Kernsystem" ist das „integrierende Selbst": Ihm entstammen die Ziele, von ihm wird ihre Realisierung gesteuert. „Das Selbst ... erscheint uns als ein unterbewußtes System, welches die Potentialität des Individuums und die ihm innewohnenden Direktiven enthält. Es repräsentiert und entwickelt die Intentionalität des Menschen auf letzte Erfüllung, ein Stadium, das er durch die Verwirklichung seines Potentials zu erreichen hofft, wie sehr dies auch von äußeren Einflüssen modifiziert worden sein mag" (1969 b, S. 297).

Innerhalb dieses Gesamtsystems gliedert sich das Ich als „ein bewußtes, ordnendes Aktionssystem" aus (1969 b, S. 296). Wie sich dieses Kernsystem, das integrierende Selbst, im Prozeß der Entwicklung entfaltet, wird an einzelnen Biographien veranschaulicht. – Wie andere Autoren, die ihre Persönlichkeitskonzeption auf biographisches Material gründen (etwa Adler oder Kelly), hebt auch Bühler die Bedeutung der Zukunft hervor, indem sie Intentionalität, entsprungen und gesteuert vom integrierten Selbst, zur entscheidenden Charakteristik der Person erklärt. Sie hat eine breite empirische Basis gelegt, aber Lebensläufe wohl zu eng in Entsprechung zu ihren „Phasen" und „Grundtendenzen" interpretiert (Thomae, 1980, S. 123).

Mit Bühler, Rogers und anderen gilt *Maslow* als einer der Begründer und Hauptvertreter der „Humanistischen Psychologie"; ihr Ziel war es, eine deterministische Psychologie abzulösen durch eine humane Psychologie, die sich das menschliche Verhalten erschließt durch Zuwendung zum konkreten, auch zum alltäglichen Humanverhalten (1970). Als eine der wichtigsten Methoden galt die Lebenslaufanalyse. So betrachtet auch Maslow das Individuum von seiner biographischen Genese her. Diese Entwicklung, so nimmt er an, orientiert sich an hierarchisch gestaffelten Grundbedürfnissen, die einander in dem Sinne zugeordnet sind, daß ein höheres Bedürfnis nur befriedigt werden kann, wenn das niedrigere befriedigt worden ist. Am Fuße der Hierarchie finden sich physiologische Bedürfnisse, an ihrer Spitze das Streben nach Selbstverwirklichung. – Wichtiger als jede Einzelaussage dürfte bei Maslow die grundsätzliche Forderung sein, menschliches Verhalten immer in seiner Ganzheit zu sehen, es nicht zu interpretieren von einem einzelnen Motiv oder von einem Motivdefizit her. – Aus seinem Schülerkreis versuchte *Shostrom* (1965), mit dem „Personal Orientation Inventory" Selbstverwirklichung in unterschiedlichen Facetten zu erfassen.

Biographische Forschung zentriert um stärker theoretisch und methodisch orientierte Ansätze

Bis hierher gliederte sich dieser Beitrag nach den zwei Titeln: „klinisches Fallmaterial als Datenbasis" und „Selbstintegrität als Zentrum biographischer Forschung". Die Inhalte der beiden Teilkapitel überschnitten sich, sie werden sich auch überlappen mit Konzeptionen von Repräsentanten, die jetzt vorgestellt werden sollen: Es geht um Autoren, die mit dem Kürzel einer stärker methodischen und stärker theoretischen Orientierung charakterisiert werden sollen.

Stern und Spranger haben biographisches Material ausgewertet: Stern, um die Entwicklung in der Kindheit zu beschreiben, vor allem die der Kindersprache (1927), Spranger vor allem, um eine Psychologie der Jugendzeit zu entwickeln (1959).

Stern diskutiert ausführlich die Bedeutung der biographischen Methode für eine „differentielle Psychologie", deren Namen er geprägt und deren Methoden er gerechtfertigt hat (1921). Unter dem Titel der „Psychographik", einer Untersuchung von Individuen, vergleicht er die biographische Methode als eigenständigen Zugang zur Persönlichkeit mit der „Variations- und Korrelationsforschung", der Untersuchung von Zusammenhängen zwischen Merkmalen. Das Problem zentriert er um die Frage, „welches Recht das Individuelle überhaupt – und die menschliche Individualität insbesondere – auf wissenschaftliche Erforschung habe" (1921, S. 318). Dieses Recht bejaht er im Namen der idiographischen Methode, wehrt sich aber dagegen, sie von der nomothetischen Methode

„als eine strenge Sonderung wissenschaftlicher Disziplinen" zu trennen. „Es sind zwei Standpunkte, aber nicht zwei Gebiete" (1921, S. 319). – Sterns Beitrag liegt vor allem in seinen methodologischen Überlegungen, mit denen er dem Persönlichkeitsforscher die biographische Methode vorstellte und empfahl.

Spranger konstruierte das zentrale Stück seiner Persönlichkeitstheorie, die „sechs Lebensformen", indem er beim Einzelnen „individuelle und gesellschaftliche Geistesakte" analysierte (1927, S. 36–59, S. 60–69). In den Geistesakten identifizierte er Elemente von Verhaltensmustern, die zusammengenommen jeweils eine charakteristische Lebensform prägen. In „individuellen Geistesakten" lassen sich vier Sinnvollzüge entdecken: (1) die theoretische, (2) die ästhetische, (3) die ökonomische und (4) die religiöse Lebensform. In „gesellschaftlichen Geistesakten", etwa Sympathie oder Herrschen, lassen sich zwei weitere Sinnvollzüge ausmachen: (5) die soziale und (6) die politische Lebensform. Was Spranger anstrebte, veranschaulichte er an dem Bild, daß er versuche, „aus der rauschenden Symphonie des Lebens die begrenzte Anzahl von Leitmotiven herauszuhören, aus dem sie zusammengewoben ist" (1927, S. 33).

Allport versucht, das Individuum in seiner Einzigartigkeit zu erfassen. Was er anstrebt, läßt sich an einem Gegenbild verdeutlichen, das er zeichnet: Positivistischen Psychologen wirft er vor, „sie streiften alle störenden Besonderheiten von der Person ab und suchten hauptsächlich eine Wissenschaft der Mittelwerte" (1970, S. 543). Die Besonderheiten des Einzelnen sind es, was Allport erkennen will, und zwar dadurch, daß er „zusammenhängend den Verlauf des Werdens nachzeichnet" (1970, S. 547). Zugang zu dieser Genese eröffnen vor allem persönliche Dokumente in ihrer ganzen Breite: Briefe, Tagebücher, Autobiographien, Fragebögen mit offenen Fragen, wörtliche Interviews, Bekenntnisse oder Erzählungen, literarische Erzeugnisse (1970, S. 393). Er entwickelt Kriterien, mittels deren solche Datenquellen erschlossen werden (1942, 1962).

Individuelle Lebensmuster lassen sich vor allem an zwei Prozeßgestalten der Persönlichkeit erkennen: an der Entwicklung (1) des Propriums (des Selbst), (2) der funktionellen Autonomie. – *Zu (1):* Die Entwicklung des Selbst wird in acht Phasen beschrieben: von der Geburt bis zum reifen Erwachsenenalter; sie läßt die Art von Integration erahnen, die ein Individuum herstellt, indem es Zellverbände, bedingte Reflexe, Gewohnheiten, persönliche Eigenschaften und „Selbste" zu einer Gesamtpersönlichkeit vereinigt, die sich einer Einheit nur nähern, die Einheit jedoch nie vollständig erreichen kann (1970, S. 98–99, S. 109–127). – *Zu (2):* Funktionelle Autonomie bezeichnet ein Motivsystem, das sich aus einem Mittel zu einem Ziel verselbständigt. *Beispiel*: Ein Mann heuert in seiner Jugend als Seemann an, um Geld zu verdienen. Im späteren Leben aufgestiegen zum Bankier, bewahrt er seine „Liebe zur See", indem er seine Freizeit auf Jachten verbringt. Das Motivsystem „Seefahrt" war zuerst Mittel, dann wandelt es sich in ein selbständiges Ziel (1970, S. 224.) Funktionelle Autonomie charakterisiert solche individuellen Motivklassen, die das Individuum in seiner Identitätssuche leiten: Sie legen die letzten Ziele einer Person offen und ermöglichen die Annäherung an die angestrebte, aber nie erreichte Einheit. – Vereinfacht läßt sich sagen, daß Allport mit seiner biographischen Forschung den eigenschaftsorientierten Ansatz von Persönlichkeitspsychologie auflockerte, indem er Eigenschaften in ihrer Entwicklung und Variation verfolgte.

Zu der Gruppe biographisch orientierter Theoretiker sei auch *Leontjew* gezählt, der Persönlichkeit aus handlungstheoretischer Perspektive interpretiert (1971, 1979). In der „Tätigkeit" gibt ein Mensch zu erkennen, wer er ist. Tätigkeit wird durch bewußte und unbewußte Motive gesteuert, die das Individuum subjektiv als sinnvoll deutet.

Dieser Sinnbildungsprozeß spiegelt sich im Selbstbewußtsein, das die Geschichtlichkeit einer individuellen Biographie herstellt. Denn es ist eine „psychologische Grundtatsache", „daß der Mensch eine Beziehung zu seiner Vergangenheit aufnimmt, die auf unterschiedliche Weise zum Bestandteil des für ihn Gegenwärtigen wird – sozusagen zum Gedächtnis seiner Persönlichkeit" (1979, S. 207). Einer so gespeicherten und gedeuteten Biographie ist das Individuum aber nicht ausgeliefert, es kann sie kreativ neu interpretieren „in Richtung auf die Zukunft" (1979, S. 207). Was diese Art ermöglicht, sich die eigene Biographie anzueignen, sind Motive in ihrer Sinngestalt, vor allem in ihrem Hierarchisierungsgrad. Die Hierarchiestufen geben sich darin zu erkennen, wieweit „der Mensch seine Handlungen gleichsam an dem für ihn wichtigen Leitmotiv mißt" (1979, S. 209).

Wie Stern, Spranger und Allport deutet auch Leontjew die Einheit der Persönlichkeit von den Zielen her, die sie als Dominanten ihres Lebens anstrebt. – Über diesen Ansatz gehen andere Autoren hinaus, indem sie das Individuum nicht nur aus seiner biographischen Situation interpretieren, sondern ihre gesamten persönlichkeitstheoretischen Aussagen auf biographischem Material begründen. Vorgestellt seien Murray, White und Thomae.

Murray sammelte mit einem Stab von 25 Mitarbeitern ein halbes Jahr lang Informationen über 50 Collegestudenten (1938, 1948). Dabei verwandte er alle psychologischen Methoden, die ihm zur Verfügung standen: Fragebogen ebenso wie Leistungstests, projektive Verfahren ebenso wie ausführliche Gespräche und individuelle Aufzeichnungen. Er suchte Informationen über Familiensituation, Schullaufbahn, sexuelle und soziale Entwicklung, über Selbstkonzepte, Konflikte, in die seine Probanden verwickelt waren, über ihre beruflichen und privaten Ziele, ihre politischen, sozialen und wissenschaftlichen Erwartungen. Die Lebensgeschichte der Probanden wurde auf diese Weise Datenquelle für Murrays Personologie.

Um die Daten aufzuschlüsseln, entwarf er neue Analyseeinheiten: In „Episoden" strukturieren sich kurze Verhaltensabschnitte unter einem einzelnen Thema (proceedings). – In „Serien" und „Abschnitten" treten mehrere Episoden unter thematischer und zeitlicher Einheit zusammen (serials, ordinations). – Verhaltensabschnitte wie Episoden oder Serien führte Murray zurück auf Motivsysteme, die er „Bedürfnis" und „Druck" nannte: Bedürfnis (need) umfaßte alles, was ein Individuum von sich aus mag, will, anstrebt; Druck (press) umfaßte alles, was ein Individuum von der Umwelt auf sich zukommen fühlt. – Das wechselreiche Zusammenspiel von Bedürfnis (in der Person) und Druck (aus der Umwelt) bezeichnete Murray als „Thema" (theme). Er suchte nach solchen „Themen", die eine individuelle Biographie kennzeichnen und darum für den Forscher ein Schlüssel zur Erfassung der Individualität sind (unity theme).

Murray hat einen klassischen Zugang zur Persönlichkeit über die Biographie erschlossen. Aber seine Datenbasis war schmal. 50 Harvard-Studenten bildeten seine Untersuchungsstichprobe, sie repräsentieren keineswegs die Bevölkerung der USA, erst recht nicht die des Restes der Welt.

Murrays Schüler *White* (1964) setzte biographische Methoden ein, um Persönlichkeit in ihrem Verhaltensprozeß zu verfolgen. Dies veranschaulichte er an dem Konstrukt der „interpersonalen Kompetenz". Er verglich die Biographien zweier Männer, die er Chatwell und Merritt nannte. Beide Probanden verfügten über interpersonale Kompetenz, aber in unterschiedlicher Ausprägung. White versucht, an einzelnen biographischen Abschnitten die Entfaltung und Variation eines „Einheitsthemas" (unity theme) über einen großen Lebensabschnitt hin zu veranschaulichen.

In weit größerem Umfang als Murray hat *Thomae* biographische Daten gesammelt, analysiert und klassifiziert. Die methodische Reflexion hat er weitergeführt. Er hat eine Fülle von Biographien erhoben und Kriterien für die Datensammlung formuliert, die früheren Vorschläge von Dollard (1935) und Allport (1942) aufgenommen und weiterentwickelt (Thomae 1952, 1977, 1996): Wenn biographische Angaben vier Forderungen genügen, so sieht Thomae eine Entsprechung zu experimentell erhobenen Meßwertreihen gegeben; die vier Stichworte lauten „Überschaubarkeit, Konkretheit, Repräsentativität sowie unvoreingenommene Erhebung" der Daten (Thomae & Petermann, 1983).

Als Zugang zu solchen überschaubaren, neutralen, konkreten und repräsentativen biographischen Daten hat Thomae drei Zeit- oder Verhaltenseinheiten vorgeschlagen: als kleinste Einheit die Handlung, als mittlere Einheit zuerst den Tageslauf, später die kognitiv repräsentierte Gegenwart und als größte den Lebenslauf (Thomae, 1968; Lehr & Thomae, 1991).

Handlungen oder Episoden veranschaulicht er an (experimentell gestellten) Wartezimmersituationen, an alltäglichen Handlungsreihen (z.B. Beobachtung eines Jungen in einer Schulsituation) oder an experimentellen Leistungssituationen. – Die kognitiv repräsentierte Gegenwart illustriert er an der Gegenüberstellung von unterschiedlichen Berichten über typisches Tagesgeschehen. Themen, die sich bei verschiedenen Probanden vergleichen lassen, etwa Aktivität und Ruhe, Gleichförmigkeit und Wechsel, Störung und Ausgeglichenheit, werden als Indikatoren für Varianz oder Einheit des Verhaltens in mittleren biographischen Einheiten interpretiert. – Die Möglichkeit, einen Lebenslauf zusammenzufassen, illustriert Thomae an unterschiedlichen Modellen der Darstellung: Ein Erfinderschicksal wird beispielsweise von der dominanten Idee her dargestellt, Erfinderpläne zu verwirklichen, ein anderes Lebensschicksal aus der Perspektive einer entscheidenden Traumatisierung in der Kindheit.

Die drei Analyseeinheiten (Handlung, kognitiv repräsentierte Gegenwart, Lebenslauf) sollen nicht einmünden in individuelle Schilderungen, etwa im Sinne einer Anekdote, Novelle oder eines Lebensromanes. Sie sollen vielmehr Aussagen erschließen über „*das* Individuum und seine Welt". Denn „die Analyse des Individuums ist nur eine Etappe auf dem Weg zu einer wie immer gearteten Generalisierung" (1968, S. 105). Erster Schritt auf dem Weg zur Generalisierung ist es, „die Formen und Inhalte kognitiver Repräsentationen zu untersuchen." Der nächste Schritt gilt „dem Aufweis thematischer Strukturierungen in Handlung und Lebenslauf" (Thomae, 1996, S. 19). Stets wird das Ausgangsmaterial durch ein System von Skalen in quantitative Daten übersetzt. Dieses Vorgehen findet Verwendung in vielen Studien, die von Thomae initiiert und/oder begleitet wurden.

Generelle Beschreibungskategorien hat Thomae unter verschiedenen Aspekten formalisiert. Die beiden wichtigsten Klassen dürften die „Daseinsthemen" und „Daseinstechniken oder Reaktionsformen" sein:

Daseinsthemen beschreiben Leitmotive des Verhaltens, motivational-kognitive Orientierungssysteme, in denen Individuen ihre Sinnsuche zentrieren. „,Themen' als wiederholt geäußerte Gedanken, Wünsche, Befürchtungen und/oder Hoffnungen sind nicht aus dem Verhalten erschlossene intrapsychische Konstrukte wie Motive. Sie sind nach eindeutigen Kriterien aus biographischen Dokumenten wie einem Bericht über einen Tageslauf oder eine biographische Episode ableitbare Inhalte personaler Prozesse, in denen es nicht nur um die kognitive Repräsentation von Situationen, sondern um Art und Ausmaß des Betroffenseins von ihnen, der inneren und äußeren Auseinandersetzung mit ihnen geht" (Thomae, 1996, S. 79–80).

Daseinstechniken oder *Reaktionsformen* haben die Funktion von Mitteln, sie ermöglichen oder erleichtern die Realisierung von Daseinsthemen. Im Sinne von Beispielen seien genannt das „Aufgreifen von Chancen", die „Bitte um Hilfe" oder die „Korrektur von Erwartungen". Thomae definiert zwanzig Reaktionsformen sehr genau und veranschaulicht sie an biographischen Auszügen

(1996, S. 114–130). – Was als Reaktionsform oder als Daseinstechnik gedacht war, kann selber zum Daseinsthema werden. Leistungsverhalten etwa, zunächst Mittel im Dienste einer beruflichen Karriere, kann zum Selbstzweck werden und aus einer Technik zur Thematik aufsteigen.

Strukturierungen der Themata sind es, wodurch ein Individuum seinen Handlungen, seinen Tagesläufen oder dem gesamten Bios Richtung und Bedeutung verleiht (1996, S. 19, 75). „So gesehen wird das Konstruktum der ‚thematischen Strukturierung‘ als des wesentlichsten Prinzips personaler Geschehensordnung gleichzeitig zum ‚principium individuationis‘" (1968, S. 586).

Das einheitliche Zentrum, aus dem heraus ein Individuum handelt, seine Ziele verfolgt, die Ergebnisse seines Handelns erlebt und bewertet, bezeichnet Thomae als den subjektiven Lebensraum. Das Konstrukt umschreibt die „Gesamtheit der in einem bestimmten Augenblick aktualisierten kognitiven Repräsentationen eines Individuums" (1996, S. 29). Thomae ‚lokalisiert‘ den Lebensraum *nach* der Wahrnehmung, aber *vor* dem Handeln. „Allerdings sollte man die letzten Phasen der perzeptiven Prozesse noch dem ‚Lebensraum‘ zuordnen" (1996, S. 29).

Insgesamt wird bei Thomae erkennbar: Von der Erhebung der Daten bis zu ihrer Analyse und Klassifikation steht die Erfassung des Individuums und seiner Welt unter der erkenntnisleitenden Idee einer psychologischen Biographik. „Als Voraussetzung einer adäquaten Annäherung an Probleme der Persönlichkeitsforschung wurde eine methodisch kodifizierte, zugleich aber möglichst voraussetzungsfreie, aus echter Kommunikation zwischen Forscher und Informant hervorgehende Annäherung an die Mannigfaltigkeit individueller Welten genannt. Die systematische Auswertung der auf diesem Wege gewonnenen Erfahrungen wurde durch die Erarbeitung bestimmter Aspekte personaler Geschehensordnung zu fördern versucht. Diese personale Geschehensordnung stellt sich als die für eine Person in bestimmten Situationen kennzeichnende bzw. bevorzugte Folge von spezifischen Konturierungen des subjektiven Lebensraumes, von Dominanzverhältnissen unter bedeutsamen Themen der Lebensführung und bestimmter Reaktionshierarchien dar" (Thomae 1996, S. 219).

Zum Abschluß sei hingewiesen auf „biographische Anteile" in den persönlichkeitstheoretischen Modellen von Mischel, Rotter und Peterson.

Mischel verweist auf die natürlichen Situationen und Beschreibungskategorien, die es dem Menschen im „Strom des täglichen Verhaltens" ermöglichen, andere Individuen als kohärente Personen wahrzunehmen (1983). – *Rotter und Hochreich* verstehen ein Individuum von seiner individuellen Lerngeschichte her, die eine subjektive Einheit herstellt, darum auch nur vom Subjekt her zu erfahren ist (1979). – *Peterson* verteidigt und rechtfertigt, gegen den behavioristischen Ansatz, den Zugang zur Person von ihrem subjektiven Erleben und Empfinden her: „Natürlich haben die Behavioristen das volle Recht, menschliche Erfahrung zu ignorieren. Aber wir sehen Vorteile darin, solche Prozesse zu erforschen" (1977, S. 310).

Thematische Zusammenfassung

Als Form einer Zusammenfassung seien Stichworte gesucht, welche Grundannahmen biographischer Forschung in den Grenzen der Persönlichkeitspsychologie verdeutlichen.

Wissenschaftstheoretisch wird vorausgesetzt, daß Individualität einen Ansatz für Generalität bieten kann. Biographien von Einzelnen sollen Informationen erschließen, die auf Viele zutreffen, somit Klassifikation in unterschiedlicher Abstraktionshöhe ermöglichen. Insofern handelt es sich um einen Zugang, der mit idiographischer Datenerhebung ansetzt, aber zu nomothetischen Reduktionen führen soll (leicht erkennbar wird dies z.b. bei Freud, explizit thematisiert zum Beispiel bei Thomae).

Methodologisch wird angenommen, daß es Kriterien gibt, die zu entscheiden erlauben, ob Daten für eine Biographie repräsentativ sind. Denn weil sich das gesamte Leben eines Individuums nie vollständig in Daten erfassen läßt, muß sich der Untersucher mit Ausschnitten begnügen, die für einen Bios als repräsentativ gelten. Diese Grundannahme ist verknüpft mit der Voraussetzung einer Ganzheit der Person, die auch besagt, daß sich in Teilen das Ganze zu erkennen gebe. („Kliniker" wie Freud oder Rogers nehmen an, daß sich „zentrale" Störungsfelder unter „Leitung" des Leidensdruckes identifizieren lassen; Allport nimmt an, daß sich „zentrale" Persönlichkeitsdimensionen in persönlichen Dokumenten abbilden).

Entwicklungspsychologisch wird ein Persönlichkeitsmodell vorausgesetzt, in dem ein Individuum als Ergebnis seiner Lebensgeschichte gilt. Darum kann auch nur ein individueller Bios die Perspektiven liefern, unter denen ein Leben verständlich wird. (Genau dies behaupten zum Beispiel Bühler, Rogers, Erikson, Allport). Der biographische Ansatz deutet Persönlichkeit darum vor allem als Prozeßgestalt.

Ereignisse und Abschnitte in diesem Prozeß werden als Einheit gefaßt, nicht in dem Sinne einer Summe aneinandergereihter Lernerfahrungen, sondern im Sinne thematischer Orientierungen. (So argumentieren etwa Murray, White, Bühler, Leontjew, Thomae). Es wird eine aktive Beziehung der Person zu ihrer Vergangenheit angenommen: von ihr her werden Möglichkeiten der Gegenwart und Zukunft interpretiert, in dieser Aufarbeitung kann die Vergangenheit thematisch neu gedeutet werden.

344

Diesen Prozeß und diese Einheit, so wird angenommen, kann das Individuum selber am einsichtigsten interpretieren. Das Subjekt gilt als Jemand, der kompetent und verläßlich Auskunft geben kann über sich selber. (Darauf verweisen beispielsweise Kelly oder Thomae). Den Untersucher interessiert deshalb keine neutrale Datenliste, sondern vor allem die Art, wie der Einzelne sein Leben sichtet und die Ereignisse bewertet, die ihn betreffen. „Nur als Objektivierungen intentionaler menschlicher Tätigkeit sind die Dinge und Ereignisse der Umwelt im strengen Sinne des Wortes humane Dinge und Ereignisse" (Graumann 1980, S. 49).

Unter diesem Aspekt hat biographische Forschung eine Affinität zu explorativen oder explorationsähnlichen Methoden: zu Gesprächen, Befragungen, Analysen von Selbstbeschreibungen, wie sie in Tagebüchern, Briefen oder persönlichen Dokumenten vorliegen. (Solche Überlegungen formulieren „Kliniker" wie Kelly oder Rogers, aber auch „Persönlichkeitstheoretiker" wie Allport oder Thomae). Als einziger Zeuge seines gesamten Bios muß das Individuum „sich erklären", wenn der Forscher es kennenlernen soll (Thomae 1968, S. 111).

Als *Resümee* sei eine Feststellung von Runyan zitiert (1988, S. 321): „Fortschritt der biographischen Forschung ist eng verknüpft mit Fortschritt in der Persönlichkeitspsychologie: Zum einen wird geprüft, wie weit allgemeine Persönlichkeitstheorien individuelle Lebensläufe verständlich machen. Zum anderen wird ermittelt, welchen Beitrag Persönlichkeitspsychologie leistet, wenn sie eines der höchsten Ziele erreichen will, das Ziel, die einzelne Person besser zu verstehen."

Literatur

Adler, A. (1912). Über den nervösen Charakter: Grundzüge einer vergleichenden Individualpsychologie und Psychotherapie. Wiesbaden: Bergmann.
Allport, G.W. (1942). The use of personal documents in psychological science. Prep. for the Committee on Appraisal of Research. New York: XIV. Social Science Research Council. Bulletin 49.
Allport, G.W. (1962). The general and the unique in psychological science. Journal of Personality, 30, 405 – 422.
Allport, G.W. (1970). Gestalt und Wachstum in der Persönlichkeit. Meisenheim: Hein.
Bühler, Ch. (1933). Der menschliche Lebenslauf als psychologisches Problem. Leipzig: Hirzel. (2. Auflage 1959: Göttingen: Hogrefe).
Bühler, Ch. (1968). The course of life as a psychological problem. Human Development, 11, 184–200.
Bühler, Ch. (1969a). Die allgemeine Struktur des menschlichen Lebenslaufs. In Ch. Bühler & F. Massarik (Hrsg.), Lebenslauf und Lebensziele (S. 10–22). Stuttgart: Fischer.
Bühler, Ch. (1969b). Das integrierende Selbst. In Ch. Bühler & F. Massarik (Hrsg.), Lebenslauf und Lebensziele (S. 282–299). Stuttgart: Fischer.

Dailey, Ch.A. (1960). The life history as a criterion of assessment. Journal of counseling Psychology, 7, 20–23.

Dollard, J. (1935). Criteria for life history. New Haven: Yale University Press.

Dollard, J. & Miller, N.E. (1950). Personality and psychotherapy. Analysis in terms of learning, thinking, and culture. New York: McGraw-Hill.

Erikson, E.H. (1950). Childhood and society. New York: Norton.

Erikson, E.H. (1959). Identity and life cycle. New York: International Press.New York.

Freud, S. (1941). Abriß der Psychoanalyse. Gesammelte Werke, XVII (S. 63–138). London: Imago.

Graumann, C.F. (1980). Psychologie – humanistisch oder human? In U. Völkel (Hrsg.), Humanistische Psychologie (S. 39–51). Weinheim: Beltz.

Jung, C.G. (1968). Zugang zum Unbewußten. In C.G. Jung, M.-L.v Franz, J.L. Henderson, J. Jacobi & A. Jaffé (Hrsg.), Der Mensch und seine Symbole (S. 18–103). Olten und Freiburg: Walter.

Kardiner, A. (1939). The individual and his society. New York: Colombia University Press.

Kelly, G.A. (1955). The psychology of personal constructs. Volume I, II. New York: Norton.

Kelly, G.A. (1958). Man's construction of his alternatives. In G. Lindzey (Ed.), The assessment of human motives (pp. 33–64). New York: Rinehart.

Lehr, U. & Thomae, H. (1991). Alltagpsychologie. Aufgaben, Methoden, Ergebnisse. Darmstadt: Wissenschaftliche Buchgesellschaft.

Leontjew, A.N. (1971). Probleme der Entwicklung des Psychischen. Berlin: Volk und Wissen.

Leontjew, A.N. (1979). Tätigkeit, Bewußtsein, Persönlichkeit. Berlin: Volk und Wissen.

Maslow, A.A. (1970). Motivation and personality (2nd Edition). New York: Harper & Row.

Mischel, W. (1983). Analyzing the construction of consistency in personality. In M.M. Page (Ed.), Nebraska symposion on motivation. Personality – current theory and research (pp. 233 to 262). Lincoln: University of Nebraska Press.

Murray, H.A. (1938). Explorations in personality. New York: Oxford University Press.

Murray, H.A. (1948). Assessment of men. New York: Rinehart.

Peterson, D.R. (1977). A functional approach to the study of person-person interactions. In D. Magnusson & N.S. Endler (Eds.), Personality at the crossroads. Current issues in an interactional psychology (pp. 305–315). Hillsdale, N.J.: Erlbaum.

Rogers, C.R. (1961). On becoming a person. A therapist's view of psychotherapy. Boston: Mifflin. (Deutsch 1973: Entwicklung der Persönlichkeit. Stuttgart: Klett).

Rotter, J.B. & Hochreich, D.J. (1975). Personality. Glenview, Illinois: Scott Foresman. (Deutsch 1979: Persönlichkeit. Berlin: Springer).

Runyan, W.M. (1988). Progress in Psychobiography. Journal of Personality, 56, 295–326.

Shostrom, E. (1965). An inventory for the measurement of self-actualization. Educational Psychology Measurement, 24,207–218.

Spranger, E. (1927). Lebensformen (6. Auflage). Halle: Niemeyer.

Spranger, E. (1959). Psychologie des Jugendalters (24. Auflage). Heidelberg: Quelle & Meyer.

Stern, W. (1921). Die differentielle Psychologie in ihren methodischen Grundlagen (3. Auflage). Leipzig: Barth.

Stern, W. (1923). Die menschliche Persönlichkeit (3. Auflage). Leipzig: Barth.

Stern, W. (1927). Psychologie der frühen Kindheit bis zum sechsten Lebensjahr (3. Auflage). Leipzig: Quelle & Meyer.

Thomae, H. (1952). Die biographische Methode in den anthropologischen Wissenschaften. Studium Generale, 5, 163–177.

Thomae, H.(1968). Das Individuum und seine Welt. Göttingen: Hogrefe.

Thomae, H. (1977). Fallstudie und Längsschnittuntersuchung. In G. Strube (Hrsg.), Die Psychologie des 20. Jahrhunderts, Bd V, Binet und die Folgen (S. 213–235). Zürich: Kindler.

Thomae, H. (1980). Biographische Methode und Humanistische Psychologie. In U. Völkel (Hrsg.), Humanistische Psychologie (S. 117–131). Weinheim: Beltz.

Thomae, H. (1996). Das Individuum und seine Welt (3., erweiterte und verbesserte Auflage). Göttingen: Hogrefe.

Thomae, H. & Petermann, F. (1983). Biographische Methode und Einzelfallanalyse. In H. Feger & J. Bredenkamp (Hrsg.), Enzyklopädie der Psychologie, Themenbereich B: Methodologie und Methoden, Serie 1 (Bd. 2: Datenerhebung, S. 362–400). Göttingen: Hogrefe.

White, R.W. (1964). Sense of interpersonal competence. Two case studies and some reflections on origins. In R.W. White (Ed.), The study of lives. Essays on personality in honor of H.A. Murray (2nd Edition, pp. 72–93). New York: Atherton Press.

Biographische Forschung in der Rechtspsychologie

Adelheid Kühne

Ziele biographischer Forschung in der Rechtspsychologie

Psychologie als Wissenschaft befaßt sich mit dem Erleben und Verhalten des Menschen in seiner Umwelt sowie mit den Bedingungen und Folgen. Bedingungsfaktoren für das Erleben und Verhalten sind Umwelt, Person und biologische Basis, wobei die Umwelt-(α-)variablen die Merkmale der materiellen und soziokulturellen Umwelt, die Personen-(β-)variablen die Kognitionen, Wahrnehmungs- und Handlungsmuster einer Person und die biologische Basis (γ-Variablen) die biologischen Grundlagen umfassen. Alle Variablen stehen untereinander und mit dem Erleben und Verhalten des Menschen in Wechselwirkungen, so daß Veränderungen innerhalb eines Variablenbereichs gleichzeitig Veränderungen in den anderen und des Erlebens und Verhaltens insgesamt nach sich ziehen. Die biographische Methode ermöglicht einen intraindividuellen Vergleich der Persönlichkeitsentwicklung über die Zeit durch die Einbeziehung aller drei Variablenbereiche.

Rechtspsychologie ist der Oberbegriff für diejenigen Bereiche der Psychologie, die sich mit den für die Rechtsanwendung wesentlichen Fragen menschlichen Erlebens und Verhaltens befassen. Dazu zählt die Kriminologie als Wissenschaft von den Kriminalitätsursachen, die Forensische Psychologie, bei der mit psychodiagnostischen Methoden juristische Beweisfragen des Gerichts beantwortet werden sowie Fragen der Behandlung von Straftätern und die Prävention von Straftaten. Grob klassifiziert lassen sich die forensisch-psychologischen Fragestellungen einteilen in die des Strafrechts (z.B. Schuldfähigkeit und Kriminalprognose), des Zivilrechts (z. B. des Sorge- und Umgangsrechts) und des Sozialrechts (z.B. Arbeitsfähigkeit) (Kühne 1990). Darüber hinaus leistet die Rechtspsychologie Beiträge zur Kommunikation in der Gerichtsverhandlung, Reform und Evaluation von Gesetzen und zu Fairneß und Verfahrensgerechtigkeit und Lösung von Konflikten im Verfahren durch Mediation (Breidenbach 1993; Bierbrauer u.a. 1995). Die kriminalpsychologischen Aspekte rechtspsychologischer Forschung befassen sich mit den Ursachen der Kriminalität, der Prognose, kriminellen und nicht mehr kriminellen Verhaltens und der Wirkung von Strafe und Behandlung. Ihre Bedeutung für Theorie und Praxis liegt im Verständnis für Kriminalität und der Weiterentwicklung von Präventionen und Behandlung kriminellen Verhaltens.

Nach Bjerre (1925) und Healy & Bronner (1926) kann psychologische Forschung nur dann verwertbare Ergebnisse liefern, wenn sie neben statistischen Untersuchungen das Augenmerk auf die persönliche Beobachtung des Delinquenten richtet. Beide Autoren beziehen sich damit auf von Liszt (1882), der den Einzelfall als Grundlage der Argumentation in der Kriminologie forderte (vgl. Thomae 1977, S. 221). Nach Sieverts (1931) ist die Einzelfallstudie die Grundlage exakter kriminalpsychologischer Forschung. Darüber hinaus dient sie der Vorbereitung von Längsschnittuntersuchungen, da sie die „Variabilität des Verhaltens in biographischen Mikroeinheiten (Handlungen, Tagesablauf) und ihre etwaigen Bedingungen" erfaßt (Thomae 1977, S. 233 f.). Die aus dem biographischen Material abgeleiteten Hypothesen können dann durch punktuelle Datenerhebungen, wie sie zum Beispiel von Göppinger (1983) und Farrington und West (1990) durchgeführt wurden, überprüft werden.

Das Ziel biographischer Forschung in der Kriminalpsychologie ist es daher, anhand von Verlaufsanalysen kriminelle Entwicklungen zu erkennen, zu verfolgen und zu verstehen. Die Biographie des Delinquenten kann dabei Instrument generalisierter Aussagen werden (Thomae 1968). Wesentlich dabei ist das Verstehen, wobei Mezger das kriminalpsychologische Verstehen definiert als „die Einreihung eines gegebenen seelischen Vorgangs in einen sinngesetzlich wirksamen Sinnzusammenhang" (1951, S. 8). Exner (1949) ergänzt dazu, daß ein guter Menschenkenner mit kriminalpsychologischen Kenntnissen und Wissen um die Sachlage im Einzelfall durchaus in der Lage sein kann, sich ein Bild vom Charakter des Delinquenten zu machen (vgl. Krüger 1949/50, S. 253). Middendorf bezieht sich in seinen Betrachtungen auf Szondi, der eine „gemeinsame Wellenlänge" zwischen Täter und Forscher als nützlich für das Verstehen, zum Beispiel von Betrügern und Hochstaplern ansah (1977, S. 173).

Das Ziel biographischer Forschung in der Rechtspsychologie ist daher die Analyse von psychischen Determinanten, die abweichendem Verhalten (i.S. von deviantem und psychopathologischem) sowie Konflikten und Normverstößen zugrunde liegen.

Biographische Forschung zu Normverstößen und Konflikten

Zeitgenössische Analysen

Basis biographischer, kriminalpsychologischer Forschung sind Einzelfallstudien und Fallsammlungen, als deren Vater der französische Advokat Francois Gayot de Pitaval gilt, der ab 1734 Fallschilderungen in 20 Bänden als „Causes célèbres et interessantes" herausgab. Eine vergleichbare Sammlung wurde von Anselm von Feuerbach (1828/1829) im deutschsprachigen Raum herausgegeben.

Als „Begründer der wissenschaftlichen Lebenslaufforschung" (Scharmann 1955, S. 84) ist Lambert Adolphe Jacques Quetelet, der auch die Sozialstatistik einführte, anzusehen. Er beschäftigte sich mit der physischen Entwicklung des Menschen, der Ausbildung und dem Wandel psychischer Eigenschaften, Interessen und Fähigkeiten und der Beziehung zwischen verschiedenen Lebensaltersphasen und der Kriminalität. Nach von Engelhardt (1983a, S. 7) stammt von Quetelet der Begriff der „Laufbahn" oder der „Karriere" des Delinquenten. Nach Quetelet ist das Alter eine der bestimmenden Variablen der Kriminalität, wobei der Höhepunkt delinquenter Aktivitäten in der Mitte des dritten Lebensjahrzehnts liegt. Darüber hinaus beschrieb Quetelet Altersschwerpunkte für spezifische Deliktarten, wobei Diebstahl, Gewalt und Sexualdelikte eher dem jungen Erwachsenenalter, Betrug und Fälschung eher dem mittleren und höheren Erwachsenenalter zuzurechnen sind.

In der Nachfolge Quetelets arbeitete Francis Galton (1883), wobei er wiederholte Nachuntersuchungen, um die Altersvariabilität besser beschreiben zu können, forderte. Sein besonderes Interesse fand die Studie von Dugdale (1877), in der die Nachkommen des 1730 in New York geborenen Max Jukes über sieben Generationen hinweg in ihrem Lebenslauf erfaßt worden waren. Ziel der Studie war es, über Lebenslaufbeschreibungen Informationen zu erhalten über anlagebedingtes abweichendes Verhalten. Ebenso zu erwähnen ist eine Linie der sogenannten Kalikaks, einer Familie, die von Goddard (1912) beschrieben wurde.

Healy (1915) versuchte alle diejenigen Faktoren zu isolieren, die abweichendes Verhalten bedingen können; er sah Kriminalität als Entwicklungsprozeß, der abhängig ist von entwicklungs-, persönlichkeits- und sozialpsychologischen Faktoren. Da ihm die angefertigten Biographien nicht aussagekräftig genug waren, entwickelte er ein Anamneseschema und führte ergänzende Gespräche mit Eltern, Lehrern etc. Als methodisch vergleichbar ist die Komparative Kasuistik (Jüttemann 1981) anzusehen.

Healy und Bronner (1926) gaben die „Judge Baker Foundation Case Studies" heraus, in denen sie die Lebensberichte von 20 jugendlichen Delinquenten verarbeiteten. Die „Own Story" gibt ihrer Meinung nach mehr Einblicke in das innerpsychische Leben, die Erinnerungen und Vorstellungen als eine gewöhnliche Befragung. Die Forderung, Lebensgeschichte von Delinquenten zur Grundlage kriminalpsychologischer Forschung zu machen, wurde von Shaw (1930) in seiner Arbeit „The Jack-Roller" erhoben. Die Geschichte von „Stanley" wird von ihm selbst erzählt und umfaßt einen Zeitraum von sechs Jahren, bei der es Shaw einerseits um die Entwicklung von Theorien über delinquentes Verhalten geht, andererseits um Diagnose und Therapie. Das biographische Material reicht nach seiner Ansicht zur Erreichung dieser Ziele nicht aus, sondern muß durch die Familiengeschichte, medizinische und psychologische Untersuchungen, Beschreibungen des sozialen Umfeldes und Aktenanalyse ergänzt werden. Der Forderung nach „Wahrheitstreue und Objektivität" hält Shaw entgegen, daß es besonders auf die persönlichen Einstellungen und Interpretationen des Verfassers der Biographie ankommt, die dann vom Forscher in Kombination mit anderen erhobenen Daten gewichtet werden müssen. Der Wert von Shaws Arbeiten liegt darin, daß er neben der Entwicklung der Persönlichkeit die Rolle der Familie und der sozialen Umwelt für die Entstehung von Delinquenz aufzeigt; seine Kritiker vermissen allerdings die Vorlage von Kontrollfällen, bei denen ähnliche Ausgangsbedingungen nicht zu kriminellem Verhalten geführt haben.

In Deutschland gab der Kraepelin-Schüler Gruhle zusammen mit Wetzel (1914) eine Sammlung „Verbrechertypen" heraus; u.a. veröffentlichte Gaupp darin sein psychiatrisches und kriminalpsychologisches Gutachten über den Hauptlehrer Wagner von Degerloch, der seine Frau und die gemeinsamen vier Kinder umbrachte und danach an vier Stellen Brand legte und acht Männer und ein Mädchen erschoß. Aufgrund des Gutachtens wurde Wagner exkulpiert, eine Hauptverhandlung wurde nicht eröffnet und Wagner lebenslang in eine psychiatrische Heil- und Pflegeanstalt eingewiesen. Für Gaupp war dieser Fall die Grundlage seiner Theorie über die Paranoia. Bis 1938 setzte er sich noch in mehreren Veröffentlichungen mit den Ursachen und dem psychopathologischen Verlauf des Lebens von Wagner auseinander. Die Darstellungen der sozialen, materiellen und sexuellen Entwicklungsgeschichte vor der Tat und in der Zeit der psychiatrischen Unterbringung spiegeln auch die Beziehung zwischen dem Patienten und dem Gutachter wider.

Gruhle (1924) warnte vor der unkritischen Übernahme der Berichte, da schreibgewandte Biographen bewußt Verzerrungen in die Darstellung bringen könnten.

Abschließend soll noch auf Bjerre (1925, „Psychologie des Mordes") und Schurich (1930, „Lebenslauf vielfach rückfälliger Verbrecher") hingewiesen werden (weitere Hinweise bei Paul (1979) Band 2, S. 75–80).

Der Wert von Biographien und Autobiographien (Memoiren) für die kriminalpsychologische Forschung liegt in Informationen über Strafprozesse, die Persönlichkeit der Autoren und der in den Lebensläufen dargestellten Personen. Middendorf (1977, S. 177) weist als Quelle biographischer Forschung auf die Berichte und Erinnerungen von Pfarrern aus Strafanstalten hin; diesen gegenüber sind seiner Meinung nach Biographien von Straftätern kritisch zu betrachten, sofern sie nicht von Kriminalpsychologen oder Kriminologen durchgesehen worden sind.

Historische Analysen (ex-post-Analysen)

In den vergangenen Jahren hat sich ein neuer Zweig der Forschung, die historische Kriminologie, etabliert, deren Ziel es ist, auf der Basis von Aktenanalysen und Fallstudien die Entstehungszusammenhänge von Delinquenz und Normverstößen zu rekonstruieren und zu erklären.

In ihrer Untersuchung befaßt sich Ulbrich (1995) mit der weiblichen Delinquenz im 18. Jahrhundert. Ihren Forschungen liegt eine „dörfliche Fallstudie" – eine mikrohistorische Analyse – auf der Basis von vierzig Bänden überlieferter Gerichtsakten aus der Zeit von 1719 bis 1792 aus der Bauerngemeinde Steinbiedersdorf in Deutsch-Lothringen zugrunde. Diese Akten enthalten neben zahlreichen Schuld-, Erb- und Vormundschaftssachen auch Strafgerichtsakten, von denen vierzig Fälle detailliert dokumentiert sind. Ulbrich gelingt nicht nur ein Blick auf die Delinquenz des Dorfes, sondern auch auf die Formen der sozialen Kontrolle, der Konfliktaustragung, die Funktion und Verhaltensweisen der Gerichte und die Strafpraxis. Sie konnte anhand der Einzelfälle am konkreten Beispiel aufzeigen, welchen Einfluß die soziale Kontrolle in kleinen Gruppen, das heißt hier im Dorf, und die Ausgrenzung („Entsorgung" – Ulbrich 1995, S. 301) kriminalitätsgefährdeter Gruppen in ein anderes Milieu hatte. In dieser sozial kontrollierten, überschaubaren Gemeinschaft war Delinquenz wie Mord, Kindesmord und schwerer Raub den Gerichtsakten folgend kaum erwähnt, hingegen wurden diejenigen Delikte, die von der Obrigkeit als normabweichend definiert wurden, wie bäuerlicher Widerstand, Raufhandel, Feld-, Wald- und Gartendiebstahl registriert, wobei letztere spezifisch weibliche Delikte waren. Ulbrich weist darauf hin, daß die Strafpraxis von vielen Zufällen abhängig war. Als bedeutsam sieht sie die Informationen über die allgemeinen Klagen und Verordnungen über übermäßiges Spielen, Saufen, Raufen, Feldfrevel, Garten- und Obstdiebstahl, Zäune verlegen und überweiden an, die sich erklären lassen durch das allgemeine Schutzbedürfnis der Frauen und die materiellen Interessen von Eigentümern. Die Kriminalität der Frau wird von ihr im Kontext von Arbeit und Existenzsicherung gesehen und hatte einen ökonomischen und kulturellen Charakter, während der Raufhandel eher männlichen Interessen und Verhaltensweisen entsprach.

Foucault (1973) bearbeitete mit seinen Mitarbeitern den Fall des Pierre Rivière, der am 03. Juni 1835 in Caen seine Mutter, seinen Bruder und seine Schwester erschlug. Grundlage der Arbeit ist die nahezu lückenlose Dokumentation der Taterermittlung, der Darstellung des Täters in bezug auf die Vergangenheit der Familie und die Vorgeschichte der Tat, der gerichtsmedizinischen Gutachten, des Prozesses, des Gefängnisaufenthaltes und des Todes von Pierre Rivière in chronologischer Folge. Ziel von Foucault war es, eine Beziehung herzustellen zwischen dem damaligen psychiatrischen Wissen über Kriminalität und Wahnsinn und den damit befaßten Institutionen und Instanzen sowie eine Analyse der unterschiedlichen Rollen vorzunehmen. Er versuchte dabei gleichzeitig eine Aufschlüsselung der Macht-, Herrschafts- und Kampfverhältnisse und damit eine politische- und Tatsachenanalyse. In seiner Untersuchung machte er den Versuch, den Fall Rivière als Diskurs über einen Wahnsinnigen oder Kriminellen einzuordnen oder zu qualifizieren. Diese Falldokumentation beschreibt bisher einmalig die Entwicklung von Kriminalität und die Verhältnisse zwischen Psychiatrie und Strafjustiz und leistet damit einen wesentlichen Beitrag für die Kriminalpsychologie.

Auf der Basis der im Frühjahr 1987 aus der damaligen DDR nach Bremen überführten Prozeßakten („Protokolle des Criminalgerichts in Untersuchungssache wider die Giftmischerin Gesche Margarethe Gottfried, geborene Timm") verfaßte Meter (1996) eine Analyse der Vorgeschichte der kriminellen Handlungen, des Prozesses und seiner Wirkungen auf die Öffentlichkeit. Der erste Band umfaßt 776 Protokollseiten über die 1795 in Bremen geborene Gesche Gottfried, die in der Zeit von 1813 bis 1827 ihre Eltern, Kinder und Ehemänner, insgesamt fünfzehn Menschen, vergiftete und mindestens neunzehn weiteren in der Zeit von 1823 bis 1828 Gift in nichttödlicher Dosis verabreicht hatte. 1828 wurde sie verhaftet und drei Jahre später, 1831, in Bremen öffentlich durch das Schwert hingerichtet.

In seiner systematischen Auswertung befaßt sich Meter mit der Lebenssituation in Bremen im ersten Drittel des 19. Jahrhunderts und führt dann chronologisch die Geschehnisse von der Entdeckung der kriminellen Handlungen von Gesche Gottfried im März 1828 bis zu ihrer Hinrichtung auf. Neben der Verhaftung und dem Untersuchungsverlauf schildert Meter auch die am Verfahren beteiligten Personen, wie den Untersuchungsrichter Senator Franz Friedrich Droste, die einzelnen Verhöre und die Mordgeständnisse. Gesche Gottfrieds Verteidiger, Friedrich Leopold Voget, verfaßte zwei 1831 erschienene Bücher über die Lebensgeschichte und die Gefangenschaft von Gesche Gottfried. Erst bei der Entdeckung der Prozeßakten stellte sich heraus, daß die bis dahin als wesentlichste Quelle zum Thema dienenden Bücher den Tatbestand zum Teil erheblich verfälscht hatten. So gelang es Meter, Widersprüchlichkeiten zwischen den Prozeßakten und den Veröffentlichungen von Voget festzustellen, der bei Aktenzitaten zum Teil den Protokollen etwas hinzugedichtet oder sie stellenweise grob verändert wiedergegeben hatte (Meter 1996, S. 121). Hier zeigt sich, daß nicht nur die Biographien der Delinquenten kritisch zu betrachten sind, sondern auch die Darstellungen anderer Verfahrensbeteiligter.

Eine weitere Analyse der Akten könnte Aufschluß geben über die psychische Dynamik und psychopathologische Bewertung der Motive und Handlungen von Gesche Gottfried.

Neuzner (1996) befaßt sich mit der Beziehungskatamnese zwischen dem Hauptlehrer Wagner und seinem psychiatrischen Sachverständigen Gaupp. Es geht ihm dabei darum, die Beziehung zwischen den beiden Personen und die Wechselwirkungen zwischen diagnostischem Urteilen, ätiologischen Überlegungen und therapeutischen Bemühungen zu beschreiben. Es gelingt ihm dabei aufzuzeigen, daß Gaupp bei der Begutachtung in bezug auf die Darstellung und Interpretation der Lebensgeschichte Wagners „Fehlleistungen" (Neuzner 1995, 170) unterlaufen sind, die seine Theorie der Paranoia belegen und die Lebensgeschichte Wagners entsprechend dessen Bedürfnissen und Phantasien eines harmonischen Lebens in der Dorfgemeinschaft und Schwiegerfamilie beschönigen. Hier zeigt sich bei dem Psychiater Gaupp ebenso eine Verfälschungstendenz wie bei dem Verteidiger von Gesche Gottfried. Hierbei wird deutlich, daß die historischen Quellen allein nicht ausreichen, sondern zusätzliche Informationen eingeholt werden müssen und es einer kritischen Sichtung durch Dritte bedarf.

Gewalttätige Lösungen von Familienkonflikten werden in Untersuchungen über die historische Kriminalität beschrieben. Göttsch (1995) analysierte Akten aus Schleswig-Holstein aus der Zeit von 1700 bis 1820 und weist bei 56 angeklagten Mordfällen von Frauen nach, die in der Familie oder im sozialen Nahraum verübt wurden, deren Opfer Ehemänner, Verwandte oder Nachbarn waren. In die Untersuchung sind die Fälle von Kindesmord (Tötungsdelikte von Frauen an neugeborenen Kindern) nicht eingegangen, um die Erhebung nicht einseitig zu verzerren. Anhand einer ausführlichen Darstellung des Giftmordes von Margaretha Pingel 1798 in Kremperheide stellt Göttsch die Tat, deren Vorgeschichte, die möglichen Motive und die den Lebenslauf der Täterin beschreibenden Zeugenaussagen sowie die Beweisführung des Gerichts dar. Daran schließt sich eine Skizze der sozialen Schicht und Altersstruktur anderer zeitgleich aufgetretener Taten an. Göttsch kommt zu dem Ergebnis, daß die Motive vielschichtig sind; überwiegend handelte es sich um emotionale Schwierigkeiten zwischen den Familienangehörigen, das Selbstverständnis der Frauen und deren Probleme, den Rollenerwartungen der Männer zu entsprechen. Auslöser der Taten waren keine kurzfristig entstandenen Affekte, sondern es gingen in der Regel länger andauernde, schwelende Konflikte voraus. Aus heutiger Sicht ist zu fragen, welche anderen Möglichkeiten der Konfliktlösung den Frauen zur Verfügung gestanden hätten, in einer Zeit, in der die Interessen der Familie an der Aufrechterhaltung der Ehe stark und eine Scheidung nahezu unmöglich war.

Normverstöße und Konfliktregelungen in der Familie und im sozialen Nahraum sind auch dann Gegenstand rechtspsychologischer Betrachtungen, wenn sie außerhalb des strafrechtlichen Sanktionsbereichs stattfinden. Bezogen auf die Zeit Louis XIV. analysierten Farge und Foucault (1989) die „Lettres de Cachet" anhand der Akten und Aufzeichnungen aus der Bastille, um damit Familienkonflikte und ihre Lösungen zu erhellen. Aus familiären Gründen war ein Antrag auf Festsetzung eines Familienmitglieds unter Umgehung der offiziellen Gerichtsbarkeit möglich, wenn die Konflikte auf andere Weise nicht zu lösen waren. Durch die Macht des Königs wurde die Festsetzung eines Familienangehörigen autorisiert, ohne daß der Staat dafür die Kosten übernehmen mußte.

Eine Analyse der Bittschriften ergab, daß vom gemeinsamen Leben ein gesicherter wirtschaftlicher Status, die Erhaltung des Familienvermögens und die Festlegung der Position in der gesellschaftlichen Hierarchie erwartet wurde. So enthalten die Bittschriften Klagen über das persönliche Verhalten der Ehegatten, Trunksucht oder Lasterhaftigkeit, den Niedergang des Haushalts und die Dummheit des Partners, ehebrecherisches Verhalten oder Verschwendungssucht.

Darüber hinaus beschweren sich die Frauen über Schläge und Verletzungen, prangern den Umgang mit Messern, Zirkeln, Kohlenschaufeln und Kesseln an, mit denen der Mann seine Wut abreagiere. Dreiviertel der Vorwürfe der Ehefrauen befassen sich mit der Gewalttätigkeit der Männer, während nur acht von siebzig Männern ihrerseits auf die Gewalttätigkeit der Frau hinweisen. Sie beschreiben die Frauen als Landstreicherinnen, verdorben, liederlich, sittenlos, verschwenderisch, mit einer Vorliebe für Alkohol bei gleichzeitiger Vernachlässigung des Haushalts. Eine Analyse der Vorwürfe gegen die sogenannte sittenlose Frau zeigte zwei unterschiedliche Bereiche auf; zum einen die wirklich liederliche Frau, zum anderen die, die ihren Mann verlassen hatte, weil sie sich zu einem anderen hingezogen fühlte.

Die Erwartungen der Frau an die Ehe waren die Anwesenheit und Nähe des Ehemannes, Kümmern um die Dinge des Haushalts und selbstverständlich Fleiß, Harmonie und Ehrbarkeit. Darüber hinaus fordern sie Zuneigung und Fürsorge für die Kinder; sie klagen über Mißhandlungen und schlechte Reden, die im Beisein der Kinder geführt werden. Sie fordern die bürgerlichen und wirtschaftlichen Pflichten des Mannes, für den Unterhalt der Familie aufzukommen und die Frau bei der Erziehung zu unterstützen.

Die Fallbeispiele werden ergänzt durch Dokumente der Polizei, der Nachbarschaft etc., mit denen das Anliegen der Antragsteller unterstützt wurde.

Neuere Ergebnisse biographischer Forschung

Erkenntnisse für die Kriminalpsychologie

Ebenso wie bei den historischen Darstellungen und Untersuchungen liegt der Schwerpunkt neuerer biographischer Forschungen in der Rechtspsychologie in der Analyse kriminellen Verhaltens und der Überprüfung der Wirksamkeit von

Prävention und Intervention; zur Lösung familien- und sozialrechtlicher Problemstellungen wird dieser Forschungsansatz bisher eher selten verfolgt.

Göppinger (1983) entwickelte in seiner Jungtäter-Studie eine „idealtypisch-vergleichende Einzelfallanalyse" (Pauleikhoff 1990), in der er Quer- und Längsschnittuntersuchungen miteinander verband. Diese Studie ist über die Kriminologie hinaus auch bedeutsam für psychologische und psychopathologische Forschungen.

Ziel der Studie war es, die Gesetzmäßigkeiten der Entstehung, Weiterführung und des Abbruchs delinquenten Verhaltens zu erkennen. Neben der Erfassung der Biographie der Jungtäter und einer Vergleichsgruppe wurden eine psychodiagnostische Testuntersuchung (projektive Verfahren, Intelligenztests etc.), eine psychologische Exploration und eine psychiatrische Untersuchung durchgeführt. Am konkreten Einzelfall sollte das Ineinandergreifen der „kriminologischen Trias" (Lebensquerschnitt, Stellung der Tat im Lebenslängsschnitt, Wertorientierungen und Relevanzbezug) deutlich gemacht werden. Göppinger unterscheidet zwischen einer (kontinuierlichen) Hinentwicklung zur Kriminalität bei einem Beginn in der frühen Jugend durch Weglaufen von Zuhause, aggressives Verhalten in der Schule, Schwänzen etc., einem Beginn im Heranwachsenden- und Erwachsenenalter beim Verlassen des Ordnungsgefüges der Herkunftsfamilie, dem kriminellen Übersprung als Bruch in der Lebensentwicklung, Kriminalität im Rahmen der Persönlichkeitsreifung und Kriminalität bei sonstiger sozialer Unauffälligkeit. Wenig ausführlich dargestellt wird die individuelle Lebensentwicklung der verschiedenen Verlaufsformen, wobei ebenso unberücksichtigt bleibt, daß sich Wertorientierungen u.ä. über die Zeit verändern und damit eine andere Bedeutung auch für die kriminelle Entwicklung erlangen können.

— Die Ergebnisse der Studie weisen darauf hin, daß die Gruppe der Straffälligen ein Leben konzentriert auf den Augenblick führt, ihre Bedürfnisse, Wünsche und Antriebe unmittelbar zu befriedigen sucht, dabei ein inadäquat hohes Anspruchsniveau hat und von geringer Ausdauer und Belastbarkeit ist. Der Vergleich der Lebensführung mit einer Durchschnittspopulation zeigt, daß erst die Lebensführung des Einzelnen darüber entscheidet, ob es zu kriminellem Verhalten kommt oder nicht.

— Belegt wurden die Ergebnisse von Göppinger durch Farrington und West (1990), in deren Untersuchung ebenfalls die Lebenssituation des Straffälligen im Mittelpunkt steht. Sie kommen in ihrer Cambridge Studie an männlichen Kindern und Jugendlichen zu dem Ergebnis, daß die Entwicklung von Straffälligkeit durch Faktoren wie Intelligenz und kognitive Fähigkeiten, Persönlichkeit und Impulsivität, Einflüssen des Elternhauses und der Peer Group, der Schule und situationalen Gegebenheiten bestimmt wird. Sie schlußfolgern daraus, daß Prävention und Intervention kognitiv-behaviorale Trainings von Fähigkeiten, Elterntrainings und Fertigkeiten zum Widerstand gegenüber Gleichaltrigen beinhalten müssen. Darüber hinaus sehen sie einen Forschungsbedarf an weiteren Längsschnittuntersuchungen an multiplen Kohorten.

Die Untersuchung von v. Engelhardt (1983b) beschäftigt sich mit der Delinquenz und Lebensentwicklung des erwachsenen Rechtsbrechers, wobei Ereignisse, Handlungen und Einstellungen in ihrer zeitlichen Abfolge, in ihrer Verbindung und gegenseitigen Abhängigkeit dargestellt werden sollen. Als Grundlage dienten selbstverfaßte Lebensläufe, die Korrespondenz mit dem Therapeuten über den persönlichen Kontakt mit Verwandten und Bekannten und die Beobachtung des täglichen Verhaltens im konkreten Lebensmilieu und eine Analyse der Akten. Von einer Vergleichsgruppe standen nur die Straf- und Jugendamtsakten, psychologische und sozialpädagogische Stellungnahmen und eine Beurteilung des Vollstreckungsgerichts zur Verfügung. Die Ergebnisse zeigen, daß die Verstöße gegen das Gesetz zu verschiedenen Zeiten des Lebens einsetzen und unterschiedlich lange fortgesetzt werden können. Quantitativ betrachtet unterscheidet sich delinquentes Verhalten nicht nur durch seinen Beginn, seine Dauer und den Bezug zur Lebensphase, sondern hat eine jeweils spezifische Struktur, wobei delinquentes Verhalten in unterschiedlichem Abstand auftritt und nicht das ganze Leben gleichmäßig ausfüllt. Die Richtung der Delinquenz steht in Beziehung zum sozialen Milieu, den Neigungen und Fähigkeiten des Einzelnen ebenso wie das Beharren auf einer Richtung oder der Wechsel zu anderen Delikten. Oftmals ändert sich die Kriminalitätsrichtung während des Lebens. Deliktarten, die während des Verlaufs hinzutreten, sind Ausbeutungs-, Gewalt- und Sexualdelinquenz, wobei letztere während der Entwicklung kaum aufgegeben werden. Kriminalität beginnt nicht durchgängig im Kindes- und Jugendalter und setzt sich bis ins höhere Erwachsenenalter fort. Die Komplexität der Kriminalität ist nicht von der Verlaufsdauer abhängig. Mittlere Tatschwere stand bei der Untersuchungsstichprobe im Vordergrund, gefolgt von schwerer Kriminalität, während leichte Kriminalität weniger häufig vorkam. Die häufigsten Delikte waren Täuschungs-, Wegnahme- und Ordnungsdelinquenz, gefolgt von Verkehrs- und Gewaltdelinquenz. Bei fast der Hälfte der Täter blieb die Deliktrichtung konstant, Ausbeutungs- und Ordnungsdelinquenz sind mobiler als Offensiv- und Wegnahmedelinquenz. An das Ende der Untersuchungsdarstellung stellt v. Engelhardt die Typologie dreier delinquenter Lebensverläufe (eines Penners, eines Betrügers, eines Einbrechers), in denen er ideal- und sozialtypische Ansätze miteinander verbindet.

Bonstedt (1977) beschreibt in einer ausführlichen Falldokumentation die Lebensgeschichte eines 20jährigen kriminellen Jugendlichen, wobei er sein Hauptaugenmerk auf die Wirkmechanismen sozialer Kontrollinstanzen richtet. Er sucht eine Verbindung zwischen soziologischer und psychologischer Sichtweise, um daraus Hinweise für eine erfolgreichere Praxis im Umgang mit Delinquenten ableiten zu können.

Cremer-Schäfer (1985) suchte Informationen über die Entwicklung krimineller Karrieren und stellt die Hypothese auf, daß das Schreiben von Biographien eine Auseinandersetzung mit dem eignen Kriminalisierungsprozeß bedeutet. 22 Textbeispiele wurden von ihr typisiert, verglichen und eingeordnet. Sie kam dabei zu dem Ergebnis, daß in den Biographien vorwiegend die Erfahrungen des Täters in Kindheit und Jugend, in der Familie oder in der öffentlichen Erziehung beschrieben wurden; der Prozeß der Stigmatisierung wurde ebenso thematisiert wie die Gemeinsamkeit mit anderen Straftätern, Kritik am Justizvollzug, die Entlassung und (teilweise) Wege zum Rückfall. Ausgeblendet wurden die eigentlichen Tathandlungen, die Ermittlung durch die Polizei und das Gerichtsverfahren. Die Darstellungen enthalten unterschiedliche Erklärungsmodelle für Kriminalität, korrespondieren aber mit dem Alltagswissen über Kriminalität. Als auffallend beschreibt Cremer-Schäfer das Fehlen argumentativer Konfliktregelungsstrategien zur Minderung des Kriminalisierungsprozesses. Aus kriminalpsychologischer Sicht ist als bedenklich die fehlende Tatbeschreibung anzusehen, die auf eine geringe Auseinandersetzung mit dem kriminellen Handeln schließen läßt, denn erst diese läßt Maßnahmen des Justizvollzugs zur Resozialisierung wirksam werden.

Jäger et al. (1981) versuchten Analysen zum Terrorismus. Die Komplexität der Materie und die geringe Bereitschaft der Probanden, sich zu ihrer Lebenssituation und Entwicklung zu äußern, brachten bisher nur verbesserte Hypothesen und keine eindeutigen Ergebnisse, so daß darauf hier nicht weiter eingegangen werden soll.

Ziel der Untersuchung der Marienplatz-Rapper (Lamnek 1995) war es, normabweichendes Verhalten von Jugendlichen in einer Gang in ihrer Entstehung und ihrem Verlauf zu beschreiben. Den Namen erhielt die Gruppe vom Marienplatz in Münchens Innenstadt, der ihr Treff- und Ausgangspunkt der Straftaten war. Miteinbezogen wurden neben der Biographie der Marienplatz-Rapper auch die polizeiliche Strafverfolgung, das Jugendgerichtsverfahren und die Legalbewährung nach der Verurteilung; die Unterlagen der Polizei und des Jugendgerichts wurden ergänzt durch sog. Expertengespräche. Begangene Straftaten waren hauptsächlich Ladendiebstähle von einzelnen oder organisiert in der Gruppe oder Raubüberfälle mit und ohne Waffen, Hehlerei und Körperverletzungen. Im einzelnen wurden darüber hinaus auch Überfälle auf Gaststättenpersonal, Handtaschenraub, Verstöße gegen das Betäubungsmittelgesetz, Sexualdelikte und Wohnungs-, Auto und Ladenaufbrüche verübt. Auch bei dieser Stichprobe zeigte sich ebenso wie in den Untersuchungen von Göppinger und Farrington und West, daß eine unmittelbare Bedürfnisbefriedigung z.B.

durch Benutzung eines Taxis statt öffentlicher Verkehrsmittel, Einkaufen von Nobelmarken etc. angestrebt wurde.

Die Ergebnisse zeigen, daß die Gangmitglieder die durch die Straftaten erlebten sozialen und materiellen Gratifikationen so hoch bewerteten, daß die Strafverfolgung, das Urteil und dessen Vollzug einer erneuten Straffälligkeit nicht effektiv entgegenwirken konnte. Ein weiteres bedeutsames Ergebnis der Untersuchung ist das unterschiedliche Selbstverständnis und die unterschiedliche Sichtweise der beteiligten Professionen (Polizei, Staatsanwaltschaft, Gericht) gegenüber den normabweichenden Handlungen der Gangmitglieder.

Anliegen der psychoanalytischen Kriminologie (Köhn 1992) ist es, die psychischen Inhalte, die Verhalten bestimmen und die Psychodynamik der Vorgeschichte und des Tatverlaufs zu erhellen. In seinen Betrachtungen zu „Psychoanalyse und Verbrechen" versucht Köhn anhand unterschiedlicher Biographien und Tatverläufe jugendlicher und erwachsener Männer und Frauen bei unterschiedlichen Delikten (Tötung der Halbschwester, der eigenen Schwester, versuchter Totschlag an einem Punker, Automatenaufbrüche und Massentötung von Sektenmitgliedern in Guyana) auf der Basis tiefenpsychologischer Theorien normabweichendes Verhalten in seiner Entstehung zu beschreiben und zu erklären. Im Mittelpunkt seiner psychoanalytischen Betrachtungsweise stehen die Beziehungen zwischen Täter–Opfer–Objekt. Gleichzeitig übt Köhn Kritik am Ansatz des labeling approach, der eine stigmatisierende Zuschreibung als Ursache kriminellen Verhaltens annimmt. Sowohl die Tiefenpsychologie als auch die Verhaltenstheorie gehen davon aus, daß normabweichendes Verhalten auch dann existiert, wenn danach weder Strafverfolgung noch Sanktionen einsetzen.

Darüber hinaus hat sich die psychoanalytische Kriminologie zur Aufgabe gemacht, Prognosekriterien zu entwickeln, wonach sozial konformes und nichtkonformes Verhalten abhängig davon gesehen wird, inwieweit beim Täter die Tat durch einen ansteigenden Leidensdruck (z.B. bei Drogenabhängigen) ausgelöst wird oder zur Spannungsreduktion und Vermeidung von Unlustgefühlen dient.

Auf der Basis biographischer und psychoanalytischer Erkenntnisse entwickelte sich in den USA das sog. Psychological Profiling (Täterprofil), mit dessen Hilfe versucht wird, Beziehungen zwischen dem Erscheinungsbild der Tat und dem Persönlichkeitsbild des Täters herzustellen, um diese Erkenntnisse dann bei der Tatrekonstruktion und der Tätersuche einzusetzen.

Zum Verlauf eines Pflegeprozesses im Maßregelvollzug legt Dillenardt (1996) die biographische Fallanalyse eines bei der Tatbegehung psychiatrisch als schuldunfähig begutachteten Delinquenten (Tötungsdelikt) vor. Er ergänzt die biographische Darstellung (Eigenanamnese) durch eine Fremdanamnese, die Darstellung der Familiengeschichte, eine Sucht- und Sexualanamnese sowie eine kriminologische Anamnese und die Darstellung des Tathergangs. Darüber hinaus wird das Organisationskonzept der Klinik, das Verhalten des Patienten in der Klinik gegenüber dem Personal und den Mitpatienten und die Veränderungen seiner Einstellung gegenüber der Tat berichtet. Eine Pflegeprozeßdarstellung unter Einbeziehung der Ziele, Maßnahmen und Kontrollen sowie die Evaluation des Pflegeprozesses runden die Falldarstellung ab. Anhand dieses Beispiels zeigt sich, wie bedeutsam eine Pflegeplanung und die Herstellung eines soziotherapeutischen Milieus für den Patienten zur Lösung seiner Probleme und für die Auseinandersetzung mit der Tat ist, um eine Verhaltensänderung im Sinne einer günstigeren Zukunftsprognose und Legalbewährung zu erhalten.

Erkenntnisse aus der forensischen Psychologie

Während es biographische Forschungen zu Fragestellungen der Kriminalpsychologie in steigender Zahl gibt, wird diese Methode im zivil- und sozialrechtlichen Bereich bisher wenig verwandt. Im Bereich des Familienrechts legte Fabricius-Brand (1989) aus der anwaltlichen Berufspraxis eine Sammlung von Einzelfällen vor, in denen die Problematik der Familienlösungsprozesse aus der Sicht der Betroffenen und ihrer Anwälte geschildert wird. Diese Falldarstellungen regen dazu an, Hypothesen über die derzeitige Praxis des Familienrechts zu bilden und weisen auf die Notwendigkeit der psychologischen Forschung im Sinne einer Ausdehnung der Rechtstatsachenforschung auf diesem Gebiet hin.

Im Bereich des Arbeits-, Sozial- und Verwaltungsrechts stellt sich die Frage nach der Arbeits- und Erwerbsfähigkeit; umgesetzt in eine psychologische Forschungs- und Gutachtenfrage nach der psychogenen Verursachung subjektiven Krankheitserlebens. In einer Untersuchung von Kühne (1991) wurden der biographische Forschungsansatz im Sinne der komparativen Kasuistik von Jüttemann (1981) ergänzt um Informationen über den Lebenslauf, kritische Lebensereignisse und deren Verarbeitung bei rheumakranken Rentenbewerbern. Grundlage der Untersuchung waren Gutachten, die für bundesrepublikanische (Landes-)Sozialgerichte und Versicherungen erstellt worden waren. Ausgewählt wurden aus dem breiten Spektrum unterschiedlicher psychosomatischer Beschwerdebilder diejenigen Gutachten über 37 (17 Männer und 20 Frauen), bei denen eine rheumatische Erkrankung zu einer subjektiven starken Beeinträchtigung der Leistungsfähigkeit geführt hatte. Das Alter zum Zeitpunkt der Begutachtung lag zwischen 40 und 59 Jahren. In der abschließenden Befunddarstellung wurden alle 20 untersuchten Frauen und 13 der 17 Männer dahingehend beurteilt, daß sie nur unter großen Beeinträchtigungen der Gesundheit einer Arbeit nachgehen können.

18 der 20 Frauen litten an degenerativen rheumatischen Erkrankungen, kombiniert mit Wirbelsäulenbeschwerden; bei den Männer überwogen die Beschwerden der Wirbelsäule, Gliedmaßen und Gelenke, während entzündliche rheumatische Erkrankungen und Weichteilrheumatismus nur in einer geringeren Zahl vorlagen. Der Beginn der Beschwerden wird von Männern am häufigsten im Alter zwischen 11 und 20 Jahren und 31 und 40 Jahren angegeben. Das Haupterkrankungsalter bei den Frauen lag zwischen 41 und 50 Jahren.

Die rheumatischen Beschwerden sind kombiniert bei Frauen mit Kopfschmerzen (18), Magen- und Darmbeschwerden (17), Schlafstörungen (16), gefolgt von Kreislaufbeschwerden (14) und Kopfschmerzen. Als kritische Lebensereignisse wurden in der Kindheit und frühen Jugend Kriegserlebnisse berichtet (Flucht, Erkrankung, Tod eines nahen Angehörigen). Die Kriegs- und Nachkriegszeit führte bei sieben männlichen und sechs weiblichen Patienten zu einem Abbruch des Schulbesuchs, so daß kein Schulabschluß erreicht werden konnte. 16 Männer und 19 Frauen besuchten die Volksschule. Sieben Rentenbewerberinnen wuchsen in unvollständigen Familien auf, während vier Männer in Kindheit und Jugend gar keine Familie mehr hatten.

Der Tod eines nahen Familienangehörigen wurde von 16 Männern und 17 Frauen als nachhaltige Belastung erlebt. Während zwei Drittel der Männer ein gutes Verhältnis zu Vater, Mutter und Geschwistern angaben, tat dies nur ein Viertel der Frauen.

Jeweils zehn Männer und Frauen konnten sich ihren Berufswunsch nicht erfüllen. Bei den Frauen wird die Eheschließung und die Betreuung der Kinder als Grund für die nicht begonnene oder abgebrochene Berufsausbildung angegeben. Bei den Männern wird dies auf den Mangel an passenden Ausbildungs- und Arbeitsplätzen bzw. auf finanzielle und familiäre Probleme zurückgeführt. Ein später erfolgter Berufswechsel oder eine Umschulung scheiterte bei einem Drittel der Männer.

Der Verlust der eigenen Arbeitsfähigkeit wird von fast allen Männern (16) als gravierend beeinträchtigendes Lebensereignis angesehen, während bei den Frauen (15) der Weggang der Kinder aus der Familie als das schmerzlichste Ereignis bezeichnet wird. Partnerschaftsprobleme und Ehekrisen spielen bei den Frauen (7) eine größere Rolle als bei den Männern (3). Als Ursachen für die Ehekrisen sahen die Frauen hauptsächlich (5) den hohen Alkoholkonsum und die Aggressivität der Ehemänner an.

Der psychische Befund beschreibt bei allen Frauen (20) und bei 12 der 17 Männer eine depressive Reaktionsbereitschaft und narzißtische Kränkungen. Eine neurotische Depression (17) liegt bei fast allen Frauen vor, während hypochondrisches Agieren bei doppelt soviel Frauen (14) wie bei Männern (7) beschrieben wurde. Bedeutsam sind die bei den Männern festgestellten Angstzustände und die emotionale Gehemmtheit (10).

In beiden Gruppen leiden gleichviel Patienten (13) unter einem unbewältigten Objektverlust, sei dies nun ein naher Angehöriger, der Ehepartner (Tod oder Scheidung) oder der Verlust des Berufes durch Krankheit.

Unterschiede zu den rheumatischen Rentenbewerbern fanden sich in einer Untersuchung von Jüttemann (1988) bei vier rheumatischen Frührentnerinnen, die sich der Selbsthilfegruppe der Rheumaliga angeschlossen hatten. Diese vier Frauen im Alter zwischen 45 und 56 Jahren zeigten Zufriedenheit mit der momentanen Lebenssituation und den sozialen Beziehungen. Probleme und Konflikte, die mit der Krankheit in Beziehung stehen, werden verdrängt oder es wird eine Lösung gesucht, wobei auch vor aggressivem Verhalten gegenüber der Umwelt nicht zurückgeschreckt wird. Alle vier Frauen schätzten sich selbst als nicht depressiv ein. Aussagen über die objektive psychische Situation der vier Frauen werden nicht gemacht, sondern nur die Selbsteinschätzung berichtet.

Das Ergebnis über die Zufriedenheit mit der Lebenssituation und die psychische Befindlichkeit steht im Widerspruch zu der oben zitierten Untersuchung über Rentenantragsteller, die eine Klage auf Gewährung der Rente eingereicht hatten (Kühne 1991) und zu den Ergebnissen von Foerster (1984), der eine katamnestische Untersuchung an 78 Probanden aus dem Bereich des Landessozialgerichts Baden-Würtemberg durchführte.

Aus dieser von Foerster untersuchten Stichprobe wurden 9 Männer und 13 Frauen ausgewählt, die bei der Gutachtenerstellung über Rücken-, Gelenk- oder diffuse Körperbeschwerden geklagt hatten. Das Alter der Frauen betrug bei der Begutachtung 29 bis 59 Jahre, wobei 8 der Altersgruppe zwischen 45 und 55 angehörten. Zur Zeit der Nachuntersuchung waren sie zwischen 40 und 67 Jahre alt, wobei die Vergleichsgruppe (7) im Alter von 55 bis 67 Jahren waren.

Die Gelenk-, Rücken- und Körperbeschwerden waren bei allen Probanden kombiniert mit anderen Symptomen. So überwogen bei den Männern Impotenz (7), Kopfschmerzen (7) und Schlafstörungen (5). Bei den Frauen waren es Schlafstörungen (4), gefolgt von allgemeiner Nervosität (4) und Magenschmerzen (3). Die Persönlichkeitsdiagnostik ergab bei den Männern (7) und bei den Frauen (6) Hinweise auf neurotische Depressionen und depressive Verstimmungen; ebenso wurden (jeweils dreimal) hypochondrische Entwicklungen beschrieben. Bei drei Männern wurde auf eine intellektuelle Minderbegabung hingewiesen.

Auf einer Skala von 0 bis 20 wurden die Belastungen in der Kindheit skaliert. Sowohl bei den Männern als auch bei den Frauen lagen die Belastungen im Bereich der Skalenwerte 0 bis 3, sind also als niedrig anzusehen. Die Ergebnisse der Nachuntersuchung zeigen bei vier Männern und sieben Frauen deutliche, bei vier Männern und drei Frauen einen unveränderten und bei einem

Mann und drei Frauen einen verschlechterten Zustand seit der Gutachtenerstellung.

Bei drei Männern und einer Frau wurden bei der Nachuntersuchung narzißtische Kränkungen als bedeutsam erwähnt; ein Mann litt weiterhin unter depressiver Verstimmung, hingegen wurden 9 der 13 Frauen nunmehr als hysterische Persönlichkeiten beschrieben.

Im Sinne der oben zitierten Neurosendefinition ist die neurotische Symptomatik erhalten geblieben, auch wenn sie sich von depressiver Verstimmtheit und hypochondrischen Neigungen – besonders bei den Frauen – zu einer hysterischen Persönlichkeit hin entwickelt hat.

Rechtspsychologisch relevante biographische Darstellungen in der Literatur

Im Mittelpunkt literarischer Bearbeitungen normabweichenden Verhaltens stand seit der Antike die Auseinandersetzung mit Schuld und Sühne (Müller-Dietz 1990, S. 42). Überwiegend wurden Erfahrungen Fremder literarisch be- und verarbeitet wie z.b. bei Schiller, Kleist, Thomas Mann, Max Frisch etc. In der Literatur ist zu unterscheiden zwischen den autobiographisch-literarischen Arbeiten von ehemaligen Strafgefangenen wie z.b. von Driest (1974, „Die Verrohung des Franz Blum") der die „erfolgreiche Anpassung" an die Anstaltsnormen bis zur Entlassung beschreibt, und den Arbeiten von Schriftstellern, die Erfahrungen der eigenen Biographie verarbeiten, wie z.b. Dostojewski über die Zwangsarbeit und Strafhaft im sibirischen Omsk in seinen „Aufzeichnungen aus einem Totenhaus" (1861/62) und dem Roman „Verbrechen und Strafe" (dt. „Schuld und Sühne – Rodion Raskolnikow"). Der stark autobiographisch gefärbte Roman „Der Spieler" schildert die Ursachen, psychischen Voraussetzungen und die Folgen der Spielleidenschaft. Damit bietet der Roman eine vorzügliche Schilderung der Spielsucht, mit deren Darstellung er einen persönlichen Bewältigungsversuch machte.

Die weitere Möglichkeit ist die literarische Aufarbeitung von Kriminalität, wie es Capote (1965) in seinem Tatsachenroman „Kaltblütig" gemacht hat. In ausführlichen Interviews rekonstruiert er einen mehrfachen Mord an einer geachteten Familie in Kansas, beschreibt die Lebenssituation der Opfer vor der Tat, den Lebenslauf, den familiären Hintergrund und die kriminelle Karriere der Täter. Sein Ziel war es aufzuklären, wie es zu der Tat kam und wie sich die Bevölkerung, die Polizei, die Justiz und die Sachverständigen mit der Tat und den Tätern auseinandersetzten.

Miller (1982) nimmt das „Selbstportrait des Jürgen Bartsch" (Moor 1972), das auf der Korrespondenz von Bartsch und Moor basiert und in der er sein Leben darstellt, als Grundlage pädagogisch-psychoanalytischer Betrachtungen. Sie beschreibt die extreme Destruktivität des Jürgen Bartsch, die sich gegen ihn selbst und seine Opfer richtete. Diese Destruktivität ist ihrer Meinung nach als Entladung frühkindlichen Hasses aufgrund schwerer Mißhandlungen und Demütigungen zu sehen. Als Mangel fällt ein fehlendes Vertrauensverhältnis zu einem Erwachsenen auf, das die Möglichkeit zu einer angstfreien, verbalen Kommunikation gegeben hätte. Die Taten sieht sie als Artikulation erlittener Erfahrungen und um die Aufmerksamkeit der Umwelt auf sich zu richten. Sie leitet daraus die Forderung nach einer Erziehung ab, die am Wohle des Kindes und nicht an Macht- und Rachebedürfnissen von Erziehern orientiert ist.

Ein vergleichbares Anliegen liegt der Arbeit von Spazier (1985) zugrunde, in der anhand von Briefen und Dokumenten eine nachträgliche Analyse der Täter-Opfer-Beziehung (Psychiater und Patient) unter Einbeziehung der Biographien der Beteiligten versucht wird.

Döblin (1930) beschreibt die Geschichte des Franz Bieberkopf und schildert darin anschaulich dessen Entlassung aus dem Tegeler Gefängnis nach vier Jahren Haft. Deutlich wird dabei nicht nur die Wirkung der Inhaftierung sondern auch die Folgen eines strukturierten, durch die Umwelt gesteuerten Zeitablaufs, der dem Gefangenen die Möglichkeit eigener Entscheidungen über die Zeit und damit über sich nimmt. Ein vergleichbares Anliegen verfolgt Zerler (1994, 1996) in seinem Roman „Nullzeit", in dem er seinen Protagonisten Otto Kohlbrück in anschaulicher Weise die Fremdbestimmung der Zeitplanung und die daraus resultierenden psychischen Folgen und die Chronifizierung der Erkrankung durch die psychiatrische Unterbringung berichten läßt.

Einen historisch bedeutsamen, literarisch verarbeiteten Fall, der sowohl einen Familienlösungsprozeß als auch ein strafrechtlich relevantes Delikt – ein Duell auf der Grundlage eines fragwürdigen Ehrbegriffs – beschreibt, ist Fontanes (1894/95) Roman „Effi Briest". Effi Briest verliert wie ihr Vorbild in der Realität, Elisabeth von Ardenne, das Sorgerecht für ihre Tochter, muß aber nicht, wie diese, den Normen des allgemeinen preußischen Landesrechts folgend, das Bußgeld für ehewidriges Verhalten zahlen.

Die oben ausschnitthaft geschilderten Beispiele aus der Literatur ergänzen und veranschaulichen die bisherigen Ergebnisse biographischer Forschung in der Forensischen und Kriminalpsychologie.

Abschließende Bemerkungen

Die oben beschriebenen Beispiele belegen den Wert biographischer Forschung für die Rechtspsychologie. In den letzten Jahren haben sich Forschungen anhand unterschiedlicher Materialien ergeben; einen besonderen Stellenwert im Bereich der Kriminalpsychologie hat die Analyse von (historischen) Akten und Biographien erhalten. Sowohl in den historischen als auch in den zeitgenössischen Untersuchungen zeigte sich, daß Biographien allein nicht als Forschungsgrundlage ausreichen, sondern sie durch andere Materialien ergänzt und erweitert werden müssen – z.b. durch Berichte Dritter über die Familiengeschichte, die Entstehung und Wahrnehmung kritischer Lebensereignisse, das soziale Umfeld und durch Aktenanalyse und Biographievergleiche im Sinne der Komparativen Kasuistik (Jüttemann 1990).

Der Schwerpunkt biographischer Forschung lag bisher darin, Hypothesen für umfangreiche Längsschnittuntersuchungen zu generieren, mit dem Ziel z.b. die Ätiologie kriminellen Verhaltens besser erfassen zu können. Es zeigt sich aber die Notwendigkeit diese Forschungsmethode auch in den übrigen Teilgebieten der Rechtspsychologie anzuwenden, um über die Entstehung von Normverstößen und Konflikten hinaus Informationen über deren Lösungen und Maßnahmen zur Prävention und Intervention zu schaffen.

Literatur

Bierbrauer, G. et. al. (1995). Verfahrensgerechtigkeit – Rechtspsychologische Forschungsbeiträge für die Justizpraxis. Köln: Dr. Otto Schmidt.

Bjerre, A. (1925). Psychologie des Mordes. Heidelberg. o.V.

Bonstedt, Ch. (1977). Organisierte Verfestigung abweichenden Verhaltens – eine Falluntersuchung. München: Juventa.

Breidenbach, S. (1993). Mediation – Struktur, Chancen und Risiken und Vermittlung im Konflikt. Köln: Dr. Otto Schmidt.

Capote, T. (1965). In cold blood. New York: Random House.

Cremer-Schäfer, H. (1985). Biographie und Interaktion. München: Profil.

Dillenardt, R. (1996). Pflegeprozeßdarstellung des Herrn A. nach schwerer Delinquenz und anschließender Einweisung in die Psychiatrie, mit dem Ziel einer sozialen Wiedereingliederung. Forensische Psychiatrie und Psychotherapie, Heft 2, 35–60.

Döblin, A. (1930). Berlin Alexanderplatz. Die Geschichte des Franz Bieberkopf. Berlin: Fischer.

Dugdale, R. (1877). The Jukes; a study in crime, pauperism, disease and heredity. New York: o.V.

Engel, S.W., Engelhardt D., v. (Hrsg.) (1983). Kriminalität und Verlauf. Kriminalistik. Heidelberg: Kriminalistik.

Engelhardt, D. v. (1983a). Entwicklung und gegenwärtige Situation kriminologischer Verlaufsforschung. In: Engel, S.W. u. D. v. Engelhardt (Eds): Kriminalität und Verlauf. Heidelberg: Kriminalistik, 5–75.

Engelhardt, D. v. (1983 b). Deliktologie und Lebensentwicklung erwachsener Rechtsbrecher. In: Engel, S.W., Engelhardt D., v. (Hrsg.). Kriminalität und Verlauf.. Heidelberg: Kriminalistik, 321–381.

Exner, F. (1949). Kriminologie. Berlin, Göttingen, Heidelberg: Springer.

Fabricius-Brand, M. (Ed.) (1989): Wenn aus Ehen Akten werden – Scheidungsprotokolle. Frankfurt: Campus.

Farge, A. u. Foucault, M. (1989). Familiäre Konflikte: Die „Lettres de cachet". Frankfurt: edition suhrkamp.

Feuerbach, A. v. (1828/1829). Aktenmäßige Darstellung merkwürdiger Verbrechen, Bd. I und II. Gießen/Frankfurt: Friedrich Heyer. Nachdruck (1993). Frankfurt: Eichborn.

Farrington, D. P. & West, D.J. (1990). The Cambridge study in delinquent development: A longterm follow-up of 411 London males. In Kerner, H.J. & Kaiser, G. (Hrsg.). Kriminalität – Persönlichkeit, Lebensgeschichte und Verhalten. Berlin – New York: Springer, 115–138.

Foerster, K. (1984). Neurotische Rentenbewerber – psychodynamische Entwicklung und sozialer Verlauf aufgrund mehrjähriger Katamnesen. Stuttgart: Enke – Medizin in Recht und Ethik.

Fontane, T. (1894/95). Effi Briest. Vorabdruck in „deutsche Rundschau". Frankfurt 1986: Insel-Verlag.

Foucault, M. (1973). Moi, Pierre Rivière, ayant égorgé ma mère, ma soeur et mon frère ... Paris: édition Gallimard/Juillard. Frankfurt 1986: Insel-Verlag.

Galton, F. (1883). Inquiries into human faculty and its development. London: o.V.

Gaupp, R. (1914). Zur Psychologie des Massenmordes. Hauptlehrer Wagner von Degerloch. In: Gruhle, H.W., Wetzel, A. (Hrsg.).Verbrechertypen. Berlin: Springer.

Goddard, H. (1912). The Kalikak family. A study in feeblemindedness. New York: o.V.

Göppinger, H. (1983). Der Täter in seinen sozialen Bezügen. Berlin, Heidelberg, New York, Tokyo: Springer.

Göttsch, S. (1995). „Vielmahls aber hätte sie gewünscht, einen anderen Mann zu haben" – Gattenmord im 18. Jahrhundert. In: Ulbrich, O. (Hrsg.). Von Huren und Rabenmüttern – weibliche Kriminalität in der frühen Neuzeit. Köln/Weimar: Böhlau-Verlag, 313–334.

Gruhle, H.W., Wetzel, A. (Hrsg.) (1914). Verbrechertypen. Berlin: Springer.

Gruhle, H. (1924). Selbstbiographie und Persönlichkeitsforschung. In: Bühler, K. (Hrsg.). Bericht über den VII. und VIII. Kongreß für experimentelle Psychologie in Leipzig 1923. Jena, 165–167.

Healy, W. (1915). The individual delinquent. Boston: o.V.

Healy, W., Bronner A. (1926). Delinquents and criminals: their making and non-making. New York. o.V.

Healy, W., Bronner, A. (Hrsg.) (1922). Judge Baker Foundation. Case Studies. Series I, Cases 1–20. Boston. o.V.

Jäger, H., Schmidtchen, G., Süllwold L. (1981). Lebenslaufanalysen. Analysen zum Terrorismus. Bd. 2. Opladen: Westdeutscher Verlag.

Jüttemann, G. (1981). Komparative Kasuistik als Strategie psychologischer Forschung. Zeitschrift für Klinische Psychologie und Psychotherapie, 29, 101–118.

Jüttemann, G. (1988). Studienprojekt Psychosomatik. Berlin: Eigendruck Technische Universität

Jüttemann, G. (1990). Komparative Kasuistik. Heidelberg: Asanger.

Kerner, H.J. und Kaiser, G. (Hrsg.) (1990). Kriminalität – Persönlichkeit, Lebensgeschichte und Verhalten. Berlin: Springer.

Köhn, K. (1992). Psychoanalyse und Verbrechen: Grundlagen einer psychoanalytischen Kriminologie. Wiesbaden: Deutscher Universitätsverlag.

Krüger, H. (1949/50). Kriminalpsychologie. Ein neues Arbeitsgebiet der Psychologie. Psychologische Rundschau. 1, 251–255.

Kühne, A. (1990). Psychologische Begutachtung bei Gericht – Fragestellungen und neuere Aspekte. Psychomed, 2, 260–264.

Kühne, A. (1991). Psychologie im Sozialgerichtsverfahren – eine biographische Analyse: In Egg, R. (Hrsg.). Brennpunkte der Rechtspsychologie – Polizei – Justiz – Drogen. Bad Godesberg: Forum, 225 – 237.

Kühne, A., Freyberger, H.J. u. Freyberger, H. (1994): Das psychosomatische und psychologische Gutachten – am Beispiel des Gutachtens im Sozialgerichtsverfahren. psychomed. S. 119–124

Lamnek, S. (1995). Die Marienplatz-Rapper – zur Soziologie einer Großstadt-Gang. Pfaffenweiler: Centaurus

Liszt, F. v. (1882). Der Zweckgedanke im Strafrecht. In: Liszt, F. v. (1905), Strafrechtliche Aufsätze und Vorträge. Berlin: o.V.

Meter, P. (1996). Gesche Gottfried – ein langes Warten auf den Tod. Die drei Jahre ihrer Gefangenschaft. Lilienthal: Langenbruch-Gosia.

Mezger, E. (1951). Kriminologie. München: Beck.

Middendorf, W. (1977). Historische Kriminologie. In: Schneider, H. (Hrsg.). Auswirkungen auf die Kriminologie. Die Psychologie des 20. Jahrhunderts, Bd. XIV. München: Kindler, 165–181.

Miller, A. (1982). Am Anfang war Erziehung. Frankfurt: Suhrkamp.

Müller-Dietz, H. (1990). Täterliteratur. In Kerner, H.J. und Kaiser, G. (Hrsg.) (1990). Kriminalität – Persönlichkeit, Lebensgeschichte und Verhalten. Berlin: Springer, 41–64.

Moor, P. (1972). Das Selbstportrait des Jürgen Bartsch. Frankfurt: Suhrkamp

Neuzner, B. (1996). Hauptlehrer Wagner und Professor Gaupp. Eine 25jährige Beziehungskatamnese. Forensische Psychiatrie und Psychotherapie – Werkstattschriften. Lengerich – Berlin – Riga: Pabst Science Publisher, 167–184.

Paul, S. (1979). Begegnungen – zur Geschichte persönlicher Dokumente in Ethnologie, Soziologie und Psychologie. Bd. I u. II. Schäfftlarn: Renner.

Pauleikhoff, B. (1990). Persönlichkeit, Phänomen, Verhalten, Lebensgeschichte als Einheit. In Kerner, H.J. & Kaiser, G. (Hrsg.). Kriminalität – Persönlichkeit, Lebensgeschichte und Verhalten. Berlin – New York: Springer, 3–14

Pitaval, F. (1734). Causes célèbres et interessantes. Dt. Übersetzung hrsg. von Rudolf Marx (1980). „Pitaval – unerhörte Kriminalfälle“. Leipzig: Dietrichsche Verlagsbuchhandlung.

Scharmann, D. (1955). Beiträge zur psychologischen Lebenslaufforschung. Psychographie des vierten Lebensjahrzehnts. Psychologische Forschung, 25, 79–117.

Schurich, J. (1930). Lebenslauf vielfach rückfälliger Verbrecher. Leipzig: o.V.

Shaw, C. (1930). The Jack-Roller: A delinquent boy's own story. Chicago, London: o.V.

Sieverts, R. (1931). Rezension von Fritz Berger „Die rückfälligen Betrüger“; Alfred John „Die Rückfalldiebe. Eine Erscheinungsform des Verbrechens“. Zeitschrift für Völkerpsychologie und Soziologie VII, 62–66.

Spazier, D. (1985). Der Tod des Psychiaters. Frankfurt: Syndikat.

Thomae, H. (1968). Das Individuum und seine Welt. Göttingen: Hogrefe.

Thomae, H. (1977). Fallstudien und Längsschnittuntersuchungen. In: Stube, G. (Hrsg.). Binet und die Folgen. Die Psychologie des 20. Jahrhunderts, Bd. V. München: Kindler, 213–235.

Ulbrich, C. (1995). Weibliche Delinquenz im 18. Jahrhundert – eine dörfliche Fallstudie. In: Ulbrich, O. (Hrsg.). Von Huren und Rabenmüttern – weibliche Kriminalität in der frühen Neuzeit. Köln/Weimar: Böhlau-Verlag, 281–312.

Zerler, M. (1994). Nullzeit. Bonn: Psychiatrie-Verlag.

Zerler, M. (1996). Nullzeit – oder wie lang sind drei Jahre? Über Karrieren im Chroniker- und Langzeitbereich. Forensische Psychiatrie und Psychotherapie, 101–117.

Biographie in der Verhaltenstherapie

Peter Fiedler

Biographie in der frühen Verhaltenstherapie: validierender Blick auf die Gegenwart

Möglicherweise wird es zunächst etwas befremdlich anmuten, wenn hier festgestellt wird, daß die biographische Betrachtung und damit die biographische Methodik in der Verhaltenstherapie und Verhaltenstherapieplanung immer schon eine wichtige Rolle gespielt haben. Aus einem kritischen Außenverständnis akzeptierbar scheint allenfalls, daß die biographische Betrachtung für Verhaltenstherapeuten eher von *nebengeordneter* Bedeutung ist. Verhaltenstherapie wird von ihren Kritikern gern einem um einseitig nomothetische Aussagen bemühten Wissenschaftsparadigma zugeordnet. Begründet wird dies u.a. damit, daß den praktisch arbeitenden Therapeuten lange Zeit sogar empfohlen wurde, das konkrete therapeutische Vorgehen möglichst als Einzelfallexperiment zu planen.

Die Einzelfallbehandlung als experimentelle Situation aufzufassen, entsprach der erkenntnistheoretischen Position und wissenschaftlichen Sozialisation der Verhaltenstherapeuten der sechziger und siebziger Jahre (vgl. Kazdin, 1982). Angesichts des rudimentären Wissensstandes und wegen der zahlreichen und (natürlich) wünschenswerten (lerntheoretisch begründeten) Neuschöpfungen therapeutischer Methoden und Techniken schien es zwingend notwendig, die Effektivität dieser Vorgehensweisen auch in der alltäglichen Praxis ansatzweise zu prüfen. Der quasi-experimentelle Aufbau einer Therapie schien dazu besonders geeignet. Bei Durchsicht von Fallpublikationen aus jener Zeit muß man vielen Kritikern weitgehend zustimmen, wenn sie Biographie-Hinweise bzw. – Überlegungen vermißten oder diese bestenfalls als Karrikaturen eines idiographischen Standpunktes verstehen konnten.

Aus der Binnensicht der Verhaltenstherapie sieht es um die Bedeutsamkeit der Biographie jedoch anders aus. Die oben genannte Kritik bezog sich zumeist auf den *Anwendungs- bzw. Technologie-Aspekt* der Verhaltenstherapie(-Planung). Kaum oder selten traf sie als solche auch auf den *Herleitungs- bzw. Begründungsaspekt* therapeutischer Maßnahmen zu. Die Begründung konkreter verhaltenstherapeutischer Praxis bedeutete *zu keiner Zeit*, etwa auf ein biographisches Verständnis der aktuellen Probleme von Patienten zu verzichten. Im Gegenteil: Immer schon bestand der erste und vorrangige Schritt in einer Analyse der lebensweltlichen Probleme und Schwierigkeiten jener Menschen, die in

einer Verhaltenstherapie um therapeutische Hilfe nachsuchten – und dies natürlich einschließlich der Suche nach einem Verstehensansatz für ihre Genese (via
Biographie, zumindest als störungsspezifische Anamnese).

Der Weg, der zur Gegenwarts- wie auch Biographiebetrachtung beschritten
wurde, bestand in einer sorgsamen Exploration (Schulte, 1976b). Dabei ging es
um den gemeinsamen Versuch von Therapeut und Patient, kooperativ jene Be-
dingungsvielfalt zu rekonstruieren, die zur Entstehung wie Aufrechterhaltung
aktueller Probleme und Schwierigkeiten beigetragen hatte und weiterhin beitragen konnte (Fiedler, 1976). Daß nun diese explorative Rekonstruktion lebensweltlicher Komplexität *in einem zweiten Schritt* (der sog. „Problem- bzw. Verhaltensanalyse") zum Zwecke der Phänomen-Ordnung und Problem-Bewertung
systematisch „vereinfacht" wurde, entspricht ebenfalls einer theoriegeleiteten
idiographischen Strukturierung. Problem- bzw. Verhaltensanalyse waren der
methodische Rahmen, mit dem der Therapeut die erhobenen Informationen zu
einem „lerntheoretisch" oder „kognitionspsychologisch" begründeten Erklärungsmodell zusammenfügte. Erst dieses Erklärungsmodell diente schließlich
der Explikation therapeutischer Ziele und der Deduktion therapeutischer Strategien und Methoden.

Richtig ist natürlich auch, daß sich Verhaltenstherapeuten zusätzlich zur Exploration noch einer Reihe weiterer Möglichkeiten der diagnostischen Erhebung von Person- und Problemdaten bedienten. Diese nun waren in der Tat
zumeist „nomothetisch" begründet: z.B. die Störungs-Diagnostik im Sinne psychiatrischer Klassifikationssysteme, der Einsatz problemeingrenzender Fragebögen, die systematische Verhaltensbeobachtung usw. – wobei im Falle der
Verhaltensbeobachtung (insbesondere: der freien bzw. teilnehmenden Beobachtung) schon wieder berechtigte Zweifel an der Eindeutigkeit nomothetischer
Datenerhebung aufkommen können (vgl. Schulte & Kemmler, 1976). Wichtig
ist jedoch, daß Verhaltenstherapeuten den scheinbaren Widerspruch der lange
Zeit als „unvereinbar" bezeichneten Welten einer *idiographischen (bzw. biographischen)* versus *nomothetischen (auch: quasi-experimentellen)* Annäherung an die Person des Patienten nie in dieser sich ausschließenden Extrempo-
sitionierung geteilt haben (von einigen Ausnahmen einmal abgesehen, wie z.B.
Eysenck & Rachman, 1967). Vielmehr sind sie zumeist und grundsätzlich von
der hohen Bedeutsamkeit eines wechselseitigen Ergänzungsverhältnisses beider
Sichtweisen für ein Verständnis der „Welt der Patienten" ausgegangen (Kanfer
& Saslow, 1976).

Insgesamt betrachtet ging es den Verhaltenstherapeuten immer um die per-
sonbezogene, zugleich kooperative Rekonstruktion von gegenwärtiger *und*
historischer Wirklichkeit. Und erst für die konkrete Therapieplanung wurden
die explorierten und beobachteten Persondaten systematisch, d.h. theoriegeleitet
strukturiert. Dies nun jedoch geschah unter einer eigenwilligen *Doppel-*

Perspektive (Kanfer & Saslow, 1976; Schulte, 1976a): Diese verlangte, daß Therapeuten im Rahmen der Problemanalyse eine strikte Trennung der vom Patienten explorierten Informationen vornehmen mußten, und zwar im Sinne (a) einer sog. *Bedingungsanalyse zur erklärenden Modellbildung* (Analyse der aktuell vorhandenen Problem-aufrechterhaltenden und Problem-stabilisierenden Faktoren; sog. *funktionales Bedingungsmodell*); und (b) einer *Ätiologie-Analyse zur validierenden Modellprüfung* (Analyse historisch-biographisch und genetisch bedeutsamer Faktoren der Problementstehung; sog. *genetisches Ätiologiemodell*).

Letzteres – das vom Therapeuten zu entwickelnde Ätiologie-Modell – sollte möglichst in Konvergenz mit dem funktionalen Bedingungsmodell stehen. Das Ätiologiemodell sollte das Bedingungsmodell „validieren“. Das heißt, die Bedingungsstruktur der aktuellen Problematik sollte sich logisch aus der Biographie der Patienten herleiten lassen bzw. zumindest aus dieser heraus vorläufig verständlich werden. Genau an der Sinnhaftigkeit dieser, die Biographie des Patienten künstlich in „Gegenwart“ und „Vergangenheit“ trennenden Doppelperspektive – und nicht an den scheinbaren Widersprüchen zwischen idiographischen versus nomothetischen Aspekten der Problemanalyse oder Therapieplanung – hätte das kritische Fragen nach den Mängeln oder Bruchstellen der ursprünglichen Form einer verhaltenstherapeutischen Biographik ansetzen können.

Wandel im Biographieverständnis der Verhaltenstherapie: von der zeitweiligen Ablehnung zur Wiederentdeckung

Natürlich wird hier nicht behauptet, daß von seiten der Verhaltenstherapeuten keine grundlegenden Vorbehalte gegenüber einer biographischen Betrachtung und Methodik vorgebracht wurden. Ganz im Gegenteil: Die Verhaltenstherapie wurde ausdrücklich als „Gegenprogramm“ zur vornehmlich biographisch arbeitenden Psychoanalyse etabliert, und zwar programmatisch als „empirisch begründete“ und „wissenschaftlich fundierte“ Alternative.

Zentrales therapeutisches Ziel *psychoanalytischer Biographik* war und ist die (in der Analyse als gemeinsame Leistung von Therapeut und Patient anzustrebende) *Entwicklung einer individuellen Theorie* zur Erklärung der Entstehung persönlicher psychischer Störungen. Die in und mittels der psychoanalytischen Therapiebeziehung generierten Erkenntnisse über Persönlichkeit und Persönlichkeitsentwicklung des Analysanden dienen zugleich als *therapeutisches Agens*. Sie sollen es dem Patienten ermöglichen, biographiebegründet neue

Entscheidungen und Verhaltensänderungen in seinem Leben vorzunehmen. In dieser biographischen Methodik, die auch als „Tiefenhermeneutik" bezeichnet wird, fällt also die Art biographischer Erkenntnisgewinnung mit den Möglichkeiten einer therapeutischen Änderung zusammen. Schließlich wird auf der Grundlage einer *für jeden Einzelfall neu* zu entwerfenden Theoriesicht psychischer Gestörtheit auch die generelle Theorie der Psychoanalyse als „wissenschaftliche Metatheorie" fortgeschrieben (vgl. Mertens, 1992).

Gerade wegen dieser, über persönliche Beziehungserfahrungen der beiden Forschungssubjekte „Analysand" und „Analytiker" fortschreitenden Erkenntnisfindung ist gegen die Psychoanalyse von Anfang an der Einwand der Nichtwissenschaftlichkeit erhoben worden. Vor allem von seiten der Klinischen Psychologie und Verhaltenstherapie wurde der Psychoanalyse vorgehalten, daß ihre Begriffe nicht eindeutig operationalisiert seien, daß sie dem Subjektivismus Tür und Tor öffne und daß ihre Hypothesen sich deshalb der wissenschaftlichen (empirischen, experimentellen) Überprüfung entzögen (seit Eysenck, 1952; vgl. Perrez, 1979). Diese Psychoanalyse-Kritik (als Kritik ihrer biographischen Methodik) führte vereinzelt dazu, jegliche biographische Betrachtung als verhaltenstherapeutisches Diagnostikum wie als therapeutisches Agens in Frage zu stellen, wenn nicht gar für die Verhaltenstherapie als untauglich zu betrachten.

Wie wir einleitend am Beispiel der Problemanalyse deutlich gemacht haben, trifft die prinzipiell ablehnende Position jedoch nur sehr begrenzt zu. Die meisten Verhaltenstherapeuten wendeten sich vor allem gegen die psychoanalytische Ansicht, daß in jeder Therapie der Weg der Veränderung *mittels sinnstiftender Biographik* neu gefunden oder neu erfunden werden müsse. Für Verhaltenstherapeuten wurde es demgegenüber zunehmend wichtig, folgendes zu betonen:

Je mehr im Rahmen der Forschung oder auch der therapeutischen Erfahrungsbildung das klinisch-psychologische Wissen über Entstehung, Verlauf und Behandlung spezifischer psychischer Störungen zunimmt, um so weniger ist es notwendig, die Psychotherapie selbst noch als Ort „psychologisierender" Biographik, Theoriebildung und Konzeptentwicklung zu betrachten. Vielmehr kann das vorhandene Störungswissen zur Voraussetzung gemacht werden, an die auch eine Prävention, Psychotherapie und Rehabilitation psychischer Störungen und Probleme *unmittelbar und zielorientiert* anknüpfen sollte. Wissenschaftliche Erkenntnis über psychisches Funktionieren und über psychische Störungen wurde weniger als Ziel, vielmehr zunehmend *als Voraussetzung für therapeutisches Handeln* betrachtet (Fiedler, 1997).

Interessanterweise ist nun in Rückschau auf die Entwicklung der Verhaltenstherapie in den letzten 20 Jahren folgendes festzustellen: In dem Maße, wie die Erkenntnisse über Entstehungsbedingungen, Faktoren der Aufrechterhaltung und Möglichkeiten der Behandlung psychischer Störungen tatsächlich zunahmen, um so mehr kehrte auch die Bereitschaft der Verhaltenstherapeuten zurück, der Biographie von Patienten bzw. der biographischen Analyse erneut besondere Aufmerksamkeit zu widmen (vgl. z.B. Röper, 1992). Dies geschah sowohl unter *diagnostischen* wie unter *therapeutischen* Perspektiven, von denen wir drei darstellen werden:

(a) Biographische Problemanalyse als Grundlage: subjektive Störungstheorie und das Expertentum der Patienten;
(b) Biographie als Erklärungshintergrund: Begründung und Validierung ätiologischer Hypothesen;
(c) Biographie als therapeutisches Ziel: Patientenschulung im Verstehen der eigenen Biographie.

Diese drei nachfolgend darzustellenden Perspektiven beinhalten eine eigenwillige Ambivalenz. Die Ausführungen mögen vor allem auf jene Leser zunächst etwas befremdlich wirken, die als biographische Methodik (etwa im Sinne von Thomae, 1968) vorrangig die „zieloffene" Exploration betrachten, in der das Individuum zu einem freien und umfassenden Bericht über seine Probleme und Erfahrungen angeregt wird. Eine Ambivalenz mag sich insbesondere dort einstellen, wo Verhaltenstherapeuten dazu übergehen, Patienten direkt darin zu schulen und zu unterweisen, ihre Biographie „theoriegeleitet" zu schildern und zu bewerten.

Dieses („neuartige") Vorgehen betont jedoch *ein besonderes Expertentum der Patienten* – und zwar in zweierlei Hinsicht. *Erstens* werden Patienten nicht mehr nur als „Betroffene" ihrer psychischen Schwierigkeiten und Störungen betrachtet, deren Entwicklungsgeschichte biographisch (etwa erklärungssuchend oder sinnfindend) nachzuzeichnen wäre. Patienten sind zugleich Menschen, die neben aller leidvoller Erfahrung grundsätzlich zugleich über Möglichkeiten, Stärken, Kompetenzen und Ressourcen verfügen. Ziel biographischer Analyse wäre es demnach, den Patienten durch gezieltes Weiterfragen zu helfen, ihre bereits (möglicherweise lebenslang) vorhandenen Möglichkeiten und Stärken zu erkennen oder herauszufinden. Diese Sicht und Nutzung der Expertenschaft des Individuums dürfte noch weitgehend mit ähnlichen Ansprüchen von Thomae konvergieren (vgl. Laux, 1995). Daß Verhaltenstherapeuten dabei die Expertenschaft von Patienten nicht erst in der (einer Exploration nachgeordneten) Problemanalyse (theoretisch) bewerten, sondern daß sie sich in ihrer explorativen Befragung selbst bereits durch die in Ätiologiemodellen integrierten Kompetenz- und Ressourcenperspektiven leiten lassen, dürfte weitgehend der biographischen Methodik in der Bewältigungsforschung entsprechen (Laux & Weber, 1993).

Ressourcen-orientierung

Wenn man diesen Gedanken jedoch konsequent zu Ende denkt, ist es nur ein kleiner Schritt hin zur Frage, ob es sich nicht lohnen könnte, das Expertentum der Patienten im (auch biographischen) Verstehen und Erklären ihrer psychischen Probleme *direkt* zu stärken und anzureichern. Dieses Anreichern könnte beispielsweise unter der Perspektive des in der Wissenschaft zunehmenden Erklärungswissens über psychische Störungen geschehen. Dieser Gedanke folgt konsequent der bereits oben angedeuteten Forschungsentwicklung in der Klinischen Psychologie und Verhaltenstherapie. Zunehmend wird von Verhaltenstherapeuten nämlich dahingehend argumentiert, daß es sich lohnen könnte, genau das *in der Forschung* angesammelte Fachwissen über psychisches Funktionieren und über psychische Störungen (informierend und edukativ) an jene Menschen weiterzugeben, die es in erster Linie betrifft: *an die Patienten* (Fiedler, 1996). Warum – so die Frage – sollte nicht auch ein durch vorhandene (wissenschaftliche) Erkenntnis angereichertes Expertentum der Patienten für die kooperative Ausarbeitung einer subjektiven Theorie direkt genutzt werden – einschließlich ihrer biographischen Perspektive?

Biographische Problemanalyse als Grundlage: subjektive Störungstheorie und das Expertentum der Patienten

Jede Verhaltenstherapie beginnt mit einer zieloffenen Exploration, in welcher der Patient ausreichend Gelegenheit erhält, frei und uneingeschränkt über seine psychischen Probleme und über die von ihm vermuteten Störungsursachen zu berichten. Immer geht es dabei auch um die Genese der Probleme und Schwierigkeiten, die ohne Rückschau auf die Biographie zunächst kaum hinreichend klar werden dürften. Es war in der Verhaltenstherapie immer schon unbestritten, daß jede Anfangsexploration neben ihrer diagnostischen unmittelbar einige weitere Funktionen erfüllt bzw. zu erfüllen hat (Fiedler, 1976). Als die wichtigsten gelten (a) die motivierende Funktion (Klärung und Stärkung der Therapiemotivation und Therapieerwartungen der Patienten) sowie (b) therapeutische Funktionen, die vorrangig dem Aufbau und Behalt der für die weitere Therapiearbeit wichtigen konstruktiven „therapeutischen Arbeitsbeziehung" dienen (vgl. auch Schulte, 1996).

Therapieerwartungen und Therapiemotivation können als Teil der Biographie betrachtet werden, dies um so mehr, je länger der Leidensweg der Patienten andauert und wenn diese (was häufig der Fall ist) bereits über unterschiedliche Therapievorerfahrungen verfügen (sowohl organmedizinischer Art wie mit Psychotherapeuten unterschiedlicher Therapieschulen). – Der Erhöhung der

Motivation und der Strukturierung konstruktiver Patientenerwartungen dient den Verhaltenstherapeuten weiter die erwähnte Ausweitung der Explorationsthemen auf die Bereiche „vorhandene Kompetenzen" und „nutzbare Ressourcen". Auch dieses bereits vorhandene individuelle Expertentum des Patienten wird nur unter einer biographischen Perspektive hinreichend deutlich.

Therapeutische Funktionen liegen nicht nur in der Art begründet, wie es Therapeuten gelingt, die Sicherheit und das Vertrauen von Patienten in die therapeutische Arbeit zu erhöhen. Therapeutisch wirkt jede (Biographie-) Exploration bereits durch sich selbst. So beinhaltet die kooperative Rekonstruktion einer persönlichen Leidensgeschichte (subjektive Störungstheorie) zumeist, daß auch „neuartige" Erkenntnisse generiert werden können, weil die bisher zumeist wenig einsichtigen psychische Störungen im diagnostischen Gespräch in einem (er)klärenden oder sinnstiftenden Licht erscheinen. Auch diese der *Exploration als Problemanalyse* innewohnende therapeutische Funktion ist durchaus erwünscht.

Die problemanalytische Exploration wird in der gegenwärtigen Verhaltenstherapie als eine von Patienten und Therapeuten gemeinsam zu erbringende Leistung betrachtet – und zwar *vor jeder* weiteren Therapieplanung durch den Therapeuten (Fiedler, 1997). Die Exploration zielt auf die Entwicklung und Rekonstruktion einer subjektiven Störungstheorie, klärt bestehende Therapieerwartungen der Patienten, eruiert vorhandene Kompetenzen und Ressourcen. Alle diese Aspekte können nur hinreichend verständlich werden, wenn sie aus der Biographie heraus (und zwar durch die Patienten selbst und zunächst möglichst wenig beeinflußt) entfaltet und begründet werden.

Biographie als Erklärungshintergrund: Begründung und Validierung ätiologischer Hypothesen

Erste bewertende Aufgabe des Therapeuten (im Anschluß an die problemanalytische Exploration) besteht in der *Suche nach einem Erklärungs- und Behandlungsmodell* der psychischen Schwierigkeiten und Probleme des Patienten. Als Grundlage dient die mit dem Patienten in der Exploration durchgeführte Problemanalyse (einschließlich Genese, Biographie). Für diese subjektive Theorie-Sicht muß ein passendes Erklärungsmodell gefunden oder generiert werden, welches schließlich der Ableitung konkreter Behandlungsziele und Therapiemethoden zugrunde gelegt wird (vgl. *Abbildung 1*).

Angesichts des zunehmenden klinisch-psychologischen Wissens um die Entstehung und Aufrechterhaltung psychischer Störungen können sich Verhaltenstherapeuten bei der Therapieplanung zunehmend störungsspezifisch (d.h.

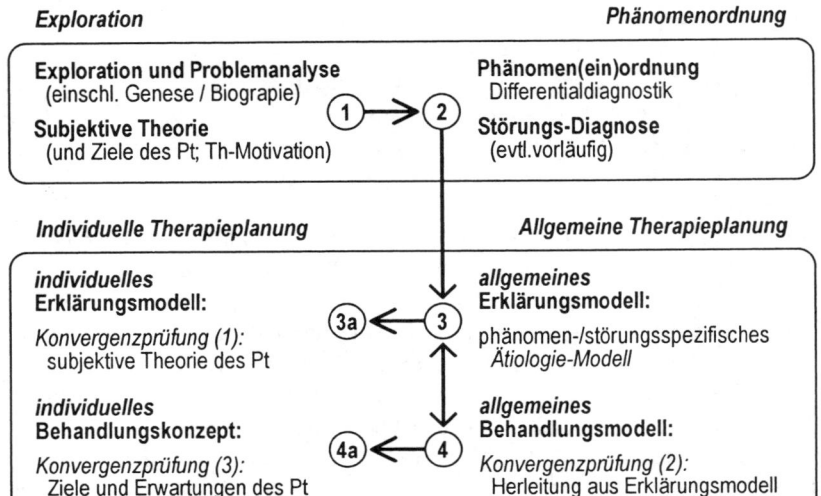

Abbildung 1:
Therapieplanung in der modernen Verhaltenstherapie (vgl. Fiedler, 1997).

Diagnose-geleitet) orientieren; denn für die meisten (diagnostizierbaren) psy-chischen Störungen liegen inzwischen spezifische Erklärungsmodelle ausgear-beitet vor (Fiedler, 1997). Erst nach diesem wichtigen Zwischenschritt der kon-zeptorientierten Erklärung kann die Therapieplanung erfolgen: Alle weiteren Behandlungsüberlegungen sollten nämlich möglichst stringent aus einem für die Patientenprobleme passenden Erklärungsmodell hergeleitet werden.

Die eingangs beschriebene Trennung von „funktionalem Bedingungsmodell" und „validierendem Ätiologiemodell" (in der frühen Verhaltenstherapie) wurde sinnvollerweise aufgegeben. Psychisches Leiden hat immer Geschichte und wird als solches nurmehr verständlich aus dem Gesamt der historisch-bio-graphischen Entwicklung und der aktuellen Verlaufseigenarten. Zwei Perspek-tiven sind dabei von besonderer Bedeutung:

a) Entwicklungspsychologie spezifischer psychischer Störungen. Die heute vor-handenen globalen oder störungsspezifischen Erklärungs- bzw. Ätiologiemodelle spezifischer psychischer Störungen (Ängste, Depression, Schizophrenie usw.) sind zumeist entwicklungs(patho-)psychologisch strukturiert (Fiedler, 1997). Sie integrieren hypothetische Annahmen wie empirisch gesicherte Kenntnisse über Entstehungsbedingungen, Verlaufsfaktoren und Veränderungsaspekte. Und sie beinhalten zugleich Aussagen über die Bedeutsamkeit persönlicher Kompetenzen und sozialer Ressourcen. Zumeist handelt es sich dabei (um nur einige schlag-wortartig zu benennen:) um ein *Diathese-Streß-Modell* oder ein *Transmissions-*

modell oder auch um eine moderne *systemtheoretische Perspektive.* Mit diesen Ätiologie- und Erklärungsansätzen wird versucht, den *kausalen* oder *interaktiven* oder *transaktionalen* Entstehungsbedingungen einen allgemeinen Ordnungsrahmen zu geben, der dann einer Ableitung und Begründung therapeutischer Behandlungsmaßnahmen zugrunde gelegt wird. Wohl kaum mehr entsprechen die heutigen Erklärungsansätze noch den solitären Konditionierungshypothesen der frühen Verhaltenstherapie, die damals jene „validierende" Trennung von aktueller *versus* ätiologischer Betrachtung sinnvoll erscheinen ließ.

(b) Persönlichkeitsstörungen: Besonders deutlich wird die Wiederentdeckung, wenn nicht gar Notwendigkeit der biographischen Fallbetrachtung in der zunehmenden Akzeptanz, mit der die Persönlichkeit bis hin zu den Persönlichkeitsstörungen in der Verhaltenstherapie wichtig werden (Fiedler, 1995a, b). In diesem Zusammenhang ist beachtenswert, daß eine gleichzeitig zu psychischen Problemen und Störungen beobachtbare Persönlichkeitsstörung wie auch die spezifische Art der persönlichkeitsbedingten Auffälligkeiten recht unterschiedliche *ungünstige,* aber auch *günstige* Prognosen für den späteren Behandlungserfolg implizieren. Diese hängen eng mit den persönlichkeitsbedingten Interaktionsstilen der Patienten zusammen. Das Wissen um Persönlichkeitsstörungen stellt also besondere Möglichkeiten bereit, konkrete Überlegungen für die Beziehungsgestaltung der Therapie zu planen, insbesondere um später erwartbare Krisen der therapeutischen Beziehung frühzeitig zu erkennen und zu vermeiden (Fiedler, 1994).

Insbesondere die Persönlichkeitsstörungen verlangen eine sorgsame biographische Betrachtung, weil zunächst überhaupt nicht sicher ist, ob sich (selbst bei Kriterienerfüllung) die Diagnose eine Persönlichkeitsstörung rechtfertigt. Dies ist Ziel der unterschiedlichen *Konvergenzprüfungen,* die im diagnostisch-therapeutischen Prozeß vom Verhaltenstherapeuten erwartet werden (vgl. *Abbildung 1).* Es könnte nämlich sein, daß persönlichkeitsbedingte oder störungsinhärente Interaktionseigenarten von den Betroffenen lediglich als Mittel mit dem Ziel gelebt werden, ein psychisches Unbehagen auszudrücken, das sie nicht anders auszudrücken vermögen. Auffällige Persönlichkeitseigenarten könnten ein persönliches Unvermögen oder Gelähmtsein angesichts bereits länger wirkender, schier unlösbarer existentieller Probleme signalisieren, einen grundlegenden Bruch in der Möglichkeit zu handeln oder zu kommunizieren. Weiter erfordert die Persönlichkeitsbeurteilung einen sorgsamen Blick über das Individuum hinaus in seine soziale wie historische Welt hinein. In privaten oder beruflichen Situationen können es sich viele Menschen nicht erlauben, eigene Bedürfnisse auszudrücken, weil sie wissen, daß diese Bedürfnisse zensiert werden – oft verknüpft mit erheblichen Konsequenzen für das weitere eigene Leben. Im Ergebnis einer sorgsamen Betrachtung der Biographie könnte sich herausstellen, daß Menschen durch andere Menschen oder ihre existentielle Situation gezwungen wurden, eigene Bedürfnisse zu entstellen und zu maskieren. Die in den Kriterien der Persönlichkeitsstörungen angegebenen Interaktionseigenarten könnten sich nur von außen betrachtet als Interaktions*störungen* darstellen, während sie bei Beachtung subjektiver Ziele und Motive als höchstfunktionale *Kompetenzen* bewertet werden müssen.

Die in der Exploration mit dem Patienten erarbeitete (biographische) Problemanalyse und subjektive Theorie dienen dem Therapeuten also (über den Weg der Phänomenordnung/Diagnose) einerseits als Grundlage für die Auswahl eines angemessenen Erklärungsmodells. Andererseits verweisen ihn biographische Problemanalyse und subjektive Theorie auf mögliche Schwachstellen, vorhandene Lücken und Widersprüche, kurz: auf die wohl immer vorhandenen Grenzen allgemeiner wie störungsspezifischer Ätiologieperspektiven (vgl. auch Röper, 1994). Diese muß der Therapeut von sich aus kreativ zu überbrücken versuchen. Dabei stehen ihm prinzipiell mindestens folgende zwei Möglichkeiten offen: Entweder (a) er bevorzugt aus Plausibilitätserwägungen einige oder mehrere Aspekte der subjektiven Störungstheorie des Patienten; oder (b) er bevorzugt die Erklärungsperspektive des von ihm gewählten Modells. Letzteres wird gewöhnlich dann sinnvoll und notwendig sein, wenn die Erklärungsperspektive des Patienten *störungsbedingt* wirklichkeitsverfremdende oder realitätsinadäquate Züge angenommen hat (beobachtbar beispielsweise im Wahnerleben einer psychotischen Störung oder als kognitive Einengung im depressiven bzw. präsuizidalen Erleben).

Biographie als therapeutisches Ziel: Patientenschulung im Verstehen der eigenen Biographie

Psychoedukation?

Diese Idee entwickelte sich in der Verhaltenstherapie in der Folge von Studien, in denen deutlich wurde, daß systematische Information und Aufklärung von Patienten am Erfolg psychotherapeutischer Behandlungen einen wesentlichen Anteil haben.

Bei den Betroffenen selbst ist wohl zumeist ein Bedürfnis nach Information über psychische Störungen und Krankheit sowie über Gesundung vorhanden. Und dieses Informationsbedürfnis wächst – angesichts der kaum mehr überschaubaren Situation im psychosozialen Versorgungsbereich – ständig (Reschke, 1990). Verständlicherweise ist dieses Interesse zu Beginn einer psychotherapeutischen Behandlung am größten. Bereits längere Zeit ist empirisch gesichert, daß eine Frustration des Informationsbedürfnisses von Patienten *ungünstige*

Wirkungen auf den Behandlungsverlauf zeitigen kann. Sie kann nicht nur den Verlauf therapeutischer Maßnahmen kontraproduktiv beeinflussen, sondern auch die Kontinuität psychotherapeutischer Maßnahmen erheblich gefährden (Roter, 1977; Raspe, 1983**Fehler! Textmarke nicht definiert.**). Informationsmangel auf seiten der Patienten kann als Stressor besonderer Art angesehen werden, der in seiner Wirkung häufig den Belastungen aus der Unbestimmbarkeit psychischer Störungen nahekommt (Huppmann & Wilker, 1988).

Faßt man die vorliegenden Forschungsergebnisse über die Folgen angemessener oder fehlender Information von Patienten *positiv* zusammen, dann lassen sich folgende Schlußfolgerungen daraus für die praktische Therapiearbeit ableiten (vgl. Schmidt & Dlugosch, 1992; Reschke, 1990):

- Mit Informiertheit der Patienten wachsen die Zufriedenheit mit der Therapie und das Vertrauen in die Behandlung.
- Information vergrößert die Wirksamkeit therapeutischer Maßnahmen vor allem durch Entängstigung.
- Informiertheit schafft bessere Voraussetzungen zur aktiven und eigenverantwortlichen Beteiligung der Patienten an therapeutischen Maßnahmen.
- Informationsdefizite werden von Patienten selbst durch Nutzung von z.T. ungeeigneten Informationsquellen auszugleichen versucht.
- Akzeptierbare Information wirkt für sich bereits hochgradig therapeutisch!

Welch hohe Bedeutsamkeit bereits schlichte Informationsveranstaltungen gewinnen können, kann man kaum eindrücklicher nachvollziehen, wie in einem außerordentlich empfehlenswerten Erfahrungsbericht des Psychoanalytikers und Chefs einer psychiatrischen Universitätsklinik Piet Kuiper („Seelenfinsternis"; 1990). Obwohl er selbst zu den herausragenden Experten einer psychiatrischen und psychoanalytischen Depressionsbehandlung zählen dürfte, versäumte er während der Zeit seines Klinikaufenthaltes wegen einer eigenen depressiven Erkrankung *keine einzige* der wöchentlich auf Station angebotenen Informationsveranstaltungen. Ziel dieses von seinen verhaltenstherapeutisch orientierten Kollegen durchgeführten Patientenseminars war es, *regelmäßig wiederholt* Ursachen und Erklärungsansätze der Depression darzustellen und über ihre Behandlungsmöglichkeiten zu informieren. Gerade diese „Patientenschulung" avancierte für Piet Kuiper zu einem besonderen Angelpunkt auf dem Weg seiner Genesung – interessanterweise nicht nur, weil sie Hoffnung vermittelte, Sicherheit gab und zur Beruhigung in seiner psychotischen Depression führte, sondern auch, weil sie ihm (durch die Möglichkeit der selbstbeobachtenden Selbstanwendung des vorgetragenen Wissens) viele neue Erkenntnisse über die Depression selbst vermittelte.

Für die Verhaltenstherapeuten ergibt sich aus diesen Befunden und Beobachtungen, daß es sich lohnen könnte, das Expertentum der Patienten gezielt anzureichern, und zwar um Kenntnisse und Wissensbestände, die die klinisch-psychologische Forschung über die jeweils gegebenen psychischen Störungen der Patienten hervorgebracht hat. Genau diese Perspektive, die inzwischen weltweit mit dem Begriff „patient education" (hierzulande mit „Patientenschulung") gekennzeichnet wird, dürfte es zukünftig sein, die eine psychologische Verhaltenstherapie ganz eindeutig vom therapeutischen Handeln in anderen Therapieschulen unterscheiden wird.

Die moderne Verhaltenstherapie gründet ihre spezifische Wirkung (neben vielen anderen methodischen Eigenarten) zunehmend auch auf diese beiden Aspekte einer möglichen Nutzung und Erweiterung des Expertentums von Patienten. Von Anfang an ist Verhaltenstherapie (a) Situation der kooperativen Problem- und Biographierekonstruktion wie – zugleich im Prozeß fortschreitend – (b) Situation der psychoedukativ gestützten Möglichkeit einer bewußteren Erfahrungsbildung.

ad (a): Die explorativ strukturierte (biographische) Problemanalyse zielt darauf, daß die leidende Person die Fähigkeit wiedererlangt, über sich und die eigene Leidensgeschichte zu sprechen und sich auszudrücken (subjektive Theorie als Ausgangspunkt). Dieses Sprechen impliziert – wie dargestellt – bereits für sich therapeutische Funktionen.

ad (b): Im weiteren Verlauf der Behandlung kommt dann jedoch als weiteres therapeutisches Ziel hinzu, daß die bisherigen subjektiven Theorien der Patienten – durch den Therapeuten ausdrücklich unterstützt – um vorhandene psychologische Kenntnisse über die spezifischen psychischen Probleme und Störungen der Patienten angereichert werden.

Als solche dient Patientenschulung zwar vorrangig der Begründung von Zielen und Strategien der weiteren Behandlung. Gleichzeitig soll sie jedoch auch die subjektive Sicherheit der Betroffenen im Umgang mit den eigenen Problemen erhöhen. Patientenschulung über allgemeine Ätiologie- und Behandlungskonzepte gilt heute als eine der wesentlichen Voraussetzungen dafür, daß Patienten nicht nur ihre psychischen Störungen und deren Behandlungsmöglichkeiten kennenlernen. Sie kann gleichzeitig entscheidend dazu beitragen, daß Patienten ihr bisheriges Leben und damit ihre Biographie besser verstehen, indem nämlich ihre Einsicht in die eigenen persönlichen Schwachstellen wie in die bestehenden persönlichen Möglichkeiten gezielt angereichert und vertieft wird.

Persönliche Schlußbemerkung

Als ich diese Ideen ein erstes Mal öffentlich vortrug, kam insbesondere von seiten der psychoanalytisch arbeitenden Kollegen heftige Kritik. Sie betraf v.a. den letztgenannten Aspekt (Patientenschulung in biographischem Verstehen), indem vor allem auf die mögliche Gefahr einer fremdbestimmten Biographie-Verfälschung hingewiesen wurde. Erwartet hatte ich von dieser Seite eigentlich ein anderes Argument, nicht jedoch das der Biographie-Verfälschung. Doch der Reihe nach.

Meines Erachtens wäre aus der Sicht der Psychoanalyse eher folgende Kritik zu erwarten gewesen: Information und Aufklärung von Patienten unterbrechen nämlich die in der Analyse gewünschte Regression der Patienten und verändern damit Übertragungsprozesse in der therapeutischen Beziehung auf grundlegende Weise. Patientenschulung unterbricht die Entwicklung einer Übertragungsneurose, die die Analytiker für eine sinndeutenden Erarbeitung der Biographie ihrer Patienten insbesondere in einer Langzeitbehandlung benötigen. Und an diesem Punkt kann besonders eindrücklich klargemacht werden, wie sehr sich allgemeine Ziele und konkretes Vorgehen von Verhaltenstherapie und Psychoanalyse unterscheiden, und daß sich – mit Blick auf gegenwärtig wieder anlaufende Bemühungen – eine Integration beider Therapiestrategien zwingend verbietet (vgl. Fiedler, 1996).

Aber auch das Argument der möglichen Biographie-Verfälschung verlangt eine kurze kritische Würdigung. Bis heute ist nämlich durch keine Studie oder durch Fallanalysen gesichert, daß die psychoanalytische, *über höchst persönliche Beziehungserfahrungen* gesteuerte Erarbeitung der Patientenbiographie ohne Verzerrungen oder Verfälschungen vonstatten geht. Eher wurde in der Vergangenheit (und zwar wiederholt) über gegenteilige Beobachtungen berichtet (vgl. z.B. Gay, 1987; Masson, 1991). Diesem Problem der Biographieverfälschung unterlagen selbst einige der bedeutsamen Väter der Psychoanalyse (wie z.B. Freud oder Ferenczi, wobei letzterer irrtümlich einem Rat des ersteren folgte, den dieser gerade wegen eines eigenen Irrtums gegeben hatte). Freuds und Ferenczis jeweils „verzerrte Störungssicht" implizierte übrigens in mindestens zwei dokumentierten Fällen erhebliche (teils ungünstige) Wirkungen auf die weitere Behandlung. Und in beiden Fällen wurden die Behandlungsprobleme durch *ätiologietheoretisch* (!) begründete Annahmen der Therapeuten über den Wahrheitsgehalt der Berichte ihrer Patientinnen (über einen sexuellen Mißbrauch in ihrer Kindheit) ausgelöst. Aus diesen Erfahrungen hat Ferenczi kurz vor seinem Tod erhebliche Konsequenzen für die Notwendigkeit einer Änderung des psychoanalytischen Behandlungssettings abgeleitet (und zwar die transparente Schulung der Patienten in eine systematische Biographie-Selbstanalyse empfohlen), die von seinen psychoanalytischen Kollegen nie angemessen rezipiert wurden (vgl. Ferenczi, 1985).

Möglicherweise findet die erwähnte Kritik der Psychoanalytiker an der „verhaltenstherapeutischen Patientenschulung in biographischem Verstehen" in der Historie der eigenen Therapieschule ihre Begründung – und – Berechtigung. Natürlich sollte diese Therapiestrategie nicht unsensibel benutzt werden. Andererseits sprechen die zitierten empirischen Befunde ganz eindeutig für den therapeutischen Nutzen und für eine entsprechend günstige Wirkung von Aufklärung und Information. Im Kern dieser Maßnahme geht es m.E. jedoch noch um vieles Mehr, als lediglich um eine Anreicherung des Expertentums von Patienten im Umgang mit ihrer eigenen Biographie. Es geht (um mit Ferenczi, 1985, zu sprechen:) um eine *Maximierung von Transparenz*. Und auch dies unterscheidet die Psychoanalyse wohl sehr grundlegend von der heutigen Verhaltenstherapie. Die Transparenz über das der Behandlung zugrundeliegende Erklärungs- und Behandlungswissen liefert den Patienten nicht nur eine weitere Perspektive, wie sie sich, ihre Probleme und ihre bisherige Leidensgeschichte auch noch verstehen könnten. Viel wichtiger ist, daß therapeutische Transparenz das Expertentum von Patienten noch auf eine weitere Weise stärkt, nämlich: sich zunehmend autonomer, kritischer und reflektierter auf den Therapeuten und sein Therapiekonzept zu beziehen (Fiedler, 1981). Jedenfalls ist es bis heute eine völlig unentschiedene Frage, was therapeutisch hilfreicher ist: dem Patienten mittels Klarheit und Transparenz kooperativ eine aktivere Mitgestaltung seiner Therapie zu ermöglichen oder ihn – wie in der Psychoanalyse üblich – bei kritischen Fragen und Stellungnahmen zum Therapiekonzept oder zur Person des Therapeuten sinndeutend (und zwar: *aus der Therapeutenperspektive*) auf sich selbst und auf seine Biographie zurückzuverweisen.

Literatur

Eysenck, H.J. (1952). The effects of psychotherapy: An evaluation. *Journal of Consulting Psychology, 16,* 319–324.

Eysenck, H.J. & Rachman, S. (1967). *Neurosen – Ursachen und Heilmethoden.* Berlin: VEB Deutscher Verlag der Wissenschaften.

Fiedler, P. (1976). Gesprächsführung bei verhaltenstherapeutischen Explorationen. In D. Schulte (Hrsg.), *Diagnostik in der Verhaltenstherapie* (2. Aufl., S. 128–151). München: Urban & Schwarzenberg.

Fiedler, P. (Hrsg.). (1981). *Psychotherapieziel Selbstbehandlung.* Weinheim: edition psychologie im VCH-Verlag.

Fiedler, P. (1994). Persönlichkeitsstörungen: Schlüssel zum Verständnis therapeutischer Krisen. In M. Zielke & J. Sturm (Hrsg.), *Handbuch Stationäre Verhaltenstherapie* (S. 785–795). Weinheim: Psychologie Verlags Union.

Fiedler, P. (1995a). *Persönlichkeitsstörungen* (2. Aufl.). Weinheim: Psychologie Verlags Union.

Fiedler, P. (1995b). Verhaltenstherapeutische Diagnostik bei Persönlichkeitsstörungen: Ein Schema zur Problemanalyse und Therapieplanung. *Verhaltensmodifikation und Verhaltensmedizin, 16,* 223–243.

Fiedler, P. (1996). Psychotherapie. In W. Bungard, G.E. Dlugosch, P. Fiedler, D. Frey, R.S. Jäger u.a. (Autoren), *Perspektiven der Psychologie. Eine Standortbestimmung* (S. 169–202). Weinheim: Psychologie Verlags Union.

Fiedler, P. (1997). Therapieplanung in der modernen Verhaltenstherapie. *Verhaltenstherapie und Verhaltensmedizin, 18 (1),* im Druck.

Ferenczi, S. (1985). *Journal clinique.* Paris: Payot. [dt. (1988). *Ohne Sympathie keine Heilung. Das klinische Tagebuch von 1932.* Frankfurt, M.: Fischer.]

Gay, P. (1987). *Freud: A life for our time.* New York: Norton. [dt. (1989). *Freud: Eine Biographie für unsere Zeit.* Frankfurt a.M.: Fischer].

Huppmann, G. & Wilker, F.W. (Hg.). (1988). *Medizinische Psychologie – Medizinische Soziologie.* München: Urban & Schwarzenberg.

Kanfer, F.H. & Saslow, G. (1976). Verhaltenstheoretische Diagnostik. In D. Schulte (Hrsg.), *Diagnostik in der Verhaltenstherapie* (2. Aufl., S. 24–59). München: Urban & Schwarzenberg.

Kazdin, A.E. (1982). Single-case experimental design. In P.C. Kendell & N.J. Butcher (Eds.), *Handbook of research methods in clinical psychology* (pp. 461–490). New York: Wiley.

Kuiper, P.C. (1991). *Seelenfinsternis. Die Depression eines Psychiaters.* Frankfurt a.M.: Fischer.

Laux, L. (1995). Die Integration idiographischer und nomothetischer Persönlichkeitspsychologie. In A. Kruse & R. Schmitz-Scherzer (Hrsg.), *Psychologie der Lebensalter* (S. 15–23). Darmstadt: Steinkopff.

Laux, L. & Weber, H. (1993). *Emotionsbewältigung und Selbstdarstellung.* Stuttgart: Kohlhammer.

Masson, J.M. (1991). Die Abschaffung der Psychotherapie. Ein Plädoyer. Müchen: Bertelsmann.

Mertens, W. (1992). *Psychoanalyse* (6. Aufl.). Stuttgart: Kohlhammer.

Perrez, M. (1979). *Ist die Psychoanalyse eine Wissenschaft?* (2. Aufl.). Bern: Huber.

Raspe, H.H. (1983). *Aufklärung und Information im Krankenhaus.* Göttingen: Vandenhoeck & Ruprecht.

Reschke, K. (1990). Gestaltung gesundheitsrelevanter Informationen. In R. Schwarzer (Hg.), *Gesundheitspsychologie. Ein Lehrbuch* (S. 461–474). Göttingen: Hogrefe.

Röper, G. (1992). Die Zwangsstörung und ihre Lerngeschichte: Implikationen für die Therapie. *Verhaltensmodifikation und Verhaltensmedizin, 13,* 44–77.

Röper, G. (1994). Die entwicklungspsychologische Perspektive in der verhaltenstherapeutischen Behandlung von Zwängen. *Praxis der Klinischen Verhaltensmedizin und Rehabilitation,* (25), 15–22.

Roter, D. (1977). Patient participation in patient-provider interaction: The effect of patient question asking on the quality of interation, satisfaction and compliance. *Health Education Monographs, 5,* 281–315.

Schmidt, L.R. & Dlugosch, G. (1992). Psychologische Grundlagen der Patientenschulung und Patientenberatung. In F. Petermann & J. Lecheler (Hg.). (1992). *Patientenschulung. Grundlagen* (S. 15–40). München-Deisenhofen: Dustri-Verlag.

Schulte, D. (1976a). Der diagnostisch-therapeutische Prozeß in der Verhaltenstherapie. In D. Schulte (Hrsg.), *Diagnostik in der Verhaltenstherapie* (2. Aufl., S. 60–73). München: Urban & Schwarzenberg.

Schulte, D. (1976b). Ein Schema für Diagnose und Therapieplanung in der Verhaltenstherapie. In D. Schulte (Hrsg.), *Diagnostik in der Verhaltenstherapie* (2. Aufl., S. 75–104). München: Urban & Schwarzenberg.

Schulte, D. (1996). *Therapieplanung*. Göttingen: Hogrefe.

Schulte, D. & Kemmler, L. (1976). Systematische Beobachtung in der Verhaltenstherapie. In D. Schulte (Hrsg.), *Diagnostik in der Verhaltenstherapie* (2. Aufl., S. 152–195). München: Urban & Schwarzenberg.

Thomae, H. (1968). *Das Individuum und seine Welt*. Hogrefe: Göttingen.

Fallstudien in der Psychotherapie

Jörg Frommer und Michael Langenbach

Die Nähe der psychotherapeutischen Fallgeschichte zur Novelle (vgl. Freud 1895, S. 227) macht sie zur faszinierenden Lektüre und stellt ihre Wissenschaftlichkeit zugleich in Frage. Während sie der Kliniker schätzt, ist sie für viele forschende Psychotherapeuten eine antiquierte Form der Aufarbeitung, die als „antipsychoanalytisch und unwissenschaftlich" (Meyer 1993, S. 63) verlassen werden sollte. Der vorliegende Beitrag stellt sich vor dem Hintergrund dieser widersprüchlichen Einschätzungen die Aufgabe, das untergehende Genre *novellenartige* und d.h. *narrative* Fallgeschichte unter dem Aspekt der Angemessenheit und Wissenschaftlichkeit genauer zu untersuchen. Weder kann hier ein Überblick gegeben werden über die Vielzahl psychoanalytischer und psychotherapeutischer Fallgeschichten, die seit Freuds *Studien über Hysterie* (1895) erschienen sind, noch können die modernen, mit quantifizierenden Kodierverfahren durchgeführten Einzelfallanalysen inhaltlich angemessen berücksichtigt werden. Vielmehr soll die Berechtigung narrativer Fallgeschichten überwiegend unter methodischen Gesichtspunkten Thema sein mit dem Ziel der Formulierung von Kriterien für die narrative Aufarbeitung und Darstellung psychotherapeutischer Behandlungen.

Dabei stehen zunächst Freuds berühmte Falldarstellungen im Mittelpunkt mit dem Ziel, deren implizite Methodik zu erfassen und in Beziehung zu setzen zu modernen qualitativen Ansätzen innerhalb der Biographischen Psychologie und Qualitativen Sozialforschung. Der zweite Abschnitt dieses Kapitels dient sodann der Erarbeitung eines breiteren Bezugsrahmens, der die narrative Fallgeschichte im Kontext anderer Formen der wissenschaftlichen Aufarbeitung von Einzelfällen beleuchtet. Schließlich werden im dritten Abschnitt allgemeine Charakteristika der psychotherapeutischen Fallstudie herausgearbeitet.

Psychoanalyse als qualitative Psychotherapieforschung

Die erste der sechs Fallgeschichten, die Freud publizierte, handelt von der 18jährigen „*Dora*", die ihn auf Anraten ihres Vaters 1899 wegen Migräne, Atemnot, nervösem Husten, Verlust der Stimme und depressiven Symptomen konsultierte. Die Behandlung dauerte elf Wochen und wurde von Dora abgebrochen. Freuds Publikation *Bruchstücke einer Hysterie-Analyse* (1905 b) stützte sich auf Aufzeichnungen, die er nach Beendigung der Behandlung aus dem Gedächtnis angefertigt hatte, wobei die Analyse von zwei Träumen Doras im Mittelpunkt stand. Ihm ging es in dieser Falldarstellung zum einen um die Exemplifizierung theoretischer Annahmen, die er insbesondere in den *Studien über Hysterie* (1895) und in der *Traumdeutung* (1900) entwickelt hatte. Zum anderen findet sich hier seine Theorie der psychosexuellen Entwicklungsphasen, die er bald darauf in den *Drei Abhandlungen zur Sexualtheorie* (1905a) vorlegte, präformiert. Am Fall „Dora" lernte Freud die Rolle der Übertragung neu einzuschätzen. Darüber hinaus wurden ihm Veränderungen in seiner klinischen Methode bewußt, die nun nicht mehr eine von den Symptomen ausgehende strukturierte Themenvorgabe durch den Arzt in den Vordergrund stellte, „weil ich sie der feineren Struktur der Neurose völlig unangemessen fand. Ich lasse nun den Kranken selbst das Thema der täglichen Arbeit bestimmen und gehe also von der Oberfläche aus, welche das Unbewußte in ihm seiner Aufmerksamkeit entgegenbringt" (Freud 1905a, S. 169).

Freuds zweite Fallgeschichte war die des *„Kleinen Hans"*, dessen Pferdephobie Freud bekanntlich nicht selbst behandelt hat. Die Fallgeschichte stützt sich auf die stenographischen Angaben von Hansens Vaters, der die Therapie durchführte. Auch in dieser Kasuistik finden sich Erläuterungen zum spezifisch psychoanalytischen Erkenntnisgang, demzufolge „wir aufgrund der Andeutungen, die er (der Patient – d.A.) uns macht, mit Hilfe unserer Deutekunst den unbewußten Komplex *mit unseren Worten* vor sein Bewußtsein bringen" (Freud 1909a, S. 354).

Freuds als *„Rattenmann"* in die Literatur eingegangene dritte Krankengeschichte behandelt den Fall eines unter schweren Zwangssymptomen leidenden jungen Offiziers. Sie ist die einzige der sechs von Freud publizierten Krankengeschichten, die eine vollständige und erfolgreiche Behandlung darstellt. Der Bericht basiert auf täglichen Notizen, die Freud abends aufzuzeichnen pflegte. Die Darstellung erfolgt in der Reihenfolge des zeitlichen Ablaufs der Behandlung und macht einige Grundcharakteristika von Freuds Materialerhebung und -auswertung deutlich: An keiner Stelle bezieht sich Freud auf *in* der Behandlungsstunde entstandenes Dokumentationsmaterial. Vielmehr warnt er geradezu davor, „die Zeit der Behandlung selbst zur Fixierung des Gehörten zu verwenden. Die Ablenkung der Aufmerksamkeit des Arztes bringe dem Kranken mehr Schaden als durch den Gewinn an Reproduktionstreue in der Krankengeschichte entschuldigt werden kann" (Freud 1909b, S. 385). Weiterhin fällt auf, daß dem Beginn der Behandlung – im Falle des „Rattenmanns" den ersten sieben Stunden – überproportional viel Raum eingeräumt wird, während spätere Stadien eher kursorisch gestreift werden. Schließlich verbindet Freud in dieser Krankengeschichte paradigmatisch die Ebene von „Mitteilungen aus der Krankengeschichte eines Falles von Zwangsneurose" (Freud 1909b, S. 381), d.h.

385

induktive klinisch-phänomenologische Fallbeschreibung, mit der Ebene der „Angaben über die Genese und den feineren Mechanismus der seelischen Zwangsvorgänge" (ebd.), d.h. theoriegeleitete deduktive Auswertung des vorliegenden Materials.

Die vierte Krankengeschichte nimmt insofern einen Sonderstatus ein, als es sich hier um einen Patienten handelt, den Freud nicht selbst behandelt hatte, ja nicht einmal kannte. Freuds 1911 publizierte *Psychoanalytische Bemerkungen über einen autobiographisch beschriebenen Fall von Paranoia (Dementia Paranoides)* bezieht sich auf die Aufzeichnungen des an einer schizophrenen Psychose erkrankten Leipziger Gerichtspräsidenten Daniel Paul Schreber. Wiederum vermischt sich beim „Fall Schreber" sein kasuistisches Interesse in eigentümlicher Weise mit theoretischen und methodischen Aspekten. Zum einen ist Freud der Überzeugung, daß diese indirekte Form der psychoanalytischen Beschäftigung die einzige Möglichkeit darstellt, da er Psychosekranke für nicht übertragungsfähig und daher unzugänglich für die analytische Technik hielt; zum anderen erhofft er sich gerade von dieser nosologischen Gruppe interessante metapsychologische Aufschlüsse: „Die psychoanalytische Untersuchung der Paranoia wäre überhaupt unmöglich, wenn die Kranken nicht die Eigentümlichkeit besäßen, allerdings in entstellter Form, gerade das zu verraten, was die anderen Neurotiker als Geheimnis verbergen. Da die Paranoiker nicht zur Überwindung ihrer inneren Widerstände gezwungen werden können und ohnedies nur sagen, was sie sagen wollen, darf gerade bei dieser Affektion der schriftliche Bericht oder die gedruckte Krankengeschichte als Ersatz für die persönliche Bekanntschaft mit dem Kranken eintreten" (Freud 1911, S. 240).

Freuds ausführlichster Fallbericht erschien 1918 unter dem Titel *Aus der Geschichte einer infantilen Neurose* und ging als Krankengeschichte vom „Wolfsmann" in die Literatur ein. Zur Methode schreibt Freud hier: „Ich kann die Geschichte meines Patienten weder rein historisch noch rein pragmatisch schreiben, kann weder eine Behandlungs- noch eine Krankengeschichte geben, sondern werde mich genötigt sehen, die beiden Darstellungsweisen miteinander zu kombinieren" (1918, S. 36). Inhaltlich geht es Freud in dieser Arbeit um die kasuistische Untermauerung seiner Theorien über den Zusammenhang von kindlicher Sexualentwicklung und der Genese der Zwangsneurose im Kontext der Auseinandersetzungen mit C.G. Jung und Alfred Adler. Bemerkenswert ist, daß im Mittelpunkt der Darstellung auch bei dieser Kasuistik ein relativ kurzer Ausschnitt aus der Behandlung steht. Nach vierjähriger Dauer der Behandlung ohne zufriedenstellendes Ergebnis hatte Freud seinem Patienten einen Termin zur Beendigung gesetzt und berichtet nun im wesentlichen über das in der Abschlußphase mitgeteilte Material.

Die sechste von Freuds Krankengeschichten, die den Titel trägt *Über die Psychogenese eines Falles von weiblicher Homosexualität* (Freud 1920), ist in dem hier zu diskutierenden Kontext in negativer Weise von Belang, weil Freud aus Erfordernissen der Diskretion auf Detailangaben zur Person der Patientin weitgehend verzichten muß und daher theoretische Überlegungen im Mittelpunkt dieser Arbeit stehen. Auf die umfangreiche Literatur zu Freuds klinischen Fallberichten kann hier nicht eingegangen werden (vgl. hierzu z.B. Kächele 1981, Mertens 1990). Vielmehr soll uns im folgenden Freuds in seinen Krankengeschichten paradigmatisch vorgeführte kasuistische Forschungsmethode beschäftigen. Zunächst fällt hierbei die Nähe zur psychoanalytischen Behandlungsmethode auf, die Freud selbst im Nachwort zu seiner Schrift über *Die Frage der Laienanalyse* eindrücklich mit den Worten beschwört: „In der Psychoanalyse bestand von Anfang an ein Junktim zwischen Heilen und Forschen, die Erkenntnis brachte den Erfolg, man konnte nicht behandeln, ohne etwas Neues zu erfahren, man gewann keine Aufklärung, ohne ihre wohltätige Wirkung zu erleben" (Freud 1926, S. 293 f.). Möglicherweise beeinflußt durch die ihm bereits während seiner Gymnasialzeit zur Kenntnis gelangten Schriften des Psychologen G.A. Lindner versteht Freud hier Psychoanalyse als Erfahrungswissenschaft, die die naturwissenschaftliche Methode der Induktion auf die Sphäre innerer Erfahrung anwendet, wobei sie sich überwiegend der Selbstbeobachtung bedient (Nitzschke 1994, S. 29).

Die Analogie zwischen klinischer und wissenschaftlicher Methode im Sinne eines möglichst unvoreingenommenen Registrierens aller – vor allem auch unerwarteter – Phänomene, die im Laufe einer Behandlung auftreten, rückt die psychoanalytische Klinik und Forschung in die Nähe moderner qualitativer Methoden der Ethnographie und qualitativen Sozialforschung. In diesem Zusammenhang geht Steinar Kvale als einer der prominenten Vertreter der qualitativen Forschung innerhalb der zeitgenössischen Psychologie so weit, die psychoanalytische Behandlungsmethode in paradigmatischer Weise als wegweisend für die qualitative Forschung zu betrachten. Unter methodologischem Gesichtspunkt kann jedwede Psychotherapieforschung – so Kvale – auf zweierlei Weise Schiffbruch erleiden. Entweder sie verfehlt ihr Ziel des Erkenntniszugewinns durch „cruising between anecdotal case stories with little method" (Kvale 1996b, S. 1), oder aber sie begeht den Fehler der einseitigen Favorisierung von „quantified physiological and behavioral measures with little psychological content" (ebd.). Sucht sie den sicheren Mittelweg zwischen diesen Extremen, so tut sie Kvale zufolge gut daran, sich der Tatsache zu erinnern, daß „psychoanalysis is *the* qualitative methode which has yielded substantial contributions to psychological knowledge" (Kvale 1986, S. 155). Kvale nennt sieben Charakteristika, die die psychoanalytische Erkenntnisgewinnung als qualitative Methode par excellence erscheinen lassen:

1.) Die psychoanalytische Therapie stellt eine intensive *Einzelfallstudie* dar, in der der Analytiker einzigartige und tiefdringende Eindrücke von der inneren Erlebniswelt und der persönlichen Geschichte einer Person erhält.

2.) Das psychoanalytische Setting stellt eine hinsichtlich der Inhalte freie und non-direktive, zugleich aber hinsichtlich der formalen Rahmenbedingungen in einem hohen Maß standardisierte Situation dar, in der induktiv-deskriptive *Unvoreingenommenheit* und theoriegeleitete *Interpretation* in Interaktion treten. Die mit der freien Assoziation des Patienten korrespondierende gleichschwebende Aufmerksamkeit des Analytikers beinhaltet dabei in essentieller Weise „an openness to the vague, the ambiguous, the contradictory, and the unexpected" (Kvale 1986, S. 158).

3.) Ein basaler Aspekt psychoanalytischer Arbeit besteht darin, *sinnhafte Zusammenhänge* im Verhalten des Analysanden zu entdecken und interpretativ zu verstehen. Im Gegensatz zur quantitativen Forschung besteht dabei zwischen Daten und Interpretation nur ein gradueller, nicht jedoch ein kategorialer Unterschied.

4.) Psychoanalyse berücksichtigt die *historische Dimension* und bemüht sich um ein integratives Verstehen von Vergangenheit, Gegenwart und Zukunft, indem sie die Person des Analysanden unter der Entwicklungsperspektive betrachtet.

5.) Psychoanalytische Therapie ist eine kommunikative *zwischenmenschliche Beziehung* und sie beinhaltet die als Übertragungs/Gegenübertragungsdynamik verstandene reflexive Selbstverständigung über Form und Inhalte dieser Beziehung durch die Beteiligten.

6.) Psychoanalytische Therapie beschäftigt sich nicht in erster Linie mit normalpsychologischen, sondern mit *pathologischen Phänomenen* und sie benutzt diese „as a magnifying glass for the less visible conflicts of average individuals" (Kvale 1986, S. 164).

7.) Im Mittelpunkt psychoanalytischen Interesses stehen Prozesse der *Veränderung* bzw. der Widerstand des Patienten gegen Veränderung. Psychoanalyse ist daher weniger an reproduzierbaren als an dynamischen und durch den Prozeß der Untersuchung einer Veränderung unterworfenen Phänomenen interessiert (Kvale 1986, 1996 a, 1996 b).

Kritisch könnte man gegen diese weitgehende Parallelisierung von psychoanalytischer Technik und qualitativer Forschungsmethodik einwenden, daß der spezifische Gegenstand psychoanalytischer Untersuchung – das unbewußte Seelenleben des Patienten – sich von demjenigen qualitativer Forschung dergestalt unterscheide, daß letzterer sich auf die Erfassung des bewußt von den Beforschten Geäußerten beschränke und nicht in die Tiefenschichten des Unbewußten vordringe. Rückt man allerdings von verdinglichenden Vorstellungen des Unbewußten ab, so zeigen sich mehr Parallelen als Unterschiede. Wie bei den in der interpretativen Sozialforschung zur Anwendung kommenden *narrativen Interviews* (Schütze 1983) handelt es sich bei sprachlichen Äußerungen in psychoanalytischen Sitzungen um Stegreiferzählungen, in denen es Aufgabe des Interviewers ist, „den Informanten dazu zu bewegen, die Geschichte des in Frage stehenden Gegenstandsbereichs als eine zusammenhängende Geschichte aller relevanten Ereignisse von Anfang bis Ende zu erzählen" (Hermanns 1991, S. 183). Die dominante Darstellungsform ist in beiden Fällen die Erzählung einer selbsterlebten Geschichte, während deskriptiven und argumentativen Aspekten geringere Bedeutung zukommt. Der Interviewer selbst tritt in den Hintergrund, vermeidet thematische und evaluative Interventionen, um den Gesprächspartner möglichst ungestört dem narrativen Strom mit seinen impliziten „Zugzwängen" (Schütze 1984, S. 81) zu überlassen. Die Beschäftigung mit dem Inhalt der Erzählung kann dann zeigen, „daß die Menschen sehr viel mehr von ihrem Leben wissen und darstellen können, als sie in ihren Theorien über sich und die Welt aufgenommen haben" (Hermanns 1991, S. 185, Nisbett & Wilson 1977). Aufgabe des Forschers ist es, dieses zwar auf der Ebene der erzählerischen Darstellung, nicht aber auf der Ebene der begrifflichen Reflexion verfügbare Wissen zu explizieren und einer theoretischen Verarbeitung zugänglich zu machen.

Überträgt man diese Modellannahmen auf die Situation der psychoanalytischen Behandlung, bedeutet dies, daß die Entschlüsselung des „zweiten Textes" der unbewußten Mitteilungen des Patienten (Werthmann 1975) sich auf Äußerungen stützen kann, die – bedingt durch den narrativen Zugzwang – zwar ausgesprochen werden, vom Patienten selbst aber nicht in die Strukturen seines bewußten Selbst- und Weltverhältnisses integriert werden.

Angesichts der hier deutlich werdenden Nähe von qualitativer und psychoanalytischer Methodik mag der eher geringe Einfluß qualitativer Ansätze in der gegenwärtigen Psychotherapieforschung verwundern, wo die hermeneutische Richtung eher von humanistischen Therapierichtungen verpflichteten Autoren vertreten wird als von Psychoanalytikern.

Zur Systematik psychotherapeutischer Einzelfallforschung

Seit Mitte der achtziger Jahre zeichnete sich innerhalb der Psychotherapieforschung eine zunehmende Unzufriedenheit mit den bis dato erzielten Forschungsergebnissen ab. Sie bezog sich auf die im Rahmen von Wirksamkeitsfragestellungen bis dahin durchgeführten über 4000 Studien, wobei ähnlich wie in der pharmakologischen Wirksamkeitsforschung Gruppenvergleichs-Designs bevorzugt worden waren. Anlaß war die provozierende These von H.J. Eysenck (1952) gewesen, der behauptet hatte, daß die Spontanremissionsraten bei Psychoneurosen höher lägen als die Raten der Besserung unter psychotherapeutischer Behandlung. Abgesehen davon, daß sich Eysencks Thesen auch aus seinen eigenen Daten heraus begründet so nicht halten lassen (McNeilly & Howard 1991), gelten sie inzwischen durch die Ergebnisse der Vielzahl durchgeführter Studien als widerlegt (Lambert & Bergin 1994). Polemisch diskutiert wird derzeit allenfalls, welche Therapieform welcher anderen überlegen ist (Grawe, Donati & Bernauer 1994, Mertens 1994, Tschuschke, Kächele & Hölzer 1994, Meyer 1994), wobei unter den Kontrahenten durchgängig Einigkeit darüber herrscht, daß inzwischen zwar als nachgewiesen gelten kann, daß Psychotherapie hilft, andererseits aber nach wie vor unklar ist, wie sie das bewirkt.

Als Grund hierfür nennt Klaus Grawe ein „allzu euphemistisches, gruppenstatistisch erzeugtes Bild von der Wirkung der jeweils untersuchten Therapie" (Grawe 1988, S. 2): Diese Einschätzung begründet er wie folgt: „Bei der gruppenstatistischen Aufarbeitung und Analyse wird jedes einzelne Datum aus dem Kontext, aus dem es seine Bedeutung für diese spezifische Person oder Therapie gewinnt, herausgelöst und mit anderen Einzeldaten integriert, für die dasselbe zutrifft. Daraus gewonnene Kennwerte und Ergebnisaussagen beziehen sich nicht mehr auf einzelne der untersuchten Therapien oder Personen, sondern auf abstrakte Merkmale wie die Zugehörigkeit zu einer bestimmten Behandlungs- oder Patientengruppe ..." (ebd.). Als Folge dieses Vorgehens ergeben sich in den einzelnen Projekten zunehmend riesige Datenpools, an denen unterschiedliche statistische Verfahren mit dem Ziel der Gewinnung von Signifikanzen geradezu „ausprobiert" werden. Dennoch sind hohe und eindeutige Korrelationen selten und die Mehrzahl der publizierten Ergebnisse bewegt sich im Bereich niedriger bis allenfalls mittelhoher Zusammenhänge.

Wie andere renommierte Psychotherapieforscher fordert Grawe daher in einem programmatischen Aufsatz von 1988: *Zurück zur psychotherapeutischen Einzelfallforschung.* Die als Antwort auf diese Forderung zu verstehende Psychotherapie*prozeß*forschung wendet sich nun erstmals schulenübergreifend der Interaktion *in* der Psychotherapiestunde zu, d.h. sie stützt sich nicht auf *vor* oder *nach* der Stunde erhobene Fragebogendaten, sondern arbeitet an Video- und Tonbandaufzeichnungen sowie deren Transkriptionen. Hierbei erscheinen zunächst Ansätze erforderlich, die verschiedene Instrumente und Beschreibungsmodelle durch die Anwendung auf ein und denselben Fall miteinander vergleichen. Ziel solcher Projekte – etwa der von der Ulmer Gruppe um Horst Kächele initiierten Arbeitsgruppe *Psychotherapeutische Einzelfallprozeßforschung (PEP)* – ist es, „die verschiedenen Methoden der Prozeßanalyse hinsichtlich ihres Erkenntniswertes, ihrer Praktikabilität, ihrer Möglichkeiten und

Beschränkungen zu erproben und miteinander zu vergleichen" (Grawe 1992, S. 155).

Versucht man die vorliegenden Studien zur Psychotherapieprozeßforschung unter methodischem Aspekt zu typisieren, so empfiehlt es sich zunächst, die verschiedenen Ebenen des Gegenstandsbereiches zu unterscheiden. In einer systematischen Übersicht differenziert Robert Elliott im Anschluß an Orlinsky und Howard (1987), Kiesler (1973), Bordin (1974) und Russell (1988) sowie Greenberg (1986) folgende fünf Dimensionen des psychotherapeutischen Prozesses:

1.) Die Ebene der *Beobachtungsperspektive*. Erfolgt die Darstellung des Prozesses aus der Perspektive des Klienten (A.), des Therapeuten (B.) oder des Forschers (C.)?
2.) Die Ebene des *Beobachtungsgegenstandes (Person/Fokus)*. Wird der Klient (A.), der Therapeut (B.) oder die beide umschließende Dyade bzw. das System als Gegenstand der Untersuchung gewählt?
3.) Die Ebene des *Prozeßaspekts*. Wird der Inhalt (Sätze, Themen) (A.), die Handlung (Sprechhandlung, Intention, Aufgabe, Antwortverhalten) (B.), der Stil (paralinguistisches und nonverbales Verhalten, Stimme, emotionale Aspekte) (C.) oder die Qualität (Geschick des Therapeuten, Arbeitsverhalten des Klienten) (D.) beurteilt?
4.) Die Ebene der *Kodiereinheit*. Wird der Text für die Auswertung unterteilt in Sätze (A.), Sprecherwechsel-Sequenzen (turn) (B.), thematische Episoden (C.), Sitzungen (D.), Behandlungsphasen (E.), oder wird die gesamte Behandlung (F.) als Bezugseinheit gewählt?
5.) Die Ebene der *zeitlichen Orientierung* bei der Untersuchung einer Texteinheit. Findet die Beurteilung statt im Hinblick auf den Kontext im Sinne der Frage, was zu dieser Sequenz führte (A.), steht der Prozeßaspekt der untersuchten Einheit selbst im Mittelpunkt des Interesses (B.) oder geht es um die Bedeutung der Einheit für den weiteren Verlauf und die Ergebnisse der Therapie (C.) (Elliott 1991, S. 94).

Die sich aus diesen unterschiedlichen Dimensionen ergebenden unterschiedlichen Forschungsfoci lassen sich im Rahmen psychotherapeutischer Einzelfallstudien mit verschiedenen Methoden erforschen. Mit R.B. Hilliard wird Einzelfallstudie dabei verstanden „as intrasubject research in which aggregation across cases is avoided and the generality of findings is addressed through replication on a case-by-case basis" (Hilliard 1993, S. 376). Bezüglich der zur Verfügung stehenden Ansätze ist dabei zunächst zu unterscheiden zwischen quantitativen und qualitativen Designs. Während *qualitative Methoden* auf eine Quantifizierung ihrer Beobachtungen weitgehend verzichten, verwenden *quan-*

titative Methoden Ordinal-, Intervall- oder Rationalskalen (Stevens 1951). Eine Zwischenstellung nehmen Methoden ein, deren Befunde auf Nominal-Niveau skaliert sind. Sie werden von einigen Autoren den qualitativen Methoden oder einem Übergangsbereich zwischen quantitativer und qualitativer Methodik zugerechnet (Alberti 1994, Faller 1994), während sie von Methodikern, die sich den Traditionen der Ethnomethodologie und qualitativen Sozialforschung verpflichtet fühlen, nicht dem qualitativen Spektrum zugeordnet werden (Flick et al. 1991, Denzin & Lincoln 1994).

Die damit angesprochene Diskussion über den Zwischenbereich von qualitativer und quantitativer Psychotherapieforschung ist deshalb von besonderer Bedeutung, weil sie grundsätzlich alle Ansätze betrifft, die über eine rein zahlenmäßige Erfassung formaler (Sprechzeiten pro Sprecher, Pausendauern etc.) sowie grammatikalischer, syntaktischer und lexikalischer Gesprächsmerkmale (Mergenthaler 1985) hinausgehen und sich semantischen und pragmatischen Aspekten von Sprechhandlungen zuwenden. Sich primär als quantitative Verfahren verstehende Ansätze wie das *Modell des zentralen Themas des Beziehungskonfliktes (CCRT/ZBKT)* (Luborsky 1984, Dahlbender & Kächele 1994) oder das *Modell der Strukturalen Analyse sozialen Verhaltens (SASB)* (Benjamin 1974, Tress 1993) enthalten qualitative Urteile stets da, wo sie an den sprachlich oder auf andere Weise symbolisch vermittelten sozialen Interaktionsprozeß menschlicher Individuen anknüpfen, weil das Verständnis dieses Prozesses grundsätzlich hermeneutische und kontextualisierende Deutungsvorgänge enthält. Dieser Sachverhalt, daß auch sich primär als quantitativ verstehende Methoden ihre Daten durch ein „hermeneutisches Nadelöhr" (Frommer & Faller 1994, S. 9) gewinnen, steht mit dem irreduziblen Tatbestand in Verbindung, daß semantische Einheiten nicht *eine* richtige Bedeutung haben, sondern eine Vielzahl möglicher Bedeutungen im Sinne prototypischer Kernbedeutungen und seltener evozierter Randbedeutungen, wobei sich die jeweilige situationsadäquate Bedeutung aus dem durch Textproduzent und Textrezipient gemeinsam konstituierten Kontext ergibt (Streeck 1991).

Der hier bestehende Interpretationsspielraum spiegelt sich in der Höhe des Koeffizienten für die Interrater-Reliabilität wieder. Dabei wird selten reflektiert, daß dieser Koeffizient, dem oftmals mangels überzeugender Validitätskriterien die ganze Last wissenschaftlicher Dignität aufgebürdet wird, in der Regel für Beurteilungen gerechnet wird, die nach intensiven Schulungen erfolgen, was bedeutet, daß seine Höhe zumindest auch abhängig ist von dem Ausmaß, in dem es gelingt, in der Schulung einen einheitlichen Beurteilungs*stil* zu erzeugen. Mit anderen Worten heißt das, daß Abweichungen zwischen den Beurteilern nicht als Meßfehler zu verstehen sind, sondern vielmehr einen in irreduziblen Charakteristika des zu beurteilenden Materials begründeten Interpretationsspielraum reflektieren und die Vereinheitlichung der Art und Weise des Interpretierens eine von sozialpsychologischen Faktoren – z.b. Macht und Hierarchie im Forscherteam – bestimmte schulenspezifische Sichtweise implementiert. Damit wird aber der Interrater-Reliabilitätskoeffizient eher zum Maß für die soziale Kohäsion in der Forschergruppe als zum Garanten dafür, daß das „richtige" Ergebnis gefunden wurde.

Neben der Dichotomie in quantitative versus qualitative Verfahren sind zwei weitere Unterscheidungen bei der methodologischen Einordnung von Einzelfallstudien von Bedeutung. Zum einen sind *experimentelle Designs*, in denen die unabhängige Variable direkt manipuliert wird, zu unterscheiden von *passiv-beobachtenden Designs*, in denen dies nicht der Fall ist; und schließlich ist zu berücksichtigen, ob das Ziel der Studie in der hypothesentestenden *Erkenntnissicherung (context of justification)* oder in der hypothesengenerierenden *Erkenntniserweiterung (context of discovery)* liegt (Hilliard 1993, Jüttemann 1992).

Unter Zugrundelegung dieser Differenzierungen schlägt R.B. Hilliard (1993) in der bereits zitierten Arbeit eine Einteilung in drei Formen von Einzellfallstudien vor:

1.) Das *Einzelfallexperiment.* Hier werden *quantitative Daten* erhoben und ausgewertet, wobei eine direkte Manipulation der unabhängigen Variable stattfindet. Beispiele finden sich in den Monographien von Kazdin (1981) sowie Barlow and Hersen (1984).

2.) Die *quantitative Einzelfallanalyse.* Hierunter werden sowohl hypothesentestende *konfirmatorische* als auch hypothesengenerierende *exploratorische* Studien gefaßt. Für diese Kategorie stehen beispielsweise die bereits erwähnten SASB- und CCRT/ZBKT-Untersuchungen.

3.) Die *Fallstudie.* Hier werden *qualitative Daten* erhoben und ausgewertet. Vom Design her ist sowohl ein passiv-beobachtendes Vorgehen als auch eine Manipulation im Sinne des qualitativen Experiments (Kleining 1986) vorstellbar. Bei der qualitativen Fallstudie stehen hypothesentestende *konfirmatorische* und hypothesengenerierende *exploratorische* Aspekte in einer besonderen Art von Ergänzungsverhältnis.

In seiner Einteilung setzt Hilliard *qualitative Psychotherapieforschung* und *psychotherapeutische Fallstudie* in eins, ohne die Unterschiede zwischen diesen beiden Formen von Einzelfallforschung ausreichend zu würdigen. Im folgenden wenden wir uns daher der Bestimmung der Fallstudie in einem engeren, nicht nur von den quantitativen, sondern auch von der qualitativen Psychotherapieforschung abgegrenzten Sinne zu.

Die psychotherapeutische Fallstudie

Der spezifische Unterschied zwischen der psychotherapeutischen Fallstudie und dem psychiatrischen Fallbericht liegt darin, daß bei dem letzteren die _Kranken-geschichte_ im Mittelpunkt steht, während sich die erstere auf die _Behandlungs-geschichte_ konzentriert. Die psychiatrische Pathographie sieht ihre Hauptaufgabe im Nachweis der Durchschlagkraft schicksalshaft eindringender pathologischer Prozesse in die Biographie einer Person. Alle Bereiche personaler Existenz können betroffen sein. Insbesondere das subjektive Erleben, aber auch die zwischenmenschliche Beziehungsgestaltung und im Fall der Künstler- und Gelehrtenpathographie das überindividuell bedeutungsträchtige Werk kommen unter dem Aspekt der pathologischen Abwandlung zur Darstellung. Oft werden Versuche der Bewältigung thematisiert, selten wird jedoch die Blickrichtung dahingehend verkehrt, daß das Werk als Beitrag zur Erhellung und Verständlichmachung der Psychopathologie gewertet wird. Die intellektuelle Kompetenz des Betroffenen in eigener Sache ist hier noch nicht genügend gewürdigt. Der Versuch etwa, Friedrich Hölderlins im Kontext des Deutschen Idealismus entstandene philosophische Manuskripte im Kontext der Diskussion über die Grundstrukturen des Selbst- und Beziehungserlebens Schizophrener zu verstehen (Frommer 1995a) oder Max Webers Theorie des okzidentalen Rationalisierungsprozesses in Zusammenhang mit Tellenbachs _Typus melancholicus_-Hypothese zu bringen (Frommer & Frommer 1993), sind unter den psychiatrischen Pathographien eher die Ausnahme.

Genau darum geht es aber in der psychotherapeutischen Fallgeschichte. In ihr kommt die pathologische Entwicklung unter dem Gesichtspunkt ihrer Bewältigung und Aufarbeitung zur Darstellung. Die Fallgeschichte folgt nicht einer biographisch-chronologischen Darstellungsform, sondern sie zeichnet den Weg nach, auf dem sich die Pathologie des Patienten im therapeutischen Prozeß als ganzhafte Gestalt zu erkennen gibt und bearbeitbar wird. Die verbale und paraverbale Interaktion von Therapeut und Patient ist hier die Bühne, auf der sich das Szenario der primären Beziehungserfahrung des Patienten entfaltet und allmählich von den Beteiligten begriffen werden kann, bzw. durch den Forscher zu zeigen ist, wo und warum dieses Begreifen gelingen kann oder scheitern muß.

Freud hat die Relation von Behandlungsverlauf und Biographie im psychoanalytischen Fall in einem Vergleich zu erfassen versucht: Die Arbeit des Psychoanalytikers „der Konstruktion oder, wenn man es so lieber hört, der Rekonstruktion, zeigt eine weitgehende Übereinstimmung mit der Arbeit des Archäologen, der eine zerstörte und verschüttete Wohnstätte oder ein Bauwerk der Vergangenheit ausgräbt. Sie ist eigentlich damit identisch, nur daß der Analytiker unter besseren Bedingungen arbeitet, ... weil er sich um etwas noch Lebendes bemüht" und „Wiederholungen von aus der Frühzeit stammenden Reaktio-

nen und alles, was durch die Übertragung an solchen Wiederholungen auf-
gezeigt wird" sehen kann und für ihn gilt: „Alles Wesentliche ist erhalten, ...
nur verschüttet, der Verfügung des Individuums unzugänglich gemacht" (Freud
1937, S. 45ff). In der Sprache eines modernen, durch Sprachphilosophie und
Verstehende Soziologie angereicherten Verständnisses von Psychoanalyse, geht
es dabei um die sinnrationale Rekonstruktion unverständlicher menschlicher
Verhaltensweisen, die dann möglich wird, „wenn wir ungewöhnliche bis bizar-
re Absichten und Meinungen, aber auch Modalitäten der Schlußfolgerung, etwa
das Konzept einer verfolgenden bösen Brust, in das Kalkül des praktischen
Syllogismus einsetzen. Genau das tut etwa der Psychoanalytiker, wenn er aus
der Metapsychologie die erforderlichen Anregungen bezieht, um sinnrationale
Deutungen neurotischen Verhaltens und Erlebens zu entwerfen" (Tress & Fischer 1991, S. 617, Frommer & Frommer 1990).

Methodologisch impliziert Freuds Archäologie-Vergleich ein Oszillieren
zwischen induktiven und deduktiven Erkenntnisschritten. Um einen Fund als
Fragment einer Tonfigur zu identifizieren, muß der Archäologe Vorannahmen
über Form, Farbe und Beschaffenheit der Figur bereits besitzen, andererseits
wird der Fund aber nicht selten diese Vorannahmen korrigieren oder widerle-
gen. Bereits der frühe Freud hatte einen konzisen Begriff von dieser Art des
Vorgehens, wenn er – wie Kächele (1981) berichtet – bewundernd über Charcot
schreibt: „Er pflegte sich die Dinge, die er nicht kannte, immer von neuem anzusehen, Tag für Tag den Eindruck zu verstärken, bis ihm dann plötzlich das
Verständnis desselben aufging. Vor seinem geistigen Auge ordnete sich dann
das Chaos, welches durch die Wiederkehr immer derselben Symptome vorge-
täuscht wurde; es ergaben sich die neuen Krankheitsbilder, gekennzeichnet
durch die konstante Verknüpfung gewisser Symptomgruppen: die vollständigen
und extremen Fälle, die „Typen", ließen sich mit Hilfe einer gewissen Art von
Schematisierung hervorheben, und von den Typen aus blickte das Auge auf die
lange Reihe der abgeschwächten Fälle, der *formes frustes*, die von dem oder
jenem charakteristischen Merkmal des Typus her ins Unbestimmte ausliefen. Er
nannte diese Arbeit der Geistesarbeit in der er keines Gleichen hatte,
‚Nosographie' treiben und war stolz auf sie" (Freud 1893, S. 22).

Über alle Stadien seiner wissenschaftlichen Entwicklung (z.B. 1915, S. 209)
hat sich Freud bis ins hohe Alter Charcots nosographische Methode zu eigen
gemacht,wofür er beispielsweise in der *Neuen Folge der Vorlesungen zur Einführung in die Psychoanalyse* Zeugnis gibt, wenn er schreibt: „Der Fortschritt in der
wissenschaftlichen Arbeit vollzieht sich ganz ähnlich wie in der Analyse. Man
bringt Erwartungen in die Arbeit mit, aber man muß sie zurückdrängen. Man
erfährt durch die Beobachtung bald hier, bald dort etwas Neues, die Stücke passen zunächst nicht zusammen. Man stellt Vermutungen auf, macht Hilfskon-
struktionen, die man zurücknimmt, wenn sie sich nicht bestätigen. Man braucht

viel Geduld, Bereitschaft für alle Möglichkeiten, verzichtet auf frühe Überzeugungen, um nicht unter deren Zwang neue, unerwartete Momente zu übersehen, und am Ende lohnt sich der ganze Aufwand, die zerstreuten Funde fügen sich zusammen, man gewinnt Einblick in ein ganzes Stück des seelischen Geschehens, hat die Aufgabe erledigt und ist nun frei für die nächste" (Freud 1933, S. 600 f.).

Freud kommt hier den modernen Auffassungen von qualitativer Forschung nahe, die das Idealtypenkonzept Max Webers zum Ausgangspunkt ihres Forschungsverständnisses nehmen. In überraschender Ähnlichkeit zu Charcot und Freud versteht Weber unter Idealtypen Modellvorstellungen, die gewonnen werden „durch einseitige *Steigerung eines* oder *einiger* Gesichtspunkte und durch Zusammenschluß einer Fülle von diffus und diskret, hier mehr, dort weniger, stellenweise gar nicht, vorhandenen *Einzel*erscheinungen, die sich jenen einseitig herausgehobenen Gesichtspunkten fügen, zu einem in sich einheitlichen *Gedankenbilde*" (Weber 1904, S. 191). Idealtypen sind also erstens *hypothesenähnliche Leitvorstellungen empirischer Forschung*, wobei Weber zufolge die logisch vergleichende Beziehung der Wirklichkeit auf Idealtypen (wertbeziehendes Urteilen) durch den Forscher von der wertenden Beurteilung der Wirklichkeit aus Idealen heraus (wertendes Urteilen) scharf zu trennen ist (vgl. Weber 1904, S. 200). Zweitens stehen Idealtypen im Unterschied zu kategorialen Rastern in einem *engen Bezug zu Subjektivität und Individualität*; sie dienen der systematischen Charakterisierung von Handlungsmotiven und stehen damit im Kontrast zu Modellen, die sich der Analyse von Verhaltensursachen zuwenden. Drittens schließlich versteht das Idealtypenkonzept die untersuchten Zusammenhänge unauflöslich in ihren *sozialen, historischen und kulturellen Bezügen* (Frommer 1996).

Die Anwendung des Idealtypenkonzeptes in der Psychotherapieforschung steht erst am Anfang (Klotter 1994, Frommer 1995c, 1996, Stuhr & Wachholz 1996). Sie kann sich an Konzeptualisierungen orientieren, die im Bereich der Medizinsoziologie beheimatet sind. Hier schlägt beispielsweise Uta Gerhardt einen zweistufigen Forschungsprozeß vor, dessen erster Schritt in der Bildung einer idealtypischen Fallerklärung durch kontrastierende Benutzung von Fallwissen (Alltags- und/oder Wissenschaftseinsichten, Datenmaterial, das vorliegt oder erhoben wird) besteht; im zweiten Schritt wird dann der Idealtypus zur Fallerklärung verwandt, d.h. zum vergleichenden Verstehen der zu untersuchenden Sinnphänomene. Versuchsweise werden so Idealtypen an der Realität geprüft, gegebenenfalls ausgeschieden und ersetzt oder modifiziert, bis eine hinsichtlich Reichhaltigkeit und Schlüssigkeit befriedigende Modellvorstellung gefunden ist (Gerhardt 1991).

Obwohl die Gewinnung idealtypischer Modellvorstellungen in beiden Fällen im Mittelpunkt steht, unterscheidet sich die psychotherapeutische Fallstudie von qualitativen Ansätzen innerhalb der zeitgenössischen Psychotherapieforschung (Faller & Frommer 1994). Versucht man diese Unterschiede vor dem

Hintergrund des von R. Elliott vorgeschlagenen Fünf-Dimensionen-Modells des psychotherapeutischen Prozesses zu präzisieren, so ist zunächst als charakteristische Gemeinsamkeit festzuhalten, daß das komplexe dialektische Zusammenspiel von Perspektivendifferenzierung (Patient, Therapeut, Forscher) und gegenseitiger Beeinflussung der Perspektiven (Patient → Therapeut, Therapeut → Patient, Patient-Therapeut-Interaktion → Forscher) im Verlauf des Behandlungsprozesses und im Verlauf des Forschungsprozesses einen wesentlichen Anteil am Forschungsinteresse ausmachen. Gerade angesichts dieser Verflechtungen ist Webers Monitum einer peinlichen Trennung zwischen wertbeziehenden und wertenden Beurteilungen ein basaler Qualitätsstandard sowohl der qualitativen Psychotherapieforschung als der Fallstudie. Dasselbe trifft für den Beobachtungsgegenstand zu. Der Beitrag des Therapeuten zum Ablauf des Prozesses ist ebenso wie die Selbstreflexivität des Forschers essentieller Bestandteil beider Formen von Psychotherapieforschung. Für die Ebene des Prozeßaspektes werden Unterschiede insofern deutlich, als qualitative Psychotherapieforschung eine Schwerpunktsetzung auf einen der Prozeßaspekte (Inhalt, Handlung, Stil, Qualität) vornehmen kann – wobei auch eine gewisse Berücksichtigung der anderen Aspekte notwendig bleibt – während in der Fallstudie das Zusammenspiel aller Aspekte Beachtung findet. Noch deutlicher werden die Unterschiede auf der Ebene der Kodiereinheit. Während bei der qualitativen Psychotherapieforschung aufgrund des hohen Kodieraufwandes in der Regel aus dem Gesamtmaterial stets eine Auswahl zu treffen ist und die hermeneutische Entschlüsselung von Sinnzusammenhängen anhand von Tonbandaufzeichnungen somit auf einzelne Sprecherwechselsequenzen, thematischer Episoden oder Einzelsitzungen begrenzt ist, geht es in der Fallstudie stets um die gesamte Behandlung. Der Zugang zum Behandlungsablauf als Ganzem erschließt sich aber nicht primär über die vollständige Aufzeichnung aller Stunden, da vor allem bei längeren Verläufen hier eine unüberschaubare Datenfülle vorliegt. Vielmehr müssen ergänzend oder alternativ andere Datenquellen herangezogen werden wie bspw. Stundenprotokolle, Verlaufsberichte, katamnestische Befragungen oder Forschungs-Begleitinterviews während des Ablaufs der Behandlung (Frommer & Hempfling 1995). Zu diskutieren ist, inwiefern qualitative Psychotherapieforschung und Fallstudie kombiniert und einander ergänzend zum Einsatz gebracht werden können. Bezüglich der zeitlichen Orientierung ist wiederum für beide Arten von Forschung charakteristisch, daß genetische und teleologische Aspekte unverzichtbar sind. In beiden Fällen geht es weniger um Ursachen und Folgen bestimmter Verhaltensweisen in einem streng nomologischen Kausalitätsverständnis, sondern um Sinnbezüge, deren Verständnis handlungstheoretische Konstrukte voraussetzt (Graumann 1980). Zusammengefaßt nimmt die qualitative Psychotherapieforschung also in verschiedenen Hinsichten quasi eine Mittelposition ein auf einem Kontinuum, dessen Endpunkte ei-

nerseits von quantitativen Auswertungsverfahren, andererseits von der psychotherapeutischen Fallstudie markiert werden.

Damit bezieht sich die Fallstudie nicht in erster Linie auf den de-facto-
Ablauf der Behandlung, wie er in der Aufzeichnung oder im Transkript zur
quasi Eins-zu-eins-Abbildung kommt, sondern auf das subjektive und ganzhafte Erleben dieses Ablaufs durch die Beteiligten. Die damit implizierte Frage,
ob angesichts dieser Herausrückung der Fallgeschichte aus dem Bereich des
„Beobachtbaren" überhaupt noch Kriterien der Wissenschaftlichkeit formulierbar sind, soll uns abschließend beschäftigen. Dabei ist zu berücksichtigen, daß
Freud in seiner oft zitierten Bemerkung genau genommen die Fallstudie nicht
mit der Novelle identifiziert, sondern sich eigentümlich davon berührt sieht,
„daß die Krankengeschichten, die ich schreibe, *wie* (Hervorhebung d.d.A.) Novellen zu lesen sind" (Freud 1895, S. 227), d.h. daß Freud hier eine Ähnlichkeit
feststellt, die seinen Intentionen zuwiderläuft. Im Gegensatz zur Novelle geht es
bei der Fallstudie nämlich um ein zu verarbeitendes Originalmaterial. Während
es bei einer Novelle grundsätzlich unsinnig wäre, ihre Qualität daran zu bemes-
sen, ob das zugrundegelegte Material die erarbeiteten Interpretationen legiti-
miert, sind „die richtigen Proportionen von Originalmaterial und Deduktionen"
(Overbeck 1993, S. 52) ein entscheidender Prüfstein für die Qualität von Fallstudien. So unsinnig es erscheinen muß, den Autor einer Novelle zu bitten, dem
Leser einen gründlicheren und unverstellteren Blick auf das ausgewertete Material zu gewähren, so berechtigt erscheint andererseits die Kritik an manchen
Fallstudien, sie ließen ihr Material durch eine erschlagende Übermacht von
theoretischer Deutung völlig im Dunkeln. Worin besteht nun aber das geforderte „Originalmaterial" der Fallstudie? In erster Linie sind es die alltagssprachlich
formulierten Beobachtungen, Einfälle und Phantasien der am Therapieprozeß
Beteiligten, auf die sich die Fallstudie stützt. Für den häufigen Fall der Identität
von Therapeut und Erzähler empfiehlt es sich daher dringend, „den Ich-
Erzähler einer Fallgeschichte in einen strukturierenden, eingrenzenden, deutenden Erzähler und einen frei assoziierenden, phantasierenden, selbstbeobachtenden Erzähler aufzuspalten" (ebd., S. 56), wobei der deutende Erzähler eine
überzeugende Darbietung nur dadurch erreichen kann, „daß er nicht abgeschlossene, sondern offene Fallgeschichten anbietet, nicht Vollständigkeit, sondern ‚Bruchstücke'" (ebd.). Mit Overbeck ist zu fordern, daß der Bericht die
vorhandenen Protokolle als Dokumente hinter sich läßt und sich der „Nach-
erzählung der Fallgeschichte" (Overbeck 1996, S. 147) zuwendet, wobei die
„drei Erzählperspektiven" (ebd., S. 153) des erlebenden Ichs des Patienten, des
erlebenden Ichs des Therapeuten und des reflektierenden Ichs des Erzählers
einerseits zu trennen, andererseits aber auch so in Beziehung zu setzen sind,
daß weder banale Narration noch interpretatationsüberladenes Theoretisieren
resultieren.

Zusammenfassung und Fazit

Die psychotherapeutische Fallstudie steht unter anderen methodologischen Prämissen als die empirische Psychotherapieforschung. Ihr Material besteht nicht in erster Linie aus Tonband- oder Videoaufzeichnungen therapeutischer Sitzungen, sondern aus Berichten über das Erleben des psychotherapeutischen Prozesses durch die an ihm Beteiligten. Im Mittelpunkt ihres Interesses stehen nicht Teile und/oder Teilaspekte der therapeutischen Interaktion, sondern die Behandlung in ihrer ganzhaften Gestalt. Sie unterscheidet sich von der Pathographie dadurch, daß nicht die Krankengeschichte, sondern die Behandlungsgeschichte im Mittelpunkt steht. Von der Novelle ist die psychotherapeutische Fallstudie dadurch unterschieden, daß sie sich auf eine vorgängige Materialbasis bezieht und aufgrund der prinzipiell nur partiellen Aufarbeitung des zur Verfügung stehenden Materials in ihren Interpretationen begrenzt und offen angelegt ist. Methodisch sollten Fallstudien nicht auf die Darstellung des theoretisch noch unverarbeiteten Materials verzichten. Der eigentlichen Interpretation ist eine verdichtete Darstellung der niederlegten Beobachtungen, Phantasien und Reflexionen der am therapeutischen Prozeß Beteiligten voranzustellen, wobei die Adäquanz der Perspektivenzuschreibungen und eine peinliche Differenzierung zwischen wertenden und wertbeziehenden Beurteilungen als Gütekriterien dienen können. Die Diskussion des Falles oszilliert zwischen theoretischen Vorannahmen und Interpretation des empirischen Materials, wobei über den Einzelfall hinaus insbesondere auch durch die Aggregation von Einzelfallstudien (Leuzinger-Bohleber 1994) idealtypische Modelle von psychotherapeutischen Prozessen entstehen können.

Literatur

Alberti, L. (1994). In H. Faller & J. Frommer (Hrsg.), Qualitative Psychotherapieforschung (S. 15–37). Heidelberg: Asanger.

Barlow, D.H. & Hersen, M. (1984). Single Case Experimental Designs: Strategies for Studying Behavior. New York: Pergamon Press.

Bordin, E.S. (1974). Research Strategies in Psychotherapy. New York: Wiley.

Denzin, N.K. & Lincoln, Y.S. (Eds.) (1994). Handbook of Qualitative Research. Thousand Thanks: Sage.

Dahlbender, R. & Kächele, H. (1994). Qualitativ-quantifizierende Analyse internalisierter Beziehungsmuster. In H. Faller & J. Frommer (Hrsg.), Qualitative Psychotherapieforschung (S. 228–245). Heidelberg: Asanger.

Elliott, R.K. (1991). Five Dimensions of Therapy Process. Psychotherapy Research, 1, 92–103.

Eysenck, H.J. (1952). The Effects of Psychotherapy. An Evaluation. Journal of Consulting Psychology, 16, 319–324.

Faller, H. (1994). Das Forschungsprogramm „Qualitative Psychotherapieforschung". Versuch einer Standortbestimmung. In H. Faller & J. Frommer (Hrsg.), Qualitative Psychotherapieforschung (S. 15–37). Heidelberg: Asanger.

Faller, H. & Frommer, J. (Hrsg.) (1994). Qualitative Psychotherapieforschung. Heidelberg: Asanger.

Flick, U., Kardorff, E. v., Keupp, H., Rosenstiel, L. v. & Wolff, S. (Hrsg.)(1991). Handbuch Qualitative Sozialforschung. München: Psychologie Verlags Union.

Freud, S. (1893). Charcot (S. 21–35). G.W., Bd. I.

Freud, S. (1895). Studien über Hysterie (S. 75–312). G. W., Bd. I.

Freud, S. (1900). Die Traumdeutung. Über den Traum. G. W., Bd. II/III.

Freud, S. (1905 a). Drei Abhandlungen zur Sexualtheorie (S. 27–145). G. W., Bd. V.

Freud, S. (1905 b). Bruchstücke einer Hysterie-Analyse (S. 163–286). G. W., Bd. V.

Freud, S. (1909 a). Analyse der Phobie eines fünfjährigen Knaben (S. 241–377). G. W., Bd. VII.

Freud, S. (1909 b). Bemerkungen über einen Fall von Zwangsneurose (S. 379–463). G. W., Bd. VII.

Freud, S. (1911). Psychoanalytische Bemerkungen über einen autobiographisch beschriebenen Fall von Paranoia (Dementia paranoides) (S. 240–320). G. W., Bd. VIII.

Freud, S. (1915). Triebe und Triebschicksale (S.209–232). G. W., Bd. X.

Freud, S. (1918). Aus der Geschichte einer infantilen Neurose (S. 27–157). G. W., Bd. XII.

Freud, S. (1920). Über die Psychogenese eines Falles von weiblicher Homosexualität (S. 269 bis 302). G. W., Bd. XII.

Freud, S. (1926). Die Frage der Laienanalyse (S.207–286). G. W., Bd IX.

Freud, S. (1933). Neue Folge der Vorlesungen zur Einführung in die Psychoanalyse (S. 1–197). G. W., Bd. XV.

Freud, S. (1937). Konstruktionen in der Analyse (S. 41–56). G. W., Bd. XVI.

Frommer, J. (1995a). Exzentrische Bahn und Schizophrene Ichspaltung. Friedrich Hölderlins philosophische Fragmente in ihrer Beziehung zu Leben und Krankheit. Fortschritte der Neurologie Psychiatrie, 63, 341–349.

Frommer, J. (1995 b). Zwang als Identitätsstörung. Bericht über eine psychoanalytische Behandlung. Unveröffentlichte Examensarbeit am Institut für Psychoanalyse und Psychotherapie Düsseldorf.

Frommer, J. (1995c). Wie sollen wir seelische Krisen diagnostizieren? Zeitschrift für Klinische Psychologie, Psychopathologie und Psychotherapie, 43, 134–148.

Frommer, J. (1996). Qualitative Diagnostikforschung. Inhaltsanalytische Untersuchungen zum psychotherapeutischen Erstgespräch. Berlin: Springer.

Frommer, J. & Faller, H. (1994). Einleitung. In H. Faller & J. Frommer (Hrsg.), Qualitative Psychotherapieforschung (S. 9–12). Heidelberg: Asanger.

Frommer, J. & Frommer, S. (1990). Max Webers Bedeutung für den Verstehensbegriff in der Psychiatrie. Der Nervenarzt, 61, 397–401.

Frommer, J. & Frommer, S. (1993). Max Webers Krankheit- Soziologische Aspekte der depressiven Struktur. Fortschritte der Neurologie Psychiatrie, 61, 161–171.

Frommer, J. & Hempfling, F. (1995). Die subjektive Perspektive von Psychotherapiepatienten. Bericht aus zwei Forschungsprojekten. In W. Tress & C. Sies (Hrsg.), Subjektivität in der Psychoanalyse (S. 120–141). Göttingen: Vandenhoeck & Ruprecht.

Gerhardt, U. (1991). Idealtypische Analyse von Statusbiographien bei chronisch Kranken. In Dies., Gesellschaft und Gesundheit. Begründung der Medizinsoziologie (S. 9–60). Frankfurt: Suhrkamp.

Graumann, C.F. (1980). Verhalten und Handeln – Probleme einer Unterscheidung. In W. Schuchter (Hrsg.), Verhalten, Handeln und System (S. 16–31). Frankfurt: Suhrkamp.

Grawe, K. (1988). Zurück zur psychotherapeutischen Einzelfallforschung. Zeitschrift für Klinische Psychlogie 17, 1–7.

Grawe, K., Donati, R. & Bernauer, F. (1994). Psychotherapie im Wandel. Von der Konfession zur Profession. 2. Aufl. Göttingen: Hogrefe.

Greenberg, L.S. (1986). Change Process Research. Journal of Consulting and Clinical Psychology, 54, 4–9.

Hermanns, H. (1991). Narratives Interview. In U. Flick, E. v. Kardorff, H. Keupp, L. v. Rosenstiel, & S. Wolff (Hrsg.), Handbuch Qualitative Sozialforschung (S.182–185). München: Psychologie Verlags Union.

Hilliard, R.B. (1993). Single Case Methodology in Psychotherapy Process and Outcome Research. Journal of Consulting and Clinical Psychology, 61, 373–380.

Jüttemann, G. (1992). Psyche und Subjekt. Für eine Psychologie jenseits von Mythos und Dogma. Reinbek: Rowohlt.

Kächele, H. (1981). Zur Bedeutung der Krankengeschichte in der klinisch-psychoanalytischen Forschung. Jahrbuch der Psychoanalyse, 12, 118–177.

Kazdin, A.E. (1981). Drawing Valid Inferences from Case Studies. Journal of Consulting and Clinical Psychology, 49, 183–192.

Kiesler, D. J. (1973). The Process of Psychotherapy. Chicago: Aldine.

Kleining, G. (1986). Das qualitative Experiment. Kölner Zeitschrift für Soziologie und Sozialpsychologie, 38, 724–750.

Klotter, Ch. (1994). Idealtypenbildung nach Max Weber als qualitative Datenauswertungsstrategie – exemplarisch erprobt am Beispiel von Eßstörungen. In H. Faller & J. Frommer (Hrsg.), Qualitative Psychotherapieforschung (S. 297–310). Heidelberg: Asanger.

Kvale, S. (1986). Psychoanalytic Therapy as Qualitative Research. In P.D. Ashworth, A. Giorgi & A.J.J. de Koning (Eds.), Qualitative Research in Psychology (pp. 155–184). Pittsburgh: Duquesne University Press.

Kvale, S. (1996a). InterViews – An Introduction to Qualitative Research Interviewing. Thousand Thanks, CA: Sage.

Kvale, S. (1996b). Psychoanalytic Therapy as Qualitative Research. Paper presented at the International Conference on Qualitative Research in Psychotherapy, Düsseldorf, August 29–31, 1996.

Lambert, M.J. & Bergin, A.E.(1994). The Effectiveness of Psychotherapy. In A. E. Bergin & S.L. Garfield (Eds.), Handbook of Psychotherapy and Behavior Change (pp.143–189). 4th Ed. New York: Wiley.

Leuzinger-Bohleber, M. (1994). Veränderung kognitiv-affektiver Prozesse in Psychoanalysen. Versuch einer Kombination von (qualitativer)On-Line und (quantitativer)Off-Line-Forschung bei der Untersuchung psychoanalytischer Prozesse. In H. Faller & J. Frommer (Hrsg.), Qualitative Psychotherapieforschung (S. 195–227). Heidelberg: Asanger.

Luborsky, L. (1984). Principles of Psychoanalytic Psychotherapy. A Manual for Supportive-Expressive (SE) Treatment. New York: Basic Books.

McNeilly, Ch.L. & Howard, K. (1991). The Effects of Psychotherapy. A Reevaluation Based on Dosage. Psychotherapy Research, 1, 74–78.

Mergenthaler, E. (1985). Textbank Systems. Computer Science Applied in the Field of Psychoanalysis. Heidelberg New York: Springer.

Mertens, W. (1990). Historischer Überblick über die Entwicklung der psychoanalytischen Therapie. In Ders, Einführung in die psychoanalytische Therapie, Band 1 (S. 17–122). Stuttgart: Kohlhammer.

Mertens, W. (1994). Psychoanalyse auf dem Prüfstand? Eine Erwiderung auf die Meta-Analyse von Klaus Grawe. München: Quintessenz.

Meyer, A.-E. (1993). Nieder mit der Novelle als Psychoanalysedarstellung – Hoch lebe die Interaktionsgeschichte. In U. Stuhr & F.-W. Deneke (Hrsg.), Die Fallgeschichte. Beiträge zu ihrer Bedeutung als Forschungsinstrument (S. 61–84). Heidelberg: Asanger.

Meyer, A.-E. (1994). Über die Wirksamkeit psychoanalytischer Therapie bei psychosomatischen Störungen. Psychotherapeut, 39, 298–308.

Nisbett, R.E. & Wilson, T.D. (1977). Telling More than we Can Know: Verbal Reports on Mental Processes. Psychological Review, 84, 231–259.

Nitzschke, B. (1994). Die besondere Wissensform der Psychoanalyse: Wissenschaftshistorische Anmerkungen zum Junktim zwischen Heilen und Forschen in der Psychoanalyse. In M.B. Buchholz & U. Streeck (Hrsg.), Heilen, Forschen, Interaktion (S. 13–38). Opladen: Westdeutscher Verlag.

Orlinsky, D.E. & Howard, K.I. (1987). A Generic Model of Psychotherapy. Journal of Integrative and Eclectic Psychotherapy, 6, 6–27.

Overbeck, G. (1993). Die Fallnovelle als literarische Verständigungs- und Untersuchungsmethode – Ein Beitrag zur Subjektivierung. In U. Stuhr & F.-W. Deneke (Hrsg.), Die Fallgeschichte. Beiträge zu ihrer Bedeutung als Forschungsinstrument (S. 43–60). Heidelberg: Asanger.

Overbeck, G. (1996). Vom Familienroman des Neurotikers zum Fallroman des Psychoanalytikers? In Ders (Hrsg.), Auf dem Wege zu einer poetischen Medizin (S. 140–163). Frankfurt: Verlag für Akademische Schriften.

Russell, R.L. (1988). A New Classification Scheme for Studies of Verbal Behavior in Psychotherapy. Psychotherapy, 25, 51–58.

Schütze, F. (1983). Biographische Forschung und narratives Interview. Neue Praxis, 3, 283–293.

Schütze, F. (1984). Kognitive Figuren des autobiographischen Stegreiferzählens. In M. Kohli & G. Robert (Hrsg.), Biographie und soziale Wirklichkeit (S. 78–117). Stuttgart: Metzler.

Stevens, S.S. (1951). Mathematics, Measurement, and Psychophysics. In Ders (Ed.), Handbook of Experimental Psychology. New York: Wiley.

Stuhr, U. & Wachholz, S. (1996). The Concept of Ideal Types in Psychoanalytic Follow-Up Research. Vortrag, International Conference on Qualitative Research in Psychotherapy, Düsseldorf, 29.–31.8.1996.

Streeck, J. (1991). Sprachanalyse als empirische Geisteswissenschaft. Von der „philosophy of mind" zur „kognitiven Linguistik". In U. Flick, E. v. Kardorff, H. Keupp, L. v. Rosenstiel, & S. Wolff (Hrsg.), Handbuch Qualitative Sozialforschung (S. 90–100). München: Psychologie Verlags Union.

Tress, W. (Hrsg.) (1993). SASB – Die Strukturale Analyse Sozialen Verhaltens. Ein Arbeitsbuch für Forschung und Weiterbildung. Heidelberg: Asanger.

Tress, W. & Fischer, G. (1991). Psychoanalytische Erkenntnis am Einzelfall: Möglichkeiten und Grenzen. Psyche, 45, 612–628.

Tschuschke, V., Kächele, H. & Hölzer, M. (1994). Gibt es unterschiedlich effektive Formen von Psychotherapie. Psychotherapeut, 39, 281–297.

Weber, M. (1904). Die „Objektivität" sozialwissenschaftlicher und sozialpolitischer Erkenntnis. In Ders., Gesammelte Aufsätze zur Soziologie und Sozialpolitik (S. 124–214). 4. Aufl. 1973. Tübingen: Mohr (Siebeck).

Werthmann, U. (1975). Die Dimensionen der psychoanalytischen Interpretation und der „unbewußte Begriff". Psyche, 29, 118–130.

Personenregister

Über die Autoren

Heide Appelsmeyer, Dr. phil., Dipl.-Psych., war von 1989 bis 1994 Wissenschaftliche Mitarbeiterin an der TU Berlin. Sie promovierte 1994 an der Universität Erlangen-Nürnberg und ist gegenwärtig dort am Psychologischen Institut Wissenschaftliche Assistentin. Ihre aktuellen Forschungsschwerpunkte sind: Qualitative Methoden in den Sozialwissenschaften; Methodologie und Methoden der Biographieforschung in Psychologie und Nachbardisziplinen; weibliche Identität und Subjektivität; Emotion und Leiblichkeit in der Psychologie.

Ralf Bohnsack, Dr., Professor für Soziologie an der FU Berlin; dort auch verantwortlich für das Zusatzstudium „Qualitative Methoden in den Sozialwissenschaften"; Arbeitsschwerpunkte: Methodologie und Praxis qualitativer Forschung, Wissenssoziologie und Phänomenologische Soziologie, Interaktionstheorie, Abweichendes Verhalten, Sozialisations- und Jugendforschung.

Heinz Bude, Dr. phil., Promotion 1986, Habilitation 1994 an der Freien Universität Berlin, ist Wissenschaftlicher Mitarbeiter am Hamburger Institut für Sozialforschung. Seine Forschungsgebiete sind: Biographie und Generation, Überflüssige und Unternehmer, soziologische Theorie und Methoden empirischer Sozialforschung. Letzte Buchveröffentlichungen: Bilanz der Nachfolge. Die Bundesrepublik und der Nationalsozialismus, 1992; das Altern einer Generation. Die Jahrgänge 1938 bis 1948, 1995; Deutschland spricht. Schicksale der Neunziger (Hrsg.), 1995.

Peter Fiedler, Dr., Professor für Klinische Psychologie und Psychotherapie am Psychologischen Institut Heidelberg. Seine Publikationen und Forschungsarbeiten sind seit vielen Jahren der Psychotherapieforschung und den Entstehungs- und Verlaufsbedingungen psychischer Störungen, insbesondere denen bei Phobien, Depression, Schizophrenie und Persönlichkeitsstörungen gewidmet. Aktuelle Monographien „Verhaltenstherapie in und mit Gruppen", 1996; „Persönlichkeitsstörungen", 1997, 3. Aufl.

H. J. Fisseni, Prof. Dr., 1973 Promotion bei Hans Thomae und Ursula Lehr, 1979 Habilitation. Seit 1982 Professor für Psychologie in Bonn mit den Arbeitsschwerpunkten Psychodiagnostik und Persönlichkeitspsychologie.

Jörg Frommer, Prof. Dr. med., M.A., studierte in Heidelberg Humanmedizin, Philosophie und Psychoanalyse. Er ist Arzt für Psychiatrie, Facharzt für Psychotherapeutische Medizin, Psychoanalytiker (DGPT, DPG). Leiter der 1996 gegründeten Abteilung für psychosomatische Medizin und Psychotherapie der Universität Magdeburg. Seine Forschungsschwerpunkte sind: Qualitative Psychotherapieprozeßforschung, Erstinterview- und Diagnostikforschung, Methodologie.

Werner Fuchs-Heinritz, Dr., Studium der Soziologie in Frankfurt a.M., Berlin und Münster, seit 1984 Professor für Allgemeine Soziologie an der FernUniversität Hagen. Veröffentlichungen zur Soziologie des Todes, zur Jugendsoziologie, zur Biographieforschung, über A. Comte.

Uta Gerhardt, Dr., Professor für Soziologie an der Universität Heidelberg; Studium der Soziologie, Philosophie, Psychologie und Geschichte an den Universitäten Frankfurt a.M. und FU Berlin. Tätigkeit in Forschung und Lehre an den Universitäten FU Berlin, Konstanz, Gießen sowie der University of California San Francisco, London University, University of Wisconsin Madison, Case Western Reserve University Cleveland OH sowie zahlreiche Forschungsaufenthalte am Center for European Studies der Harvard University. Arbeitsschwerpunkte soziologische Theorie, Methodologie (inklusive qualitative Forschung) und spezielle Bereiche wie Medizin/ Krankheit, Familie, Gewalt, Nationalsozialismus u.a.

Achim Hahn, Dr., Dipl.Ing., Professor für Wirtschafts- und Familiensoziologie an der Fachhochschule Anhalt in Bernburg/Saale. Wichtigste Buchveröffentlichung: „Erfahrung und Begriff. Zur Konzeption einer soziologischen Erfahrungswissenschaft als Beispielhermeneutik" (1994). Demnächst erscheint: „Wohnen als Erfahrung. Reflexionen und empirisch-soziologische Untersuchungen zur Pragmatik des Wohnens".

Gerd Jüttemann, Prof. Dr., Psychologiestudium in Köln, Bonn, Innsbruck und Kiel. Langjährige Tätigkeit als Praktiker und später als Leitender Psychologe im Bereich der Bundesanstalt für Arbeit. Nebenberufliche Ausbildung und Beschäftigung als Therapeut. 1974 Berufung als Hochschullehrer für Persönlichkeitspsychologie und Klinische Psychologie an die TU Berlin. Arbeitsschwerpunkte, zugleich zentrale Themenbereiche der Veröffentlichungen: Persönlichkeitspsychologie, Historische Psychologie, Wissenschaftskritik, Qualitative Methoden, Ätiologieforschung.

Gerhard Kleining, Dr., Professor für Soziologie an der Universität Hamburg. Publikationen über Imageforschung, soziale Schichtung und Mobilität, Lebenswelten, Qualitative Methoden, Heuristik.

Christoph Klotter, Dr. phil. Dipl.-Psych., Studium der Mathematik, Philosophie und Psychologie in Kiel und Berlin. 1989 Promotion. 1984–1989 wissenschaftlicher Mitarbeiter am Institut für Psychologie der Technischen Universität Berlin. 1989–1994 wissenschaftliche Leitung von Rehabilitationsprojekten, Evaluation von Gesundheitsförderung, Durchführung von betrieblicher Gesundheitsförderung. Seit 1995 Hochschulassistent am Institut für Psychologie der Technischen Universität Berlin.

Andreas Kruse, Prof. Dr., Studium der Psychologie, Pädagogik; Gründungsprofessor für Psychologie (Entwicklungspsychologie und Pädagogische Psychologie) an der Universität Greifswald von 1993–1997; seit Oktober 1997 Inhaber des Lehrstuhls für Gerontologie der Universität Heidelberg.

Adelheid Kühne, Prof. Dr., lehrt an der Universität Hannover Psychologie mit den Arbeitsschwerpunkten Klinische und Forensische Psychologie und Psychologische Diagnostik.

Michael Langenbach, Dr. med., studierte Humanmedizin, Philosophie und Musikwissenschaft in Bonn und Köln. Er ist Arzt für Neurologie und Psychiatrie, Facharzt für Psychotherapeutische Medizin und Mitarbeiter am Institut für Psychosomatik und Psychotherapie der Universität zu Köln und in der dazugehörigen Poliklinik. Seine Forschungsschwerpunkte sind: qualitative Methoden in Psychosomatik und Psychotherapie, Chronifizierungsforschung, Psychopathologie, Musiktherapieforschung.

Ursula Lehr, Prof. Dr. Dr. h.c., Studium der Psychologie, Philosophie, Germanistik und Kunstgeschichte, Professorin für Psychologie an den Universitäten Bonn und Köln, 1986 Gründung des Instituts für Gerontologie in Heidelberg und Inhaberin des Lehrstuhls für Gerontologie bis 1988, seit 1987 Honorarprofessorin an der Universität Bonn. 1988–1991 Bundesministerin für Jugend, Familie, Frauen und Gesundheit, 1991–1994 Mitglied des Deutschen Bundestages, 1991 erneute Übernahme der Leitung des Instituts für Gerontologie Heidelberg, 1987 Verleihung der Ehrendoktorwürde der Universität Fribourg/Schweiz; Trägerin zahlreicher wissenschaftlicher und gesellschaftlicher Preise.

Winfried Marotzki, Prof. Dr., Promotion und Habilitation an der Universität Hamburg. Seit 1991 Inhaber des Lehrstuhls Allgemeine Pädagogik an der Otto-von-Guericke-Universität Magdeburg. Arbeitsschwerpunkte: Bildungs- und Erziehungsphilosophie, Anthropologie, Qualitative Forschungsmethoden, Erziehungswissenschaftliche Biographieforschung, Wissenschaftstheorie.

Günter Mey, Dipl.-Psych., Wissenschaftlicher Mitarbeiter in der Abteilung Entwicklungspsychologie an der TU Berlin. Forschungsschwerpunkte: Qualitative Methodologie und Methoden, biographische Jugendforschung, ökologisch orientierte Entwicklungspsychologie.

Katja Mruck, Dipl.-Psych., wissenschaftliche Mitarbeiterin im Bereich „Forschungsmethodik und Evaluation" des Lehrgebiets Klinische Psychologie der FU Berlin. Forschungsschwerpunkte: Qualitative Methoden und Methodologie, Wissenschaftsforschung, Psychoanalytische Sozialforschung, Philosophie.

Sigrid Paul, Prof. Dr., studierte Anglistik, Germanistik und Ethnologie an der Universität Uppsala, Schweden; Promotion 1962; Wissenschaftliche Mitarbeiterin an der Sozialpsychologischen Forschungsstelle für Entwicklungsplanung an der Universität Saarbrücken 1963–1969; 1969–1990 Institut für Kultursoziologie an der Universität Salzburg; Habilitation 1978; a.o. Prof. für allgemeine und vergleichende Kulturwissenschaft seit 1985.

Alexander von Plato, Dr. phil., ist Leiter des Instituts für Geschichte und Biographie der Fern-Universität Hagen. Von ihm erschienen sind bisher zahlreiche Veröffentlichungen und Filme zur Mentalitätsgeschichte.

Tilman Reutter, Dipl.-Psych., Studium der Psychologie an der Technischen Universität Berlin, seit 1994 wissenschaftlicher Mitarbeiter bei der Gesellschaft für angewandte Gesundheitswissenschaft (Berlin). Tätig im Bereich von Gesundheits- und Organisationspsychologie, speziell in der betrieblichen Gesundheitsförderung, der Evaluation von Gesundheitspräventionsmaßnahmen sowie der Kostenstrukturanalyse von Krankenkassen. Verschiedene Lehraufträge, Beschäftigung mit den subjekttheoretischen Grundlagen psychologischer Theoriebildung.

Eric Schmitt, Dr. phil., Studium der Psychologie, Wissenschaftlicher Assistent am Institut für Psychologie der Universität Greifswald von 1995–1997; Wissenschaftlicher Assistent am Institut für Gerontologie der Universität Heidelberg seit Oktober 1997.

Hans Thomae, Promotion 1940 in Bonn, Habilitation 1942 in Leipzig, ordentlicher Professor der Psychologie Erlangen 1953–1959, Bonn 1960–1983. Präsident der International Society for Study of Behavioral Development 1969–1975, International Association of Gerontology 1981–1983. Herausgeber bzw. Mitherausgeber des „Handbuch der Psychologie" 1958–1980. Archiv für Psychologie 1961–1990. Human Development 1958–1980. Dr. h.c. in Löwen 1970, Leipzig 1990, Moskau 1993, Kreta 1997.

Martin E. P. Seligman

Erlernte Hilflosigkeit

PSYCHOLOGIE

BELTZ
Taschenbuch

Ein Standard-
werk der
Sozialwissen-
schaften

1974 veröffentlichte Martin Seligman sein bahnbrechendes Erkärungsmodell über den Zusammenhang von Hilflosigkeit, Angst, Depression und Apathie. Es wurde zum Ausgangspunkt ungezählter Untersuchungen und Abhandlungen in der Klinischen Psychologie, der Entwicklungs- und Sozialpsychologie, der Pädagogik und auch der Soziologie. Seligmans Theorie der »Erlernten Hilflosigkeit«, die er an vielen anschaulichen Beispielen entwickelt, erklärt psychische Störungen, aber auch gesellschaftliche Zustände wie Armut und Arbeitslosigkeit.

Im Anhang stellt Franz Petermann neue Konzepte und Anwendungen der Theorie Seligmans vor.

Martin E.P. Seligman
Erlernte Hilflosigkeit
Mit einem Anhang von Franz Petermann
Beltz Taschenbuch 16, 271 Seiten
ISBN 3 407 22016 2

BELTZ
Taschenbuch

Stefan Schmidtchen

Klientenzentrierte
Spiel- und
Familientherapie

PSYCHOLOGIE

BELTZ
Taschenbuch

Familie als System

Auf der Basis der Systemtheorie entwickelt der Autor seinen Ansatz einer klientenzentrierten Spiel- und Familientherapie. Er sieht das Kind immer als Teil des Familienganzen und die psychische Störung als Reaktion auf eine gestörte Interaktion im Familiengeschehen. Insofern muß eine Einzel- oder Gruppenbehandlung des Kindes zwingend in eine kindzentrierte Familientherapie eingebettet sein, um zu gewährleisten, daß die ganze Familie in die Kindertherapie einbezogen ist, und sich die in der Spieltherapie auftretenden heilsamen Effekte auch auf die familiäre Alltagssituation übertragen lassen.

In seinem inzwischen zum Klassiker gewordenen Buch beschreibt Stefan Schmidtchen ausführlich diagnostische und therapeutische Maßnahmen der Einzel- und Gruppenspieltherapie sowie der Familientherapie. Im einzelnen werden behandelt: heilungsfördernde Merkmale von Spieltätigkeiten, Ziele und Effekte der Spiel- und Familientherapie, Verhaltens- und Störungskonzept der klientenzentrierten Spiel- und Familientherapie, Therapiediagnostik und Effektivitätskontrolle sowie Besonderheiten des Therapeutenverhaltens in der Spiel- und Familientherapie.

Stefan Schmidtchen
Klientenzentrierte Spiel- und Familientherapie
Beltz Taschenbuch 14, 168 Seiten
ISBN 3 407 22017 0

BELTZ Taschenbuch